한국언론
연 대 기

일러두기

신문 잡지의 제호

신문 제호는 원칙적으로 약물 기호를 붙이지 않았다. 그러나 잡지와 단행본은 약물 기호『 』로 표시했다.
그러나 약물 기호를 생략하거나 ‘ ’와 같은 부호를 혼용한 경우도 많다.

예 : 신문제호 : 대한매일신보, 황성신문, 조선일보, 동아일보
잡지제호 :『신동아』,『월간조선』
단 행 본 :『사례로 본 사이비기자』,『언론인 춘원 이광수』

논문제목

기사제목 등은 약물 기호「 」로 표시.

예 : 장지연,「시일야방성대곡」

중요한 사항

특별히 중요한 사항은 고딕체 사용.

이어지는 사항

사건이 처음 발생한 이후에 연속되는 사항은 첫 발생일에 이어서 기술.

예 : ①장지연의「시일야방성대곡」에 이은 코리아 데일리 뉴스의 영어 호외, 일본 영어신문의 전재,
②1961년 민족일보 사건과 1981년의 언론사 통폐합, 기자 대량해직은 여러 해가 지난 후 민주화 시기에 다시 쟁점이 되었는데 처음 일어난 시점에 가져와서 기록.

소송사건

1987년 언론민주화 이후 노조결성 등 언론환경이 변화하면서 많은 소송사건이 있었다.

1) 언론사 내부 소송. 해임 등 인사 문제로 소속사를 상대로 하는 소송.
2) 언론통폐합 사유 소송. 1980년 통폐합 관련 손해배상, 해임취소 등 소송.
   ① 언론사가 정부, 또는 MBC에 통합된 방송사 상대 소송
   ② 언론인 대량 해직 사태로 피해를 입은 언론인이 정부 또는 소속 언론사 상대로 소송
3) 언론사 상대 피해자 소송. 언론 피해자가 언론사를 상대로 제기하는 손해배상 소송.
   ① 언론중재위위원회에 중재를 신청하여 구제 신청,
   ② 법정에 제소하여 손해를 배상.
4) 언론사 대 언론사 소송 상대 언론사의 보도로 인해서 피해를 입었다고 주장하는 언론사가 제기하는 소송.

한국언론 연대기

정진석

전근대 조보에서
근대신문 · 방송 · 인터넷까지
백과사전 발달사

민속원

한국언론의 역사를 연대순으로 정리한 최초의 백과사전식 미시사 기록

왕조시대 '조보'에서 첨단 인터넷 시대까지

『한국언론 연대기』는 언론의 역사를 날자순으로 정리하는 방식의 미시사(微視史) 기록이다. 나는 평생 30여 권이 넘는 저서를 출간했고, 언론사 연구와 병행하여 언론 관련 자료의 복원과 확산에도 힘을 쏟아왔다. 한성순보·한성주보, 독립신문, 대한매일신보 등 수십년치 방대한 분량의 신문 잡지 영인본을 제작하여 자료 복원과 함께 이용자들의 편의를 위해서 색인과 목록작업도 진행했다. '한국언론관계 문헌색인', '한국언론관계 석·박사 논문목록', '기자협회보'와 '관훈저널' 색인 같은 작업이다. 그러나 '연대기' 형식의 저서는 처음이다. 연대기 정리는 퇴직 언론인 모임인 대한언론인회가 발행하는『대한언론』연재가 계기였다. 나는 이렇게 썼다.

> '한국언론 연대기'는 언론의 역사를 시대순에 따라 평이한 문체로 요약 정리해 보겠다는 취지에서 시작한다. 민족 수난기의 역사를 기록하면서 항일, 독립, 민주화, 산업화의 과정에 민중과 고락을 함께했던 언론과 언론인이 걸어온 발자취를 연대순으로 간략하게 기술하는 방식으로 살펴보려는 것이다.

연대기의 범위는 한국 언론사 전체로 잡았다. 멀리 왕조시대의 필사신문 '조보(朝報)'에서 시작하여 최초의 근대신문 한성순보와 독립신문, 일제 강점기 총독부의 엄혹한 통제 속에서 발행된 조선일보와 동아일보, 그리고 광복 이후 파란만장 현대사의 순간을 기록했던 언론 역사를 날자에 따라 정리하되, 단순 배열 방식에 더하여 사건의 의미까지 객관적으로 담아보기로 마음먹었다.

시대의 흐름에 따라 탄압과 저항, 시련과 영광의 시기를 달려온 언론의 역사를 따라오다가 50회를 마지막으로 연재를 중단했다. 대한언론인회가 『대한언론』이라는 회원들의 광장 한 페이지를 할애하여 50회까지 제공해 주었으니 귀한 지면을 혼자서 오래 차지하는 필자로서 미안한 마음이 들었다. 다른 한편으로는 오늘에 이르기까지의 언론관련 사건 전체를 정리하려면 어느 세월에 끝이 날지 막연할 지경이기도 했다. 독자의 입장에는 지루하지 않을까 하는 걱정도 있었다. 그래서 연재를 일단 중단한 것인데, 마지막 제50회는 1990년 1월까지 일어난 사건에서 멈추고 말았다.

하지만 이왕 시작한 작업이니 그 이후의 사건도 묻어둘 수는 없었다. 1990년 이후 2024년까지 34년의 역사는 보완해서 완성해야 한다는 의무랄까 책임감 같은 것이 마음을 짓눌렀다. 누군가는 해야 할 일인데 결코 간단한 작업이 아니었다.

전공인 한국언론의 역사를 총체적으로 정리한다는 필요성도 있있기에 연대기를 추가·정리하는 작업에 매달리지 않을 수 없었다. 언론의 역사를 처음부터 캐고 뒤집어본다는 자세로 사건 하나하나를 놓지지 않고 따라오면서 엮어나갔다. 언론진흥재단의 매 년도판 『언론연감』이 큰 도움이 되었다. 연대의 하한선은 2024년 상반기에서 마감했다. 멈추지 않고 흐르는 역사를 계속 따라오면서 책 출간의 시점까지 모두 수록할 수는 없기 때문이다.

언론사 통폐합과 기자들 집단 해고라는 극단적인 대규모 구조조정도 있었고, 언론노조의 파업도 빈번했다. 소송사건도 끊이지 않았다. 언론 역사를 연구하는 나도 모르고 있었거나 잊어버렸던 크고 작은 수많은 내부 갈등과 외부의 간섭에 따른 진통을 겪으면서도 언론은 도전과 혁신을 거듭하여 양적, 질적으로 발전을 이룩했던 사실에 대한 평가에도 인색하지 말아야 한다. 다른 한편으로 인터넷, 유튜브, 페이스북 등 새로운 전달 수단의 급격한 확산으로 인한 혼란상도 염두에 두어야 한다.

편년체를 기본으로 평이한 건조체 서술

연대기의 정리는 '편년체(編年體)'를 기본으로 하되 사건의 진행을 추가하는 방식을 혼용하였다. 이른바 '기사본말체(紀事本末體)'에 해당한다고 볼 수도 있겠다. 1987년 민주화 이후에 활성화된 언론노조는 임금과 신분 보장 요구에 그치지 않고 편집권 보장에서 나아가 사장을 비롯한 편집국장의 인사문제까지 이슈화하면서 수적·물리적 힘으로 장기간 파업과 제작거부를 밀어붙이는 사태로 이어졌다. 이런 경우 사건 발생 이후에 긴 기간 후유증이 남게 되는 사례가 많았다.

기자와 방송사 PD 등 각기 다른 직종의 언론노조가 회사와 대립하면서 벌였던 갈등은 큰 틀에서 타결이 된 이후에도 법정 다툼이 뒤따랐다. 파업 주동자가 사규에 따라 인사조처를 당하면 이에 불복한 언론인과 노조 임원은 법에 호소하는 방법으로 대응하게 된다. 재판은 1심에서 대법원 확정판결에 이르는 기간 몇 년이 걸리는 사례도 있다. 그런 사건을 단순히 연대순으로만 배치해서 기록하면 사건 발생부터 진행과 결과를 파악하기는 어렵다. 그래서 사건에 관련되는 모든 사항을 발생 시점에 연결하여 서술하는 방식으로 기록하게 된 것이다.

구체적인 사례로는 김대중 대통령의 언론개혁을 언급한 기자회견 직후, 서울지방국세청이 중앙 언론사에 대규모 세무조사를 벌인 사건(2001.1~), MBC PD수첩의 소고기 광우병 보도 파동(2008.4.29.~), KBS MBC 양대 공영방송과 YTN의 연쇄 동시파업(2012.1.)을 들 수 있다. 언론 역사상 가장 큰 규모로 강행했던 세무조사는 정치적인 목적이 담긴 언론 탄압의 성격이 짙었다. 수개월에 걸친 '투망식 조사' 결과 여러 언론사에 거액의 세금을 추징하고, 조선일보와 동아일보는 사장이 교도소에 들어가는 결과로 확대되었다. 이런 사건은 세무조사가 시작된 시점부터 그 후에 이어지는 사법처분에 이르는 몇 년에 걸치는 복잡한 관련 사항을 한 묶음으로 모아서 정리하지 않으면 사태의 전모를 파악하기 어렵다. 이해를 돕기 위해 첫 발생 시점에서 후속 연관사건을 발생 시점에 모으게 되는 것이다. 소고기 광우병 보도 파동도 마찬가지다.

2012년 1월의 KBS, MBC, YTN노조의 동시 파업에 따른 노사 갈등으로 이어지는 사태도 오랜 후유증을 남겼는데 사건의 전모를 쉽게 파악하려면 복잡한 경과를 한곳에 모아야 했다.

매우 힘든 작업이지만 새로운 시각으로 공부한다는 심정으로 연대기를 정리하게 되었다.

독립된 사건에서 큰 틀을 개관하는 길잡이

언론의 길고도 복잡한 역사를 완벽하게 정리하기는 어렵다. 여전히 미흡한 부분이 적지 않다. 언론 관련 소송은 그 중간과정과 마지막 마무리가 어떻게 되었는지 알 수 없는 사건도 있다. 1심 재판 결과는 있는데 고등법원, 대법원은 어떻게 되었는지, 고등법원과 대법원의 판결은 기록에 남아 있지만, 그 이전의 1심 판결을 알 수 없는 사건도 있다. 혼자 힘으로 수많은 사건의 모든 자료를 완벽하게 찾아서 보완하기는 어렵다.

연대기를 나름대로 정리했지만, 여전히 미흡한 점이 많다. 다만 언론이 걸어온 역사를 작은 사건부터 큰 틀을 개관하는 길잡이 역할은 할 수 있지 않을까 한다. 특히 언론통사의 서술에는 수록하기 어려운 작은 사건들, 이를테면 신문사 간 명예훼손 고소나 개인의 언론사 상대 고소사건까지 살펴보는 미시사적인 사항까지 모두 포함할 수 있었다는 이점도 분명히 있다.

선행작업으로 계훈모 선생이 편찬한『한국 언론연표』(관훈클럽정신영기금)는 Ⅰ, Ⅱ, Ⅲ집까지(1881~1955) 방대한 작업의 결과물이 있다. 나도 그 편찬 · 출간에 간여하여 색인까지 만들었지만, 전형적인 '편년체'로서 나의 연대기와는 차이가 있다.

이 연대기 말미의 '찾아보기'까지 활용한다면 언론을 통해서 펼쳐지는 현대사를 탐구할 기초 자료가 될 수 있을 것이다.

2024년 12월 31일

정진석

목 차
Contents

조보에서 근대신문 한성순보의 탄생: 1178~1886

독립신문-황성신문-대한매일신보: 1898~1904

일본군의 언론 탄압, 배설 양기탁 공판: 1905~1910

제1부

한말-조보에서 근대신문

1178~1886

조보에서 근대신문 한성순보의 탄생

필사신문 조보. 근대신문이 발행되기 전 중앙집권적인 왕권정치 체제에서는 왕과 정부의 정책과 인사 등을 포함하여 다양한 소식을 전달하는 수단이 필요하였다. 집권세력은 정치적인 선전과 신속하고 효율적인 정책 수행, 체제의 유지 강화와 이데올로기의 전파를 위한 매체가 필요했고, 피지배층 또한 권력의 동향파악은 생존을 위한 정보획득은 필수 조건이었다. 지배계층과 체제 내의 지식인들의 필요성을 충족시키기 위해 존재했던 매체가 왕조시대의 필사신문(筆寫新聞)이자 **서한신문**(書翰新聞)인 **조보**(朝報)였다. 조보는 '**기별**(奇別, 寄別)' '**조지**(朝紙)' 또는 '**저보**(邸報)'를 비롯하여 적어도 9가지 이름으로 불렸지만, 일반적으로는 조보로 통칭한다. '기별'은 소식 또는 뉴스에 해당하는 우리의 고유어 '긔별'을 한자로 표기한 것이다.

1178. 조보의 확실한 기원은 알 수 없다. 고려 말 또는 그 이전부터 조보 또는 이와 유사한 기능을 지닌 매체가 존재했을 것으로 추정된다. 고려 명종 8년 이전부터 **경저**(京邸)제도가 존재하였다는 기록이 있다. 경저는 **경주인**(京主人)이 운영하였는데 경주인은 **경저리**(京邸吏) 또는 **저인**(邸人)이라고도 하여 중앙과 지방 간의 연락을 담당하는 여각주인(旅閣主人)

이었다. 경주인을 통해서 필사신문 조보를 지방에 배포하였으므로 이때에 이미 조보가 존재하였을 가능성도 있다.

1508. 기록상으로는 1508년(조선 중종 3) 3월에 처음 등장한다. 1520년(중종 5년) 3월, 사록(司錄)을 승정원에 상시 출근하게 하여 조보를 통고하도록 했다(以通朝報)는 기록이 보인다.

1577. 선조 10년(1577)에는 조보를 인쇄해서 판매하던 유수배(遊手輩; 일정한 직업 없이 놀고 있는 무리.)들이 처벌받았던 사건이 있었다. 조보는 신문이 발행된 이후에도 근대적인 관보와는 별도로 20세기 초까지 발행되었다. 최초의 신문 한성순보와 한성주보가 발간되던 시기(1883~1888년)와 그 이후까지 존속되었다. 한성주보에는 조보를 인용한 기사가 여러 건 실려 있다. 1884년 8월 정부에서 인쇄된『관보』를 발행하기 시작하였지만, 조보는 존속되었다. 서울대학교 규장각에는 1806년에서 1905년까지 74건의 조보가 보관되어 있다. 조보는 신문발간 전단계 뉴스 매체로서 오랜 기간 존재해 왔으며, 근대신문 출현 이후에도 한동안 사라지지 않고 병존하였다. →참고, 정진석,「조선 왕조 시대의 필사신문 조보」,『한국언론100년사』, 한국언론인연합회, 2006, 80~105쪽,;『古文書』,11-12, 서울대학교 규장각, 1996.

언관 사관(대간, 臺諫). 언론인이자 사학자였던 천관우는 왕조시대에는 오늘의 언론인이 가졌던 기능을 '언관(言官)'과 '사관(史官)'이라는 직책의 관리들이 수행하였던 것으로 보았다.(千寬宇,『言官 史官』, 배영사, 1969, 82~90쪽.) 언관은 언론의 비판 기능을 가졌고 사관은 신문이 가져야 하는 기록의 기능을 지녔던 것으로 해석하였다. 언관은 사헌부(司憲府), 사간원(司諫院), 홍문관(弘文館)의 관리들을 통칭하였는데 이를 '대간(臺諫)'으로도 불렀다. 중국 문화 평론가 린위탕(林語堂)은 그의『중국 언론사(*A History of the Press and Public Opinion in China*)』에서 기원전 12세기 주(周)나라 무(武)왕은 "하늘은 나의 백성의 눈과 귀를 통해서 보고 듣는다."고 말했다면서 이와 같은 민주적인 원칙은 그 이후로도 계승되어 맹자에 의해서 발전되어 언로[말의 길, 언로(言路) 'avenues of expression'(of the people's opinion) 또는 'talking avenues']라는 사상이 확립되었다고 소개했다.

1883.10.31. 최초의 근대신문 한성순보 창간. 정부기구인 통리아문 동문학(同文學)의 부속기관 박문국(博文局)에서 발행. 10일에 한 호씩 발행. → 참고, 『한성순보 한성주보 영인본』, 관훈클럽신영연구기금, 1983.

1884.1.30. 「화병범죄(華兵犯罪)」 필화. 한성순보는 조선에 주둔하던 중국 병정이 약방에서 약을 사 가고도 약값을 갚지 않아 물의를 야기하고 약방 주인 아들을 살해했다고 보도. 이어서 2월 7일자(제11호)에 실린 속보 「화병징판(華兵懲辦)」은 범인 3명을 중국 진영에서 잡아 목을 베어 효경교(孝經橋) 입구에 매달아 놓으니 군대의 기율이 숙연해지고 군대의 기강[軍伍]이 안정되었다는 기사를 실었다. 중국은 이 두 기사에 대해 항의하는 외교문서를 보내왔다. 순보를 발행하는 박문국(博文局)은 정부기구이므로 반자(半字)라도 허위가 있어서는 안 되며 이에 대해서는 정부가 책임을 져야 한다고 주장했다. 또한 기사는 확실한 증거를 가지고 써야 하며 조선과 중국은 원래 한 나라와 같은 관계였으니 다른 나라의 경우와는 다르다면서 두 나라의 특수한 관계를 강조. 은연중에 조선이 중국의 속국이라는 뜻으로도 읽히는 항의였다. 정부의 답변은 저자세였다. 이 기사는 떠도는 이야기에만 의거했으니 실로 잘못된 일이며 박문국원들은 이를 자책하여 깊이 뉘우치고 있다고 말했다. 오랫동안 중국의 영향 아래 놓여 있었을 뿐 아니라 중국군대가 주둔하고 있는 때여서 조선은 증거가 명확함에도 불구하고 관에서 설치한 박문국이 떠도는 말만 듣고 이런 기사를 실은 것은 잘못되었다고 스스로 인정하고 사과했다. 4.21. 중국의 추궁은 멈추지 않았다. 조선의 회답은 단지 박문국 순보의 착오라고만 말했을 뿐 이 안건을 어떻게 처리했으며 관련자는 누구인가를 밝히지 않은 이유를 따지면서 불만을 표시. 또한 범인 체포를 위해서는 현상금을 걸었으며, 중국 상인들의 야간통행을 금지한 사실 등을 널리 알려 줄 것을 요구. 기사가 나간 지 2개월이 지난 뒤에 말썽이 일어난 이 필화사건은 조선정부가 중국의 요구에 따라 종로 거리와 성문 각 곳에 범인 체포를 위한 고시(告示)를 널리 게시했다는 사실을 5월 3일자로 중국에 알리는 것으로 일단락되다.

1884.12.4. 갑신정변. 박문국 건물이 피습되어 불타고 한성순보 폐간. 남아 있는 마지막

지면은 갑신정변 두 달 전인 1884년 10월 9일자 제36호이다. 그 이후에도 10일마다 한 호씩 발행되었다면 12월 4일의 갑신정변까지는 5호가 더 나왔을 것이고 그러면 제41호가 된다. 갑신정변 이전에 어떤 다른 사정으로 이미 발행이 중단된 상태였을 수도 있고, 제41호까지 나왔는데도 마지막 5호는 보존된 지면이 없을 수도 있는데, 제36호 이후에는 발행이 중단되었을 가능성이 크다.

1884.3.18. 최초의 민간 상업출판 광인사. 여러 사람이 자본을 출자하여 설립한 출판사. 일본에서 납활자를 수입하여 책을 찍어내었다. 1884년 음력 7월에 『충효경집주합벽(忠孝經集註合壁)』의 출판을 비롯해서 『농정신편(農政新編)』(安宗洙, 1884), 『농정촬요(農政撮要)』(鄭秉夏, 1886), 『고환당집(古歡堂集)』(姜瑋, 1889) 등 출판. 한자와 한글 자모까지 갖추고 있었다. 정부는 처음에 이 출판사 시설을 이용하여 발행이 중단된 한성순보를 속간할 계획을 가졌다가 신문발행을 위해 새로 기계와 활자를 구입하기로 하다.

1885.6.2. 한성주보 창간준비. 통리아문에서 일본인 이노우에 가쿠고로(井上角五郎)에게 부탁하여 인쇄기계를 인천이나 또는 일본으로부터 구입하도록 했다. 이노우에는 일본으로 돌아가 기계를 구입해서 8월 3일 동경에서 통리아문에 편지를 보내왔나. 10.18. 박문국이 새로 설치되다. 위치는 중부 경행방(慶幸坊) 교동(校洞), 오늘의 종로구청과 소방서가 들어서 있는 자리.

1886.1.25. 한성주보 창간. 한성순보가 폐간되니 상하관민이 모두 신문의 복간을 바랐다. 주보 창간사에 이런 구절이 있다. "…순보가 창간되지 않았을 적에는 불편한 것을 모르고 지냈더니 순보가 간행되다가 중단되니 겨우 틔었던 이목이 다시 어두워지는 것 같다고 하며 모든 사람들이 간행을 바라고 폐간을 바라지 않았다. 상(上, 임금님)께서는 이런 실정을 살펴 아시고 통리아문에 명하시어 다시 박문국의 설치에 대한 가부를 의논케 하시니 모두들 다시 설립하는 것이 좋겠다고 하였다." 순보는 순 한문으로 10일에 한번 발행이었으나, 주보는 주간으로 발행 간격이 짧아지고, 한문-국한문-한글, 세 종류의 기사로 제작되어 속보성과

접근성을 강화했다. 그러나 국한문과 한글전용 기사는 10월 11일자 제 32호까지만 실리고 그 이후에는 다시 순 한문 신문으로 되돌아갔다.

1886.2.22. 독일 무역회사 세창양행(Edward Meyer & Co.)의 광고가 실렸다. 최초의 신문 광고인데 일본 상인 광고와 동수관이라는 약국 광고가 뒤를 이었다.

1888.7.14. 박문국 철폐, 한성주보 폐간. 주보의 남아 있는 마지막 호는 1888년 3월 12일에 발행된 제106호이지만 박문국이 철폐된 7월 14일까지 발행되었다면 123호가 마지막일 것으로 추산된다. 주보의 폐간으로 한동안 신문 없는 기간이 계속되다.

1898.11.19. '기자' 이전의 명칭. 한성순보와 한성주보를 제작한 사람들은 최초의 기자라 할 수 있지만, 관리의 직급인 주사(主事) 또는 사사(司事) 신분이었다. 기자 또는 이와 유사한 용어가 사용되지는 않았으며 '채방인(採訪人)', '탐사인(探事人)', '방사인(訪事人)' 등으로 표현하는 경우도 있었다. 유길준도 1895년에 간행된 『서유견문』 제17편에서 신문기자를 '탐보인' 또는 '탐보자'로 불렀다. 독립신문이 나오던 무렵에는 '탐보원'과 함께 '기재원'이라는 명칭도 나온다. 1898년 11월 19일자 매일신문에 실린 "황셩신문샤 탐보원 셩락영씨가 내부에 들어갔더니…" 같은 기사가 그 예이다. 배재학당 학생들이 창간한 매일신문에는 편집인(최정식), 저술인(이승만), 발행겸 인쇄인(유영석)으로 기재되어 있다.(1898.5.21) 이는 기자를 지칭하는 이름이 아니라 신문사 안에서의 직책명이었다. 그러면 '기자'는 무엇이라고 불렀는가. 역시 매일신문 7월 19일자에 보면 협성회 통상회가 매일신문의 제작진을 사장 1인, 총무원 1인, 기재원 2인, 그리고 회계 2인으로 결정했다는 기사가 보인다. '기재원'이란 오늘날의 기자에 해당하는 명칭이었음을 알 수 있다.

1898.00.00. 탐보원과 기재원. 1898년 무렵까지는 아직 '기자'라는 명칭이 쓰이지 않고 여러 이름이 있었지만, 그 가운데 탐보원(인)과 기재원이라는 명칭으로 불렸다. 탐보원은 외근 출입기자로 뉴스를 수집하여 기재원에게 알려주면 기재원은 기사나 논설을 집필하는

사람이었다. 따라서 기재원은 지금의 데스크 또는 논설위원에 해당한다고 볼 수 있다.

1898.9.14. 기자의 등장. 기자라는 명칭은 언제부터 사용되었을까. 1898년 9월 14일자 제국신문 논설에는 한성신보가 뎨국신문 '기자 이승만'을 비난했다는 구절이 보인다. 한성신보는 일인 발행 우리말 신문이었는데, 이 신문이 당시 제국신문에 있었던 이승만을 '기자'라고 불렀고, 제국신문은 논설을 통해 이를 밝히고 있다. 그러나 열흘 뒤 9월 11일자 논설「한성신보를 대답하는말」에서는 다시 "우리가 한성신보 '기재원'을 깨닫게 하고자 하노라"고 해서 당시 일본인들이 만들던 신문이 기자라는 말을 썼지만 우리는 아직 기재원으로 부르고 있었음을 알 수 있다. 1901.6.1. 기자 용어 사용. 주한 영국공사 가빈스(J.H.Gubbins 高斌士)가 우리 정부에 보낸 공문과 우리측의 회답에서는 영국기자 해밀튼을 '기원(記員)'이라고 부르다가, 곧이어 이해 8월 9일자로 일본에 보낸 문서에는 '기자'라는 용어를 쓰고 있다. 요약하면 한성주보 때에는 기자라는 말을 쓰지 않다가 1898년 무렵부터 기자 또는 기재원, 탐보원 등을 혼용했고, 1900년 이후에 기자라는 용어가 정착되었다고 볼 수 있다. 일본에서는 1868년(慶應 18년) 윤 3월 18일자『內外新聞』(제16호)과 같은 해 5월 8일자『江湖新聞』(제17호)에 기자가 처음 쓰이기 시작했다.

1881.12.10. 일인 발행 조선신보. 우리나라 최초의 신문은 한성순보와 주보였으나 그에 앞서 일본인과 서양 선교사들이 출판활동을 선도했다. 1881년 12월 10일 일인들은 부산에서 한문과 일어로 조선신보를 창간했다. 한반도에서 발행된 최초의 신문이다. 책자형 20쪽 순간(旬刊) 지령 15호(1882.5.15)까지 발행. 일본인 상인단체 재부산항상법회의소(在釜山港商法會議所) 발행, 발행겸 편집인 오이시 토쿠오(大石德夫). 일인들은 1892.9. 부산에서 잡지『계림(鷄林)』을 발행하였다는 기록도 있지만 실물은 찾아볼 수 없다. 이 신문 발간과 관련하여 일인들은 한글과 한자 및 일본 활자를 구비한 인쇄소를 부산에 설립하였던 사실에 주목하게 된다. 신문을 발행한 일본 거류민들의 상법회의소는 일본 외무성에 신청하여 일어와 한글 활자와 인쇄기를 일본에서 들여왔다. 활자 등 인쇄시설이 갖추어진 것은 1879년 무렵으로 추측되는데, 1881년 1월에는 이 인쇄기로『교린수지(交隣須知)』라는 한국어 교과

서를 인쇄하였고, 이 인쇄시설로 조선신보도 발행하였다. 최초의 서양식 인쇄기는 이와 같이 일인들이 부산에 처음 들여왔고 일인들은 한글 납활자도 주조하였다. 한국의 인쇄문화 발달에 주목되는 사실이라 할 수 있다.

1890.1.28. 인천경성격주상보 창간. 일인들은 경제침략의 방편으로 부산에서 가장 먼저 신문을 발간했고, 인천에서도 신문을 발행했다. 제물상보(濟物商報)사의『인천경성격주상보』가 그것이다. 월 2회 발간. 발행인 사노 세이시(佐野誠之). 1891년 8월 15일까지 제44호 발행 후 종간. 1891.9.1. 제호를『조선순보』로 개제. 월 3회 발간. 1892년 4월 5일 지령 제22호까지 발행 후 종간. 1892.4.15.『조선신보』로 개제 발행. 인천경성격주상보-조선순보 지령을 합산하여 제67호부터 발행.

1890.7.00.『모닝캄』(The Morning Calm) 창간. 영국 성공회의 선교잡지. 원고를 서울에서 런던으로 보내면 이를 런던에서 인쇄해서 세계 여러나라 성공회에 발송하여 한국의 선교 상황을 소개했다. 하지만 서울에서 코프 주교(Bishop C.J. Corfe)가 1890년 11월 30일에 보낸 편지가 이듬해 5월호에 실릴 정도로 시차가 심했다. 이 잡지는 한국과 관련된 정기간행물로서는 최초였으며 한국을 세계 여러 나라에 소개하면서 1939년 7월까지 이르는 긴 기간 240호가 발행되었다. 한국을 "고요한 아침의 나라"(Morning Calm)라는 이미지를 세계 다른 나라에 각인시켰다.

1892.1.00.『코리안 리포지토리』(The Korean Repository) 미국인 감리교 선교사 올링거(Franklin Ohilinger)가 삼문출판사를 운영하면서 이 잡지 발행. 배재학당 학생들이 이 인쇄소에서 일하면서 학비를 벌어 쓰도록 하였다. 배재학당 학생회인 협성회가 1898년부터 우리나라 최초의 일간지『매일신문』을 발행한 것도 이 출판사에서 일한 경험이 토대가 되었다. 코리안 리포지토리는 1년 뒤에 휴간했다가 1895년에 복간, 아펜젤러와 존스(George H. Johnes: 趙元時)의 공동책임 하에 편집되었다.

1894.8.00. 정부 기관지『관보』창간. 1883년 10월부터 발행되던 한성순보 · 한성주보는 1898년 7월에 폐간되었으므로 구한국의 관보가 처음 나오던 때에는 정기간행물이 없는 상태였다. 그 후 1896년 4월에는 독립신문이 창간되었지만 격일간이었기 때문에 일간으로 발간된 정기간행물은 관보가 신문보다 앞섰다. 관보는 정부의 공식 기관지이므로 ①구한국 관보(1894.8.1), ②일제 강점기의 조선총독부 관보(1910.8.29), ③대한민국 정부 수립 후에는 대한민국 관보(1948.9.1, 현재)로 이어져 발행되었다.

1894.10.31. 일본, 서울에서 신문발행 계획. 청일전쟁 3개월 후에 일본은 조선에서 신문을 발행할 계획을 추진했다. 히로시마 대본영에 머물고 있던 외무대신 무쓰 무네미쓰(陸奧宗光)는 서울 주재 일본 특파전권대사 이노우에 가오루(井上馨)에게 서울에서 한국어 신문을 발행할 계획이라는 전문(電文)을 보내다. 신문 편집 요원과 인쇄기계까지 보낼 수 있으니 서울주재 공사관 서기관 겸 영사 스기무라 후카시(杉村濬, 1891.10.13 임명)와 상의하라는 내용이다. 전쟁이 끝나지 않은 시점에 무쓰는 조선에서 일본의 권익을 확보하고 확장하기 위한 선전기관으로 활용할 신문발간을 계획한 것이다.

1894.11.8. 서울의 이노우에 소극적인 회신. 조선 정부는 신문발간에 전혀 도움이 되지 않기 때문에 적절한 시기가 올 때까지 기다려 달라는 내용이다. 하지만 한 달 후인 12월 1일에 보낸 전문에서 이제 신문발간에 알맞은 시기가 되었으며 적당한 기자도 있으니 신문발간을 준비하겠다는 전문을 보냈다. 친일 김홍집 내각이 성립되어 신문발간에 도움을 받을 수 있을 것으로 판단했던 것이다. 이로부터 외무성과 주한 일본공사관 사이에 협의가 신속하게 추진되어 12월 5일 무쓰는 창간에 소요되는 1천 200엔을 이노우에 앞으로 보내면서 기자의 임용도 일임하겠다고 통보하다.

1895.2.16. 한성신보 창간. 대판 4면 격일 발행으로 1면과 2면은 조선어, 3면 4면은 일본어로 2국어 신문이 창간되다. 서재필의 독립신문보다 1년 이상 앞선 시기였다. 일본 외무성은 매월 170원의 보조금을 지급하기로 하고, 탁지부(국가재정 전반을 담당한 관청) 협판(차관격)

안경수(安駉壽)가 남산 아래 회현동에 있던 부지 600평과 건물을 현물 출자했다. 그가 제공한 토지와 건물은 1900년 9월 안경수가 교수형에 처해진 후 미망인의 희망에 따라 일본영사 입회하에 한성신보사가 1천 400엔에 매입했다.

1895.10.8. 명성황후 시해(을미사변). 한성신보 사장 아다치 겐조(安達謙藏)를 비롯한 사원들은 민비(후에 명성황후)를 시해하는 만행을 저질렀다. 을미사변으로 불리는 국모 시해 사건으로 나라의 주권이 치명적으로 손상당했다. 주한 일본공사 미우라 야고로(三浦梧樓)의 지령에 따라 시해에 가담한 일본인들은 한성신보 사원을 비롯하여 순사, 상인, 낭인 등 각종 직업에 종사하는 자들로 48명에 이르렀다. 궁중에 침입한 낭인 무사들이 '국모' 명성황후를 살해한 치욕스런 범죄에 대해서 조선정부는 아무런 보복 조치를 취하지 못하고, 신변에 위협을 느낀 고종은 러시아 공사관으로 피신하고 말았다.(1896.2.11. 아관파천.) →

참고, 정진석, 『고쳐쓴 언론유사』, 커뮤니케이션북스, 2004, 495쪽 이하.

1898~1904

독립신문-황성신문-대한매일신보

1895.12.26. 서재필 인천 도착. 1894년 갑신정변으로 미국에 망명했던 서재필은 인천을 거쳐 해가 바뀐 1896년 1월 1일 서울에 들어오다.

1896.4.7. 서재필 독립신문 창간. 한국인이 발행한 최초의 민간신문. 한글 3페이지와 영문 The Independent 1페이지의 2국어 신문, 격일간. 이듬해 1월부터 한글판과 영문판을 분리하여 2개의 신문으로 발행. 독립신문 교열은 주시경(周時經; 본명 尙鎬)도 참여했다. 한글학자로 뚜렷한 업적을 남기는 주시경은 배재학당 학생으로 독립신문 제작에 참여하면서 한글 연구에 몰두. 독립신문에 '배재학당 학원 주시경'이 투고한 2편의 「국문론」이 실려 있다. 1897년 4월 22일과 24일자, 같은 해 9월 25일과 28일자 1면 논설란에 실리다.

1898.5.14. 서재필 미국으로 돌아가다. 경영과 편집은 윤치호-아펜젤러(H. G. Appenzeller)에게 위임. 5월 19일자 영문판에 서재필은 "압박받는 한국인들에게 모든 인간이 태어날 때부터 평등하다는 사실을 가르쳐 주었다"면서 비록 서재필은 한국을 떠나더라도 독립신문의 필요성은 여전히 존재하고 우리가 그것을 절실히 느끼는 한 독립신문은 계속 되어야 한다고

말하다.

1898.7.1. 독립신문 일간 발행. 그때까지는 격일간으로 주 3회 발행. 1899.3. 윤치호 서울을 떠나 덕원감리 부임. 이때부터 아펜젤러가 독립신문 운영. 6.1. 영국인 엠버얼리(H. Emberley)에게 신문 운영 인계. 1899.12.4. 정부가 서재필에게 4,000원을 지급하고 독립신문의 판권을 인수하여 독립신문 폐간. 창간 이후 43개월 동안 간행된 총 호수는 한글판 776호, 영문판 442호였다. 이 신문은 여러 민간신문 창간의 길을 열었고, 한국언론의 정신적 연원이 되었다. 1957년부터 독립신문 창간일인 4월 7일을 '신문의 날'로 정하여 기념하고 있다.

1898.1.1. 협셩회회보-매일신문 창간. 배재학당 학생회가 주간으로 발행. 4월 2일까지 지령 14호를 발행한 후 4.9. 매일신문으로 제호를 바꾸면서 일간으로 발전시키다. 2년 먼저 창간된 독립신문은 격일간이었으므로 매일신문은 우리나라 최초 일간지의 기록을 세웠다. 협성회회보 발행부터 주도적 역할을 했던 이승만은 매일신문으로 바뀐 후 사장을 맡기도 했다. 정부에 대한 비판과 외세에 저항이라는 언론의 전통 수립에 공헌했다. 1899.4.3. 매일신문 폐간. 지령 287호. 인쇄시설은 보부상 단체인 상무회사가 인수하여 4.14. '상무총보' 창간. 5월 하순까지 30여 호 발간. →참고, 정진석, 「최초의 일간지 매일신문과 협성회회보」, 『한국언론 100년사』, 한국언론인연합회, 2006, 250~269쪽.

1898.10.00. 처음으로 '언론계'가 형성되다. 이 해 여러 신문이 창간되고, 10월에는 최초의 언론단체 신문사간친회(또는 신문사친목회) 결성.

1898.5.16. 매일신문 외세 저항 기사. 지령 제32호에 러시아가 목포와 진남포의 조계지 사방 10리를 사겠다(買)는 것과, 프랑스가 평양의 석탄광 하나를 채굴하여 경의선 철도 부설에 사용하겠다고 정부에 요구한 사실을 폭로하여 외교문제화 되다.

1898.8.10. 제국신문 창간. 한글전용. 사장 이종일은 후에 기미 33인의 한 사람이 되는

인물이다. 배재학당의 매일신문을 주도했던 이승만은 제국신문 창간에 참여하여 일인들의 만행을 폭로했다.

1898.9.5. 황성신문 창간. 국한문 혼용, 최초의 주식회사 형태인 고금제(股金制) 합자회사, 사장은 사원총회에서 선출했다. 초대 사장 남궁억과 제2대 사장 장지연도 사원총회(1902년 9월)에서 선출되었다.

1899.1.9. 이승만 체포되어 5년 8개월 감옥살이. 이승만은 탈옥을 시도했다가 다시 붙잡혀 종신징역 형을 받다. 옥중에서도 이승만은 영어공부와 독서를 하면서 죄수들에게 영어, 일어, 역사, 한문 등을 가르치기도 했다. 그는 옥중에서 더욱 독실한 기독교인이 되었고, 독립협회 간부였던 이상재 등 여러 민중 운동가들과 만나다. 저서『독립정신』도 옥중에서 집필하다. 옥중에 있는 동안에도 한때는『제국신문』에 논설을 집필하다.『독립정신』초판본 서문은 "…수년 동안 신문 논설 짓기로 저윽히 회포를 말하더니 중간에 무삼 사단(事端)이 있어 그것도 또한 폐지하고 있을 차에 일아(日·俄) 전쟁이 벌어지는 지라…" 하여 논설 집필 사실을 밝혔다. 감옥에서의 논설집필은 1903년 4월 17일에 중단.

1899.4.14. 황성신문 잡보란「불입천교(佛入天敎)」기사로 인한 필화, 며칠 후 천도교도 수십 명이 신문사로 몰려가서 사장 남궁억을 명동성당으로 끌고 갔다. 교인들은 남궁억을 발로 차고 주먹질을 하면서 성당에 데려다 앉히고 당장 신문을 정지하라고 공박.

1900.8.8. 황성신문「청자(請者)나 절자(絶者)나」필화. 일본과 러시아가 한반도를 분할 점유하자고 논의했다는 내용, 일본 어떤 신문을 인용보도. 이 기사로 사장 남궁억 구속되다. 정치적인 기사로 인한 최초의 필화. 경부(警部) 서리대신 조병식은 남궁억을 구속하여 평리원으로 송치. 평리원은 사건이 이첩된 다음날인 8월 16일 남궁억을 일단 석방했다가 21일에 다시 불러 기사의 게재경위를 확인한 후 8월 24일에는 무죄를 선고하고 방면장(放免狀)을 내 주었다. 본국에 관련된 사건이 외국신문에 게재되었을 때에 국민에게 이를 알리는 것이

죄가 될 수는 없다는 것이 평리원의 무죄판결 이유였다. 외교관계 기사로 인한 필화로 언론인이 처음으로 정식재판에 회부된 사건. 1933.11. 남궁억, '반일 애국사상과 무궁화 사건, 십자가당 사건'으로 구속된 일도 있다. 남궁억은 미국 작곡가 스테판 포스터(S.C.Foster)의 곡을 번안하여 「기러기」 노래 작사.

1902.5.7. 황성신문 사장 남궁억과 총무원 라수연 구속. 이 때 체결된 일러의정서(日露議定書)가 한국 안에서 일본에게 상공업의 자유를 인정한다는 사실을 폭로한 때문. 평리원으로 이송되었다가 남궁억은 8월 3일, 라수연은 9일에 각각 석방되다.

1903.2.5. 장지연, 황성신문에 「대호척필(大呼擲筆; 크게 소리지르면서 붓을 던지다)」 게재. 경영난으로 신문발간을 중단할 수밖에 없다고 선언하다. 장지연은 앞서 1902.8.31. 황성신문 사장에 선출되었다. 초대 사장 남궁억과 총무 라수연이 3개월 이상이나 구속되었다가 석방된 직후였다. 황성신문은 고금제(股金制) 합자회사였으므로 주주총회에 해당하는 사원총회에서 사장을 선출하였는데 장지연이 사장에 선출되던 때는 신문 발행을 계속하기 어려울 정도의 경영난이었다. 갖은 방책으로 발행을 계속하려 하였으나 타개할 방법이 없다면서 장지연은 이렇게 탄식한다. "오호라 본사는 영영 맹롱객(盲聾客; 장님 귀머거리)이 되였도다. 하지만 본 기자는 본사에 맹롱객 됨을 비감함이 아니라 전국의 맹롱객 됨을 분히 여겨 대성일호하고 독필(禿筆; 끝이 거의 다 닳아서 없어진 몽당붓)을 집어 던진다"고 안타까운 심정을 토로했다. 「대호척필」은 신문경영의 어려움을 드러내는 동시에 장지연의 성격을 표출한 논설이었다. 같은 날짜에 실린 「사고」는 경영이 어려운 이유를 수치를 들어 공개했다. 황성신문은 3천여 매를 발행하는데 구독료와 광고료 수입이 매월 1천 50여원이고, 지출은 용지대 잉크 값 등을 합쳐 830여원이다. 계산상으로는 흑자지만 실지로는 적자를 면치 못하고 있다. 이유는 구독료 미수금이 7천여원에 이르기 때문이다. 용지대와 잉크 값 등 2천여원의 부채가 밀려 있기 때문에 문을 닫을 수밖에 없다는 것이다. 이 논설이 나간 후 신문사가 문을 닫아서는 안 된다는 글과 함께 많은 사람들이 자진하여 성금을 보내왔다.

1904.1.25. 황성신문 자진 휴간. 독자들의 무성의를 질타하는 사설게재. “기생 갈보집이나 골패 화투장에는 용전유수(用錢流水; 돈을 물 쓰듯)하면서도 신문 값을 독촉하면 내일 명일로 미루기만하는 폐단이 있으니, 오호라 이래서야 어찌 야만인이라 하지 않겠는가”라고 개탄하다.

1904.2.8. 러일전쟁 발발. 러일전쟁 후 일본은 한일의정서(1904.2.23)를 강제로 체결하여 일본이 한반도에서 군사상 필요한 지역을 점용(占用)할 수 있도록 했고 전세가 일본의 승리로 기울면서 언론에 무력을 앞세워 통제와 탄압을 가하다. 기사의 사전검열 실시.

1904.2.24. 벽돌신문. 일본군의 사전검열로 활자를 뒤집어 인쇄한 복자(伏字; 벽돌신문) 기사가 황성신문에 보인다. 일제의 탄압으로 빈번하게 나타나는 ‘벽돌신문’의 시초.

1904.3.22. 제국신문 사장 이종일, 「사형실황(死刑實況)」이라는 기사를 게재하였다가 경무청에 구속되어 4개월 넘게 복역, 8월 초순에 석방되다.

1904.6.19. 내한매일신보 견본판. 사장 영국인 배설(裴說, Ernest Thomas Bethell) 총무 양기탁. 7.18. 대한매일신보 창간. 영문판(Korea Daily News) 4면, 한글판 2면의 영문판 위주 2국어 신문으로 시작하였다가 1905.8.11. 국한문판을 창간하면서 영문판과 분리하여 2개의 신문 발행. 1907.5.23. 한글전용 신문 창간. 이로써 배설은 ①국한문판 ②한글 전용판 ③영문판을 합쳐 3개 신문을 발행하면서 항일논조로 통감부의 탄압에 맞서다.

1904.7.20. 주한 일본군 사령부, ‘군사경찰훈령’ 공포. 신문 발행 전에 일본군사령부의 검열을 받도록 함. 8.20. 주한 일본 헌병사령부, 황성신문과 제국신문 대표를 불러 군사관계 사항의 기사를 금지하고 직접 검열을 실시하겠다고 통보. 10.9. ‘군정시행에 관한 내훈’을 시달하여 집회 신문 잡지 광고 등이 치안을 방해한다고 인정할 때는 금지를 명할 수 있도록 하다.

1904.8.9. 무기징역 이승만 특사로 석방. 이승만은 1898년 1월 1일 배재학당 학생회의 협성회회보(주간)에 이어 매일신문(일간, 1898.4.9.) 발행을 주도하고 사장을 맡았다가 제국신문 창간(1898.8.10.)에 참여하여 기자(또는 주필)로 활동하다. 1899년 1월 독립협회 사건으로 투옥되어 무기징역 형을 받았지만 옥중에서 27개월간 제국신문 논설을 집필하다가 1903년 4월 17일 논설 집필 중단. 옥중의 장기간 논설 집필은 우리 언론 역사에 최초-유일한 사례다. 옥중에서 『독립정신』도 저술하다. 출옥 직후 제국신문에 복귀하였지만, 주한 일본군 헌병사령부는 제국신문에 10월 10일 무기정간 처분을 내렸다가 3주일 후인 10월 31일에 해제했으나 재정난으로 즉시 속간 못하고 11월 9일부터 신문을 발행할 수 있었는데, 이승만은 속간 전인 11월 5일 서울을 떠나 미국으로 가다. 11.24. 이승만 미국으로 가면서 보낸 글 제국신문에 게재. 목포와 부산을 거쳐 10일에는 일본 고베항 정박. 17일 미국으로 출항하는 사이베리아호로 바꿔 타기 위해 기다리는 동안 보고 느낀 바를 적어 보낸 글이 제국신문 11월 26일자 1면 '논설'란에 실리다. 우리가 발전하지 못함은 "토지 인물이 남만 못한 것이 아니오, 다만 풍기(風氣)를 열어주지 못한 연고"라면서 그 책임은 위에 있는 이들에게로 돌아갈 수밖에 없다고 결론지었다. 정치인, 위정자들의 잘못으로 나라가 피폐했다고 탄식. 이승만의 두 번째 편지(11월 28일 집필)는 제국신문 12월 24일자 1면 논설란에 실리다. 이민 한국인들의 모습을 기록.

1904.10.7. 제국신문 논설「일본 군략상의 어구(語口)」가 군사상 및 치안방해라는 이유로 10.10. 정간처분. 헌병사령부는 3주일 후인 10월 31일에 정간을 해제하였으나 어려운 재정형편으로 11.9. 속간. 이런 가운데도 영국인 경영 대한매일신보는 치외법권(治外法權)으로 검열을 면할 수 있었다.

1905~1910

일본군의 언론 탄압, 배설 양기탁 공판

1905.1.8. 주한 일본군 사령관 하세가와 요시미치(長谷川好道) '고시군령(告示軍令)' 19개항 공포. 집회 결사 신문 잡지 등의 처벌 규정.

1905.3.11. 대한매일신보 휴간. 영국인 배설(裵說, E. T. Bethell)이 장간(1904.7.18.) 당시에는 영문 4페이지, 한글 2페이지의 2국어 신문(bilingual paper)으로 시작. 8.11. 대한매일신보 6개월 휴간 후 속간하면서 한국어판(국한문)과 영문판 The Korea Daily News를 독립 분리하여 2개 신문으로 발행하다. 1907.5.23. 한글판 창간. 이때부터는 3개 신문 발행.

1905.9.21. 주한 일본공사관, The Seoul Press 지원. 영국인 하지(John Weekley Hodge)가 발행하는 주간 영어 신문. 일본 공사관은 Seoul Press에 매월 350원을 보조하고 하지는 일본의 요구에 맞도록 지면을 늘려 친일적인 논조로 제작하기로 합의. 1년 후 1906.12.1. 통감부, 서울 프레스 판권을 인수하여 일간으로 발행.

1905.10. 주한 일본공사 하야시 곤스케(林權助)는 대한매일신보에 대항하기 위하여 일인

경영 한국어 신문 대한일보에 1,500원을 지급하고 매호 200부 내외 무상배부.

1905.11.20. 시일야방성대곡. 황성신문, 장지연의 명 논설 '이날에 목 놓아 통곡하노라, 是日也放聲大哭' 게재. 을사늑약(11.17)에 반대하는 내용으로 검열 받지 않고 배포하다. "저 개돼지만도 못한 이른바 정부의 대신이란 자들은 영리를 바라고 위협이 두려워 머뭇거리고 벌벌 떨면서 나라를 팔아먹은 매국노가 되어 사천년을 지켜 온 강토와 오백년 이어온 사직을 남에게 바치고 이천만 생령을 남의 노예로 만들었구나. …아 원통하고 분하도다. 노예가 된 우리 이천만 동포여! 살 것인가 죽을 것인가. 단군 기자조선 이래 사천년 국민정신이 하룻밤 사이에 망하고 말 것인가. 아! 원통하고 원통하도다. 동포여! 동포여!" 논설과 함께 게재한 「오건조약청체전말(五件條約請締顚末)」은 조약이 강제로 체결되는 경과를 알리는 사실보도 기사. 전체 지면 4페이지 가운데 한 페이지 반을 차지하는 분량의 사실보도와 논설이 어우러져 상승효과를 내어 커다란 충격과 영향력을 발휘할 수 있었다. 일본 헌병대는 사장 장지연을 구금하고 신문은 정간처분. 장지연은 이듬 해 1월 24일에 석방되고 2월 12일에는 황성신문도 복간이 되었으나 장지연은 사장직에서 물러남. 1908.2. 장지연, 블라디보스토크에서 창간된 해조신문 주필로 초빙되다.

1905.11.27. 코리아 데일리 뉴스(*KDN*) 호외 발행. 황성신문의 「시일야방성대곡」과 「오건조약청체전말」을 영문과 순한문으로 번역 배포. 영어로 읽을 수 있는 독자와 한문 독자를 동시에 겨냥한 호외였다. 논설의 여파는 국내에서 그치지 않았다. 코리아 데일리 뉴스의 영문 호외는 12.21. 일본 고베에서 영국인이 발행하던 The Japan Chronicle이 전재하여 일본의 한국침략 사실을 일본 독자들과 서방 여러 나라에 널리 알리다. 러일전쟁을 전후해서 종군 기자로 왔던 영국 데일리 메일(The Daily Mail) 기자 맥켄지(F. A. McKenzie)는 그의 대표 저작인 『대한제국의 비극』(The Tragedy of Korea, E.P.Dutton & Co, New York, 1908)에 이 글을 전재하여 역사적 사료로 인용되다.

1905.11.20. 『공립신보(共立新報)』 창간. 샌프란시스코. 손으로 쓴 석판(石版) 인쇄 격주간

으로 출발하여 1907.4.26. 활판인쇄, 5월부터는 주간으로 발전. →참고, 1909.2.10. 샌프란시스코 신한민보.

1906.4.17. 제국신문 제1면을 광고로 채우다. 검열로 인한 일손 부족으로 이날부터 논설과 기사가 들어갈 1면을 광고로 채우는 특이한 편집. 사전 검열을 받은 기사로 신문을 제작하려면 인쇄 시간이 촉박하기 때문에 1면에 광고를 게재하여 인쇄하는 동안 논설과 잡보는 검열을 받아오면 2면과 3면을 인쇄하였다. 하지만 1면에 광고를 배치한 편집은 1주일 뒤인 4월 25일부터 중단하고 다시 기사를 게재했다.

1906.9.1. 통감부 기관지 일어 신문 경성일보 창간. 일인 경영 한국어 신문 한성신보(1895.2 창간)와 대동신보(1904.4 창간)를 매수 통합하여 경성일보를 창간하면서 한국어판도 동시에 발행. 국문판 편집 책임은 정운복. 그러나 1907년 4월 21일 지령 제185호부터는 국문판을 폐지하고 일문판만 발행하다. 한일합병 후에는 총독부 기관지가 되어 1945년 8월 일제 패망 후에도 한동안 발행되다.

1906.10.19. 경향신문 창간. 사장 안세화(安世華, Florian Demange, 천주교 프랑스인 신부), 주간, 한글전용, 타블로이드판. 1910년 12월 30일까지 만 4년 동안 220호를 발간한 뒤 폐간하고 1911.1.15. 『경향잡지』로 개제 월간지가 되다. 광복 후에 창간된 오늘의 경향신문(1946.10.6.)도 경영 주체가 가톨릭이었다.

1906.12.5. The Seoul Press 창간. 통감부가 영국인 발행 주간 서울 프레스를 인수하여 일간으로 발행. 지령은 새로 창간하는 형식으로 1호부터 시작. 사장 즈모도 모토사다(頭本元貞)는 전 Japan Times 주필, 통감 이토 히로부미의 영어 공보비서. 배설의 대한매일신보 영문판 Korea Daily News와 대항하려는 목적이었다. 강제합병 후에는 총독부 기관지로 1937년 5월 30일 자진폐간할 때까지 31년 동안 일제 한반도 침략의 대변기관 역할을 수행했다.

1907.2.21. 대한매일신보, '국채보상취지서' 게재. 대구에서 광문사라는 출판사와 문회(文會)를 설립 운영하고 있던 김광제와 서상돈이 발기하여 보낸 편지 형식. 일본으로부터 빌려 쓴 나라 빚(國債) 1,300만원을 국민들의 의연금으로 갚아보자는 취지였는데, 그 불길이 삽시간에 전국으로 번지게 되다. 이 운동이 거대한 민중운동으로 발전하여 전국적으로 확산된 것은 신문의 힘이었다. 대한매일신보는 국채보상의연금총합소가 되어 이 운동의 실질적인 중심기관 역할을 수행. → 참고, 1908.7.12. 양기탁 구속.

1907.2.26. 해조신문(海朝新聞) 창간. 러시아 블라디보스토크(Vladivostok, 해삼위)에서 사장 최봉준, 주필 장지연. 일간 한글전용 신문. 국내로도 반입되었으나 통감부가 대부분 압수. 짧은 수명으로 3개월 후인 5월 26일 지령 65호 발간 후 폐간. 해조신문이 폐간되자 그 지역 유지들이 시설을 인수하여 대동공보(大東共報, 1908.11.18, 주 2회 발행) 창간. 대동공보는 1910년 8월 '대동신보'로 제호를 바꾸었으나 한일 강제합병 직후 연해주 군사령관의 명령으로 9월 1일에 폐간되다.

1907.4.11. 일본, 배설추방 요구. 외무대신 하야시 다다스(林董), 주일 영국 대리대사 로우서(Henry C. Lowther)에게 배설(E. T. Bethell)의 추방을 요구하는 외교 각서(Memorandum) 전달. 이후 배설 처리 문제는 영일 양국 간에 중요한 현안으로 대두됨.

1907.5.23. 대한매일신보 한글판 창간. 편집 겸 발행인 배설. 신보사는 국한문판과 영문판 코리아 데일리 뉴스를 발행하고 있었으므로 한글판과 합쳐 3종의 신문을 발행하는 당시 최대 규모의 신문이었다.

1907.6.7. 제국신문 사장 이종일, 경영권을 정운복에게 양도. 「본사의 행복과 본 기자의 해임」이라는 퇴임사 게재.

1907.7.24. 신문지법 공포. 이완용 내각 법률 제1호. 흔히 '광무신문지법'으로 불린다. 신

문발행은 내부대신의 허가를 받아야 하며 보증금 3천원을 납부해야 한다. 벌칙으로는 발매반포금지, 압수, 발행정지 등의 행정처분과 언론인에 대한 처벌규정. 1908.4.20. 법률 제8호로 일부 개정, 한국에서 외국인이 발행하는 신문과 외국에서 한국인이 발행하는 신문도 규제대상으로 명문화. 일제 통치기간 언론탄압의 근거로 활용되었고, 미군정 기간에도 존속되다가 1952년 4월 4일에 정식 폐기되었다. → 참고, 1908.4.30. 일본인 발행 신문에 대한 규칙.

1907.10.14. 대한매일신보 사장 **배설재판**. 주한 영국 총영사 코번(Henry Cockburn)이 재판을 맡아 영사재판 진행. 원고는 영사관원 홈스(Holmes). 통감부는 배설이 대한매일신보를 통해 소요를 조장하고 공안을 해쳤다고 주장하다. 증인으로 통감부 외사과장 고마쓰 미도리(小松綠), 터너 신부(Bishop Turner), 퇴역 군인 휴즈(Major Hughes) 인천주재 영국영사 레이(Arther Hyde Lay) 등 출두. 코번은 배설에게 6개월의 근신을 명하는 유죄판결을 내리고 앞으로 6개월 동안 과거와 같은 행동을 하지 않겠음을 서약하고 위반하는 경우 벌금 300파운드를 부과하도록 하다. → 참고, 배설의 3차례 재판과 양기탁 국채보상금 횡령혐의 재판은 정진석, 『네 건의 역사드라마』, 소명출판, 2022.

1908.4.30. **신문지규칙**(통감부령 제12호) 공포. 일인들이 한국에서 발행하는 신문을 규제하기 위한 법률. 한국인에 적용된 '신문지법'은 신문을 발행하려면 '허가'를 받아야 했지만, 일본인들의 '신문지규칙'은 계출제(屆出制)였으므로 훨씬 자유롭고 벌칙도 완화되어 있었다. 이에 따라 일본인들은 한국에서 신문발행에 거의 규제를 받지 않았기 때문에 1919년까지 한국인은 겨우 3개의 발행허가를 받은 반면에 일인들은 신문지규칙을 적용받아 26개의 신문 · 잡지를 발행하다.

1908.5.4. 일본 외무대신 하야시, 배설을 사법조치가 아닌 행정처분으로 추방할 것을 요청하는 내용의 구상서(口上書, note verbale)를 주일 영국대사에게 전달. 주영 일본대사 고무라 주타로(小村壽太郎)에게도 배설의 추방을 영국 정부와 직접 교섭하도록 훈령.

1908.5.27. 이토 히로부미, 통감부 서기관 미우라 야고로(三浦彌五郎)가 자신을 대리하여 배설을 고소하도록 권한 위임. 상하이에서 온 검사 윌킨슨과 미우라는 이날 연서(連書)로 배설에 대한 고소장 작성. 6.1. 영국 상하이고등법원이 배설에게 소환장 발부, 6월 15일부터 열리는 공판에 출두하라고 통보.

1908.6.15. 배설 2차 공판 개시. 오전 10시부터 주한 영국총영사관에서 4일 동안 진행됨. 판사 상하이고등법원의 보온(F. S. A. Bourne), 검사 윌킨슨(H. P. Wilkinson), 고소인은 통감부 서기관 미우라, 법정 등록관 총영사관 부영사 홈스, 일-영어 통역 히시다 시즈하루(菱田靜治) 박사, 한-영어 통역은 마에마 교사쿠(前間恭作)와 김규식(金奎植). 한영일 3국의 큰 관심을 끌었던 이 재판에는 국내 거주 외국인 방청객이 몰려왔으며, 양기탁은 16일 오후에, 의병장 민종식은 17일에 각각 증인으로 출두하다. 6.18. 결심공판에서 재판장은 배설을 제1급 경범죄인(First Class Misdemeanour)으로 3주일간의 금고(禁錮, imprisonment)에 처하되 만기 후 6개월 간의 선행(근신)을 서약해야 하며, 그러지 않을 경우 추방령을 내린다는 판결. 또 앞으로의 선행보증금으로 350파운드(본인 200파운드, 보증인 150파운드)를 공탁 하도록 함. 6.20. 배설 상하이로 압송. 영국 형무소에서 복역하기 위해 서울 출발 인천으로 향함. 인천에서는 영국 군함 클리오(Clio)호를 타고 상하이로 압송됨. 6.22. 이날 이후 영국 하원에서 외상 에드워드 그레이를 상대로 배설재판 관련 세 차례 질의. Smeaton 의원이 두 차례(6.22, 7.2.) Kincaid Smith 의원이 한 차례(6.23.) 질문을 벌였는데, 배설을 기소하게 된 상황과 일본 통감부가 한국에서 영국 국민을 기소할 권한이 있는지 여부 등을 따져 묻다. 외상 그레이는 이 사건은 한국 정부가 일본에 의해 통제되고 있는지의 여부와는 관계가 없는 것이라고 답변. 7.17. 배설, 금고형 만기로 석방되어 서울로 돌아옴.

1908.7.12. 양기탁 구속. 일본 경찰, 대한매일신보 총무 양기탁을 국채보상금 횡령혐의로 구속. 이튿날 영국 총영사 코번은 통감부에 항의하면서 즉각 석방을 요구. 양기탁이 배설에게 유리한 증언을 했기 때문에 이에 대한 보복이라고 주장. 이때부터 영일 양측은 양기탁 문제로 감정이 악화됨. 8.11. 통감부는 구속 중인 양기탁을 대한의원에 입원시키려다가

실수로 풀어주다. 양기탁이 신보사로 피신하자 통감부는 영국 총영사에게 양기탁을 돌려보내라고 요구. 양기탁 인도문제를 둘러싸고 영일 두 나라 사이에 감정 대립. 8.21. 영국 총영사 코번은 신보사에 피신해 있던 양기탁을 일본 경찰에 인계하여 양기탁은 대한의원에 입원.

1908.8.31~9.29. 양기탁 재판. 대한매일신보사에 피신해 있던 양기탁은 대한의원에 입원했다가 8월 31일 한성지방법원에서 국채보상금 횡령혐의 제1회 공판. 그로부터 9월 29일까지 다섯 차례 공판 진행. 재판은 일본인 재판장 요코다 사다오(横田定雄), 판사 후카자와 신이치로(深澤新一郎), 한국인 판사 유동작(柳東作), 일본인 검사 이토 노리즈미(伊藤德純), 한국인 변호사는 옥동규(玉東奎)와 이용상(李容相). 이 재판도 배설재판처럼 한국 재판 사상 특이한 기록을 남기다. 피고는 한국인이었으나 증인으로 출두한 사람은 영국인(배설, 만함), 프랑스인(마르땡), 재판정에 출두하지 않았지만 미국인 콜브란(Collbran)이「선서구술서」를 제출했기 때문에 모두 다섯 나라 국적 사람들이 재판에 관련되다. 9.29. 양기탁 무죄 확정.

1908.8.31. North China Daily News, 배설이 국채보상금을 유용했음을 자백했다고 오보. 상하이 영국인 발행 신문인 N-C Daily News는 일인 기자가 보낸 기사를 받아 전재했는데, 배설은 N-C Daily News를 명예훼손 고소. 12.9~10. 이틀 동안 상하이 영국 청한고등법원에서 재판 결과 배설 승소. 재판장 보온(F. S. A. Bourne), N-C Daily News 배설에게 배상금 3천불(멕시코 화폐) 지급 명령.

1908.11.1. 최남선,『소년』창간. 편집겸 발행인 최창선, 발행소 신문관(新文館). 잡지를 통한 최남선의 국민 계몽운동과 언론활동은 '소년' 이후로도 '붉은 져고리', '새별', '아이들보이', '청춘' 발행. 1920년대의 주간신문 '동명', 일간 '시대일보'로 이어졌다. 최남선은 잡지 발행과 함께 조선광문회(朝鮮光文會)를 창립. 스러져 가는 고문헌을 수집하고 이를 새로 편찬하여 보급한다는 목적이었다. 1965년부터 '소년'이 창간된 11월 1일을 잡지의 날로 정하

여 기념하고 있다. → 참고, 1910.12. 조선광문회 설립.

1909.2.10. 샌프란시스코에서 신한민보(*The New Korea*) 창간. 공립신보(1905.11.22. 창간)의 후신으로 제118호까지 발행된 지령을 이어받아 신한민보는 지령 120호로 시작. 일제 강점기에도 발행이 계속되다.

1909.2.23. 출판법 공포(법률 제6호) 전문 16조. 이 법에 의해 책과 잡지가 발매금지 당함. 앞서 1907년 7월에 공포된 '신문지법'(법률 제1호: '광무신문지법'으로 불림)과 함께 일제 식민지 기간 언론 출판을 규제하는 양대 악법으로 활용되다.

1909.5.1. 대한매일신보 사장 배설 사망, 37세. 이튿날 양화진 외국인 묘지에 안장. 신보는 논설「애재라 배공이여, 통재라 배공이여」로 애도. 5.5. 동대문 밖 영도사에서 추도식. 신보 5월 7일과 8일자에「배설공의 약전」게재. 배설은 죽은 후에도 일인들의 미움과 두려움의 대상이었다. 한일합방 직전인 1910년 6월 성금으로 양화진에 세워진 묘비에는 장지연이 비문을 지어 새겼는데 일본 관헌은 한국인의 민족정신을 고취하고 자극시킬 우려가 있다하여 비문을 깎아 없애다. 반세기 후인 1964.4.6. 한국신문편집인협회는 전국 언론인의 성금으로 일제가 깎아 없앤 장지연의 비문을 새긴 새 비석을 세웠다.

1909.6.2. 대한민보 창간. 대한협회 기관지. 사장 오세창, 발행겸 편집인 장효근, 일간, 국한문. 이 신문은 처음으로 만평을 실었다. 신문 만화의 효시. 작가 이도영(李道榮)은 동양화식 목판 작법으로 친일파를 비판하고 세태를 풍자하는 만화를 그렸다. 대한민보는 한일강제합방 이튿날인 8월 31일 제357호로 폐간되다.

1909.10.15. 진주에서 경남일보 창간. 국내 최초의 지방신문, 사장 김홍조(金弘祚), 주필 장지연. 1910.10.14. 경술국치(한일합방)에 순국한 매천 황현의 '절명시'를 게재했다가 발행정지 처분을 받다. 장지연은 1913년 8월에 사임했고, 신문은 1914년 4월말 폐간되다.

1910.3.25. 대한매일신보를 통감부에 매각하는 문제를 주한 영국총영사 헨리 보나르(Henry Alfred Constant Bonar), 주일 영국대사 맥도날드에게 보고. 보나르는 신보의 소유주인 만함(Alfred. W. Marnham)에게 한국을 위한 순교자가 될 준비가 되어 있지 않다면 신문을 처분해 버리는 게 좋을 것이라고 충고. 만함도 이에 동의하다. 3.26. 보나르는 통감부 당국과도 신보의 처분 문제를 협의. 대한매일신보를 일본 당국이 매수한다면 한국에서 영국인이 발행하는 신문은 치외법권의 보호를 받지 않도록 하겠다는 내용들을 상세히 작성하여 각서 형식으로 일본 측에 전달.

1910.5.21. 통감부, 대한매일신보 매수. 주한 영국 총영사관의 주선으로 신보의 소유주 영국인 만함에게 700파운드를 주고 신보 인수. 만함은 앞으로 한국에서 신문사업에 손을 대지 않겠다고 약속. 통감부와 만함은 이 사실을 비밀에 부쳐둔 채, 6.14. 발행인을 이장훈으로 바꿈.

1910.5.21. 통감부, 신보를 매수하면서 제작을 총괄했던 양기탁에게 그의 이름을 내걸고 신문을 계속 운영해달라고 제안. 양기탁은 이를 거절하고 사임. 6.14~23. 광고란에 자신이 대한매일신보에서 퇴사하였으므로 모든 연락사항은 모두 자택(서대문 밖 八角亭洞 195통 4호)으로 보내달라는 광고 게재.

1910.7.18. 신문기사 검열과 취체를 통감부가 담당. 통감부 경무총장 아카시 모토지로(明石元二郞)는 대한매일신보, 황성신문, 대한신문, 국민신보, 대한민보, 대한일일신문사 사장과 발행인을 소집하여 종래에는 한국어 신문의 취체를 한국의 내부(內部) 경시청이 맡았으나 통감부 경무총감부가 경찰사무를 수탁하였으므로 신문 검열을 통감부가 맡는다고 통보하면서 다음 4개항을 주의하라고 요구 . 1.지방에서 흉기를 가지고 인민을 침해하는 도당을 '의병'이라 하고 은연히 동정을 표하야 선동하는 글을 게시하여 인심을 동요케 하는 기사, 2.한일관계를 소원케 하는 문자를 신지 말 것, 3.단체 또는 개인 간의 악감을 도발하여 사회의 질서를 문란케 하는 기사, 4.억측의 내용을 신지 말고 정확한 보도를 할 것 등.

1910.7.26. 일본 언론도 검열 취체. 아카시는 서울과 인천의 일본인 기자들을 소집하여 7월 18일 한국어 신문에 통보한 것과 같은 내용 시달. 8월, 한일합방을 앞두고 한국인 발행 신문과 일인 발행 신문까지 여러 차례의 발행정지[정간] 처분.

1910.8.19. 한국에 들어오는 일본 신문 대량 압수. 비록 일본에서 보도된 기사라도 한국에서는 치안을 방해한다는 이유로 압수. 통감부는 한국으로 이입(移入)되는 일본 신문의 원천적인 차단을 위해서 통감부 경부 모리 와키(森脇)를 요코하마에 파견하여 사전 검열 실시. 8월 19일자로 압수된 일본 신문은 報知新聞, 大阪每日新聞 호외, 東京每日電報, 都新聞, 讀賣新聞, 大阪朝日新聞, 九州日日新聞, 大阪新報, 福江日日新聞, 九州每日新聞, 福井新報, 馬関每日新聞 등.

1910.8.20. 일본에서 발행된 거의 모든 신문 압수. 한일합방이 공포될 때까지 서울과 전국 각 도 경찰부가 철저히 단속.

1910.8.22. 언론인 이종린 등 28명을 예비검속. 합병 조약 공표 후에 석방.

1910.8.29. 한일합병조약 공포. 대사령(大赦令), 구한국 법령의 죄를 범한 자 가운데 신문지법과 출판법 위반 죄를 범한 자를 사면.

1910.8.30. 국호 '대한'을 '조선'이라는 지명만 사용하도록 강제하다. 이에 따라 '대한', '황성', '제국' 등 독립을 상징하는 단어를 신문 제호에서 사용하지 못하게 하다. 대한매일신보는 '대한' 2자를 떼어내고 '매일신보'로 개제하여 총독부 기관지로 전락. 지령은 대한매일신보를 계승하여 국한문판은 제1,462호, 한글판은 제939호부터 시작. 황성신문은 '한성신문'으로 개제하여 지령은 제3,457호로부터 시작하였으나 9월 14일에 폐간. 대한민보, '대한' 2자를 떼어내고 '民報'로 개제하였지만 이튿날 제357호로써 종간. 대한신문은 '한양신문'으로 개제하였다가 9월 1일부터 매일신보에 통합. 이로써 1910년대 무단통치 기간에 발행

된 한국어 신문은 총독부 기관지 매일신보 하나만 남게 되다.

1910.10.14. 경남일보 정간. 경술국치(한일합방)에 순국한 매천 황현의 '절명시'를 10월 10일자에 게재했다가 발행정지 처분을 받다. 10.25. 정간해제. 장지연은 1913년 8월에 사임했고, 신문은 1914년 4월말 폐간되다.

총독부 언론 통일 정책: 1910~1920

민간 신문의 항일논조, 장덕준 순직: 1920~1925

총독부 경무국, 정간과 투옥: 1925~1929

만주사변 중일전쟁 태평양전쟁: 1930~1945

제2부

일제강점기의 언론탄압

1910~1920

총독부 언론 통일 정책

1910.9.4. 총독부의 신문통일정책. 8월 30일 강제 합방으로 통감부 기관지였던 경성일보(일어)는 총독부 기관지로 위상이 바뀌다. 통감이었다가 초대 총독이 된 데라우치 마사다케(寺內正毅)는 조선의 언론계를 식민지 통치에 유리하도록 개편하기 위해「신문통일정책」강행. 조선인 신문은 매일신보 하나만 남기고 모두 없애는 동시에 일본인 신문도 경성일보에 통합한다는 방침이었다. 통감부가 매수한 대한매일신보는 매일신보로 제호가 바뀌면서 경성일보사에 흡수 통합하여 최고 책임자로 일본 국민신문 사장 도쿠도미 소호(德富蘇峰, 1863~1957)를 임명했다. 그러나 도쿠도미는 조선에 와서 상주할 입장이 아니었으므로 자신은 '감독'[회장]이 되어 통합된 매신과 경일의 사장으로는 국민신문의 정치부장이었던 요시노 타자에몽(吉野太佐衛門, 1879~1920)을 앉혔다.

1910.9.14. 황성신문 폐간. 한성신문(원 황성신문, 1898년 창간) 제3,470호로써 종간호 발행. 재정난으로 9월 15일부터 10월 10일까지 휴간한다는 사고를 냈지만, 더 발행되지 않고 폐간. 10월 20일 총회를 개최하였으나 성원 미달.

1910.9.14. 서적 압수. 경무총감부, 제호에 '대한'이라는 글자가 들어있는 서적은 모두 압수.

1910.10.14~25. 경남일보 정간. 서울의 한국인 발행 신문은 모두 폐간하였으나 진주의 경남일보는 존속하였는데 10월 10일 지면에 「매천(황현) 선생 절필 4장」을 게재하여 14일자로 정간. 25일 해제. 1912.1.27. 회사령에 의하여 주식회사로 인가. 1913.8.30. 경남일보 주필 장지연 사임. 1914.12. 또는 1915년 초 경남일보 폐간.

1910.10. 경시청 통역관으로 신문검열 업무를 맡았던 나카무라 겐타로(中村健太郎)가 매신의 감사가 되어 신문제작 총괄. 제국신문 사장이었던 정운복은 매일신보에 입사하여 주필이 됨.

1910.11.16. 서적 압수. 경무총감부, 민족의식 말살을 위해 서적을 대량으로 압수하다.

1910.12. 최남선, 잡지『소년』을 발행하던 신문관에 조선광문회(朝鮮光文會) 설립. 최남선은 주간을 맡아 민족고전 간행을 통하여 민족문화의 진면목을 세계와 후손에게 알리는 동시에 구원한 신민족 문화 창조의 기초를 만든다는 취지로 동국통감, 연려실기술, 해동역사(海東繹史), 대동운부군옥 등 방대한 고전 간행. "수백 종의 전적(典籍)을 발간하고 춘향전, 옥루몽 기타 전래 국민 소설의 순화 정리 출판에도 획기적인 거업(巨業)을 이룩했고 신자전(新字典)이라는 한자 자전을 완결시켰으며, 주시경, 김두봉, 임 규, 권덕규, 한증 기타 제제의 사(士)와 더불어 국문(한글) 연구 정리, 국어사전 편찬의 대업을 일으키고 한글 가로 풀어쓰기 연구…"(진학문의 회고)

1910.12.30. 경향신문 종간. 천주교가 창간한 경향신문(1906.1.19.), 이날자 제220호로 종간. 후신으로 1911년 1월 15일『경향잡지』월 2회(15일, 30일) 발행. 지령은 경향신문을 승계하여 제221호부터 시작. → 참고, 1946.10.6. 경향신문 창간.

1911.1. 안악사건(105인사건). 경무총감부, 양기탁 · 임치정 · 옥관빈 등 대한매일신보 사원들 중심으로 민족진영 인사 38명 검거. 4.7. 보안법 위반 혐의로 경성지방재판소 검사국에 송치. 매일신보는 4월 9일에야 처음으로 이 사건을 보도. 7.10. 경성지방재판소에서 첫 재판. 7.22. 양기탁·임치정 징역 2년, 옥관빈 1년 6개월 등 보안법 위반 사건 언도.

1911.5.15. 최남선의『소년』폐간. 통권 제23호 발행정지. 더 이상 발행되지 못하고 폐간.

1911.9. 신민회 사건(105인 사건). 보안법 위반으로 2년 형을 받아 복역 중인 양기탁 등 신민회(1907년 4월 결성) 중심 민족주의자 수백 명을 검거한 '105인 사건' 시작됨. 신민회 핵심 지도층을 '총독 암살 미수' 죄목으로 조사. 민족진영에 대한 일제의 대대적인 탄압. 이듬해 5월에 검거된 수백명 가운데 122명이 기소됨. 1912.9.29. 신민회 사건 피고 105인에 유죄판결. 양기탁, 윤치호, 유동열, 안태국, 임치정, 이승훈 7명 징역 10년의 중형, 옥관빈 7년 언도. 1913.3.25. 양기탁, 윤치호, 이승훈, 안태국, 임치정 6년 징역, 옥관빈은 5년 징역형 언도. 나머지 99명은 무죄를 선고하여 모두 당일 석방. 7.15. 대구복심법원 공소심 공판. 양기탁, 윤치호, 이승훈, 안태국, 임치정 징역 6년. 옥관빈 5년 언도. 1915.2.15. 양기탁, 윤치호 등 6명 특사로 석방. → 참고,『조선음모사건』, 일어, 서울프레스사, 1912.

1912.3.1. 매일신보 한글판 폐지. 국한문판과 한글판 통합. 한글판은 1907년 5월 23일 배설이 대한매일신보 자매지로 창간하였는데 한일합방 후에도 발행되다가 폐간한 것이다. 한글판을 폐간하면서 매일신보는 정치면-경제면(1-2면, 경파기사)은 국한문으로, 사회면-문화면(3-4면, 연파기사)은 한글로 편집하다. 이같은 지면 제작은 그 후 한국신문 편집의 전형으로 정착됨.

1912.3.25. 광고규제 규칙. 총독부, 광고 규제가 포함된 '경찰범 처벌 규칙'(총독부령 제40호) 공포. 4월 1일부터 시행. 이 법령은 "신청이 없는 광고를 하고 그 대료(代料, 광고료)를 청구하거나 또는 억지로 광고의 신청을 요구하는 자"와 "과대 또는 허위의 광고를 하여 부정

의 이익을 도모한 자"를 구류 또는 벌금을 물도록 규정하다(제1조 15, 16항). 1954.4.1. 폐기(법률 제 316호).

1913.1.1. 최남선『붉은 져고리』창간. 최초의 어린이신문. 월 2회(1일, 15일) 발간, 한글전용 국배판 8페이지. 6월 15일 제12호를 발행했으나 총독부가 배포를 금지하고 폐간. 9.5.『아이들보이』창간. 신문관 발행.

1914.10.1. 최남선『청춘』창간. 신문관 발행. 창간호는 본문 180여 페이지에 부록 100여 페이지 총 300여 페이지 분량으로 당시로는 호화판이었으며 본격적인 종합잡지. 1915.3.1. 제2권 제3호(통권 6호) 발행정지. 1917.5.16. 속간하여 7호가 더 나왔지만 1918.9. 통권 15호를 마지막으로 폐간.

1914.10.17. 경성일보-매일신보 사옥 완공. 태평정(대한문전, 원 경위원-警衛院 터) 1정목 현재의 서울시청 자리에 사옥 완공 이전. 1923.2. 경성부와 합의하여 경성일보의 사옥을 경성부청(현 서울시청) 신축부지로 양도하다. 경일은 경성부청 부지와 인접한 현재의 언론회관-서울신문 자리에 새로 건물을 지어 이전토록 하고, 부청 측은 사옥 이전에 소요되는 보상비 25만엔을 경성일보에 지급.

1915.4.24. 기자대회 개최. 경성일보, 조선신문 등 일본어 신문 통신사 사장과 간부들 23명 참석 조선호텔에서. 조선신문협회 조직을 결의. 일본의 한국병합[施政] 5주년기념 '조선물산공진회' 기간 중에 서울에서 전국기자대회를 개최하고 일본, 만주, 대만, 중국 기자들도 참석하도록 결의.

1915.9.23.~25. 전국기자대회. 4월 24일 열렸던 기자대회 결의에 따라 3일간 전국기자대회 개최. 첫날 조선호텔에 모인 참석자 125명. 일본 80명, 조선신문협회원 39명, 만주 5명, 청도 1명.

1917.1.1. 이광수의「무정」. 한국 최초의 현대 장편소설 매일신보에 연재, 6.14. 126회로 마무리.

1917.6.26. 이광수「오도답파여행기(五道踏破旅行記)」 취재. 매일신보와 경성일보(일어) 양 신문 공동 특파원 자격으로 남한 지방을 순회하면서 취재. 한국어와 일어로 연재하면서 언론인으로 활동. 매일신보(9.7). 경성일보(9.12)에 53회. 조선인 특파원의 기사를 매일신보와 경성일보가 동시에 장기간 게재한 사례는 이광수가 처음이었고 그 이후에도 없었다. 9.6~10.19. 이광수, 매일신보에「신생활론」 연재. 유림의 반대로 중단.

1918.6.13. 경일-매신 감독 도쿠도미 사임. 도쿠도미 사임에 따라 사장 아베 미쓰이에(阿部充家)도 물러남. 9.18. 매일신보 발행겸 편집인 선우일에서 이상협으로 변경.

1918.9.26.『태서문예신보』 창간. 주간 타블로이드 8면, 우리나라 최초의 문예 주간지로 서구 문학 소개에 주력. 1919년 2월 17일 제16호로 종간.

1919.3.1.『조선독립신문』 창간. 사장 윤익선(尹益善, 보성법률상업전문학교 교장), 천도교 운영 보성사(普成社)에서「독립선언서」와 함께 인쇄. '호외' 형태의 빈약한 단면 인쇄 지면이었으나 3·1운동과 동시에 발행된 최초의 신문으로 인정되며, 한 해 뒤에 창간되는 민간지를 선도하는 촉매제였다. 민족대표 33인이 독립선언서를 발표하여 이 운동이 전국적으로 전개될 것이라는 기사를 실었다.

1919.3.0.『조선독립신문』 등사판 발행. 윤익선이 첫 호 발간 후 체포되자, 이종린, 장종건이 2호부터 4호까지(날자 미상)는 서울 관훈동 177번지 자택에서 원고를 작성하여 관훈동 155번지 경성서적조합 사무실에서 등사판으로 600매 인쇄 배포. 그 후 장소를 옮겨가며 제5호 700매, 제6호 900매, 제7호(3월 16일), 제8호(3월 22일), 제9호(3월 24일)까지 발행하다가 관련자가 체포되다. 비슷한 제호의 독립신문이 시내에서 산발적으로 발행되자 3월 하순

에는 장채극(張彩極) 등이 여러 신문을 통합하여 4월 초순 제17호부터는 매일 또는 격일, 때로는 3~4일마다 발행하여 4월 26일자 제27호까지 발행. 그 후로도 다른 후계자들이 비밀리에 신문을 발행하여 이해 6월 22일까지 36호가 나왔고, 8월 29일에는 국치기념호 발행. 매일신보는 3.1운동 후 그해 11월까지 "조선 각지에는 불온문서를 배포하는 자가 많아 그 종류도 수 백종에 달하며 상해 방면으로부터도 수종의 인쇄물이 와서 인심을 동요케" 했다고 보도.(매일신보, 1919.11.30.)

1919.3.6. 3.1운동 5일간 보도금지. 유일한 한국어 신문 매일신보는 3월 6일에 처음 3.1운동 보도. 「민족자결주의의 오해」라는 사설로 이른바 "각지의 소요사건"을 비난하고, 이튿날은 전국에서 벌어지는 '소요사건' 보도. 8일자 「소위 독립운동」이라는 사설은 전 민족적인 독립운동을 폄하.

1919.4.00. 등사판 통신 '우리消息'(주간). 상하이 신한청년단 발행.

1919.7.21. 滿洲日報 창간. 매일신보 발행겸 편집인이었던 선우일(鮮于日) 만주 봉천에서 창간. 조선과 만주를 통틀어 합방 후 처음 창간된 한국어 일간지. 8.1. 만주일보 경성지국 기자모집. 신문편집과 논평기사에 능한 기자 4명, 유광열 채용됨.

1919.8.20. 조선총독부 사무분장규정 개정. 제11조 경무국에 경무과, 고등경찰과, 보안과 및 위생과를 두고, 신문잡지 출판물 및 저작물에 관한 사항을 고등경찰과가 맡도록 함. → 참고, 1926.4.25. 총독부, '도서과' 신설.

1919.8.21. 상하이 『독립신문』 창간. 프랑스 조계[勒路 同益里 5號]. 격일간, 매주 화, 목, 토 3회 발행. 창간 당시의 제호는 '獨立'이었다가 10월 25일 제22호부터 獨立新聞으로 제호 변경. 독립신문은 6년 넘는 기간에 부정기 발행과 중단을 반복하면서 1926년 11월 30일까지 총 198호 발행. 창간 당시는 안창호를 중심으로 사장 이광수, 경리부장 이영렬, 출판부장

주요한 등이 제작. 1921년 10월에는 김희산(金希山, 일명 金承學)이 맡았다가 1924년 11월부터 박은식(朴殷植)이 사장, 1개월 후에 사임.

1919.9.2. 월간 개벽사 발기회 성립. 이돈화, 박달성, 이두성 등이 논의. 12월 20일 신문지법에 의하여 잡지 허가원 제출. (1920년 1월 8일 허가원 제출설도 있음.)

1919.10.28. 신채호, 『신대한』 창간. 상하이, 주간 발행, 주필 신채호, 편집장 김두봉. 이승만과 임시정부에 비판적인 논조. 이광수의 독립신문과도 논조 불일치. 1920.1.4. 임정 요인들은 독립신문과 신대한 양사 기자 전원을 초대하여 양측의 협조를 당부. 신대한은 1920년 2월 이후에는 발행되지 않은 것 같다.

1919.11. 활판 인쇄 지하신문 『대동신보(大同新報)』 등사판 압수. 지하신문이 비밀리에 대량 배포되자 경찰은 색출에 고심. 서울 종로경찰서는 관계자 정필성(鄭必成)과 인쇄 직공 5명 체포. 이들은 일반주택에 영동활판소라는 인쇄소 간판을 걸고 7월 초순부터 대동신보를 발행. 제1호 1만 장을 인쇄하여 각지에 배포하였고 계속 발행할 계획이었으나 인쇄공 가운데 한사람이 경찰에 체포되어 비밀 인쇄소가 발각되다.

1919.12.2. 독립신문 3주일간 발행 중단. 이날자 제31호 발행 후 상하이 프랑스 조계측이 임정과 독립신문의 퇴거를 요구하였기 때문임. 12.25. 32호 속간. 독립신문은 탄압과 경비 부족, 인원 부족이 겹쳐 점차 경영이 어려워짐.

1919.12.15. 『서울』 창간. 3.1운동 후 제일 먼저 나온 종합잡지. 편집겸 발행인 장도빈, 발행소 3호까지는 서울사, 4호 이후는 한성도서주식회사 출판부.

1920.1.6. 총독부 민간지 3개 발행허가. 동아일보(李相協), 조선일보(芮宗錫), 시사신문(李東雨). 동아일보는 김성수, 조선일보는 대정실업친목회, 시사신문은 이른바 내지연장 주의

를 주장하던 협성구락부의 친일파 민원식이 발행을 주관하다.

1920.3.5. 조선일보 창간. 3월 5일 석간 3월 6일자로 발행. 경성부 관철동 249번지. 대정실업친목회를 경영 주체로 사장 조진태, 부사장겸 발행인 예종석, 편집인(편집국장) 최 강, 편집부장 최찬식, 편집-영업 양국 각 15명 정도. 공무국은 독립되지 않아서 영업국에 소속. 신문지법 제9조는 발행 허가일로부터 2개월을 경과하고도 신문을 발행하지 않으면 발행허가의 효력을 상실한다고 규정되어 있었다. 민간 신문 3개의 허가날자는 1월 6일이었으므로 2개월이 넘지 않으려면 늦어도 3월 6일 이전에 창간호를 발행해야 했다. 조선일보는 인쇄시설이 미비한 상태에서 우선 3월 5일에 창간하였으나 계속 발행할 형편이 못되었기 때문에 제2호는 7일에, 제3호는 9일에 발행한 뒤 휴간에 들어갔다가 4월 28일에 제4호를 내고, 5월 9일부터 정상적인 신문발행이 가능하였다. 경제단체 대정실업친목회가 발행허가를 받았으나 5개월 뒤 8월에 결별하고 독자적인 경영으로 운영되다.

1920.3.25. 독립신문 경영난 호소, 도와달라는 사고 게재. 사장 이광수, 영업부장 이영열, 출판부장 주요한 3인 명의로. 주식모금 시작. 발기위원(위원장 안창호) 9명, 찬성위원(위원장 이동휘) 11명이 자본금 금화 10만원(200주, 주당 500원) 모금 추진. 5.11. 경영난으로 이날 제57호부터는 주 3회 발행(화,목,토)을 주 2회 발행(화,토)으로 축소. 6.24. 이후 6개월간 정간. 12.18. 속간(제87호). 이때부터 주 1회 정도 밖에 발행하지 못할 정도로 경영이 어려웠다.

1920.4.1. 동아일보 창간. 사장 박영효, 편집감독 유 근과 양기탁, 주간 장덕수, 편집국장 이상협, 사옥은 서울 화동 138 구 중앙학교 한옥. 타블로이드판, 평판인쇄. 동아일보는 3월 4일자로 총독부에 발행 연기신청을 내어 신문지법의 규정을 일단 피한 다음에 4월 1일자로 창간. 동아일보 주식은 각 도 유지를 망라하여 78명이 인수, 발기인 대표는 김성수.

1920.4.1. 시사신문 창간. 국민협회 기관지, 사장 민원식, 부사장 김명준, 주간 이동우, 편집주임 김 환, 친일적인 논조로 독자의 인기를 끌지 못하다가 1921.2.16. 민원식이 도쿄에

서 양근환에게 암살당한 뒤 폐간. 판권은 1922년 4월 15일부터 월간『시사평론』창간.

1920.4.15. 동아일보 첫 압수처분.「평양에서 만세소요」기사(지령 13호). 이후 압수처분이 빈번하게 일어남. 4.19.「원고검열을 폐지하라, 언론자유의 일단을 논함」이라는 사설 게재.

1920.5.19. 동아일보 초대 사장 박영효 사임. 논설기자 김명식의 연속사설「조선 부로(父老)에게 고함」(1920.5.4.~9, 6회 연재)과 권덕규(桓民, 한별)의 8일,9일자「가명인(假明人) 두상(頭上)에 일봉(一棒)」이 유림의 불만으로 불매동맹까지 일어나자 사장 박영효가 이를 감당하지 못하겠다 하여 사임한 것.(매일신보, 5.21,「동아 사장 사직」) 박영효는 창간 초부터 과격한 논조를 완화하려 하였으나 사내 간부와 의견이 맞지 않았다. 이 사태와는 관계없지만 편집감독 양기탁과 정경부장 진학문도 이 무렵에 물러나다.

1920.7.1. 동아일보 제2대 사장 김성수(29세) 취임. 김성수는 이로부터 광복 이후까지 사장을 3차례 맡는다. 창간 당시 동아일보는 20대 청년들이 주축을 이룬 '청년 신문'이었다. 29세 사장 김성수를 비롯하여 주간 장덕수 25세, 편집국장 이상협 27세, 논설위원겸 정치부장 진학문은 26세.

1920.6.25. 1920년대 대표 잡지『개벽』창간. 발행인 이두성, 편집인 이돈화. 신문지법에 의한 정식 허가는 1922년 9월 12일. 천도교를 배경으로 발행. 창간호는 발간과 동시에 표지(호랑이 그림)와「금쌀악」·「옥가루」등 몇몇 기사가 문제가 되어 압수처분. 문제 된 기사를 삭제하고 호외(號外)를 냈으나 이것마저 압수되어 다시 임시호 발행. 그 뒤에도 시련은 계속되었고, 결국 1926.8.1. 통권 제72호(8월호)를 끝으로 강제 폐간. 폐간될 때까지 발매금지(압수) 40회 이상, 정간 1회, 벌금 1회 등 많은 압력과 박해를 받다, 폐간 후에도 개벽사는 존속하면서 여러 잡지 발행.

1920~1925

민간 신문의 항일논조, 장덕준 순직

1920.8.15. 조선일보 대정실업친목회와 단절. 초대 사장 조진태와 부사장 예종석 물러나다. 제2대 사장 유문환(발기인의 한 사람이며 변호사) 취임.

1920.8.27. 조선일보 제1차 발행정지[정간]. 민간지 허가 후 최초 정간. 지령 제113호 사설 「자연의 화(化)」 미국 국회의원 시찰단 일행의 방문 기회를 타서 평양과 서울에서 만세 운동이 일어나고 민심이 격앙하여 경찰과 충돌한 사건을 다루었다. 의원단의 방문을 맞는 조선인들의 심정은 가뭄 끝의 비, 목마름 끝의 물을 얻은 것과도 같다. 많은 주민이 흥분하여 세차고 갑작스럽게 일어나는 심리와 행동은 자연스러운 현상이다. 누구의 명령, 지도에 의한 것도 아니다. 새벽부터 깊은 밤까지 애써 한 푼의 이익이라도 얻으려고 뛰어다녀야 하는 사람들까지도 쾌연(快然)히 점포의 문을 닫고 분연히 활동하고 있다. 이 어찌 자연스러운 소위(所爲)가 아닐까보냐. 그런데도 억압으로 막기 위해 경찰관 수만 명이 활동하고 위력을 행하여 철시(撤市)한 점포의 문을 열라고 강요하면서 혹은 구타하고 또는 행인을 몰아내고 통행을 단절할 뿐 아니라 심한 자는 칼을 뽑아들고 총을 쏘면서 기마로 충돌하는 사태가 일어나고 있다고 비판했다. 총독부는 안녕질서 방해를 이유로 8.27.~9.2. 7일간 발행정지 명령.

1920.9.5. 조선일보 2차 무기정간. 9.2. 정간이 해제되자 속간 3일째인 9.5.(지령 116호) 논설「우열한 조선총독부 당국자는 하고(何故)로 우리 일보(日報)를 정간시켰나뇨/ 천하의 동정이 오사(吾社)에 폭주함」이라는 사설로 총독부를 정면 비판. 우리 신문의 정간은 문화정치를 간판으로 내세우는 총독부의 허위성을 드러내는 증거라고 공박. 무기정간 처분 받음. 논설은 계속된다. 조선일보 창간 이래 113호를 발행하는 동안 지면압수 23회, 발행자에 대한 계책(戒責) 10여 차 등 총독부가 압박에 압박을 가하였다고 지적하고, 일제에 아부하여 무문곡필(舞文曲筆)을 휘두르지 않은 죄라면 "3천리 강토를 점거하고 2천만 민중의 생살을 임의로 행하는 조선총독은 일거에 우리 사의 발행권을 취소하고 기계, 재산을 압탈(押奪)하고 종업원을 주륙(誅戮)할 것이지" 어째서 겨우 1주일 정도의 정간에 그쳤느냐고 총독부를 비난했다. 총독부를 직설적으로 비판한 기개 있는 논설이었다. 11.5. 정간은 해제되었으나 잇따른 탄압에 따른 후유증과 경영난으로 즉시 속간하지 못하고 정간 89일 만인 12월 2일에야 정상발행에 들어갔다.

1920.9.25. **동아일보 제1차 무기정간**. 9월 24일과 25일(지령 제176호) 사설「제사문제를 재론하노라/ 조선(祖先) 기념과 우상숭배의 별(別)」이 문제였다. 조선 사람들이 조상들에게 제사 지내는 행위는 우상숭배와는 다르다고 강조하면서 일본이 숭상하는 '신기(神器)'라는 것이야말로 우상숭배라고 지적했다. 제2회까지 연재되어 아직 끝나지 않은 '미완'으로 표시된 사설은 일인들이 신념의 중추로 삼는 거울, 구슬, 칼 등 이른바 3종의 신기를 모독[황실의 존엄 모독]하는 내용이라고 총독부는 지적했다. 이 논설만이 아니라 8월 30일부터 연재 중인「대영(大英)과 인도(印度)」(9월 25일까지 14회 연재)도 문제였다. 영국이 인도에서 저지른 악정을 논하면서 암암리에 이를 조선과 대비하였다는 사실도 정간 이유의 하나였다. 동아일보는 창간 후 여러 차례 발매금지 처분을 받았으며, 총독부가 주의를 환기하고 8월에는 발행인을 소환하여 최후의 경고를 한 바 있었다. 그런데도 불구하고 "로마의 흥망을 논하야 조선의 부흥을 설하며 혹은 애급(이집트)의 독립을 설시하며 애란(아일랜드) 문제를 설하야 조선의 인심을 자극하며 영국에 대한 반역자를 찬양하야 반역심을 자극하는 등" 일일이 열거하기 어려울 정도로 "총독정치를 부정하야 일반의 오해를 심절케 함에 노력했다."고

총독부는 정간 이유를 밝혔다. 이리하여 조선일보와 동아일보는 같은 때에 신문을 발행하지 못하는 상황이 되었다. 1921.1.10. 정간은 해제되었으나 재정난으로 곧바로 발행하지 못하다가 40일 후인 2월 21일 속간.

1920.10.- 동아일보 논설기자 장덕준 만주 훈춘에서 피살. 장덕준은 동아일보 창간 준비 과정에서부터 참여했고 동생 장덕수는 주간[주필]이었다. 장덕준은 만주의 청산리와 봉오리 등지에서 독립군에 패한 일본군이 보복으로 우리 동포 주민 5천여 명을 어른아이 가릴 것 없이 학살한다는 소식을 듣고 동아일보가 정간 중인 때였는데도 현지로 달려갔다가 일본군에 끌려가 행방불명되었다. 우리 언론사상 첫 순직 기자였다. 두 동생 장덕수(張德秀, 1894~1947), 장덕진(張德震, ?~1922) 세 형제 모두 의롭게 나라를 위해 목숨 바친 순국지사들이다. → 참고, 장덕수 피살. 1947.12.2.

1920.12.28. 개벽 잡지 벌금 50원. 12월호(제6호)에 실린 유진희의 「순연(純然)한 민중의 단결이 되라」가 문제였다. 경찰은 이 글이 개벽이 다룰 수 있는 한계의 범위를 벗어난 내용이라고 말했다. 개벽은 그때까지는 출판법에 의해 발행되고 있었으므로 '학술과 기예(技藝; 예술)'에 관해서만 실을 수 있는 잡지인데 이 글은 정치적인 내용이므로 신문지법 위반이라는 것이다. 12.28. 동대문 경찰서는 발행인 이두성(李斗星)을 불러 주의를 주었다가 이튿날 다시 불러 신문지법 제26조(사회의 질서 또는 풍속을 괴란하는 사항 기재)를 위반했다 하여 즉결처분으로 벌금 50원 부과. 이두성은 불복하며 경성 지방법원에 정식재판을 청구하였다. 12.30. 동대문 경찰서는 즉결처분을 번복하고 보증금을 납부하지 않은 잡지 개벽이 학술·문예 이외의 기사를 게재하였으니 신문지법 제30조를 위반이므로 벌금을 물어야 한다고 통보했다. 민간지 허가 이후 벌금부과는 첫 사례였다.

1920.12.00. 경성일보와 매일신보 편집국 분리. 합방 후 매일신보는 경성일보에 통합되어 일본인 편집국장 밑에 1개 부서로 전락되어 있었는데, 경일과 매신 편집국을 분리 독립시키고 매신에 논설부, 외사부, 사회부, 지방부 설치. 편집국장은 방태영이 잠시 맡았는데, 3개

월 뒤 1921.3.8. 방태영이 퇴사하자 경일 편집국장 나카무라 겐타로(中村健太郞)가 경일과 매신을 함께 관할.

1921.2.16. 시사신문 사장 민원식 도쿄에서 양근환에 피살. 민원식이 피살되자 시사신문은 폐간하고 4.15. 신문사 해산. 신문의 판권으로는 이듬해 4월부터 월간『시사평론』창간. 양근환은 도쿄에서 열린 1, 2심 재판에서 무기징역형. 상고를 포기하고 복역 중 1933.2.11. 감형으로 출옥. 광복 후 1948.10.4. 주간『혁신보』창간. "건국에 좀먹는 반민족행위자, 38선 파괴공작에 방해하는 놈, 통일정부 수립에 방해하는 악질분자를 적발하여 하루속히 청소하지 않으면 안 된다"고 주장. 1949.3.29. 자진폐간.

1921.2.00. 이광수 독립신문에서 손을 떼고 귀국. 이광수가 상하이를 떠난 후 독립신문은 영업부장 이영렬(李英烈)이 주필을 맡았다가 김희산(金希山, 본명 김승학), 박은식으로 이어지면서 1926.11.30.까지 198호가 발행되다.

1921.2.7. 이광수 개벽 잡지에「중추계급과 사회」게재. 11월호부터「소년에게」논문 5회 연재. 1922.5.「민족개조론」발표. 민족의 흥망성쇠는 그 민족성에 달려 있다. "민족적 성격의 개조, 이것이 민족이 살아나갈 유일의 길이다"라고 설명. 식민통치의 극복을 위해서 철저한 자기반성이 선행되어야 하며, 도덕성을 회복해야 한다고 주장. 이 논문은 크게 비난받는 한편으로 훌륭한 논문으로 평가받기도 한다. →참고, 1924.1.2.~6. 동아일보 연속사설,「민족적 경륜」, 정진석,『언론인 춘원 이광수』, 기파랑, 2017.

1921.9.14. 주식회사 동아일보 성립. 창간 무렵에 예정했던 자본금 1백만원을 조속히 달성할 가망이 없으므로 정관을 개정하여 자본금을 70만원으로 줄이고, 이에 따라 총 주식 수도 2만주(1주 50원)에서 1만 4천주로 감자(減資). 그러나 제1회 불입금은 주(株) 당 12원 50전으로 하여 70만원의 자본금 가운데 제1회 불입금 총액은 17만 5천원이었으나 실제로 들어온 돈은 15만원에 지나지 않아서 2만 5천원이 부족. 부족액은 신구범이 1만 5천원, 양원모가

1만원을 새로 출자하여 마침내 '주식회사 동아일보사' 성립. 1만 4천주 가운데 발기인 인수주 9,454주, 공모주는 4,546주였다. 주식회사 발기인은 55인.

1921.9.15. 동아일보 제3대 사장 송진우, 부사장 장덕수. 2대 사장 김성수는 주식회사 설립 후 취체역의 한 사람으로 물러나고 3.1운동 민족대표 48인으로 투옥되었다 출옥한 송진우가 사장 취임. 송진우는 1921년부터 1945년 12월 암살범의 흉탄에 쓰러질 때까지 동아일보 사장을 세 차례 맡았다.

1921.10.21. 동아일보 기자 김동성(조사부장) 호놀룰루에서 열린 제2회 만국기자대회 부회장 당선. 김동성은 1915년 미국 유학, 오하이오 주립대학 신문학과 졸업. 1920년 4월 동아일보 창간 기자, 우리나라 최초의 신문학 저서『신문학』(1924년)을 출판하여 신문의 이론 정립에 공헌한 선구자. 일제 강점기에 조선일보 발행인 겸 편집인, 노정일이 인수한 중앙일보의 편집국장 역임. 1945년 12월 합동통신을 설립하여 초대 사장, 건국 후 초대 공보처장(48.8~49.8), 제2대 민의원 당선(개성, 무소속), 국회 부의장.

1921.11.11. 장지연 마산 수정(壽町) 자택에서 사망. 1864년 11월 30일(음력) 경상북도 상주목(尙州牧) 내동면(內東面) 동곽리(東郭里) 출생. 황성신문 사장,「시일야방성대곡」을 썼던 한말 대표 논객. 블라디보스토크 발행 해조신문 주필을 거쳐 진주의 경남일보(1909. 10.15. 창간) 주필로 초빙되어 경술국치(한일합방)에 순국한 매천 황현의 절명시를 게재하였다가 경남일보 발행정지 처분. 1913.8. 경남일보 퇴사 후 마산으로 옮겨 살다가 생을 마치다. 1967.10.2. 편집인협회는 전국 언론인의 성금으로 창원군 구산면 현동리 묘소를 개수하고 묘비 건립.

1921.11.27. 언론단체 무명회(無名會) 결성. 신문 잡지 소속 언론인들 '문화보급의 촉진, 언론 자유의 신장과 회원의 권익옹호'를 목표. 1925년 전조선기자대회 개최.

1922.3.11. 『신생활』 창간. 신문지법에 의해 허가받은 사회주의 성향 잡지. 사장 박희도, 전무이사 이병조, 편집부장 강 매, 주필 김명식. 창간호부터 5호까지는 순간, 6호부터 월간, 1923년 1월 1일 발행금지 처분으로 폐간.

1922.9.3. 최남선 『동명』 창간. 3.1운동 독립선언문을 기초하여 투옥되었던 최남선이 1921년 10월 18일 가출옥하여 창간한 최초의 시사 주간지. 편집 겸 발행인 진학문, 주간 최남선. 타블로이드 20면. 1923.6.3. 40호 발행 후 1924.3.31. 시대일보 창간.

1922.9.12. 총독부 잡지 5개 '신문지법' 허가. 『개벽』(이두성, 1920.6 창간), 『신천지』(백대진, 1921.7 창간), 『신생활』(박희도, 1922.3.11 창간), 『조선지광』(장도빈, 1922.9 창간) 등 네 개와 주간 『동명』(최남선, 1922.9.3 창간). 5개 잡지 중 『조선지광』 외에는 이미 출판법에 의해 발행하고 있었는데 새롭게 신문지법 잡지로 발행의 법적 근거를 변경하다. 출판법 잡지는 정치, 경제 문제를 다룰 수 없지만 신문지법 잡지는 보증금 300원을 납부하고 정치, 경제문제 등도 다룰 수 있게 되다.

1922.11.20. 『신천지』 사장 백대진 검찰 기소. 신천지 11월호 「일본 위정자에게 고함」은 조선의 독립을 주장하고, 조선에 대한 일본의 통치권을 배제하였다 하여 '신문지법'과 '제령(制令) 제7호' 위반 혐의였다.

1922.11.22. 『신생활』 대대적인 수사. 종로경찰서는 『신생활』 사장 박희도, 인쇄인 노기정, 주간 김명식, 기자 유진희와 신일용 연행. 박희도의 집과 신생활사를 수색하고 인쇄기 압류. 신생활은 창간호부터 많은 부분이 삭제되었는데, 1922년 11월호와 12월호를 러시아 혁명 기념특집으로 다루었다가 사법처분을 당하다. 검찰은 이 사건을 사회주의 계열 자유노동대회와 관련시켜 수사를 진행하면서 구속된 사람 외에도 인쇄인 김종환, 박희도의 처, 사원 이성태, 정 백 등 관련자 거의 전원을 소환 심문. 12월 12일. 검사국, 박희도, 김명식, 신일용, 유진희 등 4명을 신문지법과 제령 제7호 위반으로 기소.

1922.12.18.『신천지』 사건 공판. 최 진, 장 주, 이한길, 김병로, 이승우, 강세형, 박승빈 등이 무료 변론. 12월 25일에 열린 결심공판은 백대진에 6개월 징역 언도. 1923.1.31. 경성 복심법원 공소재판에서 1심 판결대로 6개월 체형 확정. 백대진은 서대문 형무소에서 복역 후 8.2. 출옥. 그러나 복역하고 나온 지 며칠 후인 9월 11일 경성지검은 또다시 신천지 기자 4명을 구속.

1922.12.26.『신생활』 사건 공판. 조선에서 재판제도가 생긴 이후 사회주의자에 대한 재판으로는 처음이라 하여 큰 관심을 끌었고 아침부터 방청객 수백 명이 몰려들다. 1923.1.16. 결심공판에서 사장 박희도에게 징역 2년 6개월, 주필 김명식 징역 2년, 기자 신일용과 유진희에게 징역 1년 6개월 언도. 또한 압류 중이던 신생활 인쇄기까지 몰수. 실형을 선고받은 이들 4명 가운데 김명식은 함흥 형무소에 복역하면서 목도를 나르는 중노동으로 부상당한 뒤에 건강이 극도로 악화되어 이 해 7.26. 형 집행정지 처분 받아 출감. 신일용은 1924.4.29. 유진희는 4월 20일, 박희도는 1925년 1월 1일에 각각 만기 출옥. 김명식은 1930.6. 일본 니가타현 히가시시(新潟県 妙高市 東志) 형무소에 수감되어 잔형을 마치고 같은 해 11월 1일에 출감, 사건은 8년 만에 모두 일단락되다.

1923.9.11.『신천지』 기자 4명 구속. 9월호에 실린 유병기(兪炳璣)의 글「약소민족에게 호소하야 단결을 재촉함」이 문제였다. 경찰은 인쇄된 잡지 2천 여부를 모두 압수했고, 사장 오상은, 기자 박제호, 유병기, 인쇄인 박영진을 연행하였다가 박제호와 유병기를 서대문 형무소에 수감하고 나머지는 돌려보냈다. 두 기자는 기소되어 11월 6일 열린 공판에서 각각 1년 형 선고. 두 사람은 일심 판결에 불복하여 공소를 제기했다가 중도에 취소하고 일심 판결대로 복역했다. 이 사건 역시 김용무, 이 인, 이승우, 허 헌, 김병로, 김태영, 이종성 등 한인 변호사가 무료 변론을 맡았다. 복역 중이던 박제호는 온몸과 목이 붓고 심장병이 병발, 건강이 악화되어 1924.6.23. 가출옥, 자택에서 치료했으나 옥고를 이기지 못해 며칠 후에 사망했다. 필화로 옥사한 최초의 희생자였다. 일제시기에 옥사한 또 한 사람은 시대일보 기자 박순병(朴純秉). 1926년 7월 공산당 사건 관계로 구속되어 신문을 당하던 중 발병하여

8월 25일 사망.

1923.12.8. 경성일보-매일신보 현 프레스센터 위치 이전. 1914.10.17.부터 현 서울시청 자리에 경일-매신의 사옥이 있었다. 서울 요지의 입지조건 때문에 경성부청(서울시청) 신축지로 선정되어 신문사의 부지를 경성부청에 양도하기로 1923.2. 합의하다. 경성일보는 현재의 프레스센터 자리에 새 건물을 지어 이전키로 하고, 부청 측은 사옥 이전에 소요되는 보상비 25만 엔을 경성일보에 지급하기로 약정. 그러나 실제로 지급된 액수는 25만 5,190엔이었다. 경성일보-매일신보는 경성부청 공사를 조속히 진행할 수 있도록 사옥 신축공사가 진행 중인 상태에서 1923년 12월 8일 서둘러 현 프레스센터 자리 새 사옥에서 신문제작 시작. 사옥 완공일은 1924.6.15. 이날 정식 낙성식을 올리다. 광복 후에는 대한공론(코리아 헤럴드) 사옥이 되었다가 1985.6.12. 현재의 20층 프레스 센터가 들어서다.

1924.1.2.~6. 이광수, 동아일보 연속사설「민족적 경륜」. 일본이 조선에 비해서 엄청난 차이가 나는 국력과 군사력을 지녔다는 엄연한 현실을 인정하지 않을 수 없기 때문에 식민통치의 한계 안에서 점진적인 방법으로 독립운동을 벌여야 한다고 주장. 이에 대해 강경파 민족주의자와 사회주의 성향의 청년 학생들은 맹렬한 반감을 나타내어 동아일보 불매운동을 벌이는 사태까지 일어나다. 4.26. 이광수, 동아일보 사퇴.

1924.1.19. '화요회', 조선공산당 모체역할. 한 해 전 7월에 조직된 신사상연구회 명칭을 '화요회'로 바꾸고 연구단체의 성격에서 행동단체로 전환하다. 상하이에서 귀국한 조봉암, 박헌영, 김단야, 조동호, 임원근 등이 가담. 화요회는 1925년 4월 제1차 조선공산당 조직과정에서 모체역할을 하였는데 초기의 국내 공산당 조직은 언론인들이 주류였다.

1924.3.31. 시대일보 창간. 최남선이 시사 주간지『동명』을 일간으로 발전시켜 발행. 사장 겸 주간 최남선, 편집국장 겸 발행인 진학문, 논설반 안재홍, 주종건, 정치부장 안재홍, 경제부장 김철수, 사회부장 염상섭, 지방부장 김정진, 정리부장 최원식. 기존의 동아 조선과는

달리 1면을 딱딱한 정치기사보다는 연문체(軟文體) 사회기사 중심으로 편집.

1924.4.2. 친일단체 각파유지연맹 동아일보 사장 폭행. 각파유지연맹 박춘금 등이 송진우(동아일보 사장)와 김성수를(취체역) 식도원에 유인하여 권총으로 위협하면서 친일단체에 대한 동아일보의 비판을 사과하고 동아일보가 모금한 재외동포 위문금을 내놓으라고 요구. 신변위협을 느낀 송진우는 '사담(私談)'이라는 글을 써주어 문제가 되다.

1924.4.9. 민족진영 지도자 40여명 친일단체의 동아일보 사장 폭행에 대한 경찰의 태도를 규탄. 각파유지연맹 응징 결의문 채택. 동아일보는 4월 11일 각파유지연맹의 폭행 사실을 「민중의 반역자에게」라는 제목으로 보도하면서 친일파 비난.

1924.4.25. 동아일보 간부진 총사퇴. 각파유지연맹의 폭행사건으로 사내에서 임원을 향한 비판이 일자 임시 중역회의 열고 사장 송진우, 전무 신구범, 상무 겸 편집국장 이상협, 취체역 김성수, 장두현이 물러나다. 편집국장 이상협은 여러 중견 사원들을 이끌고 조선일보로 옮겨가다.

1924.9.13. 독립운동가 신석우, 조선일보 경영권 인수. 신석우는 송병준으로부터 8만 5천원에 조선일보 경영권을 인수하여 민중의 지도자 이상재를 사장에 추대하고 자신은 부사장을 맡아 '조선민중의 신문'을 표방하면서 혁신을 단행하여 '혁신 조선일보'가 출범하다. 동아일보에서 물러난 이상협은 편집고문을 맡아 지면을 대폭 쇄신하고 석간 4면 체제에서 하루 6면 발행 조석간제(朝夕刊制) 실시. 11.1. 혁신기념호 발행, 「조선일보의 新使命, 천하민중에게 申明함」

1924.11.19. 동아, 조선, 시대, 매신의 사회부 기자 20여명이 '철필구락부' 결성. '무명회'와 더불어 1920년대 대표적인 언론단체로 활동.

1924.11.23. 조선일보 조석간 6면 발행. 민간신문 최초로 석간 4면 조간 2면. 1932.11.21. 조간 4면, 석간 4면의 총 8면, 1933.9.1. 조간 6면, 석간 4면의 총 10면으로 지면을 확대. 1925.8.1. 동아일보 조석간 6면 발행.

1924.12.2. 간도 용정에서 간도일보 창간. 선우일, 간도신보의 한국어판을 분리하여 자본금 3만원의 신문사 설립. 이 신문은 1936년 8월 14일 선우일이 병사한 뒤 11월 만몽일보에 흡수 통합되다.

1924.11.17. 조선일보 무선전화 방송 시험. 수표정 43번지 조선일보 본사와 종로 우미관 간 무선방송 실시.

1925.4.15.~17. 전조선기자대회. 무명회 주최로 3일간 천도교 기념관에서. 첫날 참석자는 전국에서 463명. 의장 이상재, 부의장 안재홍, 서기 차상찬, 박창한, 여 해, 김병연 선출. 철필구락부는 '철필시보' 4회와 호외 1회 발행. 저녁에는 YMCA 강당에서 신문강연 개최. 대회 제2일째인 16일에는 '언론의 권위' 등 5개 항 결의문 채택. 결의문 가운데 언론집회 및 결사의 자유를 구속하는 일체 법규의 철폐 요구와 동양척식회사를 위시하여 현하 조선인의 생활 근저를 침식하는 각 방면의 죄상을 적발하여 대중의 각성을 촉구한다는 2개 항목은 보도금지.

1925.4.17. 조선공산당 결성. 4월 15일부터 3일 동안 열린 전조선기자대회 참여 기자들 가운데 대회의 임시 석장이었던 서정희를 비롯하여 박헌영, 임원근, 조봉암, 유진희, 주종건, 송봉우 등이 공산당 조직에 가입. 조선공산당은 이해 11월 당원 66명이 경찰에 체포되어 56명이 검찰에 송치되었다.

1925.4. 시대일보 사장에 홍명희(전 동아일보 주필겸 편집국장, 소설가) 취임. 그러나 시대일보의 경영난을 타개하지 못하고 1926년 8월 중순 이후 발행을 중단하게 되자 이상협이 인수

하여 중외일보로 개제.

1925.5. 철필구락부 급료인상 투쟁. 동아일보는 급료인상 요구를 거절하여 사회부 기자 7명이 집단 사퇴. 퇴사 기자는 임원근, 안석주, 김동환, 유완희, 심대섭, 박헌영, 허정숙.

1925.6.21. 총독부 체신국 정규 시험방송 시작. 한 해 앞서 ①1924년 11월부터 시험방송 실시, ②1925년 6월 21일 정규 시험방송으로 매주 4회 오후 7시부터 8시 반까지 음악, 일기예보, 뉴스 등 편성, ③1925년 8월 매주 목요일 종일방송, 일요일 반나절, 조선극우회 복혜숙, 무대극 대사낭독, 국악방송, ④1927년 2월 16일 경성방송 개국으로 본격적인 방송시대를 열다.

1925.8.1. 월간『개벽』정간. 문제된 8월호는 특집으로 해외 망명투사 12명의「성격 일화 근황」등을 다루었다. 이동휘, 서재필, 유동열, 이승만, 김규식, 노백린, 이시영, 안창호, 이동녕, 남만춘, 박은식, 신채호. 동아일보는 8월 1일 조간에 개벽 8월호 광고를 실었는데 총독부는 이 광고가 안녕질서를 방해하였다는 이유로 동아일보까지 압수처분.

1925.9.8. 조선일보 3번째 정간. 사설「조선과 노국과의 정치적 관계」(지령 1825호, 신일용 집필)로 정간처분. 이틀 후인 9월 10일부터 경찰은 편집겸 발행인 김동성, 인쇄인겸 사회부장 김형원, 논설 기자 신일용, 논설부장 안재홍, 정리부장 최영목, 고문 이상협을 소환 취조. 논설 집필자 신일용을 구금하고 13일에는 윤전기까지 차압. 검사국은 구류 만료일인 9월 28일 신일용을 일시 석방. 김동성과 김형원은 신문지법 위반, 신일용은 치안유지법 위반으로 기소하고, 13일에는 윤전기도 차압. 10.15. 정간 해제. 12.16. 1심 판결. 김동성은 징역 4개월(편집인 자격 2개월, 발행인 자격 2개월), 김형원은 징역 3개월 언도. 신일용은 조선일보 정간이 해제되던 10월 15일 상하이로 탈출했기 때문에 공판을 열 수 없었다. 윤전기는 차압을 해제하여 조선일보에 되돌려 주도록 판결. 실형을 선고받은 김동성과 김형원은 공소 제기. 2심(1926.5.7)은 김동성 징역 4개월에 2년간 집행유예, 김형원 금고 3개월 언도. 7.26.

검사의 상고로 복심법원까지 올라가 김동성은 징역 4개월에 집행유예, 김형원은 징역 3개월 최종판결. 이에 따라 김형원은 1926년 8월 6일 서대문 형무소에 수감되었다가 11월 6일에 출감.

1925~1929

총독부 경무국, 정간과 투옥

1925.10.30. 시대일보「인면수심(人面獸心)의 악지주(惡地主)」 함흥 부호 김승환과 소작농민 간의 분쟁 보도. 김승환은 명예훼손으로 함흥지국 기자 박기린과 본사 지방부장 홍남표(洪南杓) 고소. 11.8. 함흥경찰서 형사들이 상경하여 지방부장 홍남표를 함흥경찰서로 압송. 홍남표의 팔과 허리를 포승으로 묶고 손목에는 수갑을 채워 마치 강도를 호송하는 모습과 같았기 때문에 언론계가 격분하다. 언론단체 무명회와 철필구락부가 항의 성명서 발표. 조사단을 함흥에 파견하여 여론이 들끓었다. 12.4. 함흥 지방법원에서 열린 1심 공판에서 홍남표 징역 6개월, 함흥지국 기자 박기린 징역 5개월 언도. 홍남표와 박기린은 즉시 불복 공소. 1926.1.22. 경성 복심법원도 1심과 같이 홍남표 징역 6개월, 박기린에게 징역 5개월 언도. 두 사람은 다시 불복 상고하여 결국 이해 6월 고등법원 최종심에서 50원의 벌금형으로 종결되다. 명예훼손은 기사에 불만을 품은 자가 소송만 제기하면 경찰은 형법 제 230조 1항을 적용하여 사실여부를 가리지 않고 언론인을 구속하는 사건이 많았으므로, 이 무렵에는 서울뿐 아니라 특히 지방 여러 곳에서 명예훼손을 당했다는 고소 사태가 빈번하여 이 조항은 언론인에 큰 위협적 존재가 되었다. 홍남표는 광복 후 극좌 논조의 남로당 기관지 『노력인민』(1947.6.19. 창간) 발행인을 맡게 되는 인물.

1925.11.16. 조선-만주 연락전화 개통. 이날 오후 1시 경성전화국장과 안동현 봉천전화국장의 축사 교환 기념통화. 조선-만주 연락전화는 10년 전부터 계획 공사 중에 준공.

1925.12.- 총독부 영어 기관지 서울 프레스 2주일 정간. 나석주 의사가 종로경찰서에 폭탄을 던졌을 때에 보도금지된 사건인데도 연락을 제대로 받지 못해 이를 보도하였다가 정간 처분.

1926.2.15. 경성방송국 창립준비위원회. 총독부 체신국에 사설 방송국 설치 출원. 출원 단체 11개.

1926.3.5. 동아일보 제3차 정간. 소련 국제농민회 본부가 3.1운동 7주년을 맞아 조선 농민들에게 보내온 전보문 게재. 총독부는 기사가 실린 3월 5일자 신문 발매금지. 동아일보는 문제된 부분을 삭제하고 신문을 다시 발행했는데, 6일 오후 발행정지(정간) 처분을 통보하고, 종로경찰서 고등계 형사들이 편집국을 수색하여 문제된 전보 원문 압수. 다음날은 주필 송진우, 편집겸 발행인 김철중, 기자 고영한을 호출하여 전보 입수 경로와 기사가 보도된 경위 조사. 며칠 뒤에는 경성지법 검사국이 사건을 맡아 송진우, 김철중, 고영한 세 사람을 불구속 취조. 송진우 보안법 위반, 김철중 신문지법 위반 혐의로 기소. 정간은 44일 만인 4월 19일에 해제되어 21일부터 속간.

1926.3.24. 동아일보 필화 공판. 4.1. 재판부는 송진우 보안법 위반으로 징역 8개월, 김철중 신문지법 위반으로 금고 4개월 언도. 김철중은 편집겸 발행인이므로 편집인 자격에 2개월, 발행인 자격 2개월이 합산된 것. 김병로, 김용무, 허 헌, 이창휘, 이 인 등이 변호를 맡았는데, 9.8. 경성복심법원 판결에서도 같은 언도가 내렸고, 11.8. 경성고등법원은 상소 기각 판결. 이 무렵에는 이와같이 행정처분과 함께 관련 언론인을 실형에 처하는 사법처분이 시행되었기 때문에 투옥되는 언론인이 많았다.

1926.4.19. 총독부 경무국, 신문의 논조와 용어까지 구체적 조건부로 서약을 받다. 동아일보 송진우, 시대일보 한기악, 조선일보 신석우를 불러 ①일본을 외국시하는 것처럼 취급하여 '일인' 또는 '일본정부'라는 용어를 사용해서는 안 된다. '내지(內地)', '우리정부(我政府)', 또는 '제국정부'라 해야 하며, ②국경지방에 출몰하는 소위 무장단(독립군)에 관한 기사는 '비적단', '불령단(不逞團)'으로 쓰도록 지시하다. 이행하지 않으면 단호한 조처를 취하겠다고 경고.

1926.4.21. 동아일보 정간 해제로 속간. 제2017호.

1926.4.25. 총독부, 경무국의 기구를 개편하여 '도서과' 신설. 고등경찰과는 명칭을 '보안과'로 바꾸었다. 보안과는 정치 사상운동을 담당하고, 신문잡지를 비롯한 출판물과 영화 음반 등의 검열은 '도서과'가 맡도록 업무를 분담하다. →참고, 1919.8.20. 조선총독부 사무분장규정 개정.

1926.4.30. 경성방송국 창립준비위원회 개최.

1926.6.7. 경성방송국 사옥 기공. 10.27. 경성방송국 상량식 거행. 12.5. 사옥 준공.

1926.6.10. 6.10만세 사건. 한국 내 발행 신문은 물론이고 일본에서 발행된 신문의 국내 유입도 엄격한 검열 실시, 대량 압수 처분. 무명회, 6.10 만세사건에 '학무당국과 조선 위정자의 수뇌를 탄핵하기 위한' 결의문 발표.

1926.8.1. 종합잡지 개벽 발행 금지(폐간). 1920년대 대표적 잡지로 통권 72호 발행. 발매금지(압수) 34회, 정간 1회, 벌금 1회의 수난 끝에 마침내 폐간. 천도교가 경영하는 개벽사는 『신여성』, 『어린이』 2개 잡지 계속 발행. 11월에는 『별건곤』 창간, 『신여성』은 휴간.

1926.8.16. 합자회사 시대일보 무한책임사원 전원 퇴사. 신문사가 해산되고, 9.18. 발행허가 실효됨.

1926.8.22. 동아일보 칼럼 「횡설수설」 필화. 총독정치를 "악당 보호정치"로 비유 비방한 내용. 집필자 최원순은 보안법 위반으로, 편집겸 발행인 김철중은 신문지법 위반으로 기소되다. 9.8. 경성지방법원에서 열린 공판에서 검사는 최원순에게 징역 8개월, 김철중은 금고 6개월 구형. 최원순은 이 해 6월 20일 열린 공소 공판에서 징역 3개월을 언도받아 이튿날 불복상고. 1927.2.27. 고등법원 형사부는 원판결을 파기, 면소판결. 김철중은 동아일보 편집겸 발행인이라는 이유로 이보다 앞서 6월에는 경북 김천군 대덕 면장 이범숙에게도 명예훼손으로 피소되어 1심에서는 금고 5개월을 언도 받았다가 2심에서 무죄가 되는 등 연달아 피소.

1926.10.5. 경성방송국 체신국 시험방송. 주파수 750㎑를 850㎑로 변경.

1926.11.8. 동아일보 3차 정간을 불러온 3월 5일자 필화사건. 주필 송진우 징역 6개월, 편집겸 발행인 김철중 금고 4개월. 고등법원에서 확정되자 송진우는 11월 중순, 김철중은 1927년 1월 19일 서대문 형무소에 수감 복역.

1926.11.12. 언론단체 무명회, 필화로 징역을 살고 나온 김형원과 곧 형무소에 들어갈 송진우를 위로하는 모임을 명월관에서 가지다. 김형원은 조선일보 3차 정간 사건으로 3개월 징역 언도를 받아 1926년 8월 6일부터 복역하고 출감했다.

1926.11.15. **중외일보 창간**. 시대일보의 시설을 인수하여 제호를 바꾸고 호수는 1호부터 시작. 발행인 이상협.

1926.11.30. **사단법인 경성방송국 설립**. 반도 민중의 문화를 계발하여 복리를 증진시킨

다는 명목 아래 총독부의 독점적 허가를 얻어 우리나라 최초의 방송기관 설립. 이듬해 2월 16일 정규방송 실시.

1926.12.9. 라디오 수신기 소유자들의 청취료 징수. 법적 근거가 되는 총독부 고시 제380호 공포. 수신기 소유자는 사단법인 경성방송국과 청취계약을 체결하고 매월 소정의 청취료를 납부하도록 됨. 1927년 2월 경성방송 개국 당시에는 청취료가 2원이었으나 10월부터는 1원으로 인하.

1927.1.5. 경성방송국 아나운서 공채시험. 개국을 40일 앞두고 아나운서 채용시험 실시. 응시자 20여명 가운데 첫 공채 아나운서 4명 합격. 마현경(馬賢慶)과 일본 여자 고바야시 키누에(小林絹枝), 마쓰모토 고우(松本コウ), 남자 1명(마도청)이었다. 1년 7개월 전 체신국의 무선방송소 시험방송부터 아나운서로 근무했던 이옥경(李玉景)은 공채시험을 거치지 않고 개국과 함께 기성 아나운서로 근무하게 되었으므로 경력으로는 이옥경이 앞선다. 이옥경은 인천 세관 관장의 딸인데 부친이 만주 안동현(安東縣) 세관 관장으로 전임되자 그곳 소학교를 졸업하고 안동현 고등여학교에서 공부했다. 이옥경과 마현경은 남편이 방송인이라는 공통점이 있었다. 이옥경의 남편 노창성(盧昌成)은 개국 때부터 기술직으로 근무하다가 1938년 7월 함흥방송국 개국 때에 초대국장으로 부임했고 1939.8.31. 경성방송 제 2방송과가 제 2방송부로 승격하자 초대 부장에 임명되었다. 일제치하 한국인으로서 지방방송 국장과 경성방송국의 부장까지 올라간 사람은 노창성이 유일하다. 1943년 단파방송 사건 후 방송계를 떠났다가 해방 후 1949년 10월 26일 이혜구(李惠求)의 후임으로 중앙방송국장이 되어 1953년 공보부에 방송관리국이 생기던 때까지 재임했다. 마현경의 남편은 방송국 문서계 근무 작가 최승일(崔承一)이었다. 무용가 최승희의 오빠로 극예술협회에 참가하여 신극운동을 벌이기도 하다가 1925년 8월 카프(KAPF)가 결성되자 그 맹원으로 활약했던 경력이 있다. 경성방송 개국 때에 입사하여 1936년까지 근무하면서 방송극을 연출하다. 마현경은 경기여자고등보통학교(오늘의 경기여고) 출신으로 1930년에 방송을 떠나다. 후임 여자 아나운서 역시 경성여자고보 출신 최아지(崔兒只)였다.

1927.1.20. 경성방송국 시험방송 실시. 2월 16일 정식 개국하여 본격적인 방송시대를 열다.

1927.2.5. 중외일보 광고압수. 문제의 광고 "우리민족의 동양목"은 실용적이고 경제적이므로 我 국민들은 누구나 我 동포의 옷에 이 동양목을 사용하도록 전국 도처의 포목점에서 판매한다. 총독부는 이 광고가 "우리 국산품" 또는 "우리 동포의 옷"이라는 표현을 써서 일본을 외국으로 취급하고 조선을 독립국가인양 인식케 하였으므로 '조선통치를 부인'하는 것으로 규정하여 금지처분.

1927.2.16. **경성방송국 개국 정규방송** 시작. 개국에 앞서 1925.6.21. 총독부 체신국이 시험방송을 실시하여 매주 4회 오후 7시에서 8시 반까지 음악, 일기예보, 뉴스를 편성 방송하다가, 1927년 2월 16일 경성방송이 개국 본격적인 방송시대를 열다. 호출부호 JODK, 출력 1㎾, 주파수 690㎑로 이사회는 일인으로 구성되었는데 기구는 가입과, 기술과, 서무과, 방송과의 4개 과(課)였다. 한국어와 일어 방송 시간 비율은 1대 3(또는 3대 7)로 일본어 시간이 많았다. 1933.4.26. 한국어와 일본어를 분리하여 이중방송을 실시하면서 한국어 방송이 독립되었다. 개국 당시 등록된 라디오 수신기는 1,440대로 일인 소유 1,165대, 한국인 소유는 겨우 275대였다.

1927.3.30. 조선일보 사장 월남 이상재 사망. 4월 7일 사회장.

1927.4.5. 『노동운동』 창간. 강우(姜禹, 편집겸 발행인)를 중심으로 박희도, 이항발, 이순탁, 박원희, 김진희, 이만규, 이정석 등이 창간. 이 잡지는 몇 차례 압수를 당했는데 1931년 10월호가 압수당했다는 기사가 조선일보에 실린 것으로 보아 그때까지는 발행된 것으로 짐작된다. 당시의 잡지들이 대부분 수명이 짧았는데도 『노동운동』은 비교적 오래 발행된 잡지였다.

1927.4.9. 경성방송국 명예훼손 피소. 3월 7일자 경성방송의 뉴스가 명예를 훼손하고 신용을 실추케 하였다 하여 일인 나카요시 코오야(中吉曉哉)가 경성방송을 상대로 소송 제기.

최초의 방송국 피소사건임.(「명예훼손 죄로 경성방송국을 고소」, 동아일보, 1927.4.9.)

1927.4.25. 언론단체 무명회 제3회 정기총회. 사실유무에 불구하고 언론기관의 보도 및 평론에 대하여 명예훼손죄를 인정하는 악법을 배척하며, 이러한 법규를 악용하여 죄상이 확정되기 전에 그 책임자를 구금함은 고의로 언론계를 유린하는 것으로 인정한다는 성명서 발표. 그러나 이 명예훼손 조항은 시정되지 않고 언론 탄압의 무기로 악용되다.

1927.5.1. 매일신보-경성일보, 미국 연합통신(UP)과 특약 수신.

1927.5.15. 매일신보 발행겸 편집인 유만응(비서과장겸 광고부 주임)으로 변경. 전임은 송순기.

1927.5.18. 동아일보 황주(黃州)지국 총무 김연일, 출판법 위반으로 황주 경찰서에 10일간 유치.

1927.5.31. 총독부 경무국장(淺利三朗) 신문사 간부를 소집 계고(戒告). 앞으로 시정을 방해하거나 치안에 해를 끼치는 언론은 가장 준엄하게 취체할 것이라고 경고. 구체적으로 1926년 위반 건수: 조선일보 127(차압 63, 불문(不問) 57, 삭제계고 7) 동아일보 84(차압 36, 불문 43, 삭제계고 5). 1927년 1월~4월 위반 건수: 중외일보 27(차압 16, 불문 10, 삭제계고 1) 조선일보 46(차압 19, 불문 22, 삭제계고 5) 동아일보 32(차압 16, 불문 12, 삭제계고 4). 매일신보 3(차압 2, 불문 1). 이와같은 실정이니 이는 결코 과실이 아니요 고의라고 판단하지 않을 수 없다고 주장.

1927.7.2. 중외일보 이정섭 세계일주「조선에서 조선으로」출발. 첫 회는 8월 20일자에 게재. 일본-미국을 거쳐 대서양 건너 런던, 아일랜드, 프랑스로 가면서 1928년 2월까지 91회 연재 후 총독부의 탄압으로 중단.

1927.7.23. 매일신보 발행겸 편집인 이기세(사회과장)로 변경. 전임은 유만응.

1927.8.9. 조선일보 사장 신석우 취임. 전임 사장 이상재는 3월 25일 사장직 사임, 3월 30일 사망.

1927.8.- 동아일보 고원 지국장 송병석 1주일간 구류.

1927.10.22. 동아일보 사장 김성수 후임에 송진우. 부사장 장덕수, 편집국장 김준연, 편집고문 이광수.

1927.10.27. 조선전위기자동맹 조직 선언. ①봉건적, 소시민적 일체 관념의 극복을 기함, ②대중의 당면이익을 획득키 위하여 투쟁함, ③투쟁적 기자단과의 국제적 결성을 기함.

1927.10.- 조선일보 신상 지국장 심상열, 영흥 지국장 최성운, 협박혐의로 피소. 3주일간 유치.

1927.12.8. 경성일보 사장 소에지마 미치마사(副島道正) 사임. 후임 사장은 부사장 마쓰오카 마사오(松岡正男)가 승진.

1928.1.15. 주간신문『새날』창간. 북한은 김일성이 처음으로 발기하여 발행한 간행물이 주간신문『새날』이라고 기록. 북한의 정치사전은『새날』이 "김일성동지께서 새날소년동맹의 기관지로서 창간 지도하신 우리나라 최초의 공산주의적 청소년 신문"이라고 주장.『새날』은 주 1회 수 백부씩 발간되어 새날소년동맹원들을 비롯한 광범한 대중 속에 널리 보급되었다는 것으로, 김일성은 이 신문의 창간사를 비롯하여 많은 원고를 직접 쓰고 편집하였을 뿐 아니라 밤을 새워 가며 등사기로 인쇄까지 하였으며 그의 온 일가가 참가하였다는 것이다.『새날』이 창간되었다는 1928년에 김일성은 16살이었다. 그가 이 신문을 만들었다는 사

실이 의문시될 뿐 아니라, 이런 신문이 존재하였는지도 확실하지 않다.

1928.1.25. 조선일보 발행인 겸 주필 안재홍과 편집인 백관수 구속. 문제된 논설은 1월 21일자「보석 지연(保釋遲延)의 희생, 공산당 사건의 실례(實例)를 보고서」였다. 1.30. 정식 기소. 사설 내용은 1925년 12월 신의주에서 공산당원 대검거가 시작된 후 피고 101명 가운데 옥사자 2명, 병보석 후 한 달 만에 죽은 사람, 정신이상에 걸린 사람 등 옥중 희생자가 많았는데, 21일자 사설은 이 사건 피고인들에 대한 경찰의 고문과 비인도적인 대우를 비난. 4.28. 경성지방법원, 안재홍 금고 4개월, 백관수 벌금 100원 언도. 5.25. 경성복심법원, 안재홍에게 1심 판결보다 형량을 4개월 더 늘려 금고 8개월 언도. 이와 함께 안재홍이 도주의 우려가 있다 하여 보석을 취소하고 5월 28일 서대문 형무소에 재수감. 7.26. 고등법원이 상고를 기각하여 복심법원 판결대로 금고 8개월 형이 확정되다. 그러나 이 사건 결말이 나기 전인 5월 9일 조선일보는 제4차 정간을 당하다. 1929.1.26. 안재홍은 8개월의 복역을 마치고 만기 출옥한 뒤 조선일보 부사장 취임.

1928.2.12. 간도 용정에서 민성보(民聲報) 창간. 처음에는 중국인 안세준(安世俊)이 경영, 4페이지 가운데 3페이지는 중국어, 1페이지는 한국어로 발간했는데 한국어판은 윤화수가 담당. 9.1. 한국어판을 분리하여 독립된 신문이 되면서 항일논조로 편집. 1929년에는 발행부수 약 1천부. 4년 전에 창간된 선우일의 간도일보 보다 발행부수가 앞섰다.

1928.2.27. 중외일보 주간 이상협과 논설기자 이정섭 소환 심문. 편집국 수색, 이정섭이 집필 연재한「세계 일주기행 - 조선에서 조선으로」가 아일랜드 독립문제를 소개하면서 은연중에 조선의 독립을 비유했다는 등의 이유. 3.2. 이상협은 신문지법 위반, 이정섭은 보안법 위반으로 불구속 기소. 4.4. 이정섭 징역 6개월, 이상협은 금고 4개월(편집인으로 2개월, 발행인으로 2개월) 언도. 6.6. 경성복심법원 공소공판도 원심과 같은 판결. 이상협과 이정섭은 불복 고등법원에 상고. 11.1. 고등법원 이정섭 징역 6개월에 집행유예 2년, 이상협은 벌금 200원으로 최종 판결. →참고, 정진석,「발굴, 언론 속의 역사, 세계일주 여행 최린과 이정섭/ 파리에서

만난 최린 · 나혜석 스캔들」, 『월간조선』, 2022.9.

1928.3.16. 동아일보, 창간 8주년인 4월 1일부터 '글장님 없애기 운동'을 벌이겠다고 선언. '문맹퇴치가 모집, 당선자에 상금 50원'을 내걸었지만 3.29. 총독부의 금지로 좌절. 1931. 7.15. '브나로드운동'으로 농촌계몽과 문맹퇴치운동 시작.

1928.5.9. 조선일보 정간. 5개월 전 1월 21일자 사설「보석 지연의 희생」부터 이미 말썽이 되어 있었는데 안재홍이 집필한 5월 9일자 사설「제남사변(濟南事變)의 벽상관(壁上觀)」이 또다시 문제 되다. 사설은 일본이 중국을 침략하여 산동(山東)에 출병하자 이를 외국의 실례에 비겨 비난한 내용이었다. 총독부는 이 사설이 "국민으로 하여금 출병의 진의를 오해케 하고 국위를 중외에 훼손케 하려는 비국민적 집필"이라고 지적. 9.19. 133일 만에 정간 해제, 21일부터 속간.

1928.5.-. 조선신문연구회 창립. 신석우, 이상협, 안재홍, 송진우를 고문으로 하고 이사 유광열, 정인익, 이서구, 현진건 등 민간지 중견 언론인들 참여. 7월에『신문연구』창간호를 발행했다는데 실물은 남아 있지 않다. → 참고, 1928.9. 신문춘추.

1928.6.29. 뉴욕에서 주간『삼일신보(Samil Shinbo)』창간. 사장 허 정, 재무 홍득수, 서기 윤주관, 영업부장 안택수, 고문 이승만, 서재필, 편집부 김도연, 김양수, 이동제, 윤치영 등 25명.

1928.9.1. 매일신보 편집국장 김상회. 이전까지는 경성일보 일인 편집국장이 매신 국장을 겸했으나 한국인 국장이 임명되기 시작함.

1928.9.3. 조선일보 간부 신간회 간사직 사임. 사장 신석우가 총무간사를 사임하는 동시에 편집국장 한기악, 영업국장 이승복 등이 일제히 신간회 간사직 사임. 정간 중인 신문과 사회

운동 단체와의 관계를 단절하여 총독부로부터 정간 해제를 약속받음.

1928.9.19. 조선일보 정간 133일만에 해제. 9월 21일자부터 속간. 발행인 안재홍은 수감 중이므로 사장 신석우가 발행인 겸임.

1928.9.20. 동광신문 속간. 전주에서 발행된 일인 경영 한국어 신문. 1920년 11월 창간 이후 7~8년 동안 심체상태에 있었다.

1928.9.21. 대판조선신문 창간. 발행인 고재선, 월 1회 국한문.

1928.9. 『신문춘추』 창간. 편집겸 발행인 김을한. 실물이 남아 있는 국내 최초의 언론전문지. 2011년 관훈클럽신영연구기금에서 영인본 발행.

1928.10.1. 대구일보 창간. 일인 발행 일어신문.

1928.12.6. 중외일보 무기 정간. 총독부는 사설 「직업화(職業化)와 추화(醜化)」를 정간의 이유라고 말했지만, 누적된 불만에 따른 탄압이었음은 다른 경우의 정간처분과 마찬가지였다. 총독부는 2월 27일에 문제 되었던 이정섭의 세계일주 기행문이 조선의 독립사상을 고취하고 총독정치를 비난해 왔다고 밝혔다. 중외일보는 1925년 11월 15일 창간 이래 1928년 12월까지 사이에 무려 63회의 행정처분에 사법처분 1회였고, 특히 문예란이나 사회 시사보도를 빌어 학교 투쟁 등의 자구(字句)를 들어 학생은 학교 내에 있어서 서로 투쟁을 쌓아 나가도록 가르치고, 일반적으로 그 논조는 총독의 시정을 비난 공격하고 세계 약소민족의 독립운동을 빙자하여 조선이 독립하지 않으면 안 된다고 풍자하고, 매사를 편견과 중상을 바탕으로 하는 집필을 감행함으로써 멋모르는 민중으로 하여금 총독정치를 오해하게 하였다고 주장했다. 문제의 12월 6일자 논설 「직업화와 추화」는 중국의 예를 들어 배일(排日)운동이 직업화되면 그 신성성을 잃고 불순배가 잠입 된다는 취지로 비판한 내용이었다. 총독

부는 중외일보에 발행정지를 명하는 동시에 편집겸 발행인 이상협과 편집국장 민태원을 신문지법과 보안법 위반으로 기소. 1929.1.18. 중외일보 정간 해제. 속간은 2월 12일이었던 것 같다. 1.31. 이상협 벌금 2백원, 민태원 징역 2개월 언도. 이상협은 상소권을 포기하였으나 체형을 언도받은 민태원은 일심 판결에 불복공소. 3.27. 경성복심법원은 징역 3개월에 3년간 집행유예 판결.

1929.2.26. 동아일보 독립지사 김지섭(金祉燮) 부고 광고압수. 내용은 단지 "故 秋岡 金祉燮씨 本月二十日 千葉刑務所에서 別世하였기 이에 부고함. 嗣子 在烋, 實第 禧燮, 三從第 完燮, 護喪 李忠鎬"였다. 김지섭은 1924년 1월 5일 도쿄 천황의 궁성 앞 니주바시(二重橋)에 폭탄을 던지다가 체포되어 무기징역 형을 언도 받아 복역 중에 옥사한 아나키스트였다. 일제에 의하면 이 부고는 '형사피고인 또는 사형자를 구호 상휼(賞恤)하거나 또는 범죄를 선동하며 혹은 곡비(曲庇)하는 기사'로 분류되다.

1929.3.1. 월간『학생』창간. 개벽사 발행, 편집겸 발행인 방정환. 1930년 11월 통권 제 19호로 폐간.

1929.6.12. 김동환 월간『삼천리』창간. 동아일보, 시대일보, 조선일보에 근무했던 기자, 시인 김동환 자력으로 잡지 발행. 창간호의 '사고'를 통해 김동환은 잡지 편집의 방침을 이렇게 밝혔다. 첫째, 훨씬 값이 싼 잡지를 만들자. 둘째, 누구든지 볼 수 있고, 또 버릴 기사라고 없는 잡지를 만들자. 셋째, 민중에게 이익이 되는 좋은 잡지를 만들자. 1936년에는『삼천리』의 편집정신을 세 가지로 요약했다. "남을 헐지 말자. 민족의 암흑면을 들추지 말자. 남에게 자금 원조를 받지 말자." 김동환은 1941년 11월까지 삼천리 통권 150호 발행. 일제 치하에 개인의 힘으로 150호를 돌파했다는 사실로서 김동환은 잡지 역사에 큰 발자취를 남긴 인물이다. 자매지『삼천리문학』,『만국부인』,『삼천리영화』도 발행하면서 출판사업 병행. 1942.5. 제호를『대동아』로 바꾸면서 친일적인 내용으로 변질.

1929.7.14. 조선일보 문자보급운동 시작. “아는 것이 힘, 배워야 산다”는 표어로 시작된 이 운동은 1934년 총독부가 금지할 때까지 연례사업으로 전개. 첫 해는 학생 409명이 참여했는데 방학 끝난 뒤 조선일보에 보내온 91명의 활동 보고서에는 이 때 한글을 깨친 사람이 2,849명이었다. 대원 한 사람이 약 30명 넘는 문맹자에게 글을 깨우쳐 준 것이다. 보고서를 내지 않은 학생의 성과를 합치면 실제 숫자는 훨씬 많았을 것이다. → 참고, 정진석 편, 『문자보급운동교재, 조선일보 · 동아일보』, LG상남언론재단, 1999.

1929.9.1. 중외일보 자본금 15만원 주식회사 설립. 취체역 사장 안희제, 부사장 이상협, 주식회사 설립과 함께 종래의 소극적 경영정책을 탈피. 9.26. 우리나라 최초의 조석간 8면제 단행. 이에 자극받은 조선과 동아도 8면으로 맞서 치열한 경쟁을 벌이게 되다.

1929. 조선문 간행물 행정처분예. 황실의 존엄을 모독하는 기사, 국헌을 문란코자하는 기사 등 19개 항에 해당하는 기사를 예시. 조선총독부 경무국, 『朝鮮に於ける出版物の概要』, 1929, 85~129쪽. → 참고, 『朝鮮出版警察概要』 1936, 75~81쪽.

1930~1945

만주사변 중일전쟁 태평양전쟁

1930.2.8. 경성일보-매일신보사 자본금을 16만원에서 50만원으로 대폭 증액. The Seoul Press를 경성일보에 합병. 매신에 한국인 부사장을 두고 지면을 8면으로 늘림. 박석윤 한국인 최초 부사장 취임.

1930.4.17. 동아일보 제3차 정간. 4월 16일자 미국의 급진적 주간지 『네이션』 주필 빌라즈(*The Nation*, Oswald Garrision Villard)의 축사 「조선의 현상 밑에 귀보의 사명은 중대하다」가 문제됨. 총독부가 불온하다 하여 삭제를 명령한 축사 부분을 동아일보는 없애지 않은 채 호외를 발행하여 당국의 행정처분에 반항하였다는 이유였다. 9.1. 138일 만에 정간 해제.

1931.5.13. 동아일보, 이순신 장군 유적보존운동 전개. 충남 아산 현충사 유적보존 모금운동에 동아일보 사원들은 솔선하여 성금을 내놓았다. 사원 일동 43원 70전을 비롯하여 공장 직공, 배달부와 용인(傭人)들까지 성금 기탁. 편집국장 이광수는 소설 「이순신」(1931.6.20.~1932.4.3., 178회)을 연재하여 유적보존의 중요성을 널리 알렸다. 이에 전국적인 호응을 얻어 접수된 성금 16,021원 30전으로 사당을 보수하고 남은 386원 65전은 현충사 기금으로 기탁.

1932.6.5. 전국에서 3만여 명이 운집한 가운데 통영 한산도에서 충무공 영정 봉안식 거행.

1931.6.19. 중외일보 재정난을 타개하지 못하고 종간. 지령은 제1492호. 9.2. 주주총회는 중외일보 해산 결의.

1931.7.21. 동아일보 '브나로드 운동' 시작. 1931년에서 1934년까지 4년 동안 농촌계몽과 문맹퇴치운동 전개. '브나로드'는 19세기 러시아 지식층이 농민 속으로 파고들어 벌인 계몽운동으로 '농민 속으로'라는 의미였다. 동아일보는 "배우자! 가리키자! 다함께!"라는 구호를 내걸고 한글강습 외에도 위생강연-학술강연 등 광범한 계몽운동을 벌였는데 문맹타파가 주 사업이었다. 조선일보와 동아일보가 같은 시기에 벌인 문맹퇴치 문자보급운동은 일제 강점기 대표적인 계몽사업이었다. 신문사가 제작하여 무료 배포한 교재로 청년 학생들이 전국의 시골 구석구석을 찾아가서 한글과 가감승제(加減乘除)의 셈하는 법을 익히게 해서 답답한 '글장님'의 눈을 뜨게 했던 캠페인. 암울한 일제 식민지 치하에서 언론이 수행했던 빛나는 민족운동이었다. 학생운동사에도 길이 남을 사업이었다. →참고, 1928.3.16. 동아일보, 4월 1일부터 '글장님 없애기 운동'

1931.11.1. 동아일보 『신동아』 창간. 신문사 발행 잡지시대 개막. 신동아는 '신문잡지'라 부르는 잡지시대의 출발점이었다. 동아일보는 이어서 1933년 1월부터 『신가정』을 발행했다. 이후 다른 일간지들도 잡지발행에 뛰어들다. 조선일보는 1935년 6월 새 사옥 준공 후 『조광』(11월)에 이어서 『여성』(1936.4), 『소년』(1937.4), 『유년(幼年)』(1937.9)을 계속 창간하여 동아와 조선의 경쟁은 신문과 잡지 양면으로 확대되다. 조선중앙은 1933년 2월 여운형이 사장 취임 후 11월 월간 『중앙』과 『소년중앙』(1935.1)을 발행. 신문사 발행 잡지는 잡지 저널리즘의 수준을 한 단계 높여 주었다. 신문사의 풍부한 인력과 취재망, 광고 선전의 이점을 활용하여 잡지계의 판도를 신문사 중심으로 바꾸어 놓은 것이다.

1931.11.27. 중앙일보 창간. 김찬성이 중외일보의 제호를 중앙일보로 바꾸어 10.14. 총

독부의 발행허가를 얻었는데 사장 노정일, 편집국장 강 매, 영업국장 김찬성으로 새출발. 사옥은 중외일보 시절의 화동 183번지에서 견지동 60번지로 옮기고, 지령은 중외일보를 계승하여 1,493호부터 시작하다. 1932.5.5. 경영난으로 휴간, 10.31. 속간. 1933.2.16. 여운형 중앙일보 사장 취임. 3.7. 제호를 '조선중앙일보'로 변경.

1932.4.7. 경성방송국 기구 개편. '사단법인 경성방송국'을 '조선방송협회'로 개칭.

1932.6.1. 조선일보 임경래-안재홍의 판권 다툼으로 휴간. 사원총회에서 임경래 배척을 결의. 사원들의 반발로 조선일보를 인수하지 못한 임경래는 명치정(명동) 2정목 82번지 중국인 소유 동순태 빌딩에 임시 사옥을 마련하고 6.15. 조선일보 발행. 7.15. 주식공고 게재. 그러나 임경래의 발행권 접수에 반기를 든 사원들은 견지동 조선일보 사옥에서 발행인 안재홍 명의로 조선일보를 발행하여 동시에 두 개의 조선일보가 발행되다.

1932.8.1. 임경래 발행 조선일보 휴간. 임경래는 조병옥과 주요한에게 3만원에 판권을 양도하되 대금 완불 시까지 부사장 자리와 발행인 명의는 그대로 유지하기로 합의. 이로써 2종의 조선일보 발행 사태는 종결되고 사장 조만식, 부사장 임경래, 전무 조병옥, 편집국장 주요한의 진용으로 3개월 23일의 휴간 끝에 11.23. 통합된 조선일보 속간. 지령 4,155호. 발행소 견지동 111번지 사옥.

1933.1.16. 주식회사 조선일보사 발기회. 자본금 20만원, 1만주로 나누어 1주 20원. 창립위원장 방응모 3,000주, 고일청 2,100주, 기타 합하여 8,725주 인수 완료. 3.5. 자본금을 30만원으로 증액. 4.26. 조선일보 혁신기념호 발행. 사장 조만식, 부사장 방응모, 지령 4,268호, 발행소 연건동 195번지. 조선일보를 인수한 방응모는 4월 27일자에「드리는 말슴」게재.

1933.4.26. **경성방송 이중방송 실시**. 조선어 방송(제2방송)과 일어방송(제1방송) 분리.

1927년 2월 16일 개국 당시에는 한국어 1, 일어 3, 또는 3대 7 비율로 일본어 시간이 많았는데 일본어 방송의 곁방살이였던 조선어 방송을 독립 채널로 방송하다. 일어방송 '제1방송과', 조선어 방송 '제2방송과'로 독립, 제2 방송과장은 윤백남(尹白南; 친일지 시사신문 편집국장, 작가, 극작가, 소설가, 영화감독), 편성담당 이혜구와 이하윤, 아나운서 박충근, 남정준, 최아지, 김문경. ①이중방송 실시 3개월 후인 7월 말에는 청취자가 24,126명(조선인 3,812, 일인 20,197, 외국인 117)이 되었다. ②1934년 1월 18일 청취자 3만명 돌파했고, ③1935년 5월에는 청취자가 4만명을 넘어서서 41,853명(조선인 10,183, 일인 31,412, 외국인 258)에 달하다. ④1937년 10월 10만 돌파. 방송 시작 10년이 지난 때였다. →참고, ①1935.10.1., 조선인구. ②정진석 편, 『한국방송관계기사모음』, 관훈클럽신영연구기금, 1992.

1933.7.10. 방응모 조선일보 사장 취임. 법인등기 완료, 조만식은 고문 추대. 9.13. 임시주주총회는 20만원을 증자하여 총 자본금 50만원 주식회사 성립. 취체역 부사장 이광수, 전무 취체역 주요한, 취체역 주필 서 춘 선임. 조선일보는 완전한 방응모 경영체제로 되다.

1933.8.25. 만몽일보 창간. 만주 신경(현 창춘)에서 자본금 30만원의 재단법인체. 사장 이경재, 편집국장 김동만. 1936년 경 이경재가 물러나고 김동만이 사장이 되어 11월 선우일의 간도일보를 매수 통합. 1937.10.21. 만선일보로 개제.

1933.10.29. 동아일보, '한글맞춤법 통일안' 20만부 배포. 제487주년 한글날을 기해 조선어학회의 '한글맞춤법 통일안'을 국내와 만주 일본 등지까지 배포하고 경성방송국은 권덕규를 강사로 초빙 13일부터 한글강좌 실시. 매주 월, 수, 금 3일간 1시간씩. 교재도 판매.

1934.4.1. 총독부 경무국 보안과에 라디오검열계 신설. 하얼빈과 남경에서 보내는 적화선전방송이 청취되어 경무국이 이를 방지할 목적으로 취한 조치.

1934.5.22. 조선일보 부사장 이광수 사임. 이광수는 1919년 8월 상하에 독립신문 사장으로

활동한 이래 동아일보 편집국장 두 차례, 조선일보 부사장 겸 편집국장 등 일제 강점기 대표적 언론인 겸 소설가였지만 이로써 언론계를 떠남.

1934.6.27. **주식회사 조선중앙일보** 창립. 자본금 30만원, 취체역 사장 여운형, 부사장 윤희중, 편집국장 김동성, 영업국장 홍증식, 취체역 윤희중, 최선익, 김동성, 홍증식, 김윤수, 공진항, 문관협, 박창서, 강위정. 감사역 소완규, 신경재, 김순흥, 윤석두, 김성도. 7.15.지금까지 6면이던 지면을 조석간 4면으로 1일 발행 8면으로 증면. 1935.2.23. 조선중앙일보 자본금 20만원 증자. 50만원 전액 불입. 28일 임시주주총회에서 증자 완료를 승인.

1935.1.10. 매일신보-경성일보 기자공채. 자격 고등전문 졸업 이상. 매신은 이후 거의 매년 기자 공채를 실시. 조선일보는 1936년 1월 30일 견습기자 채용 시험.

1935.2.1. 일본 도쿄에서『朝鮮新聞』창간. 1932년 8월 조선공산당 일본총국 사건으로 3년 징역형을 언도 받아 복역하던 이운수(李雲洙)와 2년 6개월 언도로 복역하던 박태을(朴台乙)이 1934년 4월과 5월에 각각 출옥하여 창간. 같은 사건으로 복역했던 김학의(金鶴儀)도 이 신문에 관여하였는데 도쿄에 11개의 지국을 갖고 매월 1회 4천여 부 내외를 인쇄하여 재일 한국인 단체와 유학생 동창회, 그리고 각지에 배포하여 그 영향력을 증대시켜 나갔다. 그러나 제8호를 준비 중인 때에 일경이 편집국장 이운수 등 관련자 17명을 검거하여 폐간.

1935.4.1. 조선일보『여성』창간. 1940년 12월까지 통권 57호 발행.

1935.6.7. 동아일보 학생 계몽운동 중단. 4년간 계속된 학생 하기 계몽운동 총독부의 명령으로 중단.

1935.6.7. 조선일보와 동아일보 갈등. 조선일보, 이날부터 보성전문학교 신입생 초과모집을 여러 차례 보도. 교장 김성수는 인책 사임하고 후임에 김용무가 취임했다는 사실을 보도

하고 이튿날 사설에 이어서 11일까지 기사와 논설로 계속 비판. 동아일보도 반격에 나서서 공개적인 논전이 이어지다.

1935.6.12. 조선일보, 태평로 현 코리아나 호텔 자리에 신축 사옥준공. 사옥 신축을 기념하여 다양한 '15대 사업'을 펼쳤는데, 신문 문화전시회도 포함되어 있었다. 7월 6일부터 12일까지 1주일 동안 전시된 신문은 전 세계 60여 개 나라 1,300여 개 신문사의 수천 여 점이 전시되었다고 소개.(1935.6.30, 사고).

1935.6.15. 『조선일보사보』 창간. 월간, 발행 편집 인쇄인 방응모, 46배판, 8면. 언론사 사보로는 최초. 현재는 주간 발행 중임.

1935.6.16. 보성전문 교우회 조선일보 비난 결의문 채택. 비난 광고 게재(동아일보 6.18, 매일신보 6.21) 사학을 대표하는 교육기관과 언론기관이 서로 치부를 들추어가며 싸우는 사태에 일반의 여론 악화.

1935.7.6.~28. 안재홍(民世學人) 「조선신문 소사」 조선일보 연재 19회. 이 논문은 1947년 4월 이해창이 창간하여 1949년 7월까지 발행한 『신문평론』에도 6회 게재됨.

1935.7.19. 매일신보 지령 1만호. 축하 광고에 조선일보 동아일보의 제호를 넣었다. 이날 지령 1만호 기사에서 매일신보가 "31년 전 명치 38년 을사년 8월10일에 영국인 배설씨가 『대한매일신보』라는 일흠으로 발행하야 내려오다가"라고 기술. '31년 전'은 1904년이고, '명치 38년'은 1905년이므로 연대가 맞지 않는다. 1904.7.18. 창간된 대한매일신보가 1905년 2월부터 6개월 휴간했다가 1905.8.10. 국한문과 영문판을 분리 발행하던 날을 창간일로 잘못 계산한 것이다.

1935.7.20. 조선방송협회에 총독부 보조금 1만 4천원 지급. 경성방송국을 '중앙방송국'으

로 개칭하고 9월에는 부산방송국 개국. 이어서 1938년 7월까지 평양, 청진, 함흥, 이리 순으로 지방방송망 구축. 평양과 함흥은 일어와 한국어 이중방송, 다른 도시는 일본어 단일 방송.

1935.8.8. 조선불온문서 임시취체령 공포(제령 제13호). 1948.4.8. 미군정법령 제183호 필요 없는 법령의 폐지.

1935.9.1. 언론전문잡지『쩌-날리즘』창간. 편집겸 발행인 송태형. 창간호 발행 후 중단.

1935.10.1. 국세조사 조선인구 2천 3백만명. ①세대수 429만 7,803. ②인구 2,289만 8,695명. 1930년 조사에 비하면 5년간 180여 만인 증가. ③서울시 인구 8만 4,355 세대, 44만 4,099명. 만주 일본 등 해외 거주 조선인은 제외된 숫자임.(매일신보, 1935.11.23.,「대 경성의 총인구는 일약 44만 돌파」)

1935.11.1. 조선일보사 월간『조광』창간.『조광』은 1940년 8월 조선일보가 폐간된 후에도 발행을 계속하여 1944년 8월까지 통권 110호 발행.

1935.11.1. 만주에서 사단법인 홍보협회 결성. 만주국 통신사를 비롯한 13개 신문사를 회원으로 하여 조합조직의 사단법인. 자본금 2백만원.

1936.8.9. 베를린 올림픽 마라톤 손기정 우승, 남승용 3위 입상.

1936.8.25. 동아일보 일장기 말소. 이 사건으로 총독부 경무국은 동아일보 사회부장 현진건, 편집자 장용서, 임병철, 사진과장 신낙균, 사진부 백운선, 서영호, 운동부의 이길용, 전속화가 이상범 연행. 8.27. 무기정간 처분. 이길용, 현진건, 최승만, 신낙균, 서영호 5명은 앞으로 언론기관에는 일체 참여하지 않겠으며, 만일 또 다른 사건에 연루된다면 이번 사건의 책임에 가중하여 엄벌할 것을 각오한다는 각서 쓰고 40일 만에 풀려나다. 송진우(사장),

장덕수(부사장), 양원모(영업국장, 신동아 편집 겸 발행인), 김준연(주필), 설의식(편집국장), 박찬희(지방부장), 이여성(조사부장), 장용서(편집부) 등 간부급이 신문사를 떠나야 했다.

1936.9.4. 조선중앙일보 자진휴간. 여운형이 경영하던 조선중앙일보는 8월 13일자에 「두상에 빛나는 월계관, 손에 꼭 쥔 견묘목(樫苗木), 올림픽 최고 영예의 표창을 받은 아(我) 손자(孫子)」 기사와 함께 실은 사진에 일장기가 보이지 않은 사실이 밝혀져 "근신의 意를 표하고 당국의 처분이 있을 때까지 휴간함"이라는 사고를 내고 9월 5일부터 휴간에 들어감. 그러나 이 사진은 원체가 선명하지 못한 화질이었으므로 일제 검열관도 눈치채지 못하고 있었는데 동아일보 사건이 일어난 후 다시 조사해 본 결과 일장기가 지워진 것 같다는 사실이 밝혀지자 조선중앙은 자진 휴간으로 위기를 모면하려 하다. 하지만 총독부는 9월 5일 조선중앙도 정간처분. 동아와 조선중앙 두 신문의 정간으로 신문사 발행 잡지 『신동아』, 『신가정』, 『중앙』도 발행이 중단되다.

1936. 「朝鮮內新聞·雜誌竝に普通出版物の取締狀況」, 『朝鮮出版警察概要』, 1936. 조선총독부 경무국 도서과, 75~81쪽. 검열 기준을 분류. →참고, 『朝鮮に於ける出版物の概要』, 1929.

1937.1.10. 소년조선일보 창간. 매주 일요일 타블로이드 4면 발행. 1965.2.21. 일간 소년조선일보 창간. *1960.7.17. 소년한국일보 창간, *1964.7.15. 소년동아 창간, 타블로이드 8면 매주 수 토 발행. 2003.7.15. 소년동아, '어린이동아'로 제호 변경.

1937.5.30. The Seoul Press 폐간. 1906년 5월 2일 창간된 영어신문. 지령 제9,089호까지 발행. 이 신문 폐간 이후 해방이 될 때까지 우리나라에는 영어신문이 하나도 남지 않게 되다. 서울 프레스 5월 30일자 종간호는 조선에 거주하는 외국인들의 편의를 위해 이 신문이 발간되었으나 외국인들에게도 일어와 한국어가 많이 보급되었기 때문에 더 이상 발간할 필요가 없어졌다고 폐간 이유를 밝히다.

The Seoul Press ANNOUNCEMENT

The Seoul Press as the only English newspaper in Chosen has to date been published for the benefit of foreign residents in this country. Of late, however, use of the Japanese and Korean languages has spread to foreigners and as the Japanese and Korean newspapers now are widely subscribed to by them existence of an English newspaper has become no longer necessary.

From this standpoint the Seoul Press will permanently cease publication on June 1, 1937. We herewith express our profound thanks to all our readers and advertisers for goodwill and support accorded us during the past many years. At the same time, we hope that you will hereafter favour the Keijo Nippo and Mai-il Shinbo with your patronage as you have previously done the Seoul Press.

1937.6.2. 동아일보와 조선중앙일보 정간 해제. 일장기 말소사건으로 정간당했던 동아일보는 279일이라는 최장기 정간 끝에 복간. 그러나 재정상태가 재기 불능으로 악화되어 있던 조선중앙은 끝내 복간하지 못하고 1937.11.5. 허가의 효력이 상실되어 폐간하다. 『신동아』와 『신가정』도 일제치하에서는 다시 발행되지 못하였다.

1937.7.12. 조선총독 미나미(南次郎) 언론계 요망 사항. 언론계 대표 불러 '현 시국에 제하야 신문통신 관계자에 요망함'을 발표. 중일전쟁(1937.7.7.)에 대한 방침과 시국의 중대성을 설명하고 언론기관의 협조 요구. 이어서 14일에는 경찰국이 각 도지사에 유언비어 취체와 출판물의 취체에 관한 방침 통보.

1937.7.19. 조선일보 동아일보 보도용어 바뀌다. 중일전쟁 기사에서 일본군을 '아군', '황군'으로 쓰고 장제스(蔣介石), 쑹저위안(宋哲元, 중국의 군인·정치가) 등에 대해서는 '씨' 경칭을 쓰지 않음.

1937.10.21. **만몽일보를 만선일보로** 개제. 1933년 8월 25 창간된 한국어 신문, 친일논조.

사장 이용석, 고문 최남선, 편집국장 염상섭(1940년 1월 사임, 후임 국장 홍양명). 박팔양, 송지영, 이석훈, 박충근, 안수길, 손소희 등이 근무. 만선일보는 1940.4. 조선지국을 총지사로 승격. 지국은 중국의 상하이, 한반도에서는 목포까지도 설치되다. 8.10. 동아와 조선이 폐간된 뒤에도 서울의 매일신보와 신경(창춘)의 만선일보는 해방되던 때까지 중단되지 않고 발행되다.

1938.3.10. 주식회사 매일신보사 발기인회. 4.15. 주식회사 매일신보사 창립총회.

1938.4.29. 주식회사 매일신보 발족. 경성일보와 분리하여 독립된 신문사가 됨. 每日申報 제호를 每日新報로 변경. 지령은 제11,013호를 계승. 사장 최 린, 부사장 이상협, 발행인 이상협, 편집겸 인쇄인 김선흠. 사원은 매신 사원을 그대로 임명.

1936.1.6. 언론통제와 국가홍보 태세 강화. 1937년의 중일전쟁을 앞두고 ①일본의 국가적 통신기관 '동맹통신'사 완성, ②만주국 언론통제기관으로 '홍보협회' 결성(1936.4.9), ③양대 기구를 일체의 관계로 묶는 역할을 하는 일본 내각 직속의 '정보위원회' 설립(1936.7.1). 이 3사를 유기적으로 연결하여 일본-조선-만주의 언론을 전체적으로 통제할 수 있도록 하다.(『일본신문연감』, 1937년판(제15권), 「言論統制時代来る」, 1~32쪽.)

1938.2.12. 총독 미나미(南次郎) '조선춘추회' 결성을 지시. 전국 조선인 발행 민간지와 일본어 신문을 망라하여 일간신문 통제의 단일 창구로 활용. 춘추회는 설립 취지에서 "회원의 친목을 도(圖)하고 공동이해의 연구협력과 총독부와 군(軍) 당국과의 연락협조를 도함"(회칙 제3조)이라고 밝히다. 매월 1회 역원회의를 열고 1년에 2회 이상 총회를 개최하되 반드시 총독부 당국과 간담 연락을 취하도록(제6조) 규정하다. 조선 동아 양 신문 폐간 후 1941.5.1. 춘추회를 해산하고 명칭을 '조선신문회'로 변경.

1939.6.31. 「편집에 관한 희망 및 지시사항」. 총독부 경무국 도서과에서 조선인 발행 신문

잡지 등 간행물에 강력한 통제를 가하기 위해서 4 · 6판 소책자로 발표.

1939.9.18. 매일신보, 『매신사진순보』 창간. 타블로이드판 월 3회. 일어와 한국어 혼용.

1940.초. 「조선의 지방신문(일어) 7개지 정리와 한국어 신문 3개지 통합 방침」. 도쿄의 '신문내보'가 보도. 이때부터 조선 동아 폐간 소문이 공공연하게 떠돌기 시작. 일본 본토에서도 1938년 가을부터 보도의 통일과 자원고갈을 방지한다는 명분으로 「1현(縣) 1지(紙)」 원칙 아래 전국의 지방지 통합을 강행. 총독부는 「언문신문 통제안」이라는 '극비' 문서를 작성하여 조선일보와 동아일보를 폐간하고 매일신보를 강화해야 할 이유와 이에 따르는 여러 문제점을 세밀히 검토하다. → 참고, 정진석 『언론조선총독부』, 커뮤니케이션북스, 2005, 175쪽 이하.

1940.7. 동아일보 사장 백관수를 신문 파지(破紙) 매각 혐의로 구금. 종로경찰서는 상무취체역 양원모, 임정엽, 영업국장 국태일, 도쿄 지국장 김승문, 경리부장 김동섭 등도 구속. 동아 폐간 강요. 동아일보는 편집겸 발행인을 임정엽으로 변경.

1940.8.11. 조선일보 폐간호. 제6923호(10일 석간) 발행. 「폐간에 제하여」(방응모), 앞으로 회사의 목적을 변경하여 대중 의료사업 경영, 동방문화학원(육영재단법인, 기금 100만엔)에 사옥과 기지를 기부하고 잡지 『조광』, 『여성』, 『소년』은 계속 발행하기로.

1940.8.11. 동아일보 폐간호. 제6819호(10일 석간) 발행. 조선 동아의 폐간으로 1945년 8월 일본이 패망할 때까지 5년간 한국어 신문은 매일신보 하나만 남게 되다.

1940.8.11. 동아일보 조선일보 양사의 영업권은 매일신보사가 계승. 매일신보는 자본금 50만엔을 증자하여 총 150만엔이 됨.

1940.8.11. 총독부 경무국장 미쓰하시(三橋孝一郎), 동아일보 조선일보 양사의 폐간에 관

한 담화 발표. "자발적으로 국책에 순응". 매일신보, 1940.8.11.

1940.8.00. 총독부, 동아-조선 양사 윤전기 등 시설 인수 보상금 교부. 동아일보사에 50만엔, 조선일보사에 80만엔을 지급하고, 매일신보로 하여금 두 신문의 영업권에 해당하는 35만엔(조선 20만, 동아 15만엔)을 지급하여 폐간으로 실업자가 되는 사원들의 생계비에 충당케 하고 유체재산은 총독부가 매수하는 방안으로 처리.

1940.8.00. 조선일보에 지급된 20만엔은 재직 사원 270여명의 1년 급료에 해당. 조선일보는 보상받은 돈과 회사에서 4만 8천엔, 사장 방응모가 보탠 2천엔을 합한 5만엔으로 3년 이상 근속 사원에게 법정 퇴직금으로 많게는 3천 여엔, 적게 받은 사원도 600 또는 700엔 정도를 일시금으로 지급. 신문의 판매와 광고모집으로 생업을 삼았던 전국 700여 지국장(보급소장)에게는 7월 1일부터 8월 10일까지 40일간의 신문대금을 탕감해 주었는데 이 금액은 약 5~6만엔에 달했다.

1940.8.00. 동아일보는 보상금으로 받은 15만엔에 회사가 15만엔을 보탠 30만엔으로 300여명의 사원에게 약 2년에 해당하는 생활비 지급. 지국장들에 대해서는 신문대금을 다소 탕감하고, 100백여 명의 서울 시내 배달부에게도 금일봉 지급.(『동아일보 사사』 권1, 390~391쪽에는 사원 215명)

1941.1.10. 신문지 등 게재 제한령(칙령 제37호) 공포. 1도 1사 원칙에 따라 일인이 지방에서 발행하던 일어신문의 통폐합 진행.

1941.2.11. 광주일보-목포신보를 통합. 전남신보(주식회사) 창간.

1941.4.30. 원산매일신문-북선시사신보를 통합. 북선매일신문 창간. 발행지 함흥.

1941.5.20. 대구일보-조선민보를 통합 폐간. 5월 27일자로 대구일일신문 창간.

1941.5.27. 전북일보-군산일보-동광신문을 합병. 전북신보 창간.

1941.6.1. 부산일보를 모체로, 조선시보 남선일보(마산) 3사가 합병하여 새 부산일보 발족.

1941.12.18. 언론 출판 집회 결사 등 임시취체법 공포(법률 제97호). 12.20. 동 시행규칙 제정.

1941.12.26. 조선임시보안령 공포(제령 제34호) 동 시행규칙(조선총독부령 제339호) 공포.

1942.2.28. 서울의 일어신문 조선신문, 조선일일신문, 조선매일신문 폐간. 이로써 '1도 1지' 목표로 진행된 전조선의 신문 통폐합 완료. 총독부 경무국장, '신문통제 완료에 제하여' 담화 발표, 일어 신문 경성일보, 조선상공신문과 한국어 매일신보만 남다.

1942.8.29. 미국의 소리(VOA) 한국어방송 시작.

1942.12.27. 단파방송 청취사건. 방송국 직원들이 '미국의 소리'(VOA)와 충칭 임시정부에서 보낸 단파방송을 청취하여 전황(戰況)을 비밀리에 전파하다가 많은 사람이 투옥되다. 12월 27일부터 이듬해 초에 걸쳐 검거 선풍이 불어 닥쳐서 경성방송국 소속 조선인 기술계 직원을 비롯하여 아나운서 편성원 등 약 40명이 체포되고, 부산 이리 등 여러 지방 방송국까지 확대되어 150명 가까운 방송인이 검거 또는 조사를 받다. 정객과 민간인으로 체포 또는 구속된 인원도 150여 명에 달해서 합치면 300여 명이 수난 당한 것으로 추산. 관련자를 수사하는 동안 방송을 직접 듣지는 않았다 하더라도 소문을 퍼뜨린 사람을 샅샅이 색출하다. 방송인, 언론인, 변호사, 문인, 의사 등 다양한 직업 사람들이 체포 투옥되다. 폐간된 조선일보와 동아일보 전직 간부들도 포함되어 있었다. 함상훈(조선일보 편집국장), 백관수(동아일

보 사장), 국태일(동아일보 영업국장)이 연루되었고, 동아일보 취체역[이사]이었던 변호사 허헌 등 이 사건으로 2년 징역형을 치른 사람이 5명, 1년 징역형이 17명, 8개월, 6개월 징역형과 벌금형을 받은 사람까지 합치면 46명이 유죄판결을 받다.

1943.6.1. 충칭에서 중국어판 독립신문 창간. 타블로이드판. 상하이에서 발행되던 독립신문의 복간 형식이었으나 부정기적으로 발행되어 1945년 7월 20일까지 7호 발행.

1944.1.22. 단파방송 청취사건 언론인 옥사. 문석준(전 조선일보 서무부장)은 병보석으로 출감하여 경성여자의학전문학교 부속병원에서 숨을 거두다. 12.19. 홍익범 사망. 미국 콜럼비아대학 정치경제과 석사, 1933년 10월 동아일보에 입사하여 1940년 8월 동아 폐간 때까지 정치부 기자로 활동.

1945.3.28. 매일신보, 주간『새소식』창간. 회람신문 형식으로 무료 배포.(매일신보, 1945.5.17.)

1945.5.19. 매일신보와 경성일보사 공습에 대비. 양사의 비상조치로 인쇄기 공동운영에 관한 협정 조인. 경성일보사 본관 인쇄공장을 제1공장, 매일신보사 인쇄공장을 제2공장으로 하여 잉여 인쇄기를 방공상(防空上) 적당한 지역에 이전키로 함.

미군정기 혼란스러운 언론상황: 1945~1948

정부 수립, 게재금지 항목 통보: 1948~1951

정치파동, 정전협정, 4.19 언론혁명: 1952~1959

제3부

좌우의 대립과 6.25전쟁 이후

1945~1948

미군정기 혼란스러운 언론 상황

1945.8.15. 일본 천황 항복 선언. 조선어 일간지는 매일신보 하나밖에 없었다. 지령 제13664호. 1940년 8월 10일 동아일보 조선일보 동시 폐간 이후에도 매일신보는 계속 발행되었으나 전쟁 말기의 종이 기근과 극심한 물자부족으로 감면(減面)을 거듭하여 타블로이드 2페이지로 지면이 줄어든 상태였다. 1944년 말에서 광복 무렵까지의 매일신보 임원은 다음과 같다.

사장 이성근(金川聖), 전무취체역(총무국장) 오노(小野利幸), 전무취체역 김동진, 상무취체역(편집국장) 정인익(이상 4명 상근). 편집국 촉탁 심우섭(沈友燮: 이사대우), 편집국차장 홍종인(부이사), 논설부장(부이사) 이구종(李久鍾-宮村久鍾), 논설부 차장 조용만(참사), 성인기(成仁基-成家仁基: 참사), 이창수(李昌洙-國本昌洙: 참사), 부참사 서강백(徐康百-利川康百), 전홍진(全弘鎭-常山盛弘), 주련(安川禎一) 등이었다. 총무국장을 비롯하여 경리부장(張島龜喜), 후생부장(中里文治) 등 주요 부서를 장악한 일본인들이 경영실권을 쥐고 있었다. 편집국은 교열부장 히로세(廣瀨四郎)가 모든 기사를 점검하는 형식으로 사전검열의 효과를 갖도록 했다. 히로세는 총독부 경무국 도서과에서 13년간 근무했던 인물이고, 사진부 주임 오오쓰카(大塚伊三郎)는 사진을 철저하게 점검했다.

1945.8.15. 매일신보 항복 지면. 1면 머리에 「평화재건(平和再建)에 대조환발(大詔渙發)」 이라는 통단 제목으로 천황의 「조서(詔書)」를 번역하지 않고 일본문 그대로 본문보다 큰 글자로 조판. '항복'이라는 단어는 사용하지 않았다. 조서 아래에는 「미 · 영 · 지 · 소(米英支蘇) 사국(四國)에 대하야 공동선언 수락통고」라는 제목으로 "황공하옵게도 천황폐하께옵서는 만세(萬世)를 위하사 태평(太平)을 열랴고 하옵시는 성려(聖慮)"로 14일 정부로 하여금 포츠담 선언을 수락했다고 보도. 천황의 항복방송은 "특히 전혀 어이례(御異例)에 속하는 것이지만 15일 정오 황공하옵게도 대어심(大御心)으로부터 대조(大詔)를 어방송(御放送)하옵시엇다."라고 말했다. 천황의 항복방송도 황공하다는 것이다. 같은 지면에는 총독 아베 노부유키(阿部信行)의 「유고(諭告)」가 실렸는데 조선이 일본의 식민지로부터 벗어나게 되었음을 완곡하게 표현했다. 매신은 또한 "잔인 흉포한 신병기 원자탄"의 강력한 파괴력은 지금까지의 전쟁형식을 근본적으로 변혁하였다면서 와신상담 국난극복을 호소했다. 내각정보국이 「여론지도방침」을 시달하면서 '와신상담'이라는 단어는 특별히 주의해서 사용하도록 규정했다. "장래 우리나라(일본)의 판도를 확대하려 한다는 의미가 아니고, 세계평화 건설을 위한다"는 뜻으로 사용한 것이다. 매일신보는 조선인들에게 해방의 감격을 전달하기보다는 내각정보국의 여론지도방침에 따라 전쟁에 패한 일본의 입장을 전달한 것이다. '신형폭탄'으로 표현되던 단어가 '원자탄'으로 바뀌어 이 날짜에 처음 등장했다.

1945.8.16. 조선건국준비위원회 매일신보 시설 접수 시도. 건준 '신문위원' 최익한, 이여성, 양재하, 김광수 등은 『해방일보』를 발행할 계획이었으나 8월 17일 일본군의 출동으로 실패. 경성일보는 일인들이 계속 발행.

1945.8.16. 조선문화건설중앙협의회 결성. 임 화, 김남천, 이원조, 이태준, 김영건 등 좌익 문인 중심. 문학, 미술, 음악, 연극, 영화, 체육 등 각 부문별 '건설본부'를 조직. 9월 30에는 '조선푸로레타리아예술동맹'이 결성되었는데 두 단체는 1946년 2월 24일 통합하여 '조선문화단체총연맹'이 되다.

1945.8.17. 해방통신 창간. 소공동 테일러 빌딩 소재 동맹통신 서울지사에 근무했던 김진기, 홍종옥, 백병흠, 송영훈 등이 발행.

1945.8.26. 소련군, 38도선 이북 지역 방송중계 전용선로 차단. 북한의 방송은 서울의 경성방송을 중계할 수 없게 되다. 이로부터 남북한의 방송은 국토의 분단 체제와 이념의 차이로 완전히 단절되고 다른 길을 걷기 시작하다.

1945.8.29. 지방 각지 일본인 발행 신문시설을 접수하여 한국어 신문 발행. 부산, 대구, 광주, 평양 등지에서 창간. 8.31. 호남신문 창간(전남일보 접수 운영), 9.1. 부산에서 민중일보 창간(일어판 부산일보 접수 운영)

1945.9.4.『조선통신』창간. 사장 김승식, 부사장겸 발행인 김용채, 편집국장 이종모. 후에 고려-한국-대한통신으로 개제.

1945.9.5. The Korea Times 창간. 일간 타블로이드 4면. 하경덕, 이묘묵, 백낙준, 유형기 등이 주관.

1945.9.6. The Seoul Times(The Voice of Korea) 창간. 발행인 민원식.

1945.9.6. 매일신보 중역 간부진, 전체 종업원의 해고 결정. 600여 종업원들은 중역 간부의 지배에서 이탈하여 자치위원회가 신문을 발행한다고 선언. 9.20. 사원자치위원회 결성.

1945.9.8. 조선인민보 창간. 미군이 서울에 진주하던 날 경성일보 좌익계 한국인 사원들이 발행. 편집실은 종로 중앙기독청년회관(YMCA). 사장 발행인 김정도, 부사장 고재두. 광복 직후 등사판의 비라 같은 신문이 난무하던 때에 본격적인 활판인쇄에 비교적 세련된 편집으로 주목을 끌다. 10월 하순에는 일제 때부터 사회주의운동을 해왔던 좌파 언론계의 거물

홍증식이 편집겸 발행인이 되어 공산당의 기관지 역할 수행.

1945.9.8. 하지 중장의 미 제24군단 서울 진주. 9.11. 하지 중장, 서울 시내 각 신문 기자대표들과 회견하고 미군 시정방침 발표.

1945.9.12. 미군사령부 신문보도 책임관 헤이워드 중좌 기자회견. “언론자유는 절대로 보장하겠다. 연합군에 불리한 내용 이외에는 계출(屆出)이나 검열은 받지 않더라도 관계없다”고 선언. 좌익언론도 정치적 통제를 받지 않고 인쇄 시설과 노조를 먼저 장악하여 언론계의 주도권을 잡다. 9.8. 조선인민보 창간에 이어 해방일보(9.19), 중앙신문(11.1) 등 좌익성향 신문이 나타나다.

1945.9.15. 미군정, 경성중앙방송과 남한의 방송국을 모두 접수. 같은 날 미군정청은 경성중앙방송국을 군정청 공보부 ‘방송과’에 흡수 개편하고 군정청 고문관을 방송국에 파견. 조선방송협회 한국인 직원 총회에서 임직원 선출. 회장 이정섭, 총무부장 권태웅, 기술부장 한덕봉, 서울중앙방송국장 이혜구. 미 군정청은 이날 중앙방송국 정식 접수. 17시 30분부터 다음날 12시까지 방송 중단.

1945.9.18. 민중일보 창간. 발행인 장도빈. 1946년 4월 윤보선이 판권 인수.

1945.9.19. 미군정, 동맹통신 서울지사 접수. 동맹통신 지사에서 발행하던 해방통신은 따로 사무실 마련하고 통신 발행.

1945.9.19. 해방일보 창간. 조선공산당중앙위원회 기관지. 사장은 공산당 중앙집행위원 권오직, 편집장 조일명. 조선인민보와 함께 좌익언론을 대표. 창간호는 “조선공산당의 통일재건 만세”, “전국 근로인민신문 해방일보는 나왔다” 등의 선전구호식 제목을 크게 달았다. 11.1. 해방일보와 함께 또 하나의 좌파계열 중앙신문 창간. 문화전선(11.15)은 좌익계의

조선문화건설중앙협의회 기관지. 타블로이드, 월 2회간. 아동문학(12.1) 조선문화건설중앙협의회 아동문학위원회 기관지. 월 2회간. 위의 신문들은 시설미비와 경영난으로 큰 영향력은 없었으나 조선인민보, 해방일보, 중앙신문 등은 우익지를 압도하는 기세였다. 8.15 이후 4개월 동안 나온 좌익신문은 월간, 주간을 합쳐서 23종에 이르렀고, 잡지는 32종이었다. → 참고, 1946.4.10. 해방주보 창간.

1945.9.20. 군정장관 아놀드, 지령 제5호 공포. 일제하에 한국인을 억압하던 악법 가운데 출판법, 보안법, 치안유지법 등 12개 폐지. 10.9. 군정법령 제11호 공포. 일제하의 악법 폐지.

1945.9.25. 미 군정, 경성일보 접수. 관리인 이상철 임명. 일인 사원을 그대로 두고 신문은 종전처럼 일어로 발행. 10.31. 경성일보 지령 13,746호. 일본인 사장과 직원들 모두 물러나고, 11월 1일부터 한국인들이 일어로 12월 11일까지 40호 발행. → 참고, 1945.12.12. 경성일보 종간.

1945.9.28. 조선신문주간회 조직. 회장 장도빈(민중일보 사장), 부회장 이묘묵(코리아타임스 사장), 총무부, 조사부, 연락부의 3개 부를 두고 사무소가 결정될 때까지 매주 월요일 오후 1시 군정청에서 주례회 개최키로.

1945.10.1. 국제통신 창간. 김동성, 남상일 등이 동맹통신 경성지사의 관리를 맡아 창설. 12.20. 연합통신과 통합하여 합동통신 창간.

1945.10.1. 미 군정청, 조선방송협회 일본인 직원 파면. 회장 대리 이정섭, 서무과장 권태웅, 기술부장 한덕봉 임명. 10.24. 군정청 글라스 중령을 중앙방송협회 회장 임명.

1945.10.00. 미군정과 북한의 언론정책 대비. 미군정은 확고한 언론정책을 수립하지 못한 상태로 미국식 민주주의와 언론출판의 자유를 허용한다는 방침이었지만 현실은 그런 이상

이 실현될 수 없었다. 북한에 진주한 소련군은 언론을 정치선전 도구로 활용하면서 비판적 언론의 출현을 철저히 억제하고 획일적인 논조의 신문만 허용하다. 노동당을 정점으로 정보와 사상을 하향적-일방적으로 전달하는 언론구조를 구축하였다. 노동당 기관지 로동신문과 내각 기관지 민주조선이 최정상에 위치하고, 하부 구조의 신문으로 각 지방 도 단위 신문과 청년단, 직업동맹 등의 기관지가 발행되다. 언론은 당의 노선을 추진하는 '선전자, 선동자, 조직자'이며 정책을 수행하는 도구였다. 정부와 권력을 비판하면서 언론자유를 추구하는 남한의 언론과는 근본적으로 다른 이데올로기 언론구조가 구축되고 있었다.

1945.10.2. 미 군정청, 매일신보사 접수. 관리인에 이상철 임명.

1945.10.5. 신조선보 창간(발행인 양재하). 자유신문 창간(발행인 정인익) 10.14. 자유신문 김남천 작 연재소설 '1945년 8월 15일' 광복 후 첫 소설 연재. 11.5. 중앙신문 박종화 작 연재소설 '민족' 연재.

1945.10.12. 조선출판노동조합 결성. 11.1. 전조선출판노동자대회 개최. 좌익계열이 주도권 장악. 신문사, 출판사, 인쇄소를 망라한 출판노조는 서울을 비롯하여 부산, 대전, 대구 등 각 지역에 결성되었는데, 77개소에 조합원 2,180명으로 공산당 선전공세의 핵심이었다.

1945.10.14. 평양방송 개시. 명칭이 평양중앙방송 → 북조선중앙방송 → 조선중앙방송으로 바뀜.

1945.10.15. 북조선 임시인민위원회 기관지 평양민보 창간. 1946.6.4. 민주조선으로 제호를 바꾸고 내각(정부) 기관지가 되다.

1945.10.23.~24. **조선신문기자대회** 개최(서울 YMCA회관). 좌익계 주도로 남북한 27개 신문 통신사 대표 300여 명 참석. 1925년 4월 15일 천도교회관에서 개최되었던 조선 최초의

전조선기자대회 이래 20년 만의 행사였다. 위원장에 이종모 선출. 이승만이 참석하여 축사.

1945.10.23. 북한, 조선로동당출판사 창립. 북한에 현존하는 가장 오랜 역사를 지닌 규모가 큰 출판사.

1945.10.28. 미 군정청, 벽보, 비라의 발행 및 배포를 금지.

1945.10.30. 미 군정청, 군정법령 제19호 공포. 제5조에 '신문 기타 출판물의 등기'를 규정함으로써 신문발행 '허가제'를 없애고 '등기제' 실시. 제19호는 언론에 국한된 법령은 아니었다. 전문 6개 조항의 단순한 법령으로 경제적 사회적 혼란을 수습하고 조선민중의 복리를 위한다는 목적에서 국가 비상시기를 선포하는 동시에(법령 제1조) 노무, 폭리 기타 민중의 행복에 불리한 행위에 대하여 민중을 보호하기 위한 비상조치를 규정(법령 제2조 내지 제4조)한 목적이었다. 제5조 '신문기타출판물의 등기'는 "언론자유와 출판자유를 유지 보호하고 불법 또는 파괴목적에 빠지지 않게 하기 위하여"라고 취지를 설명한다. 이 법령은 한국 언론역사상 처음으로 신문발행의 등록제(법적 용어로는 '登記'로 표시)를 명문화했다는 중요한 의미를 내포하고 있다. 정기간행물의 '등기제'는 원칙적으로 누구든지 신문 발행의 자유를 누릴 수 있도록 법적인 근거를 마련하여 언론사상 획기적인 법령이었다. 총독부의 발행 '허가'를 받아야 신문 등 정기간행물을 발행할 수 있었던 과거와는 완전히 달라진 것이다. 1946.5.29. 군정법령 제88호를 공포하여 신문 발행을 다시 허가제로 환원. 1960.6.24. 군정법령 제88호 폐기.

1945.11.1. 국제통신 창간. 동맹통신 후신, 사장 그라스 대령, 주간 김동성.

1945.11.1. 평양에서 북조선노동당 중앙위원회 기관지『정로(正路)』창간. 처음에는 소형 2면의 주간신문으로 1회 1,000부 정도씩 발간되다가 1946.1.26. 일간으로 발전하였고, 3.14. 타블로이드 4면이 되었다가 5.28. 대판 2면으로 지면 확장. 1946.8. 북조선공산

당과 신민당이 합당하면서 『정로』와 신민당 기관지 『전위(前衛)』를 통합하여 9.1. 제호를 『로동신문』으로 개제. 북한은 정로의 창간일인 11월 1일을 '출판절(出版節)'로 정하고 매년 기념행사.

1945.11.10. 미 군정, 매일신보에 정간 명령. 매신의 '재정조사'를 이유로 내세웠으나 일제강점기 총독부 어용지였던 매신 사원들이 해방 후에는 자치위원회를 결성하여 좌익계열과 밀접한 관계를 가지고 미 군정에 비판적인 태도를 취했기 때문이다. 해방 후 첫 정간.

1945.11.23. 매일신보 서울신문으로 제호 변경. 총독부 기관지였던 매일신보는 이날 속간하면서 제호를 서울신문으로 바꾸고 지령은 매일신보 제13738호를 계승. 사장 오세창, 부사장 하경덕(발행 편집겸 인쇄인), 전무 김동준, 주필 이관구, 편집국장 홍기문. 1946.6.19. 매일신보 임시 주주총회, 정관을 개정하여 사의 명칭을 '주식회사 서울신문사'로 변경.

1945.11.23. 조선일보 복간(폐간 1940.8.10.). 지령 6924호. 타블로이드 2면 발행, 발행인 방응모. 서울신문 공장에서 인쇄.

1945.11.25. 대동신문 창간. 사장 이종영, 부사장 이봉구, 주필 황석우, 편집국장 최찬식, 극우 논조. 공산당 및 좌익진영에 극렬한 공격을 퍼부어 1946.5. 미군정이 발행정지를 명하였고, 좌익으로부터 필자와 신문사가 피습당하기도 했다. 자매지 민중신문(주간 1946. 3.13), 청년신문(주간 1946.3.18). 가정신문(일간 1946.3.12) 발행.

1945.12.1. 동아일보 중간. 타블로이드 2면 발행. 사장 송진우, 발행인 국태일. 송진우는 김성수와 함께 결성한 한국민주당의 수석총무를 겸했다. 동아일보의 광화문 사옥은 이미 한민당 당사로 사용 중이었으므로 경성일보에 편집국을 차리고 그 공장에서 인쇄. 일제시대의 지령을 계승하지 않고 '중간(重刊)' 제1호부터 시작. 그러나 이듬해 10월 15일까지 281호를 발행한 다음에 16일자부터 광복 이후 중간호로 발행한 지령과 일제시대의 지령을 보태

어 7,101호로 바꾸다.

1945.12.1. 어린이신문 창간. 서울, 고려문화사. 주간 임병철, 편집부장 채정근, 편집동인 김영수, 윤석중, 정현웅, 박계주. 1948.4.25. 지령 100호 기념 축하회 진관사에서 개최.

1945.12.1. 월간『민성』창간. 발행겸 편집인 유명한, 발행소 고려문화사. 1950.5.1. 통권 45호까지 발행. 서울신문 발행『신천지』와 더불어 해방 후 대표적인 종합지.

1945.12.1. 문예 중심 종합지『백민』창간. 처음에는 격월간이었다가 후에 월간. 순수문학과 민족문학적 입장을 견지. 편집겸 발행인 김 송, 22호부터는 김광섭. 1950.6.10.『문학』으로 개제하여 2호를 더 발행하고 6월 10일 통권 23호로써 종간.

1945.12.5. 대중신문 창간. 일간, 부산. 발행인 박일형, 인쇄인 배병기. 1949.7. 김지태가 부산일보 인수 후 부산일보에 합병.

1945.12.9. 서울신문 사장 하경덕 취임. 오세창은 12월 9일 실무에서 물러나 명예사장이 되었다가 1946년 3월 22일 사임.

1945.12.12. 경성일보 종간호 발행 폐간. 1906년 9월 1일 창간. 총독부 일본어 기관지로 발행되다가 종간.

1945.12.14. 출판문화협회기성회 조직. 의장 김창집(고려문화사 총무국장), 서기 김동옥(한성도서 지배인), 기성위원 정음사, 조선춘추사, 서울주보사, 조선주보사, 동광당서점, 건설사, 고려문화사, 신문예사, 서울신문사, 자유신문사, 인민사, 한성도서사, 박문서관.

1945.12.20. 합동통신 창간. 국제통신과 연합통신을 통합하여 AP와 계약. 회장 민원식(연

합), 사장 김동성(국제), 상무이사 남상일(국제), 남정린(연합), 편집국장 대리 전홍진(국제).

1945.12.27. 모스크바 3상 회의. 미, 소, 영, 중 4개국이 조선에 5년간 신탁통치 실시하기로 결의. 이에 대해 언론은 좌우익의 대립이 첨예화하고 언론에 대한 테러가 빈번히 일어남. 해방 직후에는 한동안 좌익지가 언론계를 주도하는 형세였으나 1945년 말부터 우익지들이 나오고 모스크바 3상 회의 이후 좌우익의 극한대립이 시작되면서 좌익지의 기세도 꺾이기 시작하다. 좌익언론은 해방 직후에는 활발한 활동을 벌였으나 여러 차례의 필화와 구속사건으로 활동이 위축되다가 정부 수립 후에는 거의 자취를 감추었다.

1945.12.30. 동아일보 사장 송진우(한민당 수석 총무) 피살. 1946.1.1. 김성수 동아일보 제9대 사장과 한민당 수석총무 취임.

1946.1.00. 서울 발행 일간지 20여종. 1945년 8월 15일부터 12월 말까지 전국적으로 적어도 40종을 넘는 신문들이 새로 창간되다. 하지만 곧 없어지는 것도 많았다. 신문사의 숫자는 집계하는 기간에 따라서 차이가 난다.

1946.1.2. 좌익지 조선인민보, 테러단에 피습. 언론사 최초의 테러. 1월 9일 2차, 1월 19일 3차 피습. 이후 테러사건 빈발. 1.6. 서울신문과 중앙신문, 테러단에 피습.

1946.1.6. 곽복산 외 11명, 조선신문연구소 설립. 12.25. 신문과학연구소 창립. 저널리즘 연구와 신문인 양성기관. 1947.3. 조선신문학원 학생 모집. 6개월 단기 양성 전수과 50명. 3.16. 입학시험, 160여 명 응시. → 참고, 1947.4.5. 조선신문학원 개원.

1946.1.7. 극우지 대동신문, 테러단에 피습. 인쇄공장과 기물파손으로 12일까지 휴간.

1946.1.8. 자유신문, 테러단의 폭발물 투척으로 시설 파손.

1946.1.15. 서울신문, 시사종합지『신천지』창간. 발행인 하경덕. 1954년 10월까지 통권 68호 발행. 해방 후에 창간되어 한국전쟁 전후에 발행된 대표적 종합잡지.

1946.2.24. 조선문화단체총연맹 결성, 조선문화건설중앙협의회(1945.8.16.)와 조선푸로레타리아예술동맹(1945.9.30.)이 통합하여 발족. 동 연맹에 조선신문기자회 가입.

1946.2.26. 한성일보 창간. 신조신보 개제. 사장 안재홍, 편집겸 발행인 편집국장 양재하, 주필 이선근. 동아일보 조선일보 경향신문 국제신문과 함께 중앙 언론계의 주류로 자리잡은 5대 유력지의 하나였다. 한성일보는 동아일보 조선일보와 함께 대표적인 우익지로 반탁에도 앞장서다.

1946.3.5. 조선신문주간회 발전적 해체 조선신문협회 발기, 3.9. 조선신문협회 결성. 사무소는 합동통신사 내. 이사장 하경덕(서울신문 사장), 부이사장 김동성(합동통신 사장). 3.20. 발회식. 4.30. 제 1차 전국대회. → 참고, 1945.9.28. 조선신문주간회 창립.

1946.3.10. 평양에서 조선기자동맹 창립. 1950.8.17. 6.25전쟁 직후 국제기자연맹(IOJ, 공산권 기자단체) 가입.

1946.3.21. 가정신문 창간. 서울, 일간. 대동신문 자매지. 발행인 이취성(대동신문 사장 이종영의 처). 4월 10일부터는 발행인 김동수. 1947.7.27. 대한일보로 개제.

1946.3.25. 현대일보 창간. 서울, 일간. 편집겸 발행인 박치우, 주간 이태준, 편집국장 김기림.

1946.4.10. 해방주보 창간. 좌익지, 해방일보 자매지. 편집겸 발행인 권오직.

1946.4.16. 조선신문기자회, 전조선신문기자대회 준비위원회. 준비위원장 이종모(조선통신). 4.25. 전조선신문기자대회 개최. 명동 천주교당에서.

1946.4.20. 북한, '청년사' 창립. 금성청년출판사의 전신, 후에 민주청년사→민청출판사→사로청출판사 등 몇 차례 이름이 바뀌다가 1975.3. 금성청년출판사가 되었다. 이 출판사는 청소년을 위한 신문과『청년생활』등 여러 종류의 잡지 발행.

1946.4.25. 조선인민보 사장 홍증식, 편집국장 김오성 불구속 기소. 5.4. 군정 비방 등 5개 조목 위반으로 군정 재판에서 홍증식, 김오성에게 징역 90일과 벌금 3만원 언도. 5.12. 조선인민보 직제 개편. 명예사장 홍증식, 편집고문 김오성, 편집주간 고재두로 변경. 편집에 대한 일체 책임은 편집주간이 갖도록 됨.

1946.5.11. 미군정, 인천 지역 언론인 40여 명 검거, 9명만 남기고 석방. 검거 이유는 5월 7일 지상에 게재된 인천시청 적산과장에 대한 허위보도와 명예훼손 혐의. 인천신문 위원장 김수영, 편집국장 엄흥섭, 총무부장 손계언, 문화부장 윤기홍, 사회부차장 서봉도, 서울신문 특파기자 최금동을 군정법령 19호 위반으로 군재에 넘겨 5.18. 군정재판에서 인천신문 유죄판결. 위원장 김수영, 총무부장 손계언 징역 1년 또는 벌금 1만 5천원, 편집국장 엄흥섭 집행유예 6개월 벌금 5천원, 사회부 차장 서봉도, 서울신문 특파원 최금동 집행유예 6개월 벌금 2천 5백원 언도.

1946.5.12. 부녀신문 창간. 서울, 일간. 사장 우덕순, 편집국장 박로아, 편집차장 노천명.

1946.5.12. 독립전취국민대회 참가 군중 폐회 후 찬탁 3사 조선인민보, 중앙신문, 자유신문 등 연달아 습격하여 인쇄시설 파괴.

1946.5.15. 대동신문 3주일 정간처분. 여운형 등의 암살을 선동하고 미 군정 비방 혐의.

주한미군 사령관 하지 중장은 대동신문 정간과 함께 "어떤 신문은 살인 등 폭행을 선동하고 살인 행위를 찬양했다"고 말하면서 언론의 책임을 강조하는 성명 발표.

1946.5.18. 조선정판사 위조지폐 사건. 조선정판사를 폐쇄하고 공산당기관지 해방일보 무기정간. 군정당국은 공산당 재정부장의 지휘 아래 조선정판사에서 위조지폐 900만원을 제조. 그 가운데 50만원이 해방일보 제작에 쓰였다고 발표. 위조지폐는 현대일보에도 28만원이 제공된 것으로 알려졌다. 조선공산당은 일제가 조선은행권을 인쇄하던 서울 소공동 근택(近澤)빌딩을 접수하여 건물을 공산당 본부로 사용하면서 인쇄소는 '조선정판사'로 개칭하여 해방일보도 같은 건물에서 발행하였는데 여기서 위조지폐를 발행. 정판사 사건으로 언론에 대한 미군정의 자유방임 정책은 한계점에 달했으며, 당시의 국제정세가 미소간의 냉전체제로 굳어지고 있는 상황이었으므로 미군정은 공산당 및 좌익지 통제 정책 실시. 조선공산당 위조지폐 사건은 좌익언론이 쇠퇴의 길로 들어서는 계기가 되다.

1946.5.29. 군정법령 88호 공포 '신문급 기타 정기간행물 허가에 관한 건' 발행의 '허가제'로서, 군정법령 19호(1945.10.30. 공포) 이후 짧은 기간 신문발행 '등기제(계출)'가 실시되다가 다시 일제강점기의 '허가제'로 되돌아갔다. 군정당국은 용지난을 이유로 내세웠으나 좌익지의 선동을 견제하려는 저의가 있었다. 이 법령 공포 이전 군정법령 제19호에 의하여 등록된 신문 기타 간행물에 대해서만 발행을 허용하고 정기간행물의 신규 등록은 허가하지 않겠다고 발표.(7월 18일 공보부를 통한 특별 발표) 1947.3.26. 공보부령 제1호로 '정기간행물 허가, 정지에 관한 건'을 공포하여 당분간 새로운 정기간행물은 허가하지 않도록 하여 군정법령 88호의 허가제를 더욱 경직되게 운영하다. 군정법령 88호는 정부 수립 후에도 폐기되지 않은 채 1959년 경향신문 폐간사건에도 그 적법성 여부가 논란이 되었는데 5.16 후 1961.12.30. '외국 정기간행물 수입배포에 관한 법률'이 공포되면서 폐기.

1946.5.30. 대중신문 창간. 1947.6.19. 노력인민으로 제호를 바꾸고 홍남표가 발행인이 되어 남로당 기관지로 재창간, 극좌익의 선봉에 서다.

1946.6.21. 서울신문 사장 하경덕. 중역회의는 사장 외에 전무취체역 김동준, 상무취체역 조중환, 이원협, 주필겸 편집국장 홍기문 선임.

1946.6.26. 조선일보 인쇄공장 파업으로 휴간. 이어서 윤전기 등 공장시설 이전 관계로 7월 31일까지 휴간하고 8월 1일부터 속간.

1946.6.27. 동아일보, 한성일보, 공무국 직원 파업으로 7월 6일까지 휴간. 두 신문을 인쇄하던 경성일보사는 8.1. 서울공인사로 개편.

1946.7.1. 조선인민보, 우익진영 정면 비방. 제1면에 조선공산당 서기국 발표라 하여「테로 괴수 이승만, 김구를 국외로 추방하라」, 사설「이승만씨의 용렬하고 파렴치한」등 게재.

1946.7.8. 신문사 간부 서울시장의 고발로 구속. 자유신문(정인익, 정진석), 조선인민보(임화, 김경록), 대한독립신문(오장환, 고영환) 호열자 관련 기사가 사실과 다르다는 이유. 7월 10일, 보석금 5만원 내고 석방.

1946.7.10. 군정청 출입기자단, 언론간섭에 우려 표명 건의문. 군정장관 러치 소장과 하지 중장에게 최근 언론 간섭사태를 지적. ①자유신문, 대한독립신문, 조선인민보의 사장 주필 등을 구류한 사건. ②해방통신 기자 유치사건 등. 7.12. 군정장관 러치 소장, 신문사원을 공보부에 호출할 경우 이유를 통지할 것을 약속.

1946.7.13. 조선신문협회 러치 소장에게 건의문 제출. 최근 언론계의 불상사에 대하여 ①범죄 사실이 확정되기 전에는 기자의 신체를 구속하지 말 것. ②기사의 출처가 분명하고 또는 권위와 책임 있는 개인 내지 단체의 의사 또는 정견 발표한 내용을 전재하였을 때 그 책임을 신문사에 추궁하지 말 것. ③기사 채취의 자유를 확보시킬 것. ④군정청에서 특별한 경우 외에는 주필, 편집국장을 함부로 호출하지 말 것. 이에 대해 러치 소장은 모든 기사의

출처를 명백히 구비한다면 신문사에 대해서는 책임 추궁 않겠다고 약속.

1946.7.18. 군정장관 러치, 정기간행물의 신규발행 허가하지 않겠다고 발표. 군정법령 제88호가 공포되기 전이었던 5월 28일까지 남한에 242개의 정기간행물이 허가되었다고 말함.

1946.8.8. 조선인민보 사장 홍증식, 편집국장 김오성 피검.

1946.8.15. 미국 로스엔젤스 발행 신한민보 창간 40주년. 지령 2000호. 신한민보의 전신인 공립신보는 1905.11.22. 창간, 신한민보는 1909.2.10. 창간. →참고, 1909.2.10. 샌프란시스코에서 신한민보 창간.

1946.9.6. 조선인민보, 현대일보, 중앙신문 정간. 미군축출 선동했다는 이유로 조선인민보 정우식, 중앙신문 이상호 등 9명 구속. 조선인민보 사장 홍증식과 편집국장 김오성은 이에 앞서 군재에 회부되어 징역 3개월, 벌금 3만원 언도로 수감 중이었다. 홍증식은 이듬해 1947년 8월 2일에도 남로당 기관지『건국』필화사건과 관련되어 민전(民戰) 상임위원이자 이 잡지 주간인 김광수와 함께 구속되었다. 9.16. 조선인민보, 현대일보, 중앙신문 3사 사원 일동은 하지 중장에게 사옥 점거 해제, 정간처분 철회, 피검 사원 석방을 요망하는 서한 발송.

1946.9.10. 부산일보 창간. 사장겸 편집인 박수형, 발행인 하원준, 주필겸 편집국장 이휘보.

1946.9.26. 출판노동조합, 관하 33개 분회에 파업지령. 철도파업에 호응하여 단행된 이 파업으로 각 신문 휴간. 요구조건은 ①쌀 배급문제 ②조선인민보, 현대일보, 중앙신문 복간. ③무조건 해고의 반대. 파업은 10월 2일에 중단되어 1주일 만에 신문 속간. 출판노동조합 서울지부는 1947년 3월 22일에도 24시간 파업. 노조활동의 자유보장, 경찰의 간섭금지 요구. 이 파업으로 일간신문이 하루 동안 발행되지 못함.

1946.10.6. 경향신문 창간. 천주교재단이 1906년부터 발행했던 같은 제호의 주간신문이 있었으나, 새로 창간하는 형식으로 시작. 해방일보가 발행되던 근택인쇄소(당시 가장 큰 인쇄시설이었던 조선정판사, 중구 소공동 74)의 사옥과 공장을 미군정으로부터 인수받아 일약 일류지로 등장하다. 사장 양기섭, 부사장 윤형중, 주간 정지용, 편집국장 염상섭.

1946.10.8. 주식회사 합동통신사 창립. 취체역 회장 민원식, 대표 취체역 사장 김동성, 취체역 부사장 이관구.

1946.11.24. 합동통신 변영권, 조선통신 권용욱, 테러단의 수류탄 투척으로 부상. 남로당 결성대회 취재 중.

1946.12.5. 북조선통신사 창간. 북조선 임시인민위원회 직속 통신사. 1948.10.12. 북한 내각 직속 조선중앙통신사가 됨.

1946.12.20. 중국어 한성일보 창간. 사장 안재홍, 편집주간 송지영, 전무 김종량.

1947.1.30. 서울석간 창간. 발행겸 편집인 정 청, 편집위원장 유해붕. 81호까지 발간된 뒤 7월 1일 조선중앙일보로 개제 창간.

1947.2.5. 한성일보 사장 안재홍 민정장관 취임.

1947.2.14. 세계일보 창간. 동신일보(1945.10.4 창간) 개제, 발행인 김종량, 주필겸 편집국장 배성룡.

1947.3.11. 문화일보 창간. 예술통신(1945.10.2) 개재. 지령 413호 계승. 발행겸 인쇄인 이창선, 편집인 이용악, 주필 김영건.

1947.3.15. 조선출판문화협회 결성. 123개 출판사가 참여. 이 무렵 남한에는 519개(서울 소재는 441)의 출판사가 생겨났고, 신문 통신 잡지사는 335개에 달했다.

해방공간 정기간행물 수 (1947.9.20)

	일간	격일	주간	순간	반월	월간	격월	계간	계
신문	69	2	47	4	5	6			133
통신	13		4						17
잡지			12	2	4	124	1	1	144
기관지	3		4	3	2	24	5		41
계	85	2	67	9	11	154	6	1	335

※ 자료: 1948년『조선연감』, 조선통신사, 372쪽.
원 자료에서 일간지의 합계는 82개로 되어 있는데, 기관지 3개를 제외한 숫자였다. 기관지를 합하면 85개.

1947.3.26. 공보부령 제1호 '정기간행물 허가 정지에 관한 건'. 군정법령 제88호에 따라 정기간행물의 신규 허가를 이날부터 정지하는 동시에 허가된 간행물이라도 4월 20일 이내에 발행하지 않으면 허가가 자동 취소. → 참고, 1946.5.29.

1947.4.5. 조선신문학원 개원 대표 곽복산. 제1기생 60여명. 같은 때에 언론 전문지『신문평론』창간. 주간 이해창, 편집위원 이한용, 이해창, 여상현, 김병도. 1949년 7월까지 6호 발행. → 참고, 1946.1.6. 곽복산 외 11명, 조선신문연구소 설립.

1947.4.6. 민중일보 속간(1945.9.22 창간). 발행인 윤보선, 주필 오종식, 편집국장 김광섭, 문화부장 김동리.

1947.4.20. 여성신문 창간. 부녀신문(1946.7)을 개제. 제15호부터 속간. 편집겸 발행인 황기성.

1947.6.1. 새한민보 창간. 순간, 잡지적 신문, 신문적 잡지를 표방. 감독 설의식.

1947.6.19. 노력인민 창간. 대중신보 개제, 남조선노동당 기관지. 사장 홍남표, 주필 조두원, 편집국장 이상호.

1947.7.1. 조선중앙일보 창간. 서울석간(1947.1.30 창간) 개제. 사장 이달영, 편집국장 유해붕. 일제하 여운형의 조선중앙일보와 직접 관계는 없다.

1947.7.15. 신문인쇄 시설 20여 명이 습격. 태양당인쇄소(문화일보 인쇄), 보성사인쇄소(독립신보, 광명일보, 민주일보 인쇄), 기계 파손으로 인쇄기능 마비 4개 신문 휴간. 출판노조 등 14개 산별노조 대표단은 인쇄소 테러에 대해 민정장관 안재홍, 경무부장 조병옥, 군정장관대리 헬믹 대장을 방문하고 항의. 19일 군정청 출입기자단, 남조선 과도정부 출입기자단도 언론기관 테러 박멸 요청서 제출.

1947.7.19. 여운형(일제강점기 조선중앙일보 사장) 암살.

1947.8.2. 남로당 기관지『건국』에 실린 정판사 위폐사건 논문 필화. 민전(民戰) 상임위원이자 이 잡지 주간 김광수와 민전 사무국장 홍증식 구속. 홍증식은 9월 18일 무죄판결로 석방되자 경무부의 지시로 즉시 재검속. 김광수는 기소되어 11월 11일 서울지방심리원에서 징역 8개월에 2년간 집행유예 선고. 1948.3.24., 4.7. 서울고등법원 상고심.

1947.8.4. 수도관구 경찰청, 서울중앙방송국 적화(赤化)사건 특별 발표. 서울중앙방송 편성과원 김응환이 남로당의 밀명을 받아 중앙방송국을 공산화할 계획으로 방송을 통하여 극좌사상을 일반 청취자에게 주입시킬 것, 우익의 정치방송은 가급적 회피할 것 등을 추진하였다는 이유로 남로당원 14명 검거. 21일 방송국측은 당국의 통첩에 의하여 사건에 관련된 직원 18명 파면. 9.19. 김응환 외 12명 구속, 7명은 불구속으로 서울지방검찰청에 송청. 12.3.

서울지방심리원 언도. 김응환 징역 1년, 김원식 징역 8개월, 설창덕 징역 6개월 집행유예 2년, 허정선, 이만재, 백상균, 안병무, 전섭일, 차영동 벌금 각 1만원, 이춘자 벌금 2천원.

1947.8.5.『주간서울』창간. 발행인 유재명, 편집인 설국환. 1948.10.18.(제10호) 서울신문이 판권을 인수하여 정상적인 주간 단위 발행. 발행인 서울신문 사장 하경덕, 편집인 서울신문 편집국장 정홍진, 인쇄인 김원식. 창간 이래 타블로이드 8면이었던 주간서울은 1949년 1월부터 12면으로 증면. 6.25 전쟁 전 1950.5.1. 지령 85호까지 남아 있다.

1947.8.10. 조선신문기자협회 결성. 위원장 고재욱(동아일보 주필), 부위원장 이헌구(민중일보 주필), 이건혁(대동신문 편집국장), 동아일보 현대일보 대동신문 민중일보 독립신문 등 우익지 언론인 중심.

1947.8.12. 문화일보·중앙신문 피습. 8.13. 서울공인사 분공장(동아일보, 한성일보, 세계일보, 민중일보 인쇄) 피습. 이 무렵 언론인 구속과 피습이 자주 일어나다.

1947.9.3. 미국 애틀랜타에서 열린 국제무선통신회의, 한국의 국제무선부호를 HL로 할당. 이에 따라 10월 1일부터 서울중앙방송의 호출부호를 HLKA로 부름. 1964년 정부는 10월 2일을 '방송의 날'로 제정하여 기념행사를 갖다가 제15회째인 1978년부터는 9월 2일로 변경. '한국방송대상' 시상.

1947.12.2. 장덕수(동아일보 창간 주간) 피살. → 참고, 1920.10.- 동아일보 논설기자 장덕준 피살.

1948.5.8. 서울공인사 공산당원의 방화로 전소. 이 인쇄소에서 동아일보, 한성일보, 세계일보, 민중일보를 인쇄했는데 동아일보가 가장 큰 피해를 입다. 동아일보 소유 문선과 인쇄공장이 전소되고 조사부에 보관 중이던 창간 이래의 신문과 각종 문헌 등이 소실됨. 범인은 서울공인사 공무부장과 문선과원 등 9명으로 밝혀짐. 5.10 선거를 앞두고 서울신문

공장에도 괴한이 침입하여 활자 케이스를 뒤집는 사건 발생. 서울신문 인쇄공장 종업원 일부 파업.

1948.5.10. 언론인 상당수가 5.10 선거 출마. 당선된 언론인들은 다음과 같다.

김병희(진도-목포일보 편집장)
김용재(당진-대한일보 편집장)
김재학(통영갑-동아일보 통영지국장)
김진구(삼척-조선일보 삼척지국장)
박 준(군위-해외통신, 국제평론 사장)
백관수(고창을-동아일보 사장)
서정희(포천-전조선기자대회)
신익희(광주-자유신문 사장)
이 석(경주을-신문사 경영)
이승만(동대문갑-매일신문 주필)
이항발(나주갑-조선일보 사회부장)
정균식(담양-동아일보 기자)
최국현(고양을-경향신문 업무국 차장)
최태규(정선-대한일보 정경부 기자)
김약수(동래-대중시보 경영)
김익로(영일을-남선민보 사장)
김준연(영암-동아일보 편집국장 주필)
노일환(순창-동아일보 정치부장)
박찬현(부산정-후에 경향신문 사장)
서상일(대구을-동아일보 대구지국장)
손재학(홍성-동아일보 홍성지국장)
오석주(고흥갑-동아일보 고흥지국장)
이성우(함평-신문 지국장)
이종린(서산갑-대한민보 주필)
이훈구(예천-조선일보 부사장)
정현모(안동을-조선일보-시대일보 주필)
최창섭(합천을-동아 조선일보 기자)
허 정(부산을-삼일신보 사장)

언론인 출신 초대 국회의원의 경력: 김준연, 백관수, 노일환은 한민당 소속으로 출마. 신익희(광주-독립촉성회)는 광복 후 자유신문사를 경영한 경력이 있고, 박찬현(부산 정-무소속)은 제헌의원 임기를 마친 후 1951년 6월부터 약 1년간 부산일보 사장을 맡았다가 1958년부터 제4-5대 국회의원 당선, 1966~1969년 경향신문 사장 재직 중 제9대 의원으로 당선되어 4선을 기록한다. 서울 동대문 갑구에서 당선된 이승만도 청년기에는 신문기자였다. 김용재(당진-대한일보 편집장), 이항발(나주갑-조선일보 사회부장), 정현모(안동을-조선일보-시대일보 주필), 최태규(정선-대한일보 정경부 기자)도 언론인 범주에 들어갈 수 있는 사람들이다. 김준연은 6선 의원(1-3-4-5-6)의 경력을 지니게 되었고, 법무장관(1950), 부통령 후보(1960), 대통령 후보(1967)를 역임한다. 이훈구는 단국대 학장과 성균관대학교 총장을 맡았다가 1960년 참의원에 당선되었다.

1948~1951

정부 수립, 게재금지 항목 통보

1948.8.15. 대한민국 정부 수립. 미군정청 폐지.

1948.8.6. 조선방송협회, 대한방송협회로 명칭 변경. 10.7. 공보처가 대한방송협회를 인수하여 국영방송이 됨. 8.15. 정부 수립으로 방송국 직원이 공무원 신분을 갖게 됨.

1948.8.25. 합동통신 사장 김동성 공보처장에 임명됨.

1948.9.1. 대한민국『관보』제1호 발행. 첫 호 1면에 대한민국 헌법 게재. 정부공고 제1호로 국무총리에 이범석 임명. '대한민국 30년'으로 9월 22일자 제5호까지 상하이 임시정부 연호를 표시하다가 9월 28일 제6호부터는 단기 4281년으로 바꾸었고 1962년 1월 1일부터는 서기를 사용하다.

1948.9.22. 정부, 언론기관에 신문기사 게재금지 7개항 통보. ①대한민국의 국시와 국책을 위반하는 기사. ②정부를 모략하는 기사. ③공산당과 이북 괴뢰정권을 인정 내지 옹호하

는 기사. ④허위의 사실을 날조 선동하는 기사. ⑤우방과의 국교를 저해하고 국시를 손상하는 기사. ⑥자극적 논조와 보도로써 민심을 교란 험란케 하는 민심에 악영향을 끼치는 기사. ⑦국가의 기밀을 누설하는 기사.

1948.10.1. 국회 제79차 본회의 한글전용법 통과. 당분간 한자를 혼용하자는 조헌영 의원의 수정안을 86대 20으로 통과.

1948.12.1. 서울공인사 공장원 165명 파업으로 서울신문, 국제신문, 평화일보 휴간.

1949.1.10. 이날 이후 반민족행위 특별조사위원회 친일 부역 언론인 체포하기 시작.

▷이종영(대동신문, 대한일보 사장, 민중당 당수) 1월 10일 반민특위 소속 특경대에 체포되어 마포형무소에 수감. 이종영은 일제 관동군의 촉탁이었다는 혐의.

▷최　린(전 매일신보 사장) 1월 13일 성북경찰서에 유치.

▷이성근(일본명 金川 聖: 매일신보 사장) 18일 체포.

▷정국은(국제신문 편집국장) 1월 22일 체포. 서대문형무소에 수감. 일제 강점기 압강일보(신의주)와 아사히신문(오사카) 서울지국 기자를 역임하였으며 일인의 밀정 혐의.

▷이광수와 최남선, 2월 7일 친일혐의로 구금.

▷문명기(일문 조선신문 사장) 2월 23일 특별검찰부에 송치.

▷김동진(전 매일신보 전무) 2월 24일 체포.

▷이종영, 최 린, 이성근, 정국은은 2월 24일 반민특위 특별검찰부로 송치하였고 25일에는 이상협(전 매일신보 부사장)을 체포하여 이성근의 증인으로 소환하였다가 불구속 문초키로 하다.

▷홍　찬(평화신문 사장) 3월 1일 서울 성동경찰서에 수감.

▷이종각(친일지 '신민' 발행인: 1925.5.10 창간) 3월 4일 체포.

▷김동환(일제하 월간 '삼천리' 주간) 3월 24일 특별검찰부로 송치.

▷주요한(동아일보 편집국장) 4월 28일 체포.

1949.2.15. 공보처장 김동성 국회 제31차 본회의에서 신문 게재금지 9개 항목을 밝힘. ① '북조선 인민공화국'은 '북한 괴뢰정부'라 할 것. ②김일성 수상 운운의 정식 예우를 하는 듯한 문구를 사용하지 말 것. ③봉화를 올린 것과 인공기 다는 것을 보도하지 말 것. ④미군철퇴를 보도하여 민심에 어떤 정치적 불안을 끼치는 논조를 피할 것. ⑤미군 주둔을 훼방하는 논설과 기사를 게재치 말 것. ⑥미곡매입 성적의 불량 혹은 지지(遲遲) 기타의 형식으로 매입에 악영향을 끼치는 보도를 하지 말 것. ⑦반란군 혹은 인민군을 동정하거나 이를 의거로 취급하여 민심에 악영향을 주는 논조를 피할 것. ⑧'동족상잔'이라는 문구는 반도(叛徒)와 국군-경을 동일 위치에서 보게 되므로 사용을 중지할 것. ⑨국가 사회적으로 무익한 개인의 비방이나 명예에 관계되는 중상적 기사를 취급치 말 것.

1949.3.4. 국제신문 기사 치안방해로 압수 폐간. 사회부장 김현제와 기자 최덕진 구금.「경북 폭동사건에 경북지사 가담」기사로 3월 5일 발행허가 취소, 폐간. 공보처장 김동성은 국제신문이 공산계열의 발호를 조장하고 파괴분자의 난동을 옹호하는 태도의 편집과 정부 시정방침을 알리는 데 비협조적인 태도를 가져왔다고 폐간 사유 발표. 편집국장 송지영은 7일 경찰에 구금되었다가 석방. 3.22. 사회부장 김현제, 기자 최기덕 구속. 사장 이봉구, 편집국장 송지영은 불구속 송청. 3.28. 약식재판에서 송지영, 김현제 무죄. 이봉구, 최기덕 벌금 각 1만원.

1949.3.17. 국도신문 창간. 폐간된 국제신문 직원으로 구성. 주필겸 편집국장 조용만.

1949.4.10. 서울신문 일요 휴간제 폐지, 연중무휴 발행. 4.17. 동아일보와 경향신문 연중무휴 발행. 5.1. 조선일보 연중무휴 발행.

1949.5.3. 국무회의, 서울신문 정간 결의. 정부 내부의 의사를 추측 기사로 게재함으로써 민심을 소란케 하는 동시에 정부의 위신을 실추시켰다는 이유. 신문지법 및 군정법령 제88호에 의거. 5.5. 서울신문, 4일자 발행 후 정간. 담수회는 대통령에게 서울신문의 정간 재고

를 요청하는 건의서 전달.

1949.5.7. 서울신문 정간해제를 요구하는 건의서. 조선언론인협회, 중앙청 출입기자단, 서울시청기자회, 반민특위 출입기자단, UN한국임시위원단 출입기자단도 정간사태 관련 성명서 발표.

1949.5.21. 동아일보, 이승만과 김 구 사진조작. 덕수궁에서 두 사람이 함께 모란꽃 구경하는 사진을 몽타쥬 수법으로 합성. 이 사진을 실었던 비판신문 21일자는 압수당함.

1949.5.31. 서울신문의 정간 해제를 보류. 국무회의에서 정간해제를 부결하여 속간은 당분간 보류. 6.15. 서울신문사 임시 주주총회, 편집국장 홍기문 등 일부 좌익계열이 퇴진하고 운영진 개편. 명예사장 오세창, 사장 박종화, 주필 오종식, 편집국장 우승규. 새 간부진은 우익 문화단체 문총 멤버가 주도하다. 6.17. 서울신문 정간 해제. 22일 속간.

1949.10.11. 제1기 종군기자 훈련수료식. 국방부에서, 수료생 21명에게 종군기자증 수여.

1950.3.6. 서울시 경찰국 사찰분실, 언론인 수십 명 구속. 19명은 서울지방검찰청에 송치. 남로당 중앙당 선전부에서 언론계에 공작원을 침투시켰다는 혐의로 수사한 끝에 남로당 선전부 책임자 최모 등의 혐의를 포착하였다고 발표. 3.25. 구속 송청된 기자 가운데 1명을 제외한 13명 전원 기소유예로 석방. 한 해 전의 국회 푸락치사건에 이어, 이 무렵에는 법조계 푸락사건 등으로 남로당의 침투 의혹이 자주 있었다.

1950.4.6. 공보처장 이철원, 비양심적인 일본 서적의 번역서 단속을 경고. ①시사적, 통속적 또는 저급한 문예서 등의 번역은 일체 금지함. ②우리 민족 문화수립에 기여할 바 크다고 인정되는 과학과 기술 등에 관한 간행물은 사전에 공보처에 연락을 요함. ③일본 신문잡지를 우리 신문 잡지가 전재할 경우 신중을 요함. ④이미 발행된 간행물의 재판(再版)은 엄금

함. 이에 대해 언론계는 찬반양론이 일어남.

1950.4.8. 공보처장의 일서 번역금지 조치 관련 자유신문 보도. 문화발전에 지장이 적지 않을 것이라고 지적. 해방 후 일본책 번역물은 거의 없었으나 1949년 말부터 나오기 시작하여 현재까지 10여 권이 출판되었는데 그 가운데는 8판까지 발행되어 해방 후 출판계 최고 부수를 점유하는 책 2권이 있다고 보도. 번역된 출판물은 『나가사키(長崎)의 종(鐘)』, 『원자탄에 맞고서』(삼일출판사), 『내가 넘은 3.8선』(수도문화사), 『맑스주의와 기독교』(설우사), 『영문해석법』(小野圭次郎 저, 동명문화사; 같은 저자의 『영문법』도 동명문화사에서 출판) 등.

1950.5.30. 제2대 국회의원 선거에 언론인 다수 출마. 지국장, 지방 주재기자 등을 제외한 본사 소속 출마자는 다음과 같다.

*경향신문 최국현(영업국장: 경기 고양). *동아일보 고재욱(편집고문: 전남 담양), 국태일(전무: 전남 담양), 김정식(기자: 경남 고성). *새한민보 설의식(사장: 충북 영동). *서울신문 김영상(충남 아산), 이한용(정치부 차장: 충남 서산), 박영종(정치부: 전남 담양), 박춘대(정치부: 전남 장성), 박내춘(정치부: 전남 장성). *연합신문 양우정(사장: 경남 함안), 김순교(조사실장: 경북 경산), 정동진(업무국: 전남 고흥). *자유신문 신익희(사장: 경기 광주) 유광열(논설위원: 경기 고양). *조선일보 방응모(사장: 경기 양주갑), 서범석(전 기자: 옹진갑). *한성일보 안재홍(취체역 회장: 경기 평택), 구철회(정치부장: 경기 용인), 양재하(전 주필: 경북 문경), *한국일보 한오혁(전 사회부장, 상공신보 편집국장: 서대문 갑구), 최약한(교정부장: 성동갑). *부인신문 박순천(사장: 종로갑), 박주한(편집국장: 부산병). *한국통신 김승식(사장: 전남 강진), 이중희(대표취체역: 경남 마산; 등록 사퇴), 백남훈(명예사장: 종로을). *합동통신 김동성(전 합동통신 사장, 공보처장: 개성시), 유석현(취체역: 종로갑). *김은배(체육신문 사장: 서대문을), *임영신(상공일보 사장: 전북 금산), *황대벽(공립통신 출판국장: 서대문을), *유 홍(조선상공신문 사장: 영등포을), *이충환(국민일보 편집국장: 충북 진천), *이상철(전 동아일보, 매일신보: 충남 청양), *이종영(대동신문, 대한일보 사장: 강원 정선), *박정근(전 공업신문 사장: 전북 전주), *서상국(세계화보 사장: 전남 함평), *정재완(여수일보 사장: 전남 여수), *김지태(부

산일보 사장: 부산갑), ***서상호**(전 시대일보: 경남 통영), ***김봉재**(산업신문 중역: 경남 창원), 이종린(충남 서산갑).

제2대 국회의원 당선 언론인(괄호 안은 나이) 박순천(52), 유 홍(52), 김동성(61), 최국현(50), 신익희(59), 안재홍(59), 서범석(48), 이충환(32), 이상철(58), 이종영(56), 임영신(51), 박정근(52), 서상국(44), 정재완(50), 양재하(45), 양우정(44), 이종린(67), 김지태(42), 서상호(63), 김봉재(42), 김정실(47), 홍길선(동아 수원지국장: 수원, 46), 성득환(동아 영동지국장: 경북 영동, 53).

1950.6.7. 북한 평화적 조국통일 추진을 제의. '조국통일 민주주의전선 중앙위원회', 전쟁 준비를 거의 끝낸 상태에서 위장 평화공세를 펴다. 북한에 억류 중이던 조만식과 남한에서 체포된 남로당 간부 김삼룡·이주하를 맞교환하자고 제안하여 남한의 경계심을 풀어놓으려는 전술도 병행.

1950.6.25. 북한군 남침, 6.25전쟁. UP통신 한국지국 주재 제임스(J. E. James) 기자가 본사에 전쟁보도 기사를 약 20분간 처음 보냈다. 제임스의 기사 전보는 수분만에 샌프란시스코에서 수신되어 뉴욕의 UP 본사에 중계되다. 서울 시간 6월 25일 오전 9시 50분, 워싱턴 시간 6월 24일 오전 8시 50분. 제임스의 제1보는 AP보다 2시간 14분이 빨랐으며, 미국 대사관이 본국에 타전한 보고보다도 먼저였다.

1950.6.25. 전쟁기간 신문 지면의 중요성. 많은 언론인이 납북 또는 행방불명으로 인적 손실이 컸을 뿐 아니라, 인쇄기가 파괴되고 용지도 부족한 가운데 언론인들은 서울, 부산, 대구, 수원으로 옮겨 다니면서 신문발행을 계속했다. 고픈 배를 움켜쥐고 빈약한 지면을 발행하면서 국내외의 정세를 알리려 노력했다. 전쟁 중에 발행된 신문은 역사의 귀중한 사료가 되었다. 6.25 전쟁의 참혹했던 상황을 기록했고, 국군의 평양 점령, 중국군의 전쟁 개입, 휴전회담과 포로교환, 반공포로의 석방과 같은 국제적 뉴스가 담겨 있다.

1950.6.25. 서울의 6월 25일자 신문에는 전쟁 발발 보도가 없다. 당시 신문은 날짜를 하

루 앞당겨 발행하는 관행이었기 때문에 6월 25일자 신문을 24일에 이미 발행했기 때문이다. 25일 오후에는 도쿄 발행 미군 기관지 Stars and Stripes가 전쟁 발발을 호외로 보도했다. 1면 머리에 「한국에 전쟁 발발」(Korea at War)이라고 대서특필, 이날 오후까지의 전황을 보도.

1950.6.28. 북한군 서울 점령. 6월 27일 이후에는 신문발행이 중단됨.

1950.6.28. UP통신 도쿄지국 주재 특파원 칼리셔(Peter Kalischer)와 포오츠(Rutherford Poats) 기자 첫 파병된 미국 보병사단과 함께 내한 대전에서 취재 활동.

1950.~1953. 외국 종군기자 3년 전쟁 기간 누계 600여 명. 175명 내지 250명이 도쿄와 한국에 상주했으며 평균 40명에서 60명 정도가 전방의 전황을 직접 보도. 한국전쟁은 당시 미국 신문 사상 "가장 철저하게 보도된 전쟁"이었다.

1950.6.27. 대통령 이승만 대전에서 서울중앙방송을 통해 "의정부를 탈환하였으므로 서울시민은 안정"할 것을 호소하는 방송을 내보내 시민의 피해가 커지게 됨. 밤 12시 방송 종료.

1950.6.28. 북한군은 서울 진주 후 제일 먼저 방송국 장악. 국방부 정훈국 보도과장 김현수 대령 28일 아침 정동에 있던 방송국 앞에서 북한군이 쏜 다발총에 맞아 그 자리에서 전사. 남하하지 못한 방송인들은 북한군에 협조하거나 납북되는 비운에 처하다. 라디오 채널 하나밖에 없었던 KBS는 사원 28명이 납북되다. 제2대 방송국장이었던 홍양명도 납북. 북한은 서울서 노획한 50㎾ 시설 이용 강력한 대남방송 실시.

1950.7.2. 북한은 서울 점령 4일 후부터 일간지 해방일보와 조선인민보 발행. 광복 직후 미군정 기간에 발행되던 두 신문을 복간하면서 이전 발행 지령은 무시하고 1호부터 시작하

다. 서울 점령 겨우 4일 지난 시점 전쟁의 와중에 일간지 2개를 발행할 수 있었던 것은 북한이 서울 점령 후의 남한 통치를 위해 치밀한 대비를 하고 있었던 증거였다.

> 조선인민보 7월 2일 복간~9월 21일(1~82호)
> 해방일보 7월 2일 복간~9월 23일(1~84호, 9월 15일 이후 7호 결)
> 로동신문(로동당 기관지) 민주조선(북한 내각기관지) 평양에서 조판한 지형(紙型)을 서울로 보내어 서울에서 인쇄 배포.

1950.7.3. 합동통신 사옥에 조선중앙통신 서울지사 설치. 서울의 합동통신-조선통신-공립통신을 통합 조직하여 조선중앙통신 발행.

1950.7.10. 순직종군기자. Pacific Stars & Stripes 특파원 어니 필러(Ernie Peeler)와 6월 28일 최초로 전투지구에 종군하며 전황을 보도하던 인터내쇼널 뉴스 서비스(INS) 특파원 제이 리처드슨은 대전 북방에서 6.25전쟁 첫 외국 종군기자 순직. 두 기자를 포함 전쟁 취재와 관련하여 기자 18명 순직. 10명은 미국 기자, 8명은 총탄에 희생되었고 2명은 비행기 추락사고로 사망. → 참고, 1977.4.27. 순직종군기자 추념비 제막.

1950.8.15. 제3대 공보처장에 김활란.

1950.8.16. 연합신문 부산에서 속간.

1950.8.19. 국제신보 창간. 부산, 산업신문 제1039호를 계승 개제. 사장 이연재, 주필 김형두, 편집국장 이석우.

1950.9.1. 대구매일신문 8월 29일자 1면 머릿기사 본문의 대통령을 '犬統領'으로 오식. 이로 인해 무기정간.

1950.7.~9.28. 북한군이 서울을 점령 중인 3개월 사이 언론인 285명 피살 또는 납북. 피살 36명, 피납 249명. 언론계의 규모가 지금에 비해 훨씬 작았던 시기였으므로 피해 정도는 매우 심각했다. 납북 언론인 가운데는 방응모(조선일보 사장), 안재홍(한성일보 사장), 백관수(일제시대 동아일보 사장), 언론인이면서 소설가였던 이광수, 방송인 겸 시인 김 억, 방송인 수필가 김진섭 등 신문과 방송계의 많은 중진이 포함되어 있었다. 현대일보 사장 서상천, 한국통신 김승식(전 사장), 김용채(당시 사장), 대한통신 이중희도 납북된 언론사 사장들이다. 5개 일간지의 현직 편집국장도 납북. 신태익(경향신문), 장인갑(동아일보), 양재하(한성일보), 마태영(자유신문), 남국희(태양신문)가 중앙지의 현직 편집국장이었다. 강원일보 편집국장 남궁태를 비롯한 지방지 사장과 편집 간부도 있다. 일제 강점기부터 활동하던 많은 원로 언론인과 언론사의 현직 주필, 국장급과 부장, 기자들이 납치되어 영원히 돌아오지 못하는 길을 떠났다. → 참고, 정진석, 『6.25전쟁 납북』, 기파랑, 2006.

1950.9.28. 서울 수복과 신문 속간. 서울신문이 가장 먼저 10월 1일 속간. 경향신문과 동아일보는 10월 4일, 사장이 납북된 조선일보는 가장 늦은 10월 20일 속간.

1950.10.4. 동아일보 속간호「사고」. 행방을 알 수 없는 사원의 가족은 즉시 본사로 연락바란다는 내용.

1950.10.4. AFKN 라디오 개국, 방송 개시.

1950.10.19. 평양 탈환기사 송고. 김진섭(동아일보)과 이혜복(경향신문)은「괴뢰 질서 없이 패주, 김일성 도당은 희천에 도망」21일자 1면(김진섭).「평양 대동강에서」보낸 기사「세계 전사상(戰史上)에 경이적 작전! 국군 정예 선착 도하」21일자 1면(이혜복).

1950.10.29. 경향신문 평양에서 '전선판' 발행. 약 30일 후 국군의 후퇴로 중단.

1950.10.30. 평양지구 종군기자 귀환 보고대회. 국방부 종군기자단 정훈국장 이선근 준장을 비롯 5명, 전황을 직접 알리는 보고개최 서울 시공관에서. 종군기자의 일선취재 '보고강연회' 또는 '귀환보고대회'는 국방부 정훈국 주최로 여러 차례 열렸다. 최신 뉴스 영화를 상영하고 군악대의 주악연주, 이화여대 합창단의 합창과 함께 기자들의 종군 실황을 보고하는 강연으로 국민의 사기를 진작하고 선전을 겸한 목적이었다. 종군기자 보고대회는 서울에서 1952년에도 계속되었다.

1950.11.1. The Korea Times 창간. 유엔군에게 한국 사정을 알릴 목적으로 발행. 초대 사장 김상용(시인, 영문학자, 이화여대 교수), 편집진은 조용만, 주요섭, 피천득, 이석곤. 제2대 사장은 김활란(1951.7.2.), 1954.4.30. 한국일보 사장 장기영에게 판권 양도.

1951.1.4. 1.4후퇴로 신문발행 또다시 중단되다.
경향신문 대구로 내려가서 대구시보 윤전기를 사용하여 속간. 4월 8일부터는 임시수도 부산의 가톨릭중앙성당 마당에 천막을 쳐 놓고 활판기와 주조기를 설치하여 신문 발행. 1951년 11월 23일부터는 서울에서 '전선판(前線版)'을 발행하여 부산에서 발행되는 신문과 서울의 전선판 동시 발행.
동아일보 1951년 1월 3일까지 서울에서 발행하다가 1.4 후퇴 후 부산으로 가서 민주신보 인쇄시설과 편집국을 공동으로 사용하여 1월 10일 속간. 1주일의 공백을 두고 빠른 시일에 발행했다. 9월부터는 부산 중앙동 소재 부산일보 공장과 인근의 자유민보 공장을 전전하면서 발행하다가 부산시 토성동 2가 7번지에 임시사옥을 신축하여 1952년 2월 2일부터는 자체 시설로 인쇄. 시설을 갖추자 2월 15일부터는 대판 2면으로 지폭을 넓혔다.
서울신문 9.28 수복 후에는 가장 먼저 속간하여 1.4 후퇴 이전까지 신문을 발행하였으나 1.4 후퇴 이후에는 네 신문 가운데 가장 늦게 속간. 1951년 4월 8일 호외를 발행하여 10일부터 속간을 알렸고, 10일(지령 15,320) 서울에서 발행된 첫 호는 속간사「우리는 돌아왔다」가 실려 있다.
조선일보 2월 1일(지령 8,452) 부산에서 민주일보와 자유민보의 시설을 이용하여 속간하면서 「죽느냐 사느냐」라는 속간사를 실었다. 그러나 2월 28일자(8,575)를 발행한 후에 서울로 올라와서 4월 중순 경에 겨우 4호를 발행한 후 4월 24일 또 다시 서울 철수령이 내리자 사원들은 평판기 한 대와 활자 약간을 꾸려서 수원으로 내려가 5월 3일(8,582)에 '전시판' 속간. 「살길은 무엇인가, 수원에서 본보를 내며」가 있다. 7월 말까지 수원에서 발행하다가 8월 1일(8,672)에는 다시 서울에서 발행.

1951.5.15. 국회, 부통령에 동아일보 사주 김성수 선출. 1952.5.29. 김성수, 국회에 부통령직 사표 제출, 6.28. 사표 수리.

1952~1959

정치파동, 정전협정, 4.19 언론혁명

1952.2.- 공인기자 자격심사. 공보처가 임명한 '공인기자자격심사위원회'는 36개 출입처의 각 신문 통신기자 444명의 자격을 심사. 1차 합격자에게 공인기자증 및 '프레스'라는 완장을 주어 취재활동에 편의 제공하기로. 공인기자 제도는 전시 사회의 혼란을 틈타 발호하는 사이비 기자를 막는다는 취지였으나 관권의 언론자유 억압을 우려하는 반대도 많았다. 동아일보와 합동통신은 자격심사를 거부. 5.12. 국무총리 장택상이 민주주의 세계에서 그 유례를 볼 수 없는 몰상식한 일이며, 자유언론을 억압하려는 처사라 하여 공보처에 철폐를 지시하여 폐지되다.

1952.3.19. 광무신문지법 폐기. 국회 재석 118명 중 찬성 85표, 반대 없음. 1907년에 제정되어 일제 기간 민족언론 탄압의 흉기로 사용되었고 정부 수립 후에도 존속 여부가 논란이 되었던 악법. 정부는 광무신문지법 폐기 직후 국회 문교위와 법사위를 거쳐 전문 16조 '출판물 법안'을 본회의에 제출하려 했으나 언론계의 강력한 반발로 좌절되다. 3.26. 전국 편집기자회는 국회의장을 비롯한 관계요로에 '출판물 법안'의 철회를 요청했고, 7개 일간지 주필 편집국장으로 구성된 상설 간사회도 법안 철회를 촉구하는 성명.

1952.4.20. 동양통신 창간. 사장 양우정, 부사장 김성곤, 편집주간 김석길. 양우정은 정국은(鄭國殷, 1919~1954)의 간첩 혐의 사건으로 체포되어 1953년 10월 17일 김성곤에게 판권 양도.

1952.4.28. 장기영 조선일보 대표취체역 사장 취임. 조선일보는 사주 방응모가 6.25 때 납북당한 뒤 사세를 회복할 경영자가 필요했다. 한국은행 부총재였던 장기영에게 재산권 변동에 관한 사항을 제외하고는 납북된 방응모 소유 주식의 주권행사를 5년 동안 위임한다는 조건으로 신문경영을 위탁. → 참고, 1954.6.9. 한국일보 창간.

1952.5.4. 조선신문학원 명칭을 서울신문학원으로 변경. 입학시험. 임시교사 부산시 남항동 부산무선기술학교 구내. 9.20. 전수과(야간 6개월) 학생모집.

1952.5.25.~29. **부산 정치파동 신문검열.** 새벽 0시를 기해 부산 중심 23개 시와 군에 계엄령 선포, 신문검열 실시. 이튿날부터 국회의원 대량 구속. 외국 저명 특파원 30~40명 부산에 몰려오다. 6.29. 신문검열 해제.

1952.5.25. 테러단 20여 명 경향신문 부산공장 습격. 활자케이스를 뒤엎는 등 난동.

1952.5.29. 동아일보 사주 김성수, 부통령직 사임서 국회 제출.

1952.6.1. 동아일보 주필 고재욱 구속. 편집실에서 집무 중 오후 3시 30분경 경남경찰국에 연행되어 구속. 6.3. 이승만이 헌병사령관 원용덕에게 고재욱의 즉시 석방을 명하여 석방.

1952.6.28. 16일간 중단되었던 '미국의 소리' 중계방송 재개. 외무부와 미 국무성 각서 교환, 동 방송이 정부 입장을 곤란하게 하지 않는다는 조건.

1952.8.7. 조선일보 주필겸 부산 분실 임시책임자 홍종인 구속. 조선일보 부산분실은 4부 장관이 사임했다는 사실을 잘못 알고 속보판에 게시했고, 신문에는 보도하지 않았다. 홍종인은 기사의 취재원에 대한 묵비권 행사로 구속되었다가 11일 석방.

1952.8.15. The Korean Republic 창간.

1952.9.00. 『思想』-『사상계』 부산에서 창간. 문교부 관하 국민사상연구원 기관지 형식으로 발행. 편집겸 발행인 이교승. 12월까지 4호 발행 후 중단. 편집에 참여했던 장준하가 1953년 4월 제호에 '계'를 붙여서 『사상계』로 부산시 대교로(大橋路) 3가 71번지에서 창간. 장준하는 부산에서 11월까지(10·11월 합병호) 『사상계』 일곱 권을 발행한 다음 정부가 환도하던 때에 서울로 올라와 종로 네거리 화신 옆 한청빌딩 4층에서(판권에는 서울시 중구 무교동 71번지) 12월호부터 발행.

1953.3.27. 한글파동. 이승만 대통령, 한글맞춤법을 3개월 안에 간소화하라는 특별 담화 발표. 동아일보 사설 「문화파동」(3.30.)을 비롯하여 여러 신문이 반대 입장. 3.30. 국회 정기회의에서 반대토론. 5.24. 한글학회, 반대성명 발표. 2년 6개월 후인 1955.9.19. 한글파동 일단락. 대통령, 맞춤법에 관해서는 더 이상 문제 삼지 않겠으며, 민중이 원하는 대로 자유에 부치겠다는 담화 발표.

1953.7.27. 정전협정 조인. 「냉전의 고민·휴전에 조인, 좌절된 한국의 통일 염원」(이혜복 특파원 至急電, 경향신문 7.28), 「기이한 전투의 정지, 당사국 제쳐놓은 결정서로 종막」(판문점 조인식장에서 최병우 특파원발, 조선일보 7.29).

1953.7.30. 북한 로동신문, 정전협정을 '영광스러운 승리'라고 주장. 미 제국주의 침략전쟁에 맞서 싸운 김일성의 승리로 포장하여 선전. 국가적인 축제 분위기 조성.

1953.8.3.~6. 김일성, 남로당계 숙청. 휴전협정 1주일 뒤인 8.3~6. 나흘 동안 평양 북한 최고재판소 군사재판부는 박헌영 중심 남로당 출신 이승엽을 비롯하여 12명 재판. '조선민주주의 인민공화국 정권 전복 음모와 반국가적 간첩 테로 및 선전선동 행위' 혐의. 12명 가운데 조일명(해방일보 편집장), 임 화(시인, 조선인민보 주필), 박승원(매일신보 기자, 서울신문 정치부장), 이원조(조선일보 학예부 기자, 시인 이육사의 동생), 설정식(시인, 서울 타임스 주필)은 언론인이거나 문인이었다. 10명은 사형과 전 재산 몰수 판결. 사형을 면한 이원조는 징역 12년, 윤순달 징역 15년이었는데 두 사람도 재산몰수 처분. → 참고, 정진석, 『전쟁기의 언론과 문학』(증보판), 소명출판, 2020, 180~226쪽.

1953.8.15. 1.4후퇴 후 부산에서 발행되던 신문 통신 서울 복귀. 8.16. 동양통신 서울에서 5편 발행. 8.17. 동아일보와 연합신문, 8.20. 태양신문 서울 복귀.

1953.8.15. KBS 해외방송 첫 전파 발사. 1979년 25주년.

1953.12.15. 최초의 민간방송 CBS(HLKY) 개국. 사장 미국인 선교사 감의도(甘義道, Decamp,O.E.).

1954.3.9. 홍익대학에 정규 신문학과 개설. 문교부의 인가를 받아 국내 최초의 신문학과. 주임교수 곽복산. 1962년 홍익대 신문학과는 문교부의 대학 설치 기준령 미달로 폐과. 홍익대 이후 중앙대(1957), 이화여대(1960), 한양대(1963), 고려대와 경희대(1965), 성균관대(1967), 서강대(1968), 연세대(1972), 서울대(1975), 외국어대(1978) 순으로 신문방송학과 개설.

1954.4.30. 조선일보 제11대 사장 방일영. 전임 사장 장기영은 1952년 4월 28일부터 5년간 조선일보의 경영을 맡기로 했으나 2년만에 물러나다.

1954.6.9. 한국일보 창간. 조선일보 사장을 사임한 장기영이 태양신문(1949.2.25 창간) 판권을 인수하여 마지막 지령 1236호를 계승. 1237호부터 한국일보 발행. 사장 장기영, 주필 오종식, 편집국장 전홍진.

1955.3.15. 동아일보, '괴뢰' 오식으로 정간. 동아일보 1면 2단 기사「고위층 재가 대기 중 한·미석유협정 초안」이라는 제목 위에 다른 기사 제목에 쓰기 위해 채자 해 두었던 '괴뢰'라는 두 자가 착오로 첨가되었다. 검찰은 정리부장 권오철과 공무원 직원 현종길, 원동찬을 구속하고, 발행인 국태일과 주필 고재욱 불구속 송치. 3.17. 공보실은 동아에 무기정간 처분. 한 달 뒤 4.16. 이승만의 개입으로 정간이 해제되고 4.18. 속간. 구속되었던 관련자 세 사람은 앞서 20여일 만에 석방되다.

1955.7.30. 신흥대학 총장 조영식 국가보안법 위반 혐의로 구속. 저서『문화세계의 창조』(1953.5 발행) 문제로. 8.7. 동아일보, "학문자유에 위협, 이제 와서 문제됨은 이해난"으로 비판. 8.9. 서울지방법원 형사1부(판사 윤학로, 강봉근, 신창동), 석방 결정. 1956.4.9. 학술원, 조영식의 저서 "전체적 경향은 반공"이라고 해명.

1955.9.13. 대구매일신문 논설,「학도를 도구로 이용하지 말라」. 고위층의 환영 행사에 학생 동원을 반대하는 내용. 9.14. 대구매일 테러.「학도를 도구로 이용하지 말라」는 논설이 도화선이 되다. 9월 14일 오후 4시 25분경, 곤봉과 큰 해머 등을 든 괴한 20여 명 대구매일신문사에 난입하여 욕설과 고함을 지르며 공무국의 문선 케이스를 비롯하여 인쇄기재, 통신시설과 공장 내부를 닥치는 대로 두드려 부수다. 9.17. 논설 집필자 주필 최석채 구속되어 30일 동안 철창에서 지낸 뒤 10.14. 불구속으로 석방되었으나 국가보안법 제4조 위반혐의로 기소되다. 북한 평양방송이 문제의 논설을 인용하여 선전에 사용하였고, 적성감시위원단의 사기를 높여주어 국책을 변란케 하였다는 혐의. 11.29. 검사 한옥신,「언론자유의 한계」논고. 국가보안법 제4조에 의거 징역 10개월 구형. 김훈채 변호사 변론,「개인 매장하기 위한 사건」. 변호사 조재천 변론「범죄구성 요건 전무」(대구매일 1955.11.29.) 12.6. 대구지방

법원 형사부 판사 김용규, 무죄 판결. 1956.5.8. 대법원장 김병로를 비롯한 대법관 전원 합의로 피고의 무죄를 확정, 8개월 법정투쟁 끝에 사건은 완전히 끝나다. 광복 이후 필화사건이 대법원에서 판결받은 첫 사례였다. → 참고, 최석채, 『서민의 抗章』, 법조사, 1956.

1956.3.12. 한국일보 이 대통령 오식. 「정국왕래」 제목 가운데 '이 대통령'을 '이 대령통'으로 오식. 15일 지상을 통해 정정하고 이후 본문 활자 대통령 3자를 묶어서 주조.

1956.3.15. IPI(국제언론인협회) 한국 국가 단위 가입 부결. "한국에는 언론자유 없다"는 이유로 아세아지역회의 초청보류. 3.19부터 일본 도쿄에서 열린 제9차 IPI 총회에는 자유진영 언론인 105명이 참석. 한국의 국가 단위 가입 부결. 총회 끝난 후 각국 대표 31명이 한국 언론 상황 시찰을 위해 방한했으나 이승만 대통령은 면담을 거부. 주미 한국대사관은 한국을 공산국과 함께 언론자유 없는 나라로 분류한 것은 잘못이라고 강력한 이의를 제기. 자유당 치하의 언론 상황은 IPI 가입과 관련하여 국내외적으로 논쟁거리가 됨.

1956.5.12. 한국 최초의 TV 방송 HLKZ(대한방송국 KORCAD) 개국. 출력 100w. 6월 1일부터 격일로 저녁 2시간 정규방송. 11월 1일부터는 금요일을 제외한 매일 2시간 방송.

1956.9.1. 동화통신 창간. 발행인 정재호(鄭載護). AP(미국), AFP(프랑스), Reuter(영국) 등과 수신계약을 맺고 한국 3대 통신(합동, 동양, 동화)의 하나로 운영되다. 1973.3.31. 경영난으로 자진 휴간, 1개월 뒤 1973년 4월 폐간. 창간 18년 만에 문을 닫았다. → 참고, 1973.4.30. 동화통신 폐간.

1956.10.8. 동아일보, 8.13 도의원 선거 환표사건 보도. 「경찰관이 換票, 투표함 수송 중」. 정읍과 함평에서 표를 바꿔치기했던 사건. 10월 12일 치안국 특수정보과 중앙분실은 동아일보 주필 고재욱, 사회부장 최 호 소환 문초. 이튿날은 경향신문 편집국장 정인준, 사회부장 박성환도 소환.

1956.10.18. 한글판 서울신문 발행. 1959년 초 중단.

1957.1.11. 관훈클럽 창립. 전문 18조 회칙 채택, 총무 진철수. 1955년 9월 미국무성 신문기자 시찰-훈련계획(US State Department's International Educational Exchange Program)에 선발되어 연수를 받고 돌아온 기자들 중심. 뜻을 같이하는 기자 11명이 1956.4.30. 종로구 관훈동 84의 2 소재 박권상, 정인량, 김인호의 하숙집에서 첫 모임. 그로부터 1년 가까이 매월 첫째와 셋째 금요일 오후 7시 반에 모여 18차례 소규모 연구모임을 가진 다음 1957.1.11. 관훈동 하숙집에서 정식으로 관훈클럽 창립. 차터 멤버(Charter Member)는 18명. 1월 29일 충무로 2가 뉴스맨즈 클럽 2층에서 언론계 인사와 내빈을 초청하여 발족자축회 개최.

1957.4.7. 한국신문편집인협회 창립. 관훈클럽이 편협 창립 준비 산파역. 회장 이관구. 독립신문 창간 61주년 기념일인 이날을 제1회 신문의 날로 정하고 신문주간 설정. '신문윤리강령' 채택. 이후 해마다 이날을 '신문의 날'로 기념.

1957.4.25. HLKZ텔레비젼 방송국 장기영(한국일보 사장)이 인수. 5.6. 명칭을 대한방송주식회사(DBC)로 개칭.

1957.6.1. KBS 서울중앙방송국 제1방송 종일방송 실시(05:30~0:45). 공보실 소속 방송문화연구실 발족.

1957.6.1. 서울외신기자클럽 창립. 정회원·준회원·기자(내신)회원·명예회원·특별회원으로 구성. 정회원은 ①외국에서 발행하는 신문·잡지·통신 및 방송의 취재기자나 사진기자로서 한국에 상주(常駐)하는 내·외국인과 ②한국 언론기관 기자로서 3년 이상 외국에서 특파원 활동을 한 사람 등. 준회원은 외국 정부와 사회봉사단체, 일반기업체에 소속된 홍보담당자 등이 가입할 수 있다.

1957.6.29. 한국일간신문발행인협회 창립. 전국 일간신문 대표 43명 가운데 36명 참석, 서울 중구 북창동 공보관에서 진행. 이사장 김형근(서울신문 사장) 선출. 1961년 5.16 후 군사정부의 '언론정책' 수립 추진 과정에서 일간신문발행인협회를 발전적으로 해산하고 1962.10.13. 현 한국신문협회로 재발족.

1957.9.15. AFKN(주한미군방송 American Forces Network Korea) TV 방송개시. 생방송 아닌 필름방송을 매일 저녁 4시간씩 남산에서 방송. 1958.9. 서울 용산 미 8군 영내에 스튜디오 준공.

1957.12.9. 선거법 중 언론 제한조항(72조, 73조, 155조) 입법화 반대. 국회출입기자단, 요로에 결의를 제출. 편집인협회도 선거법 개정안의 언론조항 반대성명. 12.17. 대통령에게 입법화 반대 건백서 제출. 12.24. 시공관에서 공청회 개최.

1957.12.14. 국회-정당 출입기자단 24시간 취재거부 결의. 선거법 언론조항 삭제를 요구하고 14일 오전 0시부터 취재거부.

1957.12.18. KBS '서울지방방송국'을 '서울중앙방송국'으로 개칭(직제개편).

1958.1.1. 언론조항 포함한 선거법 개정안 국회 통과. 언론계와 야당 격렬한 반대운동 전개. 서울을 비롯한 전국 각지에서 언론인대회 개최.

1958.6.16. 경향신문, 동아일보, 조선일보 철도수송 신문 탈취 사건. 탈취당한 신문에는 보성지구 환표사건 폭로기사가 게재되어 있었다.

1958.7.30. 코리아 타임스 장수영 필화. 필명 Hensyc으로 집필한 Definition of a Ganbler(도박자의 정의) 기사 관련, 8.1. 필자가 국가보안법 위반혐의로 구속되었다가 8.16. 석방.

1958.8.8. 함석헌, 「생각하는 백성이라야 산다」 필화 구속. 사상계 8월호에 실린 논문 「6·25 싸움이 주는 역사적 교훈」이란 부제의 글에 대해 검사는 그가 대한민국을 공산 북한 정권과 동등하게 비교하는 과오를 저지르기는 했으나 수사 결과 국가보안법에 저촉되는 증거가 없다는 이유로 8.25. 구속 해제, 30일 불기소 처분.

1958.8.10. 동아일보, 「두 사단 해체 준비」로 최원각 구속. 기사에 사단 표지 사진을 곁들여 이적행위를 하였다는 이유로 헌병사령부가 기자 구속. 국방부 출입기자단의 강력한 항의로 58시간 후에 석방하였다가 불기소 처분.

1958.8.18. 편집인협회, 내무부장관 민병기에 항의문 전달. 언론인 구속 신중을 기하도록 요구.

1958.8.25. 부산 MBC 주식회사 **부산문화방송국 창립총회**. 국내 최초의 상업 방송국. 대표이사 김상용. 1959.3.10. 시험전파 발사. 4.15. 개국. →참고, 1961.12.2. 한국문화방송(MBC) 라디오 방송 개국.

1958.9.26. **최병우, 금문도 취재 중 실종.** 코리아 타임스 편집국장 겸 한국일보 논설위원 최병우는 관훈클럽 초기 모임의 리더였다. 5월 중순 이래 인도네시아 반공 혁명전선 취재차 현지에 파견되어 싱가폴, 자카르타 등지를 중심으로 보도활동을 계속하다가 중공의 포격으로 전운이 고조되던 대만해협 현지취재를 위해 싱가폴에서 홍콩을 거쳐 타이완으로 가다. 중국은 대륙 연안의 금문도와 마조도에 맹렬한 포격을 가하고 있었다. 최병우는 금문도로 가는 군용 LST가 전복하여 순직. →참고, 정진석, 『기자 최병우 평전』(증보판), 관훈클럽, 2023.

1958.11.10. 자유당, 언론봉쇄 위한 국가보안법 개정안 추진.

1958.12.24. 신국가보안법 국회통과. 보안법 파동. 여당 의원만으로 날치기 처리. 경호권 발동 속에 사복 경찰관들이 야당과 무소속 의원들을 국회 무소속 의원실과 휴게실 등에 6시간 동안 감금한 상태로 여당 의원 단독으로 날치기 통과. 편집인협회를 비롯한 언론계와 야당은 반대투쟁 전개.

1959.1.1. 도쿄에서 일어『조선신문』창간, 순간. 발행인 이영근, 11.21.『통일조선신문』으로 개제, 주간 발행. 1973.9.15.『통일일보』로 개제하면서 일간 발행. 1998. 지령 6436호부터 다시 주간지 전환.

1959.1.27. 프라우다 기자 이동준, 판문점 취재 중 탈북 월남. 1.28. 조선호텔에서 100여 명의 내외신 기자와 회견. 북한의 실정 폭로. 뒤이어 2월에는 북한 내각 기관지『민주조선』주필 한재덕 일본에서 귀순. 한재덕은 평양민보 편집국장, 조선중앙통신 국내 보도부장 및 주필 역임. 1953년 7월 일본지구 공작원으로 밀파되었다가 1959년 2월 대한민국으로 귀순. 2월 10일 용산 육군회관에서 기자회견. 8년 뒤인 1967.3.22. 북한 중앙통신사 부사장 이수근이 판문점에서 귀순. 이수근은 남한에 정착했다가 1969년 1월 31일 베트남 사이공의 탄손누트 공항에서 프놈펜 경유 홍콩행 캐세이 퍼시픽 항공기 안에서 체포되어 국내로 송환되어 7월 2일 교수형 집행.

1959.2.2. HLKZ-TV 화재로 전소. 서울 종로구 관철동 296번지 동일(東一)빌딩 소재. 1956년 5월 12일 한국 최초의 TV 방송으로 개국했으나 화재로 방송 중단했다가 3월 1일부터 AFKN-TV에서 임시방송.

1959.2.3. 제3대 공보실장 전성천 취임. 4.19가 나던 1960년 4월 23일까지 서울신문 취체역 회장 겸임. 사장은 자유당 국회의원 손도심. 1960.1.13. 제3대 공보부장관. 이승만 대통령 집권 시 정부 대변인 겸 공보부장관으로 경향신문 폐간 주도. 4.19후 징역 2년형, 1962년 6월 출옥, 1975년 CBS 사장.

1959.2.4. 경향신문 고정칼럼「여적」필화. 내용 중 '진정한 다수'라는 것이 선거로만 표시되는 것은 아니다- 선거가 진정 다수결정에 무능력할 때는 폭력에 의한 진정 다수결정이란 것이 있을 수 있는 것이요, 그것을 가리켜 혁명이라고 할 것이다. 라고 주장하여 반란선동 혐의 및 선거제도 불인정 혐의로 편집국장 강영수 서울시경에서 조사. 2.19. 사장 한창우, 논설위원 주요한, 편집국장 강영수를 내란 선동 혐의로 불구속 송청.

1959.2.5. 경향신문「여적」집필자 주요한과 사장 한창우 입건. 사설「수정할 이유를 찾지 못했다/ 문제화된 여적 내용에 대하여」를 게재. 2.9. 서울지법 형사부,「여적」집필자 주요한과 발행인 한창우를 형법 87조(내란) 90조(예비음모, 선동선전) 위반혐의 입건. 2.27. 경향신문 사장 한창우와 주요한 불구속 기소. 서울지검, 1월 11일자 사설「정부와 여당의 지리멸렬상/ 책임져야할 사람은 깨끗이 책임져라」와 2월 4일자「여적」에 내란선동과 명예훼손 혐의.

1959.4.4. 경향신문 기자 어임영, 정달선 구속. 간첩 관계기사로 8일 송청. 편집국장 이관구와 사회부장 오소백 불구속 송청. 4.24. 정달선 기소유예, 어임영은 보안법 위반혐의로 기소.

1959.4.12. KBS 제2방송 대일 한국어방송(06:15~06:30) 개시.

1959.4.15. **부산문화방송국 개국.** 호출부호 HLKU 우리나라 최초의 상업방송. 6.18. 체신부로부터 서울문화방송 인가받음.

1959.4.30. **경향신문 폐간.** 2월 4일자「여적」기사에 미군정법령 제88호 적용 폐간 조치. 공보실은 저녁 10시 15분에 폐간통고문을 경향신문사에 전달하고 이 시간까지 인쇄된 5월 1일자 조간은 경찰이 즉시 압수, 지방 발송분도 현지 경찰이 압수. 경향신문은 폐간처분에 불복, 만 1년 동안 법정투쟁을 벌이다.

1959.5.5. 경향신문, 공보실장 전성천 상대로 행정처분취소청구소송. 공보실장 전성천은 "책임성 없으면 폐간의 운명을 감수해야 할 것"이라고 경고 성명. 6.26. 서울고등법원 특별부, 경향 승소판결. 경향신문 폐간에 대한 행정처분 집행정지(가처분) 승소 결정. 경향신문 복간. 이에 정부는 복간 7시간 만에 폐간조치를 철회하고 무기정간이라는 새로운 행정조치를 취하여 신문을 발행할 수 없게 되다. 경향은 행정소송 제기. 대법원은 연합부를 구성했다가 헌법위원회로 법률해석을 이첩하는 등 한국 언론사상 신문과 정부가 맞서 싸운 가장 길고도 치열한 사건이었다. 이 사건은 정부와 한 신문 간의 대결이라기보다 입법부, 행정부, 사법부의 역학관계를 드러내 보여주었고, 집권당과 야당, 법원, 언론이 서로 자신의 위치를 어떻게 설정해야 하는가를 놓고 벌인 갈등이었다. → 참고, 1960.4.26. 경향신문 복간.

1959.5.26. IPI 제8차 총회, 한국의 국가단위 가입 1년간 보류. 개인단위 가입 승인키로. 6.2. 한국의 IPI 국가단위 가입을 정식으로 거부.

1959.6.10. 『야화(夜話)』지 필화. 7월호 조영암(시인)의 「하와이 근성 시비」 제하 글을 게재하였다가 필화. 판금조치와 자진폐간. 1960.11.15. 필자 조영암과 발행인 이종열 대법원에서 '출판물에 의한 명예훼손'으로 각 징역 1년 확정.

1959.6.30. 한국신문학회 창설. 회장 곽복산. 『신문학보』 창간. 1985.4. 학회의 명칭을 '한국언론학회'로 변경, 연구의 범위를 커뮤니케이션 전반을 포괄하도록 하다. 『신문학보』는 7년 동안 27호까지 발행되다가 1992.12. 제28호부터 『한국언론학보』로 변경.

1959.12.25. 관훈클럽 연구지 『신문연구』 창간. 1999년부터 제호를 『관훈저널』로 바꾸어 계간 발행.

제한 없는 자유에서 통제로: 1960~1965

빈발하는 필화, 군사기밀과 언론자유: 1966~1970

위수령, 국가비상사태, 언론위축: 1971~1972

제4부

군사정부의 언론사 일제 정비

1960~1965

제한 없는 자유에서 통제로

1960.4.19. 학생혁명. 데모대, 서울신문에 방화. 조선일보 운전사 조광집, 데모 취재 중 경찰 발포로 피살. 학생 데모대, 경향신문 즉시 복간 요구 플래카드 들고 시위. '학생혁명'은 '언론혁명'으로 규정할 수 있다.

1960.4.23. 서울신문사 회장 전성천과 사장 손도심의 사표 수리. 후임 회장에 최치환, 사장에 최정우 선임 됐으나 취임하지 못함. 4.26. 서울신문 자진 무기휴간. 7.27. 복간. 제8877호, 사장 오종식 편집국장 김광섭.

1960.4.26. 대법원, 경향신문 정간 가처분 결정. 4.27. 복간.

1960.5.21. 연대생들, 한국일보 사옥 앞에서 연좌데모. 정비석 작 연재소설「혁명전후」일부 내용에 항의, 한국일보는 소설 연재 중단하고 작가는 지상을 통해 사과.

1960.5.23. 세계통신사 자진 해산. 1953년 부산에서 창간되어 영국 로이터(Reuter)통신과

뉴스 수신계약 체결. 1954년 서울로 이전하였으나 경영난을 겪다가 1957년에 이철원에게 매도되어 자유당과 정부의 기관통신 역할 수행. 정부와 자유당 정책과 정치문제에 관한 발표문·성명 등의 보도로 다른 통신을 압도할 수 있었으나 4.19 후 해산.

1960.6.1. 부산 동아대생들, 기사에 불만 품고 부산일보에 집단 난입. 인쇄시설 파괴. 부산일보 2일간 휴간.

1960.6.24. 국회, 군정법령 88호 폐기, 신문등 및 정당등의 등록에 관한 법률 통과.

1960.7.1. 정기간행물 등록제 시행. '신문등 및 정당등의 등록에 관한 법률'(법률 제552호) 공포. 간단한 요식만 갖추어 제출하면 누구나 신문·통신을 발행할 수 있도록 하다. 법 공포 이후 서울을 비롯 전국 각지에는 수많은 정기간행물이 우후죽순처럼 다투어 나오다.

1960.7.7. 대구매일신문사, 매일신문사로 제호 변경. 1980.12.1. 대구매일신문으로 환원.

1960.7.9. 세계일보 민국일보로 개제. 지령 제2853호. 발행인 김원전, 편집국장 천관우. 1962.7.13. 자진폐간.

1960.7.10. 연합신문 서울일일신문으로 개제. 지령 제4021호. 발행인 김성곤.

1960.7.17. 소년한국일보 창간. 주필겸 편집국장 조풍연.

1960.7.30. '신문 및 정당 등의 등록에 관한 법률시행령' 공포(국무원령 제41호). 앞서 7월 1일에 공포한 '신문등 및 정당 등의 등록에 관한 법률'(법률 제553호)에 따르는 시행령. 4.19 이후 민주당 정권은 일체의 언론 간섭을 배제하고 자유를 제한 없이 보장한다는 언론정책을 법으로 보장하다. 하지만 당시 사회가 이를 무리 없이 수용할 수 있는 상황은 아니었다. 수많

은 신문, 잡지, 통신들이 나타나 심각한 사회적 혼란을 야기하였다. 4.19 이후 과도기 행정력이 약화된 시기에 각종 사이비 언론이 발호하기에 이른 것이다. 언론의 난맥상은 5.16 이후 군사정권의 언론사 일제정비로 많은 언론기관을 폐쇄하는 결과를 초래.

1960.8.1. 장기영, 서울경제신문 창간. 한국일보 자매지.

1960.11.28. IPI 총회, 한국의 국가 단위 가입 승인. 1961.1.12. IPI 한국위원회 조직. 개인 자격으로 IPI에 가입했던 장기영, 이관구, 홍종인, 오종식 주도로. 위원장 장기영, 사무국장 김규환 선임. 2.11. IPI 한국위원회 정식 발족.

1960.12.10. 박태선 장로의 신앙촌 신도들 동아일보 습격. '성화 조작'기사 정정 요구.

1960.12.30. 정기간행물 숫자 급증. 등록제 실시 전에는 일간 56, 주간 100, 월간 301, 기타 94 등 총 551종이던 정기간행물이 등록제실시 후 일간 389, 주간 457, 월간 444, 기타 85등 총 1,375종으로 급격히 늘어남.

등록제 실시 전(자유당) 등록제 실시 후(민주당) 정기간행물 수

	일간	주간	월간	기타	계
등록제 실시 전	56	100	301	94	551
등록제 실시 후	389	457	444	85	1,375
증 가	445	557	745	179	1,926

1961.1.1. 한국일보, '10만 어린이 부모 찾아주기 운동'. 1971년 1월에는 '70만 이산가족 친지 찾기'를 벌여 그 사무국을 한국일보에 설치하다. → 참고, 1983.7.5.

1961.2.1. 대한일보 창간. 홍 찬의 평화신문(1949.10.18.~1961.1.31.)을 인수 개제. 발행인 김연준. → 참고, 1973.5.15. 폐간.

1961.2.13. 민족일보 창간. 사장 조용수, 취체역 서상일, 이종율, 고정훈, 최근우, 윤길중. 조봉암계로 일본에 망명 중이던 이영근으로부터 신문 운영자금이 들어왔기 때문에 실질적인 사주는 이영근이었다. 창간 이전부터 일본 조총련계 자금이 흘러 들어가고 있다 하여 국회에서 논란이 일어났다. 5.16 직후 5.19. 폐간.

1961.2.21. 부정기자 축출 민중 데모. 논산에서.

1961.3.2. 서울신문사, 민족일보 인쇄중단. 이는 제2공화국의 언론탄압이라 하여 정치문제로 비화되다. 민족일보는 서울신문에 대해서 2천 567만 8천 335환의 손해배상 청구소송.

1961.4.5. 여기자클럽 발족. 회장 정충량. 2004년 4월 사단법인 등록을 마치면서 명칭을 '한국여기자협회'로 바꾸다. 2022년에는 '한국여성기자협회'로 다시 개명.

1961.5.16. 군사정변. 전국 비상계엄 선포. 포고 제1호 언론 사전검열 실시. 5.27. 비상계엄 해제, 경비계엄 선포. 1962.12.6. 계엄 해제. 5.16 후에 여러 언론인들이 구속되어 군사재판에 회부되다. 발생순으로 요약하면 다음과 같다.

*5월 17일 민국일보 사회부장 이혜복 구속. 8월 2일 불기소 석방.
*5월 18일 대한일보 편집국장 강영수, 편집부장 김경한, 정경부 차장 부두현 연행. 6월 3일 서울, 경기지구 고등군재, 김경한 징역 6월, 부두현 1년 언도. 7월 17일 형집행정지로 출감.
*6월 4일 동아일보 편집국장 김영상과 정치부 기자 이만섭 구속에 이어 6일에는 이진희(정치부), 7일 조용중(정치부 차장) 연행. 윤보선 대통령의 기자회견 내용 일부를 "고의로 사실과 유리되는 기사로 조작"했다는 혐의. 7일 이만섭, 이진희 석방, 8일 김영상, 조용중 석방.
*6월 19일 민국일보 정치부장 조세형 구속. 고등군재에 이첩됐다 7월 19일 석방.

1961.5.19. 민족일보 폐간. 지령 92호. 계엄사령부, 민족일보의 폐간과 간부 8명 구속.

1961.5.22. 치안국은 조용수가 1958년 1월 간첩사건 피의자로 병보석 중에 일본으로 도피한 조봉암의 비서 이영근의 지령하에 평화통일 방안을 주장하면서 혁신지도자와 혁신정당 및 기관지 발간에 열중해 왔다고 말하고, 민족일보는 조총련계의 자금 약 1억환을 불법으로 도입하여 발간하면서 북한이 지향하는 목적 수행에 적극 활약해 왔다고 발표.

1961.7.23. 혁명검찰부, **민족일보 관련자 13명 기소.** 특수범죄처벌에관한특별법 위반 혐의. 사장 조용수를 비롯하여 송지영(한국전통 사장), 이종율(취체역), 안신규(상임감사), 정규근(상무취체역), 양수정(편집국장), 김영달(업무국장), 전승택(총무국장), 조규진(기획부), 이상두(논설위원), 이건호(논설위원), 양실근, 장윤근 등.(공소장, 韓國革命裁判史(제3집), 한국혁명재판사편찬위원회, 1962, 191쪽 이하)

1961.7.28. 혁명재판소 민족일보 사건 공판 시작. 8.22. 문단과 언론계 인사 104명이 송지영의 관대한 처분을 호소하는 진정서를 재판부에 제출. 8.28. 1심 선고. 특수범죄처벌에 관한 특별법 위반 혐의 ◇사형 3명 조용수(민족일보 사장), 안신규(민족일보 상무감사역), 송지영(한국電通 사장) ◇징역 15년 1명 이상두(민족일보 논설위원), ◇징역 10년 2명 양수정(편집국장) 이건호(논설위원, 고대교수), ◇징역 5년 2명 정규근(상무취체역), 양실근. ◇무죄 이종률(상무취체역), 전승택(총무국 부국장), 김영달(업무국장), 조규진(기획부), 장윤근(재일 이영근의 처). 10.31. 상고심. 사형 확정=조용수 안신규 무기징역=송지영, 사형에서 무기로 감형. 징역 10년=이상두 이종률은 '무죄'에서 원판결 파기 징역 10년 징역 5년=이건호 양수정 정규근 양실근. 무죄=조규진. 1심에서 무죄를 선고받아 검찰부가 상고했던 이종률은 무죄에서 징역 10년의 유죄로 바뀌었고, 이상두는 15년에서 10년으로, 이건호와 양수정은 10년에서 5년으로 감형되다. 1961.12.22. 민족일보 사장 조용수 사형 집행. 안신규와 송지영은 무기로 감 1등. 2001.2.16. 민족일보사건 진상규명위원회(위원장 김자동), "당시 중앙정보부장을 지낸 김종필 자민련 명예총재가 민족일보 사건에 깊숙이 개입했다"며 김 명예총재의 진상규명 협조를 촉구하는 성명 발표. 2006.11.28. '진실·화해를 위한 과거사정리위원회'는 민족일보 사장 조용수 처형 사건에 대해 당시 집권세력의 정치적인 필요에 따른

자의적인 법 적용으로 희생됐다는 결정을 내림. 2007.4.10. 민족일보 조용수 사장의 동생 조용준과 변호인 류혜정 변호사, 민족일보 사건 재심청구서를 서울중앙지법에 제출. 2008.1.16. 서울중앙지법 형사합의22부(김용석 부장판사), 1961년 '민족일보 사건'으로 사형이 선고됐던 조용수 사장과 징역 5년이 선고됐던 양실근에게 무죄 선고. →참고, ①1979.3.2. 문공부, 송지영(조선일보 논설위원) 문화예술진흥원 원장 임명. ②2008.1.16. 형사보상금 6,200여 만원 지급 판결.

1962.4.27. 통일사회당 사건에 연루되었던 민족일보 관련자들 재판. 서상일(취체역 회장) 3년, 집유 5년, 사망으로 공소기각. 윤길중(취체역) 징역 15년 고정훈(논설위원) 징역 10년.

1961.5.23. '국가재건최고회의포고' 제11호와 '공보부령 제1호' 공포. 포고 11호는 "구악과 부패를 일소하고 퇴폐한 국민 도의와 민족정기를 바로잡기 위하여 신성한 언론자유를 모독하는 사이비 언론인 및 언론기관을 정화하고 진정한 민주언론 창달과 국가재건의 태세를 갖추고자 한다"면서 4개항 공포. ①신문을 발행하려는 자는 신문제작에 소요되는 제반 인쇄시설을 완비한 자에 한다, ②통신을 발행하려는 자는 통신발행에 필요한 송수신 시설을 구비하여야 한다. ③등록 사항을 위반한 간행물은 취소한다. ④신규등록은 당분간 접수치 않는다.

1961.5.25. 사이비기자 일제 단속, 무더기 구속. 전방계엄사령부 보도처, 관내에서 사이비 기자 70명을 검거 구속했다고 발표. 서울과 경기지구 계엄사령부는 공갈기자 3명 구속. 28일과 29일에는 경남 지구에서 악덕기자 120명 구속. 이 가운데 21명은 공갈, 사기, 협박, 병역기피, 공문서 위조 등 죄목으로 기소되어 실형을 언도 받은 자도 많았다. 5.16 후부터 그 다음해 6월 22일까지 구속되거나 재판에 회부된 수자는 960명에 이른다. 혐의 죄과 별로는 *공갈 528명, *명예훼손 106, *사기 100, *기부금품 모집법 위반 20, *병역법 위반 19, *횡령 22, *업무상 횡령 배임 17, *포고령 위반 16, *상해 5, *협박 13, *폭행 15, *장물 취득 10, *공무집행방해 10, *반공법 위반 8, *공문서 위조 7, *허위사실 유포 9, *주거침입 4, *재물손괴 4, *부정수

표 단속법 위반 3, *폭력행위 등 처벌법 위반 3. 이 밖에 절도, 증회, 공무상 비밀문서 개피, 공정증서 부실기재, 뇌물공여, 입찰방해, 간통, 도박, 사문서 변조 등이 각 2건씩이었고, 해군기지법 위반, 증회물 전달, 부당이득, 추행, 문서손괴, 과실치사, 사문서위조, 마약법 위반, 국민의료법 위반, 계엄법 위반, 모욕, 공무원자격 사칭, 무고 등 각 한 건씩. 재판 회부 960명 가운데는 ①언론기관 일제 정비로 없어진 사에 소속되었던 사람(481명)과 ②언론기관 정비 후에도 발행이 계속되는 사에 소속된 경우(479명)도 있었지만 군소 정기간행물에 소속되어 보도, 제작 활동과는 관계없는 사이비 행각으로 처벌받은 경우가 대부분이었다. (이상 통계는 조규하, 「혁명하의 신문」, 『신문연구』, 1963 여름호, 61쪽 인용)

1961.5.28. 언론사 일제 정비. '국가재건최고회의포고 제11호'에 의거. 신문·통신의 발행 언론사 명단 발표. 일간지 중앙 15개, 지방 24개(총 39개사), 주간 32개사, 통신 11개사. 포고령에 따라 발행이 금지된 간행물은 일간 76(서울 49, 지방 26) 통신 305(중앙 241, 지방 64), 주간지 453(서울 324, 지방129)개 등록 취소. 건국 이후 행정권에 의한 최대의 언론계 수술이었다. 신문은 윤전기 및 조판시설 없는 사가 정비 대상이고, 통신은 체신부 장관의 무선시설 허가를 얻어 설치한 송수신 장치와 외신 계약 및 국내 각사와의 전재(轉載) 계약을 완비한 통신사만 존속하도록 하였다. 다만 대학교에서 발행하는 학보, 특수 전문지와 종교기관지 등은 존속하도록 하다.

언론사 일제정비 통계표

	일간신문		통신사		주간지	
	중앙지	지방지	중앙발행	지방발행	중앙지	지방지
등록지	64	51	252	64	355	130
등록취소	49	27	241	64	324	129
잔존지	15	24	11		31	1

1961.6.22. 공보부 신설. 제2공화국은 국무원사무처 '공보국'이 언론관련 업무를 맡도록 되었는데, 5.16 후 '공보부' 신설.

1961.6.23. 서울중앙방송국 제2방송을 국제방송국(HLCA)으로 독립. 대공계(對共係)는 대공과로 승격 국제방송국에 편입. 국제방송 개국은 7월 1일.

1961.8.6. 자유신문 자진폐간. 1953.9.6. 창간, 1961년 4월 6일 제2762호로 휴간했다가 같은 해 8월 6일 자진폐간.

1961.8.25. 한국신문윤리위원회 초대 위원장 김세완 선출. 김세완은 대법원 대법관, 심계원장(審計院長) 역임 법관 출신. 9.12. 한국신문윤리위원회 발족. 위원회 임원은 신문인 5인, 비신문인 4인 등 9인으로 구성되고 임기는 1년. 당초에는 일반의 제소사건(提訴事件)만을 심의·결정. 그러나 1964년 언론파동을 계기로 위원을 신문인 6인(발행인 2인, 편집인 2인, 기자 2인), 비신문인 6인(변호사 1인, 교수 1인, 국회의원 2인, 기타 2인) 등 12인으로 보강하였고, 심의실을 부설하여 제소 없이도 윤리강령 위반기사를 자율적으로 심의하게 하였다.

1961.9.13. 동아일보 이규행 기자 포고령 제1호 위반으로 구속. 언커크 의장 회견기사 문제로. 10.20. 선고유예.

1961.10.30. 부산 국제신보 주필 이병주와 논설위원 변노섭 필화 공판. 11.23. 공소장 변경. 이병주는 1960년 12월호『새벽』잡지에 게재한「조국의 不在」와 1961년 4월에 발행된『中立의 理論』(국제신보 논설위원실 편) 서문을 썼는데 이 두 글이 문제가 되었다. 새벽에 실린 글은 국토 분단으로 인한 비극적 상황을 "조국이 없다. 산하가 있을 뿐이다"라는 말로 상징하면서 한국의 중립화 통일론을 제시했다. 변노섭은 1959년 3월에 국제신보 논설위원이 된 뒤 1960년 12월 사회당 경남도당에 입당하여 무임소 상임위원에 피선되었다. 그는 2대 악법반대, 남북 학생회담 등을 주장하는 대중연설을 했고『중립의 이론』을 공동 저술한 혐의였다. 12.7. 제6회 공판에서 심판부는 이병주와 변노섭에게 징역 10년을 각각 선고. 검사의 구형은 이병주 15년 변노섭 12년이었다. 두 사람은 상소. 1962.2.2. 상소심 기각판결. 원심대로 형 확정으로 복역. 이병주는 출옥 후「소설 알렉산드리아」(월간 世代, 1965.6)를

발표 소설가로 등단. 국제신보 논설위원.

1961.11.16. 대법원, 대전매일신문 송운 기자 징역 10월 확정, 논설위원 정우택 무죄.

1961.12.2. 한국문화방송(MBC) 라디오 개국. 부산문화방송은 1959년 4월 15일에 개국했는데 1961년 2월 김지태가 한국문화방송주식회사를 설립하여 이날 서울에서 라디오방송(호출부호 HLKV, 주파수 900㎑) 개국, 정규방송 시작.

1961.12.13. 일간신문발행인협회, 일간지 증면 결정. 발행면수를 주 42면에서 48면~52면으로 증면.

1961.12.31. KBS-TV 개국.

1962.1.1. 서울일일신문 자진폐간. 1960.7.11. 연합신문의 제호를 서울일일신문으로 바꾸어 발행하다가 제4560호를 마지막으로 폐간. 사주 김성곤, 대표 취체역 사장 이관구.

1962.1.9. 과대 약광고에 구속영장 발부. 서울지방법원.

1962.1.21. 동아일보 1월 6일자 「강화되는 혁명외교」로 이규행 구속. 2.23. 군법회의 첫 공판. 3.15. 고등군법회의 징역 1년 선고. 5.15. 잔형 집행 면제 조치로 석방.

1962.2.18. 서울신문 박찬갑 기자와 김종한 조종사 순직. L-5기, 대관령 스키대회 취재중 추락.

1962.3.9. 동아일보 편집국장 최호, 사회부장 이혜복 연행. 3.10. 사회부 기자 남시욱 연행. 「삼양동 천막촌 노인 사망」 기사 관련. 남시욱은 반공법 위반혐의로 구속입건. 3.20. 무혐의

로 불기소 처분.

1962.4.20. 한국일보 사회부장 이목우, 사진부 차장 정범태 구속. 전등사 취재기사「쫓겨난 관광」기사 필화. 한국일보는 4월 23일자에 정정기사를 내었으나 경찰은 편집위원 최병욱 추가 입건. 5.15. 계엄고등군법회의는 정범태에게 징역 2년, 이목우 · 최병욱 공소 기각 판결. 1963.3. 정범태 복역 중 사면으로 석방.

1962.5.5. 한국신문회관 개관. 초대 이사장 고재욱(동아일보 주필, 편집인협회 회장). 회관부지 568.5평, 지상 3층 지하 1층 건물. 신문회관 건물은 22년간 사용되다가 철거하고 현재의 새 프레스센터를 건립. 현 프레스센터는 1982년 4월 6일 기공식, 1885.4.6. 언론회관 개관. 그 후 언론재단, 한국언론진흥재단으로 확대 개편.

1962.5.6. 대한일보 김달현 기자 구속. 재건국민운동본부 요원중 정정법 해당자 명단을 취재했다는 혐의. 6.28. 검찰관은 징역 5년을 선고했다가 7월 4일 공소취하.

1962.5.10. 신문용지에 대한 관세임시조치법 공포.

1962.5.28. 동아일보 신용순 · 민국일보 조동오 구속. 장도영의 장경근 도피 방조 보도 관련. 공무상 비밀표시 무효 혐의. 군재에 회부되었다가 7월 4일 박정희 의장의 특별지시로 석방.

1962.5.29. "부패 언론인 100명이 넘는다." 이후락 최고회의 공보실장 언명.

1962.6.4. 박정희 의장, 언론정책에 관한 소신 10개 조항 발표. ①신문 기업주는 사회로부터 지탄받지 않을 정도로 종업원에 대해 충분한 보수를 보장해 주어야 하며 그 능력이 없는 기업주는 신문이라는 공익사업을 가질 자격이 없다. ②신문이 사회에 미치는 영향의

중대성에 비추어 신문인의 과오는 보다 무겁게 그 책임을 물어야 할 것이며 정부는 신문의 협조를 받기 위해 과거와 같은 비굴한 수법을 써서는 안된다. ③신문사는 그들이 갖고 있는 일체의 연관적 배경을 청산하고 국민을 기반으로 하는 또 전체 국민을 위한 공익기관이 되어야 할 것이다. ④신문 논설을 쓰는 사람은 스스로가 현실과 여론 소재의 정확한 파악에 노력할 것.

1962.6.28. 최고회의, '언론정책' 25개항 발표. 신문은 정부가 필요한 자금을 융자하는 등 최대한의 지원과 편의를 도모하여 언론이 기업으로서 정상화 되도록 한다. 신문기업의 육성을 위해서는 신문의 조-석간 발행을 지양하고 조간 또는 석간의 單刊制로 발행토록 한다. 신문용지의 수입에 특혜를 주고 시설확장과 경영에 소요되는 자금을 융자해 준다는 등의 내용. 일간지의 일요일 발행금지, 시설기준령, 통신사 통합 등 기본정책 5개 항목과 세부방침 20개 항목으로 언론계의 구조를 대폭 개편하는 내용.

1962.7.13. 민국일보 무기 휴간. 4.19 이후 이기붕 계의 世界日報를 김원전(金元全)이 인수 제호를 바꾸고 1960.7.9. 제2853호로 지령을 승계한 신문으로 무기휴간 후 복간되지 않아 사실상 폐간. 마지막 지령은 제3587호. 민국일보의 사옥과 시설은 김종필이 인수하여 9.9. 『일요신문』 창간.

1962.7.28. 동아일보 사설「국민투표는 결코 만능이 아니다」 필화. 민정 이양 최대관심사였던 새 헌법 심의가 본궤도에 오르고 있던 때였다. 7월 11일 최고회의 부의장을 위원장으로 하고, 최고회의 각 분과위원장을 위원으로 헌법심의위원회를 구성한 뒤였다. 사설 집필자 황산덕과 부사장겸 주필 고재욱 구속. 5.16 후 신문 사설과 관련된 필화사건으로 신문사 주필과 논설위원이 정식 구속된 첫 사례였다. 8.6. 동아일보, 1면 중앙에 문제된 사설에 대한 「해명서」 게재. "이 사설로 말미암아 결과적으로 사회에 물론(物論)을 일으킨데 대하여 우선 심심한 유감의 뜻을 표하는 바입니다."라고 말하고 "사설 중 '유엔 관계' 구절에 있어서 그것이 어디까지나 '국제관계나 국제적 반향에 대해서도 신중하고도 합당한 배려가 있어야 한

다'는 건설적인 주장을 하려는 본의였음에도 불구하고 그 표현에 일부 오해를 초래할 염려가 있었다는 점에 대해서 미안하게 생각합니다."라면서 독자의 오해 없도록 부탁. 8.8. 구속되었던 동아일보 주필 고재욱 석방. 8.29. 황산덕은 구속이 풀리지 않은 채 군사재판 회부. 특정범죄가중처벌법 제3조 적용 기소. 12.7. 육군보통군법회의 공소기각으로 128일 만에 석방.

1962.7.31. '언론정책 시행기준' 10개항 공포. 조석간제를 철폐하고, 단간제 실시와 일요일 휴간제, 일간신문의 시설기준 등을 규정한 내용. ①언론인의 단체 구성 ②단간제 및 증면 ③일요신문 간행 ④통신사 정비 ⑤일간신문의 시설기준 ⑥기자 보수기준 ⑦지사, 지국의 취재 ⑧용지대책 ⑨자금융자 등 10개항. 전체적인 골자는 언론의 구조와 골격을 새로 개편하는 내용이다. 최고회의는 이와 함께 과거 언론인 본연의 임무수행 상 범법했던 범죄 행위에 대해서는 기결, 미결을 막론하고 적법절차에 의하여 조속히 석방하도록 내각에 지시.

1962.8.4. 편집인협회, 빈번한 언론인 구속 즉시 석방을 요구. "언론자유를 위축시킬 우려"가 있다면서 유감을 표하다.

1962.8.20. 일간지 단간제(單刊制) 실시. 하루에 조간 석간 두 번 발행하는 관행을 폐지. 조간신문과 석간신문으로 구분하여 서울 발행 신문 가운데 조선일보 한국일보는 조간, 경향신문, 동아일보, 서울신문은 석간. 조선일보도 처음 석간 발행을 시도했다가 21일부터 조간으로 발행. 월요일자 발행 폐지. 시간이 흐르면서 언론환경의 변화, 세계적인 조간 추세에 따라 석간 발행 신문도 조간으로 전환했다. 서울신문은 1980년 12월 2일부터, 동아일보, 1993년 4월 1일부터 조간 전환. 동아일보에 신문배달을 위탁했던 매일경제를 비롯하여 다른 경제지들도 일제히 조간 발행으로 바뀌어 이때부터 일간지의 조간화는 대세가 되었다.

1962.8.31. 『사상계』 사장 장준하 막사이사이상(언론문화상) 수상.

1962.9.9.『일요신문』 창간. 민국일보 시설을 인수하여 실질적인 경영주는 김종필, 사장 윤갑수.

1962.9.22. 경기매일신문, 경인일보를 흡수 통합.

1962.10.13. 한국신문발행인협회 창립. 협회의 전신은 1957년 6월 29일 창립된 '한국일간신문발행인협회'였다. 1966.10.13. 한국신문협회로 명칭 변경.

1962.11.28. 한국일보,「신당, 사회노동당으로」 기사로 필화. 11.29. 한국일보는「사과문」을 게재하여 전날 기사를 취소. 11.30. 한국일보 사장겸 편집국장 장기영, 편집부국장 홍유선, 정치부장 김자환, 기자 한남희 4명 구속. 12.2. 한국일보, 필화사건에 인책 3일간 자진휴간. 필화사건으로 구속되었던 장기영 사장 사퇴. 12.5. 사장에 남궁련(南宮鍊, 전 해운공사 사장)으로 명의 변경.

1962.12.6. 계엄령 해제. 1961년 5.16 직후 비상계엄령을 선포했다가 5월 27일에 경비계엄으로 바꾼 이래 1년 6개월 8일 만에 완전 해제. 최고회의 의장 박정희, 구속된 언론인 관대히 처분하라고 지시. 12.7. 동아일보 필화사건 황산덕은 검찰의 공소기각으로 석방되고 한국일보의 장기영, 홍유선, 김자환도 이날 자정에 구속 해제. 12.15. 육군본부 보통검찰부는 장기영, 홍유선, 김자환 3명에 불기소 처분을 내렸으나 문제된「신당, 사회노동당으로」 기사를 취재했던 한남희는 석방하지 않은 채 기소하여 재판에 회부. 12.26. 한남희 첫 공판. 1963.1.18. 재판부, 선고유예 판결로 사건은 종결되다. 발행인직을 물러났던 장기영도 이날 58일 만에 발행인으로 복귀.

1963.2.14. 조선일보 기자 최계원 구속. 순창지방 설화관계 보도로.

1963.2.26. 동양텔레비전방송(TBC TV) 개국. 사장 김용우.

1963.3.16. 박정희 의장, 군정 4년 연장을 제의. 비상사태수습 임시조치법 공포. 정치활동 중지, 언론, 출판, 집회를 제한.

1963.3.17. 경향신문, 동아일보, 조선일보, 매일신문, 이날부터 15일간 사설 없는 신문 발행.

1963.4.25. 동아일보 동아방송 개국. HLKJ DBS. 1230KC.

1963.5.15. 서울시경, 경향신문 · 대한일보 · 한국일보 3지 편집국장 군재에 불구속 송치. 민수 유괴사건 기사에서 경찰 명예를 훼손했다고. 7.6. 불기소 처분.

1963.8.15. 한국일보 자매지 『일간스포츠』 창간.

1963.9.8. 대구문화방송 개국.

1963.10.15. 제3공화국 대통령 선거, 박정희 당선.

1963.11.13. 동아일보 목포주재 문창옥 기자 입건.

1963.11.14. 동양 FM방송 개국.

1963.1.17. 조선일보 남원주재 진규남 기자 구속. 부정선거 관계 보도로.

1963.12.12. '신문통신 등의 등록에 관한 법률' 공포.(법률 제1486호, 15조와 부칙) 이어서 '신문통신 등의 등록에 관한 법률 시행령'(1964.1.15. 대통령령 제1607호, 13조) 공포.

1963.12.16. '방송법' 공포(법률 제1535호). 1964.1.1. 발효.

1964.2.1. 약업계, 신문 방송 광고 중단.

1964.2.6. 한국신문윤리위원회, 각급 학교 입시 커트라인 발표금지. 신문, 통신 각사에 통고.

1964.2.11. 경향신문, 삼분(三粉, 설탕 · 밀가루 · 시멘트) 폭리 보도. 2월 11일자「폭리의혹 점차 확대」기사에 대해 삼성물산과 제일제당은 중앙 각 신문 1면에 해명광고를 싣는 한편 경향신문 사장과 취재기자 2명을 명예훼손 및 신용 훼손혐의로 서울지검에 고소. 2.18. 경향측은 삼성 회장 이병철과 대표이사 김선필 등 간부 12명을 상대로 맞고소. 3.30. 검찰은 경향의 고소는 각하하고 경향신문 사장 이준구, 주필 박상일, 정치부장 김경래, 국회의원 류창렬만 출판물에 의한 명예훼손 혐의로 불구속 기소. 경향은 피소된 상태에서 연일 삼분 폭리에 관한 보도와 내리다지, 기획기사 등으로 사건을 파헤쳤고, 다른 신문도 관련 사실을 폭로하는 가운데 4.8. 삼성은 경향의 부동산과 유체동산(流體動産)의 가압류신청을 제기하여 양측의 대결은 도를 더하다. 이 재판은 재벌과 언론의 법정 대결이라는 점에서 이전까지는 볼 수 없던 특이한 사건이었고 3년을 끌면서 공판은 30여 차례 열렸다. 1970년에는 삼성이 고소를 취하하여 이 분쟁은 6년만에 마무리되다.

1964.3.23. 신문윤리위원회, 일부 기자들의 금품강요에 경고문. 기자들이 금품을 강요하는 일이 있으므로 이러한 현상을 방지하도록 경고문으로 촉구.

1964.3.27. 학생 데모 취재기자에 경찰의 집단폭행을 항의. 치안국과 시경출입 기자단, 청와대 앞 경비상황을 취재하던 경향신문 기자 손충무에 대한 수도경비사 소속 군인들의 폭행사건 항의. 4월 1일에는 국방부 출입기자단도 항의.

1964.4.5. 한국신문연구소 발족. 소장 홍종인.『신문평론』창간. 신문평론은 1967년 11월『신문과 방송』(지령 72호)으로 제호 변경. 연구소 창립 한 해 전인 1963년 4월 장기영(한국일보 사장)이 100만원 출연을 약속했고, 김성곤(동양통신 사장), 정재호(동화통신 사장)가 각 50

만원을 연구소기금으로 출연하기로 되어 본격적인 연구소 설립준비 진행. 1963.10.1. 신문회관에 준비사무소를 설치하고 5개 연구분과위원회 42명의 연구위원을 위촉하여 준비사무를 진행한 끝에 1964년 4월 신문주간을 앞두고『신문평론』을 창간하면서 신문연구소 설립. 신문연구소는 언론연구원(1981.6.12.)으로 확대 개편했고, 언론재단(1999.1.13.)을 거쳐 오늘의 한국언론진흥재단(2010.2.1.)의 모체가 됨.

1964.4.22. 서울 시내 6개 신문 사진부장, 내무부장관에 항의. 데모 취재 사진기자에 대한 경찰의 폭행 이유.

1964.4.24. 사진기자단 발족. 5월 1일 데모 취재 시 휘장 달기로 결정.

1964.5.9. 라디오서울(RSB) 개국.

1964.5.13. 경향신문「난국 타개는 이것부터」기사로 필화. 서울시경은 편집국장 민재정, 편집부 기자 추영현 등 7명을 반공법 제4조 위반혐의로 구속. 추영현을 제외한 나머지 전원 석방. 8.31. 추영현은 반공법과 국가보안법 위반으로 징역 1년, 집행유예 2년, 자격정지 1년 선고.

1964.6.3. 서울시 일원에 비상계엄 선포. 한일회담 반대 데모가 격렬해지자 포고 제1호로 언론출판 사전검열 실시. 5일부터 전국 각 대학 휴교. 박정희 대통령, "일부 정치인의 무궤도한 언동, 일부 언론의 무책임한 선동, 일부 학생들의 불법적 행동, 그리고 정부의 지나친 관용"이 정국을 혼란하게 하고 극도로 불안하게 만들었다고 진단(1964.5.23. 광주 발언). 6.26. 박정희, 국회에서 행한 시국수습에 대한 교서에서 "언론의 과잉 자유로 인해 국가안정이 침해되어서는 안 된다"고 경고. 이에 따라 언론규제 입법을 서두르다. 언론윤리위원회법 파동이 일어난 배경이었다.

1964.6.4. 동아방송「앵무새」설화(舌禍). 계엄 당국은 동아방송 방송부장 최창봉, 뉴스실장 고재언, 편성과장 이윤하, 제작과장 조동화 등 간부 연행. 동아방송의 단평 프로「앵무새」와 뉴스가 정부 시책을 비난하고 6.3학생 데모를 선동했다는 이유였다. 7.20. 구속된 6명 군법회의에서 재판을 받았고 계엄해제 후 민재로 이관되어 무죄판결. 1969.7.16. 서울고법도 1심과 같은 이유로 항소를 기각하자 검찰이 상고를 포기하여 기소된 지 5년 만에 무죄가 확정되어 사건 종결.

1964.6.6. 경향신문 사장 이준구와 사진기자 손충무 구속. 서울시경, 반공법 및 특정범죄처벌법 위반으로. 6.16. 이준구 석방, 7.1. 손충무 석방. 9.22. 불기소 처리.

1964.6.6. 무장 공수단 장교 8명, 새벽 동아일보 편집국 침입. 숙직 기자 김광희를 향해 동아일보 5월 30일자 황길수 대위 관련 기사는 사건과는 관계없는 고의적 인신공격 아니냐는 등 폭언. 7.10. 제6관구 계엄보통군재심판부, 동아일보 침입 피고 18명 가운데 최문영 대령에게 징역 5년, 황길수 대위 등 3명 징역 3년, 김종석 중위는 징역 3년에 집행유예 4년, 그밖에 가담 장병 13명은 무죄 선고.

1964.6.20. 경향신문 연재소설「계룡산」입건. 서울지검, 음화 동 문서반포(외설죄) 혐의.

1964.7.2. 경향신문 기자 윤상철 구속. 국회 취재 중 내란선동 혐의.

1964.7.15.『소년동아』창간.

1964.7.22. 언론윤리위원회법 파동. 언론단체 대표 '언론규제 대책위원회' 구성. 한국신문발행인협회, 통신협회, 편집인협회, IPI 한국위원회, 정부의 언론규제법 제정 움직임에 7.27. 신문윤리위원회의 기능강화 방안을 공포하여 정부의 언론입법계획에 대처하는 대안 제시.

1964.8.2. '언론윤리위법안' 국회 통과. 저녁 10시 15분 야간국회 본회의 야당 의원 불참한 가운데 여당 의원 재석 149 중 가 96, 부 0, 기권 53.

1964.8.4. 각 부처 출입기자단 법안 통과에 항의 24시간 취재거부. 국회, 정부, 청와대, 법조, 경제, 보사 등. 편협은 법 시행에 일체의 협력을 거부하고 비민주적 악법폐기 투쟁을 선언. 5개 언론단체는 이튿날 긴급 대표자회의 소집, 언론규제법 철폐 투쟁위원회 구성을 결의.

1964.8.5. 임시국무회의, 언론윤리위법 의결. 언론단체 대표 42명, 언론법 폐기 투쟁위 구성, 장기투쟁 돌입.

1964.8.17. 한국기자협회 창립. 중앙 19개 신문, 방송, 통신사 내외근 기자를 회원으로 신문회관서 창립총회. 회장에 이강현(동아일보 사회부 차장), 첫 과업으로 비민주적인 언론윤리위법 철폐투쟁 결의.

1964.8.19. 신문발행인협회, 첫 언론윤리위원회 소집 여부 전체 26개 회원사가 서면으로 제출토록 하다. 언론윤리위원회 구성에 21개사 찬성, 반대는 4개사(경향, 동아, 조선, 대구매일), 대한일보 기권. 편협과 기협은 전국 언론인들의 서명 날인을 받아 9월 1일부터 개최되는 제45회 정기국회에 언론윤리위법의 폐기를 촉구하는 청원서 제출. 8.26. 기자협회, 정부가 발행인들에게 유형무형의 압력을 가하고 있다고 비난하고 관제 윤리위 구성에 발행인협회는 끝까지 거부하도록 호소.

1964.8.31. 정부, 언론윤리위원회 소집에 반대하는 신문에 여러 형태의 압력과 보복. 정일권 내각은 8월 31일 임시국무회의에서 "언론윤리위원회법을 준수하지 않고 시행에 협력을 거부하는 기관이나 개인에게는 정부가 부여하는 일체의 특혜와 협조를 배제한다"는 보복 조치 의결. 이에 따라 정부는 9월 1일자로 경향신문, 동아일보, 조선일보, 매일신문 4개 신문

을 구독하지 말도록 지시했고, 신문용지 배정과 융자 등을 금지하겠다고 공언. 또한 광고수탁을 금지하도록 각계 요로에 유형, 무형의 압력을 가하다. 윤리위원회 소집을 반대한 신문사의 은행 대출금도 회수하도록 5개 시중은행에 지시.

1964.9.1. 언론윤리위원회 소집을 반대하는 4 신문 편집국장 공동성명 발표. 천관우(동아일보), 민재정(경향신문), 김창식(매일신문), 선우휘(조선일보)는 정부의 보복조치를 비난하면서 "자유스럽고 평화로운 언론의 창달을 위해 한국신문편집인협회의 결정을 준수하고 한국기자협회의 정열적인 투쟁에 더 큰 기대를 걸면서 일사불란하게 악법철폐를 위하여 끝까지 감투할 것"을 선언. 9.3. 이들 4개사와 대한일보가 가세한 5개사가 투쟁을 다짐하는 공동선언 발표.

1964.9.8. 언론계 대표들 유성에 체재 중인 박정희 대통령 찾아가 사태수습 건의. 유봉영(투쟁위원장), 고재욱(편협 회장), 최석채(편협 부회장), 홍종인(신문연구소 소장), 김규환(IPI 사무국장), 이환의(기협 특별위원장). 대통령과 면담에서 윤리위원회법의 시행을 보류키로 합의. 38일에 걸쳤던 언론파동은 일단 수습. 박정희와 언론의 이면 교섭은 김성곤이 중재. 김성곤은 공화당 소속 국회의원으로 국회 재경위원장직을 맡고 있으면서 동양통신 사장이었던 여권의 실력자였다. 시행이 보류된 언론윤리위원회법은 폐기되지는 않은 채 언제든지 대통령이 공포하면 그 효력을 발생할 수 있는 형태로 살아 있다가 1980년 언론기본법이 제정되면서 완전 폐기.

1964.9.11. 한국기자협회 악법철폐투위, 보도자유특별위로 개편.

1964.9.1. 월간『신동아』복간. 일제 강점기 1931년 11월 창간, 1936년 8월 일장기 말소사건으로 폐간, 신문사의 월간지 발행이 늘어나다. 동아일보는 3년 뒤에 여성동아(1967.10)를 창간했고, 중앙일보는 월간중앙(1968.4)과 소년중앙(1969.1), 여성중앙(1970.1), 학생중앙(1973.4), 영레이디(1981.3) 등과 함께 계간미술, 문예중앙과 같은 전문지도 발간하다. 경향

신문은 1965년 1월에 창간된 정경문화를 인수하여 1986년 11월부터 월간경향으로 제호를 바꾸어 발행하다. 조선일보는 1980년 4월 월간조선 창간.

1964.9.27. 한국일보,『주간한국』창간. 주간한국이 성공을 거두자 4년 뒤인 1968년도부터 각 신문은 주간지와 월간지 등 자매지 발행에 뛰어들다. 주간중앙(1968.8.24), 선데이 서울(1968.9.22), 주간조선(1968.10.20), 주간경향(1968.11.10)이 잇따라 창간되어 이른바 '주간지 붐'이 일다. 한국일보는 1969년에 주간여성 창간. 신문사 발행 주간지 경쟁이 과열되면서 저속한 내용으로 이른바 '옐로우 페이퍼' 비판을 받다.

1964.9.28. 한국편집기자회 발족. 일간신문 통신사 편집기자 모임. 현 사단법인 한국편집기자협회로 명칭 변경.

1964.9.29. 한국방송윤리위 재발족. 위원장 강원룡.

1964.10.2. 제1회 방송의 날. 1978년 15회부터는 9월 3일로 변경.

1964.10.12. 현대경제일보 창간. 일요신문사 발행.

1964.11.8. 한국주간신문협회 창립. 한국주간신문기자협회(1965.5.10.), 한국주간신문윤리위원회 발족(1966.5.24.). 윤리위원장 계창업(변호사, 전 대법원 판사).

1964.11.10.『기자협회보』창간. 한국기자협회 기관지. 월간, 주간, 다시 월간 발행으로 두 차례 강제폐간 사태를 겪으면서 현재는 주간 발행.

1964.11.11. MBC 사장 황용주, 반공법 제4조 1항 위반혐의로 구속. 월간『세대』11월호에 기고한 논문「강력한 통일정부에의 의지」로. 전날 국회 국방분과위원회에서 황용주 구속

동의. 이 논문과 관련하여 월간『세대』사장 이철원, 주간 이준희, 편집장 이광훈, 기자 김달현도 불구속 입건. 19일 황용주는 기소, 나머지는 불기소. 1965.4.30. 황용주 징역 1년에 자격정지 1년, 집행유예 3년 선고. 1969.10.23. 대법원, 1심대로 집행유예 판결.

1964.11.22. 조선일보 편집국장 선우휘와 정치부 기자 이영희 구속. 20일자 한국문제에 대한 일부 유엔 회원국의 움직임 관련 기사 문제로, 특정범죄처벌 임시 특례법 및 반공법 제4조 1항 위반혐의. 경찰은 기사가 게재된 조선일보 압수. 편집인협회는 진상조사단 구성. 12.6. 서울지검 공안부, 선우휘 불기소 처분. 12.17. 이영희 석방. 1967.7.16. 서울고법서 선고유예 판결.

1964.12.1. 한국기자협회, 무급기자 신분증 회수 발행인협회에 건의. 앞으로 무급기자 철폐도 건의.

1964.12.7. 동양TV 서울국 개국. Ch7 HLCE. 12.12. 동양TV 부산국 개국. Ch9 HLKE. 1965.8.2. 동양TV 상호변경. 중앙텔레비젼 방송주식회사로 DTV-TV.

1965.2.20. 소년조선일보, 일간 발행. 4.1. 소년동아 일간 발행.

1965.3.10. 한양대학교 일부 교수와 학생 약 200여명 경향신문 편집국 8시간 동안 점거. 9일자「한양대학 뒷문 입학」기사에 항의. 한양대생들 동양통신에도 기사에 불만 품고 난입 소동.

1965.5.6. 신아일보 창간. 종합신문 최초의 다색도(多色度) 인쇄 편집. 발행인 장기봉.

1965.5.12. 반정부 음모사건 보도 기자 육군방첩대 연행. 동아일보 노상우, 대한일보 계성일, 동화통신 공대식.

1965.5.12. 부산일보 필화. 2월 6~11일자 윌프리트 바제트 기자의 월남 르포 기사「불길 속의 월남」. 편집국장 최주식, 조사부 차장 김병대 구속. 5.17. 석방.

1965.5.13. 편집인협회와 기자협회, 구속 기자 즉각 석방 강력 요구. 부산일보 필화사건이 윤리위에서 4월 11일에 결정 51호로 처리되었음에도 관련자가 구속되고 있는 데 대해 한국신문윤리위원회에 권위를 지니도록 촉구.

1965.6.25. 서울 FM방송국 개국. 호출부호 HLCD, 주파수 89.1wHz.

1965.7.9. 작가 남정현 구속 기소.『현대문학』3월호에 실린 소설「분지」내용이 반공법을 위반했다는 혐의. 1967.6.28. 서울형사지법, 기소된「분지」작가 남정현 선고유예 판결. 구형은 징역 7년에 자격정지 7년.

1965.7.10. 한국잡지윤리위원회 발족.

1965.8.15. 코리언 리퍼블릭, 코리아 헤럴드로 개제.

1965.9.7. 동아일보 편집국장 대리 변영권 집 문간 폭파사건. 9.8. 동아방송 제작과장 조동화도 시경에서 왔다는 괴한에게 납치 테러당함. 9.28. 서울 시내 각사 편집국장회의는 언론인 테러사건의 진상규명 토의.

1965.9.13. 김성곤(동양통신 사장), 재단법인 성곡언론문화재단 설립. 신문 통신 방송 종사 언론인들의 자질 향상을 기하고 언론 및 문화의 건전한 신장에 기여를 목적. 11.15. 성곡언론문화재단, 동남아언론계 시찰단 6명 파견. 1966.2.26. 제2차 동남아시찰단 일행 7명, 약 40일간 예정으로 출발.

1965.9.22. 중앙일보 창간. 사장 이병철, 부사장 홍진기, 편집국장 이원교. 5.16 후 1987년 6.29선언까지 새로 창간된 종합일간지는 신아일보(1965.5.6)와 중앙일보 밖에 없다.

1965.10.5. 육군방첩대 소속 문관 배성환, 동아일보 조선일보 발행인 편집국장 사회부장 취재기자 등 8명을 출판물에 의한 명예훼손 혐의로 서울지검에 고소. 언론인에 대한 심야 테러사건 조사선상에 올랐던 인물.

1965.10.29. 대한출판문화협회 출판윤리강령 선포. 제19차 정기총회에서.

1965.11.15. 중앙라디오, 주식회사 중앙방송으로 상호변경.

1965.11.22. 신문발행인협회, 신문용지 공급 급속한 대책을 정부 당국에 촉구. 11.29. 신문용지난이 해소될 때까지 주 36면이던 발행면수를 주 20면으로 감면 결정.

1965.11.27. 한국신문윤리위, 신문소설에 관한 간담회 개최. 신문소설 심의기준 초안 작성. 1966년 3월 25일에도 시내 각 일간신문 편집국장 초청 신문 연재소설 간담회.

1965.12.23. 매일신문, 간첩의 무전기 권총 등이 발견됐다는 기사로 필화. 12월 18일 신문에 영덕군 영해면 괴시동 뒷산에 묻어둔 간첩장비 발견 보도. 경북 도경, 편집국장 김창식, 편집부장 안덕환, 사회부 차장 이상관을 반공법 위반혐의로 구속. 12.27. 김창식과 안덕환은 석방, 이상관은 구속상태로 기소. 29일 편집인협회는 정부와 신문 간에 대공관계 보도에 관한 명확한 한계와 원칙이 조속히 합의되어야 한다는 성명 발표. 이 사건은 2년 뒤인 1967.10.18. 대구지방법원에서 무죄가 선고되었으나 검찰의 항소로 다시 만 2년을 끌어 1969.11.7. 대구지법에서 무죄 확정. → 참고, 『'68 한국신문연감』, 한국신문협회, 1968, 533쪽.

1966~1970

빈발하는 필화, 군사기밀과 언론자유

1966.1.25. 한국신문연구소 사단법인체로 변경. 소장 오종식.(1964년 4월 5일 발족)

1966.1.25. 경향신문 공매처분 입찰. 기아산업 대표 김철호에게 2억1천8백7만4천850원에 낙찰. 편집인협회는 경향신문 공매처분 사건 진상조사단 구성.

1966.3.24. 매일경제신문 창간. 발행인 정진기.

1966.4.12. 재단법인 의양문화재단 발족. 설립자 정재호(동화통신 사장). 1967년 5월 10일 제1회(1966년도) 독립신문기념상 시상식.

1966.4.25. 동아일보 정치부 최영철 기자 테러 사건. 7.20. 동아일보 정치부 차장 권오기에 대한 테러사건 발생.

1966.5.2. IFJ(국제기자연맹) 한국기자협회 정회원 가입. 베를린에서 열린 제8차 총회에서

기협 김영수 회장 아시아지역 부회장 피선.

1966.6.18. 성곡언론문화재단, 언론인 해외 유학 언론인 3명 선발. 선우휘(조선 논설위원), 박현태(한국 정치부 차장), 정연권(동아 외신부장) 가운데 선우휘 박현태 2인은 도쿄대 일본신문연구소에 1년간 언론학 연구차 도일. 9.30. 국내 주요 신문 통신 방송국 정치부장 19명, 성곡재단 후원 재일거류민단 초청으로 재일교포 실태 파악 위해 도일.

1966.9.21. 박정희 대통령, 재벌과 언론기업의 완전분리 지시. 11월, 법제처 '신문통신방송의 공공성 유지를 위한 법률안'(언론공익법) 성안. ①신문 라디오 TV 통신의 분리 운영, ②언론기관에 특정인의 집중투자 금지, ③특정산업에 과도한 경제력을 가진 자는 언론기관의 임원이 될 수 없도록 하고, ④언론기관에는 편집인회를 설치하여 출자자는 보도와 논평 내용을 간섭할 수 없도록 한다는 내용. 이는 삼성그룹의 한국비료 밀수사건 후 삼성의 중앙일보-동양방송 등 종합 매스컴 기업 소유를 규제하자는 취지였다. 그러나 편집인협회는 이 법안이 목적하는 바와는 달리 언론자유를 침해 우려가 있다는 이유로 반대 성명 발표. 11.17. 입법은 무산되다.

1966.10.13. 한국신문발행인협회 '한국신문협회'로 명칭 변경. 제4차 정기총회 정관 일부를 개정.

1966.12.7. 중앙매스컴센터 형성. 중앙일보-중앙라디오-중앙텔리비젼 통합운영.

1966.11.28. 동아일보 주월 특파원 백광남 교통사고 순직. 11.30. 한국기자협회, 전 회원을 상대로 백광남 기자 유족돕기운동 전개. 12.1. 성곡언론문화재단은 백광남 기자 유자녀의 대학 졸업까지 학비 전담을 발표. 12.5. 언론인 최초로 백광남 기자 국립묘지에 안장. 동아일보사는 고인을 부장으로 특진하고 향후 10년간 유족에게 해당 봉급 지급하기로 결정.

1966.12.28. 상이군경회 서울지부 회원 50여명 동아일보 편집국 습격. 동아일보 「취직 미끼 백만원 사기, 상이군경회 두 간부 구속」 기사가 사실이 아니라고 항의하면서 지팡이와 목발 등을 휘두르고 사무용 집기를 파손.

1967.2.25. 중앙정보부, 조선일보 정치부장 남재희 · 정치부 기자 김용태 · 이종구 · 박범진 연행. 2월 19일부터 5회에 걸쳐 동지에 연재된 「선거바람…민심을 따라」 기획기사 문제. 2.27. 귀사.

1967.3.17. IPI 아세아지역회의, 한국에 독자연구센터 설립 결의. 아세아신문재단 설립준비위원회도 구성. 10.13. 홍종철 공보부장관, 고재욱 IPI 한국위원장에게 아세아지역 독자연구센터 설립기금 1만 달러 전달. 10.25. 성곡언론문화재단, IPI 한국위에 5천 달러 전달. 10.27. 서울대학교 신문연구소에 아세아신문독자연구센터 병설. 10.28. 경제인협회, 독자연구센터에 1만 달러 희사.

1967.3.22. 북한 조선중앙통신 부사장 이수근, 판문점 탈출 귀순.

1967.5.10. 의양언론문화재단, 제1회(1966년도) 독립신문기념상 시상식. 논설부문 최석채(조선일보 주필), 국제보도부문 김진현(동아일보 논설위원), 사진보도부문 장홍근(중앙일보 사진부) 상금 100만원과 금메달.

1967.5.14. 조선일보 서독주재 특파원 이기양 체코에서 실종. 체코에서 열린 세계여자농구선수권대회 취재차 체코 입국. 5.15. IPI 한국위원회와 한국기자협회는 이기양 기자 구출에 국제적 협력을 요청하는 전문을 IPI 본부와 IFJ에 발송. 6.1. IFJ 사무국장(데 오 보아게르트), 이기양 기자 현재 상황 알려달라고 요청하는 전문을 체코 수상에게 보냈다고 한국기자협회에 서한으로 통보.

1967.7.28. 매스컴 관계 6개 윤리위원회 대표 간담회. 코리아 하우스에서 제1차 간담회를 갖고 ①국제저작권협회 가입문제 ②대일문화교류의 신중책 ③외국윤리 간의 판례정보 교환 ④월례간담회 개최에 관해 토의.

1967.8.29. 아세아신문재단(AFPA) 창설 확정. 제2차 아세아신문회의. 마닐라 회의에서.

1967.11.1. 『여성동아』 복간. 일제 강점기의 『신가정』 개제.

1967.11.7. 중앙정보부, 대한일보 김춘빈, 경향신문 김성일 기자 연행. 기사화하지 않은 개각 여부 취재 경위 조사.

1967.11.14. 경남매일신문 일부 기자들 신문제작 거부. 공무국의 임금인상 투쟁에 편집국 기자들이 가담하자 이동발 사장이 격분하여 취재부장 이순명과 배 기자를 해임하자 이에 반발, 사직원 제출.

1967.11.17. 각의, '신문 통신 등록에 관한 법률 시행령' 중 개정안 의결. 사이비언론기관 정비를 위해 공보부가 제출.

1967.11.18. 한국신문협회, 영업정화소위가 마련한 2개항 승인. 제19차 이사회, 사이비 기자 정리를 위해 ①지방주재기자의 봉급은 5천원 이상으로 한다 ②기협 회원으로 구성된 기자구락부 이외 유사단체의 간판을 달지 못하도록 각사 사장이 지사 지국장에게 지시한다.

1967.12.1. 서울대학교 신문대학원 신설. 각의, 국립대학교설치령 의결. 12월 14일자 대통령령 3303호로 신문대학원 설치. 1968.1.1. 서울대학교 신문연구소 소장 김규환은 신문대학원 초대 원장에 임명되어 신문연구소 소장도 그대로 겸임. 1968.2.15. 신입생 모집시험 실시. 1부(주간) 15명, 2부(야간) 35명으로 50명 선발. 입학자격; 1부는 일반대학원과 마찬

가지로 대학 졸업 학력. 2부는 정규 4년제 대학을 졸업하고 현직에 종사하는 사람. 현직의 자격은 ①언론사에 3년 이상 종사한 정사원, ②정부 각 기관의 공보담당 공무원, ③군 공보담당 장교, ④국영기업체 및 이에 준하는 대규모 기업체의 공보담당 간부사원 등. 1968.3.2. 신문대학원 개원. 석사과정 50명(1부 15명, 2부 35명)과 연구생 17명 합쳐서 67명의 제1기생 입학식. 국무총리 정일권을 비롯한 내빈 참석한 가운데 개원식. 1969.1.20. 신문협회, 신문대학원에 특수강좌 설치 결의.

1967.12.28. 정기간행물 출판용 신문용지 및 대형 자동차 도입에 기본관세율의 85% 면제. '관세법 제31조 3조 규정에 의한 물품지정의 건 중 개정안'을 법제처 심의에 회부.

1968.1.1. 전국 일간신문 통신 상용한자 2천자 사용. 신문협회가 선정한 한자 채택. 2.17. 한국신문협회, 한자 제한에 수반되는 경과조치 의결. 인명, 지명, 십간, 십이지, 절후명. 중국어 신문의 경우 상용한자 2천자의 제한을 받지 않도록 하되 각사 재량을 인정.

1968.2.27. 한국일보사 화재로 전소.

1968.1.00. 군사기밀 관련 필화들. 1월 말에 일어난 북한 무장간첩의 청와대 기습 미수사건과 미국 정보함 푸에블로호 납북은 전 세계를 놀라게 했다. 이 사건들 이후에 필화가 여러 차례 있었다. 대표적인 사건은 동양통신과『신동아』필화였다. 언론자유와 국가 안보라는 근본적인 문제가 충돌하면서 권력은 반공법을 근거로 언론을 통제하려 했고, 언론은 저항하여 이에 따른 후유증을 남겼다.

1968.3.00. 이 시기의 필화들. ①경북 도경 보안과, 경향신문 대구 주재기자 구속 입건, ②중앙정보부, 한국은행이 통화량(通貨量)의 대폭 억제를 정부에 건의했다는 동아일보 기사를 문제 삼아 경제부 기자 여러 명 연행. ③대전지검, 공판에 관련된 기사를 실었다는 이유로 대전일보 편집국장을 비롯한 편집국 요원 수명을 반공법 위반혐의로 기소. 이 사건들은

물의와 잡음을 일으킨 후 수습되다.

1968.3.9. 중앙정보부, 「통화량 억제」 기사와 관련, 동아일보 경제부 부장 이춘구 · 차장 이채주 · 기자 신동호 · 박창래 등 4명 연행.

1968.3.9. 경향신문 김규문 기자(대구), 「경북도경의 운전면허시험 부정합격」 기사로 구속.

1968.4.15. 제3차 IPI 아세아 신문회의 겸 제1차 아세아신문재단 총회. 워커힐에서, 아세아 신문재단(AFPA) 한국위원회 설치. 초대 회장 고재욱.

1968.6.20. 국회, 기자에도 군경원호 혜택 줄 수 있는 '군사 원호보상법 개정안' 통과.

1968.6.21. 동양TV 드라마 「종장」 기자의 명예훼손 내용으로 물의. 6.21. 법조기자단, 동양TV를 서울지검에 고소. 7.4. 동양TV, 「종장」 내용 사과.

1968.7.1. 신아일보 편집부 기자, 급료인상 요구 태업.

1968.7.8. 대전지검, 대전일보 편집국장 안세영 · 사회부장 정의화 · 기자 이지영 등 3명 「허위로 진정서 꾸민 3명 구속」 기사 관련, 반공법 위반혐의 입건. 7.15. 이지영 기자 구속. 12.31. 이지영 기소유예, 안세영 · 정의화는 무혐의 불기소 처분.

1968.7.18. 멕시코올림픽 공동취재반 구성결의. 한국신문협회 실무위원회, 동아 · 한국 · 중앙 · 신아 발행인, 소집책임 김남중.

1968.7.24. 동양통신 필화. 5월 21일 제3편에 게재된 「전투태세 완비 3개년 계획 확정」 기사 문제. 발단은 앞서 6월 17일 국회 국방위원회에서 국방장관 최영희가 제2회 추경 예산안을

제안 설명하는 가운데 방위태세 완비 3개년계획을 발표했는데, 동양통신 전제열 기자가 취재 보도. 7.20. 방첩대는 담당 기자 구속에 앞서 동양통신 편집국장 원경수, 기자 김태욱을 소환조사하고「전투태세 완비 3개년 계획 확정」의 원고와 편집일지 등 압수. 이어서 관련 기자들의 자택을 압수 수색. 7.24. 서울지검 공안부, 동양통신 편집부장 등 4명을 군기누설 및 반공법 위반혐의로 구속. 김홍설 사회부장은 범인 은닉혐의로 구속했다가 7.27. 석방.

1968.7.25.~8.1. 기자 30여명 소환. 동양통신 기사를 전재한 경향신문, 대한일보, 신아일보를 비롯 기사를 전재하지 않은 동아일보, 조선일보를 포함한 8개 중앙 일간지와 5개 방송국 및 2개 통신사의 편집국 간부와 기자 등 30명을 소환신문. 8.2. 김광순·전제열 기자를 군기 누설·일반이적 및 반공법 위반혐의로 구속 기소하고 이주호 기자는 군기 누설·이적혐의로 불구속 기소. 원경수 국장, 김홍설 부장 기소유예 처분. 편집인협회-기자협회는 조사단 구성. 구속 언론인 즉시 석방 요구. 언론계 외에 법조계 및 정계에도 큰 물의를 빚다. 편협-기협 합동조사단, 최영희 국방의 제안설명이 공개회의 석상이었음을 확인하고 따라서 군사기밀 사항이라 하더라도 공개적으로 발설된 내용의 보도는 군기누설에 해당하지 않는다는 조사결과 발표. 이에 대해 법무장관(李澔)은 비록 공개된 사실이라 하더라도 북한에 이로우면 이적(利敵)이 된다는 견해를 국회 증언에서 표명. 8.5. 군기(軍機)필화 사건 관련, 국방장관 경질. 8.14. 수사 종결 발표. 연행 언론인 48명. 8.26. 신직수 검찰총장, '동양' 기자를 제외한 관련 언론인은 불문에 붙인다고 발표. 9.12. 이호 법무부장관, '동양' 필화사건 공소 취하 않는다고 언명. 2년 뒤 1970.6.15. 동양통신 선고공판에서 서울지방법원 형사합의 8부(부장판사 전상석)는 "국방장관 등이 국회의 공개회의 석상에서 제안설명 등으로 미리 불특정 다수인에게 공개된 공연(公然)한 사실은 기밀이라고 볼 수 없다"고 판시. 기소되었던 전제열(사회부기자)와 김광순(사회부장대우), 이주호(편집부장) 3명 전원 무죄 선고. 1심 판결에 이어 서울고법(1971.10.18)과 대법원(1972.2.29)도 피고들의 무죄를 확정하여 3년 7개월 만에 사건은 완결되다. 이 판결은 정부의 보도관제 요청에 대한 언론의 협조문제, '공개된 군기(軍機)도 군사기밀이냐'라는 문제 등에 대한 법원의 유권해석이라는 점에서 주목되는 판례였다.

1968.7.21. KBS 3개 방송국 통합 서울중앙방송국으로 개편. 서울중앙방송국, 서울국제방송국, 서울텔리비전방송국을 통합.

1968.7.25. 공보부를 문화공보부로 개편, 초대 장관 홍종철.

1968.7.31. 치안국, 전국 사이비기자 실태조사 착수. ①면세점(8,000원) 이하 저임금 기자, ②기자 임명권이 없는 지사·지국장이 발행한 신분증으로 기자활동 하는 자, ③이미 없어진 신문사의 신분증으로 기자활동 하는 자, ④취재를 미끼로 상습적으로 공갈 사기행위를 하는 자, ⑤주간 또는 월간지 기자로서 정상적인 취재활동을 하지 않는 자. 이같은 기준에서 전국 지방 경찰국이 단속. 1월부터 7월까지 176명의 사이비 범법 기자가 적발되어 구속 또는 입건되었다고 치안국이 집계.

1968.8.3. 기자협회 기관지『기자협회보』주간 발행. 1964년 11월 10일 창간 후 39호까지는 월간.

1968.8.9. 군사기밀 누설사건 정계에서 공식문제화. 국회 여야 총무회담, 법사·내무위 연석회의. 간첩관련 보도(중정)와 공비관련 보도(대간첩 작전본부) 발표를 일원화하고 임의 취재 기사는 당국의 사전확인을 받도록 합의. 언론계·정계 및 법조계의 반대여론에 직면한 정부는 8월 5일 군기누설 문제에 도의적 책임을 지워 국방장관 최영희를 경질. 검찰총장(申稙秀)으로 하여금 군기누설 사건의 수사 종결을 발표케 하고 동양통신 기자들을 제외하고 그간 소환 심문을 받은 언론인 48명과 최영희 전 국방장관, 민기식 국회 국방위원장, 조흥만 의원 등 관련자 54명은 불문에 붙이기로 하다. → 참고, 1968.7.25.~8.1. 기자 30여명 소환.

1968.8.15. 인천신문, 경기연합일보로 개제.

1968.8.24. 신문사 발행 '주간지 붐'. 8.24. 중앙일보 주간중앙 창간. 이어서 9.22. 서울신문

선데이서울. 10.20. 조선일보 주간조선. 11.15. 경향신문 주간경향. 12.9. 전남일보 주간소년. 1970.4.6. 소년서울. 4.13. 소년경향. 32호로 폐간.→ 참고, 1964.9.27., 주간한국 창간.

1968.8.31. 아동만화윤리위원회 발족, 위원장 계창업.

1968.9.4. 기자 피소사건. ①9.4. 매일신문 조병로, 영남일보 신의웅 기자, 경찰이 명예훼손 혐의로 고소. ②9.28. 평택경찰서, 동아일보 이규석·신아일보 이용권 기자 소환, 「형사가 절도범 묵인」 기사 추궁. ③11.9. 영남일보 회장비서 권명화, 정일회(正一會) 명예훼손 소송. ④11.27. 공화당 경기 제2지구위원장 김숙현, 경기매일 명예훼손 혐의로 고소. ⑤1969.2.6. 매일신문 진해 주재 강순오 기자 명예훼손 혐의 구속. 2.15. 강순오 기자 석방.

1968.9.10. 서울시경, 경찰업무 일원화 명목으로 '종합상황실' 설치. 9.12. 치안국·시경 기자단, 치안국장·내무부차관 방문, 종합상황실은 간접적인 취재원 봉쇄라고 항의, 철폐 요구.

1968.9.26. 검찰, 황지(黃池)사건 수사. 지사장 등 3명 구속, 14명은 불구속 수사.

1968.11.5. 신문협회 이사회, 한글전용 연구기구 설치 결의. 11.8. 문공부는 언론인 8명 포함 32명으로 한글전용연구위 구성. 12.2. 신문협회 이사회, 한글전용화 연구비 예산 49만 6,000원을 승인. 12.18. 신문협회, 한글전용화 연구위원 위촉. 위원장 김남중, 위원 방우영 장기영 김상만 홍진기.

1968.11.23. 신동아 필화. 12월호 「차관(借款)」 기사가 문제. 기사는 김진배(정치부), 박창래(경제부) 두 기자 공동집필로 신동아 12월호에 게재한 원고지 250장 분량 심층보도였다. 이 기사와 함께 「차관, 나는 이렇게 본다」 제목으로 김영선, 백두진, 부완혁, 송인상, 조동필, 주요한, 최호진 등의 의견으로 외자도입 정책을 비판하는 글들을 실었다. 중앙정보부는

김진배, 박창래 두 기자와 신동아 부장 손세일, 기자 심재호, 이정윤 등을 중앙정보부에 연행 또는 자진출두 형식으로 잇달아 소환 심문. 12.6. 홍승면·손세일, 반공법 위반혐의로 구속. 신동아 10월호에 실린 「북괴와 중소분쟁」 반공법 위반혐의로 수사를 확대하면서 동아일보 발행인 김상만과 주필 천관우를 연행 심문하여 수사당국의 태도가 더욱 강경해지다. 12.7. 주필 천관우, 신동아 주간겸 논설위원 홍승면, 신동아 편집부장 손세일 사표(11일자로 수리) 12.9. 홍승면, 손세일 석방.

1968.12.11. 동아일보 간부 전면적 인사개편. 이사 주필이었던 천관우를 비롯하여 홍승면(신동아 주간 겸 논설위원), 손세일(신동아 부장) 3명의 간부를 해임. 천관우는 동아일보와 소년동아, 신동아, 여성동아의 편집인을 모두 사임. 12.18. 발행인 김상만이 발행인직을 고재욱에게 넘기고 부사장만 맡다. 동아일보의 최고 간부진 인사조치로 사건은 일단락. 구속되었던 홍승면과 손세일은 인사가 있기 전, 구속 3일 만인 12월 9일 석방. 12.21. 편집인협회 회장 최석채, 신동아 필화에 편협이 효율적으로 대응하지 못한 책임 지고 회장직 사퇴. 1969.1.25. 편협 총회, 최석채 회장 유임 결의. 이 사건은 우리나라 대표적인 종합지의 필화였기에 관심이 집중되었지만, 동아일보 발행인이 바뀌고 중진 언론인들이 신문사를 떠나야 했던 후유증으로 인해 언론계에 준 충격이 컸다. 이 사건을 계기로 권력에 너무나 약해진 언론 현실에 대한 반성과 비판이 기자협회보를 중심으로 활발히 전개되다.

1969.4.20. 사진기자보 창간.

1969.4.29. 대법원, 동아일보 정진홍 기자(제천)와 현대경제 정익진 지국장의 반공법 위반사건 무죄선고.

1969.6.6. 매일신문, '공화당'을 '공산당'으로 오식. 6.9. 오식사건 책임 물어 국장 등 3명 퇴사.

1969.8.8. MBC TV 개국. 1970.1.24. MBC TV 부산국 개국.

1969.8.18. 제주 남양방송 기자 집단사표. 부당인사 철회, 급료인상 등 요구.

1969.9.12. 군산지청, 김성기(전북일보), 송국섭(MBC) 기자 2명 전격 구속 기소. 10.18. 매일신문 김래문 기자(거창주재) 국민투표법 위반혐의로 구속.

1969.9.28. 日刊스포츠 창간.

1969.10.29. 부산일보 기자, 급료인상 요구 파업.

1969.11.1. 산업통신 창간.

1970.1.15. 전남 광주 기자 7명 강제연행. 광주지검 장흥지청 최형모 검사, 아침 7시에 관하 전 경찰에 비상령을 내리게 한 뒤 3명(대한일보 주희규, 전남매일 김인주, 동사 지국장 김만후) 공갈혐의로 구속.

1970.1.21. 한국도서잡지윤리위원회(잡지 · 출판 · 만화윤리위 통합) 발족.

1970.1.31. 한국신문편집인협회 총회, 방송부문 종사자의 회원 가입 부결. 1975.1.25. 편집인협회, 방송국 보도부문과 신문통신사의 출판국 간부사원 등에 대해서도 문호 개방 결의. 1995~1996. 한국신문방송편집인협회로 명칭변경.

1970.3.13. 기자협회, 3차례 전국언론인급료실태조사. ①1970.3.13. 전국 언론인 26%가 면세점 이하의 저임금을 받고 있다고 발표. 국세청에 의뢰하여 전국 43사 소속 언론인 4천 33명의 급료를 조사한 결과 지방에 주재하는 기자는 반 이상이 면세점 이하. 어떤 신문은

주재기자 전원이 무보수인 경우도 있었다. 기자협회는 이를 토대로 기자급료인상 캠페인을 벌이다. ②1971.3.26. 두 번째로 전국 41개사 4천 544명의 언론인 실태조사결과 발표. 전체 언론인 급료 평균은 2만 4천 548원으로 52%가 2만원 이하. 면세점(1만원) 이하의 급료밖에 받지 못하는 기자가 3.8%, 1만원 이상 2만원 미만의 기자는 47.7%였다. ③1971.10.1. 기자협회보 지령 200호 기념 특집으로「전국 언론인 실태분석」발표. 전국 43사 4,597명 개인별 급료 토대로 사별 직급별 급료 실태 집계. 은행원 초임이 논설위원 급료와 동일수준. 10.27. 문공부, 신문협회에 사이비기자 일소, 기자급료 인상 요망 공한.

1970.4.1. 여기자클럽 회지,『女性저널』창간. 1990.11.1.『여기자』로 제호 변경. 2021. 11.5.『저널W』(지령 30호)로 제호 변경.

1970.5.20. 대구일보, 인사분규 관련 기자 보복인사. 5.27. 대구일보 출신 재경 언론인, 대구일보 사장에 사태 수습 촉구.

1970.5.28.『씨ᄋᆞᆯ의 소리』등록취소. 6.10. 씨ᄋᆞᆯ의 소리(발행인 함석헌) 문공부를 상대로 등록취소처분 취소청구 소송 제기. 1971.5.7. 서울고등법원 씨ᄋᆞᆯ의 소리 등록취소 위헌 판결, 7.6. 대법원, 문공부의 상고기각으로 승소 확정. 8.15. 1년만에 복간. 1972.2. 15. 씨ᄋᆞᆯ의 소리 1월호, 판매방해로 15일 동안 시판 못함.

1970.6.2. 사상계 5월호, 담시「**오적(五賊)**」**필화**. 사장 부완혁, 편집자 김승균, 필자 김지하 3명 구속. 9.8.「오적」사건 세 피고 보석. 9.26. 사상계 등록말소. 10.5. 사상계 사장 부완혁, 정일권 국무총리에 등록말소는 위헌이라는 소원장 제출. 1972.9.6.「오적」사건 공판 2년만에 속개. 1974.6.13. 서울지법,「오적」필화사건 부완혁과 손주항에 선고유예 판결. 1980.12.11. 김지하 등 8명 형집행정지 결정.

1970.6.8. 국방부기자단, 국방장관의 보도관제 남발에 항의문.

1970.6.12.~25. 전북 이리-익산 주재 기자와 지국장 등 28명 구속. 전주지검 군산지청은 기자(16명)와 지국장(12명)을 '공갈, 사기 및 폭력행위 등 처벌에 관한 법률 위반' 혐의 구속. 6.28. 기자협회, 현지에 조사단 파견. "검찰이 기협 회원을 포함한 30여 명 언론인의 집을 새벽에 급습하여 동물 취급적 수법으로 집단구속한 것은 감정적 인권유린 처사로 규탄돼야 한다"고 지적. 관련자 가운데 6명은 불기소 석방되고 22명은 구속 기소. 8.29. 공판에서 22명 실형 구형. 9.26. 20명에 실형 선고. 1971.2.17. 기자 집단구속사건, 항소심서 유죄 선고. 전주지법 군산지원, 20명은 6개월에서 3년까지 실형 선고.

1970.6.17. 공보부장관 신범식, 3개 통신 통합 언급. "3개 통신이 통합되면 정부가 재정 협조하겠다". 북한과의 대결과 대외적인 국가이익을 확보하기 위해 국내 통신사의 자율적인 통합을 종용하고 있다고 밝히다. 통신의 통합이 이루어지더라도 정부는 주주가 될 의사가 없으며, 통합된 통신사의 경영에 필요한 재정상의 협조는 아끼지 않겠다고 말하다. 이때 통신사 통합은 이루어지지 않았으나 10년 후 1980년 언론 통폐합으로 통신사가 통합되었다.

1970.8.1. 한국주간신문윤리위원회 발전적 해체. 이날부터 한국신문윤리위원회에 흡수 통합되어 주간신문 심의. 심의 대상 주간신문은 49개로 잡지형태로 등록된 주간지(誌)는 대상에서 제외.

1970.8.12. 합참 헌병들, 조선일보 이도형 기자 폭행. 8.13. 국방부기자단, 국방장관에 이도형 기자 폭행사건 항의. 8.15. 수도경비사, 이도형 기자 군형법 54조 위반혐의로 구속. 8.19. 이도형 기자 석방.

1970.9.26. 『사상계』(발행인 부완혁) 등록말소, 폐간처분. 인쇄시설 미비 및 등록 신청한 인쇄인과 실질적 인쇄인이 다르다는 이유였다. 사상계는 1953년 3월에 창간, 1970년 5월까지 205호를 발행했는데, 마지막 호에는 김지하의 담시(譚詩) 「오적(五賊)」이 게재되었다. 담시가 처음 사상계에 실렸을 때는 문제화되지 않았는데 신민당 기관지 『민주전선(民主前

線)』이 이 시를 전재하면서 정치 문제로 비화했다. 사상계에 「오적」이 게재된 지 한 달 뒤인 6월 1일 신민당은 민주전선 제40호에 이를 전재. 6.2. 수사기관, 사상계 발행인(부완혁), 필자(김지하), 편집 기자(김승균) 세 명을 연행. 민주전선 편집인 김용성을 포함하여 이 사건으로 모두 네 명이 구속되고 사상계는 발행이 중단되다. 부완혁은 문공부장관을 상대로 '정기간행물 등록효력 정지처분 취소청구처분' 소원장 제출. 1971.10.26. 서울고등법원 특별부(재판장, 안병수 부장판사), 사상계 승소판결. 1972.4.26. 대법원 특별부, 문공부의 상고를 기각하고 문공부 장관의 사상계 등록취소 처분을 취소하라는 원심판결 확정. 사상계는 만 2년 만에 법적으로 다시 살아나게 되었으나 복간되지 못하고 사라지다.

1970.9.29. 윤주영 문공부장관, 외국 간행물 수입규제와 검열완화 언급. 국회 문공위에서 문공부 장관이 언급한 것은 8월 15일 박정희 대통령이 북한이 무력적화를 포기하면 남북한 장벽 없앨 획기적 방안을 제시하겠다고 발표한 후의 조치였다.

1970.11.22. 이요섭 기자(전 서울신문 사진부), 캄보디아 종군 중 베트콩에 피납. 11.24. 사진기자단, 국제적십자사에 이 기자 석방 탄원서. 11.25. 대한변호사회, 국적에 이요섭 기자 석방 탄원서. 12.7. 이요섭 기자 탈출 생환.

1971~1972

위수령, 국가비상사태, 언론위축

1971.2.12. 서울지검 공안부, 월간『다리』3명 구속. 1970년 1월호「사회참여를 통한 학생운동」전 발행인 윤재식, 주간 윤형두, 필자 임중빈, 반공법 위반 혐의. 7.6. 무죄선고. 1974. 6.28. 대법원,『다리』필화 무죄 선고. 7.15.『다리』발행 실적 미달로 등록 취소.

1971.3.26. 서울대 학생들 언론규탄 시위. 동아일보 앞에서, "민중의 소리 외면한 죄 무엇으로 갚을 텐가".

1971.4.15. 동아일보 기자 일동, '언론자유수호 선언문' 발표. 기관원의 신문사 상주(常駐)와 출입을 거부하며 외부의 불법 부당한 간섭과 압력을 배제한다는 요지. 동아일보에 이어 전국 언론사 기자들이 연쇄적으로 언론자유수호 선언. 한국일보, 조선일보, 중앙일보, 대한일보, 경향신문, 신아일보, 현대경제, 산업경제 등 일간지와 합동·동화·동양 3개 통신, MBC 기자들도 선언문 채택. 언론이 본연의 기능을 거세당한 채 막다른 길에 이르렀다면서 꺼져가는 자유언론의 불씨를 되살리기 위해 일어설 것을 다짐하다.

1971.6.11. 기자협회 전국 언론인 연령, 급료, 학력 조사. ①평균연령 37.1세, 발행인 54.9세, 경영진 49.36세, 논설위원 45.57세, 편집국장 46세, 부국장 42.44세, 부국장 40.7세, 평기자 34.25세. ②평균급료 2만 4천 548원, ③ 23%가 대학을 나오지 못했다(본사기자 12.4%, 주재기자는 거의 절반) 기자협회보(지령 185호)가 보도. →참고, 1970.3.13. 기자협회, 3차례 전국언론인 급료실태조사.

1971.6.15. 한국신문협회 국제신문발행인협회(FIEJ) 회원 가입.

1971.7.14.~15. 경향신문 조용중 편집국장·이종윤 편집부장·김승호 조사부장·박찬길·이춘송 기자 등 5명, 김일성 사진 게재와 관련 중앙정보부에 연행.

1971.7.20. 중앙일보 대전주재 기자 박영수 반공법 위반혐의로 구속. 8.7. 기소. 10.7. 징역 1년 구형. 10.22. 보석.

1971.10.14.~16. 진철수(동아) 남재희(조선) 송선무(대한) 강정상(동화) 정중기 오준동(합동) 전제열 유민수(동양) 등 8명, 중정과 보안사에 연행.

1971.10.15. **박정희 대통령, 서울 일원에 위수령 발동**. 무장군인 각 대학에 투입. 학원의 데모 행위 등과 지하 간행물 발행을 금지. 10.14. 문교부는 대학 내의 미등록 간행물 12개 단속 발표. 위수령 발동을 전후하여 진철수(동아일보 부국장) 등 언론인 8명이 중앙정보부 또는 보안사령부에 연행되고 취재방해 사건도 여러 건 일어나다. 언론, 종교, 법조, 학계, 문단 인사 63명은 위수령 해제를 촉구하는 '긴급선언문' 발표.

1971.10.16. 긴급선언문에 서명한 김경환(편협 보도자유위원장, 조선일보 논설위원) 퇴사.

1970.11.18. 사이비기자 일소와 기자급여 인상 3단계 지원대책 추진 계획. 윤주영 문공부

장관이 국감에서 발표.

1971.12.6. 국가비상사태 선언. 박정희 대통령, 일체의 사회불안을 용납하지 않을 것이며 최악의 경우 자유 일부 유보할 수 있다. 무책임한 안보논의를 삼가할 것 등 6개 항. 12.7. 한국신문협회는 "국가안전보장 논의에 있어 언론이 지켜야 할 절도(節度)를 자인하고 모든 언론은 앞으로 국가안보의 차원에서 향도적 사명을 수행함으로써 언론자유의 책임을 다할 것을 다짐한다."는 성명 발표.

1971.12.9. 동아일보 천관우 이사, 이동욱 주필 사임.

1971.12.13. 기자협회 회장 손주환 중앙정보부 압력으로 사퇴. 회장과 보도자유위원장 이연교 동반사퇴. 기협 창립 이후 외부 압력에 따른 사퇴는 처음이었다. 회장 사퇴 후 손주환 기자는 미국무성 초청으로 1972년 1월 1일부터 약 50일간 미국 언론계 시찰. →참고, 1975. 4.29. 기자협회 회장단 6명 총사퇴.

1971.12.13. 문공부, '프레스카드' 실시에 관한 의견을 묻는 공한 발송. 문공부는 "사이비 언론 정화의 일환으로 프레스카드제를 채택하는 것이 효과적인 방법의 하나"라고 설명하면서 18일까지 언론단체의 의견 통보를 요청. 12.14. 문공부, 각사 발행인들을 초치 당국이 바라는 언론의 문제점 제시.

1971.12.15. 서울시청 출입기자단 해체.

1971.12.17. 신문협회 '언론자율에 관한 결정사항' 7개항 채택. 프레스카드제 실시와 주재기자를 대폭 줄이는 내용 포함. 이어서 주간신문협회(21일), 민간방송협회(23일), 통신협회(27일), 잡지협회(29일)도 비슷한 내용의 결정 발표.

1971.12.20. 한국경제신문 은재표 사장, 관세포탈 혐의로 구속. 1973.4.24. 전 한국경제신문 기자 31명, 사장 은재표 등 이사진을 업무상 횡령·근로기준법 위반혐의로 고발.

1971.12.24. 동화통신 43명 집단 해고. 편집국과 출판국 소속 33명과 총무국 계통 10명(국장급 1명, 차장 이상 17, 기자 16, 사원 9명). 경영합리화 위한 기구 축소 이유. 면직기자 33명은 면직효력정지 가처분 신청. 정재호 사장을 근로기준법 위반 혐의로 노동청에 고발. 1972. 2.8. 서울지방법원, 면직기자의 부당해고 효력정지 가처분 신청을 기각, 기자들은 11일 고법에 항고. 3.29. 사장 정재호, 근로기준법 위반혐의로 입건. →참고, 1973.4.30. 동화통신 폐간.

1972.1.1. '프레스카드' 발급 지연. 전년도 12월 17일 한국신문협회가 채택 발표한 '언론자율화에 관한 결정사항'(7개항)에 따라 '프레스카드'를 발급하기로 되었으나 기자의 급료와 지방 주재기자 배정 등의 실무적인 이유로 지연.

1972.1.18. 문공부, 기자급료 하한선 구체적인 액수 질의. 신문협회, 통신협회, 주간신문협회, 잡지협회 등에 공한 발송. 각 단체의 자율결정 내용 중 '본사기자와 지방주재기자의 제보수(諸報酬)는 차등을 없게 하여 대폭 개선한다.'(4항)에 관해서 질의. 정부가 언론기업에 기자의 급료 현실화를 요구하는 취지였음.

1972.1.25. 기자 최저급료 회신. 한국신문협회는 중앙지 2만 5,000원 지방지 2만원이라고 문공부에 회신. 주간신문협회와 잡지협회는 최저 2만원 이상으로 회신.

1972.2.2. 신문 통신사 3,543명 **프레스카드 발급.** 일간지 발행 주간지와 잡지는 프레스카드를 발급하지 않고 각 단체가 따로 통일된 취재증을 발급토록 하다.

전국 일간 통신사 프레스카드 신청 발급 건수

표: 기자협회보, 1972.2.4.

신문-통신사	본사	주재	계
경향신문	148	45	193
대한일보	124	44	168
동아일보	165	45	210
신아일보	81	45	126
서울신문	120	39	159
조선일보	146	45	191
중앙일보	162	45	207
한국일보	179	44	223
KoreaHerald	39		39
KoreaTimes	32	2	34
기타(11개사)	337	30	367
소 계	1,533	384	1,917
국제신보	95	18	113
부산일보	89	18	107
전남일보	65	25	90
전남매일	50	24	74
매일신문	58	7	65
기타(11개사)	441	275	716
소 계	798	367	1,165
동양통신	96	9	105
동화통신	62	13	75
합동통신	95	8	103
기타(4개사)	148	30	178
소계	401	60	461
총계	2,732	811	3,543

1972.2.10. 방송기자 434명(32개 방송국 소속) 프레스카드 발급. 43개 일간지 3,080명, 7개 통신사 461명으로 총 3,975명 프레스카드 발급으로 마무리. 이후 프레스카드 발급자 309명이 늘어나서 9개월 후인 11월에는 총 4,284명으로 집계되다. (신문협회 3,125, 통신협회 471, 방송기자 688명.) 본사기자 3,274, 주재기자는 1,010명이다. 한편 주간신문협회는 4월 25일까지 33개사 소속 311명에게 기자증 발급. 주간신문협회는 회원사 61개를 3부류로 구분하

여 ①자체 인쇄시설을 갖춘 종합주간지(1사 20명), ②주 2회 발행(1사 15명), ③주 1회 발행(1사 10명) 이내로 2만원 이상의 급료를 받는 기자에 한해서 통일된 '기자증'을 발급하도록 하다.

1972.2.1. 지방주재기자 218명 해고. '언론자율화에 관한 결정사항' 시행 당시 신문협회가 집계한 일간지 기자는 본사 2,564명, 주재기자 1,676명이었는데, ①프레스카드 발급, ②주재기자 제한, ③지사지국과 보급소 축소 등으로 신문협회 회원사 산하 주재기자 약 600명 이상이 감원될 것으로 추산되었는데, 이날까지 기자협회가 조사한 해고 지방 주재기자는 218명으로 집계되다. (기자협회보, 1972.2.18.)

1972.2.24. 한국홍보협회 발족. 정부와 국영기업체의 광고업무 대행 기구. 3.2. 국무총리 훈령 102호에 의거 정부 · 국영기업체의 광고를 문공부가 배분 통제.

1972.2.28. 주간신문협회 이사회, 프레스카드 자체서 직접 발급토록 자율결정 수정.

1972.3.7. 정부 각 부처 출입기자와 기자실 대폭 축소. '정부출입기자대책'을 각사 사장과 부처장에게 통보. ①기자실 29개를 폐쇄하고, ②각 기자실에는 1사 1기자만 출입 허용. ③경제지는 경제부처에 한해서만 출입하도록 하다. ④기존의 정부부처 출입기자 790명 가운데 325명을 줄이고(41% 감축) 465명만 남도록 조정, 구체적으로는 부(部) 산하 청(廳) 등의 기자실은 없애고, 신문기자실 · 방송기자실 · 경제기자실 등으로 분리되어 있는 기자실도 통합한다는 내용. 문공부는 이러한 조치가 '정부 청사의 협소, 정부예산에 의한 기자실 경비 변태 지출 등 부작용'을 시정하기 위한 것이라고 설명했다. 하지만 행정부처의 특수성에 따라서는 기자들의 취재가 없으면 정책수행에 오히려 차질이 온다는 이유로 이 조치 후에도 국세청 기자실 등은 그대로 존속시키기로 하다. (2007년 7월, 노무현 정권도 비슷한 조치를 취했다. 브리핑룸을 통폐합하고, 국정홍보처장이 내 · 외신 기자의 등록을 받아 정부청사 출입증을 발급하는 내용의 '취재지원에 관한 기준'이다.)

정부출입기자대책에 따른 기자실과 출입기자 감축

표: 기자협회보, 1972.3.10.

	현행		조정수	조정	
	기자수	기자실		기자감축	기자실
청와대	45	2	23	22	1
중앙청	46	3	35	11	1
경제기	30	2	27	3	1
재무부	125	8	27	98	1
농림부	86	5	27	59	1
상공부	38	2	27	11	1
건설부	29	2	27	2	1
교통부	31	3	27	4	1
체신부	27	1	27	0	1
외무부	27	2	27	0	1
내무부	22	1	19	3	1
법무부	39	1	19	20	1
과기처	23	1	23	0	1
국방부	67	3	30	37	1
문교부	22	2	19	3	1
보사부	56	4	27	29	1
문공부	16	1	16	0	1
서울시	61	4	38	23	1
계	790	47	465	325	18

註, '청와대' 감사원 출입기자, '재무부' 국세 · 전매 · 조달 · 관세청, '농림부' 산림 · 수산청, '국방부' 병무 · 원호청, '보사부' 노동청, '서울시' 시교육위원회 출입기자를 각각 포함.

1972.3.20. 대구일보 여상원 사장과 여만영 기획실장 입건. 6개월간 급료 안 주고 프레스 카드 미끼로 보증금 받은 혐의. 2.8. 대구지법, 전 대구일보 논설위원 이정수 체납 급료 및 퇴직금 청구소송 승소판결. 3.22. 신문협회, 대구일보와 호남일보 프레스 카드 추천 취소. 3.31. 대구일보 자진폐간. 지령 6238호. 4.1. 대구경제신문도 자진폐간. 지령 6640호. 6.28. 대구지법, 전 대구일보 사원 8명에게 퇴직금 지급판결.

1972.3.20. 호남일보 원상식 사장과 안장석 편집국장 구속. 기자 등 3명에게 100만원 받은

협의. 4.8. 호남일보 사장 구속적부심 항소심서 석방, 4.10. 안장석 국장도 석방.

1972.3.21. 전북일보·전북매일신보·호남일보 전북 지방사 통합에 합의.

1972.3.26. 육군 제3범죄수사대 언론인 11명 연행. 이유는 민간인 이종근이 서울 동대문구 이문동에서 약혼녀 집에 방화한 사건이 일어났는데, 이종근을 군인으로 잘못 보도한 경위를 조사하기 위해서였다. 대한일보·중앙일보·신아일보 편집국장 등 5개사 언론인 11명을 연행했다 돌려보내다. 3.30. 편집인협회는 '이 사건은 군 수사권의 한계를 넘어선 처사'로서 '자유로운 언론활동에 관해 원천적인 침해를 가져오게 한 불상사'이며 인권유린이었다고 지적하고 ①보도기사와 관련된 기관의 언론인 연행 또는 환문(喚問)을 일체 금지케 해 줄 것 ②조사가 불가피한 경우라도 적법 절차를 취해 줄 것을 요구.

1972.3.28. 중앙정보부, 『창조』 4월호 게재 김지하의 시 「비어(蜚語)」 관련 판매금지. 사장 유봉준 연행. 이튿날은 주간 구중서 연행. 12.1. 『창조』 11월호를 마지막(통권 15호)으로 "당분간 휴간" 발표.

1972.3.29. 육군보안사, 동아일보 기자 5명 연행. 편집부장 김준철, 차장 한갑수, 기자 이중흡, 지방부 차장 오애영, 의정부 주재 장봉진 기자 연행. 그날 동아일보 사회면 「대형 전차 잘라 고철로」 기사 문제. 군이 사격훈련 시에 타격목표로 쓰는 폐전차를 가동이 가능한 전차인 것처럼 보도한 데 대한 경위를 캐기 위해서였다. 사건은 검찰로 넘겨져 서울지검 공안부는 기사를 쓴 장봉진을 반공법 4조1항 위반혐의로 구속(나머지 기자들은 30일 석방), 4.17. 기소. 9.27. 장 기자의 반공법 위반 무죄 선고. 9.28. 검찰, 장 기자사건 고법에 항고.

1972.7.1. 성조지(Stars & Stripes) 국내 배포 허가취소, '외국정기간행물 수입배포에 관한 법률' 위반. 유엔군사령부 발행 월간 『자유의 벗』은 6월호를 마지막으로 17년 만에 폐간.

1972.7.2. 정부, 남북공동성명 발표. 조국 통일의 원칙과 긴장 완화 등 7개 항. 7.5. 문공부는 각 부처 및 지방자치단체 공보관 회의에서 종래 '북괴'로 부르던 용어를 '북한'으로 바꾸고 김일성에 대한 중상비방을 삼가도록 시달. 문공부는 아울러 남북공동성명에 따른 국론의 조정 통일을 위한 방법으로 극단적인 비관론이나 낙관론 또는 감상적인 통일론을 배격하도록 지시하고 모든 공무원과 국영기업체 직원에 대한 자체 교양강좌를 실시토록 하다.

1972.7.6. 한국신문협회, '남북공동성명 전폭 지지' 성명 발표.

1972.7.6. 뮌헨올림픽 공동취재단 구성. 임학수(동아일보 체육부장) 외 7명, 동양통신사(UPI)와의 외신계약 등 결정.

1972.7.8. 산업경제신문 기자 최인봉 구속. 여배우 윤정희 명예훼손 혐의로. 7.12. 보석.

1972.8.1. 한국언론인기금 발족. 이사장 오재경, 사무국장 고흥상. 9.26. 김종필 총리 신문협, 통신협, 편협, 기협, 방송협 대표와 회합. 언론인기금 10억원 증액 약속. →참고 1974.5.4.

1972.8.26. 호남매일 전 부장 박승태, 이동국 사장을 위계에 의한 공무집행 방해 및 사문서 위조 동 행사 혐의로 고발. 1973.1.12. 박승태·김계윤, 호남매일 상대 퇴직금 청구소송 송소.

1972.8.29. **기자 20명 남북적십자회담 취재 평양행.** 제1차 적십자회담이 평양에서 개최(8.30~9.2)되자 각 언론사는 20명의 '대한민국신문·통신공동취재단' 구성, 평양회담을 3박 4일 동안 풀 취재 보도. 이 취재는 남북 분단 후 쌍방 합의에 따라 처음으로 북한을 공식 방문 보도할 수 있었다는 역사적인 의의.

1972.8.00. 남북공동성명 발표 계기로 북한 취재보도 확대. 기자들이 북한에 직접 가서 취재하고 이전보다 광범위하게 다룰 수 있게 되다. 북한취재를 대비하여 각 언론사는 북한 문제 담당 기구 설치. 동아일보는 가장 먼저 1968년부터 안보통일문제연구소 운영. 남북적십자회담을 전후해서 설치된 기구는 다음과 같다. ◇경향신문=편집국 북한부와 별도기구로 안보통일연구위원회(71.12.1), ◇중앙일보=공산권조사연구소(72.2.1 설치, 9.1. 동서문제연구소로 개편), ◇서울신문=편집국 북한반(72.7.14), ◇조선일보=통한문제연구소(72.8.1) ◇대한일보=동북아문제연구소(72.11.15) ◇한국일보=통일문제연구회(72.11.8)

1972.9.8. 일본 요미우리신문 서울지국 폐쇄. 국내 배포 금지, 특파원 출국 명령. 별책『주간 요미우리(週刊讀賣)』9월 10일자 특집호「주체의 나라 조선」이 한국의 주권을 모독하는 내용이라는 이유. 9월 12일 발행 주간 요미우리는 "일부 표현에 온당성이 결여된 점이 있었다"는 짧은 사과문 게재. 12.1. 요미우리신문, 한국을 비난하는 특집 필자를 포함한 간부 4명을 해임, 견책, 감봉, 1주일 출근정지 등 징계. 같은 날 정부는 요미우리 특파원 서울 상주 허용. 12.6. 서울지국 재개설 허가. 1973.8.24. 지국 2차 폐쇄 (김대중사건 기사 관련) 1975.1.10. 지국 재개설. 1977.5.4. 지국 3차 폐쇄. 편집국장 이사또의 평양발언에 대한 조치. 1980.1.15. 서울지국 재설치 허가.

1972.9.13. 제2차 남북적십자회담 취재 북한기자 서울방문. 이 회담에서 쌍방 합의문서 교환에 우리측 기자들을 소외시켰다 하여 기자협회가 한국적십자에 항의 성명.(9.16).

1972.10.17. 비상계엄령 선포. 국회 해산, 언론 출판 방송 사전검열. 서울지구는 서울시청에서, 각 도는 도청에 마련된 검열장에서 검열 실시. 신문협회는 18일「10.17 특별선언에 대한 성명서」에서 "10.17 특별선언이 국가의 진운을 가속으로 개척하고 자유민주주의의 토양을 굳건하게 닦는 일대 혁신 조치임을 확신, 이를 적극 지지한다"고 발표.

1972.10.18. 서울시, 전 경찰서 출입기자실과 국회 기자실 폐쇄. 계엄령이 해제된 12월

14일 58일 만에 경찰서 기자실 개방. 국회 기자실은 1월 5일 개방.

1972.10.27. 비상국무회의, '유신헌법' 개헌안 의결 · 공고. 평화적 통일지향, 한국적 민주주의의 토착화를 규정.

1972.10.28. 한국신문협회, 유신헌법 지지 성명. '개헌안에 대한 성명서' 발표.

1972.11.2. 기자 10명 평양 방문. 제2차 남북조절위 취재.

1972.11.21. 유신헌법 찬반 국민투표. 압도적 찬성(투표율 91.9%, 찬성 91.5%)으로 확정. 12.27. 대통령 취임일에 유신헌법 공포 · 시행.

1972.11.22. 남북적십자 제4차 회담. 북한기자 10명 서울 방문 취재.

1972.12.2. 시민회관 화재. MBC가 시민회관에서 진행한 개국 11주년 기념 제7회 '10대 가수 청백전' 끝난 후 무대에서 화재, 사망 52명, 부상 76명 발생. 시민회관 관장 이남용 사망. 가수 문주란, 김상희, 하춘화 등 부상. MBC는 라디오와 TV 정규방송 중단 희생자와 부상자에 애도의 뜻을 표하는 사과방송. 1주일 동안 오락프로를 일부 변경, 건전한 내용으로 변경 편성.

1972.12.13. 밤 12시 비상계엄 해제에 따라 사전검열 해제. 계엄령 선포 후 10월유신 국민투표 등 국가적인 중대사를 정부가 제공하는 자료에 의존하는 상태로 신문 제작. 다양성이 줄고 논조가 획일화되다. 비상국무회의는 군사기밀보호법과 군사시설 보호법 등 군사 관계법 등 17개 법안 의결. 군사기밀의 범위 명시, 누설범 처벌규정(1~10년 이하의 징역 또는 금고형), 신문 잡지 방송 등 출판물에 의한 군사기밀 누설의 경우 형의 2분의 1까지 가중처벌. 출판사와 인쇄소의 등록에 관한 법률(도서잡지윤리위 설립 명기) 개정.

1972.12.15. 유신헌법에 근거하여 설치된 통일주체국민회의 대의원 선거. 전 현직 언론인 11명 당선.

김희종(시사통신 사장, 서울 중구 제1)
홍복원(전 경기일보 사장, 서울 종로 제2)
임세창(MBC 해설위원, 서울 성북 제6)
고희상(한국일보 영등포총국장, 서울 영등포 제9)
김형희(경기매일 편집국장, 인천 남구 제2)
구구서(전 대구경제 사장, 대구 남구)
임양근(MBC 아나운서, 서울 중구 제1)
김승만(동화통신 편집국장, 서울 성북 제3)
강영숙(아나운서, 서울 용산 제1)
김응태(경기일보 부사장, 인천구 제1)
김상준(매일신문 부사장, 대구 남구 제1)

통일주체국민회의 대의원은 무기명투표로 ①대통령 선거, ②정수의 3분의 1에 해당하는 국회의원 선거, ③국회의원이 제안한 헌법개정안을 국회 의결 후 최종적으로 확정하는 권한을 가졌는데, 1980년 10월 헌법 개정으로 폐지.

1972.12.22. 비상국무회의 한국방송공사법안 통과. 전문 27조와 부칙. 전액 정부 출자 공영방송 설립하기로. 사장은 문공부 장관 추천으로 대통령이 임명. (→ 1973.2.16.)

1972.12.31. 1월 1일부터 **'언론자율정화' 시행.** 만 1년 후인 12월 말까지 기자 1,063명 감소. 12월 말 현재 전국 기자 수는 4,296명(기자협회보는 4,269명으로 보도)으로 집계되다. 지사는 777개에서 268개(-509), 지국은 4,795에서 243개로 줄어든 반면에 보급소는 604에서 4,941로 4,337개가 늘었다. 이는 지사, 지국이라는 명칭으로 주재기자를 두고 기사를 취재하던 관행을 금지하고 신문을 보급하는 업무에 국한하도록 조정한 결과였다. (별표 참조)

언론자율정화 이전과 이후의 지사 · 지국 · 기자수 변화

	자율정화 이전(1971.10.31.)				자율정화 이후(1972.12.31.)			
	신문	통신	방송	계	신문	통신	방송	계
지사	729	48		777	234	34		268
지국	4,780	15		4,795	237	6		243
보급소	602	2		604	4,941			4,941
기자수	5,057	501	754	6,332	3,137	468	691	4,269

* 자료; 문공부 자료를 토대로 기자협회보(1973.2.9.) 보도. 기자협회보 기사와 표는 몇가지 오류가 있음. ① 자율정화 이전의 기자 수는 6,332가 아니라, 계산상으로 6,312라야 맞고(-20), ②1년 후에는 4,269가 아니라 4,296이라야 맞음.(-27). ③ 자율정화 이전(1971.10.31.) 기자(6,332)와 자율정화 이후(1972.12.31.) 기자(4,269)는 위의 표에 의하면 2,063명이 감소했는데, 기자협회보가 무슨 근거로 1,063이 줄었다고 보도했는지? 계산 착오인지, 숫자 입력 오류인지 알 수 없음.

1도 1사 통폐합, 언론노조 결성: 1973~1974

동아일보 광고탄압, 언론자유수호 결의 확산: 1975~1978

언론인 대량 해직, 정기간행물 무더기 폐간: 1979~1981

제5부

유신 치하 언론자유수호 운동

1973~1974

1도 1사 통폐합, 언론노조 결성

1973.2.16. 한국방송공사법 시행령 제정(대통령령 6504호). 방송프로 사전심의 등 벌칙 강화. 2.21. 문화공보부 차관 홍경모 방송공사 초대 사장 임명. 3.3. 한국방송공사 창립. 46년간 국영으로 운영되던 KBS가 공사로 새 출발. 정부 수립 이후 공무원 신분이었던 KBS 기자와 PD들은 공무원 신분에서 벗어나 전문성을 살릴 수 있게 되다.

1973.2.1. 동아방송 고준환 기자 구속. "전 국회의원 등 79명이 사전선거운동 혐의로 검찰에 구속 입건될 것으로 알려졌다"고 동아방송에 보도하였다가 국회의원선거법 위반혐의로 구속. 2.10. 기소. 4.25. 징역 8개월에 집행유예 2년 선고.

1973.2.27. 제9대 국회의원 언론인 19명 당선.

지역구 6년 임기 7명

장기영(한국일보 사장, 서울 종로·중구) 채영철(전북일보 사장, 군산·이리·익산)

김제원(재선, 전 경향신문 사장, 금산·대덕·연기) 최세경(전 부산일보 사장, 진주·삼천포·진양·사천)

박　철(전 전남매일 사장, 광주)
엄영달(전 서울신문 논설위원, 영월·평창·정선)
신상우(전 부산일보 기자, 양산·김해)

대통령 지명 국민회의 선출 3년 임기 9명

문태갑(동양통신 부국장겸 정치부장)
서인석(코리아헤럴드 이사장)
임　삼(한국일보 부국장겸 정치부장)
이진희(서울신문 정치부장)
주영관(서울신문 논설위원)
한태연(서울신문 주필)
함재훈(강원일보 사장)
최영철(전 동아일보 정치부장)
정재호(전 경향신문 정치부장)

언론학 교수 2명

서영희(경희대 신문방송학과 부교수)
오주환(고려대 신문방송학과 교수)

1973.3.3. 한국방송공사(KBS) 창립. 사장 홍경모, 부사장 최창봉 취임.

1973.3.14. 기자 10명 평양행. 제2차 남북조절위원회 취재. 3.20. 기자 25명 평양행. 5차 남북적십자회담 취재.

1973.3.21. 방송법 발효. 3.30. 방송윤리위 창립총회. 회장 홍경모(방송공사 사장), 부회장 김종신(부산 MBC라디오 사장) 선출. 초대 방송윤리위원장은 이숭녕(서울대 대학원장), 부위원장 강영수(대한일보 전무) 선출.

1973.3.28. 한국경제일보 경영난으로 자진폐간. 1971년 6월 10일 창간, 1973년 3월 25일까지 556호 발행. 사장 은재표 업무상 횡령 공갈 등 혐의로 서울지검 공안부에 구속.

1973.3.31. 동화통신 휴간. 국내 3대 통신의 하나였던 동화통신 1개월 후 4.30. 폐간. (창간

은 1954년 9월 1일), 동화통신사우회 편, 『격동 속에 부침한 어느 뉴스 도매상 이야기』(커뮤니케이션북스, 2004) → 참고 1971.12.24. 동화통신 43명 집단 해고.

1973.4.1. 동화통신 폐간에 따른 외신계약 변경. AP와 로이터는 합동통신과 계약, AFP는 동양통신으로 변경.

1973.4.22. 동양통신 사옥 이전. 예총회관 철거계획에 따라 종로구 청진동 188번지 4층 건물을 매입 이전.

1973.4.27. 언론인 관계(官界) 전직. 정부 공보관(대변인, 2급 상당 이사관 또는 부이사관)으로.

경제기획원 서기원(중앙일보 논설위원)
재무부 신원균(동아일보 경제부 차장)
농수산 정병교(대한일보 경제부 차장)
건설부 정해선(시사통신 경제부장)
체신부 정덕교(중앙일보 사회부장대우)
과기처 이종수(중앙일보 과학부장)
국방부 선우진(서울신문 상임감사)
교통부 한동환(조선일보 지방부장)
내무부 김치석(대한일보 사회부장)
법무부 전희령(KBS 외신부장)
상공부 이광표(중앙일보 편집국장대리)
보사부 신형창(MBC 경제부 차장)
총무처 서병기(동양통신 정치부 차장)
국무총리실 정인량(서울신문 논설위원)
문교부 정달선(서울신문 편집국장대리)
감사원 염길정(한국일보 정치부)

1973.5.2. 대한일보 김연준 사장겸 한양대학교 총장 구속. 수재의연금을 사원급료와 회사운영비로 불법사용 횡령하고 수도경비사령관 윤필용에게 뇌물 공여 혐의.

1973.5.16. 대한일보 폐간. 사장 김연준 구속 상태에서, 사원들은 폐간 사실을 모르는 채 퇴근하여 조용한 가운데 윤전기 멈추다. 지령 8622호. 사원 총수 489명(편집국 125명, 지방주재 기자 47명, 업무 등 317명). 6.1. 전 대한일보 사원에 퇴직수당 7개월분 지급. 1974.1.17.

고등법원, 김연준 무죄 판결. 5.14. 대법원도 무죄 확정. 대한일보는 김연준이 평화신문을 인수하여 1960년 10월 19일 제호를 대한일보로 바꾸어 발행하다가 자진폐간 형식으로 문을 닫았다. ①신동철, 『신문은 죽어서도 말한다』, 다락원, 2003, ②태평로 프레스클럽 편, 『신문은 가도 기자는 살아있다』, 다락원, 2004.

1973.5.25. 충남일보 새로 출범. 충청남도에서 발행되던 대전일보가 중도일보를 4천 500만원에 인수 통합하여 새 제호 충남일보가 탄생하다. 사장 박선규, 편집국장 김정욱.

1973.5.31. 호남매일신문 경영난으로 자진폐간, 1945년 10월 19일 목포에서 창간, 지령 12777호.

1973.6.1. 전북 발행 전북일보, 전북매일신문, 호남일보 3사 합병 전북신문 설립. 자본금 1억 5천만원, 주식 배분은 전북일보(51.9%), 전북매일(33.34%), 호남일보(14.76%), 초대 사장 이형연.

1973.6.30. AK뉴스 서비스 중단. 1971.1.20. 창설, 주로 Feature 기사 제공.

1973.7.4. 문공부, 주간발행 기자협회보 월간으로 강제하다. 기자협회보는 인쇄시설을 갖추지 못했기 때문에 실정법상으로는 주간발행이 불가능한 간행물이었다. 하지만 협회보가 사이비기자 일소, 언론인 권익옹호, 자질 향상과 같은 언론창달을 목표로 발행되는 유일한 언론 전문지라는 사실 때문에 정부는 주간발행을 묵인하고 있었는데 일관된 정부 비판 논조를 주시하다가 월간발행을 강요하다. → 1974.2.22. 주간 환원.

1973.8.24. 요미우리신문 서울지국 2차 폐쇄. 8월 23일자 조간에 「김대중 사건에 한국 기관원 개재(介在)」 기사. 정부는 기사의 전면 취소를 요구. 요미우리가 거부하자 지국 설치허가를 취소. 지국을 폐쇄하고 특파원 3명에 출국령. 신문의 국내 배포도 금지.(앞서 1차 폐쇄는

1972.9.8.) 1974.10.18. 정부, 요미우리 기자만 입국 허가. 1975.1.10. 지국 재개설. 한편 일본신문협회는 요미우리가 보도하여 문제된 기사에 1974년도 제27회 일본신문협회상 수여(1974.10.15.).

1973.9.1. 경기도 발행 신문 3사 통합, 경기신문으로 새 출발. 경기매일, 경기일보, 연합신문을 통합하여 본사는 수원에 두다. 통합된 3 신문: 경기매일(1945.10.7. 창간, 사원 수 100명, 편집국 40명), 연합신문(1960.8.15 창간, 사원 수 78명, 편집국 36명), 경기일보(1966.2.22. 창간, 사원 수 140명, 편집국 42명).

1973.9.27. 산업경제신문 무역협회에 매도. 1952년 9월 4일 창간, 지령 6884호. 10월 20일 발행중지. 12.1. 일간내외경제로 개제 창간.

1973.00. 폐간 또는 통합으로 10개 언론사 사라지다. 폐간 4사(한국경제, 동화통신, 대한일보, 호남매일). 통합(충남 2사, 전북 3사, 경기 3사). 언론자유가 위축되면서 기사화할 사실들이 보도되지 않거나 비판 기능을 상실하는 경향이 장기화하자 독자들의 언론불신이 고조되다. 마침내 10월 이후 각 대학의 데모 때마다「언론자유를 보장하라」는 구호가 거의 빠짐없이 등장하다. 국회에서도 언론자유 보장문제가 여러 차례 제기되다. 이러한 외적인 요구와 기자들의 불만이 누적되어 11월 이후 전국 각사 기자들이 언론자유수호를 선언하게 되다.

1973.11.5. 동아일보 기자 언론자유 수호 선언. 수습 10·11·13기 기자 50여 명, 11월 5일 경북대 데모와 민주수호국민협의회 시국선언문 낭독 관련 기사가 보도되지 못한 것을 계기로 ①사실보도를 위해 투쟁할 것 ②언론인이 기사와 관련하여 희생당할 경우의 대책 등을 놓고 오후 7시부터 편집국에 철야하면서 선언문 채택. 전국 각 언론사 기자들 언론자유수호를 선언하는 기폭제.

1973.11.7. **전국 각사 기자들 언론자유수호선언.** 11.7. 대구의 매일신문 기자 언론자유

수호선언. 11.7. 한국일보 기자 사실보도 요구하며 편집국서 철야(19, 20일에도 철야). 11.12. CBS 기자 언론자유수호 결의문 채택. 11.17. 동아일보 기자 학생데모 기사 게재 요구 편집국서 두 번째 철야. 11.22. 한국일보 기자 언론자유확립 결의문 채택. 11.27. 조선일보 기자 언론자유수호 결의문 채택. 11.28. MBC 기자 언론자유수호선언 채택. 11.29. 동양통신 기자 3개항 결의문 채택. 11.30. 중앙매스컴 기자 언론수호 선언. 12.3. 신아일보 기자 결의문 채택. 동아일보 기자 언론수호 제3선언 채택. 선언문은 언론이 본래의 기능을 다하지 못하고 있는 현실을 개선하기 위해 ①언론에 대한 압력 배제, ②언론은 언론인의 자율에 맡겨져야 하며, ③사실보도에 충실할 것 등으로 집약되는데, 1971년 5월 기자협회가 채택한 「언론자유수호행동강령」을 다짐하는 내용이었다.

1973.11.26. 중동전을 전후해서 심각해진 석유류 수급난. 에너지 절약을 위해 26일(월)부터 TV 방송시간 축소하고 토요일의 낮방송을 없애기로 문공부와 3개 TV가 합의.

1973.11.29. 기자협회, 전국 기자들의 언론자유수호 결의 지지. 보도 활동에 가해지는 안팎의 부당한 제재를 배격하고 이러한 일이 있을 때는 더욱 분투할 것을 밝히다. 12.5. 편집인협회, "일선기자들이 각 사 단위로, 혹은 기협을 통해 밝힌 언론자유를 위한 결의는 당연하고 순수한 것으로 이를 뒷받침할 것"을 선언하고 정부에 대해서는 종래와 같은 무모한 언론통제를 지양, 자율에 맡기도록 요구.

1973.12.28. 문공부장관 윤주영, 언론기관에 정보원 출입금지 언급. 공화당 의원총회에 제출한 답변서를 통해 이같이 말하고 제작의 자율성을 최대한 보장하도록 하겠다면서 다만 ①유신체제에 대한 도전, ②안보의 중대사항, ③국민생활에 중대한 영향을 미치는 내용 등은 앞으로도 보도기관이 자체적으로 자제해야 한다고 말해서 '자율성'의 한계를 그었다.

1974.1.8. 대통령 긴급조치 1호 선포. 개헌 관련 일체의 주장·발의·제안을 할 수 없도록 하고 이러한 행위를 방송·보도·출판 기타의 방법으로 타인에게 알리지도 못하도록 엄격히

금지. 위반 시에는 영장 없이 체포, 1년 이상 징역. 이는 내국 언론만이 아니라 한국주재 외국인 기자, 특히 일본인 기자들에게도 적용된다고 통보하다. 1.15. 1호 위반 혐의로 장준하, 백기완 구속. 8.23. 1호 해제.

1974.2.4. 일본 최대 발행 부수 아사히신문 국내 수입허가 취소. 1월 30일자 논평기사를 통해 대통령 긴급조치를 비방했다는 이유. 아사히의 국내 배포 부수는 1,524부였다. 일본 신문에 대해서는 1973년 8월 요미우리(讀賣新聞) 서울지국 폐쇄 및 특파원 추방 이후 두 번째 강경조치였다. 국내언론이 비정상적으로 위축된 상황에서 외국언론의 국내 이슈 논평·보도에 우리나라 지식인과 지도자들이 관심을 갖는 경향이 가속화 했다. 외국신문의 한국 관련 기사 대부분이 비판적인 내용을 담고 있어 당국은 외국 신문을 가위질하여 배포하는 일이 빈번했다. 특히 일본 신문에 대한 통제가 심했으며 한국에 불리한 내용은 '걸레조각'처럼 가위질당했다.

1974~9.20. 취재보도의 제약으로 장관들의 언론 기피증 더욱 심화되다. 기자협회 조사에 의하면 1974년 초부터 9월 20일까지 사이에 정부 19개 부처 장관들 가운데 5개 부처는 단 한 차례의 기자회견도 갖지 않았고(내무·문교·교통·체신·통일원), 1회 내지 2~3회 정도로 인색한 부처가 대부분이어서 정부가 언론에 제도적이고 민주적인 자세로 정보를 제공하지 않는 현상을 나타내다.

1974.2.22. 기자협회보 지령 300호부터 주간발행 환원. 문공부는 주간발행이던 협회보의 월간 발행을 강제했는데, 7개월만에 주간발행 허가를 받다. 하지만 1년 뒤인 1975년 3월 7일에는 폐간조치. → 참고, 박기병, 「기자협회보의 수난과 주간등록」, 『기자협회 30년사』, 1994.

1974.3.7. 동아일보 기자 노동조합 결성. 서울시에 전국출판노조 동아일보지부 설립 신고. 지부장 조학래 기자(과학부). 동아노조는 본조합인 출판노조의 인준을 거쳐 서울시에 노조 설립신고서 제출. 기자 33명이 발기한 노조에는 단시일에 가입 기자가 196명으로 늘어나는

호응을 보였다. 3.8. 동아일보사, 노조 간부 11명과 조합원 2을 포함한 기자 13명 해임. 노조 측은 부당해임대책위 구성. ①노조의 정당성 인정, ②13명의 부당해임 즉각 철회를 요구. 3.13. 동아일보사, 2차로 기자 22명 징계. 해임(6명) 무기정직(6명), 4개월 감봉(10명) 조치, 해임 기자 13명은 김상만 사장 상대로 서울지방법원에 해고 효력정지 가처분 신청. 3.21. 변호사 6명이 노조 위해 무료변론 담당. 3.28. 동아일보노조, 서울지방노동위원회에 회사의 부당노동행위 구제신청. 4.5. 서울시는 동아노조 설립 신고서 반송. 노조 간부가 해임되어 사원 자격 상실했다는 이유. 4.13. 동아일보, 해임 등 징계했던 기자 35명 전원을 사면형식으로 복직. 하지만 노조 결성은 인정하지 않음. 7.11. 동아노조, 고등법원 특별부에 행정소송 제기. 서울시의 노조 설립 신고서 반송처분을 취소해 달라는 청원. → 참고, 동아일보 자유언론실천운동과 노조결성에 관해서는 동아일보노동조합, 『동아자유언론실천운동백서』, 1989.

1974.4.3. 대통령 긴급조치 4호 선포. 전국민주청년학생총연맹과 이에 관련되는 단체를 조직하거나 이에 가입, 또는 동조하는 행위 엄단. 이 조치에서 금한 행위를 권유·선동·선전하거나 방송·보도·출판 기타 방법으로 타인에게 알리는 일체의 행위 금지.

1974.4.3. 월간 『아리랑』, 월간 『영화』 편집장 명예훼손 혐의로 구속.

1974.4.17. 내외통신 창간.

1974.5.3. 중앙일보 이원달 기자 구속. 박영복 부정 대출사건 보도와 관련, 명예훼손 혐의(전 국회의원 이우현 고소). 중앙일보 이원달 고정웅, 동아일보 김재곤 박기정, 한국일보 오인환, 조선일보 마실언, 경향신문 정운경(만화가) 검찰 연행, 박영복 사건조사. 5.3. 김치열 검찰총장 회견, 무고-명예훼손 엄단. 5.6. 김치열 총장 출판물에 의한 명예훼손 엄단 밝혀. "언론자유…법률적으론 비절대적" 5.9. 이원달 기자, 고소 취하로 석방.

1974.5.4. '언론인기금' 청산업무 완료. → 참고, 1972.8.1. 한국언론인기금 발족.

1974.7.24. 경향신문 한국문화방송(MBC)에 매각 합병. 주식회사 문화방송-경향신문으로 사명 변경. 회장 최석채, 대표이사 사장 이환의, 전무 조용중, 상무 서규석. 경향신문은 1946년 10월 6일 창간 이래 28년 동안 사주가 5차례 바뀌었다.

1974.8.1. 국회, 녹음 녹화 중계방송 금지.

1974.8.23. 대통령 긴급조치 일부 해제. 1호(개헌논의 금지) 4호(민청학련 사건, 학원 데모 보도금지) 해제.

1974.10.22.~24. 한국일보 사장 장강재, 정보기관이 소환. 홍순일 특파원 취재「월남 사태」관련. 편집국장 김경환, 편집부장 이상우도 22일과 23일 정보기관에 출두하자 기자들은 22일~24일까지 3일 밤을 새우며 편집국에서 철야 항의 집회. 기사로 소환사실 밝히도록 회사측에 요구.

1974.10.23. 동아일보 편집국장 송건호, 방송뉴스부장 박중길,「서울농대생들 데모」기사 관련 중정 연행.

1974.10.24. 동아일보 제작 하루 지연. 기자협회분회가 자유언론실천선언 및 3개 결의안을 채택하면서 정문에 '기관원 출입금지'를 게시하고, 사측과 대립으로 신문제작이 지연되고 동아방송 뉴스가 보도되지 못하다가 사측의 보도 수락으로 24일자 신문을 25일 오전에 독자에게 배포. → 참고, 정진석,「광복 50년, 언론 50년 / 광복언론 50년사 4, 동아 조선 투위사건」,『신문과 방송』, 1995.4.

1974.10. 언론자유수호 결의 전국 언론사 확산. 전국 27개 신문·통신·방송사 기자들과 기자협회 4개 지부가 기관원 출입금지, 언론인 연행을 규탄하고 사실보도를 다짐하는 결의문 채택.

1974.11.12. 동아일보 기자들의 제작거부로 하루 신문을 발행하지 못하다. ①금기시 되어왔던 데모 사진 게재, ②1단 또는 2단 편집으로 고착되어왔던 데모 기사를 키우는 문제를 놓고 기자들이 제작거부. 회사와 기자들의 대립으로 신문을 발행하지 못하다. 동아일보는 13일자 사고「본보 어제 휴간에 관한 사과의 말씀」을 통해 휴간 경위를 밝히다. "천주교도들의 인권회복을 위한 기도회 관련 기사를 본사 편집국장이 7면 중간 톱 4단에 사진과 함께 보도하기로 한 방침에 대하여 신문제작에 종사하는 일부 사원들이 이의를 제기하고 7면 톱 또는 1면 톱으로 다룰 것을 요구, 제작을 거부하여 동일자 신문을 발행하지 못했읍니다. 본사는 일부 사원들의 이같은 제작거부 태도를 신문 편집권에 대한 중대한 간여라고 보고 휴간도 불사했던 것입니다."

1974.12.10. 한국일보 기자 31명 출판노조 한국일보지부 결성. 출판노조의 인준을 받아 서울시에 신고를 마치다. 노조지부장(노조위원장) 이창숙. 12.12. 회사는 이창숙에게 노조 창립 전날인 12월 9일자로 소급 해고한다는 해고통지서 발송. 노조는 서울민사지방법원에 지부장 이창숙의 해임효력정지가처분신청 제출, 법정투쟁 돌입. 12.23. 회사는 이창숙에게 퇴직금 579,782원을 일방적으로 송부. 12.26. 이창숙은 이를 반환하는 신경전을 벌이면서 재판이 계속되다. 동아일보노조가 회사와 타협점을 찾지 못하고 법원에 계류 중인 상태로 해를 넘기는 시기에 한국일보가 노조를 결성하여 언론기관에 기자노조 결성 의지가 잠재하고 있음을 나타냈다.

1974.12.18. 한국언론인금고 설립. 1975.7.4. 한국언론인금고, 융자대상기관이 서울 일원 언론기관에 한하고 있었으나 8월부터는 지방지에 확대하겠다고 발표. 12.18. 한국언론인금고, 현재 언론인을 위한 대부금이 1억원이라고 발표. 1977.1.1. 언론인금고 기금 국고보조금 4억원 증액으로 10억원으로 늘어남.

1974.12.18. 조선일보 '편집권 침해' 이유로 두 기자 해임. 백기범(외신부·기협 부회장)과 신홍범(문화부). 기자들은 편집국에서 밤새하면서 해임 철회와 공정한 보도 논평으로 신

문의 품위를 지키라고 회사에 요구. 회사측은 앞으로 사시에 맞는 보도 논평을 위해 사규와 인사규정을 고치는 한편 편집국의 의견을 반영할 것과 해임된 두 기자를 '석 달 안에' 복직시키겠다고 약속하다. 하지만 두 기자 해임은 '조선일보 사태'의 발단이 되다. → 참고, 『자유언론 내릴 수 없는 깃발, 조선투위 18년 자료집』, 두레출판사, 1993, 185~188쪽 「조선일보 자유언론 실천일지」

1974.12.20. 동아일보 광고탄압 시작. 광고를 약속했던 업체들이 이유를 밝히지 않은 채 광고 게재를 취소하고 광고 동판(銅版)을 회수하기 시작하다. 기자들의 언론자유수호운동을 차단하기 위해 권력이 꾸민 음모였고, 언론 목조르기였다. 12.24. 크리스마스 이브에 무더기 광고해약은 더욱 큰 규모로 늘어났다. 이날 하루 롯데그룹, 오리엔트시계, 미도파백화점, 일동제약, 종근당, 한국바이엘, 태평양화학 등 동아일보 광고수익의 절반 이상을 차지하는 8개 대 광고주들이 "이유를 묻지 말아달라"며 일시에 광고 철회. 12월 25일부터는 극장광고도 일제히 끊겼다. 이 날짜 신문 1판에 실렸던 일동제약의 5단 광고가 광고주 측의 '이유를 밝힐 수 없는 간청'으로 2판부터 떨어져 나갔다. 하는 수 없이 시판된 지 보름이 지나 이미 시중에 매진된 1975년 1월호 『여성동아』 광고를 그 자리에 메웠다. 이후 약 7개월간 광고탄압 계속. 12.26. 동아일보 광고 해약으로 광고면 백지 발행. 신민당 김영삼 당수는 이날 오전 긴급 당직자 회의에서 대책을 논의, 이는 새로운 수법의 언론탄압으로 규정하고 사태의 진상을 시급히 규명하기 위해 국회 문공위를 열기로 하다. 신민당은 진상조사위원회를 구성 국회의원 이중재(정책심의실장), 김수한(인권옹호위원장), 박영록(훈련원장), 송원영, 채문식을 조사위원으로 임명. → 참고, 성유보 외 6인 지음, 『너마저 배신하면 이민 갈 거야!』, 도서출판 월간 말, 2002.

1974.12.21. 중앙일보-동양방송 합병. 회사 명칭 '주식회사 중앙일보-동양방송'으로 변경. MBC-경향 합병에 의한 신문-방송 겸영 두 번째 사례. → 참고, 1974.7.24. 경향신문 한국문화방송(MBC)에 매각 합병.

1974.12.30. 원로 언론인 홍종인, 격려광고의 물꼬를 트다. 광고료로 10만원의 성금을 지불하고「언론자유와 기업의 자유」라는 의견광고를 실어 곤경에 처한 동아일보를 돕는 일에 앞장서다. "광고 해약은 권력 자신의 자해행위이며 민주주의 사상과 제도를 원리적으로 부정하는 짓일 뿐 아니라 이것이 지금은 동아일보라는 한 신문사만을 괴롭히는 일로 보일지 모르나 결과적으로는 대한민국 내의 모든 신문에 대한 강압적인 수단이 되므로 이러한 것은 곧 바로잡아놓게 되기를 바란다"라는 내용.

1974.12.30. 외국 주요 언론, 동아일보 광고탄압 보도. 정부의 개입이 틀림없다고 단정하는 기사 게재. 일본 아사히신문은 중앙정보부의 개입으로 동아는 54년 역사상 최대 경영위기에 봉착하였다는 요지 기사. 요미우리, 산케이 등도 서울발 기사로 일제히 이 사태를 다루다. 영국의 더 타임스는「한국언론 압력에 용감히 맞서고 있다」(1975.1.16.), 미국 워싱턴 포스트는「한국신문 유령의 적」(1975.1.20.)이라는 기사로 권력의 언론탄압을 비판. 12.31. 미국 영국 주요 신문 격려광고 보도. 뉴욕 타임스,「한국인들, 정부에 의해서 곤경 받고 있는 신문을 돕는데 나서다」라는 기사에서 동아를 구하자는 자발적인 운동이 일어나고 있다고 상세히 보도. 영국 일간지 가디언은「조그만 격려 광고들은 원래의 의도를 넘어서 수많은 한국인들이 신문을 펼쳐들고 첫 번째로 읽는 정치적 개인 칼럼」이 되었다고 보도.

1975~1978

동아일보 광고 탄압, 언론자유수호결의 확산

1975.1.11. 동아일보 광고란은 언론탄압에 저항하고 권력을 규탄하는 광장이 되다. 짧고 재치 있는 광고 문안과 비분에 찬 목소리도 있었는데 이름을 밝히지 않은 익명의 광고가 많았다. 격려광고가 신문에 게재되기 시작한 1월 1일부터 1월 31일까지 한 달 동안 접수된 격려광고는 2,257건에 달했다. 1월 초순에는 하루에 70건 안팎이던 격려광고가 13일에는 184건으로 급증하다.(동아일보, 1975.2.14, 「언론탄압 규탄하는 민주의 함성/기독학생 총련, 동아 격려광고 한달 분석」) 1월 한 달 전체 격려광고 가운데 익명이 1천 734건으로 전체의 76.8%에 해당한다. 격려광고와 함께 국내외로부터 성금도 답지했다. 미국, 영국, 서독 등지의 해외에 거주하는 교포들이 격려광고를 보내주기도 했다. 격려광고는 2월에 5,069건으로 최고치를 기록했으며 3월에는 22일 현재 1,917건이었고, 광고탄압 4개월여 만인 4월 23일까지 총 1만 277건이 접수됐다. 동아일보에 격려광고가 끊긴 5월 중순까지의 격려광고 총건수는 1만 352건이었다. 따라서 1975년 1월 1일부터 3월 22일까지 접수된 9천 243건이 전체의 89.3%를 차지했다. 1.11. 동아일보 사설 「국민의 성원에 감사한다」

1975.1.14. 육군 보안사령부, 동아일보 광고담당 3명 연행. 광고국장 김인호, 광고 1부장

이규영, 광고부원 이준범. 이른바 '일 육군 중위' 사건이었다. 이날 이름을 밝히지 않은 현역 육군 중위 한 사람이 격려광고를 게재했는데 보안사는 현역군인이 광고를 냈다는 이유로 조사할 것이 있다며 광고 담당 사원 3명을 연행.

1975.2.28. 동아일보 주주총회, 경영합리화 조치 결의. 광고 탄압으로 경영난이 가중되자 이를 극복하기 위한 방안으로 사장 김상만을 제외한 9명의 감사와 이사의 퇴진을 결정. 물러난 임원은 회장 고재욱을 비롯해서 부사장 3명(김두익 · 업무담당, 이언진 · 공무담당, 김상기 · 방송담당)과 이사 4명(김성열 · 총무담당, 홍승면 · 논설담당, 김성한 · 출판담당, 조병륜 · 판매담당), 상임감사 정봉진. 퇴진 임원진의 후임으로 주필(이동욱)과 전무(기우종)를 새로 선임하였지만 임원이 10명에서 3명으로 줄었다.

1975.3.7. 『기자협회보』 강제 폐간. 문공부는 조선일보 기자 5명을 파면했다는 '증면호'를 문제삼다. (참고문헌, 민주화 이후 중앙정보부가 국정원으로 이름이 바뀐 2007년에 발표한 보고서 『과거와의 대화 미래의 성찰』에는 당시 상황이 기록되어 있다.) 협회보가 폐간되자 기자협회는 3월 13일부터 「기자협회 회원 여러분께 알리는 소식」이라는 뉴스레터 형식의 유인물 소식지를 6호까지 발간. 11.22. 3월 7일 폐간됐던 기자협회보를 『기협회보』로 제호 변경 발행(제352호).

1975.3.8. 동아일보, 경영난 해소를 이유로 3부 1실 폐지. 편집국 기획부와 과학부, 출판국 출판부. 심의실을 폐지하고 해당 부서 소속 사원 18명을 해임.

1975.3.11. 조선일보 일부 기자의 제작거부에 회사측 입장 개진. 1면에 「신문제작 거부사태에 관한 우리의 견해, 외부의 개입을 배격하며 자주정론을 다짐한다」(10단 박스)와 5단 광고 「조선일보 독자 여러분께」 게재. 기자의 제작거부와 편집국 안에서의 농성을 비판. 기자들에 대한 징계조치는 항명과 회사 내 질서문란이 원인이었는데도 마치 언론자유 투쟁의 희생자들인 양 자처했다고 주장. 기자들과 경영진의 대립으로 1974.12.17.~1975.4.15. 몇 차례

인사조치. 32명 파면, 무기정직 1명. → 참고, 「조선일보 3·6자유언론실천운동 조사보고서」 조선일보사노동조합, 1989.5.5.

1975.3.11. 동아일보 제작거부 기자 프로듀서 아나운서 등 75명 무기정직. 동아 사태로 5차례에 걸쳐 해임 49명, 무기정직 82명으로 총 131명 인사조치. 기자, 프로듀서, 아나운서 총 259명의 절반이 넘는 숫자였다. 기자들은 동아투위 결성. 사측의 인사조치는 권력의 압력에 굴복했기 때문이라고 반발하며 해임기자 전원 무조건 복직 요구. 150여 명은 제작거부 농성 돌입. 4.12. 동아일보, 3월 8일 이후 제작 참여 거부 기자·프류듀서·아나운서 등 75명 무기 정직처분. 기자들은 『자유언론실천백서』 발표. 1976.7.13. 서울민사지법 합의9부(재판장 김용준 부장판사), 동아일보언론수호투쟁위원회가 회사를 상대로 낸 부당해임 및 무기정직 무효확인청구 소송 선고 공판에서 김병익, 장윤환, 박지동, 서권석, 임부섭 5명만 승소, 나머지 64명은 패소판결. 1978.1.9. 서울고등법원 합의부, 동아일보언론자유수호투쟁위원회가 회사를 상대로 낸 부당해임 및 무기정직 무효확인청구소송에서 62명 전원 패소판결. → 참고, 동아일보 사보 『동우』, 1978.1. 1심 서울민사지방법원 제9부 판결문, 2심 본안소송 고등법원 제1민사부 판결문 전문 수록, 50~66쪽.

1975.3.12. 조선일보 주간조선 자진폐간. 기자들이 제작을 거부하자 회사는 주간조선 '자진폐간'이라는 극단적인 조치와 비상체제 돌입, 3.7. 조선일보 기자모집(유경험자 우대조건) 「사고」. 3.15. 주간조선 편집진을 본지제작에 긴급 배치하여 부족 인력 일부를 대체하다. 주간조선 지령은 332호. 하지만 두 달 뒤인 5.18. 333호부터 복간. 이전의 편집방침을 일신하여 '보도 해설 평론'에 중점을 두는 품위 있는 '교양 평론지'를 지향한다고 밝히다.

1975.3.13. 동아일보 기자와 방송 요원 농성으로 정상적인 발행 불가능. 이에 대해 동아는 3월 13일자 1면에 10단 크기 「동아의 입장」을 밝히다. 같은 지면 광고란에는 5단 통단 「국민 여러분께 삼가 아뢥니다.」 게재. 기자들의 농성 사태 설명. 이틀 전 조선일보 3월 11일자와 비슷한 형태였다. 제작거부 농성으로 신문은 본관 옆 별관 출판국에서 기사를 작성하여

편집했고, 조판은 다른 신문사의 시설을 빌려서 겨우 4면으로 꾸려나갔다. 농성 첫날인 3월 12일에는 조선일보사에서, 13일은 한국일보에서, 14일과 15일 이틀간은 신아일보에서 신문을 제작했다. 방송은 영등포구 오류동 소재 송신소 시설을 이용하여 겨우 명맥을 이어갔다.

1975.3.17. 이날 새벽 동아일보 농성 사원 150여명 강제 해산. 3월 11일 동아투위 결성 이후 엿새째 농성 중이던 기자들을 회사측이 물리력으로 추방하다. 동아자유언론수호투쟁위원회는 "자유언론 실천에 앞장섰다가 대량해임된 동료들의 복직을 요구하며 편집국에서, 방송국에서, 공무국에서 엿새째 제작거부 농성 중인 기자와 사원들을 200여 폭도들이 강제로 해산했다."고 주장.

1975.3.17. 동아일보는 1면 광고란에 게재할 광고가 없는 상태에서 입장을 밝히는 자체 광고 수차례 게재. 3.17. '국민 여러분께 거듭 아룁니다.' 3.18. '국민 여러분! 이젠 직접 확인하셨습니까.' 3.19. '동아일보는 독립지입니다.' 3.21. '근고, 자유언론의 마지막 보루 동아를 위해 많은 격려를 계속 보내주시기 바랍니다.' 3.24. '카톨릭 사제단 성명에 대한 우리의 견해' 3.25. '자유언론 실천에의 의지.' 각 부서별 제작 참여자 명단과 함께 "우리의 봉급 일부를 모아 이 지면을 삽니다"라고 밝힘.

1975.3.25. 동아일보, 「사상 유례 없는 언론자유 압살책, 동아 광고탄압 넉달째 접어들어, 격려광고 9천243건에 1억 600만원, 광고수입 손실 오두 3억 7천 200여만원」 3.31. '사고, 삼가 독자 여러분께 아룁니다.' 광고탄압으로, 경영난 타개 위해 부득이 감면.

1975.4.12. 동아일보사, 기자 프로듀서 아나운서 등 75명 무기정직 처분. 3월 8일 이후 제작거부로 인사조치된 전체 인원은 131명(해임 49명, 무기정직 82명).

1975.4.18. 동아일보 사장 김상만 1975년도 '자유의 금펜상(Golden Pen of Freedom)' 수상자로 결정. FIEJ(세계신문협회) 집행위원들의 서면 투표결과. 그 직후인 1975년 5월 스위스

취리히에서 열린 IPI 이사회도 김상만의 수상 결정을 만장일치로 축하, 이를 총회에서 통과시키다. 그러나 광고 탄압이 진행되고 있는 때에 상을 받기 위해 출국할 형편이 아니었으므로 수상을 유보, 7년 뒤인 1982년 5월 노르웨이 수도 오슬로에서 열린 제35차 FIEJ 총회에서 수상.

1975.4.22. 월간중앙 주간 최종률, 중앙일보 1판 1면「분수대」기사와 관련, 기관원이 연행.

1975.4.24.~28. **기자협회 회장단 사퇴.** 중앙정보부, 기자협회 회장 김병익 등 간부 8명 연행. 오전 6시부터 28일 오후 8시 20분경까지 회장, 부회장, 국제교류위원장 민병일, 김영성 사무차장 등. 기협은 IPI와 IFJ에 정부의 언론탄압을 알리는 보고서를 보내려했는데, 그 영문 원본과 한글 원고 제출을 요구하고 조사. 4.29. 정보부의 압력으로 기자협회 제13대 회장단 6명(회장 김병익, 부회장 백기범, 홍사덕, 구월환, 박인석, 정추회) 4월 24일부터 중앙정보부에 연행당해 IPI에 보낸 한국 언론사태에 관한 기협의 보고서 관련 조사를 받다가 풀려났으나 전원 사퇴. 기자들의 단체활동이 크게 위축되다. →참고, 1971.12.13. 기자협회 회장 중앙정보부의 압력으로 사퇴.

1975.3~4. 베트남전 미군이 철수하고 공산화. 3월 29일 베트콩에 다낭 상실. 이어서 사이공 주재 미국 대사관원 철수. 4월 7일에는 캄보디아, 프놈펜 함락으로 정부 붕괴됨. 4월 23일. 미국 대통령 포드, 베트남전쟁 종결 선언. 베트남공화국 붕괴, 베트남 30년 전쟁 막 내림. 공산화 도미노 현상으로 한국 안보 우려 증대.

1975.4.~6. 김일성은 중립국 외교 강화. 중국 방문에 이어 루마니아 방문(5.22~26.), 알제리·모리타니·불가리아·유고슬라비아 방문(5.26~6.9.). 태국, 버마 케냐 등과 외교 관계 수립.

1975.5.3. 한국신문협회「국가안보에 관한 결의문」발표. "크메르의 붕괴와 월남의 처참한 최후는 우리에게 크나큰 충격을 안겨주었고 그 반면 역사적인 교훈을 안겨주기도 했다.

그것은 공산주의자들의 정체를 적나라하게 다시 한번 볼 수 있었다는 사실과 함께 자기 나라의 방위는 남의 힘에 의해서가 아니라 자기 힘에 의해 지켜져야 한다는 것이었다. 더우기 월남사태에 고무된 북괴 김일성의 중공 왕래와 중공의 미묘한 동태는 6·25 전야를 방불케 하는 긴박한 정세를 조성하고 있다. 그들은 한반도에 월남의 재판(再版)을 기도할 것이 분명하다. 월남의 공산화는 그들로 하여금 무모한 침략행위를 자행할 가능성을 조장시켰다고 할 수 있다. (중략) 이제 월남사태에 따라 그들의 남침야욕은 가속화 되고 있는 것이다."

1975.5.12. 한국방송협회산하 31개사 방위성금 모금 전개.

1975.5.13. **대통령긴급조치 제9호 발동.** 유신헌법의 개정 또는 비판하는 행위를 금지하고 이에 위반되는 내용은 보도하지 못하도록 하다. 5.21. 문공부장관, 방송·신문·통신사 사장 조치, 긴급조치 9호 배경 설명. 1979.12.8. 긴급조치 9호 해제.

1975.5.24. 한국신문협회-한국방송협회 공동「언론부조리 숙정에 관한 결의문」발표.

1975.5.27. 문공부, 기자의 보도증(프레스카드) 갱신 발표. 교정부, 신문사의 조사부, 심의부 등 취재에 직접 종사하지 않는 부서는 발급 제외. 이 기준에 따라 8월 1일까지 프레스카드 재발급 언론인은 2천 997명. 재발급 이전 발급 언론인은 3천 681명이었는데, 684명 감소. 신규발급자의 소속 언론사는 ①중앙 일간 종합지 및 특수지 1천 269명, ②지방지 713명, ③통신사 367명, ④방송사 648명.

1975.5.29. 정부 산하 청(廳) 등 기자실 폐지. 산림청, 국세청, 지방 세무서, 농촌진흥청, 노동청, 보사부 약사기자실 등 폐쇄. 내무부는 서울 시경과 경기도경을 제외한 일선 경찰서 기자실도 폐쇄. 중앙관서 출입기자 522명을 417명으로(105명 축소), 기자실은 23개를 18개로 축소한다고 발표. 기자협회와 일선기자들은 반대 성명. 8.1. 서울시경, 서울시내 경찰관서 출입기자를 각 신문·방송 1개사에 2명씩으로 제한.

1975.6.21. 동아일보 투위 소속 121명, 서울민사지법에 '해고 및 무기정직처분 무효확인 청구소송'. 동아일보사가 3월 8일부터 5월 1일까지 7차례에 걸쳐 49명을 해고하고 84명을 무기정직 처분한 것은 근로기준법 27조 1항(부당해고 금지) 위반이므로 법률상 무효라고 주장. 8.21. 이 소송과는 별도로 김재권 등 10명은 '해고효력 정지 가처분신청' 제기. 법원은 이 두 가지 소송을 병합 심리.

1975.6.27. 종로구 사간동에 출판문화회관 준공.

1975.7.1. 내무부, 서울과 경기도를 제외하고 부산시와 각 도 경찰국 기자실과 모든 일선 경찰서의 기자실을 폐쇄. 7.2. 한국기자협회, 경찰서 출입기자실 폐쇄조치를 재고하고 하루빨리 부활시켜 주도록 요망하는 결의문 내무장관에 발송. 7.17. 부산지검, 대검 지시에 따라 관내 언론기관 종사자 가운데 형사처벌 받은 70여 명 명단을 작성, 대검에 보고했다고 발표. 8.1. 서울시경, 서울 시내 경찰관서 출입기자를 각 신문·방송 1개사에 2명씩으로 제한한다고 발표. 8.2. 서울시경, 일선기자의 취재 편의는 공보담당인 각 경무과장이 전담, 형사 등 일반 경찰관들은 기자들에게 취재편의를 제공하지 말도록 지시. 기자협회와 시경 출입기자 일동, 출입기자 제한 해제를 요구. 1976.3.14. 김성주 치안본부장, 경찰기자실 부활 문제 검토해 보겠다고 언급.

1975.7.7. 조선일보 해고기자 6명 '부당해고 무효확인소송' 서울민사지방법원에 제기. 9.11. 첫 공판, 1976.12.16. 소송 기자 전원 패소판결(청구 기각) 1977.9.22. 고등법원 민사6부, 항소기각 판결. 1980.9.10. 대법원민사부(재판장 안병수), 전 조선일보 정치부 차장 이종구 등 조선투위 관련 기자 6명이 방우영 사장을 상대로 낸 파면처분 무효 확인청구소송 상고, 이유 없다고 기각. → 참고, 해직기자들의 '준비서면'은 『자유언론 내릴 수 없는 깃발』, 두레출판사, 1993, 495~548쪽. 재판경과와 판결문은 『조선일보 70년사』 제2권, 3-291-310쪽; 「조선일보3·6자유언론실천운동 조사보고서」 조선일보사노동조합, 1989.5.5, 1995.3.6. 조선투위, 활동 마감을 결의.

1975.7.15. 동아일보 광고해약 사태 풀리기 시작. 이날부터 며칠 사이에 광고 해약 이전 상태로 돌아가게 되어 광고 탄압은 소리 없이 종식되다. 동아가 입은 피해는 ①신문의 경우, 광고탄압이 시작된 1974년 12월 15일부터 1975년 7월 14일까지 212일을 탄압기간으로 잡으면 1일 손실액 315만 5,000원, 총액 5억 6,755만원으로 추정. 격려광고의 총 건수는 10,351건이었고 입금액은 1억 1,298만 4797원. ②방송광고 수입은 월 8,000만원 규모였으나 1975년 1월 10일 이후 대폭 감소. 1975년 3월 24일 현재 평상시 월 7,044건이 단 3건으로 모든 광고가 이탈된 것이다. ③신동아, 여성동아 등 잡지의 경우, 평상 광고수입 100%에 비해 1975년 1월 84%, 2월 74%, 3월 35%, 4월 35%, 5월 6.8%, 6월 9%, 7월 4.4%였다. ◇신문 구독은 약 12만부가 광고탄압 중에 증가했지만, 부수 증가로는 경영에 별로 도움이 되지 못했다. 동아가 입은 가장 큰 피해는 이 사태가 원인이 되어 해직된 기자들로 인한 인적 손실이었고, 그들과 메울 수 없는 깊은 갈등이었다. 2008.10.29. 진실·화해를 위한 과거사 정리위원회(위원장 안병욱), 1974년 동아일보 광고탄압 및 1975년 기자해직사건 관련, 당시 중앙정보부(현 국가정보원)가 적극 주도한 사실을 확인했다고 밝힘. →참고, ①동아일보 광고부장 이석열, 「르뽀, 동아 광고탄압/ 탄압의 배후와 국내외의 반향」, 신동아, 1975.5, 96~113쪽. ②이동욱, 「동아의 논조 후퇴 없다, 외신기자 회견」, 동아일보, 1975.3.19. ③정진석, 「동아일보 광고사태」, 『신문과 방송』, 1995.5, 20~28쪽.

1975.9.3. 문공부, 방송의 '범죄수사물 및 폭력 드라마 정화' 시달. 이에 따라 오랫동안 방송되어왔고, 상당한 시청율을 확보하고 있던 폭력 살인 범죄수법 묘사 드라마 내용을 삭제 또는 수정해서 방영.

1975.10.18. 교열기자회 창립.

1975.10.20. 정부의 에너지 소비절약 정책으로 방송시간 단축. KBS, MBC, TBC 3개 TV국 방송시간 평일은 오후 5:40~1:30, 토요일은 오후 1시에서 12시.

1975.12.5. 서울지검 영등포지청, 긴급조치 9호 위반혐의로 구속기소된 이부영 피고인(전

동아일보 기자)에게 징역 3년 자격정지 3년 구형. 1976.1.6. 이부영 기자, 1심 판결에 불복 항소. 8.24. 대법원 형사부, 이부영 성유보 두 피고인과 학원강사 정정봉 등 피고인에 대한 국가보안법 반공법 및 대통령긴급조치 9호 위반사건 상고심판에서 세 피고인의 상고 이유 없다고 모두 기각, 원심 확정.

1975.12.19. 합동통신 지령 1만호. 1976.1.13. 영남일보 지령 1만호. 1977.1.9. 매일신문 지령 1만호 발간.

1976.2.1. 한국방송공사, 이날 현재 우리나라 텔리비전 수상기 보급대수는 211만 2천 978대, 보급율은 31.2%라고 발표.

1976.2.3. 전 사상계 대표 부완혁, 허위사실 유포 혐의로 즉결에 넘겨져 구류 10일을 선고받고 정식재판 청구. 서울형사지법, 부완혁 피고인에 대한 경범죄처벌법 위반사건 선고공판에서 부완혁 피고인의 무죄를 선고.

1976.2.12. 서울시경은 전화청약 순위 조작을 위해 돈을 받고 허위 재직증명서를 떼어준 전 후생일보 사장 조찬선 등을 위계에 의한 공무집행방해 혐의로 구속.

1976.5.10. 동아일보, 삼성재벌을 향한 집중 비판. 사회면 머릿기사로 용인 자연농원(4월 18일 개원)을 파헤치기 시작. 삼성재벌 산하 중앙개발이 개원한 자연농원이 입장료가 비싸고 시설은 제대로 마련돼 있지 않다고 지적. 5.17. 제2차 시리즈 시작. 사회면 기사와 함께 「용인자연농원 내막」(6회) 내리닫이 시리즈 기사 게재. 6.28. 「땅의 애사(哀史)」(6회) 시리즈. 역시 삼성의 땅 투기 내용. → 참고, 1978.4.12.

1976.11.1. 한국방송공사(KBS), 여의도 방송종합청사 준공하고 이전. 새 청사는 부지 1만 8천568평에 지상 7층 지하 1층 건물. 12.1. 새청사 준공기념식 거행.

1977.4.11. 한국일보 사주 장기영 별세.

1977.4.25. 퇴직언론인단체 '사칠구락부' 발족(4월 7일자로 소급). 신문회관 내 통신협회에 임시 사무실, 가입 회원 97명, 초대 회장 이관구 선출. 1980.4.9. 사칠구락부, 명칭을 '사칠언론인회'로 개칭, 1988.1.25. '대한언론인회'로 변경.

1977.4.27. 한국기자협회, 순직종군기자 추념비 제막식. 경기도 파주군 주내면 봉서리 통일공원. 19개국 외국 언론인 78명 방한.

1977.5.4. 일본 요미우리신문 서울지국 설치허가 3차 취소. 편집국장 이사또의 평양발언에 대한 조치. 1980.1.15. 서울지국 재설치 허가. →참고, 1972.9.8. 요미우리신문 서울지국 폐쇄.

1977.5.14. 미국무성, 해외방송「미국의 소리」(VOA) 오키나와 중계소 시설을 반환하고, 방송 중단을 발표.

1977.6.1. 국제신보, 제호를 국제신문으로 변경.

1977.7.1. 관훈클럽, 재단법인 관훈클럽신영연구기금 설립. 현대건설 정주영 회장으로부터 기금 1억원을 희사받아 9.10. 법인 설립. 언론인 연구 저술 지원사업 시작. 2019.10. 관훈클럽정신영기금으로 명칭 변경. 대우그룹은 1978.3.2. 서울언론문화클럽 설립. 1981.12.31. 서울언론재단으로 개칭.

1977.11.30. 서재필과 남궁억 선생 독립유공자 인정. 대한민국장 추서.

1978.1.1. 忠南日報, 大田日報로 제호 변경.

1978.2.4. 『週刊시민』, 시설미비로 문공부에 자진휴간계 제출.

1978.2.9. 김성진 문공부장관, "정부는 당분간 컬러 TV의 방영을 허용할 생각이 없다"고 언명.

1978.2.16. 한국방송협회 정기총회, '방송의 날'을 9월 3일로 변경. 1964년에는 10월 2일을 제1회 방송의 날로 정하고 기념해 왔다. (1964.10.2., 동아일보 사설, 「제1회 방송의 날에」 참고). 1978.9.3. 제15회 방송의 날 기념식.

1978.2.25. 방송윤리위, 장발(長髮)문제 논의. TV 출연 연예인은 물론 일반인의 경우도 '장발자 출연금지'를 이행하도록 요구하는 권고안을 각 방송국에 발송.

1978.3.1. 경남일보, 창간 69주년, 중창간 32주년인 3월 1일자부터 『경남일보』를 『慶南日報』로 변경.

1978.4.12. 동아일보 · 중앙일보, 삼성조선 관련 기사로 대립. 동아 「삼성조선 관련혐의 설계도 절취사건」 기사. 대한조선공사의 석유시추선 설계도를 훔쳐낸 「산업 스파이」 사건으로 보도. 중앙은 동아의 기사를 부인하는 「조공(造公) 서류도난, 삼성조선과 관련 없다, 경찰 발표, 범인 張의 공명심이 빚은 단독범행」으로 반론. 삼성조선도 직접 반격에 나섰다. ① 4.13. 삼성, 중앙일보 2면에 「해명서」를 싣고 이 사건의 보도가 동아일보의 왜곡 조작이며 특정 회사를 헐뜯기 위한 감정에 치우친 보도라고 주장. ②4.14. 중앙일보 1면에 '삼성조선주식회사 임직원 일동' 명의의 전 5단 광고에 다섯 개 조목에 걸쳐 동아의 기사가 왜곡되었다고 주장. 중앙지와 일부 지방지에 5단 해명광고. 게재. ③4.15. 삼성, 세번째 광고 중앙일보에 게재. 동아가 지난 10년간 삼성관계 회사에 대한 기사를 무려 518건이나 다루었고 의도적인 과장보도와 논평까지 합치면 무려 700여 건에 이른다고 구체적인 숫자까지 제시하면서 동아의 삼성에 대한 공격이 의도적이고 왜곡되었다고 주장. → 참고, 1976.4.12.

1978.5.10. 방송윤리위원회 소위원회, MBC와 TBC가 TV 출연자들에게 주는 상품이 과다하므로 이를 줄여주도록 요구.

1978.6.7. 한국신문편집인협회 회장단, 문교부장관 방문, 현재 외래어를 표기할 때 교과서의 교육용어와 신문의 보도용어가 서로 달라 불편과 혼란을 일으킨다고 지적, 문교부가 이를 통일할 수 있도록 추진해 줄 것을 요청.

1978.7.12. 전경화(영남일보 논설위원) 원작영화 '여기자 20년'이 문공부의 우수영화로 선정됨.

1978.9.4. 세계여기자 및 작가협회(AMMPE) 4차 세계대회. 4일 서울에서 개막, 3일간의 본회의 갖고 7일 폐막. 세계 12개국 2,000여 명 여류 언론인과 작가 참가, 「대중전달 매체와 아동」을 주제로 토의.

1978.9.11. 일간내외경제와 코리아 헤럴드, 주식회사 내외경제-코리아헤럴드로 통합 발족.

1978.11.10. 동아자유언론수호투쟁위원회 안종필 위원장, 긴급조치 9호 위반으로 구속. 1979.5.9. 징역 2년형 선고받아 복역 중 간암 판정. 12.4. 구속 집행정지 석방. 1980.2.29. 사망. 1987.10. 안종필자유언론상 제정.

1978.12.3. 현대경제일보와 일요신문 서울 중구 중림동 소재 새사옥으로 이전.

1978.12.26. 한국언론인금고, 1978년 한 해 동안 보유기금을 10억원으로 늘려 전국 언론인 961명에게 4억 6,200만원을 융자해 주었다고 발표.

1979~1981

언론인 대량 해직, 정기간행물 무더기 폐간

1979.1.9. 마이니치신문 서울특파원 마에다 야스히로(前田康博) 12일까지 강제 퇴거명령. 마이니치신문 국내수입 배포도 금지. 우리나라 정치정세를 악의적으로 왜곡보도했다는 이유. 1981.5.18. 정부는 마이니치신문 서울 상주특파원 주재를 허용하고 같은 이유로 1980년 7월 3일 서울지국이 폐쇄됐던 아사히신문도 서울지국 재 개설을 허가키로 결정했다고 발표.

1979.1.30. 1978년도에 발행된 일반도서는 전년도보다 774종이 늘어난 1만 5,149종, 발행부수는 전년도보다 2,72만 4,730부가 늘어난 5,853만 6,520부, 총가격은 58억원으로 집계됨.

1979.2.1. 한국방송공사(KBS)는 TV 시청료 현행 월 5백원에서 6백원으로 20% 인상키로.

1979.4.21. 대전일보·전남매일·강원일보·제주신문·국제신문·영남일보 6개 지방신문사 친목단체인 춘추회 제12차 춘계총회가 대구에서 2일간 일정으로 열림.

1979.5.9. 한국신문협회와 방송협회는 지난 2월 22일부터 4월 22일까지 두 달 동안 모금한 해외동포 모국방문돕기 성금 15억 6,558만 8,410원을 해외동포 모국방문후원회 이호 회장에게 전달.

1979.7.5. 매일경제, 『주간매경』 창간.

1979.10.26. 박정희 대통령 시해. 10.27. 전국 비상계엄 선포(제주도 제외). 10.26 사태 마무리 과정에서 12 · 12사태가 일어나 언론환경에 큰 변화.

1979.12.5. 정부, HL, HM 두 개의 국제호출부호 중 HM을 1984년 1월 1일까지 북한에 양도키로 결정. 세계무선주관청 회의 결정에 따른 조치.

1979.12.8. 대통령 긴급조치 제9호 해제. 긴급조치 9호는 1975년 5월 13일에 공포됐는데 유신헌법의 개정 또는 비판하는 행위를 금지하고 이에 위반되는 내용은 보도하지 못하도록 규정하여 70년대 한국언론에 가장 위협적인 제한요소가 됐으며 이로 인해 투옥된 언론인들도 있었다. 긴급조치 9호가 4년 7개월 만에 해제됨에 따라 이 조치위반으로 복역 중이던 동아투위 소속 기자들 석방. 이와 함께 금기 필자들의 글도 신문에 게재되기 시작하다.

1979.12.00. 1979년 말 전국 TV 보유대수 596만 2,952. 가구당 보급률, 도시 88.5%, 농촌 76%. 문공부 발표.

1980.1.9. 문공부 홍보조정실 신설. 정부 홍보활동에 관한 조사연구, 언론기관의 보도 협조 지원에 관한 종합, 계획수립, 신문 방송 통신 등의 보도활동에 관한 협조 지원 등. 그러나 5공 하에서 이 기구가 언론통제를 담당하는 주무부서였음은 1986년 9월 『말』지의 「보도지침」 사건과 1988년 언론청문회 이후에 공개된 「언론인 개별접촉 보고서」(매체 조정활동 계획 및 결과 보고서)로 확인되다. 1985.10.11. 홍보조정실은 홍보정책실로 명칭 변경. 그러나

이 기구는 1987년 12월에 폐지되고 공보실 산하의 공보협력관이 언론에 대한 순수 지원업무에 정부홍보를 맡도록 되다. 그 후 1989년 3월 문공부의 직제개편으로 공보협력관제도마저 폐지, 정부 각 부처의 공보관 활동 등을 지원할 홍보관 1명과 홍보담당관 5명만 두도록 하다.

1980.1.30. '10·26 사태' 이후 방송계에도 자율화의 물결 밀려오다. 사회·정치·경제 분야에 걸친 현안문제들이 좌담·대담·대화 형태로 편성·제작되다. 대표적인 예가 KBS의 「TV개헌공청회」(1980.1.30.~2.1, 3회 방영)였다. 이 프로는 개헌에 관한 발표와 토론 및 방청객의 자유질문 형식으로 진행하여 TV 방송의 새로운 전환점을 마련했다.

1980.3.15. 현대그룹, 중앙매스컴과 갈등. 중앙일보를 제외한 중앙 일간지에 "중앙매스컴의 사실과 다른 집중 과장보도에 대해 해명합니다."라는 「해명서」 광고 게재. 중앙매스컴이 대대적인 집중보도로 여론을 오도하여 현대건설과 현대중공업에 막대한 손실을 입혔을 뿐 아니라 해외공사의 수주에도 큰 타격을 받았다고 주장. 현대가 광고를 통해 삼성을 비난한 날에 중앙일보는 1면과 사회면에다 현대가 맡은 공사의 부실을 크게 보도. 언론과 재벌의 분리, 언론기업의 독과점 문제가 거론되다.

1980.3.17. 현대와 삼성 대표 만나 확전 자제 약속. 현대 정주영 회장과 이명박 건설 사장, 삼성 홍진기 중앙매스컴 사장과 김덕보 동양방송 대표이사가 만나 중앙매스컴이 앞으로 공정한 보도를 하겠다고 약속했고, 현대는 이미 준비했던 2차 해명 광고를 신문에 내지 않기로 해서 싸움은 일단 끝이 나다.

1980.3.18. 동아일보, 용인 자연농원의 돼지분뇨 방류보도. 자연농원에서 사육하는 3만여 마리의 돼지 분뇨를 서울시민의 식수원으로 쓰는 댐 수원(水源)인 경안천(京安川)에 흘려보내어 식수원을 오염시킬 뿐 아니라 인근지역 농경지에도 큰 피해를 입힌다고 보도. 동아일보 보도에 관해서 이경자(경희대 교수)는 중앙 6대 신문(동아, 중앙, 경향, 서울, 조선, 한국) 지면을 대조 분석한 논문에서 "우리나라의 언론은 특정사건을 취급함에 있어 경영

과 편집이 완전 분리되어 있지 않으며 경영은 미디어 내용에 직접적인 영향을 끼치고 있는 중요한 요인"으로 해석. 중앙일보는 삼성이라는 "특정한 이익집단에 의한 영향에서 독립되어 공정한 보도"를 할 수 없었다고 결론지었다. 반대로 동아는 중앙에 대한 경쟁의식에서 다른 신문에 비해 훨씬 집중적으로 이 사건을 파고들었던 경향이 있었다. (李京子, 「자연농원 돼지분뇨 방출사건의 보도경향을 통해 본 경영과 편집의 관계」, 『新聞學報』, 제17호, 1984.6., 53~70쪽. 정진석, 「4대 언론기업」, 『한국 현대언론사론』, 전예원, 1985, 424~460쪽.) → 참고, ①1976.5.10., ②1978.4.12.

1980.4.11. 문공부, 수입을 금지해온 프랑스 일간지 『르 몽드』와 『르 피가로』를 비롯한 프랑스와 독일 일간지 수입을 재허용.

1980.5.17. 계엄확대 선포, '민주화의 봄' 끝나다. 전년도 10.26 이후 언론자유를 활발하게 논의하던 짧은 기간과는 완전히 달라진 언론상황이 전개되다. 언론의 사전검열, 각 대학 휴교. 정치활동 금지. 이 해 발의 언론 통폐합과 언론기본법 제정 등으로 언론통제 강화.

1980.5.17. 5.17 직후 구속된 언론인 24명, 이 가운데 19명에게 유죄판결 선고. 이들은 세 가지 사건으로 구분할 수 있다. 첫째, 기자협회를 중심으로 벌인 검열거부운동에 연루되어 구속된 사건, 둘째, 문화방송·경향신문의 제작거부운동과 관련된 사건, 셋째, 광주민주화운동 취재기자들이 유언비어 등 혐의로 구속된 사건이다. 기자협회의 경우 회장 김태홍 등 6명은 군법재판에 회부되어 고등법원은 김태홍 1년 6개월 선고. 실형을 선고받아 복역. 1981.12.25. 김태홍 특별사면으로 석방. 2006.3.2. 한국기자협회는 5월 20일을 '기자의 날'로 제정. 군부독재와 언론검열에 반대하며 제작거부에 나섰던 1980년 5월 20일을 기념. → 참고, 정진석, 「언론자유, 느리지만 발전하고 있다, 80년 기협·경향 사건 무죄판결의 의미」, 신문과 방송, 1998.8.

1980.5.31.~10.29. 국가보위비상대책위원회 설치 운영. 비상대책위는 대통령의 자문, 보좌기관으로 설치한 임시 행정기구. 제11대 대통령 전두환이 선출된 뒤, 10.29. 입법권을 가진 '국가보위입법회의'로 개편되다.

1980.6.2. 5.18광주민주화운동과 관련, 휴간했던 전남일보와 전남매일신문 발행 재개.

1980.6.2. 일본 교도(共同)통신 서울지국 폐쇄. 수차례의 왜곡·허위보도를 해왔다는 이유로 법무부 출입국관리소 통해 서울지국장 겸 특파원인 하야시 겐이치로(林憲一郞)에게 9일까지 출국하도록 퇴거령, 7.3. 일본 아사히신문과 지지(時事)통신 서울사무소 등록을 취소. 광주사태 이후 국내정세에 관해 근거 없는 유언비어를 기사화하였다는 이유. 산케이(產經)신문 서울특파원 호시노 이스케에 경고조치. 7.28. 마이니치(每日)신문·교도통신·지지통신 기자에게 한국 취재 단기비자 발급허용.

1980.6.9. 계엄사령부, 문화방송·경향신문 동아일보 기자 8명 기소. 문화·경향 조사국장 서동구, 이경일(외신부장), 노성대(보도국 부국장), 홍수원(외신부), 박우정(외신부), 표완수(경제부), 오효진(방송국 사회부) 등 7명과 동아일보 사회부 심송무 등 8명 반공법 위반으로 기소. 8.12. 대법원 전원합의부, 군법회의 재판에 계류중인 이들 가운데 4명이 제출한 재판권 쟁의에 관한 재정신청 기각. 1981.1.10. 육군 계엄고등군법회의 항소심 선고 공판은 처음 이들에게 적용되었던 반공법 위반혐의는 무죄로 판결했지만, 서동구는 징역 1년에 집행유예 2년, 이경일 징역 3년, 표완수 2년형 선고. 2.13. 징역 1년 고영재, 박성득, 박우정, 홍수원 형집행정지로 석방. 심송무는 1년여 복역. 3.3. 전두환 대통령 취임일을 기해 특별사면령으로 송건호(전 동아일보 국장), 서동구, 안양로 석방. 이경일과 표완수는 그 해 5월 11일 대전교도소에서 석가탄신일 특사로 석방. 1983.12.23. 유죄판결 받은 언론인 특별복권. 이듬해 2월 정치활동 규제조치에서도 해금.

1980.6.16. KBS-TV, 심야 및 새벽에 대입 과외방송 방영 시작.

1980.6.20. 정부 영향 언론사들 사장 교체. ①문화방송·경향신문 대표이사 이환의, 회장 최석채 사임. 7.5. 문화방송·경향신문 사장에 이진희 서울신문 주필 선임. ②7.28. KBS 사장 최세경 사임, 후임에 이원홍 청와대 민원수석비서관 임명. ③8.8. 서울신문 김종규 사장 사표 수리. 후임에 문태갑 전 국무총리 비서실장 선임. ④9.1. 동양통신 사원총회, 대표이사 사장에 김성진 전 문공부장관 선임.

1980.7.29. 신문협회와 방송협회, '언론자율정화및 언론인의 자질향상에 관한 결의문' 채택, 언론인 대량해직을 예고. 결의문은 앞서 신문협회와 방송협회가 1971년 12월 17일에 채택한 '언론자율정화에 관한 결의와 결정사항'과 1975년 5월 24일의 '언론 부조리 숙정에 관한 결의'를 재확인. "언론계 자체가 안고 있는 저해요인을 과감히 자율적으로 척결하며 언론의 이름으로 자행되는 일체의 부조리와 비위를 근절하여 새로운 언론풍토를 조성한다."고 선언.

1980.7.31. 문공부, 정기간행물 172종 등록취소로 폐간조치. 사회정화 차원에서 '부조리 외설 사회불안을 조성하는 정기간행물' 172종의 등록을 취소한다고 발표. 『주간국제』(부산·국제신문사 발행) 등 주간지 15종, 『월간중앙』(중앙일보사), 『씨 올 의 소리』(함석헌), 『뿌리깊은 나무』(한창기) 등 월간지 104종, 『창작과비평』(정해염), 『문학과 지성』(김병익) 등 계간지 16종, 격월간 13종, 연간 24종이었다. 정기간행물은 주간 121종, 월간 771종, 격월간 150종, 계간 225종, 연간 167종 등 1,434종으로 일간지를 제외한 전체 정기간행물의 12%에 해당되는 숫자가 등록취소된 것이다. 8.19. 문공부, 전국 2,597개 출판사 가운데 617개 등록취소. 11.28. 문공부, 정기간행물 67종을 추가로 등록 취소. 11월에 있을 대폭적인 언론 통폐합과 함께 이때의 등록취소는 제5공화국이 끝난 뒤에 5공청산의 커다란 정치적인 이슈로 제기됐다. 1982.10.27. 국회 문공위원회에서 쟁점으로 등장하는 등 야당과 언론계가 폐간된 간행물의 복간을 꾸준히 요구. 폐간 정기간행물 가운데는 1987.12.28. '정기간행물 등록 등에 관한 법률'이 공포 시행된 후 복간된 경우도 있다. →참고, 2010.1.7. 진실화해위, 정부에 권고.

1980.8.1. 컬러 TV 수상기 시판 개시. 12.1. KBS 제1TV 컬러 시험방송. 본격적 컬러방송이 전면 시작되는 3월부터 컬러 TV 시청료 징수키로.

1980.8.2. 전국 언론인 770여명 해직. 계엄사의 검열거부운동을 주도한 기자협회 간부 전원과 기협 각 분회 임원들, 언론사의 언론자율 결의문 초안 작성자, 정부에 비협조적이거나 비판적인 편집국 간부 논설주간 등이 해직되다. 보안사령부의 언론대책반이 작성, 언론사에 보낸 '문제 언론인' 명단을 토대로 각 언론사가 자체적으로 인원을 추가하여 해직 단행. 중앙지 해직언론인은 722명에 달했다. 직급별로는 사장 등 임원 24, 주필 논설위원 24, 편집-보도국장·부국장 41, 부차장급 153, 평기자 480명이었다. 1987.8.12. 문공부가 국회에 제출한 자료에는 1980년 7월 언론계 정화조치로 해직된 언론인은 중앙 359명, 지방 352명 등 모두 711명으로 밝혀짐. 1989.1. 보안사의 '정화 사유별·등급별 현황'에 의하면 해직언론인은 총 770명으로 집계. 정대철 의원(국회 문공위원장)을 비롯, 169명 의원들은 80년 해직언론인의 보상 및 복직에 관한 특별조치법안을 국회에 제출. 1996.1.17. 12·12 및 5·18사건 특별수사본부(본부장 이종찬)는 80년 당시 언론인 강제해직과 언론통폐합조치가 전두환 당시 보안사령관의 지시에 따른 집권계획 일환으로 자행된 불법조치로 내란의 주요과정에 해당한다는 수사결과 발표. →참고. ①1987.8.12. 문공부 국회 제출 자료 ②1989.10.20. 언론청문회. ③2000.7.30.「정화언론인 취업허용 건의」 제목의 보안사 내부문건 원본 공개됨.

1980.8.9. 동아일보에 연재되던 김성환 화백의 '고바우영감', 조선일보로 옮겨 7면에 7972회부터 연재 시작.

1980.8.27. 통일주체국민회의 전두환 후보 제11대 대통령 선출.

1980.9.30. 전국경제인연합회(전경련), 현대경제일보 운영권 인수. 인수가격 50억원 지불하고 부채 27억원을 떠안기로. 현경의 주식은 전경련 회원사 중 희망사에 안배. 11.26. 제호를 한국경제신문으로 개제.

1980.10.13. 한국잡지협회는 잡지계 정화의 일환으로 내년 1월호부터 월간잡지의 부록을 없애기로 하는 한편 매월 초에 해당 월호를 발간하기로 결정.

1980.10.22. 제5공화국 헌법 국민투표, 10월 27일 공포. 새 헌법은 언론의 책임을 명문화. '모든 국민은 언론 출판의 자유와 집회 결사의 자유를 가진다'(제20조 제1항)고 규정하고 '언론·출판은 타인의 명예나 권리 또는 공중도덕이나 사회윤리를 침해해서는 아니 된다. 언론출판이 타인의 명예나 권리를 침해한 때에는 피해자는 이에 대한 배상을 청구할 수 있다.'(동 제2항)고 명시, 피해보상을 헌법에 규정하다. 정부 수립 후 제4공화국에 이르기까지 8차례의 헌법개정이 있었으나 언론침해에 대한 피해배상 청구 권리가 헌법에 명시된 것은 처음이다.

1980.11.14. 신문협회와 방송협회, 언론 통폐합 결의. '건전언론 육성과 창달을 위한 결의문' 채택, 결의문에는 언론기관의 통폐합을 주장하는 항목이 포함되어 있었다. ◇우리나라에는 구미 각국과 비교해도 많은 신문 방송 통신사가 난립하여 왔으며 이로 인하여 언론이 각계 국민에게 본의 아닌 누를 끼쳐왔고 사회적 적폐 또한 적지 않았음을 자성하며 근대적 공론기관으로서의 언론기업의 발전과 체질강화를 기한다. ◇언론의 막중한 사회적 영향력과 책임에 비추어 언론기관의 과점화(寡占化)는 공익에 배치되므로 어느 개인이나 영리를 추구하는 특정법인이 신문과 방송을 함께 소유함으로써 민주적 여론조성을 저해하는 언론구조는 개선되어야 한다.

1980.11.~12. 신문 방송 통신 대규모 구조조정. 신문 방송 양 협회의 위와 같은 결의에 따라 '자율' 형식으로 단행된 신문·통신의 통·폐합과 방송의 공영화를 골자로 한 구조조정은 5.16 후의 '언론사 일제 정비' 이후 최대의 충격적인 조치였다. 하지만 이같은 '자율결정'은 신군부의 강압에 의해서 진행되었다는 사실은 1987년의 민주화 이후에 명백히 밝혀진다. 이 결정으로 언론의 구조와 판도가 크게 바뀌었고, 언론의 진로에도 결정적인 영향을 미치게 되다. 1980년도의 통폐합은 60년대 초반 이후 정부가 꾸준히 추진해온 언론정책이

집약된 것으로 볼 수 있다. 통폐합의 골자는 70년대 초반부터 거론되던 통신사의 통합 단일화, 지방지의 1도 1사 원칙, 신문과 방송의 경영분리 및 방송의 공영화, 중앙 일간지의 정비 및 재편 등이었다. 이 통폐합으로 ①전국 28개의 일간지 가운데 11개(중앙지 1, 지방지 8, 경제지 2)를 정비하고 ②전국 29개 방송사 가운데 6개가(중앙사 3, 지방사 3) KBS에 흡수 통합되고, MBC 계열사 21개의 주식 21%를 서울 MBC가 소유주로부터 인수 계열화하고 ③7개 통신사 가운데 동양과 합동 양사를 발전적으로 해체하여 연합통신을 신설하고 시사통신·경제통신·산업통신은 연합통신에 흡수, 무역통신은 무역협회 기관지로 변경한다는 내용이다. 자율정화에 따른 대량해직과 강제 통폐합으로 전국 언론인은 대략 2,000명이 줄어든 것으로 추산됐다. 언론기관 통폐합 때에 제호가 없어지는 신문 통신 방송에 소속되어 있던 종사자들은 이를 흡수하는 언론사가 그대로 인수하도록 하였지만 실제로는 전체 인원을 다 흡수하지 못했다. 2000.7.30. 1980년 언론인 대량 해직사태와 관련한「정화언론인 취업 허용 건의」라는 제목의 보안사 내부문건 원본이 공개됨. → 참고, 1993.11.3. 1980년 언론통폐합 당시 45개 언론사 사주들의 포기각서 공개.

1980.11.17. 신아일보, 11월 25일자로 종간, 경향신문에 흡수된다고 발표. 12.1. 문화방송·경향신문, 신아일보 흡수하고 지방방송 21개 계열사의 주식 51%를 흡수. 서울신문은 석간체제를 12월 1일부터 조간으로 바꾼다고 발표. 2003.6.15. 강제 폐간된 신아일보 장기봉 전 사장이 동명 제호로 신문을 발행하고 있는 ㈜신한일보사를 상대로 지령·제호 사용금지 가처분신청과 명예훼손 및 상표권 침해에 대한 3억 원의 손해배상 청구소송 제기.

1980.11.24. 기독교방송, 오전 11시 30분 보도 방송을 끝냄. 이후 복음방송만 함. 기독교방송 보도요원들 KBS에 흡수.

1980.11.24. 폐간신문: 신아일보(1965.5.1. 창간), 서울경제(1960.8.1. 창간), 내외경제(1973.2.21. 창간), 국제신문(1947.9.1. 창간), 영남일보(1945.10.11. 창간), 경남일보 종간. 특수통신인 시사통신(1951.5.21. 창간), 경제통신(1946.8.15.), 산업통신(1969.11.1. 창간), 무역통신(1949.8.

16. 창간, 무역협회보로 전환). 11.29. 전남일보(1952.2.10. 창간), 전남매일신문(1960.9.26. 창간).

1980.11.28. 문공부, 정기간행물 67종을 추가로 등록 취소.

1980.12.1. ◇부산일보, 국제신문 흡수, 부산일보로 개제 발행. ◇전남일보와 전남매일신문은 29일자로 종간하고 12월 1일부터 통합, 광주일보를 창간. ◇경남일보 25일자로 폐간, 경남매일신문에 흡수. 경남매일신문은 12월 1일로 경남일보를 통합 인수. ◇일간내외경제는 25일로 종간하고 코리아 헤럴드에 흡수. 11.30. TBC(1964.5.9. 개국), DBS(1963.4.25. 개국), 전일방송, 서해방송, 한국FM방송 자정을 기해 방송을 종료하고, 12월 1일부터 KBS에 흡수.

1980.12.1. KBS 공영체제 기구 개편안 마련. ①채널 9-KBS 제1TV(동일편성), 채널 7(TBC)-KBS 제2TV(사회교육 및 교양), ②라디오는 현재의 제1방송, 제2방송에 동양라디오를 제3방송, 동아방송을 제4방송(KBS 라디오서울)으로 변경, ③FM방송은 KBS-FM → 제1FM, TBC-FM → 제2FM으로, 대구FM도 KBS에 흡수됨. ◇한편 全日放送 → KBS광주 제2방송, 西海放送 → KBS군산방송이 됨.

1980.12.1. 한국방송공사(KBS)에 통합된 동아·동양·기독교방송 보도요원 총 1,587명 KBS 사원 발령.

1980.12.1. 통합통신사 설립추진위원회가 문공부장관실에서 열려 김성진 동양통신 사장을 위원장으로 7인 추진위원회와 8인 실무위원회 구성. 12.19. 연합통신 창립총회.

1980.12.1. KBS 제1TV 컬러 시험방송 개시. 오전 10시 30분에 개최한 제17회 수출의 날 기념식 실황중계로 첫 컬러방송 시작. 12.22. KBS 제2TV와 MBC도 컬러 시험방송 실시. 컬러시대 돌입. 이에 따라 컬러 TV의 수상기도 급격히 늘어났다. 컬러 방영을 처음 실시했

던 1980년에는 흑백 612만 8,835대, 컬러 13만 8,749대였는데, 1981년에는 컬러 TV 수상기가 100만대를 넘어섰고 (119만 7,808대), 1984년에는 417만 8,730대, 1989년 7월 말 현재는 643만 6,167대가 되었다. 흑백 TV는 컬러 TV 수상기에 반비례해서 줄어들다. 1981.3.31. 한국방송공사는 4월부터 적용될 흑백 및 컬러 TV 시청료와 징수방법 발표. 컬러 TV 시청료는 보유대수당 월 2,500원, 흑백 TV는 가구당 월 800원을 징수하며 컬러와 흑백 TV를 공유하면 컬러 TV 시청료만 징수. 1984.12.1. KBS는 이날부터 흑백 TV 시청료를 전액 면제하고 등록을 폐지. 이로써 흑백TV 시대는 사실상 끝나다.

1980.12.1. 매일신문, 『대구매일신문』으로 개제. → 참고, 1960.7.7. 대구매일신문사, 매일신문사로 개제.

1980.12.1. 서울신문, 석간 발행에서 조간으로 변경.

1980.12.22. 신문고시. 공정거래위원회가 제정한 공정거래법의 시행령 중 일부. 신문 광고의 공정성 확보와 신문 발행사의 자율적인 광고 영업 관행을 보장하기 위해 마련된 제도. 신문고시의 주요 내용은 신문사의 광고 요금 공시와 거래 투명성 제고, 광고주와의 불공정거래 방지 등 포함. → 참고. 2001.7.1

1980.12.18. 서울경제신문 25일자로 종간. 한국일보에 흡수. 국제신문은 25일자로 종간, 부산일보에 흡수된다고 발표.

1980.12.31. 언론기본법(언기법) 공포. 이전의 '신문 · 통신 등의 등록에 관한 법률'(1963.12.12), '방송법'(1963.12.16.)을 통합한 단일 입법. 방송위원회(제34조), 방송심의위원회(제37조), 언론중재위원회(제50조) 설립을 규정. 또한 언론인의 능력 및 자질 향상을 위한 언론인 연수 규정(제18조)에 따라 기존의 한국신문연구소를 해체하고 한국언론연구원이 새로 발족되다. 언기법 제정으로 시행이 보류되고 있던 '언론윤리위원회법'(1964.8.5.)은 폐

기. 언기법과는 별도로 제정된 한국방송광고공사법(1980.12.31.)에 따라 방송광고공사 설립. 언기법은 언론통제를 용이하게 하는 독소조항으로 5공 초기부터 그 개폐 문제가 꾸준히 제기되다.

1980.12.31. 합동통신(1945.12.20. 창간), 동양통신(1952.4.20. 창간) 종간. 1981.1.1. 연합통신 창간. 전 동양통신 사장 김성진 취임.

1981.1.1. 한국신문협회, 1981년부터 지면을 8면에서 12면으로 증면하고 구독료는 이전 1,800원에서 2,500원으로 인상 결정.

1981.1.5. 한국방송광고공사(KOBACO) 설립위원회 발족. 1.20. 문공부 장관 이광표, 공사 임원 발령. 사장 홍두표. 1.22. 방송광고공사 발족. 1984.1.20. 방송광고공사, 1981년 1월 창립 후 3년간 집행한 사업별 내용을 발표.

* 언론인 국내외 연수: 37억 5천만원(수혜자 2,935명)
* 언론인 해외 시찰: 10억 5천만원(수혜자 423명)
* 언론계 지망생 장학금 지급: 1억 2천만원(연 226명)
* 언론인 자녀 학자금 지급: 35억 5천만원(수혜 언론인 4만 269명)
* 언론인금고 출연: 17억원(수혜자 연 2,573명)
* 주택자금 출연: 260억원(수혜자 369명)
* 언론인 공익시설 건립: 105억원
* 광고공익 캠페인: 3억원
* 예술의 전당 출연: 69억원
* 문예진흥기금 적립 출연: 25억원

1990.1.20. 한국방송광고공사, 1981년부터 1990년까지의 방송광고 매출 총액은 2조

9,523억원으로 집계됐다고 발표.

1981.1.23. '언론기본법시행령' 국무회의 통과. 언론기본법시행에 필요한 사항을 규정. 언론기본법 시행. 1980년 11월의 언론 통폐합에 이어 1981년 1월부터 언론기본법이 시행되면서 이 법에 근거하여 새로운 법정 단체들이 설립되다. 언기법은 방송위원회(제34조), 방송심의위원회(제37조), 언론중재위원회(제50조)를 두도록 규정. 또한 언론인의 능력과 및 자질 향상을 위한 언론인 연수 규정(제18조)에 따라 언론연구원이 발족하게 되었다. 단독법인 '방송광고공사법'에 따라 방송광고공사도 설립되다. 법정 언론단체의 운영재원은 모두 방송광고공사의 수익금에서 배당되었다. 그러므로 수익기관인 방송광고공사는 법정 언론단체 유지에 필요한 재정 부담자였다. 광고공사는 기존 언론단체 가운데 편집인협회, 기자협회 등에까지 지원금을 지급함으로써 한국언론의 방향을 간접적으로 유도하였다. 언론기본법은 문제점이 많다는 비판을 받고 1987년 11월 대체 입법이 제정되면서 폐기되었지만, 언론중재위원회는 그대로 존속하고, 방송위원회와 언론연구원은 명칭과 기구가 바뀌어 오늘날까지 이어 내려온다.

1981.1.29. 언론기본법시행령 공포(대통령령 제10190호). 제23조에 방송위원의 임명과 위원회의 회의, 위원의 대우를 비롯하여 위원회의 사무국 등에 관한 규정을 명시.

1981.2.2. KBS TV 교육방송 방영. UHF(극초단파) 채널.

1981.2.13. 포고령위반 혐의 기자 석방. 육군고등군법회의서 징역 각 1년이 선고된 전 경향신문 기자 고영재·박성득·홍수원·박우정 형집행정지로 석방.

1981.3.5. 언론기본법 취지에 따라 언론인의 공익사업 계획 발표. 문공부장관 이광표, 소요 재원은 방송광고공사의 광고 대행 수수료 가운데 연간 120억원의 기금을 조성하여 충당. 언론인 해외연수, 자녀 장학금 지급 등 계획. → 참고, 1981.1.5. 한국방송광고공사.

1981.3.7. 방송위원회·방송심의위원회 발족. 방송위원은 학식, 경험과 덕망이 있는 인물로 구성되며 대통령이 임명 또는 위촉하도록 규정. 3인은 국회의장 추천, 3인은 대법원장 추천으로 임명. 3.10. 방송위원 9명 위촉. 초대 위원장 윤석중(아동문학가, 전 방송윤리위원장), 심의위원장 강주진(전 국회도서관장, 중앙대 교수). ◇방송위원회는 그 후 다음과 같은 변화가 있었다. ①1987년 방송위원회에 방송심의위원회를 통합하여 심의업무까지 맡았다가 ②1990년 방송법 개정으로 방송정책 결정권을 문공부에 넘기고 심의만 맡게 되고, ③2000년 방송법 개정에 따라 문화관광부로부터 방송 관련 정책권을 돌려받았다. ④2008.2.29. '방송통신위원회의 설치 및 운영에 관한 법률'(법률 제8867호)에 의거, 방송위원회를 개편하여 '방송통신위원회'가 설립되다. 기존 방송위원회는 독립된 국가기관이었는데, 방송통신위원회는 대통령 소속기관으로 바뀌다. 유관기관으로 방송통신심의위원회가 있다. 방통심의위는 방송위원회 시절의 심의분야 만이 아니라 (구)정보통신부 시절 유관기관이었던 정보통신윤리위원회까지 흡수.

1981.3.7. KBS 광고방송 실시. 제1TV는 매일 밤 7, 8, 9시 대(帶)에 각 1회씩, 1회당 5분간 총 15분간 광고방송. 제2TV는 평일 4회(20분) 주말 5회(25분) 광고방송. 시청료 징수 방법도 확정, 흑백 TV는 대당 징수제를 가구당 징수로 바꾸고, 컬러는 대당 징수제로. 흑백과 컬러 두가지 소유 가구는 컬러분 시청료만 받기로.

1981.3.31. 경향신문 창립총회. 문화방송과 분리.

1981.3.31. 언론중재위원회 발족. 서울 중구 필동 2가 '한국의 집'에서 중재위원 39명이 참석한 가운데 창립총회 개최. 이날 중재위원 총회는 위원장에 안우만(서울고법 부장판사) 선출. 언론중재위원회 이전에는 1961년에 설립된 신문윤리위원회는 사회적인 제도로 정착하는 데는 한계가 있었다. 피해자가 언론기관을 상대로 법원에 제소하려면 절차와 비용 등 간편하게 대응하기는 어려웠다. 하지만 언론중재위원회는 법적 전치기구(前置機構)로서 언론침해를 편리하게 구제받을 수 있게 되다. 4.29. 업무개시.

1981.4.23. 한국신문협회, 문공부장관에 신문사 경영합리화 위한 건의문. ①법인세 감면 ②기자재 수입 배려 ③금융상의 배려 ④광고료에 대한 부가가치세 폐지 ⑤3종 우편료 인상 재고 ⑥주재기자 배치원칙 재조정 ⑦경제지 기자 출입처 조정 ⑧신문사용 전화요금 할인을 문공부 장관에게 제출.

1981.5.25. 중단됐던 TV 아침방송 7년 6개월만에 재개. 방영 시간은 공휴일은 3채널 모두 아침 6시부터, 평일은 KBS 제1, MBC TV는 아침 7시~10시까지 KBS 제2 TV는 오전 9~10시까지. 1973.11.26. 아침방송이 중단될 당시는 '에너지 쇼크' 극복을 위한 조치였는데, 1981년에 아침방송을 다시 시작하게 되자 부정적인 시각도 있었다. 한전(韓電)은 아침방송 재개로 1시간 평균 22만㎾ 증가한다고 추계하다.

1981.6.12. 한국언론연구원 발족, 한국신문연구소 해체. 서울 중구 중림동 한국경제신문 별관에서 현판식 거행 개원. 이사장 방우영(조선일보 사장), 원장 윤임술(전 신문연구소 소장). ◇1999.1.1. 언론연구원-프레스센터-언론인금고의 3개 단체를 통합하여 한국언론재단으로 명칭이 바뀌었고, ◇2010년에는 기존의 법정 언론단체 신문발전위원회와 신문유통원을 통합하여 오늘의 한국언론진흥재단으로 확대 개편되었다.

1981.7.7. 한국기자협회,『기자협회보』제호 변경, 1년 2개월 만에 복간. 1980년 4월 폐간되었다가 복간될 때에는『기협회보』로, 1985.6.15. 5년만에 본래의 제호『기자협회보』로 환원.

1981.7.25. 언론인 해외연수 일본 파견 대상자 10명 발표. 언론인 해외연수 운영위원회(위원장 방송광고공사 사장 홍두표)가 선정.

1981.7.27. 일본 아사히(朝日), 요미우리(讀賣), 마이니찌(每日) 등 6개 일간지와 共同, 時事 2개 통신사의 논설주간 8명, 한국 국제문화협회 초청으로 방한. 일본 언론계 중진급 현직

간부 단체 방한은 이번이 처음.

1981.7.28. 언론인 자녀 학자금 전달식. 한국방송광고공사 회의실에서. 전국 46개 언론사 관계자들이 참석. 수혜 언론인은 4천4백여 명, 수혜 학생 수는 4천9백명. 이날 지급된 학자금은 2억 4천3백만원. 올해 지급될 광고공사의 학자금은 총 7억 3천만원으로 예상.

1981.8.1. 방송광고공사 언론인 공익사업 운영 기틀 마련. 방송광고 업무를 전담한 지 6개월 동안 언론인 공익자금 50억 1천 4백만원(당초 목표 50억 1천 7백만원의 99.4%)을 조성하였고, 이해 말까지 공익자금 110억원을 조성하여 각종 공익사업을 펼칠 예정인데 그동안의 사업과 앞으로의 계획은 다음과 같다.

* 언론인 해외연수: 미주 5명, 유럽 5명, 일본 10명, 제3세계 및 아세안 지역 5명 등 연간 25명을 연수시키기로 하고 1차로 일본지역 연수자 10명 선발. 10월말 파견키로 했으며 유럽 지역은 11월말 연수생 파견 계획.
* 무주택 언론인 주택자금 융자: 8월 말부터 매월 25명씩 1인당 6백~8백만원의 주택자금을 연 2%, 2년 거치 10년 상환 조건으로 융자한다.
* 학자금지원: 7월 28일 37개 회사 소속 2천 487명에게 학자금 1억 1,628만 6천원을 지급했는데 이번에는 언론인 1인당 3자녀까지의 중고교생 학자금 및 등록금을 지급했고, 내년부터는 대학생에까지 확대실시할 계획.
* 언론인의 생활 안정 사업: 1인당 2백만원까지 연리 6%, 24개월간 분할상환조건으로 융자, 언론계 지망 대학(원)생에 대한 장학금 등 계획.

1981.8.4. 언론기본법 위반 사범에게 실형. 전국 첫 사례로 5월 12일 구속된 피고인 선고공판. 서울형사지법 김태연 판사, 문공부의 허가 없이 『최신세무자료』 등 주간지를 만들어 강매한 혐의로 피고인 윤재룡(46) 등 관련자 7명에게 언론기본법 위반 및 폭력행위 등 처벌에 관한 법률위반 죄를 적용, 징역 1년 6개월, 나머지 관련 피고인에게도 최고 징역 1년에서

벌금 200만원까지 선고.

1981.8.20. 한국언론연구원, 각사 수습기자 92명을 대상으로 제1차 기초과정 교육 시작. 매스컴 이론, 실제, 교양, 시사문제 등 42강좌.

1981.9.10. 대법원 형사부, 기자협회 전 회장 김태홍에 징역 1년 6월을 선고한 원심 확정. 반공법, 계엄포고령 위반사건 상고심 선고공판. 1983.12.23. 정부의 특별사면으로 김태홍 복권, 1984년 정치규제 해금. 초대 민선 광주광역시 북구청장(1995), 광주광역시 정무부시장(1998), 제16~17대 국회의원.

1981.9.11. 코리아 타임스 송승환 기자(31) 체신부 기자실에서 취재 중 졸도, 병원으로 옮겼으나 회복하지 못하고 순직.

1981.9.27. 언론인해외연수위원회(위원장 홍두표), 유럽지역 연수자 발표. 진창욱(중앙일보 사회부 · 영국 카디프대), 강성주(연합통신 외신1부차장 · 영국 카디프대), 이유곤(조선일보 편집부장대우 · 프랑스 보르도 3대), 이기백(서울신문 사회부 · 서독 뮌헨대).

1981.10.5. 정진기언론문화재단 발족. 매일경제신문 사주 정진기의 유지에 따라 매일경제 주식 80%를 기본재산으로 설립.

1981.12.2. 유럽 최초 한국 교민 신문『歐洲新聞』서독의 프랑크푸르트에서 창간. 유럽에 살고 있는 3만 1천명 교포 대상.

1981.12.4. 민한당, 언론기본법 가운데 6개 조문을 수정한 개정안 국회 제출. 1982.11. 이전에 제출했던 언기법 개정안을 철회하고 새 개정안 제출. 국회 문공위원회는 민한당이 제출한 개정안에 대한 심사 7인 소위원회 구성. 1983.6.21. 국민당 의원 25명, 언론기본법

개정안 국회 제출. 위법한 표현물의 압수요건을 강화하고 정기간행물의 등록취소를 법원의 판결에 의하도록 하는 등 골자. 1985.11. 신민당 의원 102명 전원의 이름으로 언론기본법 폐지 법률안 제출.

1981.11~12.31. 프레스센터 신축 앞두고 각 언론단체 이전. 서울 태평로 1가 31번지 소재 신문회관에 입주해 있던 신문협회, 편집인협회, 기자협회, 관훈클럽 등 언론단체 서울 중구 중림동 441번지 한국경제신문사 별관으로 이전. 1982.1.1. 서울신문사 서울 중구 을지로 5가 40의 3, 구 서울사대 부속국민학교 건물로 이전. 1월 5일자 신문부터 동 사옥에서 제작 발행.

1981.12.00. 언론인에 대한 각종 혜택이 늘어나고 처우가 개선되다. 1980년도 언론 통폐합과 구조개편, 언론기본법 시행 이후 언론인들의 급료는 타 기업체와 비교해도 손색이 없을 정도로 상향 조정되다. 1980년대에 언론기업의 경영이 크게 호전되었기 때문에 기자들의 처우가 개선되고, 방송광고공사의 공익자금에 의한 각종 복지혜택과 정부의 언론인에 대한 세제상의 특혜 등이 복합적으로 작용.

방송위, 언론중재위 발족: 1982~1987

언론청문회, 언노련 결성: 1988~1989

언론통폐합 원상회복 소송, 노조 파업: 1990~1991

제6부

법정언론기구 출범, 언론노조 활성화

1982~1987

방송위, 언론중재위 발족

1982.1.21. 신년 연휴 기간 호외 발행금지 결의 위반. 11개 신문 18건(내용; 통금해제, 개각, 학생의 두발 및 복장자율화) 호외 발행에 대해 해당사의 사과와 앞으로의 준수를 재확인.

1982.4.6. 새 프레스센터 기공식. 이전의 신문회관-서울신문사-코리아 헤럴드, 3개 건물과 중부지방국세청 자리를 통합하여 대지 2천 35평(준공 당시는 2천 6평)에 연건평 1만 6천 500여 평(준공 당시는 1만 7천 849평)의 지하 4층 지상 18층 건물을 신축하는 공사. 이광표(문공부장관), 문태갑(신문협회 회장: 서울신문 사장), 이긍규(기자협회 회장), 전달출(대구매일 사장), 정주영(전경련 회장), 이상연(서울시 부시장)이 기공식에 참석, 첫 삽을 떴다. 총공사비는 기공식 당시에는 250억원으로 예상되었으나 1985년 3월 준공 무렵에는 496억 7천만원이 소요되다(기자협회보, 1985.4.11). 프레스 센터 36개월 공사 끝에 1985.4.6. 전두환 대통령 참석 개관식.

1982.4.9. 코리아 헤럴드 신사옥 기공식. 서울 퇴계로 구 내외경제신문 자리에서 지상 15층, 지하 3층, 연건평 4,800평. 1984.1.19. 사옥 완공 이전.

1982.4.26. 사단법인 서울언론문화클럽, 재단법인 서울언론재단으로 개편등록. 첫 단계 사업으로 향후 5년간 석사학위 취득을 위한 해외 장기 연수사업을 실시키로 함. 장기 연수 기간은 2년 6개월, 전공은 이수 후 언론활동에 기여할 수 있는 학문분야로 결정.

1982.5.10. 세계여기자작가협회(AMMPE 회장 김혜영), 서울 플라자호텔에서 정기이사회 개최. 회장국으로서 처음 소집한 이번 이사회에는 미국을 비롯, 세계 18개국 여류작가 및 언론인 18명 참석.

1982.6.3. 국무회의, 한국방송광고공사법 개정안 의결. 방송광고 대행 수수료를 언론공익 사업 외에 문화 · 예술진흥 사업에도 사용할 수 있도록 개정하는 요지.

1982.7.24. '초상권'에 관한 첫 판결. 한 화장품 광고에 사용된 초상에 대해 소송을 제기했고, 법원은 이미 촬영된 사진이라도 본인의 사전 동의 없이 출판물에 게재해서는 안 된다는 판례가 서울민사지법에서 처음 나오다.

1982.8.20~12.31. 한국신문협회 회원 신문사 독립기념관 전시자료 수집. ①주요 국난극복 및 항쟁자료 ②조선조 말엽부터 8.15광복까지 민족 수난의 실상과 국내외 독립운동 관계 자료 ③기타 역사적 사실 운동 인물과 관계되는 자료. 8월 31일부터는 독립기념관 건립 성금 모금 캠페인도 전개.

1982.9.25. 한국사진기자단, 한국사진기자회로 명칭 변경.

1982.11.8. 한국신문협회 한국신문잉크주식회사 설립. 회원사 공동출자, 사장에 최영정(전 신문협회 사무국장) 선임. 1983.6.29. 반월공단에서 공장 준공식.

1983.2.2. 새로운 지역신문(생활정보지) 『리빙뉴스』 창간. 발행인 임 삼(林森, 전 서울신문

전무). 서울 영동지역에 밀집한 아파트촌을 대상으로 3만부를 발행하여 무료 배포. 정기간행물의 신규등록이 거의 불가능하던 시기에 정치성을 완전히 배제한 이색적인 생활정보지는 많은 사람의 주목을 끌게되다. '리빙뉴스'는 1985년 5월 지면을 12~20페이지까지 늘리고 대외공표 발행부수가 10만여 부에 달했다. 편집체재와 내용은 광고신문의 성격을 솔직히 살려서 광고성 기사를 일반 기사형태나 광고 등에 맞는 스타일로 작성 편집하다. 생활정보지가 전국적으로 활성화된 시기는 1987년 '6.29선언' 이후 이듬해에 들어선 제6공화국의 언론자율화 정책이 실시되어 여러 종류의 정기간행물들이 나타나기 시작하던 무렵부터였다. 생활정보지는 한때 전국에 걸쳐 크게 성행하였다가 언론환경의 변화로 소멸되다. → 참고, 정진석, 「생활정보지의 현황과 역할」, 『한국의 생활정보지』, 한국언론연구원 연구조사 94-1, 1994.7, 145~178쪽.

1983.6.30. 관훈클럽신영연구기금, 우리나라 최초의 신문 한성순보·한성주보 영인본과 번역본 출간. 5.28. 중앙대 신문방송대학원, 「한성순보 논쟁/신문인가 잡지인가」 주제 세미나 개최. 10.31. 체신부, 한성순보 발행을 기념하여 '신문 1백주년 기념 우표'(70원) 발행. 1984.1.20. 영인본은 한국일보사 제정 제24회 한국출판문화상 수상.

1983.6.30~11.14. KBS-TV 이산가족 찾기 특별프로그램 생방송. 방송 전담인력 1,641명 투입, 138일에 걸쳐 453시간 45분 동안 텔레비전을 활용한 세계 최대 규모 이산가족 찾기 프로그램 진행. 이산가족 신청 건수 총 100,952건 가운데 53,536건이 방송에 소개되어 10,189명 이산가족 상봉. 2015.10.9. 유네스코 기록유산 등재. 유네스코 국제자문회의가 관련 기록물을 심사 완료하여 기록유산에 등재.

1983.7.5~1984.1.31. 한국일보사는 하루 평균 4회 이산가족 찾기 명단수록 호외 발행, KBS 이산가족 찾기 방송이 진행되는 기간에 맞추어 7개월간 호외 670호를 발행. 1961.1.1. 한국일보는 KBS에 앞서 '10만 어린이 부모 찾아주기 운동' 시작. 1971.1. '70만 이산가족 친지 찾기'를 벌이고 사무국을 한국일보에 두다.

1983.10.9. 아웅산 폭탄 테러. 기자 1명 사망, 8명 부상. 전두환 대통령 해외순방 취재 수행 기자들 버마(현 미얀마) 수도 소재 아웅산에서. 사망 이중현(동아일보 사진부 차장), 부상 최금영(연합통신 사진부장), 최규철(동아 정치부), 송진혁(중앙 정치부장 대우), 윤국병(한국 정치부 차장), 김기석(KH 정치부차장), 김기성(연합 정치부차장), 문진영(MBC 정치부차장), 윤 구(경향 정치부차장)

1983.10.17. 정부는 언론공익자금 운영규정에 따라 폭파사고 순직 및 부상 기자 보상. 고 이중현(동아일보 부장으로 승진) 유족에게 생계비 2,000만원과 유자녀 2명의 중학입학에서 대학 졸업까지의 장학증서 수여. 부상 기자 중중상자는 500만원, 중상자에게는 300만원, 경상자에게는 100만원씩 전달. 10.28. 신문편집인협회와 기자협회, 회원들을 상대로 두 단체가 모금한 성금 354만 3,500원을 순직 이중현 기자 유족과 부상 언론인 11명에게 전달. 1984.1.6. 순직 이중현 기자 묘비 동작동 국립묘지에서 제막식.

1984.1.19. 한국신문협회 '본문활자 확대에 따른 신문 단수 조정'. 협회 산하 신문전산화시설 공동개발위원회(회원사 이사급 간부회의)가 건의한 내용. 4월 1일부터 당시 17단을 15단으로 바꾸기로 결정. 4.1. 전국 일간신문 지면 17단 체제에서 15단으로 변경. 이에 따라 각 신문의 본문 활자도 24% 이상 키워 가독성을 높이다.

1984.4.26. 한신대생 100여 명 KBS 기자 김충환, 박장하 연금. 25일 오후 4시 30분부터 다음날 오전 7시 5분 쯤까지 약 14시간 연금했다가 카메라 1대와 취재 필름을 모두 뺏고 풀어줌.

1984.4.00. 한국잡지협회, 신문 방송사의 잡지 발행 자제 촉구 성명. 서울의 5대 신문이 발행하는 잡지는 주간지 포함 34종, 한국방송사업단이 2종을 발행하는 상황. 동아, 조선, 한국, 경향이 각 5종을 발행, 중앙일보는 10종 발행. 서울신문 4종. 잡지협회는 "일반공익잡지의 영역을 더 이상 침식치 않도록 해야 한다"고 지적. →참고, 1987.7.29. 신문사 발행 주간지 휴-폐간.

1984.6.15. 1980년 5.17 이후 해직된 언론인 복직을 정부에 요구. 민정, 민한, 국민 3당 합동으로. 허문도 문공부 차관, 이는 각사 자율에 맡긴다고 답변. 이 무렵부터 동아, 조선, 중앙 등 각사에서 단계적으로 해직언론인 복직이 이루어짐.

1984.6.22. 신문협회 신문전산화개발위원회 실무소위원회, 전산화 공용코드 표준안 마련. 만 1년 작업 끝에 제정한 총 1만 528자(字)에 달하는 공용코드는 신문 전산화를 대비하여 정보의 호환성을 살리기 위한 첫 단계 작업.

1984.9.3.~27. 제15기 사법연수원생 121명 취재 경험. 9개 언론사에서 전·후반기로 나누어 2주간 각 취재부서에 배치되어 일선 기자들과 함께 참관.(경향 11명, 동아, 서울, 중앙, 한국, 연합은 각 10명, KBS 30명, MBC 20명)

1984.9.8. 경향신문 황병열 편집부국장 도쿄에서 취재 중 사고로 순직. 전두환 대통령 방일 관계 특집기사 취재를 위해 일본에 특파 중. 9.12. 경향신문 회사장으로 장례식.

1984.9.20. KBS 7인승 헬리콥터 강물에 추락 5명 순직. 충북 제천군 남한강 상류 상공에서 취재 탑승 중이던 KBS 보도본부 취재 2부 이희완, 카메라 취재부 박장하, 남정구, 기장 최훈용, 부기장 김근성. 9.22. 합동 영결식 거행.

1984.11.6. 사단법인 한국언론회관 발족. 신축 프레스센터를 관리 운영할 기구. 창립총회 겸 이사회 열고 이사장 이광표(전 문공부장관) 상임 이사겸 사무총장 선우련(전 국회의원), 이사 9명, 감사 2명 선출. 이에 앞서 기존의 '사단법인 한국신문회관'은 9월 19일 열린 사원총회에서 구 프레스센터의 명칭을 한국언론회관으로 확대 개편하는 내용의 정관 개정.

1984.12.7. '남한강 종합수련원' 1차 공사 완공 개원식. 경기도 양주군 강상면에 건설, 언론·학술·예술인들의 연수교육 및 휴식 시설. 부지 11만 평에 지하 1층 지상 4층의 숙박동과

최신 시청각 기자재를 갖춘 지상 2층의 교육동이 들어섰다. 2단계 시설공사는 1986년 11월 14일에 마무리 짓고 준공식.

1984.12.19. 민주언론운동협의회(언협) 결성. 해직기자들 주축(의장 송건호). 1985.6.15. 격월간 『말』 창간. → 참고, 1986년 9월 『말』지 「보도지침」 사건.

1984.12.25. 언론기본법 일부 개정. 여야 합의로 개정된 조항은 ◇언론의 정보청구권(6조) ◇취재원의 보호(8조) ◇편집인 등의 형사책임(53조) 4개 조항인데, 논란의 초점이었던 언론기관의 등록취소 조항(24조)은 원문 그대로 두고 시행령만 개정. 문공부장관의 등록취소 결정에 앞서 당사자에게 소명 기회를 주도록 하는 정도로 등록취소 요건을 명확히 하는데 그쳤다.

1985.1.26. 미국 CNN서울지국 개설. 86아시안게임과 88서울올림픽에 대비, 뉴스만 전문으로 제작, 인공위성을 통해 24시간 뉴스 공급.

1985.4.6. 한국프레스센터와 서울신문 사옥 준공식. 서울 중구 태평로 1가 31.

1985.4.27. 한국신문학회 명칭을 '한국언론학회'로 변경. 고려대에서 열린 봄철 학술대회와 총회에서 확정. 1959.6.30. 신문학회 창립 당시에는 홍익대학과 중앙대학 두 대학에만 신문학과가 설립되어 있었다. 언론학 전공 교수의 숫자도 소수였다. 체계적으로 학문을 연구한 사람보다는 신문사에 근무하면서 쌓은 이론과 실무경력으로 교육을 담당하는 정도였다. 신문학회는 창립 이후 연구의 대상을 점진적으로 확대. ◇1969년에는 '신문'에서 '매스 커뮤니케이션'으로 범위를 넓히다. "저널리즘 및 매스 컴뮤니케이션에 관한 연구·조사 그리고 회원 상호간의 협조 친목"으로 바꾸었다. ◇1977년 매스 커뮤니케이션을 '커뮤니케이션'으로 범위를 더욱 확대하다. 신문 → 매스 커뮤니케이션 → 커뮤니케이션으로 연구 범위를 커뮤니케이션 전반을 포괄하도록 하다.

1985.5.9.~12. 한국신문협회 주최 국제신문발행인협회(FIEJ) 1985년도 이사회. 세계 각국의 신문통신사 사장 등 언론계 대표들로 구성된 FIEJ 이사회 서울 신라호텔에서 열림.

1985.6.1. 한국 신문·방송·통신기자단 13명 처음으로 동베를린 도착. 2일부터 6일까지 동독에서 열린 제90차 국제올림픽위원회(IOC) 총회 취재.

1985.6.15.『기자협회보』5년만에 본래의 제호로 환원. 1980.4. 폐간되었다가 1981.7. 복간하면서『기협회보』로 제호를 축소 발행하다가『기자협회보』로 환원.

1985.4.1.「동아일보 민족혼 일깨운 탄생」(조용만) 조선일보와 논전. 총독정치에 비판적일 동아일보, "실업(實業) 신문임을 위장한 친일신문(조선일보)"라는 표현이 문제 되다. 4.12. 동아일보,「동아는 日의 국적(國賊)…폐간시켜라」. "한반도의 언론정책 중 민족신문인 동아일보를 조선일보에 합병시키려 했던 사실이 새롭게 드러나고 있다."고 쓰다.

1985.4.14. 선우휘,「동아일보 사장에게 드린다」로 반론. 전 조선일보 주필·논설고문 선우휘는 "동아일보의 조선일보에 대한 기사는 결코 우연한 것이 아니고, 계획된 의도로서의 공격인 것이 증명된 셈"이라고 주장. 동아일보의 사과 요구.

1985.4.17. 동아일보,「애독자 제현에게 알려드립니다. 동아·조선 창간과 '민족지 시비에 대하여'」3면 통 4단 광고로 해명 글 게재.

1985.4.19. 조선일보,「우리의 입장, 동아일보의 본보 비방에 붙여」'조선일보사' 명의로 게재한 대형 박스 기사로 동아와의 민족지 논전을 부연설명. 동아의 태도를 나무라면서 논전 마무리.

1985.6.15. 민주언론운동협의회 기관지『말』창간. 회장 송건호. → 참고, 1984.12.19.,

1986.9.6. 특집호, 「보도지침」.

1985.6.17. 대법원 민사2부(주심 신정철 대법원 판사), 한국방송작가협회(이사장 유호) 소속 극작가 16명이 KBS와 KBS방송사업단을 상대로 낸 손해배상 청구소송 상고심에서 방송작가의 극본을 토대로 제작된 TV극을 원작가 사전 동의 없이 복사, 판매한 행위는 저작권 침해라고 판결하고 KBS의 상고를 기각.

1985.6.21. 한국신문협회 광고협의회, 사무국을 상설기구로 두기로 하고 초대 사무국장에 동아일보 광고국장과 연합광고 이사를 지낸 김인호를 인준.

1985.6.25. 한국신문협회 이사회, 신문 발행부수 공개를 전제로 하는 ABC(발행부수 公査기구)의 발족을 연구 · 검토하기로.

1985.7.4. 한국기자협회, 1975년 언론파동 이래 10여년 간 기협 참여를 외면하고 있는 동아 · 조선 두 신문 사장, 편집국장, 주택추진위원 앞으로 공문을 발송, 양사 기자들의 조속한 기협 참여를 촉구. 1986.2.11. 조선일보 기자 27명과 동아일보 기자 26명 기자협회 가입원서 제출. 11년 만에 조선 · 동아 기자들 기자협회에 복귀.

1985.8.00. 계간『실천문학』등록취소. 발행목적을 반복하여 '현저하게 위배'했다는 이유. 이전까지 언론기본법에 의해 일간지가 정간당하거나 등록취소 제재를 받은 사건은 없었다. 그러나『실천문학』등록취소에 이어 1985년 12월에는 무크지『창작과비평』을 발행하는 창작과비평사의 출판사 등록을 취소.

1985.9.1. 통합작업을 벌여온 부산문화방송과 부산문화TV방송이 부산문화방송으로 합병. 부산MBC는 TV와 AM, FM을 모두 갖춘 종합방송매체가 되다. 사장은 안흥식 부산문화TV방송 사장이 취임.

1985.9.11. 국무회의, 정부의 홍보활동 강화를 위해 문공부의 홍보조정실을 홍보정책실로 개편하는 내용의 문공부 직제개정안 의결.

1985.11.11. 부산서 한국일보 경비행기 추락. 조종사 등 2명 사망.

1985.11.15. 한국기독교교회협의회(KNCC) 가맹 6개 교단 대표와 교회여성연합회 등 여성단체 대표, 「KBS TV시청료에 대한 간담회」를 열고 TV시청료 거부운동을 범국민적 차원에서 벌이기로 결의. → 참고, 1986.4.5. KBS 시청료 납부거부 운동.

1985.12.12. 동아일보사 월간 『과학동아』 창간.

1986.1.19. 한국일보 안의섭 화백의 '두꺼비'와 '사회만평' 중단. 1987.8.25. 연재 다시 시작.

1986.1.31. 방송위원회, KBS MBC 두 방송사에 방송국 또는 방송채널의 명칭을 외국어와 외국문자 위주로 고지하는 경향을 시정하도록 경고.

1986.1.31. 신문편집인협회, 외래어 표기를 문교부가 제정한 「외래어 표기법」에 따르기로 결의.

1986.2.13. 전경이 취재기자 7명 집단폭행. 경찰의 민추협에 대한 압수수색영장 집행 취재 도중. 중앙 9개 언론사 경찰출입 기자 일동은 서울시경국장에게 항의문 전달. 2.14. 기자협회도 내무부장관에게 항의. 한국사진기자회, 서울시경국장에게 응분의 조치를 요구하는 항의문 전달. 2.24. 서울시경, 기자집단 폭행사건과 관련, 남대문 경찰서장을 징계하고 폭행을 지휘한 관계자 2명 직위해제.

1986.4.5. 야당인 신민당은 대구에서 열린 개헌추진결성대회에서 KBS 시청거부 및 시청료 납부거부운동 전개를 공식 선언. 4.23. KBS 시청료 납부거부 범국민운동본부는 시청료 징수와 관련하여 KBS 사장에게 경영실태 질의 공개서한 전달, 답변 요구. 5.30. 민가협·여성의 전화·여성평우회·한국가정법률상담소 등 18개 여성단체, 서울 종로구 인의동 한국교회1백주년기념관에서 'KBS TV시청료거부 범시민운동여성연합' 결성. 이 운동은 재야단체의 조직적인 지원과 시청자의 호응으로 KBS 재정을 격감시켰고, 5공 정권에 대한 저항운동으로 이어지다. 1988.4.20. KBS시청료거부 범시민운동여성연합, 3월 방영분 모니터보고서 발표. KBS 9시 뉴스가 민정당의 공천발표를 다른 당에 비해 월등하게 많은 시간을 할애하면서 보도했다고 주장. 8.2. KBS시청료거부여성연합과 국민운동 서울본부, 오는 10월 확대실시키로 한 '시청료통합 공과금제도 폐지' 촉구. 1991.9.16. 천주교 광주대교구 정의평화위원회(위원장 송홍철 신부)는 '방송민주화를 촉구한다'는 성명을 통해 지난 1986년부터 벌여온 KBS-TV 시청료 거부운동 종결을 발표. 1994.10.1. KBS 1TV, 광고방송 폐지하고 수신료를 전기요금과 병과 징수. 2003.11.18. KBS시청거부 운동본부. 시청료와 전기요금을 분리 징수하는 법안에 동참하는 의원들에 대해서는 당선운동을, 반대하는 의원들에 대해서는 낙선운동을 전개할 것이라고 밝힘. 11.19. 서울YMCA 시청자시민운동본부시민중계실, 서울YMCA에서 '수신료 분리징수 논란, 국민은 어떻게 봐야 하나?' 주제로 토론회를 열고 이 문제 해법 모색. 2023.7.5. 방송통신위원회, KBS 수신료를 전기요금에서 분리 징수하는 내용의 방송법 시행령 개정안 의결. 7.12. 수신료를 전기요금에서 분리 징수하는 내용의 방송법 시행령 개정안 공포 시행. KBS는 방송법 시행령 위헌확인 헌법소원심판 청구. 2024.1.15. KBS 직원 120여명 수신료 담당 파견 인사. 5.30. 헌법재판소, 위헌확인 헌법소원심판 청구 기각. 7.1. KBS, 수신료 분리고지·징수 시행. 12.26. 수신료 통합징수 방송법 국회 본회의 통과. →참고, ①2006.8.4. KBS수신료 헌법소원. ②2008.2.28. 헌법재판소 전원재판부.

1986.4.1. 국회 문공위, 기독교방송기능 정상화 문제 심의 위한 소위 구성. 1985년 CBS가 제출한「기독교 방송기능 정상화를 위한 건의문 채택에 관한 청원」을 심의키 위한 '청원심

사소위' 구성. 조상현 의원(민정)을 위원장으로 민정, 신민 등 5명 위원으로 구성된 소위는 ◇CBS의 방송허가 범위를 2006년 방송통폐합 이전의 선교·뉴스보도·교양·연예프로로 환원하고 ◇재정자립을 위한 기업 협찬광고 및 세제상 금융 지원장치를 강구하는 방안을 심의하기로. 5.14. CBS 전국 국장단 회의는 기독교방송 기능 정상화 100만인 서명운동을 전개하기로 결의. 5.16. CBS 재단이사회, 문공부장관에게 '기독교방송 기능 회복 건의서' 전달. 1987.10.19. CBS 뉴스 및 광고방송 재개. 1980년 언론 통폐합 후 6년 11개월 만이었고 6.29 선언 이후였다.

1986.4.4. 조선일보 지령 2만호. 체신부는 기념엽서 발행.

1986.4.29. 문화방송, 정동과 여의도로 나누어져 있던 사옥에서 완공된 여의도 사옥으로 모두 이전.

1986.6.10. 한국일보, 텔레프레스(Telepress) 통신시스템 도입. 국내 언론사 처음으로 첨단 우주과학을 이용. 서울과 LA에서 신문 동시 제작 발행.

1986.8.12. 광고 100주년 기념 제1회 한국광고 전시회. 한국광고협의회가 프레스센터에서 개최.

1986.8.21. 서울민사지법합의12부(재판장 양인평 판사)는 신문기사와 관련 정정보도 판결이 났더라도 원 기사가 진실에 어긋난다는 사실이 입증되지 않는 한 신문발행인 측에 손해배상책임을 지울 수 없다고 판결.

1986.9.00. 『말』지 9월 특집호「보도지침」발행. 민주언론운동협의회(민언협)은 특집호 발행 직후인 9.9. 천주교 정의구현 전국사제단과 공동으로 명동성당에서 '보도지침 자료 공개 기자회견을 하면서'라는 성명서 발표와 내외신 기자회견.「보도지침」에는 1985년 10월 9일

부터 1986년 8월 8일까지 10개월 동안 문공부 홍보정책실이 각 언론사에 시달한 보도지침 584개 항을 수록. 12.10~15. 경찰, 5일 동안 민언협 사무국장 김태홍, 실행위원 신홍범, 한국일보 기자 김주언을 차례로 구속. 1987.1.27. 국가보안법, 외교상 기밀누설, 국가모독죄 혐의로 기소. 공판은 4월 1일부터 시작됐는데 6월 3일에 열린 선고공판에서 김태홍 징역 10월에 집행유예 2년, 신홍범 선고유예, 김주언 징역 8월에 자격정지 1년, 집행유예 1년을 선고 3명이 모두 석방되다. 피고인들의 항소로 6공화국 출범 후 1990년 1월에 항소심이 열리다. 이 사건은 일간신문이나 통신·방송 등에 소속된 현역 언론인이 아닌 해직언론인들이 정부 당국의 언론통제와 탄압을 폭로했고 투옥되어 법정에서 싸웠다는 사실 등으로 80년대 언론자유수호 투쟁의 상징적인 사건이 되다. 1989.1.20. 문공부, 『말』지 정기간행물 등록증 교부. 1994.7.5. 서울형사지법 항소 4부(재판장 윤기창 부장판사, 주심 윤성원 판사)는 지난 1986년 6월 「보도지침」 사건과 관련. 당시 민언협 사무국장 김태홍, 실행위원 신홍범, 한국일보 기자 김주언에 내렸던 1심 유죄판결을 깨고 "피고인들의 공소사실 중 형법의 외교상 기밀누설죄 부분은 이미 외신을 통해 공지의 사실이 됐고 피고인들이 이적 표현물을 소지했다는 국가보안법 위반 부분도 국가의 존립과 자유민주주의 기본질서를 위해할 명백한 위험성이 있었다고 보기 어렵다"며 무죄판결. → 참고, 1994.7.5.

1986.9.1. 한국잡지연구소 개관. 한국잡지협회 부설, 소장 부두현.

1986.9.17. 서울 아시안게임 조직위원회(SAGOC), Seoul Asiad News 발간. 10월 7일까지 예정으로 아시안게임 공식신문, 1일 발간 부수는 2만 5,000부 정도.

1986.10.18. 광고대행사의 이익을 대변할 한국광고업협회 창립총회. 프레스센터에서 정식 발족. 초대 회장 김석년.

1986.10.24. 경향신문, 종합월간지 『정경문화』를 11월호부터 『월간경향』으로 개제.

1986.10.28. 전경들이 한국일보와 MBC 기자 집단폭행. 한국일보 유동회 · 유영환, MBC 최일구 3명은 건국대 본관에서 전국 26개 대학생 500여 명의 철야농성을 취재하고 나오던 중 본관 현관 앞을 막고 있던 전경들에게 폭행당하고 인근 병원에 입원.

1987.1.6. 한국일보 아시아판 발행. 미주 · 일본 · 구주판에 이어 아시아 · 대양주지역 교민들에게 지역뉴스와 정보 전달을 위해 월 2회 발행.

1987.1.20. 한국방송광고공사 광고문화연구소 발족. 과장된 광고의 제작을 억제하기 위한 사전심의 제도 부활.

1987.2.14. 『한국민중사』(도서출판 풀빛사) 발행인 나병식 구속 입건. 서울지검 특수 3부, 3월 14일 정식 기소. 여섯 명 소장 한국사 연구자들이 민중적 입장에서 공동 집필한 통사 성격의 한국사 개설서. 8.12. 1심 재판 피고인 나병식 징역 2년 자격정지 2년 집행유예 3년의 유죄판결.

1987.3.20. 서울지검 특수 3부, 월간 『컴퓨터 제5세대 건강』 문공부에 정간조치 요청. 언론기본법에 의거. 외국 여배우 등의 선정적인 반나체 사진을 집중 게재했다는 이유. 잡지의 음란성과 관련 검찰이 정간조치를 요청한 것은 언기법 실시 이래 처음이다. 6.8. 문공부는 언기법 제24조 1항 4호에 의거, 1개월간 발행정지 처분.

1987.4.24. 언론 4단체 '언론활성화협의회' 구성. 5.2. 신문협회 · 방송협회 · 편집인협회 · 기자협회, 첫 회의 열고 언론기본법 개정 등 논의 협의기구 '언론활성화협의회' 구성. 회장 최재욱(경향신문 사장), 간사 김진찬(신문협회 사무국장) 선임. 6.29. 언론 4단체의 언론활성화협의회, 신문협회 회의실에서 6차 전체 회의 열고 '현행 언론기본법은 폐지돼야 한다'는 의견 통일. 회의 참석자들은 ◇언론기본법과 프레스카드 제도의 폐지, ◇증면과 지방주재기자 부활의 필요성을 신문협회와 방송협회에 건의키로 하고 이날 회의를 끝으로 해산.

1987.5~8. 전국 언론사 기자들 언론자유 회복과 민주화를 위한 시국 선언문 발표. 언기법 폐지, 주재기자 부활, 증면, 프레스카드 폐지 등을 요구. '6.26 선언' 이후에는 신문발행시설 기준 철폐, 해직기자 복직, 방송민주화 등 언론자유수호운동으로 확산되다.

1987.5.12. 동아일보 기자 하준우, 아현감리교회 앞에서 나라를 위한 기도회 취재 중 경찰에 구타와 취재방해 당하다. 5.16. 하준우는 서울 서대문경찰서장 김수길 총경과 경비과장 오상달 경정, 성명 미상 경찰관 7~8명을 직무유기와 폭력행위 등 처벌에 관한 법률 위반혐의로 서울지검에 고소. 5.17. 서울시경은 경찰의 취재기자 폭행 사건 현장지휘 책임을 물어 서대문 경찰서 김수길 서장을 경고조치, 서울기동대 93중대장 박종호 경감과 서울기동대 45중대 2소대장 홍성표 경위 2명 직위해제. 5.20. 서울시경은 산하 24개 경찰서에 기자의 취재활동을 최대한 보장하도록 지시하고 기자 폭행 또는 취재활동 방해로 인해 물의가 다시 빚어질 경우 관련자들을 엄중 문책하겠다고 밝히다.

1987.6.14. 서울 중앙우체국 앞길에서 학생들의 가두시위를 취재하던 중앙일보 사회부 안성규, 경찰로부터 집단폭행 당함. 6.18. 서울시경은 안성규 기자를 폭행한 시경 기동대 87중대 소속 수경 2명 15일간 구류처분.

1987.6.29. 노태우 민정당 대표최고위원 '국민 대화합 특별선언'(6·29선언) 발표. 8개 항목의 시국수습대책 가운데 특기할 부분은 대통령 직선제 개헌과 언론자유를 최대한으로 보장하겠다는 항목. ①언론기본법 개정 또는 폐지 ②지방 주재기자 부활, ③프레스카드 제도 폐지 ④증면 등 언론의 자율성을 최대한 보장하겠다고 밝히다. 이후 정치풍토의 변화, 경제성장, 서울올림픽 개최 등을 거치면서 언론은 여러 통제에서 점진적으로 벗어나 과거에 금기시되었던 영역을 보도할 수 있게 되다. 1980년 봄의 언론환경과 비슷한 양상이 전개되다. 각 대학 게시판을 메우다시피 하던 '시국대자보'가 대부분 철거되고 교내 도서관이 붐비기 시작하다. 8월에는 언론 통폐합 때에 폐지됐던 신문사 주재기자 부분적으로 부활, 9월부터 6년만에 신문의 증면이 이루어지고, 10월 기독교방송 뉴스방송 재개, 11월 언기법 폐지

로 이어지다. 신문 잡지 발행의 자율화에 따라 새로운 언론매체가 대량으로 등장. 1960년 4·19 직후 제2공화국이 발행의 자유를 제한 없이 보장했던 이후 30여년 만에 처음 나타난 현상이었다. 언론사의 노조결성, 언론의 민주화 노력 등 언론활성화 바람이 거세게 불어닥치다.

1987.7.1. 문화공보부 산하 16명으로 구성된 저작권심의조정위원회 발족. 위원장 장인숙. 이 위원회는 저작권에 관한 주요사항 심의 및 분쟁을 조정하는 역할. 2009.7. 공공기관 선진화 계획에 따라 컴퓨터프로그램보호위원회와 통합하여 한국저작권위원회로 개편되다.

1987.7.29. 신문사 발행 주간지 휴·폐간. 서울신문 '주간스포츠' 폐간(1987.7.29.)에 이어 '주간중앙'(1987.12.20), '소년경향'(1987.10), 한국일보 '스포츠레저'(1988.4), '스포츠 동아'(1988.4.30) 등이 휴간, 폐간 등 사유로 발행을 중단. 선정적인 기사, 흥미본위 읽을거리로 판매부수를 늘리던 주간지 붐 사라지다.

1987.8.1. 지방 주재기자 부활. 신문협회는 1980년 11월 언론사 자율정화조치 이후 폐쇄했던 지방주재 기자를 중앙지의 경우 직할시와 도청소재지에 각 1명씩 모두 13명, 지방지는 각사 2명씩 서울에 두기로 하고 이를 실시.

1987.8.12. 문공부가 국회에 제출한 자료에 따르면 7년 전인 1980년 7월 언론계 정화조치로 해직된 언론인은 중앙 359명, 지방 352명 등 모두 711명으로 밝혀짐. 이 중 중앙사 해직언론인 359명 가운데 자사복직 29명, 타 언론기관 취업 12명, 출판잡지사 경영 20명, 연구소 대학 전직 20명, 회사 및 사업 166명, 기타 112명 등으로 집계되다. →참고, 1980.8.2. 전국 언론인 해직.

1987.8.22. 문화공보부는 문화예술 자율화 정책의 일환으로 영화시나리오 사전심의제를

9월 1일부터 폐지키로 결정.

1987.9.1. MBC 프로듀서 200여명, 문화방송프로듀서협회 창립. MBC 본사 D공개홀에서 총회를 열고 초대 회장 은희현 PD(교양제작국 차장)를 선출. 9.5. KBS와 MBC의 라디오·TV PD 300여명, 프레스 센터 국제회의장에서 한국방송프로듀서연합회 창립총회. 초대 회장에 이형모(KBS FM부) 선출. 11.7. KBS와 MBC 일선 카메라 기자 240명은 프레스센터에서 '한국TV카메라기자회' 창립총회를 열고 초대 회장에 MBC 김익경 차장 선출. 11.14. 한국방송기술인연합회 창립총회. 여의도 63빌딩 컨벤션센터에서 개최. 연합회는 최근 결성된 KBS 방송기술인협의회와 MBC 방송기술인협회 연합으로 결성. → 참고, 1988.2.20. KBS 아나운서협회 창립.

1987.9.20. 신동아와 월간조선 제작방해 사태. 1973년 김대중 납치사건에 대한 이후락 증언 관련, 안기부가 신동아와 월간조선 10월호 인쇄를 방해하다. 동아일보 출판국 기자들은 '신동아 제작 탄압 즉각 중지하라'는 성명 발표. 동아일보 별관 4층 출판국에서 철야농성. 편집국 기자들도 농성 합세. 9.22. 동아일보와 조선일보는 1면 사고를 통해 신동아와 월간조선 10월호가 김대중 납치사건 기사관계로 정부기관에 의해 인쇄가 중단되고 있다고 경위를 밝힘. 9.23. 동아일보가 기자들의 농성 사실을 보도하자 정계, 문화 등 각계에서 성원하는 여론 확산. 조선일보 출판국 기자 50여 명도 당국의 월간조선 10월호 제작방해에 항의, 출판국에서 22일부터 매일 오후 7시부터 자정까지 시한부 농성 돌입. 9.28. 문공부, 이후락 관련 기사는 언론사 자율에 맡긴다고 발표하여 두 잡지가 기사를 게재할 수 있게 되면서 8일간의 농성을 끝내고 마무리되다. 이후락 증언이 실린 신동아 1987년 10월호는 40만부 돌파.(『신동아 사태 백서: 1987.9.12.~9.28』, 동아일보사 출판국 기자총회 '신동아 사태 백서' 발간위원회, 1988)

1987.9.23. 해직언론인들을 중심으로 추진해온 새 신문 창간 발의자 총회가 서울 종로구 안국동 75 안국빌딩 602호 준비위원회 사무실에서 열리다. 발의자는 196명, 그 가운데 100

여 명의 전·현직 언론인이 참석한 가운데 열림. 민언협 의장 송건호를 창간발기추진위원장으로 선출하고 1988년 3월 창간을 목표로 전국민적인 주식공모 활동을 벌이기로 결의. → 참고, 1987.10.30. 한겨레신문 창간 발기인대회.

1987.10.19. 출판사 신규등록 재개. 이에 따라 1988년 한 해 동안 서울시에 신규등록된 출판사가 무려 1,200여개나 되었다. 1988년 12월 말 현재 서울시에 등록된 출판사는 모두 3,381개로 1987년 말의 2,126개에 비해 59%(1,255개)가 늘어나다.

1987.10.19. 판매금지도서 431종 해제. 문공부는 1977년부터 판매를 금지했던 650종 가운데 『오적』, 『정지용 연구』 등 판매금지를 해제. 『김형욱 회고록』, 『자본 I 』 등 181종은 판금 여부를 사법부에 의뢰하고, 월북 공산권 작가 서적 38종은 계속 검토한다고 발표. 1988.4.1. 문공부, 김기림, 정지용 두 문인의 월북 이전 작품 출판 허용을 공식으로 발표. 7.19. 문공부, 월북 작가 100여명의 광복 이전 문학작품 출판 허용. 박태원, 이태준, 현 덕, 임 화, 백 석 등 작품 포함. 다만 북한 부수상과 최고인민회의 대의원을 지낸 홍명희를 비롯하여 고위직을 역임한 이기영, 한설야, 조영출, 백인준 5명은 해금에서 제외.

1987.10.19. CBS 뉴스와 광고방송 재개. 1980년 11월 25일 중단 된 지 6년 11개월 24일 만에 재개되다. CBS는 이날 오전 7시반부터 10분간 'CBS 아침뉴스' 방송. 뉴스를 전후해서 삼양식품, 해태제과의 협찬광고를 10초씩 방송. 극동방송(FEBC)도 11월 2일부터 시사보도와 협찬광고 시작.

1987.10.29. 한국일보노조 설립. 1974년 동아일보와 한국일보가 노조를 설립하였으나 권력과 경영주의 저지로 와해된 이래 13년 만에 언론노조가 다시 결성되다. 뒤이어 여러 언론사노조 창립. 동아일보(11.17), 중앙일보(12.1), 서울MBC(12.9), 코리아 헤럴드(12.14)로 노조 설립이 이어졌다. 1988년 1월 한달 동안 마산MBC(1.11), CBS(1.19), 부산일보와 목포 MBC(1.22) 노조 설립.

1987.10.30. 한겨레신문 창간 발기인대회. 3,224명 발기인 참석, 서울 YMCA 대강당에서 열리다.

1987.11.10. 언론기본법 폐지. 대체입법으로 ①정기간행물의 등록 등에 관한 법률, ②방송법, ③한국방송공사법 개정안 국회 통과. 19일 국무회의 의결. 11.28. '정기간행물의 등록 등에 관한 법률' 새로 제정. 2008.12. '잡지 등 정기간행물의 진흥에 관한 법률'로 개정. 정기간행물의 등록요건 완화.

1987.11.12. 한국방송광고공사 광고 전문 인력 양성을 위해 설립한 광고교육원 개원. 광고교육원은 정규과정(야간 6개월)과 특별과정(주야간 3개월)으로 운영.

1987.11.17. 동아일보 노동조합 결성. 편집국과 출판국 소속기자 98명, 19일 서울 종로구청에 노조 설립 신고서 제출. 조합장 김종완(사회부) 선출. 1988.6.16. 언론노조 가운데 최초로 단체협약 체결. 1988.10.25. 조선일보노조 창립. → 참고, 『동아노보, 제1집』과 부록, 동아일보사 노동조합, 1989.11.

1987.11.19. 호암 이병철 회장 별세. 삼성그룹 창업주이자 중앙일보 창간 기업인. 78세. 이 회장 후계자는 고인의 유지에 따라 3남 이건희 부회장이 회장으로 승계.

1987.11.26. 문공부 홍보정책실 폐지, 공보실을 신설하는 등 직제개편안 확정. 기존 공보국을 공보실로 확대, 공보실장을 1급 공무원으로 임명, 산하에 공보협력관을 두어 언론 순수 지원업무와 정부 홍보정책 수행. 1989.3.9. 공보협력관 폐지, 공보실을 신설하는 등 직제개편안 확정. 기존 공보국을 공보실로 확대, 공보실장을 1급 공무원으로 임명, 산하에 공보협력관을 두어 언론 순수 지원업무와 정부 홍보정책 수행.

1987.12.8. 경향신문 기자 90여명, 회사 5층 대회의실에서 '자유언론 및 공정보도가 보장

될 수 있는 회사형태를 갖출 것' 등을 요구하며 신문제작 거부 3일째 농성. 12.11. 농성 4일 만인 이날 상오 2시 농성 해제.

1987.12.9. 서울MBC, 방송사 최초로 노동조합 결성. 1988.5.20. KBS노동조합 결성.

1987.12.11. 편파보도 항의 전대협(全大協) 87명, KBS별관 난입 점거. 경찰출동 45분만에 전원 연행. 서울대 고려대 연세대 전남대 등 전대협 산하 전국 20여개 대학생.

1987.12.12. 문공부는 1980년 7월 등록취소 조치를 했던 72개 정기간행물에 대해 복간 신청을 할 경우 법적 하자가 없다고 판단될 때는 모두 복간을 허용키로 하다. 이에 따라 복간신청을 한 『월간중앙』(발행인 이종기)과 『문학과 지성』은 『문학과 사회』(발행인 김병익)로 이름을 바꿔 복간신청, 신규등록 허가.

1987.12.12. 동아일보, 6면 '창', 「선거운동장된 기공식」 기사에서 "민정당이 다시 집권하면 그냥 놔 두지 마"하면서 오른손으로 싹쓸이하는 제스처를 쓰자 함께 있던 다른 사람이 "타작을 해야지요"라고 말을 받았다. 12.14. 동아일보, 「이 건설부장관 발언 파문, …이 장관 사의」 1면 4단 기사. '싹쓸이 발언' 보도. 1990.1.4. 서울민사지방법원 합의 50부, '싹쓸이 발언' 보도와 관련 전 건설부장관 이규호가 동아일보를 상대로 낸 정정보도청구 소송에서 원고승소 판결. 1991.1.23. 대법원 민사2부(주심 김상원 대법관)는 이규효 전 건설부장관이 동아일보를 상대로 낸 정정보도청구소송에서 "정정보도청구권은 보도내용이 허위가 아닐 경우에도 인정된다."며 동아일보사의 상고를 기각, 원고승소 판결한 원심 확정.

1988~1989

언론청문회, 언노련 결성

1988.1.1. KBS, 1TV 9시 뉴스 미국 교민 위해 인공위성 송출 시작. 9시 뉴스는 30여만 명 교민이 거주하는 LA의 한인방송 KTE에 송출. 현지시각 하오 9시에 녹화방송됨에 따라 LA 지역 교민들도 9시 뉴스를 한국과 같은 날, 같은 시간에 시청할 수 있게 되다.

1988.1.25. 노태우 대통령의 도서잡지주간신문윤리위원회, '미해금 월북작가 작품집 20권'을 선정하여 구체적인 검토의견을 제시. 3.15. 대한출판문화협회, 월북작가작품 출판 허용에 관한 건의

1988.1.25. 월간『프로듀서』창간. 프로듀서연합회(1987.9.5. 창립) 기관지.『프로듀서연합회보』(1995)를 거쳐『PD저널』(2005.12.1.)로 제호 변경. 2015.1.21. 종이신문 종간. 지령 879호.

1988.1.12. KBS와 MBC, 소련의 서울올림픽 참가 발표실황 제3국을 거치지 않고 인공위성을 통해 직접 수신 방송.

1988.1.25. '4 · 7언론인회' 명칭을 '대한언론인회'로 변경 사단법인 등록. '4 · 7구락부'(1977.4.7.)로 창립, '4·7언론인회'(1980.4.9)로 개칭했다가 현재의 대한언론인회가 되다.

1988.2.20. 방송 관련 단체와 방송사 노조 결성 ◇KBS 아나운서 220여명, KBS아나운서협회 창립. 초대 회장 조춘제 아나운서 선출. ◇한국방송연예인노동조합(1.12), ◇CBS노동조합(1.25), ◇한국아나운서연합회(3.31) 창립총회. KBS MBC CBS 아나운서, 새 방송법의 독소조항 삭제를 요구하는 결의문 채택. ◇KBS노동조합(5.20), ◇한국방송광고프로듀서협회(5.7) 등. ◇KBS촬영인협의회와 MBC촬영인협의회는 한국방송촬영인연합회 창립(5.26) ◇1988년 1월 이후 지역 신문과 지방 방송사 노조설립; 마산MBC(1.11) 부산일보(1.22) 여수MBC(2.1) 대구MBC(2.6) 광주MBC(2.20) 경인일보(3.15) 경남신문(4.9) 부산MBC(5.14) 광주일보(6.1) 대전일보(7.11) 전북일보(8.3) 인천신문(8.17) 울산MBC(8.17) 충청일보(8.23) 제주MBC(9.1) 제주신문(9.8) 경기일보(10.3) 안동MBC(10.19) 대전MBC (11.1) 강릉MBC(11.23).

1988.2.25. 노태우 제13대 대통령 취임 제6공화국 출범. 앞서 언론기본법을 폐지하고 「정기간행물의 등록 등에 관한 법률」(1987.11.28.)이 새로 제정되어 정기간행물의 등록요건이 완화되다. 정치의 민주화, 경제성장, 서울올림픽 개최, 공산권에 대한 개방 등의 환경변화로 언론은 5공화국 시절의 통제에서 벗어나면서 민주화 바람이 거세게 불어닥치다. '언론의 지율경쟁시대'가 열리다. 폐간되었던 신문 잡지가 대거 복간되고 다양한 언론매체가 새로 등장하면서 금기시되었던 영역을 보도할 수 있게 되다. 언론사의 노조결성에 따른 노사갈등도 자주 일어났다. 언론청문회가 생방송으로 중계되면서 방송의 영향력도 증대.

1988.2.26. 미 LA교포신문『코리아 선데이 저널』발행인 연훈 출판물에 의한 명예훼손 및 공갈미수 혐의로 구속. 서울지검 형사5부, 신동아그룹 최순영 회장이 통일교 신도이며 통일교 자금으로 그룹을 운영해왔다는 허위내용 게재했다는 이유.

1988.3.1. 『월간중앙』 3월호, 8년 만에 복간. 폐간은 1980년 7월호(통권 145호).

1988.4.1. 서울 발행 일간지 증면. 신문협회 결의와 정부의 허가에 따라 1일 16면 발행(이전까지는 12면). 이후 증면을 거듭하여 20면(1989.10), 24면(1990.7), 32면(1993.4)으로 늘어나다.

1988.4.6. 전국 15개 언론사노조 전국언론노조협의회 결성. 신문노조 7, 방송노조 7, 연합통신노조 참여. 의장 김종완(동아 노동조합장) 선출. → 참고, 1988.11.26., 전국언론노동조합연맹.

1988.4.25. 문공부, 8개 신문 등록필증 교부. 세계일보 · 신아일보 · 한겨레신문 · 경북일보 · 인천신문 · 전남일보 · 무등일보 · 경기일보. → 참고, 1988년 12월 말 현재 문공부에 등록된 정기간행물은 모두 3,441종으로 전년 대비 1,023종(42%) 증가(잡지협회 집계)

1988.4.27. 대구MBC 피습. 청년 200여 명이 몰려가 화염병과 돌을 던져 방송국 건물 전면 유리창 50여 장, 방송국 앞에 세워둔 승용차 20여 대와 수위실 등을 부수고 도주.

1988.5.1. 문공부, 정기간행물 656종 등록관리 업무를 시 · 도지사에 위임. 월 1회 이하 발행되는 사보 · 회보 등.

1988.5.7. 한국방송광고프로듀서협회(KAPC) 발족. 회장 김진환 선출. 국내 12개 종합광고대행사의 CF 및 오디오 프로듀서들. 프레스센터에서.

1988.5.12. 주간 평화신문 창간(15일자). 천주교 서울대교구, 발행인 김수환 추기경.

1988.5.15. 한겨레신문 창간, 발행인 송건호. 전면 가로쓰기 제작. 한겨레 창간은 종합일간지로는 중앙일보(1965.9.22.) 이후 22년만에 처음이었다. 창간과정은 ①1987.9.23. 동아투위, 조선투위, 80년 해직언론인협의회가 중심이 되어 창간 준비, ②10.30. 각계인사 3,314

명 발기인대회, 창간기금 50억원 모금운동 전개하여 목표 달성, ③1988.1.13. 문공부에 일간지 등록신청서 제출, ④4.25. 등록필증 교부받음. ⑤5.15. 창간. ⑥8.3. 기자 128명 참석, 기자총회를 열고 언론사상 최초로 편집 최고책임자 직접선거를 통해 장윤환을 기획취재본부장(편집국장)으로 선출. ⑦9.10. 임시주주총회. 이화여고 류관순기념관에서 주주 2,500여명이 참석한 가운데 언론사상 최초로 대표이사의 사원 임명 동의제 채택. ⑧9.15. 개정된 정관에 따라 대표이사에 대한 전사원의 신임투표 실시, 송건호 현 대표이사를 제2대 대표이사로 선임. ⑨12.10. 한겨레신문 사원 200여명, 본사 편집국에서 노조 창립대회. 초대 노조위원장에 편집국 민권사회부 고희범 기자 선출. ⑩1989.2.25. 제1기 주주총회, 2,500여 주주 참석. 이날까지 모금현황, 창간기금 100만주(50억원) 발전기금 1차모금 48만주(24억원) 계 148만주 74억원. ⑪1996.3.4. 한겨레신문 제호를 '한겨레'로 바꾸다.

1988.5.27. 통신공사(사장 이우재), KBS(사장 정구호), MBC(사장 황선필)은 방송통신 중계소 이관에 관한 협정 체결. 이 협정에 따라 1984년 12월 정부의 국가통신망 통합정책으로 한국전기통신공사에서 인수 운영하던 방송 송신소와 중계소의 요원과 시설및 자산을 6월 1일부터 원래 소속 방송사인 KBS와 MBC로 이관.

1988.6.1. 경향신문은 80년 해직언론인 김종식(전 사회부) 고유석(전 문화부) 표완수(전 경제부) 등 3명을 모두 조사자료실로 복직발령. 이로써 지난해 6.29선언 이후 복직자는 54명으로, 717명의 전체 해직언론인 중 106명이 됨.

1988.6.1. 한국전기통신공사(KTA)가 운영해오던 방송송신소와 중계소를 정부의 운영 개선 계획조치로 KBS와 MBC로 각각 이관.

1988.6.18. 서울과 마산·목포·여수·광주·대구·부산 등 전국 7개 MBC노동조합, 부산 크라운 호텔에서 전국MBC노동조합협의회(약칭 MBC노협) 창립총회. 의장에 정기평 서울 MBC노조위원장을 선출. 7.17. MBC노조협의회, 황선필 사장 퇴진 연대투쟁 돌입.

1988.7.11.~16. 부산일보, 파업으로 6일 동안 신문발행 중단. 노조의 편집국장 3배수 추천문제를 놓고 운영재단인 정수장학회와 대립, 노조가 파업을 단행하여 신문이 발행되지 못하다가 재단이 노조 안을 수용하여 편집국장 추천제에 합의, 분규 타결. 윤임술 사장 퇴진. 7.26. 부산일보 임시주총, 사장에 송정제 전무를 선임. → 참고, 『민주언론의 횃불을 들며, 釜日노조 투쟁백서』(부산일보노동조합, 1989)

1988.7.27~30. 경남신문노조, 부산일보와 같은 조건 제시하며 7월 27일부터 30일까지 4일간 파업으로 신문발행 중단. 현 이사진의 퇴진에 합의하고 8월 1일부터 신문 발행키로 함. → 참고, 2001.12.1. 경남신문 최종 부도.

1988.7.15. 인천신문 창간.

1988.7.16. 우유업계에 파문을 일으킨 파스퇴르우유에 대해 허위·과장 광고행위로 시정명령. 경제기획원 공정거래위원회. → 참고, 1989.1.25.

1988.7.00. 여러 언론사에서 편집권 독립문제로 노사갈등이 빈번하게 발생. 동아, 한국, 매경, MBC 등.

1988.8.1. 서울경제신문 복간. 한국일보 자매지. 1980년 언론 통폐합 시 폐간.

1988.8.4. MBC 뉴스데스크가 진행되던 9시 20분께 한 청년이 뛰어들어 강성구 앵커의 마이크를 빼앗으려 하는 둥 방송을 방해하여 약 17초간 방송 중단.

1988.8.6. 중앙경제신문 사회부장 오홍근, 괴청년 3명의 집단폭행으로 전치 3주 이상의 중상. 오전 7시 30분쯤 집 앞 영동대로 변에서. 오홍근은 월간중앙 4월호부터 「오홍근이 본 세상」 칼럼 게재. 이후 신원 불명 사람들로부터 지속적인 살해 협박을 받다. 그런 가운

데 월간중앙 8월호에 「청산해야 할 군사문화」를 추가 게재하자 신문사로 항의 편지와 오홍근에게 직접 협박 전화가 걸려오는 등 대놓고 신변에 위협을 가하기 시작했다. 오홍근 피습사건을 수사 중인 육군범죄수사단은 8월 25일 용의자로 육군 모 정보부대 소속 현역 군인 4명의 신병을 확보, 범행 일체를 자백받았다고 발표. 1989.1.11. 관훈클럽은 창립 제32주년 기념식(프레스센터 기자회견장)을 갖고 제6회 관훈언론상에 월간중앙 기명칼럼 「청산해야 할 군사문화」(88년 8월호)를 집필한 오홍근 중앙경제신문 사회부장을 선정, 시상. 1989.1.12. 중앙경제신문 사회부장 오홍근 테러사건과 관련, 2심에서 전원 선고유예 판결을 받았던 이규홍 준장 등 관련 피고인 3명이 상고를 포기, 2심 형량대로 선고유예판결이 확정됨. 1999.3.20. 중앙일보 논설위원 오홍근 17일에 쓴 칼럼 「죄 없는 죄인, 죄 있는 죄인」이 논설주간 송진혁과의 논쟁 끝에 실리지 못하자 이에 항의, 사표 제출. 오홍근은 그 후 김대중 정부 때 국정홍보처장, 청와대 대통령비서실 공보수석 비서관 겸 대변인, 한국가스안전공사 사장 등 역임.

1988.8.9. 중앙경제신문 창간. 중앙일보 자매지.

1988.8.10. MBC노조 방송사 최초로 노동쟁의 신고. 8.26. 쟁의대책위원회는 오전 6시부터 무기한 파업 결의, **방송사상 첫 파업 단행**. 정상적인 방송이 이뤄지지 않음. 8.29. MBC 노조 파업 나흘째인 자정 무렵, 노사간 6시간에 걸친 협상. 황선필 사장 퇴진 및 노사 동수로 구성되는 공정방송위원회 설치 등 4개 항에 합의, 8.30. 파업 철회 방송 정상화. 사장 황선필 사임.

1988.8.17. 경기일보 창간.

1988.9.1. 중도일보 복간. 1973년 '1도1사'로 폐간 15년만.

1988.9.3. 서울올림픽 취재 총본부 메인 프레스센터(MPC) 문 열다. 서울 강남구 삼성동

KOEX 별관, 지하 1층 지상 3층 8,410평 규모. 세계 132개국 1,601개 언론사 보도진 5,500여 명이 취재활동. 9월 17일부터 10월 2일까지 제24회 올림픽 경기. '화합과 전진' 기치 아래 160개국 선수 1만 3,626명 참가.

1988.9.3. 정부는 일반공개를 제한해 오던 북한 및 공산권 자료를 국민에게 대폭 공개하기로 결정, 로동신문과 북한의 실상을 담은 영상자료, 김일성과 김정일의 사진 등 공개 발표.

1988.10.25. 조선일보노조 설립. 기자 82명, 종로구 사간동 출판문화회관에서, 위원장 김효재(사회부). 출범 하룻만에 141명 가입. →참고, 『조선노보』, 조선일보사노동조합, 1989.12, 제1집 이하.

1988.11.2. MBC 황선필 사장 후임 김영수(연합광고 사장) 선임. 노조는 사장 취임 반대 출근 저지. 1989.1.9. MBC 사장 최창봉 선임.

1988.11.2. 서울형사지법 합의12부, 산업경제신문 사장 오용식에게 징역 1년 6개월에 집행유예 3년, 국제종교문제연구소장 탁명환에게 징역 1년에 집행유예 2년을 각각 선고. 4.26 총선거에서 산업경제신문에 "서대문 갑구에 출마한 민주당 김모씨(김상현 지칭)가 통일교 측으로부터 선거자금을 받았다."는 허위기사를 게재, 선거법 위반 등 혐의.

1988.11.12. 국회 문공위, '언론문제 진상규명을 위한 청문회'(11.21~23.) 열기로 합의, 청문회 증인 32명 명단 발표. ◇11월 21일, 언론인 강제해직; 17명, 권정달(보안사 정보처장), 허문도(중앙정보부 비서실장) 등. ◇11월 22일, 언론사 통폐합; 15명, 허문도, 이상재(보안사 언론검열단 보좌관), 허화평(청와대 비서실 보좌관) 등. ◇11월 23일 언론기본법 등 언론통제; 6명, 이진희(문공부 장관), 이원홍(문공부 장관) 등.

1988.10~12. 언론수난특집. 청문회를 전후하여 동아일보 「다큐멘터리, 5공의 언론수난」

(10.26~12.2, 21회), 조선일보「5공과 언론」(12.6~12.15, 5회), 한겨레신문「87~88 문공부 '보고서'로 본 언론 조정활동 실상」(12.13~12.20, 7회) 연재. 1989.1.7. 최병렬 문공부장관, 국회 문공위에 비공개를 전제로 제출한 국정감사자료 중 '언론인 개별접촉 활동결과 보고서'와 관련, 각 언론사에 서한을 보내 확인조사결과 상당 부분이 왜곡 과장, 사실무근이라고 주장. 기자협회보 12.16(제524호) 12.23(제525호). '언론인 개별접촉 보고서' 전문 게재. 총 12 페이지.

1988.11.21. 국회 언론청문회. 오전 10시부터 1980년 언론인 강제해직의 진상과 언론사 통폐합 등 책임을 묻고 파헤치는 가운데 KBS와 MBC가 생방송으로 중계하여 시청자의 관심이 집중되다. 청문회 중계를 계기로 방송의 보도기능도 확대되다. 23일 열릴 예정이던 청문회는 여야 간사회 합의로 12월 초로 연기하고 12월 13일 청문회에 주요 언론 사주와 발행인 10명 등 16명을 증인으로 채택.

1988.11.21. 오전 9시 30분 전국에 생중계된 전두환 전 대통령의 사과문 발표실황은 74.6%에 달하는 높은 시청률을 기록한 것으로 MBC 조사결과 집계됨.

1988.11.26. 전국언론노동조합연맹(언노련) 창립. 41개 언론사 단위 노동조합 대의원 122명, 초대 위원장 권영길(서울신문노조위원장) 선출. 앞서 4월 6일 전국 15개 언론사노조가 결성한 '전국언론노조협의회'는 언노련이 계승. → 참고, 2000.11.24. 전국언론노동조합 출범.

1988.12.1. 경북일보 기자와 사원 49명은 안유호 사장이 회사주식 4억여원을 사취하는 등 회사운영에 갖가지 비리를 저질렀다고 주장, 청와대 · 문공부 · 검찰에 철저한 조사를 요구하는 진정서 제출. 12.12. 안유호 사장, 검찰 등에 자신의 비리에 대해 수사를 의뢰하는 진정서를 낸 전 경북일보 수습기자 서한수 등 6명(전원 해고기자)을 상대로 출판물에 의한 명예훼손 및 업무방해혐의로 고소.

1988.12.9. 『월간중앙』 1980년 광주민주화운동 사진 잘못 게재하여 물의. 1988년 3월호 월간중앙에 흑산도 대간첩작전 당시 찍은 사진을 광주민주화운동 사진으로 잘못 게재한 책임으로 사의를 표명한 출판담당 상무 정인섭, 출판국장 양태조의 사표 수리. 12.15. 서울지검 형사3부, 국회 광주특위 청문회에서 문제의 가짜 사진을 월간중앙에 제공한 장건섭을 출판물에 의한 명예훼손 혐의로 구속. 1989.3.29. 서울형사지법 민경식 판사, 장건섭에 징역 1년 6월 선고. 11.14. 대법원 형사1부(주심 안우만 대법관)도 장건섭의 상고를 기각, 징역 10월 선고한 원심 확정.

1988.12.9. 국회문공위, 최병렬 문공부장관, 강원룡 방송위원회위원장, 서영훈 KBS사장 등을 출석시킨 가운데 전체회의. KBS가 소유한 MBC주식의 처분방안 및 MBC노조의 임원진 취임 거부사태 해결방안에 관해 정책질의. 12.15. 국회문공위 전체회의, KBS가 소유하고 있는 MBC 주식 70%를 공익재단인 '방송문화진흥회'가 인수토록 하는 내용을 골자로 하는 방송문화진흥회 법안 의결. 12.26. 공포. 방문진은 MBC의 대주주로서 경영에 간접적으로 참여하고 MBC 사장의 임명권, 해임권 등을 갖는다. 방문진 이사들의 임명권은 방송통신위원회(방통위)가 갖고 방통위원장은 대통령이 임명. 12.31. 방송문화진흥회(방문진) 설립. 초대 이사장 박용구.

1988.12.9. 남도일보 창간, 마산, 대표 이순항.

1988.12.10. 국민일보 창간. 순복음교회 운영. 발행인 조용우.

1988.12.12.~13. 제2차 언론청문회. 12.12. 이광표, 이진희, 이원홍(3명 전 문공부장관), 허문도(전 청와대 정무수석)와 김주언(서울경제 기자), 신홍범(조선일보 자유언론수호투위 위원장), 김태홍(전 기자협회 회장)의 증언 청취. 12.13. 4개 일간지 사주 출석. 김상만(동아일보), 방우영(조선일보), 장강재(한국일보), 이종기(중앙일보). 문공위는 언론 사주들의 증언에 앞서 이경일(전 경향신문 외신부장·국민일보 부장), 김동선(기자협회 편집국장), 김근(전 동아방송

기자·한겨레신문 편집위원), 노성대(전 MBC 보도국 부국장·방송공사 연구위원) 등 80년 해직언론인 4명과 이규행(전 경향신문 편집국장) 김기주(전 MBC 총무국장), 김종규, 문태갑(2명 전 서울신문 사장) 이진희(전 MBC·경향신문 사장), 이원홍, 최세경(2명 전 KBS 사장)을 출석시켜 1980년 7~8월의 언론인 대량 해직 진상과 경위 추궁. 증인으로 출석한 사주들은 언론인 해직은 "보안사와 문공부가 명단을 내려보냈기 때문에 어쩔 수 없이 해직했다"고 증언. 1989.3.9. 국회문공위는 1988년에 열린 언론청문회에 출석 증언한 허문도(전 청와대 정무수석비서관), 이상재(전 민정당 사무차장)를 위증혐의로 서울지검에 고발. 5.2. 서울지검 형사3부는 허문도, 이상재를 소환, 언론통폐합과 언론인 강제해직에 대한 피고발인조사를 벌임. 6.10. 전국해직언론인원상회복쟁취협의회는 허문도의 기소중지와 이상재의 불구속기소에 대해 비난성명 발표. 10.11. 최일남 1980년해직언론인협의회 의장 등 해직언론인 525명은 허문도·이상재·권정달·이원홍·이진희를 상대로 형사고소 제기. 5명에 대해 언론통폐합과 언론인 강제해직의 책임을 물어 처벌을 요구하는 고소장을 서울지검에 제출. 1990.1.5. 서울지방검찰청 형사1부, 1980년 해직언론인 526명이 제기한 형사고소 사건 무혐의 불기소 처분.

1988.12.13. 조선일보, 공산권 국가 헝가리의 수도 부다페스트에 상주 특파원 파견, 한국언론사상 최초. 초대특파원은 김주일 북한부장.

1988.12.13.~17. 한겨레신문, 「언론조정활동의 실상, 문공부 '87~88계획 및 결과보고서를 분석한다」 시리즈 5회 연재. 12.14. 문공부 공보실 공보협력관 6명, 도의적 책임 느끼고 사표 제출. 공보실장 이정배, 공보협력관 서병호·안재환·이문조·안인학·오홍식 등 6명, 한겨레신문이 12월 13~14일 이틀간 보도한 「6.29 이후에도 '언론조정'/ 홍보담당관이 간부상대 협조요청」 기사로 언론계에 선의의 피해자가 생겨난 데 대한 도의적 책임. 12.16. 정대철 국회문공위원장은 송건호 한겨레신문 사장에게 공한을 보내 한겨레신문이 연재 중인 문공부 언론조정활동 실상 자료를 더 이상 공개하지 않도록 협조해 줄 것을 요청. 12.19. 문공부는 국회 국정감사 자료 중 국회측과 비공개키로 합의한 후 제출한 5공화국의 홍보조

정실 활동결과 보고서의 내용이 유출 공개되고 있는 것과 관련, 자체감사 실시. 1989.3.9. 문공부 공보협력관 제도 전면 폐지. 언론인과의 비밀접촉으로 논란의 대상이 되었기 때문. 그 대신 정부 각 부처를 담당할 5명의 홍보담당관을 두는 요지의 '문화공보부직제 중 개정령안' 의결. → 참고, 1987.11.26.

1988.12.19. 방송문화진흥회 법안 국회 통과.

1988.12.20. 전라일보 창간. 전북 전주. 대표 이치백.

1989.1.7. 전남일보 창간. 전남 광주. 발행인 이훈동.

1989.1.16. KBS노조, 노조특보를 통해 1980년 이원홍 사장 이후의 책임보직 특채자 50명(안기부 8명, 청와대 4명, 군부 7명, 정계 출신 7명 등)의 명단 공개, 이들을 재평가 해 전문적 업무를 수행할 수 없는 인사는 과감히 정리할 것을 회사측에 촉구. 8.17. KBS는 1980년 이후 특채자 43명 중 14명은 지방전보, 21명은 1~4년간 호봉승급 정지 등 특채자 처리문제 일단락.

1989.1.17. 『언론노보』 창간. 전국언론노동조합총연맹 기관지. 11.28. 언론노보를 등록하지 않은 채 발행하였다가 불구속 기소된 권영길 위원장 재판에 회부되어 첫 공판. 1993.1.29. 서울형사지법, 언노련 회장 권영길에 벌금 100만원 선고. '정기간행물 등록 등에 관한 법률' 위반죄 적용. 10.12. 대법원, 언론노보 정기간행물 등록위반 관련 원심 벌금 100만원 확정판결. 1994.9.27. 언노련, 기관지 『언론노보』를 내년 초에 일반 시민을 주 독자층으로 하는 미디어 전문지로 전환키로 결정. 1995.5.17. 제호를 『미디어오늘』로 변경. 1999년 무렵에는 언노련 기관지에서 독립된 형태의 언론 비평지 성격을 지니게 되다.
→ 참고, 1989.7.6. 1994.5.10 전국언론노동조합연맹 발행 『미디어오늘』 창간.

1989.1.20. 문공부는 정기간행물을 등록하고 법정기간 내(6개월)에 창간치 못한 54종의 정기간행물에 대해 일간지는 100만원, 주간지 70만원, 월간지 50만원의 과태료 부과. 과태료 100만원이 부과된 일간지는 신아일보, 세계일보, 전남일보, 아주경제일보 등 4종.

1989.1.23. 문공부, 국기 강하 시 애국가방송을 중지하도록 방송사에 협조의뢰. 라디오 방송국에서 실시해온 애국가방송을 중지하고 영화관의 애국가 상영도 폐지하기로.

1989.1.25. 항도일보 창간. 부산. 대표 최주식.

1989.1.25. 서울민사지법, 파스퇴르유업의 정정보도 요구원을 인정. 중앙일보사에 대해 정정보도 게재하도록 판결. 3.3. 중앙일보는 파스퇴르유업의 정정보도 청구소송 판결에 따라 정정보도문을 내면서 정기간행물의 등록 등에 관한 법률 제19조 3항과 제16조 3항이 헌법 21조 위반이라고 지적, 위헌여부 심판재정신청을 서울고법에 제출. →참고, 1988.7.16.

1989.2.1. 세계일보 창간. 통일교유지재단 발행.

1989.2.1. 국제신문 복간. 부산. 대표 최식림. 3.3. 국제신문 편집국에서 교통공단 청소용역 업체 평화용사촌 회원 난동. 상이군인을 자처하는 50여 명 3월 2일자 15면「부산교통공단 5공식 운영」기사에 불만을 품고 난동. 편집국장 천기일 등 3명 중상, 기자 등 20여 명 경상. 편집국 집기 파손.

1989.3.2. 평화방송(이사장 김수환 추기경) 불교방송(서황룡 조계종 총무원장) 재단설립 허가. 선교와 뉴스 상업방송. 1990.4.15. 평화방송 개국, 주파수 105.3㎒. 5.1. 불교방송 개국. FM 101.9㎒.

1989.3.4. **평화민주당-조선일보 분쟁**. 평민당은 주간조선 3일자「좌파에도 우파에도 손

짓, 수행의원들 '추태' 만발」 기사를 문제 삼다. 김대중 총재가 수행원 40여 명을 거느리고 유럽을 순방한 평가와 뒷이야기였는데, 평민당 대책위는 "기사의 후반부에서 40여 명의 방문단이 가장 역사가 깊고 비싼 최고급 호텔에서 방문일정 대부분을 보냈다"는 내용과, 순방의 성과를 훼손하고 수행 국회의원들의 비례(非禮)와 추태를 적시했다면서 허위사실을 바로잡는 보고서 작성과 조선일보 불매운동 전개. 발행사와 기자 부지영을 출판물에 의한 명예훼손 혐의로 고소하고 손해배상 청구소송 제기하기로. 이와 함께 당보 100만부를 찍어 전국에 배포하는 한편으로 일간지 1면에 조선일보를 비난하는 전 5단 광고 게재. 조선일보는 평민당의 결정에 대해 "언론자유에 대한 중대한 위협"으로 규정하고 투쟁을 결의. 3.7. 평민당, 출판물에 의한 명예훼손 혐의로 조선일보 고소. 유인학 의원 등 8명의 수행의원을 고소인으로 주간조선 발행인 겸 인쇄인 방상훈, 편집인 최청림, 조선일보 발행인 겸 편집인 신동호, 편집국장 인보길, 기자 부지영 5명 고소. 3.16. 조선일보, 평민당 맞고소. 총재 겸 『평민신문』 발행인 김대중을 출판물에 의한 명예훼손 혐의로 서울지검에 고소. 기자 부지영은 김 총재를 같은 이유로 따로 고소. 3.17. 기자협회보, 「'조선'은 자기성찰의 용기를 보여라, 조선·평민 사태에 부쳐」라는 '우리의 주장'을 비롯하여 사태 관련 집중보도를 통해 조선일보를 비판. 3.22. 조선일보가 반론문을 요구하여 협회보에 게재. 기자협회도 이에 대한 해명 서신 게재. 10.17. 평민당, 조선일보 상대 형사고발 및 민사소송 조건 없이 취하. 11.9. 조선일보도 맞고소 취하. 7개월 동안 계속된 '조·평사태' 종결. 평민당의 구독중단 독려로 조선일보 판매부수는 5만부 감소하는 피해를 입다. 하지만 가판에 주로 의존했던 『주간조선』은 오히려 부수가 늘어 '조·평 사태' 과정에서 15만부를 돌파. →참고, 1992.12.6. 조선일보 국민당 사태.

1989.3.16. 평화신문(주간 신문, 사장 함세웅 신부), 노조위원장 전광출 등 4명 해고. 이유는 노조간부 3명과 조합원 1명이 편집권 간섭, 근무 불성실 등. 노조는 회사의 노조파괴 책동이라고 주장하고 합법적 투쟁을 벌여 나가기로 결의. 5.3. 가톨릭 병원노조 등 가톨릭 산하 9개 노조단체들은 평화신문 편집국에서 '평화신문노조탄압 분쇄를 위한 가톨릭노조 공동대책위원회 결성대회'를 갖고 평화신문노조원의 부당해고 철회 등을 위해 공동투쟁을 결

의. 6.7. 72일째 파업농성 중 평화신문노동조합은 서울지방노동위원회에 부당노동행위 구제신청서 제출. 8.7. 평화신문, 132일만에 노사분규 타결. 12.21. 속간하면서 시사 종합지에서 순수 종교지로 내용을 바꾸고 판형도 대판에서 타블로이드로 변경.(평화신문 창간일은 1988.5.12.)

1989.3.3. 동양경제신문 창간. 8.7. 폐간. 경제지 과당경쟁, 광고와 독자확보 어려움을 겪던 중 사원 30명이 노조설립을 신고하자 발행을 중단하고 폐간. 6.29선언 이후 창간 일간지 가운데 첫 폐간 사례.

1989.3.22. 연합통신노조, 김종규 사장 퇴진 요구하며 밤샘 농성. 언노련 간부들도 농성 동참.

1989.4.14. 한겨레신문 논설고문 이영희 구속. 부사장 임재경은 불구속 입건(4.16). 공안합동수사본부, 북한 김일성과 단독회견을 추진하여 국가보안법 제6조 5항(반국가단체 지배하에 있는 탈출예비음모), 제7조 1항(반국가단체 구성원에 대한 찬양고무) 위반혐의. 한겨레신문은 석방촉구 철야농성을 여러 날 계속. 9.11. 논설고문 이영희, 징역 4년, 자격정지 4년 구형. 북한 취재계획과 관련, 국가보안법 위반혐의. 9.25. 이영희, 징역 1년 6월, 자격정지 1년, 집행유예 2년 선고받고 서울구치소에서 풀려남. 12.12. 서울외신기자클럽은 89년도 '언론자유상' 수상자로 한겨레신문 이영희를 선정. 1993.2.2. 서울형사지법, 방북취재계획과 관련 기소된 전 한겨레신문 논설고문 이영희 피고인(64, 한양대 교수)에 대한 항소심 선고공판에서 국가보안법 위반죄(탈출예비 등)를 적용, 1심대로 징역 1년 6월 자격정지 1년 집행유예 2년을 선고.

1989.4.21. 한겨레신문 편집위원장 장윤환과 이사 겸 개발본부장 정태기 입건. 공안합수부, 두 사람 국가보안법위반(단순 탈출예비음모) 혐의로 불구속 입건. 또 다른 사건으로 국회의원 서경원의 밀입북 사실 취재와 관련하여 윤재걸에게는 7월 구속영장 발부.

1989.4.19. 영남일보 복간. 8년 5개월 만에 지령 11,500호. 1990.8. 노사 갈등으로 파업, 사측은 직장폐쇄.

1989.5.11. 1980년 경향신문 해직기자 34명 해고무효 확인소송. 문화방송과 경향신문이 분리되기 전인 1980년 6월과 7월에 해직된 김경래 등 34명, 문화방송 사장 최창봉을 상대로 서울민사지방법원에 해고무효 확인소송 제기. 1980년 해직언론인들의 복직과 보상 관련 첫 소송.

1989.5.13. MBC, 북한 TV뉴스를 재편집 없이 방영. 방송사상 처음. 저녁 11시 「통일전망대」 프로그램에서.

1989.5.15. 경상일보 창간. 울산, 대표 김상수.

1989.5.18. 사이비기자 단속. 문공부는 국회 보고자료를 통해 1월부터 3월까지 입건된 사이비기자는 구속 73명, 불구속 18명, 지명수배 9명 등 모두 100명이라고 밝힘.

1989.5.31. 사단법인 **한국ABC협회 창립**. 앞서 4월에 13개 신문사와 3개 잡지사, 8개 광고주사 및 3개 광고회사가 ABC 발기총회. 초대 회장 서정우(연세대 신방과 교수). 신문잡지와 멀티미디어 등 광고매체의 수용자 크기와 분포 상황 등을 소정의 절차에 따라 공사하여 회원사에 보고서를 배포함으로써 광고거래의 합리화에 기여하고 회원사의 공동 관심사 조사 연구를 목적으로 설립되다. 2009년 정부광고 훈령으로 "ABC협회의 발행부수 검증에 참여한 신문·잡지에 정부광고 우선 배정" 규정이 만들어지면서 2010년에는 회원사가 731개까지 늘었으나(2021년 7월에는 963개 신문사를 포함한 1,591개 회원사 참여) 신문 잡지사의 비협조로 매년 연말에 발표했던 주요 일간지 신문부수 공사결과가 2022년에는 발표되지 못하다.

1989.6.1. 내외경제신문 복간. 지령 2,131호, 발행인 한종우.

1989.6.2. 5개 지방 MBC, MBC 대표이사 최창봉을 상대로 지방 MBC 주식 인도 청구. 목포·청주·강릉·여수·제주MBC, 1980년 언론 통폐합 당시 주주들이 소송 제기.

1989.6.1. 대전일보노조 전면파업 신문제작 거부, 6.2. 사측은 직장폐쇄 신고, 직장폐쇄는 언론사 최초. 노조의 신문제작 거부는 전년도 부산일보와 경남일보에 이어 세 번째. 6.22. 단체협약 9개항 합의 분규 타결, 23일부터 신문 발행.

1989.7.3. 한국일보, 월요판 조간신문 발행. 정기 휴간제 폐지.

1989.7.6. 문공부, 언노련 고발. 언론노보를 등록하지 않고 발행했다는 이유. 11.28. 언론노보 관련 제1차 공판.

1989.7.10. 문공부, 『사례로 본 사이비기자』(제1집) 3만부 제작. 행정기관 등에 신고된 사이비기자의 비리사례를 담아 각급 기관의 민원실·직능단체·기업체·언론계에 배포. 1990.7.19. 검찰은 사이비기자에 대한 집중 단속을 시작한 1989년 2월부터 1990년 6월까지 전국에서 사이비기자 207명을 적발, 160명을 구속한 것으로 집계됐다고 발표. 유형별로는 기업체·관공서 등의 약점을 미끼로 금품갈취가 183명(구속 137명)으로 전체의 83%이고 그다음이 광고 강요, 이권 개입, 기자증 판매 등의 순. 1996.12. 공보처장관 주재로 내무, 노동, 공보처, 법제처, 검찰청, 경찰청, 국세청 등 7개 부, 처, 청 관계자들이 참석하여 '사이비언론 대책회의'를 갖고 사이비기자 집중 단속 방안 마련.

1989.7.12. 국가안전기획부, 한겨레신문 편집국 압수수색. 서경원 의원의 밀입북과 관련, 오전 7시부터 20분 동안 서 의원 사진 29장과 서 의원 사인이 들어 있는 메모지 1장, 관련기사가 실린 잡지 스크랩 등 압수.

1989.7.22. KBS 능력개발 해외연수제도. 16명 일본 시찰. 서기원 사장 임기 중에 총 492명 파견.

1989.7.24.~9.7. MBC 단체교섭, 9.8.~19. MBC 파업. 정상적인 방송을 보내지 못함. 회사측은「시청자 여러분 죄송합니다」라는 신문광고를 통해 노조측 주장은 회사의 인사권에 간여하겠다는 것이므로 불가하다는 점을 설명. 9.19. 12일만에 편성·보도·TV기술국장 3인 추천제 등을 골자로 타결. → 참고, MBC 유인물「문화방송 단체교섭에 관한 이해를 돕기 위해, 회사는 방송의 '원칙'을 지키고자합니다」 58쪽 발행.

1989.8.2. KBS는 정부의 1980년대 해직공직자 보상법 및 그 시행령에 따른 80년 해직자 보상처리기준을 확정, 해당자들에게 보상금 지급 신청서를 발송. 대상자는 80년 당시 해직된 임직원 중 임기제 임원을 제외한 131명으로 보상금은 80년 당시 직급호봉에 대한 기본급(금액은 88년 말 현재수준을 적용)의 60퍼센트에 해직기간을 곱한 금액. 이에 대해 KBS해직기자회(회장 이규창)는 성명을 통해 완전 원상회복과 명예회복, 해직경위 해명 등을 요구하며 이번 조치를 비난.

1989.9.8. MBC 전면파업. 전체 노조원 1,140명 가운데 전기, 통신, 냉난방시설 등 사옥관리 요원과 안전시설 요원을 제외한 1,040명이 참가. 회사측이 보도국장·편성국장의 선출과 신임 평가 수용을 거부하기 때문. 9.19. 파업 타결. 보도·편성·TV기술 3개 국장에 대한 노조 추천제를 회사가 받아들이기로 하는 등 합의. 파업을 풀다.

1989.9.23. 서울신문(9.23), 연합통신(10.13), 문화방송(9.8) 편집국장 직선제 요구 파업. 파업타결 후 '무노동 무임금' 관련 노사 갈등.

1989.9.24. 서울신문 1면에「노조의 파업에도 불구하고 신문발행은 중단하지 않겠다」는 사고 내고 비조합원과 일부 차장들이 신문 제작. 문공위 국정감사에서 최병렬 문공부장관,

“서울신문은 정부가 소유하고 있는 유일한 언론매체로서 주식 20% 할애를 통한 사원지주제 도입과 노조의 인사권 장악에는 전혀 동의할 수 없다”고 답변.

1989.10.19. 『시사저널』 창간. 동아건설 대주주 최원영의 자금 지원으로 발행인 최원영, 박권상은 사장 대우 편집인 겸 주필. 편집주간 진철수. 신문사 배경이 아닌 독립경영의 국내 시사 주간지로는 유일하게 워싱턴과 파리에 특파원을 상주시키고, 런던과 도쿄 등지에 통신원을 두는 등으로 ‘국제화 시대에 앞서가는 시사주간지’ 표방. 미국의 『타임』, 『뉴스위크』와 같은 독립적인 시사 주간지의 면모를 갖추었다는 평가. 1999.7. 시사저널 경영권 일요신문 발행사인 서울문화사(발행인 심상기)가 인수. → 참고, 2006.6.19. 시사저널 사태.

1989.11.25. 보사부 출입기자 19명은 중앙부처 기자단 최초로 출입기자단을 해체하고 4개항의 결의문 채택. *출입기자단을 해체하고 간사제를 폐지한다. *기자실은 기자들의 취재 등을 위한 편의시설 기능으로만 존재한다. *보도와 관련한 담합, 청탁, 촌지 명목의 금품수수 등 일체의 부조리를 배격하고 경계한다. *기자실 운영비는 소속 언론사가 공동 부담한다.

1989.12.12. 서울형사지법 7단독 윤석종 판사, 월북작가 박태원의 장편소설 『갑오농민전쟁』을 후손의 승인 없이 출판한 것과 관련, 저작권법 위반혐의로 불구속 기소된 도서출판 공동체 전 대표 김도연과 대표 나혜원에 대해 각각 벌금 300만원과 100만원 선고.

1989.12.27. 신설 3부 장관임명. 문화부 이어령, 공보처 최병렬, 환경처 조경식.

1990~1991

언론통폐합 원상회복 소송, 노조 파업

1990.1.1. 문화공보부를 공보처와 문화부로 분리 개편. 초대 공보처장관 최병렬 전 문공부 장관. 문화부장관은 정한모.

1990.1.5. 1980년 해직언론인 526명, 허문도·이상재·권정달·이원홍·이진희를 상대로 형사고소 제기. 서울지방검찰청 형사1부는 해직언론인들이 제기한 형사고소 사건 무혐의 불기소처분.

1990.1.5. 제주신문사 폐업신고. 노조는 이에 대응하여 48일간 농성, 사장 김대성 퇴진 요구. 1.6. 제주도 내 각계 대표 50여 명, 제주신문 정상화를 위한 도민협의회 구성. 폐업철회를 위한 범도민 서명운동에 돌입. 2.10. 제주신문 주주총회와 이사회는 재개업을 의결. 3.28. 폐업철회, 신문 재발행. → 참고, 1990.6.2. 제민일보 창간.

1990.1.13. 전국언론노동조합연맹, 서울고등법원에 노동부장관 상대로 노조설립신고서 반려처분취소 청구소송. 언노련이 상급단체인 노총에 가입하지 않았다는 이유로 노조설립

을 거부당하자 노동부장관을 상대로 낸 노조설립신고 반려처분 취소 청구소송은 상고심에서 노동부의 상고를 기각, 원고승소 판결. 1993.1.22. 대법원, 언노련 승소 확정.

1990.1.20. 한국방송광고공사, 1981년부터 1990년까지의 방송광고 매출 총액 2조 9,523억원으로 집계됐다고 발표.

1990.1.24. 유명 연예인들의 TV 출연 관련, 뇌물을 받은 KBS MBC 프러듀서 6명 배임 수뢰혐의로 구속. 서울지검 민생특수부, 가수·매니저 5명과 PD 등 10명은 불구속 입건. MBC PD 1명과 이들에게 돈을 준 2명의 매니저를 수배. KBS 예능국 쇼 담당 PD 37명은 검찰의 방송 PD에 대한 수사와 관련, 회사에 집단사직원 제출. 5.8. 서울형사지방법원 4단독 이창학 판사 등 3개 재판부는 기소된 PD 4명에게 징역 1년~1년 6개월에 집행유예 2년 선고. 1.31. KBS 간부사원들은 일부 PD들의 금품수수 사건과 관련, 자성의 뜻을 담은 성명서 '우리의 다짐' 발표.

1990.2.13. 사진작가 이재길에게 잡지사가 520만원을 배상하도록 서울고등법원 민사11부가 판결. 이재길이 『여원』과 『직장인』을 상대로 낸 저작권 침해 손해배상 청구소송 항소심에서 사진을 무단전재한 두 잡지사에 배상 판결.

1990.2.26. 감사원, KBS가 허위문서 작성을 통해 34여억원 부당지출 적발. 1989.12. 적발 내용을 감독기관인 공보처에 통보. KBS는 법정수당 잔여액이 많았던 것은 수당 지급률을 80퍼센트로 낮췄기 때문이라고 해명. 3.2. KBS 긴급 이사회. 노태우 대통령에게 서영훈 사장의 사표 수리를 제청하고, 부사장 윤혁기와 감사 유태완의 사표 수리. 본부장 7명의 사표는 서 사장이 반려. KBS노동조합 조합원 200여 명, 이사회 결정 철회를 요구하며 밤샘 농성.

1990.3.5. 사이비기자 신고센터 개설. 공보처는 신문과와 각 시도 공보관실 등에 '사이비

기자 신고센터'를 개설. 3.27. 3월 15일부터 25일까지 사이비기자신고센터에 접수된 피해사례 13건을 검찰에 이첩. 한편 검찰은 3월 들어 11명을 구속, 1명은 불구속 입건. 7.19. 검찰은 사이비기자에 대한 집중 단속을 시작한 1989년 2월부터 1990년 6월까지 전국에서 사이비기자 207명을 적발, 160명을 구속한 것으로 집계됐다고 발표. 유형별로는 기업체·관공서 등의 약점을 미끼로 금품갈취가 183명(구속 137명)으로 전체의 83%이고 그다음이 광고 강요, 이권 개입, 기자증 판매 등의 순. → 참고, 1992.7.13. 1993.4.12. 1998.1.6.

1990.3.21. 스포츠조선 창간.

1990.3.31. 한국화약그룹 경향신문사 인수합의. 경향신문사와 한국화약그룹은 경향신문사를 사단법인체에서 주식회사 형태로 전환시킨 다음 한국화학이 인수하는 내용의 합의서 교환. 8.1. 경향신문 사단법인체를 주식회사체제로 전환. → 참고, 1993.10.9.

1990.4.3. KBS 36일간 장기 제작거부. 이날 이사회는 사장에 서기원(서울신문 사장). 감사에 차종호(한국방송사업단 감사)를 각각 제청. 4.9. 노태우 대통령, KBS 사장 서기원 임명. KBS 사원들은 전국사원 비상총회를 열고 서기원의 사장 취임 거부를 결의, 파업 돌입. MBC 노조도 반대성명 발표. 4.11. 서기원 신임 KBS 사장 취임식 KBS노조원 반대로 무산. 4.12. 영등포경찰서는 KBS의 공권력투입을 요청받고 전경 500여명을 동원, 농성 중인 KBS노조원 200여명을 강제해산시키고 117명 연행. KBS사원들은 프로그램 제작 거부 결의. KBS 9시 뉴스 방송 도중 중단. 4.13. KBS 부장단 350명, 서기원 사장의 사퇴를 요구하는 성명서 발표. KBS노조는 서 사장이 퇴진할 때까지 무기한 제작거부 농성을 결의. 4.14. 검찰은 12일 연행한 KBS 사원 117명을 모두 석방. 안동수 노조위원장 등 9명은 업무방해 및 폭력행위 등 처벌에 관한 법률위반 혐의로 불구속 입건. 4.23. 정부는 'KBS사태에 대한 담화문' 발표. 안응모(내무) 이종남(법무) 최영철(노동) 최병렬(공보) 등 4부 장관 명의의 담화문은 KBS사태에 대해 정부의 강경대응 방침을 천명. 4.25. KBS 방송민주화 평화대행진. 남산 야외음악당 집결→서울역→만리동→마포대교→여의도→KBS. 4.30. KBS 사원총회는

KBS 비상대책위 '선 방송정상화 결정'을 부결시킴. 경찰은 3,000여 명을 KBS에 재투입, 농성 중이던 KBS 사원 333명을 연행, 엄민형 KBS노동조합 전 노보 편집국장을 업무방해 등 혐의로 기소. 5.18. KBS 방송 37일만에 정상화. 5.21. KBS는 농성참여사원에 대해 무노동 무임금 원칙을 적용키로 결정. 5.30. 서울지검은 KBS사태로 구속된 KBS 사원 17명 중 이임호(노조 공방위 간사) 등 10명을 구속 기소하고 7명은 석방. 8.7. 서울지법 남부지원은 전 KBS노조 여성국장 이경희, 무임소국장 임영달에게 각각 징역 1년, 집행유예 3년을 선고. 12.30. KBS 노사가 90년 12월 단체협약 갱신 때 지난해 KBS사태와 관련, 사법처리를 받은 조합원들의 원직 복직을 합의한 이면각서가 1991년 9월 30일에 공개됨. 1991.3.15. KBS 방송민주화투쟁 관련 업무방해 등 혐의로 구속기소됐던 안동수 전 노조위원장은 서울형사지법 항소10부에서 열린 선고공판에서 징역 1년 선고. 3.19. 서울형사지법 항소4부(재판장 박채윤 부장판사)는 1990년 4월 KBS사태와 관련, 업무방해 등 혐의로 구속기소된 전 KBS노조위원장 김철수에게 징역 1년 6월에 집행유예 3년을 선고, 석방. 6.22. 엄민형 KBS노동조합 전 노보편집국장을 업무방해 등 혐의로 기소. 6.28. 대법원, KBS사태로 구속기소돼 징역 1년 6월에 집행유예 3년을 선고받고 상고한 김철수 KBS노동조합 전 위원장에 대해 상고를 이유 없다고 기각. 8.5. 서울지법 남부지원 이영구 판사는 지난해 KBS사태와 관련. 구속기소된 전 KBS노조 간부 엄민형 선고공판에서 집시법 위반 등 적용, 징역 1년 선고. 9.25. 이임호(노조 공방위 간사) 업무부여 행태로 근무 중 쓰러져 뇌사상태, 28일 사망. 12.7. KBS 사태와 관련 구속된 15명 가운데 전 노조위원장 포함 유죄가 확정된 8명 해고. 안동수 김철수(전 노조위원장) 최창훈(전 노사국장) 고범중(전 사무처장) 전영일(전 조직국장) 김태준(전 중앙위원) 구능회(전 충북지부장) 김영달(전 무임소국장). 1992.3.18. KBS노조는 회사의 해고조치는 부당노동행위라 하여 서울지방노동위원회에 구제신청. 12.13. KBS프로듀서 200여 명 방송민주화운동 관련 사법처리자 해고조처에 반발 이틀간 집단휴가 냄. 1993.4.23. 단체협약 체결. 1990년 4월 KBS사태와 관련 해직된 사원 9명 전원을 재입사형식으로 복직키로 합의. 6.29. 서울지법은 1990년 KBS사태와 관련, 해직된 전노조위원장 안동수 등 8명이 회사를 상대로 낸 해고무효 확인소송에서 KBS가 이들을 해고한 것은 무효라며 원고 승소판결. 6.30. KBS, 해고 15인 전원 원직 복직.

1990.3.20. 서울방송(SBS) 라디오 개국. AM 792㎑. 1991.12.7. SBS-TV 개국.

1990.3.21. 공보처 직제 개편, 매체국을 신문행정국과 방송행정국으로 분리. ◇신문행정국: 신문1 · 2과, 잡지과. ◇방송행정국: 방송1 · 2과, 유선방송과.

1990.4.1. 경향신문, 석간에서 조간 전환.

1990.4.1. 전자신문, 주 3회 발간에서 일간으로 전환.

1990.4.10. 한국출판문화운동협의회(회장 김영종), 신간서적 납본제도와 출판사 · 서점에 대한 압수수색에 대한 위헌법률심판청구 하기로 결정.

1990.4.7. 남도일보, 경남매일로 제호 변경.

1990.4.25. 한국광고주협회, 한국광고심의회(가칭) 설립 발표. 신문 · 방송 등에 실리는 광고물을 자율심의할 기구.

1990.5.10. 서울지방검찰청 특수1부, 세무경제신문 발행인 윤재룡 등 5명 구속, 기업체로부터 금품을 갈취. 민경신보 발행인 이화영 등 4명은 수배.

1990.6.2. 제주도민일보(제민일보) 창간. 주식청약 공모주와 제주신문 해직 사원 115명이 퇴직금과 해고수당, 전국에서 보내온 성금을 모아 창간.

1990.6.11. 교통방송(TBS) 개국. FM 95.1㎒. TBS는 1990년에 개국한 라디오로 교통방송을 송출해왔다. 박원순 시장 시절인 2020년 '미디어재단 TBS'가 됐다. 이후 '편파방송' 논란이 일며 서울시의회가 지원 조례를 폐지. 2024년 6월부터 TBS 전체 예산의 70%를 차지하는

서울시 출연금 중단.

1990.6.11. 대전매일 창간.

1990.6.12. MBC·경향신문 해직 서동구 등 4명의 해고처분 원고승소 판결. 서울민사지법 합의 136부, 전 경향신문 조사국장 서동구 등 34명이 MBC 사장 최창봉을 상대로 낸 해고무효 확인소송에서 원고 서동구 승소, 나머지 30명은 기각.

1990.6.30. 한남일보 창간.

1990.7.14. 인천신문, 인천일보로 제호변경.

1990.9.1. 새 방송법 공포.

1990.9.23. 경북매일신문 창간. 조간 8면.

1990.10.20. 영문 The Korea Daily(발행인 민영빈) 창간, 조간 12면. 1991.7.5. 지령 216호를 끝으로 휴간. 폐간.

1990.10.24. 공보처, 정부기관 최초로 언론중재위원회에 중재신청 제출. 민방 허가와 관련, 일요신문과 시사토픽 2개 주간신문이 왜곡 과장보도를 했다며 두 신문의 정정보도를 요구.

1990.10.27. 해직됐다 복직된 권오승(문화방송 보도국 차장) 등 41명 보상금청구소송 승소. 서울지검 남부지원 민사3부는 80년 언론통폐합 당시 해직됐다가 1987~1989년 사이에 복직된 권오승 등 41명이 문화방송을 상대로 낸 보상금청구 소송에서 승소 판결.

1990.11.1. 빼앗긴 청주 MBC 주식인도 청구소송 원고승소. 서울지법 남부지원 민사합의 4부는 1980년 언론통폐합 당시 지방 MBC 주식을 강제로 빼앗긴 청주MBC 대주주 이석훈, 강릉MBC 대주주 최돈웅·한병기가 MBC 사장 최창봉을 상대로 낸 주식인도 청구소송에서 원고승소 판결.

1990.11.12. 대한교육보험과 고려화재해상보험, 문화방송의 주식을 되돌려 달라는 소송. 국가와 방송문화진흥회를 상대로 1980년 언론통폐합 당시 보안사에 의해 강제로 무상 기부된 주주확인 및 주권인도 청구소송을 제기.

1990.11.12. 한국일보사, 서울경제신문의 폐간으로 인한 손해배상을 요구. 1980년 폐간되었다가 1988년 재창간된 자매지 서울경제신문의 폐간으로 인한 손해배상 100억원 배상금 지급신청. 서울지구 배상심의회(서울지검)에 제출. 1991.3.9. 국가배상신청을 서울지구 배상심의회가 기각하자 재심을 요구하는 재심신청서를 법무부 배상심의회에 제출. 1991.8.14. 한국일보사는 80년 언론통폐합 조치로 서울경제신문이 폐간됨에 따라 피해를 입었다며 국가를 상대로 100억원의 손해배상 청구소송을 서울민사지법에 냄.

1990.11.20. 동아일보, 동아방송의 양도무효 확인소송. 국가와 KBS를 상대로 1980년에 폐국된 동아방송의 양도무효확인소송을 서울지법 남부지원에 제출. 12.26. 동아일보사는 국가와 KBS를 상대로 구 동아방송 채널 허가 부여를 금지하는 무선국허가부여금지 가처분 신청 제출. 1995.11.15. 동아일보사, 동아방송 양도무효확인청구소송 항소심 공판에서 노태우 전 보안사령관 등 5명을 증인으로 신청. 동아일보는 이에 앞서 90년 11월 낸 양도무효소 1심에서 구두로 노태우와 이광표 전 문공부장관을 증인으로 신청했으나 현직 대통령이라는 이유로 기각당했다. 1998.6.10. 동아일보, 동아방송 양도무효 확인소송 항소심 패소. 서울고법 민사합의7부(김상기 부장판사)는 동아방송 양도계약은 강압적인 언론통폐합 조치에 따른 것이므로 무효라며 동아일보가 국가와 KBS를 상대로 낸 양도무효확인소송 항소심에서 원고 패소 판결. 2001.1.16. 대법원 제1부(주심 유지담 대법관)는 동아일보사가 국가

와 KBS를 상대로 낸 동아방송 양도 무효 확인소송(반환소송)에서 원고 패소 판결을 내린 원심을 확정. 1.17. 동아일보는 헌법재판소에 헌법소원 제출.

1990.11.20. 현대건설, 80년 언론통폐합 당시 빼앗긴 MBC 주식 10%를 돌려달라는 소송. 국가와 방송문화진흥회를 상대로 주주확인 및 주권 인도 청구소송을 서울민사지법에 제출. 1993.1.29. "이유없다"며 원고 패소판결.

1990.11.20. 중앙일보사, 동양방송(TBC)의 원상회복을 촉구. 공보처에 80년 KBS에 흡수 통합된 「TBC 방송폐업 취소 통고문」 제출.

1990.11.22. 제주신문사 주주권확인 및 주식 인도 청구소송. 80년 언론통폐합 당시 제주신문사 대표이사였던 이선희 등 당시 제주신문사 주주 8명 제주지방법원에 주식인도청구소송.

1990.11.22. 해태제과와 전 안동MBC 대주주 김창근, 언론통폐합 때 빼앗겼던 문화방송주식의 반환을 요구하는 주식인도 청구소송. 문화방송을 상대로 서울지법 남부지원에 제출.

1990.11.22. 서울지검 특수3부, 도색잡지류 발행인 7명 구속. 월간『부부라이프』발행인 이근숙과『월간 뮤직박스』발행인 이병주 등 도색 잡지류 발행인 7명을 정기간행물 등록에 관한 법률 위반 및 음란도서 제조판매 등 혐의로 구속.

1990.11.23. 포항MBC, 울산MBC 전 주주 정택락 등 17명과 충주MBC 전 주주 이항태 등 2명, 광주MBC 전 주주 최승효. 문화방송을 상대로 주식인도 청구소송. 서울지법 남부지원에 제출.

1990.11.23. 경남매일 전 대표이사 김부현 주식 등 자산인도 청구소송. 국가와 경남신문사

를 상대로 '경남신문 양도무효 확인 및 신문제호, 주식 등 자산인도 청구소송'을 마산지법에 제출. 2001.12.1. 경남신문 최종 부도.

1990.11.23. 연암문화재단, ㈜국제신문 등 8명 주식인도 청구소송. 부산MBC 대주주였던 연암문화재단, ㈜국제신문 등 8명은 문화방송을 상대로 주식인도 청구소송을 서울지법 남부지원에 제출.

1990.11.23. 전일실업, 전일방송의 원상회복을 요구. 80년 당시 KBS에 흡수 통합된 전일방송(VOC)의 원상회복을 요구하는 '무선국 허가 반환 및 자산반환 청구소송'을 서울민사지법에 제출.

1990.11.24. 럭키금성그룹 회장 구자경 등 주식 양도계약 무효소송. 구자경 등 진주MBC 전 주주 3명은 1980년 당시 강제로 빼앗긴 주식에 대한 양도계약 무효확인 소송을 서울지법 남부지원에 제출.

1990.11.24. 평화방송 노동쟁의. 노동쟁의 이유로 조상기 노조위원장 등 3명에게 정직 3개월 감봉 1개월, 전광출 조합원 등 8명에게는 견책처분.

1990.11.24. 전 신아일보사 사장 장기봉 신아일보 원상회복 요구. 80년 언론통폐합 당시 폐간된 신아일보의 원상회복을 위해 500억원의 배상을 요구하는 국가배상금 지급신청을 서울지구배상심의회(서울지검)에 제출. 1991.5.22. 전 신아일보 발행인 장기봉, 80년 신아일보 폐간과 관련, 국가를 상대로 100억원의 손해배상 청구소송을 서울민사지법에 제출.

1990.11.26. 중앙일보사, 동양방송 원상회복 요구. 중앙일보사는 국가와 KBS를 상대로 동양방송 원상회복을 요구하는 부동산소유권 이전등기 말소 및 손해배상 등 청구소송을 서울민사지법에 제출. 1991.11.7. 서울민사지법 합의13부(재판장 김창수 부장판사)는 중앙

일보가 국가와 KBS를 상대로 낸 동양방송 소유권 이전 등기 말소 등 청구소송에서 공소시효인 6·29 이후 3년이 지났다며 원고패소 판결.

1990.11.17. 영남일보 파업 100일.

1990.11.26. 영남일보 전 사주 이재필과 전 광주MBC 사장 최승효, 국가 상대로 손해배상 요구. 1980년 당시 영남일보와 광주MBC 경영권 강제 포기에 따른 손해배상을 요구하는 배상금지급신청서를 서울지구 국가배상심의회에 제출.

1990.11.26. 해직언론인 21명 배상금 지급신청. 전 내외경제신문 기자 임창순 등 해직언론인 21명은 국가를 상대로 급료 등 1억원의 손해배상을 요구하는 배상금 지급신청을 제출.

1990.11.26. 공보처, 광고모니터 광고내용분석. 1990년 6월부터 10월까지 5개월간 자체 광고모니터 시스템으로 3개 TV방송, 7개 라디오, 74개 일간지(지방지·스포츠지 포함) 및 잡지 등을 대상으로 실시한 광고내용을 분석, 모두 1,145건의 위법 위반사례를 적발해 사직당국에 고발하거나 광고정지·시정명령 등을 내렸다고 발표.

1990.11.28. 두산유업, 전 합동통신 주식 반환과 손해배상 요구. 두산유업은 연합통신사를 상대로 80년 언론통폐합 당시 빼앗긴 전 합동통신 주식 반환과 5억원의 손해배상을 요구하는 주식반환 등 청구소송을 서울민사지법에 제출.

1990.12.3. 한국독립광고회사연합회 창립.

1990.12.4. 서울형사지법, 명예훼손 혐의로 기소된 『의정뉴스』 편집부장 천금성에 대해 징역 10월에 집행유예 2년을 선고.

1990.12.19. 『말』지 신년호 1만 9,000부 압수. 문익환 목사의 북한 「김일성 주석에게 보내는 편지」를 실은 『말』 신년호 1만 9,000부를 서울 마포경찰서가 압수. 『말』지는 신년호 56~59쪽을 백지상태로 발행. 『말』지는 이 조처가 문익환 목사의 편지 게재와 관련한 경찰의 압수조처에 항의하는 뜻이라고 밝힘. 12.28. 서울지법 서부지원 형사1부는 12월 22일 『말』 신년호 압수수색영장을 발부한 이 법원 양호승 판사를 상대로 낸 법원 처분에 대한 준항고 선고공판에서 기각결정.

1990.12.26. 공보처, 매체국을 '신문행정국'과 '방송행정국'으로 분리. 매체수의 증가로 언론대책 수립 업무의 증가에 따라 주무부서인 매체국을 개편하는 직제개편안을 마련, 총무처와 협의키로 결정.

1991.1.14. 평화방송 보도국 기자 부당인사 철회 농성. 평화방송은 부당인사 철회를 요구하며 제작을 거부하고 있는 사회부 기자 11명 전원을 인사위원회에 회부키로 결정. 1.17. 노조, 『평화의 성전이 무너지고 있습니다, 평화방송 사태 백서』 91쪽 책자 발행 배포. 1.18. 평화방송노동조합 파업 돌입. 회사측은 노조사무실 폐쇄. 1.22. 평화방송 조덕현 사장은 기자들의 보도국 점거 파업에 대해 불법점거를 중단하라는 담화를 발표하는 한편 농성 중인 기자들을 업무방해 등의 혐의로 고소. 1.24. 서울중부경찰서는 1월 18일부터 보도국 기자 해고에 반발, 제작을 거부하고 농성 중인 노조원 28명을 강제연행. 2.20. 김수환 추기경, 석명서를 통해 평화방송의 경영진을 지지한다는 입장을 밝힘. 3.28.~30. 노조 철야 단식투쟁(명동성당) 및 보고대회(30일 명동성당 입구). 4.27. 노조 파업 100일 출근투쟁 언노련 집행위원 동참. 6.29. 평화방송, 업무 복귀를 거부하고 언노련 사무실에서 농성을 계속해온 노조위원장 조상기 등 16명을 업무거부 등의 이유로 해고. 이로써 평화방송사태로 해고된 노조원은 총 27명. 7.2. 서울형사지법 이진성 판사는 업무방해 등 혐의로 기소된 평화방송 노광선 기자와 서명석 프로듀서에게 각각 징역 1년. 징역 1년에 집행유예 2년 선고. 7.29. 서울민사지법 합의51부(재판장 이규홍 부장판사)는 평화방송 노동조합이 해고된 노조원을 대체할 신입사원을 뽑지 못하게 해달라며 회사를 상대로 낸 대체고용금지 가처분 신청을

기각. 11.5. 서울형사지법 항소4부(재판장 박재윤 부장판사)는 평화방송사태 관련, 구속 기소된 노광선(전 보도국 기자)과 서명석(편성제작국 프로듀서)에 대한 항소심에서 업무방해죄를 적용, 징역 1년에 집행유예 2년과 징역 10월에 집행유예 1년을 각각 선고.

1991.2.26. 파스퇴르유업 대표 최명재, 징역 1년에 집행유예 2년. 춘천지방법원 지대운 판사는 우유품질을 둘러싼 신문광고와 관련. 출판물에 의한 명예훼손 등 혐의로 불구속기소된 파스퇴르유업대표 최명재에게 징역 1년에 집행유예 2년을 선고. 1993.5.11. 대법원은 일간지 광고를 통해 한국소비자보호원을 비방한 혐의로 기소돼 벌금 1,000만원을 선고받은 파스퇴르유업 회장 최명재에 대한 출판물에 의한 명예훼손사건 상고심 선고공판에서 원심이 "법률에도 없는 벌금형 선고는 위법"이라며 사건을 춘천지법으로 되돌려 보냄.

1991.4.00. KBS 간부들 1년 동안 연세대학에 위탁교육 실시. 서기원 사장 임기 동안 총 72명. 후임 홍두표 사장 재임까지 합하면 총 348명 교육.

1991.4.11. 해직기간을 근속기간으로 인정. 서울지법 남부지원 민사 합의1부(재판장 이영복 부장판사)는 1980년 해직 당시 문화방송 보도국 부국장 노성대가 최창봉 사장을 상대로 낸 1989년도 가산 연차 유급휴가 수당금 지급 요구에 대해 승소판결. 해직기간을 근속기간으로 인정해야 한다고 판결.

1991.6.1. 한겨레신문 제3차 발전 기금 모집 개시. 새사옥 완공에 따른 추가 자금. 윤전기 설치 등에 필요한 재원 조달을 위한 제3차 발전 기금 모집을 개시.

1991.6.27. 정기간행물 유효 등록건수 5.358종. 공보처는 1991년 5월 31일 현재 정기간행물이 1987년에 비해 140퍼센트 증가됐다고 발표. 총 6,180종의 정기간행물 중 자진폐간 820건. 등록취소 2건을 제외한 것이며, 5,358종 가운데 등록을 마친 뒤 길게는 2년 이상, 짧게는 3개월 이내에 창간호를 내지 않거나 창간 뒤 3개월 이상 발행을 중단하고 있는 간행물도

1,042종이라고 밝힘.

1991.7.9. 전라일보 노동조합 전면 제작거부, 신문발행 중단. 회사측의 성실한 단체협상을 요구. 이에 따라 7.10~14일 발행되지 못하고 16일자부터 정상발행.

1991.7.11. 편집직 과로발병도 산재 판결. 서울고등법원 특별10부(재판장 한대현 부장판사)는 한국일보사 주간여성부 차장 정규동이 서울지방노동청장을 상대로 낸 요양불승인처분 취소 청구소송에서 편집직 과로 발병도 산재라며 원고 승소판결.

1991.7.13. 민주일보와 일요신문 폐간. 민주일보 13일자(504호)를 끝으로, 자매지인 일요신문(주간)은 14일자(180호)로 휴간. 18일에는 두 신문 모두 공보처에 폐간 신고서 재출. 민주일보 노동조합(위원장 이광호)은 15일부터 농성.

1991.7.15. 주한미군방송(AFKN-TV)의 채널전환. 체신부는 협상 7월중 서명하고, AFKN은 UHF 34로 옮겨가며 경비 20억원은 한국측이 부담한다고 밝힘. 9.25. 최창윤 공보처장관은 국회 문공위 국정감사에서 1992년 말 인수예정인 AFKN 채널은 군통신용으로 활용하는 방안을 검토하고 있다고 말함. 한미 양국은 경기 파주지역에서 VHF 채널 6으로 방영되는 AFKN 채널을 UHF 채널로 전환하는 채널변경 합의 각서 교환. 1996.4.30. 정보통신부, 주한미군이 수도권 지역에서 사용 중인 AFKN 채널 2번을 이날 오전 11시부터 주한미군측으로부터 인수. AFKN 채널 VHF 2번은 UHF 34번으로 바뀜.

1991.8.13. 영남일보, 영남지역 배포 조선일보와 동아일보(총 80만부) 인쇄대행. 각각 9월과 10월부터 인쇄 대행키로 계약을 체결했다고 발표.

1991.8.17. 영남일보 전 대표이사 이재필, 30억원의 손해배상 청구소송. 1980년 언론통폐합으로 영남일보가 강제폐간돼 손해를 입었다며 국가를 상대로 서울민사지법에 소송제기.

경기신문 전 사주인 홍대건도 같은 이유로 19일 16억 7,600만원의 손해배상 청구소송을 서울민사지법에 냄.

1991.9.6. 새 잡지 164종. 한국잡지협회는 이 해 상반기 동안 164종의 잡지가 창간되고 247종은 폐간됐다고 발표.

1991.9.10. MBC 직원 임금지급 소송 패소. 서울지법 남부지원 민사합의 6부(재판장 이홍복 부장판사)는 1989년 파업으로 인해 기본급의 50%만 지급받은 MBC종합기획실 직원 이준호 등 376명이 회사측을 상대로 낸 임금지급 청구소송 선고공판에서 파업기간 중에는 임금청구권이 발생하지 않는다며 원고패소 판결.

1991.9.12. 경향신문 노조간부 해고 무효 승소. 서울민사지법 합의 41부(재판장 고현철 부장판사)는 노조활동을 하다 강제해직된 경향신문 이성수 기자(전 노조위원장) 등 전임 노조간부 5명이 회사를 상대로 낸 해고 무효확인 청구소송에서 원고 승소판결.

1991.9.19. 헌법재판소 전원재판부(주심 김문희 재판관), 정정보도청구권 합헌결정. 중앙일보가 낸 정간법 16조 3항과 19조 3항(정정보도청구권 및 언론중재위원회)의 위헌 여부에 대한 헌법소원에서 정정보도청구권 제도는 언론자유의 본질적 내용을 침해하는 것으로 볼 수 없다며 합헌결정.

1991.9.27. 한국일보 김문호 기자 취재도중 순직. 사진부 기자로 열차에 치여 순직.

1991.10.2. 국무회의, 종합유선방송법안 의결.

1991.10.9. 경향신문 해직기자 승소. 서울고등법원 민사4부(재판장 이일영 부장판사)는 1980년 강제해직된 전 경향신문 기자 이경일 등 34명이 ㈜문화방송을 상대로 낸 해고무효

확인소송 항소심에서 이 기자 등 23명에 대한 해직은 "부당해고로 무효"라며 원고 승소판결. 한편 1심에서 승소한 전 경향신문 조사국장 서동구 등 4명에 대한 회사측의 항소를 기각해 원고 승소판결을 내렸으나 나머지 7명의 청구는 각하. 1993.5.25. 대법원은 전 경향신문 기자 이경일 등 27명이 문화방송을 상대로 낸 해고무효 확인청구소송 상고심에서 원고승소 판결을 내린 원심을 깨고 사건을 서울고법에 되돌려 보내다. 재판부는 판결문에서 회사측의 원고에 대한 해고처분은 유효하다며 문화방송이 사표제출을 강요해 사직서를 받은 것은 잘못이나 원고들이 퇴직금을 받을 때 이의를 제기하지 않았고, 해고된 지 9년이 지난 다음에야 소송을 낸 것은 민법상의 신의 원칙에 어긋난다고 밝힘.

1991.10.14. 서울신문 우상현 기자 순직. 사회3부 부장급차장이었는데, 회사에서 근무중 과로로 쓰러져 국립의료원으로 옮겨졌으나 순직.

1991.11.1. 보건사회부 출입기자단 업체로부터 추석 떡값과 해외 여행비 거둬. 지난 추석을 전후해 제약 제과 화장품 등 업계와 단체로부터 추석 떡값과 해외 여행비 명목으로 8,850여만원을 거둬 쓴 사실이 밝혀졌다고 한겨레신문이 보도. 이와 관련, 각 신문은 자사 기자가 관련된 데 대해 사과. 전국언론노동조합연맹과 한국기자협회는 보사부 기사단의 촌지 수수와 관련, 대국민 사과성명 발표. 한국기독교교회협의회 언론대책특별위원회(위원장 김상근 목사)도 언론의 도덕성 회복과 관련자 문책을 촉구하는 성명 발표. 10.5. 한국신문편집인협회, 보사부 기자단 촌지수수 관련 성명 발표. 각 신문은 윤리강령 선포 등 자정 운동. 10.25. 방송위원회(위원장 고병익)는 보사부 기자단 촌지사건과 관련, KBS MBC CBS SBS 사장에게 구체적 자정을 촉구하는 서한 보냄.

1991.11.11. 3개 스포츠신문 음란폭력 조장. 공동대책위원회(공동 실행위원 김경래)는 3개 스포츠신문이 청소년들에게 성욕과 폭력을 자극하는 내용을 싣는 것과 관련, 언론중재위원회에 제소하고 검찰에 고발키로 결정. 11.15. 스포츠신문 음란폭력조장 공동대책 위원회는 이날 일간스포츠의 선정적 지면에 항의하는 거리시위를 벌일 예정이었으나 일간스포

츠 조두흠 사장이 개선을 약속함에 따라 이 집회를 16일 오후 1시 서울 안국동에서 스포츠신문 전체의 지면개선을 촉구하는 대회로 바꾼다고 밝힘. 12.2. 한국기독교총연합회는 스포츠신문의 음란 폭력적인 내용이 앞으로도 개선되지 않으면, 스포츠신문의 발행과 판매금지 등을 건의할 것이라는 성명서 발표.

1991.11.12. 노무현 의원(민주당 대변인) 주간조선 상대 소송. 주간조선 11월 16일자 「통합야당 대변인 노무현 의원은 과연 상당한 재산가인가」 기사와 관련, 조선일보사를 상대로 명예훼손에 따른 사과광고 게재와 손해배상 청구소송을 서울민사지법에 냄.

1991.11.16. 세계일보 전교학신문 통합 관련 분규. 이배영 편집국장과 부장단 포함, 총 130여명 기자가 사표 제출. 이에 따라 17일자 지방판은 제작이 중단됐으며 서울판은 12면으로 축소제작 발행. 18일 월요일자는 휴간. 11.19. 세계일보는 사고를 통해 세계일보의 전교학신문 통합과 관련, 사표 제출 기자들의 사표를 수리하겠다는 방침 발표. 이날 오후 집단사표를 낸 이배영 편집국장 등 편집국 간부와 기자 130명의 사표를 수리. 사표를 낸 130명은 비상대책위원회를 결성하고 전원 복직거부를 결의한 뒤 '세계일보를 보는 우리의 입장'이라는 성명 발표. 11.22. 세계일보는 사표를 낸 130여 명 기자 가운데 80여 명이 복귀, 신문제작에 참여하고 있다며 복귀한 기자에 대해서는 의원면직 취소형태로 복직시킬 계획이라고 밝힘.

1991.11.28. 한겨레신문(사장 김명걸) 마포에 새사옥 완공. 12.16. 서울 양평동에서 공덕동으로 사옥 이전.

1991.12.7. SBS-TV 개국, 채널 6. 1993.11.22. SBS에 대한 6공 특혜설을 보도한 TV저널 보도가 "허위사실을 실어 명예를 실추시켰다"며 서울지법 남부지청에 시사저널 대표이사, 발행인, 편집인, 담당부장과 기자를 출판물에 의한 명예훼손 혐의로 10억의 손해배상 청구소송 제출. 1997.11.14. 영문표기 SBS와 한글표기 '서울방송' 두 가지로 사용하던 회사명

을 단일화, 'SBS'로 변경.

1991.12.12. '국회에서의 중계방송 등에 관한 규칙' 의결. 국회 본회의와 상임위원회의 텔레비전 생중계를 허용하는 내용. 국회운영위원회 의결 처리됨. 16일 국회 본회의 통과.

1991.12.31. 종합유선방송법 공포(법률 제4994호).

창간-폐간, 언론인 비리, 노사갈등: 1992~1993

방송사노조협의회(KBS MBC CBS EBS) 결성: 1994~1995

지역언론 경영인 구속과 노조 파업: 1996~1996

제7부

노사갈등과 해직사태 소송

1992~1993

창간-폐간, 언론인 비리, 노사갈등

1992년 신문의 창간과 폐간이 여러 건 있었다.

창간신문

1.8. 한양일보(발행인 김대규) 창간, 10월 15일 발행중단.

1.30. 울산매일(발행인 이중) 창간.

3.12. 강원매일(발행인 최상돈) 창간, 7월 18일 발행중단.

3.14 한서일보(발행인 채기성)

9.28 경기도민일보(발행인 홍성훈) 창간.

10.30 대구경북경제신문

11.20. 대한매일(발행인 최락현) 창간.

11.26. 강원도민일보.

12.7. 경상매일신문

발행중단

5.00. 일간공업신문

7.18. 강원매일

8.7. 전라일보.

발행중단·폐간의 주된 이유는 ①제작비의 급격한 상승, ②노사관계 악화. ③경제불황으로 인한 광고수입의 감소, ④신문사간의 출혈경쟁 등을 들 수 있다.

1992년 언론인 비리 사건.

① 1992.2.10. 부산지검, 기업체의 약점 미끼로 금품을 뜯어 온 제일경제신문 부산주재 기자 조 아무개를 공갈혐의로 구속.

② 2월 10일 부산지검 동부지청 특수부는 국민당 정주영 대표 최고위원의 기자회견과 관련된 촌지사건의 수사를 종결한다고 발표

③ 2월 11일 조선일보가 무역협회로부터 해외취재와 관련해서 재정지원을 받았다고 세계일보와 한겨레신문이 보도.

④ 2월 20일 춘천지검은 바다 모래 채취 허가를 받아주겠다며 4,000만원을 받은 삼척문화방송 아나운서실 김 아무개 차장을 변호사법 위반혐의로 구속.

⑤ 3월 9일 서울 방배경찰서는 한양일보 사장 김 아무개를 공갈 및 변호사법 위반 등 혐의로 입건. 남성종합실업㈜ 대표 서재홍이 김대규에게 15억원 상당의 토지를 빼앗겼다며 고소장을 제출했기 때문임.

⑥ 3월 20일 부산지검, 기업체의 비리폭로를 미끼로 금품을 뜯어낸 부산환경신문사 양산지사장겸 주재기자 최 아무개, 경남매일신문 부산지사 영업부장 신 아무개 2명을 폭력혐의로 구속.

⑦ 4월 11일 부산지검은 기업체의 비리를 폭로하겠다고 협박. 100만원 어치의 서적을 강매한 법치신문 영남본부장겸 취재 기자 김 아무개를 공갈혐의로 구속.

⑧ 4월 22일 서울지검, 신문 창간자금을 마련하기 위해 곧 부도가 날 회사의 부실어음 3억 8,000여만원 어치를 싸게 사들여 시중에 유통시키고 정기간행물 등록시 공보처 직원에게 500만원의 뇌물을 준 강원매일신문사 최 아무개 사장과 성 아무개 이사를 사기 및 뇌물공여 혐의로, 뇌물을 받은 공보처 신문행정국 신문1과 주사 장 아무개를 뇌물수수혐의로 구속.

⑨ 4월 29일 전북지방노동위원회는 지난 4월 23일 전라일보가 이 회사 노조위원장 김영묵과 노조감사 한기봉을 해고한 것은 부당노동행위라고 판정, 이들의 원직복직을 회사측에 명령.

⑩ 6월 4일 부산 중부경찰서는 부산일보 사회부 기자 두 명 김 아무개 기자에 대해 특수공무집행방해 등 혐의로 부산지법으로부터 사전구속영장을 발부받아 5일 자진출두한 두 기자를 구속. 김 기자 등은 동료 기자가 2일 강제연행된 데 항의하기 위해 3일 동료기자 6명과 함께 파출소를 찾아가 집기를 부수며 경찰관과 몸싸움한 혐의. 6월 23일 부산지검은 두 김 아무개 기자의 구속취소 결정을 내리고 석방.

⑪ 5월 20일 전남매일신문노동조합은 회사측이 4월분 임금을 체불하자 이 회사 발행인 안광양을 근로기준법 위반혐의로 광주지방노동청에 고소. 광주지검 특수부는 안광양을 전남매일신문에 기탁된 불우이웃돕기 성금 1,500여만원과 회사공금 1.900만원을 횡령한 혐의로 구속. 5월 11일 전남매일 노동조합은 전면파업.

⑫ 2월 27일 광주지검 박종순 검사, 사원들의 임금과 퇴직금을 지불하지 않은 이유로 불구속 기소된 전남매일신문 대표이사 안광양에 대해 근로기준법 위반죄를 적용, 징역 1년 6월 구형. 5월 21일 광주지법은 광은리스주식회사가 전남매일신문과 대표이사 안광양, 연대보증인 2명을 상대로 낸 리스료 등 청구소송에서 전남매일신문은 리스로 구입한 오프셋 윤전기, 양면소부기, PS판자동현상기, 수직 카메라를 원고에게 인도하고 리스료 1억 5,520만 8.102원을 지급하라고 판결. 6월 15일 전남매일신문 전 발행인 안광양은 자신의 소유주식 전부를 전남매일 사원 143명에게 양도. 이에 따라 5월 11일부터 제작이 중단됐던 전남매일은 17일부터 정상제작에 들어감.

⑬ 5월 20일 부산매일신문노동조합은 회사 현관 앞에서 기자 집단 해고위협 및 노조와해 기도를 저지하기 위한 농성을 시작. 농성 4일째인 7일 자매지인 부산경제신문 사원 23명이 노조 가입.

⑭ 4월 30일 수원지검, 비리를 폭로하겠다고 기업체와 관공서로부터 광고료와 구독료를 뜯은 기자 10명을 구속·수배.

⑮ 7월 2일 서울지검, 일산신도시 건설과 관련해서 토지개발공사로부터 돈을 뜯은 경기일

보 편집국 부국장 김 아무개와 기호일보 편집국 부국장 최 아무개, 인천일보 사회부 차장 홍 아무개 등 3명을 구속하고 2명을 수배.

⑯ 9월 10일 대구 북부경찰서, 기자채용 미끼로 7억원을 갈취한 혐의로 영남매일신문 대표 정학길 구속.

언론사 노사갈등.

① 1992년 3월 8일 한양일보노조는 회사측이 편집국에 있던 송 위원장 등 조합원 11명을 업무·광고국으로 발령하는 인사조처에 항의. 서울지방노동위원회에 구제신청을 내고 전면 제작거부에 들어감.(위의 '언론인 비리' 항목 같은 날자 참고)

② 전남매일은 5월 11일 전면파업에 돌입했다가 6월 17일에 정상화. (→ 참고, 위의 '언론사 노사갈등 ⑫항)

③ 전북일보는 3월 5일 임금협상과 관련 쟁의발생 신고.

④ 한라일보 4월 1일 노동쟁의 발생 신고. 4월 13일 전면파업. 한라일보 노사갈등은 5월과 6월까지 계속되어 회사는 노조원을 해고하고, 노사간에 고발과 고소가 이어지다. 6월 4일 파업 56일째였던 한라일보는 시위 중인 노조원을 강제해산. 6일 장행림 총무국장 등 직원 8명은 노조 유인물을 소각하려다 이를 말리는 노조원 4명을 집단폭행. 8일 제주경찰서는 폭력을 휘두른 8명을 폭력행위 등 처벌에 관한 법률위반 혐의로 입건. 1993년 3월 파업 풀고 회사 복귀.

⑤ 연합통신은 4월 18일 쟁의발생 신고.

⑥ 경인일보 4월 29일 쟁의발생 신고.

⑦ 경기일보와 강원일보는 5월 9일 쟁의발생 신고. 회사가 노조원을 해고하자, 노사간에 고발과 고소가 이어지다.

⑧ 동아일보 5월 12일 전면파업에 들어갔으나 5월 15일 임금협상이 타결되어 정상화.

⑨ 인천일보 7월 4일 전면파업 돌입, 국민일보는 7월 7일 쟁의발생 신고.

⑩ 한국일보 7월 10일 전면파업에 돌입했다가 임금협상 타결로 7월 16일 정상화.

⑪ 9월 2일 MBC사태가 돌발해서 사회에 큰 충격을 주다.

중재신청 폭증.
1992년 중재신청 건수는 381건으로 전년도인 1991년(220건) 보다 73.2% 늘어났고, 언론중재위원회가 설립된 1981년부터 1991년까지 11년 동안의 연평균(84건) 대비 4.5배에 달하는 증가세였다. 중재신청대상 매체는 일간신문이 287건(75.3%)으로 가장 많았고, 다음은 방송(31건), 월간지(15건), 주간지(8건), 통신(2건)의 순.

1992.5.1. 5개 지방지 공동 해외특파원 파견. 강원일보, 대전일보, 매일신문, 부산일보, 광주일보 등 지방 5개사는 일본, 홍콩, 미국, 프랑스에 공동특파원 파견. 비용을 공동으로 부담하며 송고된 뉴스 역시 공동으로 관리하는 방식. 7.15. 지방지 올림픽 공동취재단을 결성하여 스페인에 파견.

1992.5.7. 서울지검, 출판물에 의한 명예훼손『인사이더 월드』발행인 손충무 구속. 민자당 김영삼 대표최고위원이 숨겨놓은 딸이 있다는 내용의 기사를 게재한 혐의. 출판물에 의한 명예훼손 혐의로 구속하였으나 6.1. 김영삼 대표측의 고소취하로 공소기각으로 손충무 석방.

1992.5.28. 서울지법 동부지원, 인신구속과 압수수색 영장 열람 전면금지. 언론 보도로 인해 피의자의 명예가 훼손되는 폐해가 심각하다는 이유. 이에 대해 대법원은 영장열람 불허 결정은 시기상조라는 비공식적 입장을 서울지법 동부지원에 전달. 6.12. 열람불허 방침 철회.

1992.6.1. KBS '프로듀서 특파원' 제도 발표. 해외에 상주하는 프로듀서 특파원제도를 8월 1일부터 실시.

1992.6.11. 미국 시사주간지『뉴스위크』에 손해배상 판결.「돈의 노예들…이화 여대생들」(1991.11.11.) 기사와 함께 게재된 뉴스위크 사진 속의 인물들인 권모양(24) 등 3명은 자신들이 과소비 여대생이란 누명을 받게 됐다며 뉴스위크를 상대로 각 3,000만원을 요구

하는 손해배상 청구소송을 서울민사지법에 내다. 1993.7.8. 서울민사지법(박시환 판사), 뉴스위크에 대해 "피고 회사는 원고들에게 각각 3,000만원씩을 지급하라."며 원고승소 판결. 1994.3.30. 항소 2부(이재곤 부장판사)는 원고들에게 각각 2,000만원씩을 지급하라고 판결.

1992.7.13. 공보처, 사이비기자 행태 집중조사. 전국 15개 시 도 30개 지역에 합동실태조사반 파견. 그 결과 비리 사례 88건 적발 공개.

1992.8.2. 염홍철 대통령비서실 정무비서관, 월간『옵서버』8월호에 게재된「노정권 비자금 조성 5년사 전모」제하 기사와 관련, 한겨레신문 정치부 곽병찬 기자와 이 잡지 발행인 겸 편집장 조원민 2명을 출판물에 의한 명예훼손 혐의로 서울지검에 고발. 9.4. 서울지검, 기사를 쓴 한겨레신문 곽병찬 기자와 옵서버 발행인 겸 편집인 조원민을 소환, 피고발인 조사. → 참고, 1993.4.16.

1992.8.14. 종합유선방송위원회 발족. 위원장 여석기(전 문예진흥원장) 부위원장 한태열(대전일보 전무) 사무총장 유성화(KBS 중기기획단 주간). 7인의 위원은 유근일(조선일보 논설위원실장) 김인섭(변호사) 최종수(전남일보 사장) 박근주(KBS 문화사업단 사장) 정진석(한국외국어대 교수) 양광남(방송심의위원) 이경숙(숙명여대 교수).

1992.8.20. 기자협회보 판형 대판으로 변경. 제677호(8월 20일자)부터 판형을 타블로이드판에서 대판으로 바꿈.

1992.9.1.『조선일보출판뉴스』타블로이드판 8면 조선일보 사외보, 월간 창간.

1992.9.1.~10.21. MBC노조 50일 장기파업. 9.4. 전국 19개 지방 MBC노조 동조파업 결의. 방송문화진흥회는 MBC 정상화를 촉구하는 성명서 발표. 9.12. 지방 8개사가 분규타결

로 정상화. 9.14. 15개 지방사가 추천제, 해임건의제, 탄핵제, 중간평가제를 실시하기로 합의. 9.15. 지방 MBC 10개사 노조 파업. 9.19. 지방 MBC노조 파업 종료. 9.16. 회사측이 노조간부 15명을 검찰에 고발하자 언노련은 대화를 통한 MBC사태의 해결을 촉구. 9.19. KBS노조는 MBC에 공권력이 투입될 경우 동조파업을 결의. 9.25. MBC노조원 35명 무기한 단식농성 돌입, 10.2. 검찰과 경찰은 공권력을 투입해서 강제구인하고 농성 해산. 조합원 187명 연행. 이완기 위원장 등 파업지도부 7명 구속, 4명 수배. 10.21. 회사와 노조 간의 합의로 파업 종료. 50여일간 끌어왔던 MBC 사태 정상화. 1993.1.20. 서울지법, MBC 파업 주도혐의로 구속 기소된 노조위원장 직무대행 이완기에게 징역 10월에 집행유예 2년, 노조원 심재철은 징역 8월에 집행유예 2년을 각각 선고하고, 같은 혐의로 기소된 노조 대외협력위 간사 손석희 등 3명에게는 벌금 150만원 선고.

1992.9.6. 서울형사지법, 『창작과비평』에 황석영의 북한 기행기를 게재한 혐의 등으로 구속기소됐다 보석으로 풀려난 잡지 주간 이시영 피고인에게 국가보안법 위반죄를 적용, 징역 10월 자격정지 1년에 집행유예 2년 선고.

1992.9.22. 한국간행물윤리위원회, 마광수 교수 장편소설 『즐거운 사라』의 제재를 관계당국에 건의하기로 결정. 도서잡지 윤리강령 제5항 '사회도덕'과 도서윤리실천요강 제1항 '미풍양속'에 어긋난다는 이유. 10.29. 서울지검 특수2부는 『즐거운 사라』의 저자 마광수 교수와 소설을 출간한 도서출판 '청하' 대표 장석주를 음란출판물 제조 및 배포혐의로 구속 수감. 문학인과 출판계 인사 26명은 '문학작품의 표현자유 침해와 출판탄압 공동대책위원회'를 결성하고 마광수의 석방촉구 성명서 발표. 11.20. 강남구청은 즐거운 사라를 출판한 청하출판사의 등록을 취소. 12.28. 서울형사지법은 마광수와 장석주 2명에 대해 징역 8월에 집행유예 2년 선고.

1992.11.13. 스포츠신문 음란폭력조장 공동대책위원회 구성. 스포츠서울, 스포츠조선, 일간스포츠 등 3개 스포츠신문과 광고주협회, 400여 광고주기업, 언론중재위원회 등에 공

한을 보내 스포츠신문의 선정적이고 폭력적 내용을 시정하도록 권고.

1992.11.18. 동아일보 충정로 새 사옥. 광화문사옥과 충정로 새사옥으로 이전 업무.

1992.11.23. 7개 언론사 베이징 상주 특파원 허용 발표. 동아, 서울, 조선, 중앙, 한국 5개 신문과 KBS와 연합통신.

1992.11.26. 강원도민일보 창간. 강원일보 전직 기자들이 주축. 발행인 안형순.

1992.12.6. 보사부, 월간『웅진여성』을 허위사실 보도혐의 등으로 검찰에 고소. 12월호에 실린「AIDS 복수극」기사와 관련이었는데 검찰은 허위 날조한 일기를 제공한 현장소설가 이상규와 웅진여성 편집인 이광표를 구속. 웅진여성은 자진폐간. 1993.4.9. 구속기소된 이상규, 기자 조금현, 편집인 이광표는 피해자 측과의 합의에 따른 고소취하로 석방되다. 고 김모 의원 측과는 1억 5,000만원. 사진의 주인공 남모(25, 여)와는 2,000만원에 각각 합의. 이 사건은 언론자유, 사상표현의 자유, 예술의 자유를 주장하는 쪽과 사회질서의 보호, 미풍양속의 보호, 언론의 윤리와 책임을 주장하는 쪽과의 논쟁으로 사회에 큰 파상.

1992.12.6. 국민당, 편파보도를 이유로 조선일보 불매운동 전개. 현대그룹과 국민당은 조선일보에 예약했던 광고 취소, 불매운동 전개. 취재기자의 당사 출입금지. 조선일보는 "재벌과 정당이 결탁한 입체적 언론탄압"이라고 비난.

1992.12.8. 편집인협회, 국민당과 현대의 조선일보 취재 방해 시정 촉구. 12.9. 국민당은 조선일보사와 방상훈 발행인 겸 인쇄인, 안병훈 편집인, 인보길 편집국장을 허위사실 공표와 대통령선거법 위반혐의 등으로 서울지검에 고발. 신문협회와 국제언론인협회(IPI)는 언론자유 침해에 대한 적절한 조치를 취하도록 촉구. 12.10. 문화일보, 조선일보 인쇄중단. 조선일보사는 문화일보 측이 그동안 조선일보와의 계약에 의해 문화일보 기흥공장에서

인쇄해오던 조선일보의 인쇄를 11일 저녁부터 중단하겠다고 지난 7일 일방적으로 통고해왔다고 발표. 1993.2.15. 국민당, 1992년 12월 대통령 선거운동기간 중 조선일보의 사설, 칼럼, 기자수첩 등 9건의 보도내용이 대통령 선거법을 위반했다며 조선일보 대표이사 등 4명을 상대로 제기했던 고소를 취하. 국민당의 고소취하로 사건은 종결됐으나 정치세력과 언론이 정면 대결을 벌였다는 점에서 관심을 모았다. → 1983.3.4. 조선일보 평민당 사태 참고.

1992.12.24. 문화방송주식 15만주 손실보상 판결. 서울고법은 언론통폐합 당시 보안사의 요구에 따라 강제로 국가에 기부채납한 ㈜고려화재해상보험이 국가를 상대로 낸 주주확인 등 청구소송에서 원심을 깨고 '국가는 손실보상을 해주어야 한다'고 판결.

1993.2.25. 김영삼 제14대 대통령 취임.

1993.4.1. 동아일보 조간 전환. 중앙일보는 1995.4.15. 조간 발행.

1993.4.12. 오인환 공보처장관 '사이비언론 근절대책'. 등록만 해 놓고 창간하지 않았거나 발행 중단상태에 있는 간행물 1,888종은 등록말소규정을 신설하기 위해 관계법 개정을 검토키로 했다고 발표. 사이비 언론근절을 위해 공보처차관을 위원장으로 하고 대검찰청 내무부 노동부 법제처 경찰 국세청 등 관계부처 국장급이 참여하는 범정부적인 '사이비언론대책위원회'를 구성, 14일부터 가동키로 했다고 밝히다. 4.13. 여당인 민자당은 사이비언론의 폐해를 근절하기 위해 정부 직권으로 정기간행물 등록을 취소할 수 있도록 하는 정기간행물등록법 개정안을 마련. 1993년 9월 정기국회에서 처리할 방침. 4.16. 사이비언론대책위원회는 첫 회의를 열고 윤전기 등 발행시설을 유지하지 못한 검경일보(발행인 문병탁)에 대해 2개월간 발행정지처분을 내리기로 결정. 5.9. 정부는 이날부터 2주일간 전국 주요 도시를 대상으로 사이비기자 실태조사를 벌일 예정. 5.13. 공보처는 3월 8일부터 5월 6일까지 검찰의 사이비기자 단속 결과 모두 56명의 사이비기자가 입건되고 그 중 49명이 구속됐다고 발표. 6.9. 이원종 공보처차관 주재로 제2차 사이비언론대책위원회를 열고 5월 9일부터

25일까지 서울을 제외한 전국 사이비언론 및 지방언론사 실태조사 결과 적발된 25건의 사이비행태 가운데 19건을 검찰에 고발하고 6건은 해당사에 통보키로 함. 9.17. 이원종 공보처차관 주재로 사이비언론대책위원회를 소집. 최근 운영실태조사에서 문제점이 드러난 7개 일간지에 대해 법원에 등록취소심판을 청구키로 하는 등 모두 15개사에 대해 적절한 조치를 취하도록 함. ◇등록취소 심판청구=영남매일 팔도일보 대한매일 대한경제일보 전기통신일보 대한고교일보 일간공업신문 ◇행정처분=강원매일 신아일보 한반도일보 ◇서면경고=한양일보 통일자유일보 검경일보. 1995.9.19. 사이비언론대책위원회는 6.27 지방선거 당시 법적으로 금지된 선거 관련 기사를 수차례 게재한 '주간 홍성' '영천신문' '해남신문' '나주신문' '부천시민신문' 등 5개 주간신문과 선정기자로 주의·경고를 받은 '주간만화'는 2개월간 발행정지 처분. → 참고; 1990.3.5. 사이비기자 신고센터 개설. 1996.12.9. 사이비기자 단속. 경찰청, 11월 20일부터 사이비기자 집중단속을 벌여 공사장에서 나온 흙을 폐콘크리트와 함께 불법 매립한 사실을 폭로하겠다며 업주로부터 300만원을 뜯어낸 혐의(공갈협박 등)로 주간 환경타임스 기자 김모 등 특수전문지 및 지방지 기자 9명을 구속하고 4명을 불구속 입건. 12.13. 인천 서부경찰서는 수억원대의 책과 비디오테이프를 환경관련 업체에 강제로 판 혐의(폭력행위 등 처벌에 관한 법률위반)로 사회환경신문사 김모 등 사이비기자 3명을 긴급구속. 12.30. 경찰청 특수수사과는 지역 주재기자를 채용하면서 입사보증금 명목으로 1인당 500~2,000만원씩 받은 혐의(직업안정법 위반)로 현대매일 회장 권모, 새한일보 대표 조모 등 수도권 지역 지방일간지 발행인 4명 구속. 경찰은 또 기호일보 대표 서모와 수도권일보 대표 김모 등 4명을 같은 혐의로 불구속 입건. 1997.8.14. 정부는 남정판 공보처차관 주재로 내무부, 노동부, 공보처, 법제처, 대검찰청, 경찰청, 국세청 등 관계부처가 참석한 가운데 사이비언론 대책회의를 열고 앞으로 중앙과 지방 검찰청과 경찰청에 설치된 '사이비언론 수사전담반'의 활동을 강화하는 한편 특히 수도권에서는 연말까지 특별단속을 벌이기로 함. 1998.1.1. 대검찰청, 일선 검찰에 영세기업의 약점 미끼 광고 게재, 금품 강요 등 사이비 언론 전면수사를 지시.

1993.4.16. 월간 종합시사잡지 『옵서버』 수사. 서울지검은 『옵서버』를 경영하면서 포항제

철의 기업비리 폭로기사와 관련, 포항제철로부터 1억 7,000여만원의 광고비를 뜯어낸 민주당 이동근 의원을 폭력행위 등 처벌에 관한 법률위반(공갈) 혐의로 구속 수감. 포철 간부들로부터 강제로 광고를 받아낸 혐의로『옵서버』전 정경부장 김용기를 수배. 이에 대해 옵서버측은 대주주인 야당 의원(이동근)에 대한 정치적 보복 성격과 비판 매체에 대한 탄압 성격이 짙다고 주장. 서울지검 유창종 강력부장과 서울신문, 세계일보 등을 명예훼손으로 고소하겠다고 밝힘. 6.4. 서울형사지법은 구속기소된『옵서버』사장 이동근에 대해 폭력행위 등 처벌에 관한 법률위반(공갈)죄를 적용, 징역 1년 6월에 집행유예 2년을 선고. →참고, 1992.8.2.

1993.4.21. 새한일보(발행인 박승주) 창간.

1993.4.22. 경향신문 서울신문 일요일 휴간. 경향신문은 사고를 통해 1993년 5월 1일부터 매주 7일간 연속발행하는 현행체제를 변경, 일주일 하루는 휴간하고 지면도 매일 24면만 발행하며 구독료는 현행 월 6,000원에서 5,000원으로 인하하겠다고 발표. 서울신문도 5월 3일부터 일요일자 휴간, 구독료 월 5,000원으로 인하. 4.23. 신문협회 이사회는 신문 제작자와 배달사원들의 복지증진을 위해 월 2회 이상 휴간하고(어린이날 등 이미 정해진 휴간일 포함) 과당경쟁을 지양하기 위해 감면이 바람직하다는 의견을 회원사에 권고키로 함. →참고, 2010.1.2. 주 5일제 정착 등 요인으로 토요일자 발행 중단 일간지들 늘어나다.

1993.6.11. 국방부, 중앙일보 이필곤 사장과 최우석 주필 등 5명 명예훼손 혐의로 서울지검에 고소. 감사원이 최근 율곡비리 감사와 관련 권영해 국방장관의 출국금지를 법무부 출입국 관리국에 요청했다는 중앙일보의 보도와 관련. 중앙일보는 12일자에 정정기사를 내보냈으나 6.13. 정재헌 기자 구속. 20일 석방.

1993.6.17. 충청일보 사장 민권식 구속. 청주지검, 금융기관으로부터 142억원대의 기업자금을 부정 대출받아 이 가운데 81억원을 자신의 채무변제와 부동산매입자금으로 쓴 혐의.

1993.6.18. 경북일보사와 신일전문대 운영 신진수 구속. 대구지검은 11, 13대 국회의원 신진수가 경북일보를 운영하면서 지방주재기자와 대학 전임강사 채용을 조건으로 11억원을 받아낸 혐의를 잡고 수사. 6.23. 특정경제범죄가중처벌 등에 관한 법률위반 혐의로 구속.

1993.6.29. 인천지검은 지방주재기자 채용조건으로 1억300만원을 받은 인천 한서일보 대표 신만균에 대해 직업안정법 위반 및 근로기준법 위반혐의로 구속영장 청구. 전 발행인 채기성을 같은 혐의로 수배.

1993.6.30. 일본 후지TV 시노하라 마사토 기자 입건. 군사기밀 유출사건을 수사 중인 검찰과 군 수사 당국은 군사기밀을 빼내 잡지 등에 공개한 혐의로 불구속 입건된 시노하라 마사토 기자에 대해 구속을 검토 중이라고 밝힘. 7.6. 불구속 송치. 7.13. 구속. 정부는 후지TV 서울지국의 폐쇄를 검토.

1993.7.1. 한국언론연구원 '언론종합정보은행(KINDS)' 공개. 언론연구원은 신문기사 정보를 비롯 언론관련 정보를 데이터베이스(DB)로 구축한 '언론종합정보은행(KINDS)'에 500여개 국내 언론사 및 언론 유관단체의 정보를 추가 수록해 1일부터 제공한다고 발표.

1993.7.28. 광주지검은 광주 모 전문대학의 명예를 실추시키는 내용의 허위 또는 과장된 기사를 6차례에 걸쳐 게재한 무등일보 박성섭 사장을 출판물에 의한 명예훼손, 건축법 위반 등 혐의로 구속. 8.4. 기자협회 무등일보 분회는 성명을 내고 "검찰이 본사 박성섭 사장을 피해자의 고소가 없었음에도 명예훼손 죄로 구속한 것은 표적수사라는 의혹을 갖게한다."며 박 사장의 석방을 촉구.

1993.8.25. 하나신문(대표 신왕) 창간. 대구에서 1일 12면 발행 조간신문.

1993.8.28. 청주지검, 동양일보사 조철호 사장 구속. 조직폭력배를 동원 사옥을 시가보다 싼 값에 사들인 혐의. 사기, 입찰방해, 동행사, 사문서위조 등. 8.30. 동양일보 전사원은 '동양일보 사장 구속항의 및 동양일보 수호결의대회' 가짐.

1993.8.30. 서울지검, 제일경제신문 상무 이군호 등 2명 구속. 특혜의혹 기사가 실린 가판 신문을 시중에 배포하지 않는 조건으로 ㈜한양으로부터 광고비 등 명목으로 2,100여만원을 챙긴 사건. 폭력행위 등 처벌에 관한 법률위반(공갈)혐의. 전 광고국장 문월성 등 2명은 같은 혐의로 불구속 입건.

1993.10.9. 경향신문 해직사원 원상회복 추진위원회, 1990년 한화그룹이 경향신문을 인수한 뒤 간부사원 30명을 부당해직시켰다며 한화그룹을 상대로 해직원인 무효청구소송을 서울민사지법에 냄.

1993.11.3. 1980년 언론통폐합 당시 45개 언론사 사주들의 포기각서 공개. 문공부 홍보연구관으로 보안사 언론대책반에 파견돼 언론통폐합에 관여했던 김기철이 13년간 보관해 왔던 자료와 자신의 체험을 정리해 모은 책『합수부 사람들과 오리발 각서』(중앙일보, 1993)를 발간, 언론통폐합 과정을 밝힘.

1993.12.28. 공정거래위원회, 신문 구독료 담합 인상 시정명령. 12개 신문사가 신문협회 판매협의회를 통해 1993년 1월부터 월정 신문가격을 5,000원에서 6,000원으로 동시에 인상 시행한 것은 공정거래법의 부당한 공동행위에 해당한다며 이를 즉시 시정토록 명령. 시정명령을 받은 신문사는 조선 동아 중앙 경향 한국 세계 서울 국민 문화 매경 한경 내경 · 코리아헤럴드. 공정거래위원회는 또 신문협회 광고협의회가 일간신문광고대행에 관한 규칙을 제정하여 신문광고대행사 자격 조건 및 수수료를 일률적으로 결정하는 것은 경쟁제한행위에 해당된다며 시정 명령.

1993.12. 조선일보 엄청난 법인세. 조선일보는 금년 2,418억원의 매출 실적으로 법인세 143억 9,700만원 납부. 중앙일간지 15개사(동아 · 한국 · 경향 · 서울 · 중앙 · 한겨레 · 국민 · 세계 · 문화 · 한경 · 매경 · 서경 · 내경 · 연합 · MBC · SBS)를 합친 액수(116억 2,700만원)보다 27억 7,000만원이 많다.(「조선일보 엄청난 법인세 '구설수'」언론노보, 1994.5.7.)

1994~1995

방송사노조협의회(KBS MBC CBS EBS) 결성

1994.1.10. 한겨레신문 김중배 대표이사와 이사·감사진 11명 전원 총사퇴. 김중배 대표이사는 사원 임시총회를 소집하고 "더욱 튼튼한 한겨레신문의 오늘과 내일을 다지고자 전원 사퇴의 결단을 내렸다"고 밝힘. 11일 한겨레신문노조(위원장 원병준)는 "소송이라는 외적 요인으로 인한 경영진 총사퇴 선언으로 사내에 좌절감과 불안감이 증폭되고 일시적인 경영 공백과 편집방향 상실이 우려된다"며 "창간 이후 최대 위기를 재도약의 전기로 삼기 위한 슬기로움을 발휘하자"는 요지의 성명을 냄.

1994.1.14. 공보처, 50개 지역의 종합유선방송국(CATV) 운영업자 선정 발표. 1994년은 다매체·다채널시대 개막을 위한 기반을 조성한 해로 평가되며, 본격적인 개막은 1995년 3월에 실시되는 종합유선방송국이 될 것이라고 밝힘.

1994.2.26. 공보처는 종합유선방송, 위성방송, 멀티미디어 등 뉴미디어의 정착과 발전을 위해 '뉴미디어국'을 신설하고 공보정책실을 '종합홍보실'로 개편을 골자로 하는 조직개편안 발표. 기존의 '신문행정국'과 '방송행정국'은 '신문방송국'으로, '광고진흥국'을 '매체산

업국'으로 '홍보국'을 '여론국'으로 개편.

1994.3.8. 대구 수성경찰서는 경북일보 사장 고홍석이 1993년 9월 대구은행 만촌지점에서 발행한 4억5천여만원의 당좌수표를 부도냈다며 부정수표단속법 위반혐의로 구속영장 신청.

1994.3.15. 국세청은 KBS, 중앙, 한국, 경향, 서울 등 5개사에 대해 이날부터 세무조사를 실시. 5.16. 동아일보, 조선일보, MBC, 세계일보, 국민일보 등 5개 언론사에 이날부터 제2차 세무조사에 들어감. 12.24. '바른언론을 위한 시민연합'은 국세청이 지난 5월 1차로 5개 언론사에 대한 세무조사를 실시해 놓고도 납세자 보호의무 등 이유를 들어 공개요구를 거부한 것은 국민의 알 권리를 침해한 위법이라며 서울지방국세청장을 상대로 서울고법에 정보공개 청구거부처분 취소청구 소송을 냄.

1994.3.16. 한겨레신문, 시사주간지 『한겨레21』 창간.

1994.3.22. KBS는 공보처와의 협의를 거쳐 KBS-1TV 광고를 올해 7월부터 없애기로 하고 통합공과금으로 징수하던 시청료를 전기요금에 합산하여 한전에서 일괄 징수할 계획이라고 밝힘.

1994.3.26. MBC는 방송사상 최초로 전문PD를 이사대우로 발탁하고 국장급 간부들로 하여금 후배부장 아래서 무보직으로 현업에 근무토록 하는 대기자제를 도입.

1994.3.30. 서울지검은 중앙일보 사회부 예영준 기자를 주거침입, 주거수색, 공무원 자격사칭 등의 혐의로 불구속 기소. '상문고 사태'와 관련 검찰 수사관을 사칭 상문고 서무과장 김순자의 집을 뒤졌다는 이유. 신용호 기자(사회부)와 김형수 기자(사진부)는 각각 기소유예. 무혐의 처리. 3.31. 중앙일보 편집국 기자들은 "알 권리 차원에서 이뤄진 언론의 취재행

위에 대해 검찰이 해당 기자를 기소한 것은 기소권 남용이며 보복성 수사라는 인상이 짙다"는 성명. 서울지방경찰청 출입기자(13개사)들도 "검찰의 기소조치는 지나친 처사"라는 성명. 6.30. 서울지검, 취재과정에서 공무원 사칭 등 혐의로 불구속 기소된 중앙일보 예영준 기자에 대한 3차 공판에서 실형 1년을 구형.

1994.4.28. 4월 26일부터 전면파업에 들어갔던 전북일보노조는 이날 회사측과 ◇임금 3% 인상 ◇부동산 매각을 통한 부채 탕감 ◇회사발전위 설치 등에 합의하고 신문제작에 복귀.

1994.5.3. 정부와 민자당은 당사에서 실무정책조정회의를 갖고 종합유선방송국의 복수 소유를 허용키로 함.

1994.5.3. 김영삼 대통령의 차남 김현철, 한약업사 정치자금 수수 의혹에 대한 보도 관련 한겨레신문을 상대로 20억원의 손해배상과 정정보도를 요구하는 등 청구소송을 서울지법 서부지원에 냄. 김씨는 소장에서 한겨레신문이 4월 27일 신문 1면에 '92년 대선 때 김현철씨 측에 정치자금조로 1억 2천만원을 줬다'는 한약업사 정재중의 주장을 사실확인도 않고 게재, 본인의 명예를 손상했다"고 주장. 5.4. 한겨레신문 노동조합은 '반언론적 행위인 소송을 즉각 취하하라'고 요구. 5.4. 한겨레신문은 대책위원회(위원장 문영희 이사)를 구성. 5.12. 언노련은 김현철씨가 한겨레신문의 보도와 관련, 20억원의 손해배상 청구소송을 제기한 사건에 관해 연맹 사무실에서 서울지역 언론사 노조위원장단 긴급 연석회의를 열어 청와대 쪽의 의혹 해명과 언론에 대한 탄압 중단 등을 요구하는 기자 서명운동에 나서기로 하는 등 적극적인 대응을 하기로 결정. 5.19. 동아일보 편집국·출판국 기자 200여 명은 충정로와 광화문 사옥에서 각각 기자총회를 갖고 "김현철씨 정치자금 수수의혹과 관련된 최근의 신문제작 태도"에 대해 비판하고 "어떤 유형무형의 편집권 침해가 있어서도 안되며 편집권 침해가 있을 경우 이를 막아 나갈 것"임을 결의. 5.27. 서울지검 특수 1부(정홍원 부장검사)는 현철씨로부터 출판물에 의한 명예훼손혐의로 고소당한 '전국한약업사시험추진위원회' 고문 정재중을 구속. 1996.1.26. 서울지법 서부지원 민사 합의1부(재판장 정은환

부장판사)는 김영삼 대통령의 차남 현철씨가 무자격 한약업자들로부터 정치자금을 받은 의혹이 있다는 한겨레신문의 1994년 4월 27일자 머리기사와 관련 김씨가 한겨레신문사를 상대로 낸 손해배상 청구소송에서 "김씨에게 1억여원이 전달됐음을 인정할 자료가 없어 정치자금을 받았다고 인정할 수 없으며 한겨레신문 쪽의 주장에 부합하는 듯한 일부 증거는 재판부가 인정한 사실관계에 비춰 선뜻 믿기 어렵다"며 "한겨레신문사는 김씨에게 4억원을 지급하고 판결을 송달받은 뒤 최초로 발행되는 한겨레신문 1면의 중앙 상단부에 정정보도문을 실으라"고 판결. 이에 대해 한겨레신문사는 "납득할 수 없는 판결로 재판부가 법적 양심에 따라 판결했는지 의심하지 않을 수 없다"며 2.5. 항소. 2.27. 서울고법 민사8부(재판장 김상기 부장판사)는 김현철씨가 낸 손해배상 청구소송 1심판결에서 정정보도를 가집행할 수 있도록 한 데 대해 한겨레신문사가 낸 강제집행 정지신청 재판에서 "1심판결에서 정정보도에 가집행을 명한 부분의 강제집행은 항소심 판결 선고 때까지 이를 정지한다"고 결정. 1997.2.25. 김영삼 대통령의 차남 김현철, '무자격 한약업자 정치자금 수수의혹 보도'와 관련 한겨레를 상대로 제기한 명예훼손에 따른 20억원 손해배상 청구소송 취소. 1998.12.16. 서울지법 민사25부, 김현철의 국정개입 사실을 폭로했던 G클리닉 원장 박경수가 중앙일보를 상대로 제기한 손해배상 청구소송에서 "중앙일보는 500만원을 지급하라"며 원고 승소 판결.

1994.5.4. 서울 강남구 신사동 월드북센터 대표 장명호는 시사주간지 한겨레21이 창간호에서 "자신이 김영삼 대통령 차남 현철씨의 힘을 빌려 강남지역 유선방송업을 따내려 했다는 허위사실을 보도했다"며 이 주간지 곽병찬 기자를 상대로 1억원의 손해배상 청구소송을 서울민사지법에 냄.

1994.5.4. **방송사노조협의회(방노협) 창립.** KBS MBC CBS 교육방송 4개 방송사 노조로 구성. 의장 김영신(KBS노조위원장) KBS 국제회의장에서 대회를 열고 공식 출범.

1994.5.16. CBS(사장 권호경)는 부국장급 이상 임직원 50명의 재산과 회사재산을 언론에

공개. 문민정부의 등장과 함께 사회 저명인사들의 재산공개가 진행되어왔다. 그러나 사회적 영향력이 강한 언론인의 경우에는 예외적 상황으로 남겨져 있었다. 5.23. '바른언론을 위한 시민연합'은 CBS의 임직원 재산공개를 계기로 다른 언론사와 언론인의 재산공개를 촉구하는 성명 발표.

1994.5.24. 공보처는 뉴미디어 산업의 국제경쟁력을 높이기 위해 종합유선방송사의 상호겸영 금지 완화. 종합유선방송국의 복수 운영 허용. 대기업 및 언론사의 위성방송 참여 등 규제의 대폭 완화를 검토하고 있다고 밝힘.

1994.5.25. 모스크바 주재 한국 특파원 기자단, SBS 특파원이 KBS, MBC, SBS 등 방송 3사가 '한국전쟁 다큐멘터리' 필름을 러시아 오스탄키노 방송사로부터 공동구매키로 한 협정을 깨고 먼저 러시아 쪽 제작사와 접촉해 애초 합의한 액수보다 많은 돈을 주고 프로그램을 단독 구매했다는 이유로 SBS 특파원에 대해 3개월간 기자단 이름의 활동을 전면 금지.

1994.6.00. 『다시 태어나야 할 겨레의 신문』(서울 울도서적, 1994) 관련 소송. 한겨레신문 박해전 기자(편집부) 이 책 출간 등을 이유로 해직. 1995.5.17. 서울민사지법 서부지원 민사 2부(재판장 김기수 부장판사)는 1994년 6월 해직된 박해전 기자가 제기한 해고무효 확인 등 청구소송에서 원고 승소 복직판결. 회사측은 이에 불복 항소. 1996.1.11. 서울고등법원 민사16부(재판장 황인행 부장판사)는 박해전 전 한겨레신문 기자가 한겨레신문을 상대로 낸 해고 무효 확인 등 청구소송 항소심에서 원심대로 원고 승소 판결. 재판부는 "회사의 경영방침에 대한 박씨의 주장이 다소 과격하고 비방 책자를 펴내는 등 박씨가 징계사유에 해당하는 행위를 한 점은 인정되지만, 해고 사유에 해당할 만큼 심각한 것으로 볼 수는 없다"고 판시.

1994.6.23. 대구지검 특수부(정연호 검사), 경북일보 김양호 대표를 사문서 위조 등 혐의로 구속. 지난 2월 3일 경북일보사가 윤전기 등을 도입하면서 대한보증보험에 제시한 백지

당좌수표 2장에 대해 신일학원측이 연대보증하기로 했다는 이사회 회의록을 허위로 작성해 보증보험에 제출, 이 보험회사에 24억 6천만원의 손해를 입힌 혐의.

1994.7.1. 정부는 출판문화를 중심으로 한 문화산업을 21세기 전략사업으로 육성한다는 방침 아래 경기도 파주군 교하면 문발리 일대에 42만평 규모의 출판문화정보산업단지 조성계획을 확정지었다고 발표.

1994.7.5. 1986년 6월 「보도지침」 사건 무죄판결. → 참고, 1986.9. 『말』지 「보도지침」.

1994.7.11. KBS 울산방송국 카메라 기자 정임규와 스킨스쿠버 김해준이 경남 울산군 상북면 이천리 파래소에서 방송특집물 「향토기행과 태화강」을 수중촬영 중 사망.

1994.7.23. 오인환 공보처장관은 오는 10월 1일부터 TV수신료를 전기료에 병과해 징수하고 KBS 1TV의 광고를 폐지하는 등의 수신료 징수제도 개선방안을 발표. 2003.11.4. 국회 문화관광위, 방송위원회의 예산안 심사에서 KBS TV수신료 징수방식을 놓고 한나라당과 민주당, 열린우리당 의원들 간 공방.

1994.7.25. 공보처는 세계일보 발행인 박보희 사장이 미국 영주권자로서 국내 주민등록이 지난 7월 18일자로 말소됨에 따라 박씨가 세계일보 등 7종의 정간물의 발행인이 될 수 없음을 세계일보에 통고, 필요한 조치를 취해 줄 것을 요청.

1994.8.2. 서울민사지법 합의 14부(재판장 박국수 부장판사)는 신모씨(서울 목동아파트)가 "원치 않은 무가지를 장기간 배달하는 등 구독강요 행위로 인해 정신적 피해를 입었다"며 H일보를 상대로 낸 1,200만원의 손해배상 청구소송에서 "신문사는 신씨에게 200만원을 지급하고 더 이상 신문을 넣어서는 안된다"며 원고 승소판결.

1994.8.12. 대법원 민사3부(주심 신성택 대법관)는 한겨레신문 이원섭 특집부장과 김형배 여론매체부장이 조선일보를 상대로 낸 해고무효 확인소송 상고심 판결에서 "5공화국 당시 사회 분위기가 억압적이었다 하더라도 원고들이 법원에 제소하는 등의 방법으로 자신의 권리를 행사하는 것이 불가능했거나 이를 기대할 수 없었다고 할 수 없고 원고들이 10여년 동안 해고의 효력을 다투지 않다가 1991년 5월 소를 제기해 새삼스럽게 해임처분 무효를 주장하는 것은 그 권리행사가 허용되지 않는다"며 원고패소 판결한 원심을 확정.

1994.8.23. 중앙일보 홍석현 사장은 지면개혁 설명회에서 현재 종합뉴스 24면, 경제 16면의 2섹션 체제를 종합뉴스는 종전과 같이 24면으로 하고 경제 · 생활 12면, 스포츠 12면을 늘려 3섹션 체제로 바꾸는 등 9월 1일부터 48면 발행체제로 들어간다고 공식발표.

1994.8.29. 방송위원회는 TV 방송시간을 하루 3시간 30분까지 연장하고 광고시간도 현행 100분의 8에서 100분의 10으로 늘리는 것을 주요 내용으로 하는 '방송광고 및 방송시간 조정방안'을 마련, 공보처에 건의.

1994.9.3. 한국방송회관(건립추진위원장 홍두표 KBS 사장) 서울 양천구 목동 오목공원 앞에서 기공식. 오는 1997년 9월 준공 예정.

1994.9.5. 한겨레신문 정연주 워싱턴 특파원, 북경주재 북한대사관에서 입국비자를 발급받음. 9.6. 정 기자는 고려항공 편으로 북경을 출발 평양에 들어감. 이홍구 부총리 겸 통일원 장관은 한겨레신문 정연주 특파원의 방북과 관련, "국내 언론인들이 국내 거주자라는 이유만으로 방북할 수 없다는 것은 법적 형평성에 어긋난다"면서 "언론인의 방북취재를 보장할 수 있는 방안을 적극 검토 중"이라고 밝힘.

1994.9.5. 문화방송 노동조합과 지방문화방송 노조연합회가 전국조직인 전국문화방송노동조합연맹(문노련)을 결성.

1994.9.8. 공보처, TV 프로그램 광고시간을 현행 100분의 8에서 100분의 10으로 25% 늘리는 것을 허용하되 방송시간 연장, 중간광고는 허용하지 않기로 했다고 발표.

1994.9.26. 한국방송광고공사는 "10월 1일부터 KBS 1TV의 광고가 전면 폐지돼 광고물량 적체가 예상됨에 따라 중소광고주들의 방송참여 기회를 넓혀주기 위해 토막광고 방식을 개선. 기존의 30초 길이 3개(90초) 단위로 판매하던 것을 20초짜리 3개와 30초짜리 1개 단위로 바꾸기로 했다"고 발표.

1994.9.27. 방송편집권과 저작인격권의 보호에 관한 새로운 판결. 서울고법 민사9부는 한상진 서울대 교수가 KBS를 상대로 낸 사죄광고 청구소송 항소심에서 "KBS는 한교수의 강연내용을 지나치게 편집, 삭제한 채 방송해 원고의 저작인격권을 침해했다"며 '사죄방송을 하라'는 원고승소 판결.

1994.9.30. 민간 시청자 단체, 방송사 노조, 사회단체 등이 참여하는 '방송개혁을 위한 범국민연대회의'가 여의도 중소기업회관에서 출범식을 가짐.

1994.10.14. 방송위원회 보도교양 심의위원회는 '지존파'와 '온보현사건' 보도와 관련 KBS MBC SBS TV 3사에 대해 사과방송과 제작책임자인 보도국장에 대한 징계를 요구하는 중징계를 결정함.

1994.10.17. 공정거래위원회는 한국방송광고공사가 방송국 광고료의 20%를 수탁수수료로 받은 후 TV광고대행 수수료를 계열사 광고분은 7%(라디오는 9%), 비계열사 광고분은 11%로 차등 적용하는 것은 공정거래에 위반된다며 연말까지 이를 시정하라고 명령.

1994.10.24. KBS2 MBC SBS 등 3개 TV채널이 방송법시행령 개정에 따라 이날부터 광고시간을 현행 전체방송시간의 8%에서 10%로 늘림. TV방송 3사는 1단계로 이날부터 주시청

시간대(SA)를 제외한 나머지 시간대를 10%로 늘리고 2단계로 11월 1일부터 주시청시간대에도 9%로 확대한 후 내년 1월부터 전면적으로 늘려 시행키로 함. 한편 라디오는 이날부터 광고비율이 전면 10%로 확대 시행됨.

1994.11.7. 경남매일노동조합(위원장 최춘환)은 회사측과의 임금협상이 결렬됨에 따라 오후 1시부터 전면파업에 들어감. 12.5. 노조파업으로 신문제작이 전면 중단됐던 경남매일이 파업 29일만에 노사간 합의로 정상화.

1994.12.2. 일간 한국산업경제(회장 서광선)가 서울에서 조간 20면 체제로 창간.

1994.12.5. 삼성그룹은 1996년 중 중앙일보 그룹과 대주주 보유 주식을 완전 매각, 중앙일보를 그룹에서 독립시키겠다고 밝힘. 삼성은 중앙일보의 재정 자립을 위해 중앙일보가 소유하고 있는 연포레저㈜와 운현궁 부지를 1995년 중 매각하고 대주주 및 그룹 매각 대금 일부를 출연해 삼성언론재단을 설립, 운영키로 함.

1994.12.20. 공정거래위원회는 과다한 액수의 경품을 제공한 8개사 여성지에 대해 시정명령과 함께 최고 500만원에서 2,000만원까지 과징금 처벌을 내림. 과징금 처벌을 받은 여성지들은『쎄씨』(중앙일보), 『휘가로』(경향신문), 『필』(조선일보), 『퀸』(서울신문), 『이브』(디자인하우스), 『행복이 가득한 집』·『마이웨딩』(웅진출판), 『우먼센스』(서울문화사), 『메종』(가야미디어) 등. 1997.11.7. 신문협회 산하 공정경쟁심의위원회(위원장 최종률) 월례회의, 경품류 제공 2차 위반행위가 확인된 동아일보 의왕지국과 한국일보 창동지국에 각각 2차 위약금을 부과키로 결정하는 한편 9~10월 두달간 금지사항을 위반한 9개사에도 위약금 부과. 위반사례는 총 41건으로 동아일보 문화일보 각 3건, 한국일보 6건, 중앙일보 3건, 부산매일신문 2건. 경향신문 국제신문 세계일보 조선일보 각 1건. 1998.7.31. 신문협회 산하 공정경쟁심의위원회(위원장 조용중)는 5월 1일부터 6월 20일까지 경품류 제공금지 조항을 위반한 6개사와 강제투입 2차 신고분이 접수된 5개사에 대해 위약금을 부과, 경품류 제공금지 위반

사례는 총 11건으로 조선일보 4건 동아일보 중앙일보 각 2건, 경남신문 국제신문 한국일보 각 1건 등이며 강제투입 위반사례는 동아일보 3건, 중앙일보 한국일보 각 2건, 경향신문 조선일보 각 1건. 1999.3.31. 신문협회 신문공정경쟁심의위원회는 1998년 12월 11일부터 1999년 3월 12일까지 경품류 제공 2차 위반행위 신고분 6건 가운데 5건과 강제투입 2차 신고분 12건에 대해 위약금을 부과. 경품류 제공 위반 신문사는 한국일보 3건, 중앙일보 2건, 강제투입 신문사는 중앙일보 5건, 조선일보 4건, 경향신문 동아일보 한국일보 각 1건. 위약금은 경품제공 건당 100만원, 강제투입 2차 위반 월정구독료 6개월분. → 참고. 1995.9.6. 공정거래위원회.

1994.12.26. 교육방송노조(위원장 박상호)는 제1스튜디오에서 노조원 300여 명이 참석한 가운데 '방송중단 선언식'을 갖고, 개국기념일인 27일부터 방송제작을 거부키로 함. 노조는 이날 성명을 통해 "독립적인 편성권이 없는 현 체제에서는 파행운영이 불가피하다"며 광고 허용·시청료 수납 등을 내용으로 하는 독립공사 개편을 정부측에 요구. 12.30. 노조, "교육개발원측이 징계위에 회부된 노조 간부 5명에 대한 징계를 유보하고 1995년 1월 19일까지 정부와 협의. 공사화 여부에 대한 입장을 밝히기로 함에 따라 파업을 철회한다"고 밝힘.

1995.1.17. KBS MBC CBS EBS 지방 MBC노조연합 등 5개 방송노조 대표는 "현재의 방노협을 발전적으로 해산하고 방송사 단일노조 설립준비위원회를 공식 출범시킨다."고 발표.

1995.1.25. 현대그룹은 문화일보를 그룹에서 분리하겠다고 선언. 7.12. 문화일보 사원 41명은 서울 중구 무교동 '중국성'에서 노조 결성대회. 초대위원장 정하종 기자(편집국 사진부)가 선출됨. 한편 사측은 15일 발기인 및 집행 간부를 맡은 10명에 대해 국간 전보 등 인사조치를 단행. 7.21. 공보처, 특수 일간신문인 문화일보(대표 유인근)의 변경 등록신청을 받아들여 일반 일간신문 정기간행물 등록증을 발급. 문화일보는 이로써 정치를 포함한 모든 분야 기사를 취급할 수 있게 됨. 9.26. 서울지방노동위원회는 문화일보 노영대 기자 등 7명이 제기한 부당전직 및 전보발령 구제신청과 관련, "기자들을 비기자직 혹은 연고도 없는

지방으로 발령한 것은 선발기준, 절차 모두 공정하지 못한 부당전직. 부당전보로 노사 간의 신의원칙에 위배되는 인사권 남용"으로 규정, 기자들을 원직 복귀시키도록 명령. 10.10. 노동조합, 전면파업 돌입. 회사측은 "10일 오전 9시까지 파업을 풀고 업무에 복귀하지 않으면 10일 24시를 기해 직장을 폐쇄하겠다."는 성명을 냄. 11.10. 문화일보 유인근 사장은 "어떠한 경우든 문화일보의 문을 닫는 일은 막아야 한다."는 성명 내고 자진사퇴를 표명. 11.14. 노조파업 15일만에 노사는 최대쟁점이 돼 왔던 부당인사 철회문제 중앙노동위원회의 결정을 따르기로 하고 임금 및 단체협상 일괄타결. 12.18. 파업사태까지 유발했던 7월 15일 인사대상자에 대한 원직복귀 인사 단행. 이에 따라 노영대 차장(판매영업부 호남팀장)과 류숙열 차장(사업본부)이 출판국으로 되돌아왔고 지방발령을 받은 황열헌 차장은 국제부. 공영운 기자는 편집부, 김재목 기자는 사회부, 김교만 기자는 문화2부, 이창재 차장은 심의실로 각각 복귀.

1995.2.4. 김영삼 대통령, 동아 조선 중앙 한국 4사 발행인 청와대로 초치. 과도한 증면 경쟁 자제를 요청.

1995.2.9. 연예계 비리사건을 수사 중인 경찰청 특수수사과는 탤런트나 작가 등으로부터 모두 네 차례에 걸쳐 480만원을 받은 KBS제작단 이사 고성원을 배임수재 혐의로 구속하고, 단역배우 공급회사로부터 단역배우 출연 부탁과 함께 650만원을 받은 SBS 제작위원(국장급) 곽영범도 같은 혐의로 발부받아 검거에 나섰다고 발표. 2.19. MBC프로듀서협회 비상대책위원회(위원장 김승수)는 경찰의 프로듀서 수뢰사전 수사와 관련해 자체 위임된 프로듀서 174명의 사표를 회사측에 공식 제출.

1995.2.22. 국내 최초의 타블로이드 판형 종합 일간신문『일간오늘』(발행인 박성섭)과 청주에서 발행되는『충청매일』(발행인 이중호) 창간.

1995.2.24. 한국ABC협회는 프레스센터 19층 기자회견장에서 정기총회를 열고 '신문부수

공사규정'의 제8조(유료부수)와 제10조(지국별부수) 개정안을 통과시킴. 개정된 공사규정은 '본사 유가부수'를 '본사가 계약에 의해 지국에 부수를 보내고 일정률의 대금을 청구하여 수금한 부수'로 규정.

1995.3.1. 케이블TV 본방송 전국적으로 실시됨.

1995.3.6. 조선일보자유언론수호투쟁위원회(조선투위), 20주년을 맞은 이날 회원 25명이 참석한 가운데 투위활동 마감을 결의. →참고, 조선투위의 성립부터 전개된 활동상황은『자유언론 내릴 수 없는 깃발』, 두레출판사, 1993.

1995.3.9. 수원지검 특수부 김태희 검사는 미성년자를 술집에 소개해 준 한국경찰신문 기자 이모와 공무원과 업체의 약점을 잡아 기사화하겠다고 협박해 광고비 명목으로 금품을 뜯어온 전 경기도민일보 송탄주재기자 김모 등 6명을 공갈 등의 혐의로 구속영장을 청구하고 검경일보 수원주재 기자 최모를 불구속 입건. 검찰은 또 전 수도권일보 이천주재기자 이모 등 4명을 같은 혐의로 수배.

1995.3.23. 서울지검 특수 2부(황선태 부장검사)는 케이블TV 프로그램공급업체인 제일방송 대표 심현우를 업무상 횡령과 상법상 특별배임 혐의로 구속. 검찰에 따르면 심씨는 1993년 11월부터 1994년 2월까지 제일방송 주식 11만 4,000주를 새로 발행하면서 일반 투자자들에게 액면가 1만원보다 1,000~5,000원 높은 가격으로 팔아 차액 2억 2,500만원을 가로챈 혐의.

1995.3.28. 광주지검 순청지청(지익상 검사), 건설현장에 찾아가 발파작업 중 실수로 광양시 진입도로를 바위로 막아 차량진입이 한동안 불가능했던 사실을 기사화하지 않는다는 조건으로 1,000만원을 받아 이를 200만원씩 나눠 가진 기자들; 광주일보(양모), 전남매일(김모), 무등일보(김모), 전남일보(서모), 광주매일(서모) 등 5명 공갈혐의로 구속.

1995.3.30. 서울지검 형사4부(조규정 부장검사)는 남양유업(대표이사 홍원식)과 매일유업(대표이사 박희주)이 서로 상대방회사 제품에 대한 비방 광고를 실은 사실이 인정돼 두 회사 대표와 법인 모두를 각각 1억원씩 벌금 약식 기소.

1995.4.4. 서울방송과 부산, 대구, 광주, 대전 4개 신설 지역민방은 방송업무 협조체제 구축을 내용으로 하는 '방송기본협정'을 조인. 이들은 협정에서 뉴스를 비롯한 프로그램 공유를 통한 네트워크 체제 구축과 독립 민방사로서의 편성권 상호 인정, 프로그램 상호 유상 공급 등을 기본 정신으로 채택하고, 개국 전까지 보도·광고·회선·장비 등에 대한 세부 실무협약을 거쳐 5.14. 개국, 본방송 시작.

1995.4.15. 중앙일보 석간에서 전국 동시 조간체제로 전환.

1995.5.10. 언론노동조합연맹 기관지 『미디어오늘』 창간. 언론노조 기관지이자 동시에 언론비평을 전문으로 하는 독자 매체 두 가지 성격이 혼재. 11.7. 주식회사 형태 완료.

1995.5.15. 국제언론인협회(IPI) 제44차 연례총회가 서울 경복궁 근정전에서 3일간 일정으로 개막. 5.16. 롯데호텔에서 열린 총회에서 "북한이 세계에서 가장 고립된 비밀사회로서 정보의 자유로운 흐름이 전혀 이뤄지지 않고 있다."며 북한의 사회개방과 언론자유를 촉구하는 '북한에 대한 결의문'을 만장일치로 채택.

1995.5.16. 경향신문은 한국 일간신문 사상 최초로 1면 광고를 폐지. 「경향이 언론의 새 장을 엽니다/ 광고 없는 1면, 全面이 기사로」라는 사고를 통해 "신문사의 수익을 늘리기 위해 무모한 증면경쟁을 벌이면서 기사보다 더 많은 광고를 싣고 있는 오늘의 우리 언론풍토는 분명히 잘못된 것입니다. 더욱이 독자가 맨 처음 대하는 1면의 3분의 1을 광고로 채운다는 것은 정보 전달자로서의 신문의 사명에서 크게 벗어나는 것이기도 합니다." 1997.4.7. 전면 가로짜기로 편집체재를 바꾸면서 1면 광고 부활.

1995.6.14. 공정거래위원회는 부당한 신문판촉 활동과 관련 10개 중앙일간지에 대해 시정명령을 내리는 한편, 1,000만~3,000만원의 과징금 부과, 법 위반 사실 신문 공포 등의 제재조치를 내림.

1995.6.23. 한국신문협회 판매협의회는 프레스센터 19층에서 회의를 갖고, 독자에게 배달되지 않고 버려지는 신문부수의 공동조사를 위해 각사 부장급 1명씩 36명으로 구성된 잔지조사위원회를 발족하고 7월부터 실지 조사에 들어가기로 함. 7.3. 판매협의회는 충북 증평파크호텔에서 임시총회를 열고 판매질서 정상화를 위해 8월부터 신문판매에 일체 판촉물을 사용하지 않을 것을 결의. 7.25. 판매협의회가 구성한 잔지조사위원회는 전주의 한솔제지㈜를 방문 조사.

1995.8.1. 한국광고주협회(회장 민병준)는 국내에 ABC제도를 조기에 정착시키기 위해 마련하고 있는 'ABC기금' 목표액 100억원 가운데 1차 조성금 80억원을 한국ABC협회에 전달.

1995.8.28. 서울대 언론정보연구소(소장 박명진 신문학과 교수)와 한국프레스센터 (이사장 이상하)가 공동주관하는 국내 최초의 대규모 외국언론인 연수 과정인 '서울펠로십프로그램' 서울대 호암생활관에서 열림. 파키스탄, 중국, 네팔 등 아시아지역 12개 국가 현직 언론인 12명 참가.

1995.9.1. 코리아헤럴드-내외경제신문은 국영문 혼용 주간지 'Herald Week' 창간. 타블로이드판 24면 발행.

1995.9.6. 공정거래위원회, 경품제공, 사원 할당 판매 등 불공정거래행위로 시정명령과 과징금 부과명령을 받은 10개 중앙일간지 가운데 국민, 동아, 서울, 세계, 조선, 한겨레, 한국 7개사가 제출한 이의 신청을 '이유 없다'고 기각. → 참고 1994.12.20. 공정거래위원회.

1995.10.5. 케이블TV 지역채널의 뉴스보도 불허. 오인환 공보처장관, "정치적으로 악용될 소지가 있고 지역이기주의에 의한 지역간 분열, 열악한 재정과 인력, 사이비기자 폐단 등 우려가 있어 이를 검토하지 않고 있다."고 밝힘.

1995.10.9. 중앙일보 한글날을 기해 전면 가로쓰기 편집. 1996.9.16. 매일경제신문, 전면 가로쓰기 편집. 10.30. 문화일보도 이날부터 전면 가로쓰기 편집. 1997.4.7. 경향신문 전면 가로쓰기 편집. 1998.1.1. 동아일보 전면 가로쓰기 편집. 3.15. 한국일보 전면 가로쓰기. 3.30. 한국경제신문 제호를『한국경제』로 바꾸고, 전면 가로쓰기로 전환. 1999.3.2. 조선일보 전면 가로쓰기 편집. 출판계는 단행본을 거의 가로쓰기로 바꾸었던 때에 주요 잡지도 한글 전용과 가로쓰기 편집으로 전환한 것은 대개 70년대 중반 무렵이었다. 1997년 3월 창간된『뿌리깊은 나무』에 이어『마당』(1981.9.) 등 잡지가 한글을 전용하면서 대부분의 잡지와 단행본은 한글전용과 가로쓰기로 바뀌었다. 문학 전문잡지는 1980년대 초부터 가로쓰기를 선도했는데『현대문학』(1982.12; 지령 336호),『문학사상』(1983.1; 지령 123호),『한국문학』(1973.3; 지령 116호) 순이었다. 일간지는 아직 가로쓰기와 한글전용을 과감하게 도입할 수 없었으나 잡지와 일반 출판물을 비롯한 광고 분야는 민중의 요구를 적극적으로 수용하여 한글전용과 가로쓰기가 늘어나고 있었다. 신문사 발행 종합잡지의 경우 신동아(1988.1.) 월간조선(1999.4.) 가로쓰기 편집.

1995.10.13. 대통령 부인 손명순, 동아일보와『NEWS+』10월 11일자「손명순 여사가 92년 말 대선 직후 백화점에서 8,000만원을 소매치기 당했다」보도에 대해 동아일보 김병관 회장과 권오기 사장, 최맹호 사회부장, 김차웅 NEWS+ 부장과 기사를 쓴 이병기 기자 등을 서울지검에 출판물에 의한 명예훼손 혐의로 고소. 동아일보는 14일자 사회면에 당초 나왔던 기사 및 제목과 같은 크기의 정정보도문과 사과문 게재. 10.23. 언노련, 기협, PD연합회 등 언론 3단체는 동아일보 오보사건과 관련, 청와대가 대통령 수행취재기자단에서 동아일보를 일방적으로 제외한 데 대해 "명백한 언론자유 침해"라는 성명 발표.

1995.10.24. 삼성그룹, 언론계와 언론학계의 교육·취재·연수 등을 지원하는 출연금 200억원 규모의 '삼성언론재단' 설립. → 참고, 2018.5.29. 삼성언론재단 임시 이사회.

1995.10.27. 서울지하철 신문판매협의회(대표 박기철)는 서울시의회가 신문판매 관련 조례개정을 추진하려는 데 항의. 이날부터 무기한 신문가판 중단에 돌입한다고 발표.

1995.11.1. 5월에 창간된 산경일보가 발행인 구속과 부도로 발행을 중단.

1995.11.24. 서울지검 북부지청 특수부(김헌정 검사)는 폐기물을 불법매립한 건설업체로부터 금품을 갈취한 중부일보 박모 기자 등 8명을 공갈 등의 혐의로 구속하고 동방환경신문 발행인 이모 등 4명을 같은 혐의로 불구속 입건.

1995.12.12. 광주-전남지역 연고 종합일간지 광남일보, 신문판형 전면 가로쓰기 국한문 혼용체제로 창간.

1995.12.12. 국회 문체공위(위원장 신경식), 정기간행물에 관한 법률개성안 의결. 1996년 7월 1일부터 시행키로 의결. 개정안은 언론중재위원회에 중재결정권을 부여하고 '정정보도청구권'을 '반론보도청구권'으로 바꾸고, 청구 기간도 일간신문과 통신의 경우 공표일부터 14일 이내에서 1개월 이내로 늘림. 개정안은 또 자가인쇄시설을 갖추지 않고 인쇄소와의 계약만으로도 일반주간신문으로 등록을 할 수 있게 해 지역신문의 정치보도를 허용.

1995.12.20. KBS와 서강대가 공동운영하는 장애인 전문 라디오방송 '사랑의 소리' 개국.

1995.12.30. 방송위원회는 선거시기 방송의 정치적 중립과 보도의 형평성 등을 규정한 '선거방송심의에 관한 특별규정'을 제정, 공포. 또 방송 관련 인사 등 7명으로 '선거방송심의 특별위원회'를 구성, 1996년 1월 12일부터 운영할 방침.

1996~1996

지역언론 경영인 구속과 노조 파업

1996.1.4. 부산지검 진주지청(담당검사 김호영)은 경남 사천의 한 기업으로부터 공해배출 사실을 보도하지 않은 대가로 400만원을 받은 진주MBC 김모 기자를 공갈혐의로 기소. 또 사천시청의 홍보기사를 작성한 대가로 800여만원을 갈취한 경남매일 하모 기자와 동남일보 윤모 기자를 배임수재 혐의로 기소하고 같은 이유로 사천시청으로부터 각각 590만원과 450만원을 받은 경남신문 한모 기자와 경상일보 김모 기자는 불구속 처리.

1996.1.4. KBS MBC SBS 방송 3사 사장단은 한국방송협회주관으로 열린 선거보도 책임자 회의에서 오는 4월 11일 실시되는 15대 총선 출구조사를 공동으로 실시하기로 합의.

1996.1.15. 중앙선관위는 생활정보를 다루는 지역신문들이 15대 총선 출마예상자들의 공적 등을 선전하는 방식으로 사전선거운동에 악용되고 있다고 판단. 각급 선관위에 철저한 실태파악과 의법처리를 지시했다고 밝힘.

1996.1.17. 12·12 및 5·18사건 특별수사본부(본부장 이종찬), 1980년 언론인 강제해직과

언론통폐합조치는 전두환 당시 보안사령관의 지시에 따른 집권계획 일환으로 자행된 불법 조치로 내란의 주요과정에 해당한다는 수사결과를 발표. 1997.3.10. 서울지방검찰청은 80년 언론통폐합과 언론인 강제해직을 주도한 혐의(내란 중요임무 종사)로 지난해 2월 해직 언론인 94명에게 고소됐던 권정달 당시 보안사 정보처장 등 6명을 모두 기소유예 및 무혐의 처리했다고 밝힘. 검찰은 "시국수습방안을 입안했음이 드러난 권씨는 국헌을 문란케 할 목적이 있었다고 인정되고 해직대상 언론인의 명단을 만드는 데도 참여했지만 전두환 전 대통령의 지시에 따른 것이었고 언론통폐합에는 직접 간여하지 않은 점 등을 고려 기소유예 처분했다"고 밝힘. 4.19. 80년 해직언론인 73명(대표 고승우 한겨레신문 부국장)은 대법원이 전두환, 노태우에 대한 상고심 판결을 확정한 것과 관련, 정부가 80년 신군부의 내란과정에서 해직된 언론인들에 대해 배상할 것을 촉구하는 국가배상재심청구를 법무부에 제출. 1998.5.21. 1980년 신군부의 언론탄압에 대항하다 구속됐던 노향기 전 기자협회 부회장 등 4명이 18년만에 80년 구속 언론인으로는 최초로 법원으로부터 무죄를 인정받음. 서울고법 형사3부는 노향기 전 부회장을 비롯해 박정삼 전 감사, 김동선 전 편집실장, 안양로 전 편집실 기자 등 기자협회 전직 임직원 4명이 1996년 10월 제기한 재심판결에서 검열철폐·제작거부 운동으로 인한 계엄포고령 위반은 범죄가 되지 않기 때문에 원심을 파기하고 무죄를 선고. 6.10. 80년 5·17 계엄당시 신군부의 언론검열에 항의, 신문제작을 거부했다는 이유로 유죄판결을 받은 기자들에 대한 재심청구사건에서 무죄판결. 서울고법 형사4부(재판장 곽동효 부장판사)는 당시 경향신문 기자로 근무하면서 신문제작을 거부해 포고령위반 및 반공법위반혐의로 징역형을 선고받은 서동구 조사국장(전 경향신문 편집국장), 이경일 외신부장(전 문화일보 논설위원) 등 전 경향신문 기자 7명에 대해 무죄를 선고, 이는 5월 21일 기자협회 전직 임직원 4명에 대한 무죄판결에 이어 두 번째. 7.9. 서동구(언론연구원장), 이경일(언론연구원 정책연구 본부장) 등 1980년 당시 경향신문 해직기자 27명이 검찰에 5.18 수사기록 공개를 요구하는 행정소송 1차 심리가 열림. 이번 소송은 1996년 경향신문 해직기자 34명이 전두환, 노태우 등을 상대로 3억 4,000만 원의 손해배상 청구소송을 제기한 것과 관련 검찰이 1995년 전두환·노태우의 언론탄압 행적 등 당시 수사기록에 대한 열람, 복사 등 자료 일체의 공개를 거부해 이루어진 것임. 행정소송은 기각됨. → 참고 1980년 언론인 대량해직과 언론 통폐합.

1996.3.4. KBS MBC SBS 방송 3사의 오전 방송시간이 이날부터 10시에서 12시까지 2시간 연장됨. →참고 2012.9.7. 방송통신위원회, 지상파TV의 방송 허용 시간을 하루 19시간에서 24시간으로 확대.

1996.3.14. MBC노조 무기한 파업. 이날 열린 주주총회에서 강성구 현 MBC 사장의 연임을 결정하자 비상총회를 열고 MBC노조연합 비상대책위원회(공동위원장 최문순, 황철순)는 전면파업 성명을 통해 "강성구 사장은 편파방송의 최종책임자로서 이에 대한 책임을 져야 한다"고 주장. 3.18. 19개 지방MBC 연대파업. 3.21. 국민회의, 민주당, 자민련 등 야 3당은 MBC파업 진상조사단을 구성. 3.28. MBC측은 최문순 노조위원장을 포함한 비대위원 18명 전원을 "사장선임 문제가 노동법상 단체행동권 대상이 아닌데도 노조가 노조원들과 함께 파업에 돌입해 본사 1층 로비를 점거하고 농성을 벌이는 등 업무를 방해했다"며 서울지검 남부지청에 고소. 4.2. 민주노총 · 민주화를 위한 전국교수협의회 · 방송개혁국민회의 등 31개 사회단체는 이날 오전 서울 종로성당에서 '공정방송 실현과 문화방송 강성구 사장 퇴진촉구범국민 대책위원회'(공동대표 김중배) 발족식. 4.6. 문화방송노동조합은 파업 24일째인 이날 오전 5시를 기해 파업을 풀고 업무 복귀. 이에 앞서 4일 최문순 노조 비대위공동의장은 "문화방송 대주주인 방송문화진흥회 김회집 이사장과 본인이 노조쪽이 즉각 파업을 풀고 전원 업무에 복귀하는 대신 방문진은 책임을 지고 강 사장을 사퇴시킨다는데 전격 합의해 노소십행부가 이를 의논한 끝에 업무에 복귀하기로 결정했다"고 밝힘. 6.3. MBC 보도국 기자 100여명, 보도국에서 비상총회를 갖고 사측이 최문순 전 노조위원장(전국팀 기자)의 징계를 강행할 경우 집단사표를 제출키로 결의하고 즉석에서 사표 작성. 6.15. 강성구 사장 사퇴. 187명의 기자들이 사표 제출 하루만에 업무 복귀. 6.26. MBC인사위원회(위원장 편일평 사장직무대행)는 최문순 전 노조위원장을 비롯한 6명의 파업 관련 징계자들에 대한 재심결과 징계내용을 원안대로 확정. 7.3. 징계된 최문순 전 노조위원장 등 비대위원 17명 검찰에 기소됨. 1997.2.20. 서울지방법원 남부지원 재판부 심태길 판사는 지난해 MBC노조의 강성구 사장 퇴진운동과 관련, 업무방해 혐의로 고소된 최문순 전 MBC노조위원장

등에 대한 선고공판에서 "비록 목적과 수단이 정당하다 하더라도 노조가 경영권을 침해해서는 안되는 만큼 현행법상 불법행위가 분명하다"며 최문순 전 MBC노조위원장과 박정근 사무국장에게 징역 8월에 집행유예 2년. 권문혁 홍보선전부장, 김종규 쟁의부장 등 15명에 대해서는 징역 8월 집행유예 1년을 선고. 5.1. 강성구 사장 퇴진을 요구하며 파업을 벌이다 해직된 최문순 전 MBC노조위원장이 재입사 형식으로 복직. 10.29. 서울지방법원 형사항소 재판부(강민형 판사)는 강성구 사장 퇴진을 요구하며 파업을 주도하다 업무방해 혐의로 고소된 최문순 전 MBC노조위원장 등 MBC노조 7대 집행부에 대한 항소심 공판에서 1심 실형 판결을 깨고 100만원의 벌금형 선고. 재판부는 "업무방해죄는 성립되나 파업의 동기 및 이유를 참작한다면 1심의 양형은 과도하다"고 판결사유를 밝힘.

1996.3.18. 국내 최초의 통신·방송위성인 무궁화 1호의 위성통신 서비스가 실시되면서 본격적인 위성방송시대가 열림.

1996.4.3. 한국언론학회와 중앙일보는 서울 프레스센터 기자회견장에서 독립신문 창간 100주년 기념 국제학술회의 개최. 4.4. 한국프레스센터(이사장 이상하)는 독립신문 창간 100주년을 기념해 이날부터 12일까지 '서재필과 독립신문' 특별전시회를 프레스센터 1층 서울 갤러리에서 개최. 개막일인 이날에는 프레스센터 기자회견장에서 기념강연회.

1996.4.4. 전북일보노조, 사측과의 임금협상 결렬로 파업.

1996.4.8. 신문윤리강령과 실천요강 39년만에 대폭 손질. 40회 신문의 날 기념대회에서 정식 선포됨.

1996.4.9. 단체협상 결렬로 진통을 겪고 있는 동남일보(회장 김인태, 마산시 발행)가 회사측의 단전조치로 이날부터 신문 발행 중단. 4.16. 동남일보, 경영상 어려움으로 공보처에 폐간신고를 냄. 4.30. 창원지검 특수부(하인수 검사)는 4월 13일 동남일보노조(위원장 이동영)

가 김인태 회장을 노동쟁의조정법 위반(제3자 개입)과 폭행 혐의로 고발함에 따라 동남일보와 사주인 김 회장이 경영하는 성안백화점에 대한 압수수색을 벌여 임금대장과 경리장부 일부를 압수하고 동남일보 총무국장과 비서실 여직원을 소환. 5.7. 창원지검 특수부는 김인태 회장에 대해 비자금 100억원을 조성. 유용한 혐의로 사전구속영장을 발부받아 검거에 나섬. 5.15. 창원지검 특수부(부장 이준보)는 비자금 조성 혐의로 사전 구속영장이 발부됐던 동남일보 김인태 회장을 구속 수감.

1996.4.11. 이날 실시된 15대 총선과 관련 방송 4사는 여론조사기관과 공동으로 투표자 여론조사 실시. 오차범위가 ±4.3%인 조사에서 당선자 예측이 빗나간 곳은 39곳에 이름. 예상 당선자와 실제 당선의석수가 빗나간 경우도 신한국당 -36석(예상 175석), 국민회의 +7석(예상 72석). 민주당 +4석(예상 11석). 자민련 +17석(예상 33석) 등으로 큰 오차를 보임. 4.13. KBS, MBC, SBS, EBS 방송 4사는 오후 9시 TV뉴스 등 각사의 메인뉴스 프로그램을 통해 15대 총선 개표방송에서 빗었던 선거 예측 오보에 대해 공동 사과방송.

1996.4.16. 국제방송교류재단(이사장 이찬용) 공식 출범. 재단은 ◇올해 말부터 국내거주 외국인들을 대상으로 한 24시간 영어 케이블방송 '월드 채널' 운영 ◇국제위성망사업인 '코리아 채널'을 내년 1월부터 가동 ◇방송프로그램의 수출입 전문대행업 및 프로덕션 지원사업 등이 주 업무.

1996.4.19. 충청일보 사장 선임 갈등. 지난해 8월 사장으로 선임됐다가 직원들의 반발로 물러난 안병섭 전 안기부 외사국장을 이날 다시 임시이사회에서 사장으로 선임한 것과 관련 충청일보노조(위원장 박수현)는 즉각 성명을 내어 "과거 언론탄압을 일삼던 정보기관의 간부를 사장으로 선임한 것은 충청일보는 물론 한국언론에 대한 모욕"이라며 사장 선임 취소를 요구. 6.14. 충청일보는 노조의 안기부 출신 사장 재취임 반대에 앞장서 온 박수현 노조위원장과 조장호 부위원장을 해고하는 등 노조 간부들을 해고·권고사직·정직 등으로 중징계 조치. 6.15. 충청일보노조, 언론노련, 민언련, 공동대책위 등은 청주시 상당공

원에서 '안기부 출신 사장 반대와 부당해고 규탄대회'를 가짐. 6.18. 충청일보 기자협회는 노조 집행부의 징계철회를 요구하는 성명서 발표. 6.24. 충청일보 조충 상무이사는 충청일보노조의 기자회견 및 대외집회에 대한 회사 입장 설명회 자리에서 사장 사퇴와 관련 왜곡보도로 인해 피해를 보고 있다며 보도에 신중을 기하라고 당부. 7.26. 비상대책위, 사장 승인.

1996.5.14. 서울지법 민사합의 14부(재판장 장경삼 부장판사)는 월간 여성지『필』94년 8월호에 실린「호스티스 출신 서울대 여학생의 충격고백」수기와 관련, 오영나 등 15명이 조선일보와 이 기사를 쓴 기자를 상대로 낸 손해배상 청구소송 판결문에서 "『필』지는 수기의 당사자를 전북 전주 출신의 서울대 사회대 86학번 여학생이라고 명시했는데 실제로 이에 해당하는 사람은 오씨를 포함해 두 명 밖에 없다"며 "이들은 이 잡지가 보도한 사실과 관련이 있다는 어떤 확증도 없는 만큼 오영나 등이 입은 정신적 피해를 보상해야 한다"고 밝히고 조선일보는 오씨 등에게 4,600만원을 지급하도록 원고 승소판결.

1996.5.31. 국무총리 행정심판위원회(위원장 김기석 법제처장)는 80년 해직언론인 118명(대표 고승우 등 3명)이 공보처를 상대로 낸 행정심판청구에 대해 "80년 당시 언론인 해직에 공권력이 부당하게 행사됐다며 명예회복 및 피해배상을 위한 특별법제정을 요구한 주장은 행정심판의 대상이 될 수 없다"며 각하 결정. 1996년 고승우 한겨레신문 부국장(전 합동통신 해직기자) 등 80년 해직언론인 74명은 전두환 노태우 등 신군부가 내란 목적으로 자행한 언론학살 과정에서 강제해직됐다며 현정부를 상대로 서울지구 국가배상심의위원회에 배상을 신청. 고씨 등은 "12·12 및 5·18사건 1심 공판에서 전·노씨가 80년 당시 정부 공직자인 군 장성으로 재직하면 서 언론인 1,300여명을 불법 강제해직시킨 것으로 확인된 만큼 현 정부는 해직언론인들에게 배상할 의무가 있다"고 주장. 1996.8.24. 서동구 전 편집국장 등 경향신문 해직언론인 27명은 전두환 노태우 등 12·12와 5·18사건 피고인 8명과 최 대통령 및 국가를 상대로 원고 한사람에 우선 1,000만원씩 지급을 요구하는 손해배상 청구소송을 서울지법에 냄. 이들은 소장에서 "전씨 등이 국가공무원 신분과 직위를 이용해 '언론인 학

살'을 벌였고 최 대통령도 이들을 규제 감독하는 지위에 있으면서도 불법행위를 저지하지 못했으므로 국가배상에 책임이 있다"고 주장. 1997.1.23. 서울지방법원, 해직언론인들의 청구를 기각.

1996.6.4. 정기간행물의 등록 등에 관한 법률시행령 개정안이 이날 국무회의에서 의결됨. 7월 1일부터 시행될 이 개정안의 주요 내용은 언론중재위원회에 중재결정권 부여. 1년 이상 창간하지 않거나 발행이 중단상태인 정기간행물에 대해 공보처장관이 직권으로 등록 취소 가능 등.

1996.6.5. 관훈클럽, '한국언론2000년위원회' 제1차 회의. 6.25. 제2차 위원회 구범모 위원장 선출. 8.2. 예산 3억 확정. 1997.1.18. 제1회 연구간담회, 10회까지 개최. 8.00.『김영삼정부 하의 언론통제관련 사례 기사모음』(정인숙) 발간. 2000.10.27.『한국언론보고서』 공포. 12.20.『한국언론의 좌표, 한국언론2000년위원회 보고서』 출간.

1996.6.13. ABC협회, 부수공사 1차보고서 발간. 보고서에는 공사에 참여해 최종적으로 인증위원회를 통과한 동아일보, 동양일보, 일요신문, 평화신문, 한국교육신문 등 5개 인쇄매체의 발행부수, 발송부수, 유가부수 등이 공개됨. 1997.2.21. 한국광고주협회(회장 민병준) 정기총회. "한국 ABC협회 보고서에 의한 신문부수만을 공식적인 자료로 인정하며 신문부수공사에 참여한 신문과 그렇지 않은 신문에 대해서는 어떤 형태로든 차별할 것"이라며 신문부수공사 촉구 결의문 채택.

1996.7.1. 중앙 조간지 8개사 월요판 발행. 동아일보와 중앙일보, 이날부터 매주 월요판 발행. 세계일보와 경향신문도 2일과 3일 각각 월요판 발행 사고를 냈고, 조선일보는 4일 월요판 발행에 따른 노사협의를 마침. 한겨레는 13일 월요일자부터 월요판 발행.

1996.7.15. 보급소장 살해 과당경쟁. 새벽 3시 25분 쯤 경기도 고양시 덕양구 성사동 조

선일보 성사보급소에서 중앙일보 원당보급소 총무 김국일(34) 등 2명이 흉기를 휘둘러 조선일보 보급소 총무 김종환(23)이 숨지고 보급소장 조대성(29)이 중상을 입음. 1997.12.4. 서울지방법원 민사합의41부는 지난해 7월 경기도 고양시 조선일보 남원당지국에서 중앙일보 지국 직원들에 의해 피살된 김중환(조선일보 남원당지국 총무) 유족과 중상을 입은 조대성이 중앙일보사 등을 상대로 낸 손해배상 청구 소송에서 “중앙일보 쪽은 원고들에게 1억 6,000여만원을 지급하라”며 원고승소 판결. 재판부는 “이 사건이 신문발송 및 부수확장 사업에서 비롯된 만큼 회사쪽은 지국을 통해 영업확장이라는 이익을 얻고 있는 실질적인 사용자로서 지국 직원의 불법행위에 따른 손해를 배상해야 할 책임이 있다”고 밝힘.

1996.7.16. 한국신문협회 판매협의회, 서울지역 신문사 판매국장 회의를 열어 지국 직원의 살인사건으로 물의를 빚은 중앙일보를 징계키로 함. 또한 구독 신청자에 대한 경품제공 중단과 무료구독기간의 1개월 제한 등의 내용을 담은 자율규제안을 마련하고 이를 신문협회에 건의키로 함. ◇바른언론을 위한 시민연합(공동대표 이세중 전 대한변협회장 외 5명)은 ‘살인적인 신문보급 경쟁을 중단하라’는 제목의 성명을 통해 “재벌신문사들이 조간으로 전환하면서 과열되기 시작한 신문확장 경쟁은 전쟁을 방불케 할만큼 거칠고 결사적이어서 보급대상인 시민들이 공포와 불안에 떠는 폭력으로 등장한 지 오래”라며 “신문 강제투입이나 경품을 앞세운 신문보급 과당경쟁을 즉각 중단하고 이번 사건에 대해 국민 앞에 사죄하라”고 촉구. 서울 종로구 본부 사무실에서 신문의 불공정판매행위를 막기 위한 ‘강제구독 피해신고센터’ 발족식을 가짐.

1996.7.18. 한국신문협회 판매협의회(회장 정영수 서울신문 판매본부장)는 프레스센터에서 긴급 이사회를 열고 보급소 직원 살해사건에 대한 책임을 물어 중앙일보사를 제명. 회원사들은 신문 판매의 무질서한 과당경쟁을 막기위해 ◇독자확장을 위해 어떠한 경품도 일체 제공하지 아니한다 ◇구독의사가 없는 신문을 강제로 투입하지 아니한다. ◇구독료 무료기간은 1개월로 한정한다는 등 3개 항 결의. *이수성 국무총리는 국회 본회의 경

제1분야 대정부 질문에서 국민회의 장성원 의원의 과잉신문판매 대책에 대한 질문에서 "언론사간 과잉경쟁을 막기 위해 정부는 각 신문사에 자제를 요구하는 조치와 함께 별도로 적절히 규제해 나갈 것"이라며 "공정거래법에 위반되는 불공정함이 발견되면 즉시 처벌할 방침"이라고 답변. 공정거래위원회는 신문사간 과당경쟁 문제와 관련, 긴급간부회의를 열고 신문사간 공정경쟁을 유도하기 위해 한국신문협회가 자율적으로 과다한 경품제공과 무가지 배포행위를 규제하는 '공정경쟁 규약'을 만들어 시행하도록 촉구키로 함. 9.20. 신문협회 이사회는 '신문판매자율규정'을 최종 확정. 신문협회는 자율규정의 준수와 위반사항의 처리 등을 원활히 하기 위해 판매협의회 산하에 '신문판매자율규정 집행위원회'를 설치키로 함. 1997.2.21. 신문협회는 신문판매의 과당경쟁을 방지하고 구독자의 권익보호를 위해 자율규약인 '신문업계의 공정경쟁규약과 시행세칙' 시행에 들어감. 시행세칙에 따르면 한국신문협회는 공정경쟁규약 집행위원회를 두고 경품류 제공, 강제투입. 무료지 제공, 무가지 공급, 정가유지 위반 등 5가지 공정경쟁 위반행위에 대해 위약금을 부과하는 등 처벌하기로 함. → 참고, 1997.2.21. 한국신문협회, 신문판매 과당경쟁을 방지.

1996.7.24. 공정거래위원회는 신문협회 회장단과 간담회. 신문부수확장 과정에서 과당경쟁을 방지하기 위해 신문협회 스스로 자율경쟁 규약을 만들어 시행하고 추후에 공정위가 별도로 '신문업에 있어서의 특정 불공정거래행위의 유형 및 기준고시(신문고시)'를 제정 시행해 나가기로 함. 이에 따라 신문협회는 8월말까지 ◇무가지 개념과 유가지에 대한 비율 ◇경품한도 ◇신문 강제투입 자제 등 내용을 구체적으로 명시한 '자율경쟁규약안'을 만들어 공청회 개최와 공정위 승인 절차를 거쳐 오는 10월께부터 본격 시행할 방침. 한편 이날 간담회에서는 신문사들이 구독료를 한푼이라도 할인해 줄 경우 이를 모두 무가지로 규정하고 이같은 무가지를 유가지의 20% 범위 이내에서만 배포할 수 있도록 엄격히 제한하기로 함. 또 무료구독서비스 기간도 1개월 이내로 제한하고 부수확장을 위한 과도한 경품제공도 철저히 감시해 나가기로 함. 한국소비자연맹 등 8개 소비자단체의 협의체인 소비자보호단체협의회(회장 정광모)는 신문강제구독 강요사례를 고발하는 '원하지 않는 신문 신고센터'

를 설치하고 이날부터 운영에 들어감.

1996.7.26. 이필곤 삼성물산 대표 등 삼성그룹 10개 계열사 사장은 언론중재위원회에 무더기 중재신청. ①조선일보 송희영 경제과학부장 칼럼「삼성공화국」(7.24, 5면)에 대해 정정보도 신청. ②삼성물산은 조선일보 7월20일자「삼성 고유업종 무차별 침범」제하 기사. ③삼성생명은 조선일보 21일자 9면「삼성생명 부당 약관 물의」(경제과학부 박정훈 기자). ④삼성데이터시스템은 조선일보 18일자 2면 기자수첩「삼성의 미행」(윤영신 기자). ⑤중앙개발은 한국일보 22일자「용인 에버랜드 안전시설 물의」기사가 사실과 다르다며 조선일보와 한국일보를 상대로 각각 언론중재위원회에 중재신청을 냈다고 밝힘. ⑥중앙일보는「중앙일보, 다른 신문 가판 싹쓸이 말썽」(7.19, 39면) 기사에 대해 정정보도를 요구하는 한편 반론문 게재도 요청. ⑦삼성과 중앙일보는 또 한국일보 기사 4건과 동아일보 기사에 대해서도 언론중재위에 정정보도를 신청. 이와 관련 30일 삼성그룹 최고 의사결정 기구인 8인 운영위원회는 회의를 열고 "법적 소송도 불사할 방침"이라고 밝힘. 8.20. 언론중재위원회는 조선일보 7월 21일자 31면「중앙일보 타지 훼손 일쑤」제하 등 기사에 대해 중앙일보측이 사실이 아니라며 중재위에 정정보도 및 반론보도 중재신청을 낸 것과 관련, "조선일보는 이 결정이 확정된 후 최초로 발행되는 조선일보 사회 1면에 상자기사로 반론보도문을 게재하라"고 직권중재 결정. 8.25. 이건희 삼성그룹 회장과 방일영 조선일보 고문은 서울 워커힐호텔에서 최근 '신문전쟁'에 관한 의견을 나눔. 10.4. 중앙일보사는 서울지법에서 열린 조선일보 등 4개 지를 상대로 제기한 7건의 반론보도 청구소송에 참석하지 않음.

1996.9.16. 삼성그룹, 조선일보를 상대로 언론중재위원회에 제기했던 중재신청 모두 포기. 조선일보도 삼성항공㈜이 신문광고를 통해 조선일보를 비롯한 일부 일간지가 군사기밀 누출사건을 왜곡보도했다는 주장에 대해 8월 5일 서울지검에 낸 명예훼손 혐의 고소 취하.

1996.9.16. 서울지법 형사항소6부(재판장 김영식)는 북한 저작물『이조실록 번역본』을

무단복제 배포한 혐의로 구속기소된 윤영수 피고인에 대해 저작권법 위반죄 등을 적용, 징역 1년 6월에 집행유예 2년을 선고. 재판부는 "우리나라의 주권은 헌법상 북한에까지 미치므로 비록 북한이 세계저작권조약(UCC)에 가입하지 않았더라도 북한저작물은 국내 저작권법상의 보호를 받는다."고 판결.

1996.10.4. 공보처는 방송위원회 위원을 입법 사법 행정 3부 추천으로 대통령이 임명하고, 보도분야를 제외한 위성채널에 대기업과 언론사의 참여를 허용하는 것을 골자로 한 통합방송법안을 입법예고. 11.24. 한국방송공사 문화방송 교육방송 기독교방송 등 방송4사 노동조합 위원장들은 통합방송법과 관련. 모임을 갖고 "밀실 야합으로 통합방송법이 제정될 경우 즉각 총파업에 들어가겠다"고 합의 .

1996.10.4. 헌법재판소 전원재판부(주심 김문희 재판관)는 영화를 상영하기 전에 반드시 공연윤리위원회의 심의를 받도록 한 영화법 12조에 대해 재판장 9명 전원일치로 위헌결정 선고. 재판부는 판결문에서 "공륜이 영화 사전심의 결과에 따라 상영여부를 결정할 수 있도록 하고 사전심의를 받지 않는 경우 상영금지와 형사처벌을 할 수 있도록 한 것은 헌법 21조 2항에서 금지하고 있는 언론 출판에 대한 사전검열제도에 해당한다"고 밝힘 .

1996.10.10. 부산지역의 유일한 경제일간지였던 부산경제신문(회장 최정환)이 자매지 부산매일에 통합, 종간됨.

1996.10.10. 전국문화방송노동조합 창립. "개별노조의 벽을 허물고 하나가 된 것은 기업별 노동조합의 한계를 극복하고 강력한 연대를 구축하여 방송민주화운동의 새 지평을 열기 위한 것"이라고 선언. 12.9. 노동부, 전국문화방송노동조합(위원장 정찬형)에 신고필증 교부. 이로써 문화방송 본사와 19개 지방계열사 노조가 단일노조로 공식 출범. 1997.4.23. 『문화방송노보』 창간.

1996.10.14. 서울지검 특수2부(부장 김성호)는 서울방송이 보건복지부 산하 식품의약품 안전본부 조사결과를 인용. 9월 12일 '시판중인 분유에서 발암물질이 검출됐다' 고 보도한 사실과 관련, 이 자료를 서울방송 김승필 기자에게 건네준 이 기관 용기포장과 연구사(6급) 서석춘을 공무상 비밀누설 및 절도혐의로 구속. 10.26. 검찰은 공무상 비밀누설 혐의는 빼고 절도혐의로 서석춘을 기소. 한편 김승필 기자는 22일 검찰에 출두. 참고인 조사를 받음.

1996.10.24. 신문·방송 14개 직능단체가 참여한 '전국언론단체협의회'(초대의장 이형모) 발족.

1996.11.14. 경찰청 특수수사과는 법규위반 사실이나 비리 등을 폭로하겠다며 금품을 갈취한 혐의(공갈 사기)로 전 현대매일신문 남양주 주재기자 고성철 등 10명을 구속하고 달아난 수도권일보 부국장 박진규를 수배. 고씨는 올 7월 경기도 구리시 D아파트 건축현장 소장 이모씨에게 아파트 준공전 사전 입주와 정화시설을 제대로 설치하지 않은 사실을 보도하겠다며 200만원을 받아내는 등 세차례에 걸쳐 350만원을 받은 혐의.

1996.11.18. 국무회의, 통합방송법안 의결. 이 법안은 대기업과 언론사도 종합편성채널과 보도전문채널을 제외한 위성방송 참여를 허용하고 통합방송위원회 위원수를 12명으로 늘리며 대기업과 언론사의 참여를 금지. 11.24. 한국방송공사 문화방송 교육방송 기독교방송 등 방송 4사 노동조합 위원장들은 모임을 갖고 "밀실 야합으로 통합방송법이 제정될 경우 즉각 총파업에 들어가겠다"고 합의.

1996.11.21. 서울지법 민사합의 50부(재판장 한상호 부장판사)는 서울대 법대 장승화 교수가 시사 주간지『한겨레21』을 상대로 낸 인쇄물 판매, 배포금지 등 가처분신청을 일부 받아들여 "장교수의 논문이 표절이라는 일부 기사 문구를 삭제하지 않고서는 잡지를 판매 배포할 수 없다"고 결정. 재판부는 결정문에서 "문제의 기사가 합리적인 자료나 근거 없이 단정

적으로 장 교수의 논문을 표절로 비방하고 있음이 인정된다"며 "헌법상 언론 출판의 자유는 최대한 보장돼야 하지만 개인의 명예도 보호돼야 한다"고 밝힘. 이에 대해 한겨레신문사 소송대리인 이종걸 변호사는 "재판부의 결정에 승복할 수 없다"며 서울고법에 이의신청을 내겠다고 밝힘.

1996.11.22. 한국TV드라마연구회(회장 최상식, KBS 드라마 제작주간)가 서울 여의도 63빌딩 체리홀에서 TV3사 드라마 PD 100여명이 모인 가운데 창립총회를 갖고 공식 발족.

1996.11.26. 서울지검 형사5부(이종왕 부장검사)는 주간지『시사저널』11월 28일「청와대, 북한에 밀가루 5천t 공급」기사와 관련, 김광일 청와대 비서실장이 고소하고 김영삼 대통령과 한승수 총리가 고발한 시사저널 김훈 편집국장 직무대행과 박상기 편집장을 불러 조사를 벌임. 검찰은 '밀가루' 기사를 쓴 이교관 기자는 29일 베이징에서 귀국하는 대로 소환조사하겠다고 밝힘. 12.1. 서울지검은 이교관 기자를 출판물에 의한 명예훼손 혐의로 긴급구속. 12.2. 서울지방법원 홍기종 판사는 이교관 기자에 대해 청구된 구속영장을 기각. 검찰은 이날밤 이 기자 석방. 홍 판사는 결정문에서 "보도내용이 진실이라고 믿을 상당한 이유가 없더라도 공공의 알권리를 충족시키는 것이라면 악의로 특정인의 명예를 훼손하려는 의사가 없는 한 보도자를 처벌하려는 공권력의 개입은 신중해야 한다."고 밝힘. 홍 판사는 이어 "이 기자가 보도한 내용은 진실하다고 믿을 만한 상당한 이유가 있다는 입증이 부족한 것은 사실이나 대북 식량 지원이라는 공공의 이익에 관한 것으로 진실에 반하는 내용을 악의로 볼 수 없다."고 밝힘. 홍 판사는 또 "이 기자의 거주가 일정하고 취재차 출국한 중국에서 자진 귀국하는 등 신분상 도주할 우려가 있다고 보기 어렵다"며 "검찰이 확보한 증거를 인멸할 우려도 없어 영장을 기각한다"고 밝힘. 12.27. 서울지검 형사5부(이종왕 부장검사)는「청와대, 북한에 밀가루 5천톤 공급」기사와 관련 출판물에 의한 명예훼손 혐의로 고소·고발당한 시사저널 이교관 기자와 박상기 편집장을 불구속 기소. 김훈 편집국장 직무대행은 기소유예.

1996.12.17. 영국의 로이터통신이 독점계약사인 연합통신을 통해 국내 신문·방송 등에 제공해 온 로이터통신 기사와 사진, 그래픽서비스 하오 6시를 기해 일체 중단.

1996.12.19. 공보처는 케이블TV의 시청 가구가 12월 18일 현재 150만을 돌파했다고 밝힘.

MBC노동조합 집행부 17명 유죄; 1997~1997

재벌의 언론사 분리, 구조조정; 1998~1999

명예훼손 손해배상 판결; 2000~2000

제8부

IMF 경제위기의 언론 경영

1997~1997

MBC노동조합 집행부 17명 유죄

1997.1.7. 노동악법 철폐 파업. KBS MBC CBS EBS 방송 4사, 오전 5시부터 노동관계법 기습통과에 항의, 무기한 파업. 방송 4사 연대파업은 방송사상 처음.

1997.1.10. 동아일보-조선일보 공동으로 '전국민 정보화 캠페인'. 두 신문은 이날 동시 사고를 통해 "동아일보와 조선일보가 창간 77주년을 맞아 공동기획으로 정보화를 위한 범국민 캠페인을 전개한다"고 발표. 사고는 "이러한 캠페인의 첫 작업으로 '정보통신혁명을 위한 특집기획'을 10회에 걸쳐 동시에 연재할 계획"이라며 "이미 공동취재단을 구성해 본격적인 가동에 들어가 있는 상태"라고 밝힘.

1997.1.16. 언론노련은 연맹 산하 38개 언론사 가운데 23개사 1만 3,000여명이 노동법의 즉각 철회 등을 요구하며 오후 12시부터 4시까지 4시간 동안 부분파업에 들어갔다고 밝힘.

1997.2.3. 국내에서 제작 방송되는 본격 영어방송 '아리랑TV'가 케이블TV 채널 50번으로 개국. 1999.6.7. 아리랑TV, 국외 위성 시험방송 개시. 아리랑TV는 오후 3시 아리랑TV 해

외방송의 첫 전파를 아시아샛 3S 위성을 통해 아시아와 오세아니아 지역으로 송출. 8.12. 아리랑TV(CH50), 아시아 전역과 오세아니아·동부유럽·북부 아프리카 등 60여 개 국가를 대상으로 본격 해외 위성방송 실시.

1997.2.7. 위성방송 사업을 추진하고 있는 삼성, 현대, LG 등 기업과 조선일보, 중앙일보 등 신문사의 위성방송추진 실무자들은 '위성방송협의회' 발족.

1997.2.21. 한국신문협회는 신문판매의 과당경쟁을 방지하고 구독자의 권익보호를 위해서 자율규약인 '신문업계의 공정경쟁규약과 시행세칙'을 시행하기로 결정. 시행세칙에 따르면, 신문협회는 공정경쟁규약 집행위원회를 두고 경품류 제공, 강제투입, 무료지 제공, 무가지 공급, 정가유지 위반 등 5가지 공정경쟁 위반행위에 대해 위약금을 부과하는 등 처벌하기로 되어있다. 광고주협회는 같은날 정기총회를 열고 "한국ABC협회 보고서에 의한 신문부수만을 공식적인 자료로 인정하며, 신문부수공사에 참여한 신문과 그렇지않은 신문에 대해서는 어떤 형태로든 차별할 것"이라며 신문부수공사를 촉구하는 결의문 채택. 2002.2.27. 한국광고주협회, ABC제도 참여사와 비참여사에 광고료 차별 발표. 11.7. 신문공정경쟁위원회, 조중동 등 이른바 독과점 신문들의 무차별 고가경품 제공 등 규약위반 사례가 우려할만한 수준이라고 판단하고 이런 내용의 징계조처를 결정했다고 밝힘.

1997.2.21. 서울MBC노동조합 제7대 집행부 17명 1심 유죄 선고. 최문순(전 위원장), 징역 8개월 집행유예 2년, 박정근(전 사무국장) 징역 6개월 집행유예 2년. 전원 항소.

1997.2.26. 서울지방법원 민사합의 25부(재판장 박일환 부장판사)는 영화배우 윤정희가 자신의 여동생 손미현을 자신의 숨겨놓은 딸로 묘사하는 의혹기사를 실은 여성 월간지『클라세』발행인인 세계일보사 등을 상대로 낸 손해배상 청구소송에서 "회사는 1억원을 지급하라"며 원고 일부승소 판결. 재판부는 판결문에서 "윤씨가 이미 오래전에 영화계를 은퇴해 더 이상 공인으로 볼 수 없다"며 "설사 공인으로 본다 하더라도 다른 사람에게 오해를 불러일

으키는 사항에 관해서는 공인으로서의 프라이버시 제한으로 인정할 수 없다"고 밝힘.

1997.2.26. 신문윤리위원회 제686차 정기회의, 황장엽 망명 후속보도에서 "당 서열 20위 내 고위급인사 5~7명이 추가로 망명준비를 하고 있다"고 보도한 동아일보 2월 17일과 18일 자와 조선일보 2월 17일자 기사가 "사실여부를 떠나 미묘한 문제가 보도됨으로써 관련 당사자가 망명하거나 탈출하는 데 방해할 가능성이 크다"며 공개경고 결정.

1997.4.23. 강원도민일보는 자민련 조일현 전 의원이 지난 10일 자사를 상대로 명예훼손에 따른 10억원의 손해배상소송을 서울지법 남부지원에 낸 것과 관련, 조 전 의원을 출판물에 의한 명예훼손 혐의로 춘천지법에 맞고소. 강원도민일보는 소장에서 "조 전 의원이 강원도민일보의 공신력을 실추시키고 명예를 훼손시킬 목적으로 기자회견을 자청, 보도가 허위라는 허위사실을 유인물로 공표해 각 언론에 보도됨으로써 명예를 훼손했다"고 주장. 조 전 의원은 "지난해 4·11총선에서 497표차로 낙선한 것은 1,200만원의 공천헌금을 받아 검찰에 소환될 것이라는 선거 당일자 강원도민일보의 허위보도 때문이었다"고 주장.
1998.4.17. 서울지방법원은 조일현 전 의원이 1997년 4월 10일 강원도민일보를 상대로 청구한 10억원의 손해배상 청구심판에서 "총선 당시 강원도민일보가 확인되지 않은 사실을 기사화해 조 전 의원이 총선에서 낙선하도록 영향을 미치는 등 명예를 훼손한 점이 인정된다"며 강원도민일보는 조 전 의원에게 1억 2,000만원을 배상하라고 판결.

1997.5.26. 서울지검 형사1부(부장검사 윤종남)는 일간스포츠, 스포츠서울, 스포츠조선 3개사 편집국장 등 관계자와 강철수(일간스포츠 '향사무라'), 방학기(스포츠서울 '거인의 전설'), 김중태(스포츠조선 '해적') 등 신문 **연재만화가와 소설가 등 10여 명 소환 조사**. 검찰은 "최근 2~3년간 3개 스포츠신문에 실린 소설, 만화 등을 검토한 결과 일부 내용이 청소년들의 음란성과 폭력성을 조장할 우려가 있다"며 "무혐의 처리는 어렵다"고 밝힘. 8.2. 서울지방검찰청 형사1부는 국내 3개 스포츠신문이 음란·폭력성이 짙은 만화와 소설을 연재하고 있다는 음란폭력성조장매체공동대책협의회(공동대표 김수규 손봉호 이주영)의 고발과 관련 스포츠

서울, 일간스포츠, 스포츠조선 3개 스포츠신문의 전·현직 편집국장 3명을 미성년자 보호법 위반 등 혐의로 불구속 기소. 스포츠지에 만화를 연재하고 있는 강철수 외에 만화가 8명도 같은 혐의로 불구속 기소. 검찰은 3개 법인에도 책임을 물어 각각 벌금 500만원에 약식 기소하고 임동재 등 만화가 3명도 300만원씩에 약식 기소. 이들 신문의 발행인, 광고국장과 만화가, 소설가 19명은 기소유예 처분. 8.5. 3개 스포츠신문 연재만화 작가들은 마포구 아현동 한국만화가협회 사무실에서 비상대책회의를 갖고 무기한 절필을 선언. 8.7. 한국기자협회는 '스포츠지에 대한 사법처리는 신중해야 한다' 제하의 성명을 내고 검찰이 보다 신중히 대처해 주도록 촉구. 8.12. 신문방송편집인협회도 검찰이 3개 스포츠신문의 편집국장을 미성년자 보호법 위반 등의 혐의로 기소한 것과 관련 "이번 사태가 표현의 자유를 침해할까 우려된다"는 내용의 성명 발표. 한편 음란폭력성조장매체공동대책협의회는 이날 성명을 내고 "스포츠신문에 대한 검찰기소는 언론표현의 자유를 침해한 것이라는 일부 시각은 음대협 활동에 대한 이해 부족에서 비롯된 것이며 스포츠지는 대중오락지이지 언론지가 아님을 고려할 때 언론사가 발행한다는 이유만으로 현행법을 초월해 치외법권적 특혜를 누릴 권리가 없다"고 강조하며 스포츠신문의 자사 지면을 통한 일방적인 주장과 여론의 왜곡행위를 즉각 중단하라고 촉구. 9.8. 한국신문협회(회장 방상훈)는 검찰이 협회 소속 3개 스포츠신문 편집국장 등을 기소한 것과 관련, 법무부와 검찰에 유감의 뜻을 전하고 재고를 요청.

→ 참고, 2001.2.2.

1997.5.26. 부산지검 강력부 박충근 검사는 부산·경남지역 중소업체들을 협박해 130만에서 1,000여 만원을 갈취하거나 수습 여기자를 상습 성추행한 혐의(공갈 등)로 『연합환경신문』 대표 김해룡, 『월간화보 시사통신』 부산지사장 김재웅, 『오늘의 한국』 기자 박미화, 『연합환경신문』 기자 박난희 등 10명을 구속 기소.

1997.5.28. TV방송 3사 사장단은 방송사간의 과당경쟁으로 방송프로그램의 원고료, 출연료, 스포츠 중계료, 외화 수입료가 높게 책정이 됐다며 이를 낮추자는 데 뜻을 같이하고 실무협상에 들어가기로 합의.

1997.6.6. 서울지검 특수2부(안대희 부장검사)는 교육방송 강좌 교재 및 출연 강사진 선정과 관련해 80~2,200만원을 받은 것으로 확인된 한국교육방송원 부원장 허만윤, 감사실장 이영구, 교재개발부 연구원 한관종 등 3명에 대해 배임수재 혐의로 구속영장을 청구하고 심의위원 김갑주 등 1~2명도 사법처리키로 함. 6.8. 서울지검은 일부 PD들이 학원강사를 방송에 출연시켜주는 대가로 돈을 받은 사실을 밝혀내고 관련자들을 소환, 조사키로 했다고 밝힘. 6.13. 3개 업체로부터 4,600만원을 받은 정연춘 전 원장(아주대 교육대학원장)을 배임수재 혐의로 구속.

1997.6.12. 서울민사지법은 회사측의 명예퇴직 조치를 거부해 사실상 대기발령 조치를 받은 한국일보 제작국 김영기, 김갑세, 천성준 등 3명이 제출한 '국장석 발령 무효 확인소송'에서 원고승소 판결을 내리고 한국일보측은 대상자들에게 각각 100만원씩을 지급하라고 판결.

1997.6.20. 중앙일보, 홍콩에서 발행되는 아시안 월스트리트저널(The Asian Wall Street Journal)을 인쇄하기로 결정, 인쇄계약 서명식 가짐.

1997.6.20. 국군기무사령부, 「기무사 학원사찰 여전」 기사를 보도한 한겨레신문과 월간 『말』 관계자들을 명예훼손 등의 혐의로 서울지방검찰청에 고소하는 한편 언론중재위원회에 중재신청. 한겨레신문은 19일자 1면과 3면에 "기무사가 학원사찰을 여전히 하고 있다"는 내용의 기사를 보도했다가 20일자 2면에 "기사 내용은 사실과 다르다"는 기무사의 반론보도문을 게재.

1997.6.24. 조선일보, 「김정일 물러나야」 사설. 이에 대해 6.28. 북한 조국평화통일위원회는 성명을 통해 조선일보의 방북취재를 일체 허용치 않겠다는 방침을 밝혔고 조선일보는 29일자 「북의 남언론 탄압」 제하 사설에서 "민간언론의 의견 개진에 대해 북한이 정권차원에서 '반론'도 아닌 테러위협으로 임한다는 것은 이해할 수 없다"고 정면 반박. 북한 중앙방

송은 6.30. 사민당 중앙위 대변인 담화와 조국통일민주주의전선 대변인 성명을 잇따라 보도. 이들은 조선일보에 대한 '무자비한 보복을 감행하겠다'는 성명을 발표. 7.25. 북한 중앙통신은 '조선일보에 대한 북한의 협박 중단'을 요청한 제이미 시로츠키 세계신문협회 회장의 서한에 대해 비난하며 "조선일보에 대한 우리의 타격전은 결코 단순한 위협이나 협박이 아니다"고 주장.

1997.7.1. 음란·폭력성 등 유해 매체물의 청소년 대상 유통행위에 대한 규제를 주요 내용으로 하는 청소년보호법 발효. 이에 따라 청소년 유해매체로 분류된 음란간행물은 포장해서 팔아야 하며. 각 방송국은 청소년 유해프로그램에 '청소년시청불가' 표시를 해야 함. 7.11. KBS는 청소년의 정서를 해칠 수 있는 복장과 헤어스타일을 한 연예인들의 TV출연을 금지.

1997.7.4. 서울지역 9개 방송사 여성 프로듀서들이 '여 프로듀서 클럽' 결성, 첫 모임 가짐.

1997.7.5. 동아일보 출판국 신동아부 이기혁 기자가 중국 훈춘시 남방 75㎞ 두만강 접경지역인 방천 부근 경신에서 북·중 접경지역 취재 중 교통사고로 순직.

1997.7.5. 한국방송광고공사는 방송광고 기본시간을 15초에서 20초로 늘리고 방송시간도 짧게는 10초에서 길게는 60초까지 광고주들의 요구에 따라 탄력 운용키로 함.

1997.7.7. 국내 최초로 인터넷을 통해서만 프로그램을 전송하는 TV방송국 'm2TV'가 개국서비스를 시작.

1997.7.11. 한국케이블TV협회는 케이블TV 시청가구가 200만을 넘어섰다고 밝힘.

1997.7.15. 대한매일신문은 울산시가 광역시로 승격함에 따라 제호를 '울산광역일보'로

변경.

1997.7.18. 종합유선방송위원회(위원장 유혁인)는 청소년보호법 시행에 따라 '종합유선방송 심의규정'과 '영화등급에 관한 세칙' 개정. 8월 1일부터 청소년 유해프로그램 시청을 금지하는 고지방송과 유해마크 표시를 실시하기로 함. 위원회는 이번 심의규정을 통해 영화등급을 ①가족시청 영화 ②부모지도 시청 영화 ③어린이 청소년 시청불가 영화 ④어린이 청소년 시청불가 심야영화 등 4등급으로 나누고 가족시청영화를 제외한 나머지 3개 등급은 방송될 때 10분마다 30초 이상씩 화면 우측 상단에 영화등급을 표시, 청소년 유해여부나 부모지도가 필요함을 알리도록 함.

1997.7.28. 한겨레 사회부 송현순 기자가 종로경찰서 수사2계 사무실에서 조사받던 민가협 관계자를 취재하던 중 진경원 경사로부터 폭언과 폭행을 당해 전치 3주의 부상당함. 8.4. 송 기자는 진 경사에 대해서는 폭행치상 혐의로, 폭행현장에 있던 라회성 수사2계장에 대해서는 폭행 방조, 김대식 종로경찰서장과 안재경 수사과장에 대해서는 사건에 대한 직무유기 혐의를 들어 고소장 제출.

1997.8.4. 보건복지부는 의료법 시행규칙을 개정 공포. 시행규칙에 따르면 병·의원 광고를 신문, 잡지, 전화번호부 뿐 아니라 컴퓨터 통신망, 전화 자동응답 사서함, 각종 유인물 등을 통해서도 할 수 있세 됨. 또 병·의원장과 의사의 이름, 전문과목, 소재지 및 전화번호 등 5개 분야에 한정됐던 광고 범위도 확대돼 예약진료, 야간 및 휴일진료, 주차장 구비 여부 등도 광고할 수 있게 됨. 복지부는 그러나 TV와 라디오를 통한 의료광고는 계속 허용치 않기로 하고 일간신문의 경우에도 종전처럼 월 1회로 광고횟수를 제한키로 했다고 밝힘.

1997.8.14. 정부는 남정판 공보처 차관 주재로 내무부, 노동부, 공보처, 법제처, 대검찰청, 경찰청, 국세청 등 관계부처가 참석한 가운데 사이비언론 대책회의를 열고 앞으로 중앙과 지방 검찰청과 경찰청에 설치된 '사이비언론 수사전담반'의 활동을 강화하는 한편 특히 수

도권에서는 연말까지 특별단속을 벌이기로 함. 1998.1.6. 대검찰청, 영세기업들의 약점을 미끼로 광고 게재나 금품을 강요하는 사이비 언론사들에 대해 전면 수사를 실시하라고 일선 검찰에 지시.

1997.8.21. 공정거래위원회는 잡지사들의 판매경쟁을 규제하기 위해 독자들에 대한 잡지사의 경품제공을 금지하겠다고 발표.

1997.8.22. 국방부, 8월 21일자 한겨레 1면 머리기사「새 중형 잠수함 도입 추진 수의계약방식 논란」기사와 관련 국가안보를 위해 보도자제 요청을 했음에도 한겨레만 보도했다며 한겨레 정치부 김도형 기자의 국방부 출입증을 회수. 8.25. 한겨레신문사는 김동진 국방장관 앞으로 항의공문을 보내고 출입금지 조처의 즉각 철회를 요구. 8.26. 언론노련과 기자협회 등 언론단체들은 성명을 내고 국방부 쪽에 출입금지조처의 철회를 요구. 9.11. 국방부는 한겨레에 반론문을 게재, 이 사업이 의사결정 과정의 초기단계라고 해명하고 김도형 기자의 국방부 출입을 재허용.

1997.8.28. EBS노조는 27일의 파업결의로 전면파업에 돌입. 안정적인 재원과 청사 확보 등 교육방송 정상화를 요구. 10.14. 교육방송 노조는 '파업종료'에 대한 찬반투표를 실시한 결과 총투표자 226명 가운데 76.5%(173명)가 파업종료에 찬성함에 따라 20일부터 정상근무에 들어간다고 밝힘. 48일 동안의 파업 종료. 10.22. 정상업무에 복귀한 EBS 노동조합(위원장 정연도)이 노사합의안 이행 등을 요구하며 다시 전면파업에 들어감. 교육방송 노조는 "파업 철회의 전제가 됐던 '새 청사 터 확보'에 대한 합의서 서명을 회사쪽이 거부하고 있을 뿐만 아니라 일부 프로듀서들을 조연출로 강등하는 보복인사를 자행하고 있다"고 주장.

1997.9.2. 연합통신사, 한전의 자회사인 한전정보네트워크와 연합TV뉴스(YTN) 보유주식매각을 위한 가계약을 체결. 한전정보네트워크는 YTN 주식의 30%를 인수하기로 합의하고 9월말 본계약을 맺기로 함. 1998.12.30. YTN 1,100억원의 증자 완료. 증자에는 대주주

인 한국전력(330억원), 담배인삼공사(440억원), 마사회(200억원) 등이 참여했으며 주거래은행인 상업은행은 130억원의 대출금을 출자 전환함.

1997.9.2. 신동방그룹, 대농그룹 계열사인 코리아 헤럴드-내외경제신문 주식의 42.53%를 인수하기로 계약 체결.

1997.9.9. 공보처는 등록 이후 1년 이내 창간을 하지 않거나 1년 이상 발행이 중단된 상태에 있는 정기간행물 883종의 등록을 취소.

1997.9.11. TV토론위원회 공식 발족. 이에 앞서 그동안 TV토론위원회 구성을 준비해 온 기자협회, PD연합회, 언론노련, 방송학회 등 4개 언론관련 단체와 서울YMCA, 참여연대, 한국시민단체협의회, 경실련, 여성단체연합, 환경운동연합 등 시민 사회단체들은 9일 대표자 모임을 열고 본격활동에 돌입하기로 결의.

1997.9.22. 김정남 전 청와대 교육문화사회수석이 중앙일보의 허위보도로 인해 명예를 훼손당했다며 중앙일보사 홍석현 사장 등 4명을 상대로 5억원의 손해배상 청구소송 제기. 김 전 수석은 서울지방법원에 낸 소장에서 "중앙일보가 9월 21일자 1면에 게재한 「군 기밀 김정남 전 수석에 누설」 기사와 3면의 관련 기사에서 원고가 마치 청와대 수석비서관의 직위를 남용하여 권한 밖의 군사기밀을 파악함으로써 국가안보 관리에 구멍을 내고 국정을 난맥상으로 이끈 장본인으로 지목했다"며 "막연한 제보만을 사실인양 보도한 것은 무책임할 뿐 아니라 매우 의도적인 허위보도로 원고의 인격과 명예를 심각하게 침해하는 것"이라고 주장.

1997.9.23. 통일원은 MBC, 중앙일보 소속 언론인, 한국기독교교회협의회(KNCC) 간부들의 방북을 승인. 이 가운데 중앙일보 소속 언론인과 KNCC 간부들이 이날 입북. 입북한 중앙일보사의 권영빈 통일문화연구소장, 유영구 통일문화연구소 팀장, 김형수 사진부 차장,

유홍준 영남대 교수 등 4명은 북측과 북한문화유적 답사 협의를 할 예정이라고 밝힘.

1997.9.27. 전주지역 민영방송인 전주방송(JTV, 사장 백낙천)이 채널30을 통해 첫 전파를 발사. 전주 등 전북 대부분 및 논산 등 충남 일부 지역이 가시청권.

1997.10.7. 국민회의 최희준 의원이 국감 자료로 요청한 '언론사 북한방문 및 주민접촉 신청 현황' 자료에 따르면 북한주민 접촉 신청 8개 언론사 가운데 한국일보, 중앙일보, 경향신문, 연합통신, KBS, MBC, SBS 7개사가 승인을 받음. 탈북문제 취재를 위해 접촉신청을 낸 한겨레신문은 남북간에 민감한 사안이라는 이유로 승인 유보.

1997.10.11. 인천민방(iTV, 사장 김옥조)이 채널 21로 개국. 가시청권은 인천광역시 전역과 인근 해안도서, 경기 서, 남, 북부, 서울시 일원. 독립방송사로서는 처음으로 100% 자체편성.

1997.10.13. 한국신문협회는 창립 35주년을 맞아 한국프레스센터에서 총회를 열고 임의단체였던 협회를 사단법인으로 발족. 법인의 새 회장으로 방상훈 조선일보 사장 선임.

1997.10.15. 아시아태평양방송연맹(ABU)총회가 23일까지 9일 동안 서울 스위스그랜드호텔에서 개최. 주관사는 KBS. 10.23. 제34차 아시아태평양방송연맹(ABU) 서울총회 폐막. 스위스그랜드호텔에서 40개국 113개 기관 546명의 방송인 참석.

1997.10.18. 제2차 지역민방 가운데 마지막으로 청주방송(CJB, 사장 이건영)이 채널 28로 개국. 청주를 중심으로 충북일대 가시청 인구는 170여 만명.

1997.10.31. 서울지방법원 민사합의 50부(재판장 이규홍 부장판사)는 한국외국어대 이장희 교수가 자신이 저술한 초등학교 대상의 통일교육도서 『나는야 통일 1세대』에 대해 월간조선이 97년 7월호에서 "그릇된 통일관을 심어줄 수 있는 내용이 실려 있다"는 보도를 내보

내자, 이 교수가 조선일보를 상대로 제기한 반론보도 청구 신청을 받아들여 "조선일보는 월간조선에 반론보도문을 게재하라"고 결정. 11.28. 서울지방법원 민사합의50부(재판장 이규홍 부장판사)는 『나는야 통일 1세대』의 저자 이장희 교수(법학)가 이 책이 어린이들의 글을 왜곡했다고 보도한 월간조선 9월호 기사와 관련해 조선일보사를 상대로 낸 반론보도 신청사건에서 "월간조선은 이 교수의 반론문을 게재하라"며 신청을 받아들임. 재판부는 결정문에서 "이 교수가 두 어린이의 글을 왜곡·첨삭했다는 내용의 월간조선 보도로 인해 피해를 받았음이 경험칙상 명백하므로 반론보도를 청구할 권리가 있다"고 밝힘. 그러나 재판부는 이 교수가 월간조선 기사를 토대로 한 조선일보 사설에 대해 함께 낸 반론보도 신청은 "신문의 사설은 의견이나 논평에 해당하는 만큼 사실적 주장으로 볼 수 없어 반론권이 인정되지 않는다"며 기각. 12.4. 서울지방법원 최중현 영장전담판사는 나는야 통일 1세대의 저자 이장희 교수와 이 책을 펴낸 ㈜천재출판사 편집장 김지화에 대해 국가보안법 위반혐의로 검찰이 다시 청구한 구속영장을 기각. 2003.9.26. 대법원 3부(주심 윤재식 대법관). 이장희 한국외대 교수와 경실련 통일협회가 '통일교육용 교재를 이적표현물로 보도해 명예를 훼손했다'며 조선일보사와 『한국논단』을 상대로 낸 손해배상 청구소송 상고심에서 원고 일부승소 판결한 원심을 확정.

1997.11.4. 경향신문은 편집국 기자 8명, 윤전부 1명, 전산제작부 1명을 정리 해고. 노조는 비상총회를 열고 부당해고 철회투쟁을 벌이기로 함. 11.10. 경향신문사는 박종화 경영전략본부상이 겸직하던 편집국장직을 면하고 이실 편집국장 대리를 편집국장으로 임명하는 한편 5인 집단경영체제로 운영하겠다고 밝힘. 11.12. 경향신문 노사는 10시간의 마라톤 협상 끝에 정리해고를 사실상 수용하는 합의문에 서명함으로써 노조는 6일간의 파업을 끝냄. 1998.9.25. 경향 노사는 작년 구조조정과정에 해고된 10명 가운데 복직하지 못한 4명의 복직에 최종 합의.

1997.11.16. 북한은 망명한 북한 무용수 신영희의 수기를 바탕으로 KBS 2TV가 제작 중인 연속극 '진달래꽃 필 때까지'가 "사이비언론 나부랭이들의 너절한 반복 모략극"이라고 주

장하고 “방송사를 폭파하고 작가를 살해하겠다”고 위협. 11.19. 정부는 공보처 대변인 성명을 발표, “방영도 안 된 드라마 제작과 관련해, 북한이 KBS 폭파, 살해 위협을 공언하고 있는 데 대해 경악을 금치 못한다”며 “이같은 테러 위협을 즉각 중단하라”고 촉구. 한국방송협회(회장 홍두표)도 이날 성명을 내고 “방송인의 순수한 창작 자유와 권한을 침해하는 망언”이라고 규탄. 11.23. 평양방송은 “우리가 경종을 울린 것에 남조선의 어중이 떠중이들이 언론에 대한 탄압이라며 떠들어대고 나선 것은 어처구니 없는 일”이라면서 “그들을 비호해 나선 자들도 결코 무사할 수 없다”고 위협.

1997.11.20. 정보통신부는 2001년부터 국내에서 시작되는 디지털 TV방송 방법에 대해 미국식(ATSC방식)과 유럽식(DVB-T방식)을 검토한 결과 현재 기술의 완성도가 높고 국내 산업의 해외 진출 가능성이 높은 미국식을 최종 확정했다고 발표.

1997.11.24. 대통령선거방송토론위원회는 전체회의를 열어 12월 18일 치러지는 대선을 앞두고 12월 1일, 7일, 14일 3차례 3자 TV토론을 열기로 결정. 토론 참여 후보는 최근 여론조사에서 10% 이상 지지를 얻고 있는 것으로 나타난 이회창(한나라당), 김대중(국민회의) 이인제(국민신당) 후보 등 3명. 1 : 1 토론은 하시 않기로 했으며 토론시간은 밤 8시부터 2시간. 지상파 TV 3사가 공동 생중계하기로 함. 토론방식은 패널리스트의 참여 없이 1인 사회자가 30초 이내에 질문하면 후보자가 2분 이내에 답변하고, 다른 후보가 반박. 처음 후보가 재반박할 수 있게 함.

1997.11.28. 광주지방검찰 공안부(정선태 부장검사)는 고교생과 대학생용 논술교재『진실인식과 논술방법』의 저자 박지동 교수(광주대 언론대학원장)를 국가보안법 위반(이적표현물 제작·배포) 혐의로 구속. 검찰에 따르면 박 교수는 1996년 4월 출판한『진실인식과 논술방법』에서 북한 주체사상의 정당성과 타당성을 역설하고 우리나라의 정통성이 북한에 있다고 주장한 혐의. 민주화를 위한 광주전남 교수협의회(의장 나간채 전남대 교수)는 성명을 내고 “박 교수의 책은 인식론에 관한 순수 학술문헌”이라며 “그런데도 검찰이 대선을 앞두고

문제삼는 것은 학문활동을 정치적으로 악용하려는 처사"라고 주장.

1997.12.12. KBS, MBC, SBS 등 방송 3사 사장단은 춘천 두산리조트콘도에서 방송협회 이사회를 열어 1998년 1월 1일부터 평일 텔레비전 방송시간을 2시간 단축키로 최종 합의. 방송 3사는 또 드라마 1편과 대형 쇼 프로그램 1편을 각각 폐지하고 1주에 외화 1편을 줄이는 대신 국산영화 1편을 정기적으로 편성키로 결의. 스포츠 중계권료 협상은 방송협회로 단일화하기로 함.

1997.12.16. 46개 언론사 정당 출입기자 103명은 '공정보도를 위한 우리의 뜻' 이란 성명을 발표하고 "언론이 공평무사한 본연의 자세를 되찾을 것"을 결의. 이들은 결의문에서 "최근 중앙일보의 대선보도는 국민들에게 엄청난 영향을 미칠 수 있다는 사실을 도외시한 '비이성적 행태'로 언론인으로서 최소한의 양심마저 지키지 못한 것"이라며 "우리는 이번 대선에서 어느 당 어느 후보의 승패와 상관없이 언론이 '정권을 창출할 수 있다'는 오만과 독선을 갖거나 권력의 하수인 노릇을 자처한다면 더 이상 언론과 이 나라의 미래를 기약하기 어렵다"고 밝힘.

1997.12.24. 공정거래위원회는 삼성, 현대, 한화, 롯데 4개 그룹이 계열신문사를 지원하기 위해 계열 밖의 신문사에 비해 광고단가를 더 높이 책정해 주고 지급조건도 유리하게 해주는 등 부딩 내부거래를 한 사실을 확인, 시정명령을 내렸다고 밝힘. 공정위는 "4개 그룹 계열사들이 95, 96년 2년간 계열신문사가 발행하는 신문 및 잡지에 광고를 게재하면서 최저 30%에서 최고 100%까지 높은 광고료를 지급해 왔으며 다른 신문사에 90일 이상의 어음으로 광고료를 결제하면서 계열신문사에는 60일 이하의 어음을 지급, 차별적 취급행위를 한 것으로 확인됐다"고 발표. 공정위는 이에 따라 현대(문화일보)의 18개사, 삼성(중앙일보)의 8개사, 한화(경향신문)의 8개사와 제일화재, 롯데(국제신문)의 5개 계열사에 대해 시정명령을 내림.

1997.12.31. 부산지방검찰청 울산지청은 전 울산매일신문사 대표이사 이동휘를 사기 등의 혐의로 구속. 검찰에 따르면 이동휘는 울산매일신문 사장이던 1994년 10월부터 1996년까지 최모 등 19명을 진주 등 경남지역 주재기자로 채용하면서 1억 2,000만원을 받은 혐의. 이동휘는 또 지난 6월 모 폐기물업체로부터 주식투자비 명목으로 3차례에 걸쳐 3,000만원을 받는 등 울산지역 기업체들로부터 투자비 명목으로 수억원을 받아낸 혐의도 받음.

1997.11.00. IMF 경제위기. 우리나라가 심각한 외환 위기를 맞았다고 발표한 뒤 IMF에 지원 요청. 언론계에도 위기가 닥치다. 1998년 한 해 동안 IMF 구제금융 관리체제 안에서 언론계는 엄청난 변화를 겪었다. 언론계 내부 문제를 해결하기 위한 자기정화의 노력이 있었고, 새로운 매체로 거듭 태어나기 위한 개혁의 바람이 불었던 시기이기도 하다. 그러나 몇몇 지방신문사의 경우 부도를 맞아 쓰러지기도 했으며 이른바 사이비 언론 기자라 하며 당국의 철퇴를 맞았는가 하면 거의 모든 언론사의 경우 감원 바람이 휘몰아친 한해였다.

1998~1999

재벌의 언론사 분리, 구조조정

1998.1.1. 동아일보 전면 가로짜기. 1998.3.15. 한국일보 가로짜기. 1999.3.2. 조선일보 가로짜기 편집. → 참고 1995.10.9. 중앙일보 전면 가로짜기 편집.

1998.1.14. MBC는 '경영위기 극복을 위한 MBC대책' 발표. MBC는 단기 경영혁신 과제로 본사와 계열사 명예퇴직 실시, 상여금 400% 지급 유보, 해외특파원 50% 감축, 고액출연자 억제, 해외 야외제작 축소, 외화수입 스포츠방영권 과다지출 억제, 보유 헬기 매각 등을 실시하기로 함. 1.21. KBS도 'IMF 위기극복 신편성안' 확정, 2월 16일부터 실시하기로 했다고 발표. 1TV 방송시간은 1시간 단축 자정에 종영하고 1TV와 라디오는 방송언어 순화와 예산 절감을 위해 연예인 전문 MC 등 외부 진행자를 기용하지 않기로 함. SBS도 방송구조 혁신안.

1998.1.19. 현대그룹 종합기획실장 박세용, "문화일보에 대한 지분 정리하고 경영에서 완전히 손 떼기로 했다"고 발표. 3.27. 문화일보는 본사 1층 문화홀에서 우리사주조합 창립 총회를 가짐. 이사회에서는 문성기 공무국장을 조합장으로 선출. 11.2. 공정거래위원회는

문화일보를 현대그룹 계열사에서 공식 제외하기로 결정, 문화일보는 이에 앞서 7월 16일 공정거래위원회에 계열사 분리를 신청.

1998.1.21. '삼성그룹 경영혁신 계획' 발표. 중앙일보의 분리를 선언. 삼성그룹 기획홍보 담당 지승림 부사장은 "삼성 보유 지분을 중앙일보의 대주주인 홍석현 사장(지분 23%)에게 빨리 넘겨주겠다"면서 "중앙일보가 조기분리를 위해 삼성영상사업단에 외국인의 투자를 포함시켜 중앙에 지분 참여시키는 등 미국 타임워너사 처럼 종합영상업 회사로 변모시키는 방안을 검토중"이라고 말함. 1999.3.23. 공정거래위원회는 4월 1일자로 9개사의 삼성계열 분리를 승인한다고 발표. 계열분리 승인받은 회사는 중앙일보, 중앙M&B, 중앙일보뉴미디어, 중앙컬처미디어, 중앙일보 이코노미스트, 보광, 보광훼미리마트, 보광창업투자, 휘닉스커뮤니케이션즈. 7.9. 박지원 문화관광부장관, 중앙일보의 세무조사와 관련 국회 문화관광위에서 "보광그룹을 세무조사하는 것은 중앙일보와 삼성의 분리과정에서 삼성과의 문제 때문"이라고 언급.

1998.2.2. 경향신문 사장 안신배와 자립경영추진위원회, 경향신문과 한화의 분리를 발표. 양측이 합의한 분리조건은 경향신문의 누적 차입금 5,300억원을 한화가 부담하며 김승연 회장 소유지분 49.98% 및 한화㈜ 지분 49% 등 보유주식을 모두 경향신문 우리사주조합에 무상 양도하고 한화가 퇴직금과 리스료 명목으로 340억원을 지원한다는 내용. 3.30. 경향신문 임시주주총회와 이사회는 홍성만(논설주간)을 대표이사 사장에 추대. 모기업인 한화그룹과의 분리절차를 이날 마무리지음에 따라 한국 언론사상 처음으로 사원 주주언론으로 공식 출범. 7.23. 경향신문은 한화그룹으로부터 받은 100억원 중 80억원 증자 결정.

1998.2.-. 『KBS사보』 지령 300호. 1972년 8월 중앙방송국 시절 『KBS회보』로 창간.

1998.2.7. 한국케이블TV협회는 대통령직인수위 사회문화분과위에 보고한 현황자료에서 53개 케이블방송국(SO)과 29개 프로그램사업자(PP)들이 1997년까지 기록한 누적적자

는 무려 8,049억원이며 이 가운데 SO의 적자는 1.546억원, PP의 적자는 6.502억원이라고 밝히다.

1998.2.7. 조선일보 조직개편. 공무 관리 출판영업국을 제작국과 출판국으로 통합하는 등 5개국과 22개 부서를 폐지. 편집국의 경우 수도권 1·2·3부를 수도권부로 일원화했으며 문화 1·2부를 문화부로, 기획부를 팀 체제로 전환.

1998.2.13. 한국 최초의 여성 편집국장. 이경희 코리아 헤럴드 주간부 부국장 대우 부장이 편집국장에 임명되어 첫 여성 편집국장 탄생.

1998.2.14. 대구일보 대구은행에 돌아온 어음 13억 1,000만원을 막지 못해 최종 부도처리. 2000.12.20. 대구일보, 무기한 휴간. 1998년 이후 부도처리 된 언론사; 3월. 모기업인 ㈜청전가든백화점의 부도로 위기를 맞은 광남일보는 사원 비상총회에서 '사원 대표자회의'를 결성하고 사원지주제를 도입키로 결정. 3월. 시사저널 부도. 4.6. 케이블TV 기독교텔레비전이 한미은행 선릉지점에 돌아온 9억 9,000만원의 어음을 막지 못해 최종 부도 처리됨. 9.29. 부산매일이 당좌수표 22억 7,000만원을 지급하지 못해 11월 18일자부터 휴간. 1999.3.8. 1998년 7월 부도처리돼 11월부터 휴간에 들어간 부산매일 대표이사(전 노조위원장 김대오) 등 3명은 대우그룹 김우중 회장과 전 부산매일 사장이었던 안상영 부산시장과 김윤수 전 사장을 가장 납입, 주식 불법취득, 횡령 배임 등 혐의로 서울지검에 고소하고, 부실경영 책임을 물어 162억원의 손해배상 청구소송 제기. 또 대우그룹을 위장계열사 운영, 부당내부거래 혐의로 공정거래위원회에 고발. 10.16. 경남 창원 소재 경남매일, 경남은행 등에 돌아온 어음 21억원을 막지 못해 최종부도처리 됨. 이후 10월 31일 지령 3000호를 끝으로 종간. 사원들은 복간준비위원회를 구성, 발기인 모집에 나섬. 1999.3.10. 경남매일 전 사원들은 창간을 추진해온 신문 제호를 『경남도민일보』로 확정하고 대표이사에 전 경남매일 초대사장 이순항을 선임. 4.11. 경남도민일보는 6,000명의 도민 주주로부터 10억원의 자본금을 모아 출범.

1998.2.23. 서울지법 민사1부는 국가안전기획부가 『시사저널』을 상대로 낸 판매금지 가처분신청에 대해 "시사저널 2월 26일자에 실린 「최초공개 안기부 조직표」 기사는 2급비밀로 분류된 국가기밀을 외부에 공개하는 것"이라며 "관련된 기사를 삭제하지 않고는 일반에 제작·배포해서는 안된다."고 결정.

1998.2.24. 서울지검 공안부, 15대 대통령 선거기간 중 김대중 당시 국민회의 후보의 사상을 문제삼는 글을 게재한 혐의(명예훼손 및 선거법 위반)로 국민회의로부터 고발당한 『한국논단』 발행인 이도형 무혐의 결정.

1998.2.25. 김대중 제15대 대통령 취임.

1998.2.27. 대구의 매일신문, 적자 누적 및 경영악화를 이유로 직원 514명 가운데 36명을 정리해고하는 내용의 해고계획을 마련, 대구지방노동청에 신고.

1998.2.27. 동아일보 '우대퇴직' 형식으로 편집국 기자 21명 포함한 평사원 69명을 감원하기로 결정, 이날부터 28일까지 퇴직신청을 받음. 동아일보 노사는 노사협의회를 갖고 우대퇴직 가산금을 지급하되 퇴직금 수령액에 따라 6,000만원 미만은 8개월 분, 1억원 이상은 3.2개월 분으로 차등 지급하고 중고생 학자금을 사원복지기금에서 지원하기로 합의.

1998.3.2. KBS 홍두표 사장은 공사창립 25주년 기념사에서 KBS의 인력감축과 기구 통·폐합을 실시하겠다고 발표. 편성, TV, 보도, 라디오본부 등 7개 본부를 5개 본부로 축소하고 실·국·부 단위조직 상당수도 감축하며 부장 국장급의 30~40%를 전문직위화 하고, 정년잔여기간 10년 이내 또는 입사 20년 이후 사원 중 희망자에 한해 명예퇴직을 실시한다는 골자. 3.19. KBS 특별인사위원회는 명예퇴직 신청자 326명 전원을 명예퇴직 처리.

1998.3.13. 정부는 MBC를 '남북협력사업자'로 지정하고 MBC의 '남북협력사업'을 승인.

MBC는 북한 금강산국제관광총회사와 함께 모두 60만 달러를 투입, 3차례의 방북을 통해 백두산과 금강산 등 북한의 명산에 대한 자연 다큐멘터리를 제작하는 등 북한의 자연경관과 명승고적에 대한 텔레비전 프로그램을 제작할 예정.

1998.3.20. 중앙일보 노사는 임금 13% 삭감(급여 10%, 상여금 3%)과 재충전 휴가제 도입 등을 골자로 하는 임금협상에 합의.

1998.3.20. YTN은 노사협의회에서 구조조정 자구계획에 합의. 인건비 30% 삭감, 지역인력 감축, 해외지국 축소, 무급 휴직제 실시, 연월차 휴가 반납 제작비, 출연료 등 기타비용 대폭 삭감 등.

1998.3.27. MBC 인사위원회는 명예퇴직 신청자 275명 전원을 명예퇴직시키기로 결정.

1998.3.00. 주간지『시사저널』등을 발행한 국제언론문화사(대표 신중식)가 주거래은행인 외환은행 서대문지점에 돌아온 어음 35억원을 막지 못해 1차 부도를 냄.

1998.4.4. 류근일 조선일보 논설위원, 기자협회보가 허위사실을 실어 자신의 명예를 훼손했다며 남영진 전 한국기자협회 회장과 이창섭 기자협회보 편집인, 이홍천 기자협회보 기자를 출판물에 의한 명예훼손 혐의로 서울지검에 고소하고 기자협회와 이홍천 기자를 상대로 3억원의 손해배상 청구소송을 서울지법에 냄. 4.28. 기자협회는 조선일보를 상대로 반론보도 청구. 조선일보가 류근일의 주장만을 강조한 것은 형평성에 어긋난다는 이유. 5.13. 기자협회가 조선일보 상대로 제기한 반론보도 청구가 받아들여져 조선일보는 사회면에 속보형식 1단기사로 게재. 6.30. 서울지검 형사2부(부장검사 고영주)는 기자협회보가 "비방목적을 가지고 허위기사를 작성해 류근일 주간의 명예를 훼손했다."며 이홍천 기자를 불구속 기소하고, 남영진 전 기자협회장과 이창섭 편집부장은 기소유예. 8.14. 류근일 조선일보 논설주간은 기자협회를 상대로 1998년 4월 1일 낸 소송을 취하. 기자협회보의 유감 표명을

받아들여 민·형사 소송 취하.

1998.4.4. 국제기자연맹(IFJ)은 2일부터 4일까지 서울 타워호텔에서 개최한 IFJ 동북아지역 워크숍에서 "언론사의 무차별적인 인원 및 임금삭감은 아시아 각국의 외환과 재정위기에 기인한 점에 주목하고 있다."며 아시아 언론인 대량 실직사태의 올바른 해결을 촉구하는 결의문 채택.

1998.4.8. 세계일보노조, 회사의 부당해고와 파행 운영에 반발 경영진 퇴진을 요구하며 전면 파업 돌입. 5.14. 서울지방노동위원회, 세계일보 기자 8명 전원을 복직시키고 대기발령 기간 미지급된 임금을 지급하도록 판결. 6.25. 파업 78일째를 맞은 세계일보노조는 자금난에 시달리는 경영여건을 감안 파업을 잠정 중단키로 결정. 7.28. 서울서부지방노동사무소는 세계일보사를 방문, 이상회 사장을 상대로 임금 체불, 부당해고 등 불법 노동행위 혐의에 대한 피의자 조사를 실시. 8.12. 중앙노동위원회는 세계일보사가 지방노동위원회 판정에 불복해 청구한 부당노동행위 및 부당대기발령 구제 재심신청에서 기자 8명의 대기발령과 관련 "정당한 경영상의 이유에 대한 고용조정이란 취지는 이유 없다."고 밝힘. 1999.1.14. 고등법원, 세계일보노조 간부 3인의 지방노동위원회와 중앙노동위원회의 부당해고 판결에 대해 세계일보가 제기한 청구를 기각. 8.31. 서울지검 공안2부는 부당노동행위와 임금체불 등 혐의로 노사에 의해 고소 고발된 이상회 전 세계일보 사장을 출국금지 조치. 9.28. 서울지검 공안2부는 부당노동행위를 하고 임금을 체불한 혐의(근로기준법 위반)로 이상회 전 세계일보 사장 불구속 기소. 11.9. 서울지검 공안2부는 세계일보 이상회 전 사장을 노동조합 및 노동관계조정법 위반과 근로기준법 위반 혐의로 불구속 기소. 검찰은 또 세계일보 강구찬 이사를 폭력행위 등 처벌에 관한 법률위반 혐의로 불구속 기소. 2000.3.16. 서울지법 형사7단독은 사장 재직 중 경영진 비판을 이유로 기자들을 불법 해고하는 등의 혐의로 불구속기소 돼 징역 2년이 구형된 세계일보 이상회 전 사장에 대해 근로기준법 위반죄 등을 적용, 징역 10월에 집행유예 2년을 선고.

1998.4.9. 한국기독교교회협의회(KNCC)의 언론위원회(위원장 오충일 목사)는 9일 긴급위원회를 열고 5일 서울 금란교회의 김홍도 목사의 축재, 여자문제 등을 보도한 MBC 시사매거진 2580에 대해 언론중재위원회에 중재신청을 내기로 결정. 금란교회 신도들은 6일과 7일 서울 여의도 MBC 사옥 앞에서 시위를 벌인데 이어 9일자 중앙일간지 광고를 통해 "MBC의 보도내용은 왜곡·편파보도"라고 주장. 4.10. 금란교회 신도 2,000여명이 MBC 사옥 앞에서 사과방송 등을 요구하며 사옥 정문 출입을 막는 바람에 일부 라디오 진행자들이 회사 안으로 들어가지 못해 진행자가 교체되는 소동을 빚음. 4.25. MBC는 서울지검 남부지청에 업무방해, 명예훼손, 집회 및 시위에 관한 법률위반, 감금, 재물 손괴, 건조물 침입 혐의로 금란교회 김홍도 목사를 고발. 4.26. MBC는「시사매거진 2580」을 통해 김 목사 비리 의혹을 보도하게 된 취지와 기독교계의 반응, MBC의 입장 등을 밝힘.

1998.4.30. 국민일보 노사, 전사원 대상 연봉제 실시 합의. 5월부터 시행하기로. 국민일보 노사의 연봉제 합의 실시는 언론계 최초. 5.17. 신축 여의도 사옥으로 이전. 1999.3.11. 자매지『스포츠 투데이』창간.

1998.5.26. 대구지검은 TBC(대구방송)의 자금을 변칙전용한 대구방송 사주 청구그룹 장수홍 회장 구속.

1998.5.28. 헌법재판소 전원재판부는 국민신당이 '여론조사 결과의 발표 및 보도를 금지한 규정이 참정권 및 국민의 알 권리를 침해하고 있다'며 낸 위헌법률심판 제청사건에서 현행 공직선거 및 선거부정방지법 제108조 1항은 합헌이라고 밝혀 선거운동 기간에 여론조사 공표를 금지하는 것은 헌법에 위배되지 않는다고 판결.

1998.6.16. 한국일보노조가 임금 체불에 맞서 제기한 회사 소유 부동산의 가압류 신청이 받아들여짐. 한국일보노조는 6월 10일 350%의 상여금과 연월차 수당 등 미지급 급여 30억 4,000여 만원을 지급하라며 조합원의 서명을 받아 서울지방법원에 회사소유 부동산에 대

해 가압류신청을 냄.

1998.7.1. 문화일보 문우언론재단, 조용중 ABC협회장을 이사장 직무대행 선출, 문화일보는 5월 28일 재단설립 허가를 받고 6월 18일 설립등기. 6.30. 우리사주조합 이사회는 출자규모를 40여억 원으로 하면서 이 중 3억여 원은 우리사주조합 기금으로 적립. 문화일보 주식 지분은 우리사주조합 38%, 문우·동양재단이 각각 30%, 임원 0.3% 등.

1998.7.20. 수원지검은 중부일보가 기업체로부터 금품을 받는 등 비리 혐의를 잡고 압수수색. 사장 임완수와 구속 중인 오봉록 광고부장(건설업체로부터 2,000만원 광고료 갈취)의 집과 승용차도 압수수색. 8.6. 수원지검 형사1부는 건설업체 등의 약점을 미끼로 부당하게 광고를 수주하고, 퇴직직원들의 퇴직금을 지급하지 않고 광고 미수금으로 대체하는 등 부당노동행위를 해온 혐의로 임완수 사장과 이진영 전무를 구속. 10.1. 경기지방노동위원회는 노조설립 발기문과 창립성명이 해사 행위에 해당한다는 이유로 해고당한 중부일보노조 발기인 12명에 대해 복직판정. 10.30. 공갈과 부당노동행위 혐의로 재판 중인 사장 임완수는 징역 1년 선고. 11.4. 노조설립 과정에 부당해고된 노조 발기인 12명 전원 복직.

1998.7.29. 광주시 5.18희생자보상대책위원회 보상심의위원회는 피해보상을 신청한 송건호 전 한겨레신문 대표이사 등 언론인 15명에 대해 1차 보상 대상에서 제외. 언론인들이 겪은 피해는 정신적·사회적 피해에 가깝다는 이유.

1998.8.22. 중앙일보 홍석현 사장이 신문사 발행인으로는 처음 북한을 방문. 홍라희(호암미술관장), 권영빈(통일문화연구소장), 유영구 팀장 포함 5명.

1998.8.24. 동아일보 패션잡지 『레츠』 무기 휴간. 3년만에 적자 이유로.

1998.8.27. 언론개혁시민연대 창립. 33개 언론·사회단체 참여, 상임공동대표에 김중배, 양대 노총 위원장 등이 공동대표. 1999.1.27. 언론개혁시민연대는 언론개혁과제를 연구하기 위해 '21세기언론연구소' 설립.

1998.9.1. 7개 중앙 종합일간지와 4개 경제지 구독료를 월 8,000원에서 9,000원으로 인상.

1998.9.1. 청주방송 장기파업. 청주방송 노동조합 회사측과의 단체교섭이 결렬됨에 따라 전면파업 돌입. 노조는 지난 3개월간 11차례 단체교섭을 벌였으나 조합원 범위, 전임자 급여, 계약직 근로조건 등 7개 항에 이견을 보여 결렬. 9.14. 청주방송 직장폐쇄. 청주방송 사측은 청주시와 청주지방 노동사무소에 제출한 서류에서 노조로 인해 업무를 수행할 수 없다는 판단에 따라 직장폐쇄를 단행했다고 밝힘. 10.20. 청주방송 노사분규 타결, 50일간에 걸친 파업과 회사의 직장폐쇄로 파국 직전까지 갔던 노사는 노사합의 석상에서 회사측이 정리해고 계획을 철회하고 구조조정을 마무리하기로 합의.

1998.9.3. KBS는 국내 방송사 최초로 방송 프로그램 제작 원칙과 기준을 규정한「KBS 방송제작 가이드라인」공표.

1998.9.4. 서울지법 남부지원 제2민사부는 이원춘 등 CBS 명예퇴직자 23명이 미지급 퇴직금 13억 4,000만원을 지급하라며 CBS를 상대로 제기한 소송에서 원고 승소 판결. 9.11. 부실경영을 이유로 사장 퇴진운동을 벌이고 있는 CBS 노동조합이 표용은 재단 이사장과 권호경 사장을 임금체불 혐의로 검찰에 고소. → 1999.4.6. CBS 파업 참고.

1998.10.2. 한국일보사, 일간스포츠 서울경제 주간한국 등 자매지의 분리를 선언. 2000.3.30. 한국일보 주주총회에서 한국일보와 서울경제신문을 흡수합병한 후 분리하는 방식으로 분사키로 결정. 10.1. 서울경제신문, 한국일보와 분리 독립법인으로 출범. 11.24. 한국일보사 임시주주총회, 2002.1. 일간스포츠 사업부문을 별도법인 분리를 결의. 2002.2.4.

일간스포츠, 한국일보 계열편입 사유 해소, 독립. 2003.7.14. 일간스포츠 이사회를 열고 104억 원 규모의 신주(853만주)를 발행해 중앙일보사, 매일경제신문사, 엔씨소프트, 다음 이재웅 사장 등 네 곳에 주당 1,220원에 배정하는 제3자 배정 유상증자를 결의. 중앙일보는 11.46%로 한국일보사(14.09%)와 장중호 일간스포츠 사장(12.40%)에 이어 3대 주주가 됨. 매일경제신문사는 5.64%. 또한 중앙일보와 매일경제는 일간스포츠와 기사교류를 포함한 전략적 제휴 양해각서 체결. 2004.3.7. 증권선물위원회, 코스닥 등록법인인 일간스포츠 대표이사 장중호를 미공개정보를 이용해 부당이득을 취한 혐의로 검찰에 고발했다고 밝힘. 증선위는 또 불공정거래에 연루된 이 회사 임원과 직원 2명을 수사기관에 통보. 2007.8.29. 일간스포츠(사장 장중호), 250억원 주주 배정 유상증자 결정.

1998.10.19. 서울신문 노사는 언론사로는 처음으로 광고 및 판매 등 회사의 수익활동과 관련해 기자들에 대한 사측의 부당한 요구를 배제한다는 내용의 노사합의문 발표.

1998.10.20. 동아일보 김병관 회장 북한 방문. 조선아세아태평양평화위원회 초청으로 이뤄진 방북은 7박 8일 일정이며 방북대표단은 김희장 포함 6명.

1998.10.22. 김대중 대통령, "불법도청, 불법감청에 대해 철저히 진상을 조사하라"고 국민회의에 지시. "한나라당이 이에 대해 계속 주장하니 불법도청에 대해 당이 나서서 진상을 밝히라"고 지시하면서 "민주정부 아래서 고문이나 불법도청은 있을 수 없는 일"이라고 언급. 11.4. 정부 5개 부처(법무, 국방, 행정자치, 정보통신, 안기부) 공동으로 각 일간지 1면에 5단 광고, 불법도청 근절과 엄단 약속. →참고, 2002.11.28, 국가정보원 전화 도청자료 25쪽 문건 공개.

1998.10.23. 대통령 자문 정책기획위원장인 고려대 최장집 교수가 월간조선이 자신의 현대사 연구 논문을 악의적으로 왜곡·날조했다며 서울지방법원에 조선일보와 취재기자를 상대로 5억원의 손해배상 소송과 월간조선 11월호 배포금지 가처분신청 제기. 11.11. 서울지법 민사1부, 최장집 교수가 조선일보사를 상대로 낸 월간조선 11월호 판매와 배포금지

가처분 신청을 받아들임. 재판부는 또 조선일보측이 문제 대목들이 포함된 일간신문·주간지·월간지 등 정기간행물을 편집발행·판매하거나 컴퓨터 통신·인터넷 등에 게시할 경우 건당 1,000만 원씩 원고에게 지급하도록 결정. 1999.1.19. 최장집, 조선일보 상대 손해배상 청구소송과 반론보도 신청 취하. 월간조선 1998년 11월호 기사와 관련 10월 23일 제기한 손해배상 청구소송과 반론보도 신청을 취하. 월간조선은 1999년 1월 18일 발행된 2월호에 최 위원장이 자신의 입장을 밝힌 논문「통일의 조건과 전망/탈냉전의 두가지 선택」을 게재하고 조선일보도 같은 날「화해와 상생의 통일시대로」라는 최 위원장의 기고문을 실음. 11.19. 서울지법 서부지원 민사4부, '최장집 교수 사상논쟁'과 관련 조선일보 이한우 기자가 월간『말』지와 정지환 기자,『인물과 사상』강준만 교수를 상대로 낸 명예훼손 소송에서 "출판물에 의한 명예훼손이 인정된다"며 말지와 정지환 기자는 400만원, 인물과 사상과 강준만 교수는 700만원을 이한우 기자에게 지급하도록 판결.

1998.10.27. 월간『말』기자 신준영과 사진기자 임종진 평양 도착. 잡지로서는 북한 취재 방문이 최초.

1998.10.27. 한겨레, 연봉제 등 구조조정안 발표. 1999년부터 부장급 이상 간부사원을 대상으로 연봉제를 도입하고 점차 확대한다고 밝힘. 또한 전사원을 대상으로 명예퇴직제 도입.

1998.11.11. '서울신문' 제호를 '대한매일'로 변경. 11일자부터 제호 및 상호를 변경 발행키로 하고 '서울신문사 뿌리 되찾기 위원회'를 구성, 변경작업 착수. → 참고, 2004.1.1. 다시 서울신문으로 환원.

1998.11.18. 신문협회, 지방 읍면 단위 지역 2곳을 선정 공동판매제 실시에 합의. 신문공판제의 시도.

1998.12.1. 정부는 국무회의에서 통합방송법 제정을 비롯해 전반적인 방송개혁 문제를 다룰 방송개혁위원회를 대통령자문기구로 설치키로 의결, 김대중 대통령은 14일 방송개혁위원회 위원 14명에게 위촉장을 수여, 위원장은 강원용 목사, 3개월 동안의 작업 끝에 1999.3.27. 최종보고서를 김 대통령에게 제출.

1998.12.18. 정기간행물의 등록 등에 관한 법률 개정안 국회 본회의 통과. 그동안 전면 금지됐던 외국자본 유입을 일부 허용. 1999년부터 신문 30%, 잡지 50%, 통신 25%까지 외국자본 투자가 가능. 또 모든 정기간행물에 대해 납본을 의무화했던 규정도 대통령이 정하는 정기간행물에 한해서만 납본하도록 변경됐고, 등록 후 1년 동안 발행하지 않는 정기간행물은 등록취소하던 규정을 바꿔 6개월로 단축.

1998.12.18. 연합통신은 북한전문 보도기관인 사단법인 내외통신의 통합을 공식 발표. 연합통신은 18일 양사를 통합하고 내외통신의 세부적인 기능 이관은 12월 31일까지 완료하며 내외통신의 인원 장비 등을 인수, 내외통신이 수행했던 사업과 기능을 유지 발전시키기로 했다고 발표. 내외통신도 17일 총회와 이사회를 개최, 해산에 따른 법 절차를 마무리.

1998.12.18. 서울경제신문, 어린이서울경제 창간. 본지 부록으로 발간하는 어린이서울경제는 타블로이드판 8면으로 발행.

1998.12.19. 연합통신은 회사명을 연합뉴스로 변경. 1999.1.1. 연합뉴스는 내외통신 합병에 따라 기존 '남북관계부'를 '민족뉴스 취재본부'로 확대하는 조직개편 단행. 취재본부는 북한부, 남북관계부, 재외동포부 3개 부로 구성.

1998.12.23. 신문공정경쟁심의위원회는 공정경쟁규약 시행세칙 가운데 강제투입 위반행위 처리기준에 3차 위약금 부과 조항을 삽입. 이로써 1차 경고, 2차 위약금(6개월 구독료)에 이어 3차 위약금(1년 구독료)도 부과할 수 있도록 변경.

1998.12.28. 기자협회-프레스센터, 기자를 위한 다이제스트저널『기자통신』창간.

1999.1.1. 중앙일보 발행 월간 WIN의 분사 작업 마무리. 중앙일보는 총자본금 3억원 가운데 70%를 회사가, 나머지 30%는 WIN 간부들이 출자하기로 결정. WIN은 3월부터 제호를 『월간중앙』으로 변경.

1999.1.4. 대한매일은 영문판 코리아 데일리 팩스 뉴스(The Korea Daily Fax News) 서비스 개시. 대한매일 주요 뉴스를 번역해 팩스로 서비스. 주 5일(월~금) 발행.

1999.1.18. 언론개혁시민연대, 언론피해지원본부 발족. 오보 왜곡 편파보도로 인한 개인 또는 집단의 명예훼손, 이익침해 사례에 효과적으로 대처하려는 목적. 언론피해 상담전화도 개설.

1999.1.25. 한국신문협회는 한국언론학회와 공동으로 이날부터 3주간 전국 대학 언론학과 학생 101명을 대상으로 회원사에서 현장 실습교육(인턴교육) 실시.

1999.1.29. 한겨레신문 주주사원 투표로 최학래 한계레통일문화재단 사무총장을 새 대표이사 후보로 선출. 한국 언론사상 최초의 사원직선 사장이 된 최학래는 3월 20일 주총에서 승인을 얻어 공식 취임.

1999.1.31. YTN주주사원운영위원회 출범. 운영위는 부서별 투표를 통해 22명의 위원을 선출하고 지도위원장에는 장명국 사장 선출. YTN은 2일 주주총회를 열고 회사 이름을 '연합텔레비전뉴스'에서 '주식회사 YTN'으로 변경.

1999.2.12. 청각장애인을 위한 한글 자막방송(캡션방송)이 시작됨. MBC는 12일, KBS는 15일. SBS는 21일부터 실시.

1999.2.12. 대한매일은 신세대 패션 매거진 『FARBE(파르베)』 창간.

1999.2.17. 주간매경은 창간 20주년을 맞아 제호를 『매경 ECONOMY』로 변경.

1999.2.22. 서울지검 강력부 최운식 검사는 KBS 박권상 사장, 보도국장, 9시뉴스 앵커, 담당기자를 상대로 총 5억원의 손해배상 소송을 서울지법에 신청. 9시뉴스 보도가 자신의 명예를 훼손했다는 이유. 20일에는 언론중재위에 정정보도 신청도 제기. 6.23. 서울지방법원 제25민사부(이성룡 부장판사)는 원고 최운식의 손해배상 기각.

1999.2.22. 수원지검 강력부는 1998년 11월부터 벌여온 신선철 전 경기일보 대표이사 사장 등에 대한 수사를 마무리하며 기자 18명을 포함 총 21명을 입건하고 4명을 구속. 검찰은 신 전 대표이사를 불구속 처리하고 광고국장과 사회부장은 기업체에 비리 폭로기사 무마를 대가로 광고비 명목의 금품 갈취 등 공갈혐의로 구속.

1999.2.22. 전남지방노동위원회는 1998년 12월 무등일보에서 해고된 7명에 대해 복직 판정.

1999.2.23. SBS 사원지주제 방송사상 최초. SBS 이사회는 코스닥시장 등록과 우리 사주조합 결성을 결의하고 주간증권사로 동원증권을 선정.

1999.2.26. 서울지방노동위원회는 종합유선방송위원회에서 해고된 15명 전원을 원직 복직시키고 해고기간의 임금을 지급하도록 결정.

1999.2.00. 언론사 감원 확산. 전국언론노동조합연맹 조사에 의하면 8,574명이 해고된 상태. 이는 전국 70개 언론사 종사자 총수 3만 4,982명 의 24.5%. → 참고, 『언론노련 10년사』, 전국언론노동조합연맹, 1999, 250쪽.

1999.3.1. 국민일보 조간 전환. 이로써 중앙일간지 석간 발행은 문화일보와 내외경제신문만 남게 됨. 2001.1.15. 국민일보 석간 전환 발행. 1.16. 전국언론노동조합 국민일보지부, '노사합의 없는 석간 전환 및 판형 변경의 철회'를 요구하며 오전 6시 파업 돌입. 2002.5.27. 국민일보, 석간에서 조간 전환.

1999.3.2. 재단법인 한국기자협회기금(이사장 조성부) 문화관광부로부터 설립인가를 받음. 한국기자협회 기금은 기자협회의 업무수행 지원, 회원들의 언론자유 수호와 언론발전 연구활동 지원 등을 위해 설립.

1999.3.2. 스포츠TV 노조 파업. 국민체육진흥공단의 스포츠TV 청산 방침에 반발, 파업에 돌입. 3.15. 청산방침 철회에 노사가 합의함으로써 파업 끝내고 3.20. 방송 정상화.

1999.3.9. 신문 방송 통신 잡지 광고 홍보 등 미디어 분야의 전·현직 전문 여성인력 모임인 '한국미디어여성연합' 프레스센터에서 발족.

1999.3.10. 정보통신부는 국내 위성방송 기술 기준을 유럽의 디지털 비디오 방송 국제표준규격으로 개정하기로 방침을 정했다고 발표.

1999.3.23. 국무회의는 국무총리 산하에 공보실 일부 기능과 문화관광부의 '신문잡지과' '방송광고행정과' 등을 합쳐 국정홍보처를 신설하는 방안을 골자로 하는 제2차 정부조직개편안을 확정. 언론개혁시민연대 민주언론시민연합 등 언론단체들은 공보처 부활을 통한 언론장악 음모라며 정부안 반대 성명 발표. 3.25. 신문방송편집인협회도 제2차 정부조직개편안의 국정홍보처 신설 방침에 반대 성명 발표. 5.24. 국정홍보처 설립. 공보실을 개편 발족. 2008.2.28. 해산.

1999.3.25. 대검찰청 중앙수사부는 김영삼 정부 출범 직전 청와대 정책기획비서관으로

내정됐다 3일만에 사퇴한 전병민이 1994년 광주민방 사업자 선정 과정에서 한 신청업체로부터 15억 5,000만원을 받은 혐의를 잡고 수사에 나섬. 또 검찰은 당시 공보처 방송매체국장 서종환이 광주민방 사업자 선정 과정에서 대신그룹으로부터 5,000만원을 받은 사실을 확인, 뇌물수수혐의로 구속. 2000.4.17. 서울지법 형사30부는 광주민방사업자 선정과 관련, 금품을 받은 혐의(특가법상 알선 수재)로 기소된 전병민에 대한 항소심에서 징역 3년에 집행유예 4년, 추징금 15억 5000만원을 선고.

1999.4.6. CBS노조 전면파업. CBS노조(위원장 이열범)는 재단이사회 개혁 및 부실경영 문책을 주장하며 무기한 전면 파업에 돌입. 이에 앞서 CBS노조는 3.30. 열린 임시총회에서 체불임금에 대한 중앙노동위원회의 조정안이 노사간 논의 내용보다 후퇴했다며 조정을 거부하고, 31일 쟁위행위 파업찬반투표를 실시한 결과 참가자 247명(투표율 97%) 중 206명(지지율 83%)의 찬성으로 파업을 결의. 재단과 경영진의 경영실패를 이유로 파업에 돌입하기는 CBS 개국 이래 처음. 4.8. CBS파업 타결. CBS 권호경 사장과 이열범 노조위원장은 이날 노사 공동으로 재단개혁안 마련을 골자로 한 합의문에 서명했으며, 노조는 4월 6일부터 시작된 파업을 33일만에 철회하고, 5.10. 업무 복귀. 노사합의문은 ①노사대표 각 3인으로 특별위원회를 구성해 두달 시한으로 재단개혁안을 수용하도록 최내한 노력할 것을 명시했으며 ②회사는 부채 청산과 체불임금 개선안을 5월말까지 제시하고 ③그 결과를 노사가 협의해 평가하도록 했다. 또한 ④회사는 노조 대의원 21명 해고조치와 관련 징계를 최소화하기로 함. 12.10. CBS 노사, 이사회와 직원이 공동으로 참여하는 사장 청빙위원회와 전문이사제 도입에 합의. CBS 노사는 이사회가 행사하던 국장급 직원에 대한 임면권을 사장에게 부여하는 한편 사장은 매년 이사회에 경영 계획서를 제출해 실적 평가를 받고, 재단법인명을 기독교방송에서 CBS로 개칭하기로 합의. →참고, 2003.3.23., 권호경 사장 퇴진요구에 서명.

1999.4.7. 국민일보노조, 언론사 최초로 노조원과 비노조원과의 차별대우를 선언. 노보를 통해 비노조원과 조합원을 차별화하는 활동을 강화해 나갈 계획이라고 밝힘.

1999.4.20. 전국문화방송노동조합은 16일부터 19일까지 여권의 방송법개정 저지를 위한 파업 찬반투표를 실시한 결과 94.4%의 찬성률로 파업을 결의했다고 발표. 이번 찬반투표에는 전체 조합원 2.010명 가운데 1,737명이 참여, 94.6%의 투표율 기록.

1999.4.20. 서울지검 특수1부는 KBS 사장 재직 시 신동아그룹 최순영 회장으로부터 청탁과 함께 1억원을 받은 혐의로 홍두표 한국관광공사 사장을 구속 기소. 2000.1.18. 1심에서 징역 3년의 실형을 선고받고 항소한 홍두표 전 KBS 사장에게 징역 6년이 구형됨. 서울고법 형사4부 심리로 열린 항소심 공판에서 홍 전 사장은 "최 회장에게서 KBS 직원의 직장보험 가입과 관련, 돈을 받았으나 실제로 직장보험은 대한생명에 집중되지 않았고 오히려 줄어들었던 만큼 선처를 바란다"고 진술.

1999.4.27. 국민회의, 한겨레신문을 상대로 101억 원 손해배상 청구소송 제기. 한겨레신문 '국민회의가 지난 3.30 재·보선에서 50억원대의 선거자금을 사용했다'는 보도와 관련 손해배상청구액은 지금까지 국내 정당의 대 언론사 소송 가운데 최고 수준. 6.4. 국민회의는 김대중 대통령의 지시에 따라 형사소송은 취하.

1999.4.28. 서울지법 형사합의22부는 민방 사업자 선정과정에 청탁과 함께 돈을 건넨 혐의로 불구속 기소된 광주방송 회장 양회천 피고인에 뇌물공여죄를 적용, 징역 10월 선고 법정 구속.

1999.6.1. 언론개혁광주시민연대(상임대표 지남철), 지역신문개혁추진본부(본부장 류한호 광주언개련 운영위원장) 발족.

1999.6.1. 전남일보 편집국 직원 45명, 편집국장 선임 등 회사측 인사에 반발, 제작거부. 6.4. 회사의 부당인사 철회로 제작거부 중단.

1999.6.2. 종합유선방송법 개정안 시행령 국무회의 통과. 이에 따라 케이블TV 지역방송국(SO)은 프로그램 공급업체(PP)의 20%, 프로그램 공급업체는 지역방송국의 10%까지 지분을 인수할 수 있음. 또 전송망사업자는 최대 지역방송국의 10%를 소유할 수 있고 프로그램 공급업은 허가제에서 승인제로 완화.

1999.6.2. 문화관광부, 노동일보의 등록신청 수리. 노동일보는 주간 노동자신문을 일간으로 전환하면서 주식공모를 통해 1,000여명의 노동자들이 참여, 2억 1,500만원의 자본금을 모음. 7.12. 국내 최초의 노동일간지 노동일보 창간.

1999.6.11. 정진석 한국외국어대 교수, 강준만(전북대 교수), 김동민(한일장신대 교수), 장의덕(『인물과 사상』 발행인) 등 5명 상대로 1억원 손해배상 청구소송을 서울지법에 제기. 2000.3.17. 서울지법 민사합의25부(재판장 안영률 부장판사), 1억원의 손해배상 청구소송에서 조정 결정. 결정문을 받은 직후 발행되는 두 잡지(『인물과 사상』과 같은 제호의 부정기간행 무크지)에 "재판부의 중재를 받아들여 정 교수께 사과의 뜻을 표하고자 합니다", "차후로는 보다 정중하고 차분한 자세로 비판 행위에 임할 것임을 약속드립니다"는 내용의 사과문을 게재하고, 이를 어길 경우 각각 1천만원씩을 지급토록 조정.

1999.6.11. 언론개혁시민연대 전국언론노동조합연맹 한국기자협회 등 16개 시민·사회단체와 연합뉴스 노동조합은 통신언론진흥회법 제정을 위한 입법 청원서 국회에 제출. 연합뉴스 소유구조의 민주적 개편과 공영성 확보, 명실상부한 국가 기간 통신사로서의 위상 재정립 등이 주요 내용.

1999.7.6. 국세청, 통일그룹 계열의 통일재단과 세계일보사 세무조사 착수.

1999.7.7. 무등일보 소유법인 ㈜라인문화재단, 광주지법에 회사 파산신청서 제출. 1988년 10월 창간한 무등일보는 경영난으로 사실상 폐간.

1999.7.10. KBS의 자회사 KBS제작단, ㈜코네드 컨소시엄에 인수돼 민영화.

1999.7.13.~28. KBS · MBC · 방송위원회노조, 방송법 조속 촉구 요구 연대파업. 7.22. SBS · CBS · EBS 방송 3사 노조, 총파업 투쟁 참가 선언. 7.23. MBC 노성대 사장, 노조원들의 업무복귀를 촉구하는 담화문 발표. 7.24. KBS 박권상 사장, "26일 오전 6시까지 업무에 복귀하지 않는 조합원에 대해서는 사규에 따라 징계하겠다"고 밝힘. MBC 노성대 사장도 23일 같은 내용의 담화문 발표. 7.26. 언론노동조합연맹과 전국방송노조연합, 국민회의와 자민련 등 공동 여당과 긴급 회동. 통합방송법안 관련 방송사 파업을 28일 오전 6시를 기해 중단하기로 최종합의. 8.15. 서울 영등포경찰서, 통합방송법안 관련 방송사 파업을 주도한 혐의로 박영춘 MBC노조위원장과 전국방송노조연합 사무처장 박진해 구속. 사전구속영장이 신청된 신상근 방송위원회 노조위원장은 법원의 영장 실질심사 과정에서 도주 우려가 없다는 이유로 영장 기각.

1999.7.19. 서울지법 북부지원 형사3부는 특기생 선발 대가로 학부모로부터 거액을 받은 혐의로 구속기소된 대한아이스하키협회장 박갑철(전 조선일보 사장실 국장) 피고인에게 배임수재죄를 적용, 징역 1년에 추징금 7,000만원을 선고하고 보석을 취소하고 법정 구속.

1999.7.22. 장재국 한국일보 회장, 월간『말』8월호 기사와 관련 이 잡지 발행인 노향기, 박영규(편집국장), 오연호(취재부장)를 출판물에 의한 명예훼손 혐의로 서울지검에 고소. 7.27. 전국언론노동조합연맹, '미국 카지노 도박사건' 관련 장재국 한국일보 회장을 서울지검에 외환관리법 위반으로 고발하고 출국금지 요청. 2001.12.12. 전국언론노동조합 박강호 부위원장 등 3명, 장재국 한국일보 회장을 외국환관리법 위반혐의로 서울지검에 고발. 12.18. 로라 최(한국명 박종숙), 장재국 한국일보 회장 등 4명과 2개 법인 상대로 미 연방법원에 1억 달러 소송 제기. 2002.1.29. 한국일보, 장재국 회장 해임.

1999.8.20. 대법원 형사3부, 한겨레신문 정치부 김종철 기자 공직선거 및 선거부정방지법

위반사건 상고심에서 김 기자의 상고를 기각, 벌금 100만원을 선고한 원심을 확정. 9.19. 서울지검 형사4부 소속 검사 10명은 정확한 근거 없이 의혹을 제기하는 기사로 검사들의 명예를 훼손했다며 한겨레신문과 사회부장 및 취재기자를 상대로 22억원의 손해배상 청구소송을 서울지법에 제기.

1999.8.30. 서울지법 형사2단독 임준호 판사는 미공개주식 정보를 동생에게 알려줘 거액의 시세차액을 얻게 한 혐의로 기소된 전 중앙일보 경제부차장 길진현에 징역 1년 6월에 집행유예 2년을 선고.

1999.9.1. 국제신문 롯데그룹에서 분리 독립.

1999.9.6. 국가정보원, 월간『말』기자 김경환 구속. 김 기자는 1998년 10월 북한 공작원 진운방(가명)을 만나 국가보안법 위반 혐의로 구속된 하영옥의 연락처를 알려준 혐의.

1999.9.6. 조폐공사 파업유도 사건 수사를 담당했던 검찰 특별수사본부 소속 검사 12명은 조선일보사와 논설위원 정중헌을 상대로 1인당 3억원씩 36억원의 손해배상과 정정보도 청구소송을 서울지법에 제기. 조선일보는 7월 31일자「휴대폰도 도청되나」사설에서 검찰이 수사과정에서 공개한 진형구 전 대검 공안부장과 강희복 전 조폐공사 사장의 휴대폰 통화내역이 감청에 의한 것이 아니냐는 의혹을 제기하면서 수사기관의 감청 남용방지와 통신비밀보호법 개정의 필요성을 제기. 2000.2.2. 서울지법 민사합의 25부, 이훈규 서울지검 특수 1부장 등 조폐공사 파업유도 의혹사건 검찰 특별수사본부에서 일했던 검사 12명이 조선일보와 이 회사 정중헌 논설위원을 상대로 낸 36억원의 손해배상 및 정정보도 청구소송에서 "피고들은 원고에게 1인당 1,500만원씩 모두 1억 8,000만원을 배상하라"며 원고 승소판결. 재판부는 또 "피고는 정정보도문을 게재하고 이를 게재하지 않을 경우 1일 100만원씩을 지급하라"고 판결.

1999.9.10. 일본 대중가요 개방으로 국내공연 허용. →참고, 2000.6.27. 일본대중문화 3차 개방조치, 2003.9.15. 4차 개방조치

1999.9.14. KBS 보도제작국 현명근 기자와 원정대원 한도규, 방송사상 첫 히말라야 등반 생중계를 위한 캉첸중가봉(8,586m) 등정에서 눈사태로 사망.

1999.9.17. 국세청, 보광그룹 사주 홍석현 중앙일보 사장을 조세포탈 혐의로 검찰에 고발하고 보광그룹과 홍 씨 일가에 대해 262억원의 탈루 세액을 추징하는 내용의 보광그룹 세무조사 결과 발표. 10.7.~14.(6회) 한겨레, '긴급진단 언론권력', 홍석현 사장과 중앙일보 집중 비판. →참고, 2001.3.6. 한겨레, 본격 언론 비판 시리즈「언론권력」 10.18. 대검찰청 중앙수사부는 보광그룹 대주주인 중앙일보사 홍석현 사장을 특정범죄가중처벌법상 조세포탈과 특정경제범죄가중처벌법상 배임 혐의로 구속 기소. 11.17. 보광그룹 사주 중앙일보 홍석현 전 사장, 서울지법에 보석 신청. 11.30. 대검 중앙수사부는 조세포탈 및 배임혐의로 기소된 중앙일보 홍석현 사장에 대해 특정 범죄가중처벌법의 조세포탈죄를 적용, 징역 6년에 벌금 51억원을 구형. 12.14. 서울지법 형사합의21부, 징역 3년에 집행유예 5년 및 포탈세액의 2배에 상당하는 벌금 38억원 선고. 홍 사장은 이날 수감 중이던 서울구치소에서 석방. 2000.2.1. 대검 중수부는 세금포탈 등의 혐의로 기소돼 1심에서 집행유예 및 벌금 38억원이 선고된 홍석현 중앙일보 회장에 대한 항소심 결심공판에서 특정범죄가중처벌 등에 관한 법률위반(조세포탈) 등을 적용, 1심 구형대로 징역 6년 및 벌금 51억원을 구형. 5.26. 대법원 형사3부, 세금포탈 등 혐의로 기소된 홍석현에 대한 상고심에서 징역 3년에 집행유예 4년 및 벌금 30억 원을 선고한 원심을 확정. 2002.4.18. 서울지법 형사합의23부, 조세포탈 등 혐의로 불구속 기소된 중앙일보사 송필호 대표이사와 이재홍 경영지원실장에게 징역 1년에 집행유예 2년 선고. 중앙일보사 법인에 대해서는 벌금 1억원 선고. 법인세 6억 5,000여만원 탈세혐의 부분에 대해서는 무죄 선고. 10.10. 서울고법 민사8부, 1999년 10월 홍석현 당시 중앙일보 사장이 탈세 혐의로 구속될 무렵 한겨레 보도 기사와 사설 등을 문제 삼아 중앙일보사가 한겨레신문을 상대로 낸 손해배상과 정정보도 청구 사건 원고 패소 판결.

1999.10.22. 국방부 산하 고등·보통군사법원 판사 5명, "병무비리 수사와 관련, 군사법기관 내 비리가 만연하다는 보도로 명예가 훼손됐다"며 경향신문과 문화일보를 상대로 각각 5억원의 손해배상과 정정보도 청구소송 서울지법에 제기.

1999.10.25. 한나라당 정형근 의원, '언론대책 문건' 폭로. 문건은 청와대를 비롯하여 국세청 등 경제기관과 검찰, 국가정보원 등 국가의 권력기관을 총동원하여 언론을 개혁한다는 실천방안이 골자. 국가기관을 동원한 총체적 언론장악 프로그램을 추진하려면 이를 총괄·감독·지휘할 수 있는 사령탑이 반드시 있어야 하지만, 외부에는 노출되지 않는 게 절대적으로 필요하다고 되어 있다. 세무조사도 실시하고 언론의 약점을 뒷조사 하여 언론기관 또는 외부 기관에 폭로하고 이를 근거로 사법당국이 수사에 나서야 한다는 골자. 10.27. 정형근 의원이 폭로한 '언론개혁 보고서'는 중앙일보 문일현(문일현·경영지원실 차장·현재 북경대 연수중) 기자가 지난 6월에 작성, 국민회의 이종찬 부총재에게 전달한 것으로 밝혀졌다고 국민회의가 주장. 10.28. 중앙일보, 언론대책 문건과 관련 국민회의 이영일 대변인과 김현미 부대변인을 명예훼손 혐의로 서울지검에 고소. 10.29. 한국기자협회, 언론대책 문건과 관련 기자윤리 확립을 위한 5개항의 결의문 채택. 주요 결의내용은 취재원과의 유착관계 배격. 기자협회 윤리강령 및 실천요강의 철저한 준수 등. 11.2. 한나라당, 언론대책 문건은 "평화방송 이도준 기자가 정형근 의원에게 문건을 전달하기 전 이회창 총재를 찾아가 문건에 대해 얘기한 것으로 드러났다"고 보도한 연합뉴스에 대해 정정보도와 사과문 게재를 요구하는 중재신청을 언론중재위원회에 냄. 11.5. 중앙일보 정치부 차장 이양수, 자신이 언론대책 문건과 관련돼 있는 것처럼 보도해 명예를 크게 훼손당했다며 조선일보사와 정치부 김창균 기자를 상대로 1억원의 손해배상 및 정정보도 청구소송을 서울지법에 제기. 2003.10.24. 서울지법 형사1단독, '언론대책문건 사건'과 관련 문건을 훔친 혐의로 불구속 기소된 전 평화방송 기자 이도준에 대해 징역 8월에 집행유예 1년을 선고. → 참고. 2001.1 언론사 세무조사, 2002.3. 언론개혁문건.

1999.12.13. 한국일보, 일간지 최초로 점자신문(함께 사는 사회, 함께 읽는 신문) 창간. 한국일보는 테크노티㈜가 세계 최초로 개발한 합성수지를 이용한 점자 인쇄기술의 독점사용권을 확보, 점자신문을 발행.

1999.12.17. 국회 법제사법위원회, 방송법 등 방송관련법안 및 동법 수정안 다수결 통과. 12.28. 통합방송법, 국회 본회의 통과. 2000.1.12. 방송관계법(방송법, 한국교육방송공사법, 한국방송광고공사법) 공포. 3.6. 정부, 새 방송법 시행령 의결. 3.13. 통합방송법 발효.

1999.12.30. 조희준 전 국민일보 회장은 자신에 대한 전국언론노동조합연맹의 국세청 고발 사실을 보도해 명예를 훼손했다며 연합뉴스, 스포츠조선, 미디어오늘 및 언노련 등을 상대로 190억원의 손해배상과 정정보도 청구소송을 서울지방법원에 제기. 손해배상청구 내역은 연합뉴스 100억원, 스포츠조선 50억원, 미디어오늘 10억원, 언론노련 최문순 위원장, 연합뉴스 진병태 기자, 미디어오늘 최종숙 기자 각 10억원. 2000.3.20. 국민일보노조. 순복음교회 조용기 목사와 조희준 전 회장에 대해 발전 계획과 지원책 제시, 조희준 회장이 관리하는 평생독자회비 320억원의 국민일보사 환원, 전적·분사된 업무부문 원상회복 등을 요구하며 무기한 단식농성 돌입. 3.29. 전국언론노동조합연맹과 국민일보노조, 국민일보 사옥 앞에서 '국민일보 사주 전횡 규탄 및 경영정상화 촉구대회' 개최. 2001.1.15. 국민일보 석간 전환 발행. 1.16. 전국언론노동조합 국민일보지부, '노사합의 없는 석간 전환 및 판형 변경의 철회'를 요구하며 파업 돌입. 2.1. 국민일보 노조, 조희준 전 회장의 간섭 배제, 노사가 참여하는 특별팀 구성 등에 합의 파업 철회. 2002.5.27. 국민일보, 석간에서 조간 전환. 2006.12.21. 국민일보의 지분을 모두 소유하고 운영하는 재단법인 국민문화재단(이사장 조용기) 출범. 2013.6.20. 서울고등법원, 회사자금을 개인용도로 사용한 혐의로 기소돼 법정구속 된 조희준 전 국민일보 회장에 대해 항소심에서 징역 1년 6개월에 집행유예 3년 선고. 재판부는 배임 혐의가 인정된 자금에 대해 입증이 부족하고 범행에 적극 가담하거나 주도하지 않은 점을 고려해 판결을 내렸다고 밝힘. 2016.4.29. 대법원 3부, 회삿돈을 횡령한 혐의로 기소된 조희준 전 국민일보 회장에 대한 상고심에서 징역 1년 6월에 집행

유예 3년을 선고한 원심을 깨고 사건을 서울고법으로 되돌려 보냄. 유죄가 인정되는 마지막 범행을 기준으로 공소시효 완성을 따져야 한다는 취지의 판결.

2000~2000

명예훼손 손해배상 판결

2000.1.13. 서울지하철공사 노조, 국민일보와 조선일보를 상대로 각각 1억원의 손해배상 청구소송을 서울지법에 제기. 1998년 4월 파업 당시 언론의 허위, 왜곡보도로 명예가 훼손됐다는 이유.

2000.1.14. 서울지하철 역 구내에 신문을 공급하는 신문유통업체 간의 갈등으로 지하철역에서 10일 이상 주요 일간지가 판매되지 않은 가운데 서울지하철공사는 이날 "승객들의 민원 제기로 일선 역상과 신문판매대 운영자들에게 모든 신문을 판매하라는 공문을 보냈다"며 그러나 신문판매 중단사태는 유통업자 간의 세력다툼에서 비롯된 문제여서 공사측이 적극적으로 나서기 힘들다고 밝힘.

2000.1.17. 총선시민연대 최열 상임공동대표와 박원순 상임집행위원장은 조선일보사를 방문, 공천반대 낙선운동에 대한 조선일보의 비판적 보도태도에 항의. 이에 대해 조선일보 김대중 주필 등은 "신거법 87조 개정 취지에는 공감하지만 몇 가지 우려되는 점이 있다"며 "앞으로 총선시민연대의 항의를 참고하겠다"고 말한 것으로 박 위원장이 전함.

2000.1.19. 서울지법 민사합의25부, 건국대학교 현승종 전 이사장이 자신의 친일행각 보도와 관련, 문화방송과 취재기자를 상대로 낸 손해배상 청구소송에서 "MBC측은 현씨에게 5,000만원을 배상하라"며 원고 일부 승소판결. 재판부는 판결문에서 "MBC는 현씨가 강제징집된 사실밖에 없는데도 마치 상당히 비난받을 정도의 친일행위를 하고 이를 숨겨 오다 뒤늦게 고백한 것처럼 암시하는 내용의 보도를 해 현 씨의 명예를 훼손한 점이 인정된다"고 밝힘. 이에 대해 MBC측은 "재판부의 판단을 받아들일 수 없는 만큼 즉각 항소할 계획"이라고 말함.

2000.2.2. 서울지법 민사합의 25부는 방송인 백지연이 스포츠투데이와 이 회사 기자 최모를 상대로 낸 10억원의 손해배상 청구소송에서 "피고들은 각각 1억원씩 모두 2억원을 배상하라"며 원고 승소판결. 한편 재판부는 스포츠투데이와 최씨가 백씨를 상대로 낸 5억원의 손해배상 청구소송은 기각. 3.8. 서울지검 공판부는 방송인 백지연의 명예를 훼손한 혐의로 구속기소된 미주통일신문 발행인 배부전 피고인에 대해 명예훼손죄를 적용, 징역 2년을 구형. 3.13. 서울지법 형사13단독 김철현 판사는 징역 1년을 선고. 12.7. 한국여성단체연합 등 4개 여성단체들. SBS「한밤의 TV연예」가 백지연의 명예를 훼손했다며 SBS를 명예훼손 혐의로 서울지검에 고발한다고 발표.

2000.2.3. 서울지법 형사23부는 '민족민주혁명당(민혁당)' 사건과 관련, 국가보안법상 편의제공 등의 혐의로 구속 기소된 전『말』지 기자 김경환에게 징역 4년 6월에 자격정지 4년 6월 실형을 선고.

2000.2.10. 서울고법 민사8부는 천주교인권위원회가 자신들을 좌익용공세력으로 모는 허위기사를 실어 명예를 훼손했다며『한국논단』과 발행인 이도형을 상대로 낸 위자료 1억원 손해배상 청구소송 항소심 선고에서 "피고의 항소를 기각해 원심대로 원고에게 2,000만원을 배상하고, 확정판결이 난 뒤 처음 발행하는 한국논단에 정정보도문을 실으라"고 판결. 5.21. 대법원 민사3부(윤재식 대법관)는 천주교인권위가 한국논단과 발행인 이도형을 상대로 낸 손해배상 청구소송 상고심에서 한국논단의 상고를 기각하고 "피고는 원고에게 2,000

만원을 배상하라"는 원심판결을 확정. 6.15. 서울고법 민사8부(재판장 채영수)는 시민단체와 노동조합들을 정부 전복을 목적으로 하는 좌익 용공세력으로 몰아 명예를 훼손했다며 언론노조, 민변, 참여연대 등 9개 단체가 월간 한국논단과 발행인 이도형 등을 상대로 낸 손해배상 청구소송에서 "피고는 원고들에게 모두 1억 8,000만원을 배상하고 정정보도문을 게재하라"며 원고승소 판결. 2002.1.22. 대법원, 언론노조·민변·참여연대전국연합이 한국논단과 이도형을 상대로 낸 손해배상 청구소송에서 1억 8,000만원 배상과 정정보도문 게재하도록 원고 승소 판결.

2000.2.10. 서울경찰청 보안2과는 1999년 8월 10차 '범민족대회 남측본부(범추본)' 대변인으로 활동하면서 10차 범민족대회 개최를 주도해온 혐의(국가보안법위반)로 한겨레신문 교열부 차장 박해전 구속. 5.17. 징역 3년이 구형된 한겨레 박해전 교열부 차장에 대해 국가보안법 위반죄(회합·통신) 등을 적용, 징역 1년과 자격정지 1년에 집행유예 2년을 선고.

2000.2.22. 인터넷신문『오마이뉴스』창간. 시민 기자들이 직접 기사를 작성하고 참여하는 형태의 뉴스 사이트로, 전통적인 언론사와는 다른 혁신적인 모델 제시. "모든 시민은 기자"라는 슬로건을 내걸고 일반 시민들이 기사 작성에 참여할 수 있는 기회 제공.

2000.3.9. 법원 민사2부는 우암(尤菴) 송시열 선생의 후손인 '은진 송씨 송자각하종친회'가 한국방송공사가「TV조선왕조실록」에서 "우암이 효종의 북벌을 반대하는 신하의 대표인 것처럼 묘사돼 후손의 명예가 훼손되는 피해를 입었다"며 KBS를 상대로 낸 반론보도청구소송에서 원고 패소 판결한 원심을 확정.

2000.3.10. 김정길 전 청와대 정무수석은 옷로비 사건과 관련, 부인 이은혜가 배정숙에게 국회청문회 위증을 요구했다고 보도한 동아일보를 상대로 출판물에 의한 명예훼손 혐의로 5억원의 손해배상 청구소송을 서울지법에 제기. 12.27. 서울지방법원 민사합의25부(재판장 안영률 부장판사)는 동아일보에 정정보도문을 게재하도록 명령, 나머지 원고의 청구는

기각. 소송비용의 80%는 원고가, 20%는 피고가 부담하도록 판결.

2000.3.13. 통합 방송법 발효. 새 방송위원회 출범.

2000.3.14. KBS MBC SBS 방송 3사, 제16대 4·13 총선 당일 총선 사상 처음으로 유권자들을 상대로 출구조사를 실시, 투표 종료 시간인 오후 6시부터 발표키로 결정. 4.13. 방송 3사 출구조사 보도, 제1당이 뒤바뀌고 상당수 선거구의 1위 예상자와 당선자가 틀림. 4.14. KBS MBC SBS 방송 3사, 밤 메인뉴스를 통해 4·13총선 관련 출구조사가 실제투표 결과와 크게 틀린 것과 관련 사과방송. 4.16. KBS와 SBS, 총선의 잘못된 예측조사와 관련, 미디어 리서치 등 4개의 여론조사 기관에 1억 5,000만원의 손해배상 청구소송을 제기하겠다고 밝힘. 4.20. 선거방송심의위원회, 제16대 총선 개표방송과 관련, 부정확한 출구조사로 물의를 빚은 방송 3사 관계자 징계 및 시청자에 대한 사과를 명령.

2000.3.23. CBS 노사갈등 장기 파업. CBS, 권호경 사장 퇴진 요구에 서명한 허미숙 전북 CBS 보도제작국장 등 간부 4명에게 정직 2개월 등 간부 12명 징계조치. 3.24. CBS노조, 회사의 사원 징계조치와 관련 집단 취재 거부 결정. 3.28. CBS, 국내 언론사상 최초로 자사의 노사갈등 사태를 회사와 직원들의 합의로 오전 7시 30분 뉴스에 공식 보도. 5.24. CBS 기자들, 사측의 부당한 인사조치에 항의 파업 돌입. 6.16. CBS 징계위원회(위원장 정두진), 노조에 공문을 보내 지난 5월 24, 25일 방송 제작을 거부한 보도국 기자 51명 전원을 대상으로 징계위원회 19일 개최 통보. 6.19. CBS, 권호경 사장 퇴진문제와 관련 보도제작국 기자 전원을 사내 징계위원회에 회부. 7.24. CBS, 재단이사회를 열고 노조의 권호경 사장 퇴진 운동과 관련 "이사회는 근본적인 개혁을 단행한다는 방침 아래 재단개혁과 경영진단을 진행하고 있다", "CBS 전 직원은 방송선교 본연의 의무를 다하기를 엄중하게 명한다"는 담화문 발표. 9.20. CBS노조, 권호경 사장을 비롯한 사측 관계자 4명을 업무상 배임 또는 횡령 혐의로 서울 남부지청에 고소. 10.5. CBS노조, 임금협상과 단체협상 결렬로 오전 5시부터 무기한 전면 파업 돌입. 2001.12.4. CBS노조, 노사 합의사항 이행 촉구, KNCC 사무실 점거

농성. 12.14. CBS노조, 오전 3시부터 24시간 시한부 총파업. 12.19. CBS 기자들, 사회부장 취재지시 거부 결의. 2001.1.16. 시비에스(기독교방송)를 사랑하는 사람들의 모임(시사모·대표 양길승, 참여연대 운영위원장) 발족, 권호경 사장 퇴진과 기독교방송 정상화를 위한 10만 서명운동. 1.29. 기독교방송 정상화를 촉구하는 'CBS를 사랑하는 전북사람들의 모임'(공동대표 김의수, 여태권 목사) 발족. 3.21. MBC노조, EBS노조, 국민일보노조, CBS 권호경 사장 퇴진을 촉구하는 성명 발표. 5.7. 대한성공회 소속 신부 58명, CBS 사태와 관련 현 사태의 책임이 권호경 CBS 사장과 재단이사회측에 있다며 조속한 정상화를 촉구. 6.18. CBS노조 단식농성 돌입. 26. CBS, 파업사태 265일만에 타결. 2002.9.30. CBS노조, 권호경 전 사장의 연임 강행에 반발 무기한 총파업 선언. → 참고, 1999.4.6., CBS노조 전면 파업.

2000.3.29. 서울지법 민사합의25부는 1998년 판문점에서 일어난 김훈 중위 사망 의혹사건과 관련, 부검을 담당했던 이모 군의관의 '왜곡보도' 손해배상 청구소송에서 "SBS 3,500만원, 동아일보 1,500만원을 각각 배상하라"고 원고 일부 승소 판결. 8.23. 서울지법 민사합의 25부(재판장 안영률 부장판사)는 "김훈 중위를 살해한 범인으로 보도돼 명예를 훼손당했다"며 김영훈 중사와 가족들이 언론사와 취재기자 18명을 상대로 낸 5억원의 손해배상 청구소송에서 'SBS 8,750만원, 경향신문 5,000만원, 동아일보 3,750만원을 원고에게 배상하라" 며 원고일부 승소 판결. 10.12. 김훈 중위 사망사건 보도와 관련 김영훈 전 중사와 그 가족들이 낸 손해배상 청구소송에서 원고 승소판결 확정. 당사자인 김 전 중사는 물론 그 가족이 입은 정신적 피해까지 배상해야 한다는 명예훼손 소송 주요 판례. 2007.7.1. 대법원 2부(주심 박일환 대법관), '김훈 중위 사망사건' 관련 시사저널 전 발행사인 예음문화재단에 "3,750만원을 배상하라"고 판결한 원심 확정.

2000.3.30. 제일제당, TV홈쇼핑 채널인 39쇼핑을 3,400억원에 인수.

2000.4.1. 서울고법 민사8부는 김모(여)와 가족들이 댄스그룹 듀스의 멤버였던 고 김성재의 살해범으로 몰려 피해를 봤다며 SBS를 상대로 낸 손해배상 청구 소송에서 1억 2,000만원

을 배상하라는 1심대로 원고승소 판결.

2000.4.7. IPI, 창립 50주년을 맞아 20세기 언론자유에 기여한 세계 각국 언론인 50명을 '언론자유 영웅'으로 선정. 한국 언론인은 고 최석채(1917~1991) 선생. 매일신문, 조선일보 주필과 이사를 지냄. 2004.11.19. 최석채 선생의 '세계 언론자유영웅 50인' 기념비 제막식 경북 김천시 직지문화공원에서 열림.

2000.4.7. YTN, 인수대금 700여억원에 서울타워 인수.

2000.4.11. AP통신 한국 특파원 최상훈, 한국전 당시 미군의 '노근리 양민 학살사건'을 추적 보도한 공로로 미국 본사 기자 3명과 함께 퓰리처상 추적보도부문 공동수상자로 선정.

2000.5.1. 김영삼 전 대통령, 중앙일보와 문화일보 상대로 언론중재위원회에 정정보도 및 반론보도 요청 중재신청. 김 전 대통령은 "중앙일보가 「YS의 끝없는 착각」이라는 사설에서 신청인(YS)이 현직 대통령에 대해 상습적인 거짓말쟁이, 독재자는 언제든지 하야해야 한다고 촉구했다고 보도했으나 이는 발언 내용을 왜곡한 것"이며, 문화일보는 4월 26일자 「체면·품위 버린 YS의 독설」 기사에서 본문과 전혀 관계없는 제목을 달았고 마치 신청인이 총선에서 영향력을 행사하려다 실패한 것처럼 보도했다고 주장.

2000.5.3. MBC, 방송프로그램에 대한 방영금지 가처분 제도가 헌법상 보장된 언론의 자유를 본질적으로 침해한다며 헌법재판소에 헌법소원 심판 청구.

2000.5.19. 대전지법 형사1단독 황현주 판사는 김옥두 민주당 사무총장 부인 윤영자의 '특혜보험 모집 의혹' 보도 관련 보험가입자들의 보험계약 내역 등 공개혐의로 불구속 기소된 한겨레 민권사회 1부 김규원 기자에 대해 신용정보의 이용 및 보호에 관한 법률위반죄를 적용 벌금 500만원 선고. 11.7. 대전지법 제2형사부(재판장 임치용 부장판사)는 김옥두 민주

당 사무총장 부인의 '특혜 보험모집 의혹'을 보도한 한겨레신문 김규원 기자에 대한 항소심 선고공판에서 벌금 500만원을 선고한 1심 판결을 확정. 2001.3.6. 대법원 제3부(주심 윤재식 대법관), 김옥두 민주당 의원의 부인 윤영자의 '특혜 보험모집 의혹'을 보도하면서 보험가입자들의 보험계약 내역 등을 공개한 혐의로 불구속 기소된 김규원 기자에게 벌금 500만원을 선고한 원심을 확정.

2000.5.29. 서울지법 동부지원 민사7단독 홍준호 판사는 인기가수 박지윤 팬클럽 회원인 함모 씨가 PC통신 공개게시판에서 자신의 명예를 훼손했다며 안모 씨를 상대로 낸 손해배상 청구소송에서 "피고는 원고에게 200만원을 지급하라"며 원고 일부 승소 판결. PC통신에서 상대방의 명예를 훼손한 네티즌에 대해 처음으로 손해배상 책임을 인정한 판결.

2000.5.29. 서울지검 공안1부는 한나라당 정인봉 당선자(서울 종로)가 방송사 카메라 기자 4명에게 460만원의 향응을 제공한 혐의와 관련 정 당선자와 기자 4명도 선거법 위반혐의로 구속키로 함. 법원은 정 의원에게 벌금 300만 원 선고. 2002.6.25. 대법원은 이 판결을 확정. 정 의원 의원직 상실.

2000.6.1. 서울지검 컴퓨터수사부(부장검사 정진섭)는 도메인 등록대행업체인 ㈜인터넷프라자시티와 ㈜후이즈, ㈜후이즈 직원 이 모씨를 각각 벌금 100만 원에 약식 기소. 인터넷상 저작권법 위반 혐의로는 최초.

2000.6.3. KBS노조, 임금협상 결렬로 오전 5시부터 파업 돌입. 6.9. 전면 파업에 들어갔던 KBS노조, 회사와 임금총액 8% 인상에 합의하고 9일 새벽 5시부터 업무 복귀.

2000.6.5. 파행경영 및 불공정방송 시비 등을 이유로 노조의 퇴진 요구를 받아온 안동MBC 이원호 사장 전격 사퇴.

2000.6.7. 서울지법 민사합의25부(재판장 안영률 부장판사)는 "잘못된 언론보도로 피해를 입었다"며 김태현 부장검사 등 검사 10명이 한겨레신문과 취재기자 등을 상대로 낸 손해배상 청구소송에서 "피고들은 김 부장검사 등 2명에 대해서만 1,500만원씩 모두 3,000만원을 배상하라"며 원고 일부 승소판결.

2000.6.10. 교육부 기자실, 동아일보「강남-서초-동작구 서울대 합격률 빅3」 기사(6.7일자)에 대해 기자실 내 '대학입시 보도강령' 위반으로 동아일보 교육부 출입기자 전원에게 1주일간 교육부 기자실 출입정지 징계.

2000.6.13. EBS 한국교육방송공사 출범. 초대 사장 박흥수 연세대 교수.

2000.6.22. 최학래 신문협회장, 평양 방문시 남북합동취재, 특파원 상주문제 등을 논의하기 위한 남한 언론단체 제안서(한국신문협회, 편집인협회, 한국기자협회 3개 단체 공동명의 작성)를 북측 관계자에게 전달했다고 밝힘.

2000.6.27. 문화관광부, 일본대중문화 3차 개방조치 발표. 주요 개방내용은 일본의 극장용 애니메이션과 음반 게임 방송의 제한적 국내시장 개방, 일본 대중가요 공연의 전면 개방, 영화와 비디오의 확대 개방 등.

2000.6.27. 대한민국 고엽제 후유증 전우회(회장 양상규) 소속 회원 2,400여명. 한겨레와 한겨레21의 '베트남 참전용사에 의한 베트남 양민학살' 보도로 명예가 훼손당했다며 한겨레신문 앞에서 격렬한 시위. 8.31. 서울지법 서부지원 제1형사부(재판장 한강현 부장판사)는 한겨레 신문사에 난입, 기물을 파괴한 혐의로 구속기소된 '월남전 고엽제 후유증 전우회' 소속 안기출 등 3명에 대해 각각 징역 2년에 집행유예 3년을 선고.

2000.7.3. 방송위원회, 방송법 제103조(권한의 위임 · 위탁) 제2항에 의거 방송광고 심의업

무를 8월부터 방송위원회에서 민간기구인 한국광고자율심의기구로 이관하기로 결정.

2000.7.4. 서울지법 남부지원 민사4부는 대전 법조비리사건 보도와 관련 서울지검 남부지청 검사 22명이 MBC를 상대로 낸 명예훼손 손해배상 청구소송에서 "MBC는 검사 1인당 1,000만원씩 2억 2,000만원을 지급하고 정정보도하라"고 강제조정 결정. 2003.9.2. 대법원 1부(주심 이용우 대법관), 1999년 '대전 법조비리' 보도와 관련, 대전지검에 근무했던 검사 4명이 MBC를 상대로 낸 명예훼손에 따른 손해배상 청구소송 상고심에서 원심이 인정한 위법사실 7건 가운데 5건을 인정할 수 없다며 사건을 서울고법으로 돌려보냄. 2003.6.20. 대전지법 형사4단독 손철우 판사, 1999년 1월 '대전 법조비리' 사건을 처음 보도한 대전 MBC 서 모 기자 등 현직 기자 3명에게 징역 4~8개월에 집행유예 1~2년, 80~120시간의 사회봉사 명령을 선고. 법조팀장이던 고 모(사업)에게는 징역 8월을 선고하고 법정구속. 2004.3.6. 서울남부지법 민사11부(재판장 김창보 부장판사), '법조비리' 보도로 명예를 훼손당했다며 이종기 변호사가 MBC를 상대로 낸 손해배상 청구소송에서 5,000만원을 배상하라며 원고 일부 승소 판결. 4.21. 서울남부지법 형사4단독(김경선 판사), 1999년 문화방송 「PD수첩」의 '법조 비리' 보도와 관련 명예훼손 혐의 등으로 기소된 당시 프로듀서 홍 모와 윤 모에게 "방영 내용이 진실이라고 믿을 만한 이유가 없다"며 각각 벌금 300만원을 선고. 12.22. 서울고법 민사14부, '법조비리' 보도로 명예를 훼손당했다며 이종기 변호사가 MBC를 상대로 낸 손해배상 청구소송에서 원심보다 2,000만 원이 많은 7,000만 원 배상판결. 원고의 정정보도 청구는 받아들이지 않음.

2000.7.14. 창원지방검찰청 통영지청 김재옥 검사는 광고비 명목으로 업체로부터 돈을 뜯어온 환경공해신문 경남취재부장 천 모 씨를 폭력행위 등 처벌에 관한 법률위반(공갈) 혐의로 구속하고 전 환경경제신문 경남서부지사장 조 모 씨를 같은 혐의로 수배.

2000.7.26. 조성태 국방장관, 문화일보가 「6·25 군 양민학살사건, 조 국방 축소조사 지시」 기사(6월 24일자) 등을 보도하면서 허위사실을 게재, 자신과 군에 대한 명예를 훼손시켰다

며 5억원의 손해배상 청구 민사소송 제기.

2000.8.2. 박권상 KBS 사장, 노성대 MBC 사장, 송도균 SBS 사장 등 한국방송협회 회장단은 공익성 강화 및 선정적, 폭력적 프로그램을 지양키로 하는 내용의 공동선언문 발표.

2000.8.5. 신문·방송사 사장 46명으로 구성된 국내 언론사 사장단, 7박 8일간 방북일정으로 평양 방문.

2000.8.6. 송기숙(조선대 교수), 강내희(중앙대 교수), 정대화(상지대 교수), 손혁재(참여연대 협동사무처장) 등 지식인 154명, 서울 종로구 안국동 카페 느티나무에서 '조선일보 기고, 인터뷰 거부운동' 1차 선언 발표. 9.20. 성유보(민주언론운동협의회 의장), 김동민(한일장신대 교수), 오종렬(전국연합 상임의장), 홍근수(향린교회 목사), 한상석(5·18광주민중항쟁 서울·경기 동지회 회장), 정동익(4월혁명회 공동대표) 등은 '조선일보 반대 시민연대'(공동대표 문규현 김동민 등 4인) 발족. 10.10. 조선일보 반대 시민연대(안티조선연대) 서울 탑골공원에서 조선일보 반대 시민대회 및 '안티조선 도보행진' 서울 입성 보고회.

2000.8.25. 서울지법 남부지원 민사5부(조용연)는 북한영화 '림꺽정' 무단 방영과 관련 북한영화 수입업자 김 모(여·서울 마포구 서교동)씨가 한국방송공사 등을 상대로 낸 손해배상 청구소송에서 한국방송공사와 판권이 있는 것처럼 돈을 받고 임꺽정 영화를 방송하도록 한 ㈜아이엠시스템은 연대해 2억원을 지급하라고 원고 일부 승소판결.

2000.8.28. 공정거래위원회, 2001년부터 의사·변호사·법무사 등 전문직종의 언론매체 등을 통한 광고게재 행위를 완전 자유화키로 함.

2000.9.18. 1980년 신군부가 강제 폐간한 제남신문 김윤옥 전 사장과 소속 기자 등 7명은 제주도에 설치된 민주화운동 관련자 명예회복 보상신고 접수창구에 민주화 희생 보상 신청

서를 제출.

2000.9.21. 박지원 문화관광부장관의 후임으로 김한길 민주당 의원(전국구) 임명.

2000.9.22. 중앙일보를 인쇄하는 윤전 계열사인 중앙기획 노사, 노조집행위 13명의 사직을 조건으로 나머지 110명의 조합원 복직에 합의.

2000.9.22. 통조림에 방부제 포르말린을 첨가한 혐의로 구속기소된 후 1, 2심에서 무죄판결을 받은 서기복과 통조림 제조사들은 "검찰이 허위사실을 발표하고 언론사가 이를 그대로 보도하는 바람에 회사가 부도 나는 등 피해를 봤다"며 국가와 9개 신문사, 2개 방송사 등을 상대로 총 37억 5,000만원의 손해배상 청구소송을 서울지법과 서울지법 남부지원에 제기.

2000.9.29. 한국신문협회 신문공정경쟁심의위원회, 장기 무가지 제공 2개사, 경품 제공 7개사, 신문 강제투입 6개사 등의 30개 지국에 위약금 부과. 2002.6.12. 신문협회, 신문공정경쟁규약 준수를 촉구하는 결의문 채택. 결의문은 판매시장 정상화를 위한 경품 사용 등 과열경쟁 자제 자율규약인 신문공정경쟁규약 준수 등 촉구하는 내용.

2000.10.2. 남북한, 북측의 노동신문과 민주조선 2개 신문 70부, 남측의 종합일간지 10개와 경제지 4개지 등 70부를 상호교환.

2000.10.11. 서울지법 민사합의25부(재판장 안영률 부장판사)는 'O양 비디오'를 만든 H가 '마약 복용설 등을 보도해 피해를 봤다'며 대한매일신보, ㈜21C뉴스, 경향신문, 문화방송 등을 상대로 낸 손해배상 청구소송에서 "대한매일신보는 2,000만원을, 나머지 회사는 각각 500만원을 배상하라"며 원고 일부 승소 판결.

2000.10.16. 서울지법 민사합의 25부(재판장 안영률 부장판사)는 지하철 성추행 장면이 몰래카메라에 찍혀 TV에 방송돼 명예가 훼손됐다며 지 모가 SBS 담당 PD 등을 상대로 낸 손해배상 청구소송에서 "피고들은 원고에게 700만 원을 배상하라"며 원고 일부 승소 판결.

2000.10.17. 대구지검 특수부는 기자채용 과정에서 금품을 수수하거나 채용한 기자에게 임금을 지불하지 않은 혐의(직업안정법 위반 등)로 영남투데이 대표이사 권성덕과 전 대표이사 양정봉, 경북도민일보 대표이사 양기태 등 전 · 현직 언론사주 3명을 구속기소. 12.5. 대구지법 형사4단독 강태훈 판사는 기자채용 조건으로 금품을 수수한 혐의(직업안정법 위반) 등으로 기소된 경북도민일보 대표 양 모 피고인에 대해 징역 1년에 집행유예 3년, 사회봉사 80시간을 선고.

2000.10.17. 중앙일보, 영자지 International Herald Tribune-JoongAng Ilbo 창간.

2000.10.18. 서울지법 민사합의25부는「병역면제 금품 수수」보도 관련 1999년 당시 기무사에서 근무한 조 모 등 장성 5명이 SBS를 상대로 낸 손해배상 청구소송에서 "원고에게 각 1,500만원씩을 배상하고 성정보도문을 방송하라"며 원고 일부 승소 판결.

2000.10.26. 영남일보, 경영난으로 언론사 중 최초로 대구지법에 법정관리 신청. 11.20. 대구지법 제30민사부(부장판사 김진기)는 회사정리 절차 개시 신청을 한 영남일보 김경숙에 대해 갱생의 가능성이 엿보이지 않는다며 기각결정. 11.24. 영남일보. 대구지법이 내린 법정관리 신청 기각결정에 대해 항고 제기. 2001.5.7. 대구지법 파산부, 영남일보 회사정리절차 개시를 결정. 언론사 최초의 법정관리. 2002.11.7. 대구지방법원. 영남일보 회사정리 계획안에 대해 자산관리공사의 요구를 일부 수용하는 조건으로 회사정리 절차 본인가 결정. 2004.12.3. 영남일보 매각 우선협상 대상자로 선정된 동양종합건설㈜은 양측 대표가 참석한 가운데 본계약 체결. 2005.3.9. 대구지법 파산부, 영남일보 관계인집회에서 영남일보 측이 제시한 회사정리 계획 변경안에 대해 직권승인 결정.

2000.10.27. 서울지법 남부지원 민사4부(재판장 강현)는 "사이비 종교집단으로 일방적으로 매도해 명예를 훼손당했다"며 한국천주교 전도관 부흥협회가 MBC를 상대로 낸 손해배상 청구소송에서 "MBC는 교단과 고 박태선 장로의 아들 윤명에게 각각 2,000만원, 500만원을 지급하라"고 판결.

2000.10.31. 코리아 타임스, 청소년 영어신문 'The Teen Times' 창간(타블로이드 16면 전면 컬러 주간지)

2000.11.2. 서울지법 남부지원 민사5부(부장판사 조용연)는 MBC가 만민중앙교회와 그 신도들을 상대로 낸 27억여 원의 손해배상 청구소송에서 "만민중앙교회와 신도 61명은 MBC에 6억 9,000여만원을 배상하라'며 원고 일부승소 판결.

2000.11.3. 북한의 조선중앙텔레비전방송, 남한에서 제작된 방송작품으로는 처음으로 다큐멘터리 「러시아 원동지 방에 사는 조선범(1)」 방영. 2002.5.21. 북한 조선중앙TV, MBC 시사 다큐멘타리 「이제는 말할 수 있다」의 '6.25, 일본 참전의 비밀' 편 방영.

2000.11.24. **산별노조 '전국언론노동조합' 출범**. 전국언론노동조합연맹(언론노련, 1988년 11월 창립)의 민주언론 실천과 언론노동운동의 성과를 계승하는 한편 기업별 노조라는 조직체계를 극복히고자 신별노조로 다시 내어난 소식. 125개의 기업별 노조를 하나의 조직으로 통일한 단체.

2000.12.1. 북한, 2차 남북이산가족 상봉 공동취재단의 일원으로 방북한 김창중 조선일보 사진부 기자를 밤 2시간 30분간 억류. 12.4. 한국신문방송편집인협회, 제2차 이산가족 교환방문 공동취재단의 일원으로 평양을 방문했던 조선일보 김창종 기자가 북한측에 3시간이나 억류된 것은 유감스러운 일이며 정부의 재발방지 대책 마련을 촉구하는 성명 발표.

2000.12.7. 언론개혁시민연대, 민주언론운동시민연합, 전국언론노동조합 3개 단체, 국회 언론발전위원회 설치와 정기간행물등록법 개정을 촉구하며 명동성당에서 천막 농성 돌입.

2000.12.12. KBS MBC SBS 방송 3사, 스포츠국장급 회의에서 스포츠 중계권을 둘러싼 과열경쟁을 자제하기로 합의.

2000.12.13. 서울지법 민사합의25부(재판장 안영률 부장판사)는 김상우 전 민주당 의원이 동아일보의「대학 때부터 대마초 흡연」기사와 관련 동아일보를 상대로 낸 5억원의 손해배상 청구소송에서 "피고는 원고에게 2천만원을 지급하라"고 판결.

2000.12.18. 경기도, 미발행 일간지 6종 주간지 26종 월간지 13종 등 정기간행물 45종 등록을 직권 취소. 12.22. 충청남도, 주간 33종 월간 9종 년 2회간 2종 격월간 계간 각 1종 등 정기간행물 46종을 직권 등록 취소.

2000.12.19. 서울지법 민사합의12부(재판장 정장오 부장판사)는 가수 신중현의 허락 없이 라이브공연을 녹화 방영한 경인방송과 아리랑 TV, m-net와 공연 기획자 황 모 등은 신 씨에게 3,000만원을 배상하라고 판결.

2000.12.27. 남북언론교류협력위원회(대표공동위원장 최학래 한국신문협회 회장), 판문점 연락사무소를 통해 최칠남 로동신문 책임주필에게 북쪽 언론사 대표단의 서울 방문 초청장 전달. 2001.1.11. 남북언론교류협력위, 북한 조선기자동맹중앙위원회가 북한의 언론사 대표단 초청에 대해 적극 환영한다는 내용의 서한을 보내왔다고 공개.

23개 언론사, 60일간 세무조사: 2001~2001

국가정보원 전화 도청자료: 2002~2003

언론사에 손해배상 책임 물어: 2004~2004

제9부

세무조사, 동아 조선 사장 구속, 비판언론 압박

2001~2001

23개 언론사, 60일간 세무조사

2001.1.2. 동아일보사, 족벌언론의 폐해를 지적한『한겨레21』기사로 명예를 훼손당했다며 한겨레신문사를 상대로 3억원의 손해배상 청구소송을 서울지법에 제기. → 참고, 2001.3.6. 한겨레, 본격 언론 비판 시리즈「언론권력」

2001.1.2. 조선일보 계열 독립법인 '주식회사 월간조선'(대표이사 조갑제) 출범.

2001.1.10. 서울지법 민사합의 15부(재판장 김선중 부장판사)는 최 모씨 등 2명이 로이터 통신의 오보와 관련 로이터 코리아를 상대로 낸 손해배상 청구소송에서 로이터 코리아는 9,200만원을 배상하라고 판결.

2001.1.11. **김대중 대통령 언론개혁 필요성 강조.** 연두 기자회견, "언론자유가 지금 사상 최대로 보장되어 있다"며 "학계와 시민단체, 언론계가 모두 합심해서 투명하고 공정한 언론개혁을 위한 대책을 세워야 할 것"이라고 선언. 곧바로 국세청은 언론사에 대한 내사(內査)에 착수했고, 1월 말 23개 전 중앙 언론사에 세무조사 착수 사실을 통보. 신문사에 종이를

공급하는 제지회사도 세무조사를 받았다. 2월 들어 국세청의 세무조사와 공정거래위원회의 언론사 부당내부거래에 대한 조사가 거의 같은 시기에 시작됐다. 이 과정에서 야당이 언론탄압 의혹을 제기, 정계에서는 언론탄압 공방이 벌어지다. → 참고, ①1999.10.25. '언론대책문건' 그대로 진행됐다는 의혹. ②「언론사 세무조사 일지」, 『2002/2003 한국신문방송연감』, 한국언론재단, 39~50쪽.

2001.1.16. 정보통신 전문일간지 일간정보(발행인 윤동승), 10일 결성된 노동조합 해산을 종용한 뒤 13일 누적 적자 등을 이유로 휴간 선언.

2001.1.31. 서울지방국세청, 중앙 언론사 정기 법인세 조사. 1994년 이후 7년만의 대규모 조사. 한나라당 권철현 대변인은 국세청의 언론사 세무조사 방침에 대해 "최근 언론보도에 불만을 품은 현 정권이 언론사 세금추징, 자금줄 차단 등을 통해 언론 길들이기 작업에 나선 것"이라고 비난. 전국언론노동조합(위원장 최문순)은 세무조사 지지 성명. 2.8. 국세청 23개 언론사에 대한 세무조사 시작. 60일간 중앙 일간 신문들과 방송 4사, 일부 지방지 포함, 각 언론사의 광고수입과 판매수입, 이자 수입, 각종 수당과 상여금 등이 적절히 계상됐는지 여부와 함께 계열회사 간 자금거래, 지분변동 조사 등 조사. 한 해 전에 조사를 받았던 세계일보는 제외. 2.7. 한나라당 총재 이회창, "대통령이 언론개혁을 언급한 바로 그날 밤부터 공영방송들이 연일 일부 신문사를 맹비난하기 시작했다"며 "대통령 말 한마디에 세무조사가 갑자기 시작됐고, 언론은 지금 크게 위축되고 있다"고 비판. 2.19. 안정남 국세청장, 국회 재경위에서 1994년 세무조사 "마지막 보고서인 결정결의서는 있으나 조사계획서, 준비서, 조사서, 복명서, 중간보고서 등이 없어졌다"고 밝힘. 3.8. 민주사회를 위한 변호사모임, 전국언론노동조합, 민주언론운동시민연합, 한국기자협회 4개 단체, 1994년 언론사 세무조사 후 세금 감면과 세무조사 자료 파기와 관련, 김영삼 전 대통령과 추경석, 임채주 전 국세청장, 김거인 전 서울지방국세청장을 직권남용 등의 혐의로 서울지검에 고발. 3.14. 공정거래위원회, 중앙 언론사 조사 4월 중순까지 연장키로 결정. 국세청은 중앙 종합일간지 경제신문 등 15개 중앙신문 전국지국 조사 착수. 3.17. 국세청, 국회 문화관광위원

회 답변자료에서 “모든 언론사가 아닌 일부 언론사의 경우 부장 이상의 주민등록번호를 (인적사항과 함께) 병기하여 제출받은 바 있다”고 밝히다. 한나라당 박종웅 의원, “국세청이 기업 경영과 직접 관계가 없는 편집국 간부들의 주민등록번호를 요구했다는 것을 인정한 것으로, 이는 계좌추적을 통해 기자들의 약점을 캐고 전방위 협박하기 위한 것”이라며, 특히 “특정 언론사 간부의 주민등록번호만을 가져간 것은 세무조사 자체가 처음부터 특정 언론을 겨냥한 정략적 목적에서 시작됐다는 것을 입증하고 있다”고 주장. 3.23. 조선일보 노동조합, 불법 세무조사 즉각 시정 및 평기자 계좌추적 의혹 해명 요구. 중앙일보 노동조합, 언론사 세무조사와 관련 ‘특정신문 겨냥용’ 의혹 주장. 5.5. 국세청, 언론사 세무조사 이례적으로 30일간 추가 연장. 국세청은 조선·동아·중앙·한국·국민·대한매일·한국경제와 KBS · MBC · SBS 등 10여개 언론사에 ‘세무조사 기간연장’을 통보하고, “각 언론사가 법인조사와 관련된 국세청의 요구 서류를 제출하지 않아 조사 기간을 연장하겠다”고 밝히다. 국세청은 그동안 “중앙 언론사에 대한 세무조사는 주말을 제외한 60일간만 진행한다”며 “조사에 필요한 금융 계좌추적도 언론사 사주 등 제한된 일부 인사에 대해서만 실시할 것”이라고 여러 차례 강조해왔다. 하지만 실제로는 서울청 조사국 요원들이 주말에도 일부 출근, 실제 국세청의 조사일수는 이번 조치를 통해 142일간 1천여명을 동원 23개 언론사에 대한 조사. 단일 업종에 대한 세무조사로는 전례가 없는 규모였다. 국세청은 이번 세무조사에서 언론인들의 금융계좌를 무차별적으로 뒤지는 투망식 조사실시, 조사대상자가 매우 광범위했으며, 수표 추적도 무려 10년 전 발행된 것까지 이뤄졌다. 조선일보 관련 인사 250여명의 계좌를 뒤졌고, 현금과 수표 유출입을 추적한 금융계좌만 3,000여 계좌에 달했다. 국세청은 조선일보 임직원들의 재산상태를 현미경을 들이대고 사찰(査察)을 한 셈. 조사대상은 주로 조선일보 현직 임원과 주요 간부, 주주와 주주의 가족, 자매사 현직 임직원들이었으나, 간부들의 가족과 퇴직 임직원들의 금융계좌도 상당수 뒤진 것으로 확인. 조선일보는 지난 1991년부터 2000년까지 10년 동안 2,936억 4,800만원의 세금을 냈다. 법인세 1,208억원, 소득세 640억원, 부가세 900억원, 농특세 24억원, 지방세 162억원 등이다. 이 액수는 조선일보를 제외한 전체 신문사가 10년 동안 납부한 세금의 총액을 넘어서는 수준이다. (조선일보, 2001.6.30.) 2001.5.19. 국세청, 세무조사 종료. 7개사 조세범칙 조사 통보.

5.29. 국세청, 조선일보 동아일보 국민일보 법인 및 사주 고발. 중앙일보 한국일보 대한매일 법인, 당시 대표, 회계책임자 고발.

2001.6.20. 국세청, 23개 언론사에 세금 5,056억 원 부과(출자관계 계열사에 3.229억원, 대주주 1,827억원). 공식조사 기간만 무려 132일. 조사에 동원된 인력도 사상 초유의 숫자다. 서울지방국세청 조사요원 400여 명이 언론사 서울 본사에 투입됐으며, 신문사 지방 지국 조사를 위해 투입한 일선 세무서 직원까지 포함하면 총 조사인원은 1,000명이 넘는다. 언론사 대주주 등에 1,827억원의 추징세액을 부과하며 재벌그룹의 계열 언론사 지원 금액을 끼워넣은 것도 '실적 부풀리기가 아니냐'는 지적을 받다. 언론사의 부도덕성(不道德性)을 부각시키기 위해 탈루소득을 부풀린 것 아니냐는 비판이 나오다. 6.21. 공정거래위원회, 13개 언론사에 대해 불공정거래 이유로 242억원 과징금을 부과하기로 했다고 발표. 6.27. 조선일보 기자들은 편집국에서 기자총회를 열고 언론사에 대한 정부당국의 형평성을 잃은 세무조사는 비판언론 말살 기도로 결코 용납될 수 없으며 언론자유를 위해 끝까지 투쟁할 것을 다짐하는 성명 발표. 6.29. 국세청은 조선일보의 탈루 소득금액 1,614억원을 적발하여 법인세 · 증여세 · 소득세 864억원을 추징한다고 발표. 이날 발표된 검찰 고발 대상 6개 언론사 가운데 가장 많은 금액이다. 조선일보는 1991년부터 2000년까지 10년 동안 2,936억 4,800만원의 세금을 냈다. 법인세 1,208억원, 소득세 640억원, 부가세 900억원, 농특세 24억원, 지방세 162억원 등. 이 액수는 조선일보를 제외한 전체 신문사가 10년 동안 납부한 세금의 총액을 넘어서는 수준. KBS의 경우 추징세액 규모가 290억원에 그친 것은 지나치게 적지 않으냐는 '편파성' 논란도 일다. KBS의 2000년 매출액은 1조 1,580억원 규모로 조선 동아 중앙 등 '빅3' 신문의 약 3배 규모. 순이익의 경우 KBS는 1995년 1,111억원, 1996년 775억원, 1997년 685억원, 1998년 적자, 1999년 1014억원, 2000년 1002억 원의 실적. 같은 기간 조선일보는 1995년 331억원, 1996년 177억원, 1997년 96억원, 1998년 38억원, 1999년 398억원, 2000년 428억원의 순이익 기록. 그러나 KBS의 지난 6년간 납세금액 총액은 836억원으로 조선일보의 847억원보다 오히려 적었다. 조선일보는 추징액의 62%가 '무가지 · 퇴직금 관련'이며, "본사 대주주 증여세, 재벌보다 많이 냈다"고 주장(『조선일보사보』,

2001.6.29.). → 참고, 1993.12. 조선일보 엄청난 법인세.

2001.2.00. 언론사 세무조사 관련, 조선 동아의 문제점을 집중부각. KBS, MBC, YTN, 한겨레 등은 정부 주도 '언론개혁정책'을 지지. 특히 '조선일보 바로보기', 또는 '안보기운동' 등이 일어남. 2.10. 조선일보 바로보기 옥천시민모임, 3.1. '조선일보 바로보기 영동시민모임' 결성. 3.5. 조선일보 반대 시민연대(상임대표 김동민 · 문규현 · 오종렬 · 홍근수), 404명이 참석한 가운데 조선일보 창간일인 이날 '조선일보 거부 3차 지식인 선언' 행사. 9.20. 지식인 740명. 조선일보 구독 · 기고 · 인터뷰 거부 선언.

2001.2.1. 방송위원회, 프로그램 등급제 실시(▲모든 연령 시청가 ▲7세 이상 시청가 ▲12세 이상 시청가 ▲19세 이상 시청가)

2001.2.1. 한국신문윤리위원회는 스포츠투데이, 스포츠서울, 스포츠조선, 일간스포츠 4개 스포츠 신문에 대해 선정 보도 등 이유로 최초로 경고서한을 보냄. 11.26. 문화개혁을 위한 시민연대, 스포츠신문의 선정적 보도 중단 촉구 성명 발표. → 참고. 1997.5.26.

2001.2.9. 공정거래위원회, 10개 중앙 일간지와 3개 방송사에 부당내부거래와 불공정거래 행위에 대해 12일부터 50일간 1차 실태조사를 실시한다고 발표. 2.12. 동아 조선 중앙 한국 등 4개 신문사에 37명을 누입 조사. 김영삼 전 대통령, 1994년 실시한 언론사 세무조사 결과 언론의 존립이 위태로워질 정도의 문제점이 드러났다고 밝힘. 2.10. 언개련 등 시민단체, 언론사 세무조사 결과 공개 촉구. 2.15. 민주당, 1994년 언론사 세무조사 결과와 후속조치에 대한 국정조사 요구를 결의. 한나라당, 시사저널이 보도한 '언론대책 문건'에 대한 국정조사를 국회에 제출. 2002.12. 공정거래위가 조선일보에 부과한 과징금 34억 직권취소.
→ 참고, 1999.10.25. '언론대책 문건'; 2001.8.17. 조선 동아 국민 사주 구속.

2001.2.13. 시사저널, 「여권 언론문건」 보도. 문건은 정부와 여당이 언론을 분류하고 대응

전략을 담은 내용. 정치권과 언론계에 큰 파문.

2001.2.19. 국무총리 산하 민주화운동 관련자 명예회복 및 보상심의위원회(위원장 이우정). 동아자유언론수호투쟁위원회(동아투위) 활동 및 동아자유언론실천운동을 민주화운동으로 공식인정.

2001.3.6. 한겨레, 본격 언론 비판 시리즈「언론권력」시작. 3.9. 방상훈 사장, 한겨레신문사 최학래 사장과 고영재 편집위원장, 취재기자 3명 등 모두 5명을 출판물에 의한 명예훼손(허위사실 적시) 혐의로 서울지검에 고소. 3.31. 한겨레신문사, 한겨레의 심층해부 언론권력 시리즈 기사를 '처첩간의 사랑싸움'으로 표현한 심규철 한나라당 의원과, "정부서 일부 언론에 특정신문 공격자료제공" 등 일련의 보도를 한 조선일보 방우영 회장, 방상훈 사장, 안병훈 편집인, 강천석 편집국장과 취재기자 4명, 만평가 신경무 등을 명예훼손 혐의로 서울지검에 고소. 한겨레신문사는 또 월간조선 4월호「특종/안기부가 1997년 작성한 한겨레신문 종합분석」기사와 관련, 월간조선 조갑제 발행인, 조남준 편집위원 등과 당시 권영해 안기부장, 박일룡 제1차장 등도 각각 출판물에 의한 명예훼손과 옛 안기부법상 직권남용죄로 고소. 4.6. 조선일보와 방상훈 사장, 한겨레신문의「심층해부 언론권력」시리즈 기사가 허위사실을 근거로 보도 명예를 훼손했다며 한겨레신문 등을 상대로 70억원의 손해배상 청구소송을 서울지법에 제출. 4.24. 조선일보사, 한겨레가 지난 3월 보도한「심층해부 언론권력」시리즈 중 조선일보 관련 기사 10건이 허위사실을 근거로 명예를 크게 훼손했다며, 한겨레신문 최학래 사장. 고영재 전 편집위원장, 고광헌 전 민권사회1부장, 김이택 차장을 비롯한 취재기자 5명 등 8명을 출판물에 의한 명예훼손(허위사실 적시) 혐의로 서울지검에 추가로 고소. 법원은 조선일보와 방상훈 사장이 청구한 13건의 기사 중 8건에 대해서는 명예훼손의 책임이 없다고 판결하고, 나머지 기사 5건에 대해서는 명예훼손의 책임을 인정하여 한겨레신문이 조선일보에 3,000만 원, 방상훈 사장에게 5,000만 원의 위자료를 지급하라고 판결. 6.5. 한겨레신문사,「심층해부 언론권력」시리즈 기사와 관련 조선일보사와 한나라당 심규철 의원 등을 상대로 30억원 손해배상과 정정보도 청구소송 제기. 한겨레신문사,

월간조선(4월호)「한겨레신문은 로동신문 서울지국이란 평」 기사와 관련, 월간조선과 권영해 전 안기부장 등을 상대로 20억원 손해배상 청구소송 제기. 9.26. 동아일보사, 동아마라톤꿈나무재단, 인촌기념회. 한겨레신문「심층해부 언론권력」 시리즈와 관련 정정보도 및 위자료 청구소송 제기. 2002.8.1. 조선일보사, 지난 1월 한겨레의「조선일보 민간법정」 보도가 자신들의 명예를 훼손했다고 주장하며, 기사를 쓴 한겨레 기자 고명섭·안수찬 두 기자를 상대로 각각 3억원과 1억원의 손해배상 청구소송 제기. 2008.2.14. 대법원, 한겨레신문이 2001년 3월 6일~4월 27일까지 보도한「심층해부 언론권력」에 동아일보가 제기한 손해배상 청구소송, 한겨레신문 승소 판결.

2001.3.7. 민주화운동관련자 명예회복 및 보상심의위원회(위원장 이우정). 1980년 신군부의 언론통제에 항거해 검열철폐 및 제작거부 운동 과정에 해직된 언론인에 한해 민주화운동 관련자로 인정할 방침을 밝힘. 3.20. 민주화운동 관련자 보상 및 명예회복 심의위원회, 80년대 해직언론인 박권상(현 KBS 사장)과 1975년 동아자유언론실천선언 관련 이종옥·송재원·홍명진 전 동아일보 기자를 민주화운동 관련자로 규정. 5.2. 민주화운동관련자 명예회복 및 보상심의위, 1980년 강제해직언론인 5명과 동아자유언론실천선언 관계자 18명을 민주화운동관련자로 선정. 5.15. 동아자유언론실천선언 관련자 28명을 비롯해 모두 105명을 민주화운동 관련자로 인정. 6.12. 민주화운동 관련자 명예회복 및 보상심의위원회, 전만길(대한매일신보 사장) 등 언론인 16명 민주화운동 관련자로 인정. 8.28. 해직언론인 23명 민주화운동 관련자로 인정. 박정희, 전두환 정권 시절 언론자유를 탄압하는 정부의 압력에 저항하다가 해직된 언론인들. 9.13. 1980년 해직언론인 김근(연합뉴스 사장) 임한순(연합뉴스 기획위원) 임동훈(전 MBC앵커) 등 3명 민주화운동자로 인정. 10.17. 박영규(연합뉴스 부산경남취재본부장) 이경재(전 국회의원) 등 2명 민주화운동 관련자로 인정. 10.30. 최학래(한겨레신문 사장) 정남기(연합뉴스 동북아정보문화센터 소장)을 민주화운동 관련자로 인정. 11.13. 고무송(한국기독공보 사장) 박범진(민주당 지구당위원장) 민주화운동 관련자로 선정. 2002.7.24. 민주화운동 관련자 명예회복 및 보상심의위원회, 경남매일 양산 주재기자로 재직 중 광주항쟁 당시 계엄군과 신군부를 비판한 활동과 관련해 1980년 해직된 강경수

등 16명을 민주화운동 관련자로 인정. 2003.9.30. 민주화보상심의위원회 제83차 본회의, 1980년 5월 경향신문 사회부 기자로 재직 중 언론민주화 운동에 참여하다 해직된 조상기(한겨레신문 논설위원) 등 31명을 민주화운동 관련자로 인정. 11.19. 민주화운동보상심의위원회, 제88차 회의를 열고 표완수 씨 등 69명을 민주화운동관련자로 인정했다고 발표.

2001.12.19. 민주화운동 관련자 명예회복 및 보상심의위원회가 민주화운동 관련자로 인정한 언론인은 12월 19일 현재 총 292명. 사건별로는 ①1980년 당시 신군부의 언론탄압에 맞선 검열거부 운동 등 1980년 해직자들이 172명으로 가장 많았다. ②1974년 동아일보 자유언론수호 투쟁 관련자(동아투위), ③1975년 조선일보 자유언론수호 투쟁 관련자(조선투위)는 각각 92명, 28명.

해직 당시 소속 언론사별로는 동아일보가 115명으로 가장 많았고 조선일보 29명, MBC 23명, 중앙일보 14명 등이었다. 민주화운동 관련자 명단은 다음과 같다. (2001.3.20.~12.19)

▷경남매일=권동혁 김판태 나진택 남부희 이생세 정재관

▷경향신문=고유석 김종식 김충용 서동구 윤덕한 이경일 이기홍 이유환 이종전

▷국제신문=김영훈 김택환 안기태 양희주 이삼주 이철호 장양수 정순태 정원영 조수은 조용현

▷동아방송=박환기 서창식 심관률

▷동아일보=강성재 강정문 고준환 권근술 권도홍 김 근 김기경 김대은 김덕렴 김동현 김두식 김명걸 김민남 김병익 김순경 김양래 김언호 김영환 김용정 김욱한 김유주 김인한 김재관 김재홍 김진홍 김창선 김창수 김태진 김학천 남기재 맹경순 문영희 박경희 박권상 박노성 박병서 박순철 박지동 배동순 배인준 송경선 송재원 송준오 신양휴 신영관 신태성 신해명 심재택 심정섭 안상규 안성열 양한수 오봉환 오정환 우승용 유영숙 윤석봉 윤성욱 윤재걸 이경자 이경재 이규만 이길범 이동운 이명순 이문양 이병주 이부영 이영록 이인철 이재민 이종각 이종대 이종덕 이종욱 이지선 이태호 이해성 임부섭 임응숙 임학권 장성원 장운구 전만길 전진우 정동익 정연주 정영일 정홍열 조강래 조성숙 조양진 천승준 최맹호 최유찬 최일남 최학래 한현수 허육 홍명진 홍선주 홍휘자 황명걸 황윤미 황의방

▷동양방송=김준범 이규민 이병효 정홍렬

▷동양통신=김흥식 이우성 임한순 조홍래

▷매일경제=김철수 서인경 이은재 최후근

▷신아일보=강두모 김동진 신충우 이영만 정민철

▷영남일보=김도현 안유호 이종명 최영일

▷전남매일=김원욱 박화강 서재일 손정연 윤유석 이홍재 최병연

▷조선일보=김선주 김영용 김유원 김재문 김종원 김태호 김형배 문창석 박범진 박세원 박한식 백기범 서창모 성한표 신홍범 심채진 안성암 오성호 유장홍 이종구 이주혁 이창화 정재우 정 준 주영우 최병선 최병진 최장학 황헌식

▷중앙일보=김동호 김송번 김원태 남성우 박준영 오흥진 이홍재 전택원 전희천 정연수 정 훈 최형민 한종범 황용복

▷한국일보=김병규 김영호 김윤자 박 실 박양주 박희서 신연숙 이영일 임재경 임진숙 조광동 채의석 최 욱

▷합동통신=박석기 박영규 윤후상 이문상 정남기 정수용

▷현대경제일보=김대곤 김성원 박동출 백맹종 왕길남 윤홍열 이기한 이상현 이시호 이희호 한균태 현이섭 홍순권

▷KBS=김용관 박동영 심상대 심의표 이규창 이몽룡 이윤배 이 휘 이흥기 임연택 최성민

▷MBC=강영종 강희철 고무송 김경래 김광백 김상균 김상기 김용현 김종욱 김정명 김창식 김택곤 김행신 김효선 앙석완 양영철 이기혁 이대우 이상익 임동훈 전병환 정상모 주헌일

▷CBS=김병체 권영국 노병유 박인석 송택주 이정일

▷기타=권기열 김강덕(대전일보) 송효익 정인학(서울신문) 강석오 김석학(전남일보) 유운소(강원일보) 이태희(광주일보) 김영진(동아통신) 이수언(부산일보) 안정숙(서울경제) 김종량(전북신문) 윤효춘(전일방송) 김영훈(제주신문) 권태선(코리아타임스) → 참고, 김상철, 「언론인 292명 민주화운동 인정」, 기자협회보, 2002.1.1. 한편, 『민주화운동백서 인명편』 I~III (민주화운동관련자명예회복및보상심의위원회, 2015)에 수록된 최종 자료에서 언론인을 집계하면 명예회복 354명, 보상 4명.

2001.3.22. 서울지법 서부지원 민사1부는 '북풍' 사건과 관련, 암호명 '흑금성'으로 알려졌던 박채서, "내가 우리나라와 북한의 이중간첩이라고 보도, 명예를 훼손시켰으니 이를 배상하라"며 한겨레신문을 상대로 낸 소송에서 "한겨레신문은 박씨에게 4,000만원을 배상하라"고 판결.

2001.4.11. 서울지법 민사합의25부(재판장 안영진 부장판사)는 중앙일보가 1999년 홍석현 회장 사법처리와 관련. 사실과 다른 보도로 명예를 훼손당했다며 대한매일신보를 상대로 낸 손해배상 청구소송에서 "대한매일은 중앙일보에 3천만원을 지급하라"고 판결. 7.12. 서울지법 서부지원 민사합의3부, 중앙일보 홍석현 사장 보도와 관련 중앙일보가 한겨레신문사를 상대로 낸 손해배상 청구소송에서 원고 패소 판결.

2001.4.13. 신문고시 부활. 공정거래위원회가 1980년 12월 22일 제정한 공정거래법의 시행령 중 일부로, 신문 광고의 공정성 확보와 신문 발행사의 자율적인 광고 영업 관행을 보장하기 위해 마련된 제도. 핵심 내용은 '7일 이상 신문의 강제투입을 금지하고, 유가지 금액의 20%를 넘는 무가지와 경품 제공 금지' 등 규정. 무질서한 신문시장을 바로잡고 공정거래를 정착시키는 데 어느 정도 기여할 수 있을 것으로 기대. 4.12. 신문협회. '신문고시 반대' 공식 입장 공정거래위원회에 전달. 4.24. 한국신문협회 공정경쟁심의위원회 조용중 위원장과 위원 5명, 공정거래위원회의 신문고시 방침과 관련 전원 사퇴. 7.1. 신문고시 시행. 8.29. 헌법을 생각하는 변호사 모임, 신문고시가 위헌이라며 헌법재판소에 헌법소원 제기. 2002.5.28. 국세심판원, '무가지를 접대비가 아닌 광고 선전비로 인정해야 한다는 대한매일과 한겨레의 심판청구를 받아들여 여기에 부과한 법인세를 감면하기로 결정. 6.20. 언론개혁시민연대. 국세심판원에 언론사 무가지 법인세 과세제외 결정과정과 결정문에 대한 정보공개청구를 요청. 7.18. 헌법재판소 전원재판부, 경품 및 무가지의 범위를 제한한 신문고시에 합헌결정. → 참고, 1980.12.22. 신문고시

2001.5.19. 국세청, 세무조사 종료. 7개사 조세범칙 조사 통보. 5.29. 국세청, 조선일보 동아일보 국민일보 법인 및 사주 고발. 중앙일보 한국일보 대한매일 법인, 당시 대표, 회계

책임자 고발.

2001.5.21. 공정거래위원회, 13개 중앙 언론사의 부당내부 거래 적발 242억원의 과징금 부과 발표.

2001.5.23. 세계일보, 공정거래위원회 조사결과 관련 사과. 5.25. 언론개혁시민연대 등 8개 시민·사회단체, 언론사 세무조사 결과 공개 요구 및 정보공개 청구서 국세청 제출. 5.29. ◇대한매일, '국세청 추징에 대한 본사의 입장', '독자 여러분께 드립니다' 등 2건 사고 게재. ◇동아일보. 사고 '독자 여러분께 드리는 반성과 다짐' 게재. 5.30. 동아일보. 국세청 세무조사 내용에 대한 본보 입장 게재. ◇대한매일, '언론사 고발 본보의 입장', '사과드립니다' 2건 게재. ◇조선일보, '대주주 고발에 대한 본사의 입장', '법인 고발에 대한 조선일보사의 입장', '세무조사에 대한 조선일보의 입장' 3건 게재. ◇중앙일보, '국세청 추징 850억에 대한 중앙일보 입장', '세무조사 발표 중앙일보의 입장' 2건 게재. ◇한국일보, '한국일보 자생의 계기로 삼겠습니다.' 게재. ◇언론시민단체 대표와 현직 언론인 등 700여명, 비리 언론사주들의 자진 사퇴 요구.

2001.7.1. 검찰, 언론사 사주 등 피고발인 12명 전원 출국금지. 한나라당, 언론사 세무조사 및 검찰고발에 대해 '김정일 국방위원장의 서울 답방을 위한 사전정지 작업'이라고 주장.

2001.7.2. 세무조사 결과에 대해 소설가 이문열이 조선일보 시론, 「신문 없는 정부 원하나」 기고 후, 찬반양론 공방 가열. 7.3. 민주당 추미애 의원, 당 4역 회의에서 "지식인이 일부 신문의 지면을 통해 성장한 뒤 언론에 곡학아세해서야 되겠느냐"고 이문열 공격. 이날 이후 이문열의 홈페이지(www.munyol.pe.kr)가 네티즌들의 지지와 욕설로 뒤덮이며 한때 다운됨. 이후 "책 돌려주겠다", "책값 반환하겠다" 공방. 이후 서로 사과하는 해프닝으로 발전. 7.5. 저녁 추미애 의원, 기자 앞에서 취중욕설. "×같은 조선일보" "(동아일보) 사주 같은 놈" "이회창, 이놈" "이문열 같이 가당치 않은 놈이…" 등 발언. 각 언론 일제 보도, 추 의원

사과. 7.9. 소설가 이인화, 조선일보 시론「소설가는 질문한다」기고, 이문열 지지. 같은 날 이인화, 동아일보에「홍위병을 떠올리는 이유」기고. 이후 각 신문·방송에 지식인들의 이문열 관련 논란 가열. 소설가 이순원,「본질 벗어난 곡학아세 공방」(경향신문 9일), 소설가 유시춘,「이문열의 영광과 오욕」(문화일보 10일), 소설가 황석영의 MBC라디오「박영선의 시선집중」전화 인터뷰(10일), 서울대 장경섭 교수「홍위병을 알기나 하는가」(경향신문 11일), 서강대 이태동 교수「이문열과 지식인의 역할」(문화일보 11일) 등 각각 비판과 옹호. 11.3. 경기도 이천시 마장면 장암리 이문열의 '부악문원'에 이문열의 소설책 수백 권을 관(棺) 형태로 묶어서 '운구'하면서 '이문열 책반환' 장례식. 11.3. '이문열 돕기 운동본부', 이문열 신문칼럼 홍위병론과 관련 책 반환 행사 개최. 2002.2.18. 여인철 등 '안티조선' 운동가 3명, 이문열을 명예훼손 혐의로 대전지검에 고소. 3.21. 충청지역 조선일보반대운동 3명, 이문열 상대 민사소송 원고인단 모집. 8.16. 서울지법 민사합의25부, 시민단체를 '홍위병', '친북세력'으로 몰아 명예를 훼손했다며 조선일보 반대 시민연대가 이문열을 상대로 낸 손해배상 청구 소송 원고패소 판결. 2003.7.28. 대전지법 제4민사부, 안티조선운동 활동가 113명이 자신들을 친북세력으로 몰아세워 명예를 훼손했다며 소설가 이문열을 상대로 낸 손해배상 청구 소송에서 원고패소 판결. "안티조선운동의 단체적 성격에 비춰볼 때 피고의 안티조선운동 자체에 대한 명예훼손 사실이 있었다 하더라도 이로써 그 개별 구성원인 원고들에 대한 사회적 평가까지 저하됐다고 볼 수는 없다"고 밝힘.

2001.7.2. 야당(한나라당 총재 이회창)은 "세무조사가 언론에 재갈을 물리고 김정일 답방을 위한 사전 정지작업이라는 여론이 우세해지고 있다"고 주장. 이에 대해 김대중 대통령은 국무회의에서 언론사 세무조사와 공정거래위 조사에 대해 직접 언급함으로써 이 사건의 처리 방침을 예고. 김 대통령은 국무회의에서 ▲이번 조사는 공정했고 ▲어떤 간섭도 없었으며 ▲앞으로 검찰 수사에서도 일체의 외부간섭이 없을 것이고 ▲이번 조사가 건전한 언론 발전의 계기가 될 것이라고 언급.

2001.7.5. 전국언론노동조합, 장재국(한국일보 회장) 장중호(일간스포츠사 사장) 등 한국일

보사 주요 주주 11명 업무상 배임 등 혐의로 검찰 고발. 7.6. 전국언론노동조합 한국일보지부, 12시간 파업. 7.11. 전국언론노동조합 한국일보지부, 오전 9시부터 24시간 시한부 파업. 7.22. 한국일보사, 노조 파업과 관련 부분 직장폐쇄. 8.1. 한국일보사 전사업장 직장폐쇄. 8.20. 한국일보 노사, 쟁의행위 종료. 직장폐쇄 철회에 잠정 합의. 2004.8.19. 전국언론노동조합(위원장 신학림)과 한국일보지부(위원장 전민수)는 서울중앙지방검찰청에 장재구(2남) 한국일보 회장과 장재민(3남) 미주한국일보 사장, 장재국(4남) 전 한국일보 회장, 장재근(5남) 현 한국일보 이사를 업무상 배임과 상법상 특별배임죄 등의 혐의로 검찰에 고발. 2007.12.28. 서울중앙지법 형사합의 26부, 회사 돈을 서울경제신문사 주식 매입에 사용해 특정경제범죄가중처벌법 위반 및 업무상 횡령혐의로 불구속 기소된 장재국 전 한국일보 대표이사에게 징역 2년 선고. 2013.4.29. 한국일보노조, 한국일보 사옥 매각과정에서 200억 원 상당의 손해를 회사에 끼쳤다며 장재구 회장을 배임 혐의로 서울중앙지검에 고발. 2016.8.4. 한국일보 소년한국일보분회, 장재국 대표이사를 배임·횡령과 부당노동 행위혐의 등으로 검찰에 고발.

2001.7.11. 국정홍보처, 월스트리트 저널(WSJ)과 타임에 반론요청. 최근 미국 일간지 월스트리트 저널(Wall Street Jounal)과 시사주간지 타임(TIME)이 한국 언론사 세무조사 파동을 다룬 기사에서 "국내 언론과 소수 비판론자들의 견해 등 사실과 다른 일방적 주장이 주류를 이루는 듯이 편향 보도했다"며 두 신문에 반론보도문 게재를 요청했다고 밝혔다. 해외홍보원장 김명식은 '반론보도문'에서 "언론사 탈세사건에 대한 수사는 투명하고 공정한 절차에 의해 이뤄진 법 집행"이라고 주장.

2001.7.14. 동아일보 명예회장 김병관의 부인 안경희(62) 아파트 13층에서 투신 사망. 서울 동작구 흑석동 현대아파트에서. 동아일보측은 "안 여사가 언론사들에 대한 세무조사가 시작된 지난 2월 이후 신경쇠약 증세를 보여 왔으며, 지난달 말 국세청의 고발 조치 이후 증세가 급격히 악화됐다"고 설명.

2001.8.3. 서울지검, 6개 언론사 포탈세액 91억 9,000만원 공개(대한매일 35억원, 조선일보 19억원. 한국일보 9억원. 넥스트미디어 코퍼레이션 8억원, 동아일보 국민일보 각 7억원, 중앙일보 6억 9,000만원).

2001.8.5. 서울지검 특수1부(부장 박영관), 언론사 세무조사 고발사건과 관련, 조선일보 주필 김대중에게 참고인 자격의 출석요구서를 발송. "국세청 언론사 탈세고발 사건 수사와 관련하여 조선일보사 및 계열사(조광출판사, 스포츠조선) 주식의 차명 경위 등에 대하여 조사할 사항이 있다"고 밝히다. 신문지면에 정기적인 칼럼을 쓰고 있는 언론인이 검찰 소환통보를 받기는 김 주필이 처음. 2002.10.22. 김대중(조선일보 편집인) 『시사저널』이 매년 실시한 '한국에서 가장 영향력 있는 언론인' 분야에서 19.2%의 지지율로 1위. 시사저널은 "김 편집인은 이 조사가 시작된 1992년부터 단 한번도 이 분야 선두 자리를 내주지 않았다"고 밝히다.(→ 참고, 2002.5.10. 조선일보 김대중 편집인의 IPI 총회 발언 논란.) '가장 영향력 있는 언론인' 분야의 2위와 3위는 박권상 KBS 사장(9.2%)과 방상훈 조선일보 사장(7.7%)이 차지. 그 뒤로 김중배 MBC 사장(7.0%), 홍석현 중앙일보 회장(4.7%), 엄기영 MBC 특임이사(4.0%), 손석희 MBC 아나운서(3.3%), 김병관 전 동아일보 명예회장(2.8%), 송도균 SBS 사장(2.0%), 류근일 조선일보 주필(1.6%) 순.

2001.8.17. 서울지법은 17일 조선·동아 등 6개 신문사 세무조사 고발사건과 관련, 방상훈(조선일보 사장), 김병관(동아일보 전 명예회장), 조희준(국민일보 전 회장) 구속영장 발부. 이들 3명은 이날 밤 서울구치소에 수감. 법원은 함께 영장이 청구된 동아일보 김병건(金炳健) 전 부사장과 대한매일신보 사업지원단 이태수 전 단장 등 2명에 대한 구속영장은 기각. 9.4. 검찰, 방상훈 사장은 63억 990여만원의 조세포탈과 45억 4,200여만원의 횡령혐의로 구속기소, 동아일보 김 전 명예회장도 같은 날 43억 6,500여만원의 탈세와 18억 3,000여만원의 횡령혐의로 구속기소. 조 전 회장은 세금 25억원 포탈에 7억여 원의 횡령 혐의를 각각 적용. 10.26. 김병관 동아일보 전 명예회장, 구속집행 정지결정으로 석방. 11.6. 방상훈, 구속수감 82일째인 6일 보석으로 석방. 11.8. 조희준, 보석으로 석방, 2002.1.30. 조희준 징역

3년에 벌금 30억원 선고. 국민일보 법인에 대해서도 벌금 5억원 선고. 보증금 3,000만원. 2.4. 동아일보 명예회장 김병관, 징역 3년 6월 및 벌금 45억원을 선고. 재판부는 "고령인데다 사건 수사과정에서 부인이 사망하는 등 정상을 참작해 법정구속은 하지 않는다"고 밝혔다. 불구속 기소된 김병건 전 부사장에게도 징역 3년에 벌금 50억원을 선고했으나, 법정구속은 하지 않았다. 4.14. 한나라당, 정부의 언론사 세무조사와 관련, 400여쪽 분량『자유언론은 영원하다: DJ정권 언론탄압백서』 발간. 6.4. 특별부가세 포탈과 회사자금 횡령 등 혐의로 불구속 기소된 장재근(張在根) 전 한국일보 부회장에게 징역 3년에 집행유예 4년 및 벌금 7억원, 한국일보사에 대해서는 벌금 3억원을 각각 선고. 9.30. 조선일보 방상훈 사장, 1심 공판 징역 3년에 벌금 56억원 선고. 재판부는 판결문에서 "방 사장은 조선일보사의 대표이사에 취임한 이래 그동안 다른 언론사들보다 훨씬 많은 법인세와 증여세를 성실히 납부해 온 점, 부외(簿外) 자금의 대부분은 방 사장이 대표이사로 취임하기 전에 조성된 자금이라는 점, 검찰이 횡령으로 기소한 자금은 계열사의 증자 대금으로 납입돼 회사 밖으로 유출되지 아니한 점, 포탈 증여세 중 25억원은 방 사장에게 납부 책임이 있다고 볼 수 없는 점 등의 유리한 정상도 인정된다"고 밝히다. 함께 기소된 방계성(方桂成) 전무에게는 징역 1년 6월에 집행유예 3년 벌금 3억원 선고, 조선일보 법인에는 벌금 5억원 선고. 2003.8.30. 서울고법 형사1부, 조세포탈 및 횡령 형의 등으로 기소된 김병관 전 동아일보 명예회장에 대해 징역 3년에 집행유예 5년, 벌금 30억 원, 김병건 전 부사장에게는 징역 3년에 집행유예 4년, 사회봉사명령 60시간, 벌금 50억 원, 동아일보사에는 벌금 5억 원을 각각 선고. 11.26. 서울지검 특수1부, 언론사 세금추징 사건 낭시 조세포탈과 횡령 등 혐의로 불구속 기소된 조선일보 방상훈 사장에 대한 항소심 결심공판에서 1심 구형량과 같은 대로 징역 7년 및 벌금 120억 원 구형. 2004.1.14. 서울고법 형사4부. 조선일보 방상훈 사장 등에 대한 항소심 선고공판에서 방사장에게 징역 3년에 집행유예 4년, 벌금 25억 원 선고. 12.29. 서울중앙지법 민사25부, 조선일보가 MBC를 상대로 "2001년 언론사 세무조사 등 관련 뉴스와 언론비평 프로그램 보도로 명예가 훼손됐다"며 낸 손해배상 청구 소송에서 "MBC는 조선일보에 5,000만 원을 지급하라"고 일부 승소 판결. 2006.6.29. 대법원 1부(주심 고현철 대법관), 조세포탈 및 회사 돈을 횡령한 혐의로 기소된 조선일보 방상훈 사장 징역 3년에 집행유예 4년,

벌금 25억원을 선고한 원심을 확정. 신문법에 따라 방 사장 향후 4년간 편집인·발행인 자격 금지.

2001.8.18. 조선일보 사설「신문사 발행인 구속되다」"김대중 정권의 '언론개혁' 미명 아래 취해진 언론사 세무조사는 마침내 조선일보와 동아일보 그리고 국민일보의 발행인 또는 대주주의 구속에 이르는 사태로 귀결했다.…우리는 이 사건의 법적 성격과는 별도로 이 사태의 본질이 무엇인가를 밝히는 데 더 이상 주저할 수가 없다. 이 사건의 본질은 이 정권에 비판적인 논조를 유지해온 조선·동아 두 신문을 꺾어보려는 데서 비롯된 것이다. 이 정권은 출범 초기에서 중기에 이르기까지 두 신문의 협조를 요구하면서 비판 논조를 회유하려고 부단히 노력해왔음을 당사자인 우리는 잘 알고 있다. 이런 기도가 무위로 돌아가자 드디어 임기 후반인 금년 초 언론사에 세무조사의 카드를 꺼내 들게 된 저간의 과정은 애당초 이 사건이 세무조사에 목적이 있었던 것이 아님을 방증하는 것이다. 다시 말해 이 사건의 본질은 세무조사나 '탈세'에 있는 것이 아니라 '언론사 논조'에 있었던 것이며, 세금의 문제는 신문사와 발행인·대주주를 여론적으로 흠집내기에 이용된 셈이다."
2002.5.10. 조선일보 김대중 편집인의 IPI 총회 발언 논란. 김 편집인은 "언론사주와 광고주로부터 받는 압박은 정부 압력에 비하면 거의 미미한 수준", "조선일보 동아일보 중앙일보가 좌파적인 신문으로부터 공격을 받고 있다"고 주장. 5.22. 전국언론노동조합·민주언론운동시민연합·조선일보반대시민연대, '조선일보 편파 왜곡보도 및 김대중 편집인 망언규탄대회' 개최. 5.30. 김대중 언론계 퇴진 요구 서명에 전국 23개 언론사 1,572명 현직 언론인 참여. 6.12. 김대중 편집인의 언론계 퇴출 촉구운동에 언론인 2,750명 서명.

2001.8.24. '헌법을 생각하는 변호사 모임'(헌변·회장 정기승 전 대법관)은 "계좌추적 내역을 공개하라는 헌변의 요구를 국세청이 거부한 것은 부당하다"며 국세청을 상대로 서울행정법원에 소송 제기. 헌변은 대법관 및 검찰총장 출신 등 120여명의 원로 변호사가 회원으로 가입해 있는 단체. 헌변은 소장에서 "공정과세의 차원을 일탈한 이번 세무조사 과정에서 (직접적인 세무조사와 관련이 없는) 논설이나 편집관계자, 기자의 계좌까지 추적당했다고

보여지는 사례가 나오고 있다"고 지적.

2001.9.6. 'IPI 언론자유탄압 감시대상국(Watch List)'. 경제협력개발기구(OECD) 국가로는 처음. 9.9. 한국 언론상황을 관찰하기 위해 내한한 국제언론인협회(IPI)·세계신문협회(WAN) 합동조사단(요한 프리츠 IPI 사무총장, 로저 파킨슨 WAN 회장 등 4명)은 공동성명서를 내고 한국 정부가 언론을 탄압했다는 사실을 현지조사에서 확인했으며, 국제언론단체들과 협력해 지속적으로 한국 언론상황을 감시하겠다고 밝히다. IPI와 WAN이 언론상황과 관련해 함께 조사를 벌이고, 그 결과를 공동성명서로 낸 것은 처음. 9.21. 국제언론인협회(IPI), 세계신문협회(WAN), 세계언론자유위원회(WPFC), 언론인보호위원회(CPJ) 등 8개 국제 언론기구 대표들은 21일 파리에 모여 전세계의 언론자유 현황을 다루는 '언론자유 기구 통합위원회'를 열고, 한국 언론자유 상황에 대한 결의문을 채택. 결의문은 "한국의 언론사 세무조사가 김대중 대통령과 그의 정책에 비판적인 언론에 맞선 캠페인의 출발에 불과하다는 것에 우려한다"며 한국 정부를 향해 3개 항의 요구 사항을 발표. 3개 요구 사항은 ▲한국 정부는 기소를 당한 사람들이 완전하고 공정한 재판을 받도록 보장하고, 그 사이에 투옥된 신문사 발행인들을 석방하라 ▲언론사 소유권 통제에 대한 정부의 법적 위협과 외부의 간섭 없이 자유롭게 언론사를 운영할 수 있는 권리를 포함한 언론자유의 원칙을 재확인하라 ▲국내 언론사에 대한 위협을 중단하라고 주문. 2002.5.9. 국제언론인협회(IPI), 슬로베니아 류블랴나에서 열린 이사회, 한국을 '감시대상국 리스트(Watch List)'에 계속 남겨두기로 만장일치 합의. 11.23. 한국을 IPI의 언론자유 억압 감시대상국 리스트에 계속 올려두기로 결정. 2004.5.18. 국제언론인협회(IPI), 한국을 IPI 감시대상국 리스트(Watch List)에서 제외하기로 결정.

2001.9~12. 조선일보 거액 피소 6건 ①9.20. 김동신 국방부 장관, 월간조선 10월호 출판금지 가처분 신청 서울지법에 제기. 문제가 된 기사는「국군 지휘부의 자해행위」제목으로, 여순반란사건을 다룬 영화 '애기섬'에 대한 국방부의 제작 지원 결정이 군 지휘부의 안보관과 대북관에 문제가 있다는 내용. 김 장관은 이 기사가 허위 내용을 포함하여 자신의 명예를

훼손한다고 주장하며 가처분 신청. 10.12. 김동신 국방부 장관, 조갑제 월간조선 편집장을 상대로 5억원의 손해배상과 정정보도 청구소송제기. 서울지방법원은 김 장관의 주장을 받아들여 해당 기사의 일부 표현이 김 장관의 인격권을 침해한다고 판단, 문제가 된 부분을 삭제하지 않는 한 잡지의 발행 · 판매 · 배포를 금지하는 결정. 10.15. 월간조선사, 10월호 판매금지 가처분 결정에 불복. 이의신청. ②9.24. 김태정 전 법무장관, 조선일보사 디지털조선일보 상대로 손해배상 청구소송 제기. 조선일보가 보도한 기사에서 김 전 장관이 '이용호게이트'와 관련하여 1억 원의 수임료를 받고 변호사 선임계 없이 '전화변론'을 했다는 내용이 허위라는 주장. 2002.10.25. 서울지방법원, 해당 보도가 허위사실에 해당한다고 판단하여 조선일보사와 디지틀조선일보가 김 전 장관에게 3,000만 원을 지급하고, 정정보도문을 게재하라고 판결. ③2001.10.24. 대검찰청 부장검사급 20명, 조선일보 10월 20일자 「녹취록 사건서 비춰본 검사들 줄대기」내용 중 "법무부와 서울지검의 요직에 있는 검사들 상당수도 정치권 등에 줄을 댔다"는 표현. 검사들은 이 보도가 자신들이 인사청탁과 로비를 통해 승진했다는 오해를 불러일으켜 명예를 훼손했다고 주장하며 소송을 제기. ④10.25. 통일연대, 조선일보 '8 · 15평양축전' 보도와 관련 반론보도 심판청구 소송 제기. 10.25. 제주 4 · 3 진상규명과 명예회복을 위한 연대회의 · 신문개혁국민행동 제주본부, 조선일보 구독중단 촉구. ⑤10.30. 전 · 현직 서울지검 특수1부장 등 검사 11명, 「무영장 계좌추적」 보도와 관련, 조선일보와 취재기자 상대로 손해배상금 11억원 청구 및 정정보도 청구소송 제기. ⑥12.21. MCI코리아 소유주 진승현, 명예훼손 혐의로 조선일보와 담당기자 6명 상대로 10억원의 손해배상 청구소송 제기.

2001.9.24. 인터넷신문 '프레시안'(www.pressian.com) 창간. 기존의 '머니 투데이' '이데일리' 'eb뉴스' '아이뉴스24' 등 전직 기자 중심의 인터넷 신문이 점차 활성화되는 양상.

2001.10.11. 경남신문, 노조 전면파업. 신문 발행 중단. 10.20. 경남신문 신문 정상 발행. 12.1. 경남신문 최종 부도. → 참고, 1988.7.27~30. 경남신문 발행 중단.

2001.10.16. 중앙일보 신문가판 폐지.

2001.10.20. 광주매일, 법인 사업자등록증 반납 자진 폐업.

2001.10.29. 이귀남 서울지검 형사1부장, '이용호게이트' 보도와 관련 동아일보 기자에 3억원의 손해배상 청구소송 제기.

2001.11.5. 교통방송, 종일방송 시작.

2001.11.5. 전북지역 24개 시민단체, 계도지 구독예산 철폐 요구. 11.12. 인천지역공무원직장협의회연합, 기자실 운영예산 삭감 요청. 11.19. 언론개혁광주시민연대·참여자치21, 계도지 구입비 예산 철폐 촉구. 2002.1.8. 호남매일, 10개 신문사 촌지수수 기자 명단 공개.

2001.11.7. 서울지검 컴퓨터수사부, 전직 세무공무원 김모 씨와 월간『말』지의 웹마스터 이모 씨를 정보통신망 이용촉진 및 정보보호에 관한 법률위반(명예훼손) 혐의로 구속기소.

2001.11.12. 박철준 서울지검 공안2부장 정선태·서울지검 마약부장 등 부장급 검사 11명, 시사저널 발행인·㈜독립신문사와 기자를 상대로 5억 5,000만원 손해배상 및 정정보도 청구소송 제기.

2001.11.12. 방송진흥원, '한국방송영상산업진흥원'으로 기관명칭 변경.

2001.11.15. 김은성 전 국가정보원 제2차장, '진승현 게이트' 보도와 관련 한국일보사와 소속 기자를 상대로 10억원의 손해배상 청구소송 제기.

2001.11.29. 한나라당 김정훈 부대변인, 검찰의 언론 대상 소송 취하 촉구.

2001.12.4. 대전지법 제2형사부, 금품수수혐의와 관련 전 대전문화방송 고영성 기자에 징역 1년 6월, 추징금 2,200만원 선고.

2001.12.13. 신광옥 법무부 차관, 중앙일보의 MCI코리아 소유주 진승현 보도와 관련 중앙일보사 등 상대로 10억원의 손해배상 청구소송 제기. →참고, 2001.12.21. MCI 진승현, 조선일보와 담당기자 6명 10억원 손해배상 청구소송.

2001.12.15. 강원민방 개국.

2001.12.21. 언론인 청암 송건호 별세(향년 74세). 12.24. 정부는 국민훈장 무궁화장 추서. 사회장으로 장례식 후 광주 5·18묘역에 안장. 2002.1.25. 청암언론문화재단(이사장 강만길) 창립. 5.15. 송건호 얼굴상 서울 마포구 공덕동 한겨레신문 사옥 현관에서 제막.

2001.12.28. 정보통신부, 『신동아』의 CDMA 선정과정 보도와 관련 동아일보사와 소속 기자 2명 상대로 10억원의 손해배상 청구소송 제기.

2001.12.31. 국가정보원 직원, '패스21' 보도와 관련 세계일보와 국민일보 상대로 각 3억원의 손해배상 청구소송 제기. 2002.1.6. 서울지검, 윤태식 게이트와 관련 패스21 주식과 현금, 법인신용카드 수뢰혐의로 정수용 전 SBS PD 구속. 2002.1.8. 서울지검 특수3부, 패스21 주식 1,400주(1억 7,800만원 상당)와 현금 1,200만원 수수혐의로 이계진 전 매일경제신문 기자 구속. 언론인·공무원 20여명 '패스21' 주식보유 수사, 사법처리 가능성 검토. 1.8. 한국기자협회·전국언론노조연맹·한국프로듀서연합회 언론 3 단체, 언론인 20여명의 '윤태식 게이트' 연루 언론사와 관련 대국민 사과성명 발표. 1.11. 언론개혁시민연대·전국언론노동조합·민주언론운동시민연합 등 언론운동 단체들, '윤태식 게이트' 연루 언론사와 언론인 규탄 침묵시위. 1.12. 서울지검, 패스21 주식 현금 수수혐의로 민호기(전 매일경제신문 부장)와 최영규(전 서울경제신문 부장) 같은 혐의로 구속. 1.16. 매일경제신문, 패스21 사건 관련

사과 사고 게재. 1.17. 서울경제신문도 패스21 관련 사과 사고 게재. 1.17. 서울지검 특수3부, 패스21 사건과 관련 기자 PD 등 언론사 관계자 10여명 배임수재 혐의로 일괄 기소 결정. 2.1. 서울지검 특수3부, 패스21사건 관련 김영렬 전 서울경제신문 사장을 사기 등 혐의로 구속. 3.14. 서울지검 특수3부, 패스21 사건과 관련 매일경제신문 강 모 부장을 배임수재 혐의로 불구속 기소. 3.21. 서울지법 형사합의23부, 패스21 사건과 관련 구속기소된 서울경제신문 전 부장 최영규에 대해 징역 2년과 주식 300주 몰수 및 추징금 5,000만원, 전 부장 민호기 징역 2년과 주식 1.300주 몰수 및 추징금 900만원, 매일경제신문 기자 이계진은 징역 2년에 집행유예 3년 및 1,400주 몰수, 추징금 1,200만원 선고. 8.28. 서울지법 형사3단독, 패스21 대주주 윤태식의 로비 의혹 관련, 세금포탈 혐의 등으로 기소된 김영렬 전 서울경제신문 사장에게 징역 1년6월에 집행유예 2년 선고.

2002~2003

국가정보원 전화 도청자료

2002.2.1. 국어1종 도서편찬위원회, KBS 문화부 선재희 기자의「식탁의 느림의 물결」(KBS 9시 뉴스 2001년 6월6일) 방송기사 최초로 고교 국어 교과서 수록 결정.

2002.2.5. 서울시선거관리위원회, 인터넷신문『오마이뉴스』민주당 대선주자 초청 특별 인터뷰 선거법 위반 규정하고 저지. 2.7. 오마이뉴스 언론의 자유와 평등권 등 침해라며 헌법재판소에 헌법소원 제기. 2.9. 문화관광부, 오마이뉴스의 민주당 대선주자 특별 인터뷰 위법 논란과 관련 "정기간행물법상 정기간행물은 아니지만 사실상 언론의 기능을 수행하고 있다는 점에서 새로운 형태의 언론이라 할 것"이라는 공문 발송. 2.20. 오마이뉴스, 문화관광부에 주간 오마이뉴스를 등록, 온라인과 오프라인 매체가 공동주최하는 합법적인 형식으로 '민주당 대선주자 초청 특별 열린 인터뷰' 개최. 2003.4.24. 서울지법 형사합의23부, 대통령 선거기간 후보자 여론조사 결과를 인용보도한 혐의로 불구속 기소된 오마이뉴스 오연호 대표에게 벌금 100만원 선고.

2002.2.28. 민족정기를 세우는 국회의원 모임 24명, '일제하 친일반민족행위자 1차 명단'

에 조선일보 방응모, 동아일보 김성수 등 언론사 사주 포함. 각계를 망라한 708명 친일인사를 여야 국회의원이 합동으로 공포한 것은 처음.

2002.2.28. KBS, 김운라 창원총국장 발령. KBS 최초의 여성 지역 국장.

2002.3.9. 차정일 특별검사, 이수동 전 아태평화재단 상임이사 자택 압수수색에서 '언론개혁 문건' 발견. 3.11. 한국신문방송편집인협회, 언론개혁 문건 진상조사 요구 성명 발표. ◇한나라당, 언론개혁 문건 관련, 아태재단 특검실시 요구. ◇자민련, 언론개혁 문건 아태재단 의혹규명 촉구. 3.14. 국회문화관광위원회, 이수동 '언론문건 증인채택' 무산. →참고. 2001년 언론사 세무조사.

2002.4.4. 김동신 국방부장관 등 국방부 관리 4명, 신동아 4월호「공군의 F-X기종 선정」기사 관련 서울지법에 출판물 판매금지 가처분 신청 제출. 4.15. 민사합의 50부 기각.

2002.4.23. 전교조 경기지부. 경기도 내 204개 초등학교 분회장 연명으로 어린이신문 단체구독 거부 선언. 5.2. 언론인권센터와 참교육을 위한 전국학부모회, 초등학교의 어린이신문 구독강요와 관련, 교육인적자원부 및 16개 광역 시 · 도 교육청을 상대로 정보공개 청구.

2002.5.23. 경향신문 문화일보 경인일보 국민일보 한겨레 5개사 노사 대표, 공동배달제 추진 원칙에 합의. 6.17. 5개 신문사 노사대표, 프레스센터 외신기자클럽에서 공동배달제 도입을 위한 추진위원회 발족. 2003.3.21. 경향 등 5개 사 경기도 과천에서 공동배달제 시범 실시. 3.25. (가칭)한국신문서비스 경기 과천지사, 개소식과 함께 신문공동배달제 본격 시행. 5.27. 이창동 문화관광부장관, 취임 후 첫 기자간담회에서 "문화산업진흥기금으로 공동배달제 지원하겠다"고 밝힘. 7.1. 공배제추진위원회, '공배본사 설립 TF팀' 구성 본사 설립을 위한 준비작업에 착수. 10.18. 신문공동배달제(공배제)에 대한매일이 참여하기로 결정. 6개 신문사 사장단은 서울 프라자호텔에서 조찬 모임을 열어 공배본사설립추진

위원장에 전만길 전 대한매일신보사 사장을 확정하고 최단시일 안에 본사를 설립하기로 결정. 11.4. 신문 공동배달을 전담할 공배본사인 한국신문서비스㈜는 서울 프라자호텔에서 창립총회 및 이사회 개최. 정관 및 목적사업 확정하고 대표이사 사장에 전만길 전 대한매일 사장 선임.

2002.5.29. 홍석현 중앙일보 회장. 벨기에 브뤼헤에서 열린 세계신문협회(WAN) 제55차 연례총회에서 회장 피선.

2002.5.31. 무료 종합일간지『메트로』창간. 2015.9.30. 이장규 전 파이낸셜뉴스 이사,『메트로』인수하고 대표이사 겸 편집국장 취임. 11.11. 메트로신문, '뉴 메트로 2015 재도약 선포식' 개최하고 기존의 종합일간지에서 일간잡지 형태 경제지로 전환. 무료 배포 방식 유지하고, 젊은 독자들을 겨냥한 실생활 밀접 경제뉴스 전달에 주력하기로.

2002.5.31. KBS, 중앙 언론사 및 방송사 처음으로 내년부터 주 5일 근무제 도입에 합의.

2002.6.1. 수원지검 성남지청 형사1부, 수사 중인 지방자치단체장과 검사를 사칭 통화한 혐의(공무원 자격 사칭)로 'KBS 추적60분' 팀 최철호 PD 구속. 앞서 1999년, 이 사건으로 인해 이재명은 '검사 사칭' 혐의로 기소되어, 벌금형 선고. 이재명은 이 과정에서 자신이 직접 검사로 행세한 것이 아니라, PD와의 협의로 이루어진 연출의 일부였다고 주장.

2002.7.15. 제52차 국제언론학 대회, 서울 힐튼호텔 컨벤션센터에서 개막.

2002.7.21. 서울지검 강력부, 연예 기획사 및 영화 제작사로부터 홍보기사 청탁과 함께 금품을 수수한 혐의(배임수재)로 스포츠지 전 연예부장 이 모씨 구속. 2003.6.13. 서울지법 형사4단독 신명중 부장판사, 방송출연 청탁 등과 함께 연예기획사 등에서 2,080만원을 받은 혐의로 지난해 기소된 김영철 MBC 전 부국장에 무죄 선고.

2002.8.1. 조선일보사, 지난 1월 한겨레의 「조선일보 민간법정」 보도가 자신들의 명예를 훼손했다면서 한겨레 기자 고명섭·안수찬 두 기자를 상대로 각각 3억원과 1억원의 손해배상 청구소송 제기.

2002.8.9. 전국언론노동조합, 장대환(매일경제 사장) 총리서리 인준 반대 성명. 8.12. 민주언론운동시민연합, 장대환 총리서리 인준반대 성명. 8.23. 전국언론노조, 매일경제 사장 출신 장대환 총리 지명자에 대해 사퇴 요구 성명 발표.

2002.8.27. 방송위원회와 북한 조선중앙방송위원회, 정부 차원의 공식적인 방송교류에 전격 합의.

2002.8.31. 베이징 중국 공안, 8월 31일 밤과 9월 1일 새벽에 걸쳐 약 2시간 동안 베이징 차오양(朝陽)구 조선일보 베이징 지국에 무단 진입, 강제 수색 후 일부 자료 압수.

2002.9.3. 서울지법 형사9단독, '이승복사건'을 조선일보가 조작했다고 주장하다 명예훼손 혐의로 기소된 김주언(전 언론개혁시민연대 사무총장)과 김종배(전 미디어오늘 편집장)에게 각각 징역 6월과 징역 10월 선고. 법정구속은 하지 않음. 2004.6.16. 서울중앙지법 민사합의25부, 조선일보사가 "이승복 사건 관련기사를 오보라고 주장해 명예가 훼손됐다."며 김주언 전 언론개혁시민연대 사무총장과 김종배 전 미디어오늘 편집장을 상대로 낸 2억 원의 손해배상 및 정정보도 청구소송에서 원고패소 판결. 2006.11.24. 대법원 2부(주심 김용담 대법관), 조선일보가 1968년 보도한 「무장공비 이승복군 학살」 기사가 허위라고 주장 기소된 김주언 신문발전위원회 사무총장에게 징역 6월에 집행유예 2년을 선고한 원심을 확정. 미디어오늘에 같은 내용의 기사를 실은 김종배 전 미디어오늘 편집장에게는 공익성을 감안 무죄를 선고한 원심을 확정. 2007.9.5. 서울고법 민사13부(재판장 조용구), 조선일보가 자사의 1968년 이승복 보도에 대해 허위보도라고 주장한 김주언 전 신문발전위원회 사무총장과 김종배 전 미디어오늘 편집장을 상대로 낸 항소심에서 원고 패소 판결한 1심을 깨고,

김 전 사무총장에게 “조선일보에 500만원을 배상하라”고 판결. 2009.2.12. 대법원 2부(박시환 대법관), 조선일보 ‘이승복사건’ 보도와 관련 현장취재를 하지 않은 보도라며 ‘오보 전시회’를 개최한 김주언 전 언론개혁시민연대 사무총장에 대해 조선일보에 500만 원을 배상하도록 판결. 4.12. 미디어오늘, “미디어오늘이 서울신문사에서 받은 광고비 4,000만원 가운데 2,000만원을 언론개혁시민연대가 개최한 ‘이승복 오보 전시회’에 지원했다”는 내용의 조선일보 기사와 사설이 명예를 훼손했다며 언론중재위원회에 정정보도와 1억 원 손해배상을 청구.

2002.9.16. 한국광고단체연합회(회장 전응덕)·한국광고주협회(회장 민병준)·한국광고업협회(회장 이인호) 등 광고 3단체, 모든 신문·잡지의 ABC(발행부수 인증제도) 공사(公査) 참여를 촉구하는 성명서 채택. 10.8. 한국ABC협회, 조선일보 242만부, 중앙일보 211만부, 동아일보 200만부를 발행부수로 공식 인증.

2002.9.28. 한국인터넷기자협회 창립(회장 조대기). 30여개 인터넷 언론사 소속 기자 100여 명 참여.

2002.10.14. 전주지검, 우석대 및 전북일보 자산 100여 억원을 상호신용금고에 불법 출자한 혐의 등으로 전북일보사 대표이사 겸 우석학원 이사장 서창훈 구속.

2002.10.25. 서울지검 공안 1부, 법정 선거운동 기간 전에 대통령선거와 관련한 특정인 지지 광고 게재 혐의로 김수복과 한겨레신문 광고국 이사 고영재 2명을 불구속 기소.

2002.10.25. 서울지법, 김태정 전 법무부장관이 이용호 사건에 수사중단 압력을 행사한 것처럼 거짓보도 해 명예를 훼손했다며 조선일보사 등을 상대로 낸 손해배상 청구소송에서 원고승소 판결. 2003.4.9. 서울지법, 2001년 이용호게이트(G&G그룹 회장 이용호가 계열사 전환사채 680억 원을 횡령하고 보물선 사업 등 미공개 정보를 이용해 250억여 원의 시세차익을

챙긴 혐의로 구속기소된 사건) 수사 주임 김인원 검사가 문화일보와 최모 기자를 상대로 낸 손해배상 소송에서 "피고는 원고에게 3,000만원을 지급하라"며 원고 일부 승소판결. 9.2. 이용호게이트와 관련 수감 중인 여운환이 "조폭인 것처럼 허위, 과장보도를 해 명예와 인격권이 침해됐다"며 4개 언론사를 상대로 낸 13억 원의 손해배상 청구소송에서 패소 판결. 2003.10.15. 서울지법 민사합의25부. 박철준 광주고검 검사 등 현직 검사 11명이 "조폭 출신으로 알려진 여운환에게 융숭한 대접을 받는 등 부적절한 관계를 맺었다는 허위 보도로 명예가 훼손됐다"며 시사저널과 기자 네 명을 상대로 낸 손해배상소송에서 "500만 원씩 지급하라"며 원고 일부승소 판결. 10.16. 서울고법 민사8부, 이귀남 인천지검 제2차장검사가 2001년 '이용호게이트'사건 당시 동아일보가 나를 이씨의 검찰 내 비호세력인 것처럼 허위 보도해 명예가 훼손됐다며 동아일보사와 취재기자를 상대로 낸 손해배상 청구소송 항소심에서 원고 패소판결. 2007.7.12. 서울고법 민사13부(부장판사 조용구), '이용호게이트'와 관련 유죄가 확정된 여운환이 '허위보도로 명예와 인격권이 침해됐다'며 중앙일보와 동아일보를 상대로 낸 반론보도 심판 청구소송 파기환송심에서 원고 패소. 또한 여운환의 반론보도에 쓰인 지면 및 취소재판의 보도를 위해 할애할 지면에 대해 광고료 수익에 해당하는 1,000만원을 두 신문사에 각각 지급하라고 판결.

2002.10.28. 인터넷 언론 선발주자인 아이뉴스24, 오마이뉴스, 이데일리, 이비뉴스 등을 주축으로 지난해 10월 구성됐던 '인터넷뉴스 미디어협의회'가 1년여 만에 회원사를 확대하고 '한국인터넷신문협회'로 재출범.

2002.11.18. 한국기자협회와 재외동포재단, 13개국 29명의 동포 언론인 등이 참가한 가운데 제1회 재외동포 기자대회 공동주최. 11.23. 재외동포언론인협의회 결성.

2002.11.28. 한나라당, '국가정보원 전화 도청자료' 25쪽 문건 공개. 이에 국정원은 보도자료를 통해 "공작정치에 능한 자들이 사설 공작대를 동원하여 자체 도청을 실시하였거나 일부 시중의 사설 정보지에서 거론되는 정치적 유언비어를 옮긴 것으로 판단된다"고 해명.

12.1. 한나라당 2차로 '국정원 도청문건' 16쪽 공개. 자료에 등장하는 인물은 27명. 이 중 문화일보 기자와 한나라당 의원 등 11명은 전화통화를 했었다고 증언. 2004.4.29. 서울 남부지법 형사6단독, 지난해 12월 열린우리당 회의실 도청 소동과 관련 불구속 기소된 지방지 전민일보 기자 김모에 대해 징역 10월과 자격정지 1년에 집행유예 2년, 그리고 사회봉사 명령 80시간을 선고했다고 밝힘. → 참고, 1998.10.22. 불법도청.

2002.12.3. SBS미디어넷, 정리해고 철회와 노조탄압 중지를 요구하며 파업에 들어간 노조원 33명 전원에 대해 정리해고 단행.

2002.12.4. 투자 및 인큐베이팅 전문회사 ㈜IKR카리아(대표 홍정욱), ㈜코리아헤럴드·내외경제신문 인수. 2003.5.16. 내외경제신문, 헤럴드경제로 제호 변경. 2008.2.19. 헤럴드미디어, 주주총회에서 총선 출마 위해 사퇴한 홍정욱 전 회장 후임으로 박행환 전 광남일보 사장을 신임 대표이사로 선임.

2002.12.10. 국제신문 부산일보 부산MBC 부산CBS 부산평화방송 등 부산지역 5개 언론사 기자와 부산언론인클럽 회원들, 기자 304명 명의로 '지방분권실현을 위한 부산지역 언론인 선언문' 발표.

2002.12.19. **노무현 대통령 당선**, 2003.2.25. 제16대 대통령 취임.

2002.12.00. 2002년 대통령선거에서 신문의 정치적 영향력은 상대적으로 축소되다. 이전에는 신문이 정치 환경에서 가장 영향력 있는 의제 설정 매체였고, 정보의 선별자로 정치적 현실에 권위 있는 해석자였지만, 방송과 인터넷의 발달로 이전의 독보적인 지위를 누리지 못하게 된 것이다.

2002.12.21. 정운경 화백, 중앙일보 고문직을 사퇴하면서 네 컷 시사만화 '왈순아지매'

47년간의 연재 마감.

2003.1.9. 노무현 대통령 당선자 한겨레신문 방문. 국내 주요 언론의 인터뷰 요청에는 응하지 않던 대통령 당선자의 특정 언론사 방문은 처음 있는 일. 2시 30분부터 1시간가량 최학래 사장, 정연주 논설주간 등과 얘기 나누다. 2.23. 노무현 대통령 당선자, 인터넷 매체 오마이뉴스와 인터뷰. 국정 현안에 대해 두루 입장을 밝히다. 정부 부처의 가판(초판) 신문 구독금지, '정권과 언론의 유착관계' 단절 의사 밝힘. 언론개혁 정권 초기에 하는지? 질문에 "은근히 금융제재를 한다든지, 은근히 세무조사를 한다든지, 뒷조사를 통해 압력을 행사한다든지 그런 방법은 불법일 뿐 아니라 효과도 없다. 그럼에도 불구하고 나는 언론개혁에 크게 한 몫 할 수 있다고 생각한다. 정권과 언론의 유착관계를 완전히 끊는 것이다. 옛날에는 정권에 불리한 보도가 나오면 그 보도를 '좀 빼달라', '고쳐달라'며 앞으로 우호적인 기사 써줄 것을 기대해서 자주 만나고 소주 파티를 하고 향응을 제공하는 등 로비 방법으로 대응해 왔다. 어떤 불리한 기사에 대해서도 어떤 인간적 관계를 통해 해소하려고 하지 않고 합법적인 방법으로, 예를 들면 정정보도도 청구하고 반론도 청구하고, 그렇게 대응하는 방식으로 문제를 풀려고 한다. 청와대 취임 후 한두달 안에 청와대, 정부 모두 가판신문 구독을 전부 금지할 생각이다. 언론들 제발 변화를 이야기하지 말기나 해야지, 지금 일부 언론을 보라. 무슨 족벌체제, 기득권체제, 고스란히 갖고 앉아서 자기들이 무슨 변화의 기수인 척하고, 그러면서 실제로 변화와 개혁에 대해 사사건건 발목잡고, 지금 오죽하면 인수위 브리핑이 나왔겠느냐. 청와대 브리핑도 낼 것이다."

2003.1.13. 문화관광부, 방송과 통신의 융합 추세를 반영해 현 방송위원회를 대신할 방송통신위원회 설립을 정보통신부 등 관련 부처와 본격 협의하기로 했다고 대통령직 인수위원회에 보고. → 참고. 2008.2.29. 방송통신위원회.

2003.1.17. 언노련, 제8대 임원 선거에서 신학림(코리아 타임스) 후보가 전영일(KBS) 후보를 누르고 위원장에 당선. 함께 실시된 산별 언론노조 제2대 임원 선거에서는 단독 출마한

신학림-현상윤(KBS) 후보 당선. 언론노조 지역방송 사수 결의대회, 방송회관 앞에서 KBS2 재송신 저지 투쟁.

2003.1.24. 한국신문협회(회장 최학래) 이사회, 회원사들이 공정경쟁규약 위반에 따른 위약금 등 미납금 납부계획서를 1월 말까지 신문공정경쟁위원회(위원장 전만길)에 제출하기로 의결. 동아일보는 자전거 경품 제공 등 신문공정경쟁규약 위반을 사과하고 재발 방지 약속.

2003.2.5. 국세청, 정기법인세 조사를 받은 지 5년 이상 지난 경인일보 등 일부 지방언론에 대해 정기 법인세 조사 시작.

2003.2.17. 전국언론노동조합. 17일~22일을 'SBS 윤세영 일가의 방송 족벌 세습·사유화 저지와 노조탄압 분쇄 투쟁주간'으로 선포하고「SBS 사유화 저지를 위한 백서」발간. 4.29. 전국언론노동조합과 민주언론운동시민연합 등 시민 사회단체, 'SBS 족벌세습 저지 및 SBS 미디어넷 사태 해결을 위한 범국민대책위원회' 발족.

2003.2.21. 공정거래위원회, 55개 자전거대리점의 피해진정에 따른 신문사들의 자전거 경품 살포 조사결과와 신문고시 개정방침 발표. 2004.1.8. 공정거래위원회, 2003년 4/4분기 중 한도를 넘는 경품과 무가지를 살포하거나 강제투입, 끼워팔기 등으로 신문고시를 위반한 5개 신문사 15개 지국을 적발. 시정명령을 내렸다고 밝힘. 적발돼 제재를 받은 신문사 지국은 동아일보 8개 지국, 중앙일보 4개 지국, 조선일보, 경향신문, 부산일보 각 1개 지국.

2003.2.26. 청와대 정례브리핑 시작. 가판신문 구독 전면 중단. 3.3. 청와대 소식지「청와대 브리핑」발행. 3.10. 청와대 기자실을 '개방형 등록제'로 바꾸기 위해 청와대 등록기자 신청 접수(4.7. 청와대 기자실 출입 신청 집계 결과 국내 85개 매체 140명, 외국 언론 47개사 64명

총 132개사 204명). 3.11. 노무현 대통령, 언론의 잘못된 보도에 대한 적극 대응 방침을 밝힘. 3.12. 정부는 고의성이나 악의성이 있다고 판단되는 오보에 대해 언론중재위원회 제소와 민·형사소송 등 법적 대응 강화 방침을 밝힘. 3.29. 노무현 대통령, 청와대 직원들에게 언론과의 긴장관계 강조. 3.30. 한나라당, 노무현 대통령의 '언론권력 위험' 발언 비판하며 공개토론 제안.

2003.3.1. YTN, 전세계를 방송권역으로 하는 실시간 한국어 위성방송 시작.

2003.3.1. 안티조선 시민단체, 독립기념관에 전시된 조선일보 윤전기 철거를 주장하며 퍼포먼스 벌임. 3.4. 조선일보 반대 시민연대와 시민사회 단체활동가 모임 주최로 안국동 참여연대 카페 느티나무에서 열린 '안티조선 범시민사회단체 활동가 1차 선언'. 주요 시민단체 활동가들이 참석, "조선일보가 과거를 반성하고 편파왜곡보도를 중지할 때까지 조선일보에 기고와 인터뷰를 거부하는 동시에 조선일보 절독을 권하겠다"고 선언. 3.17. 독립기념관 이사회, 항일사회문화전시관에 전시한 조선일보 윤전기를 이 신문의 친일 행적과 관련해 철거하기로 의결. 8.7. 독립기념관, 전시 중인 일제시대 조선일보 윤전기 철거 작업.

2003.3.5. 지방신문 10개사, 지방신문협회(회장 김상훈 부산일보 사장) 결성.

2003.3.10. KBS 박권상 사장 조기 퇴임.(1998.4. 사장 취임, 2000년 연임) 3.17. KBS노조·시민사회단체·학계 등 인사로 구성된 'KBS사장 공동추천위원회' 발족. 3.19. 이형모(전 KBS 부사장), 성유보(민언련 이사장), 정연주(한겨레신문 논설주간) 세 명을 사장 후보로 KBS 이사회에 추천키로 결정. 3.22. KBS 이사회, 새 KBS 사장에 서동구(전 한국언론재단 부이사장) 임명 제청. 3.25. 노무현 대통령, 서동구 KBS 사장 임명. KBS노조는 서동구 사장의 임명을 반대 비대위 철야농성 시작. 3.24. 시민사회단체연대회의·전국민중연대·민주언론운동시민연합·전국언론노조, '밀실인사 철회촉구' 기자회견. KBS 이사회의 서동구 임명제청 철회 요구. 3.26. KBS노조, 서동구 사장 출근저지 투쟁 시작. 3.28. 서동구 사장 청경 1백여

명 동원 몸싸움 끝에 사장실 진입. 4.2. 노무현 대통령, 취임 후 첫 국회 국정연설에서 '족벌 언론의 횡포'와 편파보도 등을 통한 '박해', '부당한 공격' 등 언급. 같은 날 노무현 대통령, KBS노조위원장 · 언론 시민단체 대표들과 간담회. 4.2. 조선일보, 노무현 대통령이 KBS 사장 선임에 개입했다고 보도. 서동구 KBS 사장 사의 표명. 4.4. 서동구 사표 수리. 4.23. KBS 이사회, 동아일보 해직기자 출신 정연주(한겨레신문 논설주간) KBS 사장 제청. 4.28. 정연주 KBS 사장 취임.

2003.3.10. 문재인(文在寅) 청와대 민정수석, 월간중앙 4월호 「대통령 민정수석 작성 노무현 인사파일」 기사 작성한 윤모 기자를 명예훼손 혐의로 서울지검에 고소장 제출. 노무현 정부 출범 이후 첫 사법적 대응. 2004.6.4. 서울중앙지법 민사합의26부(부장판사 박동영), 지난해 청와대 경호 문제점 노출에 대한 보도와 관련해 당시 대통령 민정수석 문재인이 동아일보와 조선일보를 상대로 낸 정정보도 청구소송 1심에서 원고 패소 판결. 2007.5.20. 대법원 2부(주심 박시환 대법관), 「민정수석 작성 노무현 인사파일」 기사로 문재인 전 대통령 민정수석비서관(현 비서실장)의 명예를 훼손한 혐의로 기소된 월간중앙 윤모 기자에게 유죄를 선고한 원심을 깨고 무죄 취지로 사건을 서울중앙지법으로 돌려보냄.

2003.3.10. 연합뉴스, 자사 기사를 무단 도용한 경기 부천의 시대일보, 경북 포항의 경상매일, 경남 진주의 신경남매일 등 3개 미계약 지방신문사를 상대로 서울지방법원에 손해배상 청구소송. 연합뉴스가 자사 기사의 지적 재산권 보호를 위해 언론사를 상대로 처음으로 손배소송 제기.

2003.3.13. 전국공무원노조 충북지역본부, 17일까지 도내 일선 시 군 기자실 반납을 요구하는 성명 발표. 3.14. 영동 주재기자 기자실 자진 반납.

2003.3.14. 문화관광부 이창동 장관, '문화관광부 홍보업무 운영방안' 발표. 기자실 폐지 '개방형 브리핑실' 도입, 사무실 취재 제한, 인터뷰 공무원 실명 보도 등 골자. 3.17. 한나라

당, 언론대책특별위원회(위원장 하순봉) 구성, 기자실 폐쇄, 취재원 실명제 도입 등 정부의 언론관련 조치를 '언론통제'로 규정하고 중단 요구. 신문방송편집인협회, 문화관광부의 '홍보업무 운영방안'에 비판성명. 3.21. 전국언론노동조합. 문화관광부 홍보업무 운영방안과 관련 언론과 정부에 취재 관행 개혁 촉구. 3.27. 중앙부처 공보관 회의. 언론의 비판보도에 대한 법적 대응 강조. 오보·왜곡보도에 대한 정정보도 요청 등. '기자실개선 및 정례브리핑제 도입방안' 확정. 부처별 정례브리핑 주 1회 이상 실시, 일과시간 중 공무원 취재 원칙적 금지, 행정정보 공개강화. 현 출입기자제의 개방형 등록제 전환. 9월 정부 정책을 비판한 기사를 반박하는 유사 언론 역할 '국정브리핑' 신설. 자체 취재 인력을 두고 국가정책에 대한 보도는 물론 평까지 작성. 공무원들은 실적 올리기 위해 국정브리핑에 댓글 달기에 열을 올리는 구조로 이어졌다는 비판. → 참고, 2008.1.4. 대통령직 인수위, 기자실 부활 입장 발표.

2003.3.22. 한겨레신문, 2월 21일 주주 사원들의 직선투표로 사장 후보에 선출된 고희범 논설위원을 대표이사 사장 선임.

2003.3.23. 이진숙 MBC 특파원, 이라크전 개전 이후 국내 기자 최초로 바그다드에 단독 진입 보도.

2003.4.1. 전국지방신문협의회 소속 26개 지방신문사, 지방신문 차원 최초로 '지방에 결정권을, 지방에 세원을, 지방에 인재를'이라는 공동 캠페인 시작.

2003.4.5. 청와대, 대통령직인수위원회 활동 기간 중 언론의 『오보백서』 발간.

2003.4.7. 과천 10개 부처 공보관, 기자실 폐지하고 통합 브리핑룸과 기사 작성실 설치 결정. 7.9. 정부, 9월 1일부터 과천청사 기자실을 브피링룸으로 전환한다고 발표. 제1합동 브리핑룸은 재정경제부 등 경제부처, 제2합동 브리핑룸은 보건복지부와 환경부. 노동부 등 사회부처가 각각 이용.

2003.4.9. 청와대, 정부 각 부처에 언론보도 기사 성격을 '긍정', '단순', '건전비판', '악의적 비판', '오보' 등 5가지로 분류해 일일보고 하라고 지시.

2003.4.14. 정부, 중앙청사 본관에 국무총리실 전용 브리핑룸과 교육 · 통일 · 행정자치 등 3개 부처 통합브리핑룸 설치 내용 '정부청사 기자실 운영방안' 발표. 9.1. 정부, 브리핑제 본격 실시. 정부 중앙청사 내 국무총리실과 교육 통일 행정자치 여성부 국정홍보처 기자실은 '총리 브리핑실'과 '합동 브리핑실'로 재편. 정부 인터넷 뉴스 사이트 '국정브리핑' 개설. 청와대 행정부 공동 '정책홍보협의회' 구성.

2003.4.14. 청와대, 일일 소식지「청와대 브리핑」을 언론사 인터넷 홈페이지 또는 인쇄매체에 전재 허용.

2003.4.16. 문화관광부, 정부 부처로는 처음으로 기자실을 폐지하는 대신 브리핑실과 취재지원실을 마련, 출입기자들 상대로 공개 브리핑 시작.

2003.4.23. 공배제 추진위원회, 신문 공동배달제를 본격 시행할 공배 본사인 주식회사 형태의 '한국신문서비스' 설립 결정. 5.27. 이창동 문화관광부장관, 문화산업진흥기금으로 신문공동배달제 지원 계획 밝힘. 공동배달제는 찬반양론. 메이저 신문 조선, 중앙. 동아일보는 반대, 공배제 도입을 찬성하는 신문은 문화일보, 한겨레, 경향신문, 국민일보 등. 7.1. 공배제추진위원회, '공배본사 설립 TF팀' 구성 본사 설립을 위한 준비작업 착수. 8.28. 공배제추진위원회(위원장 전만길). 한국신문서비스설립추진위원회 첫 대표자 회의 개최.

2003.4.30. 국회, 연합뉴스를 국가기간 통신사로 지정 · 육성하는 내용의 '뉴스통신진흥에 관한 법률안' 가결.

2003.4.30. 국회, 방송위원회 상임위원 숫자를 5명으로 늘리고 상임위원 중 2명을 집권당

이 아닌 원내 교섭단체가 추천한 인사가 맡도록 하는 방송법 개정안 처리.

2003.5.1. 노무현 대통령이 출연한 MBC-TV 100분 토론. 참여정부의 언론정책을 놓고 일부 패널들과 공방을 벌이다.

2003.5.8. 유엔 전문기관인 국제전기통신연합(ITU), 한국 인터넷보급률 세계 1위, 수입대비 이용요금 18위로 발표.

2003.5.9. 국가정보원, 언론사 상시 출입 및 정보수집 폐지 결정.

2003.5.12. 영남일보, 지방지 최초로 초등학생 대상 소년영남일보 창간.

2003.5.16. 정보통신부, 음란물 유포와 명예 훼손 등 사이버 역기능 해소를 위한 인터넷 게시판의 실명제를 민간부문으로 확대 추진.

2003.5.20. 공정거래위원회, 스팸차단정보 등록 사이트인 '노스팸'(www.nospam.go.kr) 운영 시작. 6.30. 공정거래위원회. 스팸메일 거부의사를 '노스팸' 사이트에 등록한 e-메일 및 전화번호 명단 28만 개를 인터넷 쇼핑몰 등 2만 7,000여 통신판매업체에 통보.

2003.5.22. 탈북자들을 도운 혐의로 중국에 억류돼온 프리랜서 사진기자 석재현, 엔타이 중급법원에서 '타인 불법월경 조직죄'가 적용돼 징역 2년 형을 선고받음. 5.29. 석재현, 1심 판결에 불복, 고급법원(고등법원)에 항소.

2003.5.22. 방송위원회노동조합, 제2기 방송위원 선임을 둘러싼 파업 찬반투표를 65% 찬성으로 통과. 5.28. 노동조합과 갈등으로 23일째 파행운영을 거듭해온 제2기 방송위원회는 노조가 제시한 중간평가, 정치적 독립성 및 방송사업자에 대한 독립성 약속, 내부 사무

처 개혁 등에 대한 요구안을 받아들이면서 타협. 5.29. 방송위원회, 사무처 노동조합과 내부개혁을 위한 혁신위원회 구성에 합의하고 방송연구소 설립. 사무처 고위직 개방임용제 시행. 감사제도 신설, 방송위의 집행과 의결기능 분리 등 세부 시행방안 발표.

2003.5.23. 문화관광부, 「문화관광부 브리핑」 제1호 발행. 앞으로 매주 금요일 발간 예정.

2003.5.29. '뉴스통신진흥에관한법률' 공포.

2003.6.1. 청와대 기자실 개방. 춘추관에는 164개 언론사 275명 기자 등록. 9.8. 청와대, 출입 기자 등록신청 추가 접수. 11.13. 홍보수석실 산하 춘추관, '청와대 출입기자 등록에 관한 규정 개정안'을 출입기자실에 공시. 개정된 제 10조에는 "대통령 · 영부인의 외부행사의 시기와 일정을 구체적으로 명시해 보도하면 안 된다"고 밝힘.

2003.6.7. 광주지검 특수부. 구속된 지역기자의 석방을 도와주겠다며 1천만원을 받은 혐의로 김모 전 무등일보 편집국장 긴급체포.

2003.6.11. 서울행정법원 행정11부(재판장 한기택). 조선일보사 지국을 운영하는 최 모가 "영세업체인 신문보급소에 세무조사를 벌인 뒤 광고전단에 대해 지나친 표준소득률을 적용, 1억 490여 만원의 종합소득세를 부과한 것은 부당하다"며 역삼세무서를 상대로 낸 종합소득세 부과처분 취소소송에서 최 씨에게 승소판결.

2003.6.13. 중앙일보, 기존의 생활 · 레저 분야 섹션을 통합한 24면 주말 섹션 발행.

2003.6.16. 수원지검, 벤처회사에 대한 홍보성 기사를 써주고 현금과 주식 6,000여 만원을 받은 혐의로 전 YTN 경제부장 김 모를 구속 기소. 24일에는 같은 혐의로 전 한국일보 부국장 정 모에 대해 구속영장 청구. 정 모는 2000년 이 회사에 대한 홍보성 칼럼을 써주고 시가

5,000만 원어치 주식을 받은 혐의.

2003.6.17. 이창동 문화관광부장관, 인터넷 신문을 정기간행물의 등록 등에 관한 법률의 범주에 포함시켜야 한다는 의견 밝힘.

2003.6.19. 노무현 대통령, 머니투데이 1면에 '노무현과 대한민국에 투자하십시오'라는 특별기고문 형식의 칼럼 게재. 현직 대통령으로서는 처음.

2003.6.20. 오마이뉴스, 오후 7시께부터 노무현 대통령의 국정원 방문기사에서 노 대통령과 국정원 고위간부 35명이 기념 촬영한 사진 공개 파문. 오마이뉴스는 청와대 측의 자료사진을 받아 공개했으나 국정원 간부 얼굴은 국가기밀 사항. 6.22. 오전 10시경 청와대 측의 항의를 받고 이 사진을 삭제. 오마이뉴스는 이날 오후 4시 사진을 자사에 전달한 정부 측을 비판하는 기사를 실음. 6.23. 오전 20일자 사진 공개와 22일자 비판기사에 대해 사과하고 기자와 관련 데스크들을 중징계.

2003.6.23. 대구지검 포항지청, 연합뉴스가 제공한 기사를 상습적으로 무단 전재한 경상매일신문(대표 이강원) 법인과 전 편집국장 김모에 대해 저작권법 위반죄를 적용, 각각 벌금 1,000만 원에 약식 기소.

2003.6.24. 수원지검 특수부, 2000년 8월 벤처업체의 홍보성 기사를 써 주고 5,000만 원 상당의 주식을 받은 혐의(배임수재)로 중앙언론사 부국장을 지낸 정 모의 구속영장을 청구. 정 씨는 자신의 혐의를 부인.

2003.6.24. 대한언론인회, 대한적십자사 서영훈 총재에게 6·25전쟁 중 납북된 225명 '돌아오지 못한 언론인'의 생사확인과 송환문제 해결을 위한 탄원서 전달.

2003.6.25. 공정거래위원회, 신문 불공정거래행위 신고센터 개설과 신문고시 담당팀 구성. 불공정 거래행위를 한 신문사와 지국의 명단을 분기마다 공개하기로 결정.

2003.6.27. 대전지검 천안지청은 환경법규를 위반한 업체들을 찾아가 기사를 무마하는 대가로 금품을 갈취한 '인터넷신문전문기자협회' 회장 심 모와 김 모 기자 등 기자 13명을 구속. 7.2. 같은 혐의로 모 지방지 이 모 기자 등 3명을 구속.

2003.6.27. 전북 전주시노동조합이 전북지역 일간지 등에서 발행하는 연감을 억지로 구입하지 않겠다며 언론사에서 발행한 연감 120여 권을 해당 언론사 사장실 등에 직접 반납.

2003.7.1. 청와대, 동아일보 경향신문 대한매일 한겨레 4개 사를 상대로 언론중재위에 정정 및 반론보도를 청구. 정정 및 반론 청구기사는「청와대, 부당내부거래 조사 살살하라」(동아)「기자 없는 춘추관 브리핑룸」(대한매일)「盧언론관 못 읽는 이해성 홍보수석」(경향)「이해성 홍보수석 "盧대통령-언론 사주 회동 주선하려 했다"(한겨레) 등.

2003.7.1. 국제위성방송 'KBS 월드' 개국. KBS1 · 2와 국내 위성방송 KBS 코리아의 프로그램을 재편성 채널. 북미, 유럽, 중동, 일본, 동남아, 오세아니아, 아프리카 일부 지역이 시청권.

2003.7.1. 여성 패션전문 채널인 GTV 개국. GTV는 SDN TV를 확대 개편 개국하는 채널.

2003.7.4. 청와대 출입기자 자비로 '가판신문' 구독 시작.

2003.7.7. 조선경제 창간. 발행인은 전 조선일보 방응모 사장의 아들 방재선.

2003.7.7. 이상훈 재향군인회장, KBS 국군방송 프로그램 송출 폐지방침에 항의하는 공개

질의서를 정연주 사장에게 전달.

2003.7.8. 서울지법 민사합의26부, 강간치상 혐의로 구속기소됐다가 지난해 7월 무죄가 확정된 주병진이 특수주간지 A사와 온라인 뉴스 제공업자 임 모를 상대로 낸 손해배상 청구소송에서 "피고들은 각각 5,000만 원과 1,000만 원을 배상하라."고 원고 일부승소 판결. 그러나 경향신문과 서울문화사를 상대로 낸 청구에 대해서는 구속기소된 뒤 재판도중 나간 기사로 A사와는 보도 시점이 다르다며, SBS에 대해서는 "명예훼손이 인정되지 않는다"고 청구를 기각.

2003.7.10. 청와대는 조선일보, 중앙일보, 내일신문 3개 언론사에 대해 문희상(청와대 비서실장)과 이종석(국가안전보장회의 사무차장) 명의로 언론중재위원회에 정정·반론보도 청구. 조선일보「노 대통령, 핵심 참모진과 잇단 회동 개혁인재 양성 논의」(6.16.), 공무원 패널단 회원 가입 권유(6.17.), 내일신문「조흥은행 매각, 미 압력 있었다」(6.17.), 중앙일보「대북정책 강온파 갈려 혼선」(6.13.), 조선일보「민주화 운동세력 중 일부 선발, 공기업·정부단체 임원 기용」(7.9.) 기사 대상.

2003.7.11. 서울지법 민사26부, 박영관 전주지검 차장검사 등 검사 11명이 "범죄 혐의자들에 대한 금융정보 제공을 검찰이 금감원에 요청한 것은 불법이라는 내용의 기사를 작성해 명예를 훼손당했다."며 조선일보를 상대로 낸 11억 원의 손해배상 청구소송에서 원고 패소 판결.

2003.7.16. 동아일보, 정치인들 굿모닝시티 윤창열 대표에게 거액의 로비자금 받았다고 1면 머리기사로 보도. 문희상 대통령 비서실장, 오보라며 편집인과 해당기자 2명을 서울지검에 출판물에 의한 명예훼손 혐의로 고소. 손학규 경기도지사 언론중재위원회에 정정보도 및 사과문 게재 청구 및 동아일보 편집인, 편집국장, 담당기자를 명예훼손 혐의로 서울지검에 고소. 7.19. 민주당 이해찬 의원 동아일보 발행인과 담당 기자 2명을 상대로 10억원의 손해배상 청구소송을 서울지법에 냄. 7월 22일에는 동아일보사를 상대로 15억원의 손해배

상 청구소송을 제기. 7.21. 신계륜 의원, 동아일보 발행인과 기자 등 5명을 명예훼손 등 혐의로 서울지검에 고소. 7.24. 동아일보, 1면에 정정보도. 8.1. 편집국장에게 승급정지를 포함한 감봉 처분. 담당 데스크와 기사 작성기자 등 3명은 6개월 승급정지 조치.

2003.7.21. 문재인 청와대 민정수석과 비서실장, 정정 및 반론보도 청구. ①동아일보「청와대 입단속」(6.18.) 서울지법에 정정보도 청구 소송, ②청와대 문희상 비서실장, 조선일보「내부정보 누설자 2~3명 압축」(7.4.), ③동아일보「김영완 씨 도난채권 거래자 올 3월 청와대에 수사 민원」, ④월간중앙 7월호 특집기사「청와대 믿어도 됩니까」 정정보도 청구.

2003.7.25. 최규선 자서전 대필자 허철웅은 뉴스위크의「최규선 게이트」 관련 기사가 취재원 보호 미흡, 허위 인터뷰 게재 등으로 명예를 훼손했다며 임도경 편집장과 중앙일보 미디어인터내셔널 편집인 이규진 대표 등을 서울지검에 고소. 또 서울지법에 5억원의 손해배상 청구소송 제기. 9.7. 허철웅, 뉴스위크 한국판 편집장 임도경이 자신의 자료를 절도했다며 특수절도 혐의로 서울지검에 고발. 2004.6.17. 서울중앙지법 형사8단독, 이른바 '최규선 파일'을 훔친 혐의(특수절도)로 불구속 기소된 뉴스위크 한국판 편집장 임도경에 대해 징역 1년에 집행유예 2년 선고. 2006.1.23. 대법원 2부(주심 김용담 대법관), 불구속 기소된 뉴스위크 한국판 편집장 임도경에게 징역 1년에 집행유예 2년을 선고한 원심 확정.

2003.8.2. 노무현 대통령, 2차 국정토론회에서 언론의 최근 보도에 대해 비판하고 단호한 대처를 표명. 8.4. 한국신문방송편집인협회, 8.7. 한국신문협회 관련 성명 발표.

2003.8.4. 공정거래위원회, 신문 불공정거래와 관련 전국 200군데의 표본지역을 선정 약 40일간에 걸쳐 조사를 시작.

2003.8.8. KBS, 국내 언론사 처음으로 2004년도 신입사원 채용부터 지역 할당제를 도입하고, 채용인원에 관계 없이 일정수준 이상에 도달한 장애인 지원자를 모두 선발한다고 밝힘.

2003.8.11. 청와대, 손해배상 소송 제기. 동아일보「김영완 씨 도난채권 거래자 올 3월 청와대 수사민원」(7.1.; 2억 원), 조선일보「내부정보 누설자 2~3명 압축」(7.4.; 1억 원), 중앙일보「신계륜, 박범계 경질 건의」(7.28.; 1억 원), 월간중앙 4월호「대통령 민정수석 작성 노무현 인사파일」(3억 원) 등. 문화일보「청와대 선물 베개 특별제작」(8.8.) 보도 관련, 취재기자 2명을 서울지검에 명예훼손 혐의로 고소.

2003.8.11. KBS, 북한의 조선중앙TV와 공동연출로 평양 모란봉공원에서 '특별기획 평양 노래자랑' 개최. 녹화방송은 15일 방영.

2003.8.13. 노무현 대통령, 현직 대통령 최초로 언론사 상대 소송. 경남 김해시 진영읍 토지 소유 문제, 장수천 특혜 의혹. 이기명 소유 용인 토지 처분 및 활용 문제. 형 노건평 소유 거제국립공원 내 토지 특혜 의혹, 대선자금 유용 문제 등과 관련 의혹을 제기한 김문수 한나라당 의원과 조선, 동아, 중앙, 한국일보 사장 상대로 총 30억 원의 손해배상 청구소송 제기. 8.14. 신문방송편집인협회와 대한언론인회 반대 성명 발표. 8.22. 노무현 대통령, 조선일보 7월 23일자「노 대통령 경선자금 자료 폐기 사실이라면 불법」기사에 대해 언론중재위에 정정보도 청구. 9.8. 노무현 대통령의 후원회장이었던 이기명은 땅 거래에 특혜 의혹 보도와 관련 김문수 한나라당 의원에 대해 4억 원, 조선일보, 동아일보, 한국일보에 대해 각각 2억 원 등 모두 10억 원의 손해배상을 청구하는 소송을 서울지법에 냄. 9.25. 노무현 대통령, 자신과 친인척의 부동산 투기 의혹을 제기한 한나라당 김문수 의원과 동아일보 등 4개 언론사를 상대로 낸 손해배상 청구소송과 관련, 대통령 임기가 끝나는 2008년 2월까지 소송절차를 중지해 달라는 신청을 법무법인 덕수를 통해 서울지법에 제출.

2003.8.15. KBS 국제방송(Radio Korea International) 개국 50주년. 1953년 8월 15일 '자유대한의 소리(Voice of Free Korea)'라는 명칭으로 영어방송을 시작. 현재 영어, 일본어, 프랑스어, 러시아어, 중국어, 서반아어, 인도네시아어, 아랍어, 독일어 등 10개 언어로 각각 하루 11시간 동안 뉴스와 한국 관련 프로그램 송출.

2003.8.15. 멕시코 거주 한인동포 모두를 발행인으로 하는 '공인(公人) 신문' 인『韓디아리오(Diario)』창간호 발간.

2003.8.22. 대법원,『시민의 신문』취재부장 정지환이 월간『말』기자로 있던 1998년 12월 조선일보의 '친일' '반민주·반민족' 행태를 비판한 기사와 관련 조선일보 기자들이 제기한 명예훼손 소송에서 고등법원의 원고 패소판결 확정.

2003.8.22. 서울지법 민사합의26부, MBC가 월간조선의 'MBC 서해교전 보도' 비판과 관련 월간조선을 상대로 낸 손해배상 청구소송에서 원고패소 판결.

2003.8.27. 에퀴터불. 한국 100대 부호에 조선일보 방상훈 사장(1,930억 원)이 24위, SBSi 윤석민 사장(1,250억 원) 37위, 조선일보 주주 방용훈 코리아나호텔 사장(910억 원) 65위, 조선일보 방우영 명예회장(800억 원) 75위, 중앙일보 홍석현 회장(660억 원)이 93위를 차지했다고 발표.

2003.8.30. 시민단체 '국민의 힘', 조선일보 만평 관련 항의 방문. 대령연합회 서정갑 회장과 충돌. 8.31. 한국시사만화가회, 국민의힘 비판 성명. 9.5. 남대문경찰서, 조선일보 항의 방문은 집회 수준의 시위이며. 서정갑을 폭행한 사건 관련 조사를 위해 명계남 등 '국민의 힘' 관계자 4명에게 출석 요구서 발송.

2003.8.30. 충청매일, 지난 3월부터 휴간 중인 중도일보와 합병. 제호를『중도일보』로 변경.

2003.9.1. KBS, 'KBS 윤리강령' 제정 공포. 3일부터 시행. 3만 원 이상 식사 향응 등 금지. 시사 프로그램 진행자, 정치 관련 취재와 제작 담당자의 6개월 내에 정치활동 금지 등. 방송위, '방송위원 청렴유지 등을 위한 행동 강령'과 '사무처 직원 윤리 강령' 제정 시행

2003.9.1. 서울고법원장 · 지방법원장 · 서울지법 수석 부장판사, 구속 피고인의 수의 입은 사진 촬영 금지 결정 시행. 서울지법 형사합의21부 심리로 열린 2차 공판에 출석하는 굿모닝시티 윤창열 대표의 사진 촬영 원천 봉쇄.

2003.9.4. 동아닷컴, 동아일보 기사를 영어 일본어 중국어 3개 국어로 음성 서비스 시작.

2003.9.9. 노무현 대통령은 대한매일 지령 2만호 기념 특별기고「공정한 언론, 투명한 정부」를 통해 "언론과 정부는 상호 긴장 관계를 유지", "각자의 정도(正道)를 가야 한다"면서 "사회환경의 감시가 소명인 언론사의 위법 행위와 불공정거래는 일반기업들보다 엄격하게 다루는 게 원칙일 것"이라고 강조.

2003.9.15. 문화관광부, 2004년 1월부터 일본 영화 음반, 게임 개방 등의 내용을 골자로 하는 일본 대중문화 4차 개방조치 확정.

2003.9.15. 국제전기통신연합(ITU) 보고서, 한국의 초고속(광대역) 인터넷 서비스 보급률 인구 100명당 21명으로 세계에서 최고.

2003.9.25. 서울고법 특별6부(재판장 이동흡), 조선일보사 · 스포츠조선 · 디지틀조선일보 3개사가 공정거래위원회를 상대로 낸 시정명령 등 취소 청구 소송에서 "공정위기 내린 4개 항목의 시정명령은 모두 부당하다"며 시정명령을 취소하라고 판결.

2003.9.29. 장재민 한국일보 미주본사 회장, 미국 내 한인 언론 및 소수계 기업 발전에 기여한 공로로 미 상무부로부터 언론공로상(Legacy Award for Journalism)을 수상.

2003.10.1. 미국 뉴욕의 한인언론계에서 활동해온 중견 언론인들이 주축을 이뤄 한민족 관련『월간 한민족』창간. 발행인 김민.

2003.10.1. 제주지역 4개 언론사 노조, 민주노총 제주지역본부에서 제주지역언론노동조합협의회(제주언노협) 창립대회 개최. 제주언노협에는 전국언론노조 한국방송공사본부 제주지부(지부장 김만보), 문화방송본부 제주지부(위원장 강봉균), 제민일보지부(위원장 김효철), 기독교방송 제주방송노조(위원장 박기성) 4개 언론사 노조가 참여.

2003.10.2. KBS 정연주 사장, 간첩 혐의를 받는 재독 사회학자 송두율 교수를 다룬 다큐멘터리 방송과 관련, "국민에게 혼란과 오해를 일으킨 점 깊이 사과드린다"고 밝힘. 10.6. 민주당, 최고위원회의를 열고 재독 사회학자 송두율 교수 사건과 관련, 이종수 KBS 이사장의 사퇴를 요구. 10.24. 방송위원회, KBS 1TV「특별기획-한국사회를 말한다/귀향, 돌아온 망명객들」의 재독 사회학자 송두율 교수에 대한 미화 방송 논란과 관련. '권고' 조치를 담은 공문을 KBS에 전달.

2003.10.7. 대검 중수부 일부 출입 기자들의 휴대폰 통화내역을 조회한 사실과 관련. "적법한 절차에 따라 통화내역을 조회했으며. 내사를 벌인 사건은 2건으로, 한 건당 여러 명의 기자에 대해 통화내역을 추적했다"고 시인하고 공식사과와 함께 재발 방지 약속.

2003.10.9. 서울지법 형사합의23부 언론사 탈세 사건과 관련, 소득세 21억 3,000만 원과 부가세 2,300만 원을 포탈한 혐의(특정범죄가중처벌법상 조세포탈) 등으로 불구속 기소된 이태수 전 대한매일 사업지원단 대표에 대해 징역 2년 6월에 집행유예 4년, 벌금 30억 원 선고.

2003.10.20. 국제 언론자유 수호 단체인 '국경 없는 기자회'(RSF)는 '세계 언론자유 등급' 발표. 조사 대상국 166개국 중에서 한국을 49위로 평가. 10.21. 이병완 청와대 홍보수석, 국경 없는 기자회가 한국의 언론자유 등급을 지난해 39위에서 49위로 10단계 하락했다고 발표한 것은 "지난해보다 조사대상 국가가 크게 늘어나서 등급이 떨어진 것 같다"고 반박.

2003.10.23. 정보통신부, 중국과 위성 디지털 멀티미디어방송(DMB)용 주파수 조정을 마침. 정통부는 지난달 일본과의 조정을 마친 데 뒤이은 것으로 한,중,일 3국이 모두 위성 DMB 서비스를 하더라도 서로 간에 전파 혼신이 일어나지 않게 됐다고 밝힘.

2003.10.29. 서울지법 민사합의25부, 권노갑 전 민주당고문과 김옥두·김홍일 민주당의원이 "정현준 게이트에 연루됐다는 확인되지 않은 보도로 명예가 훼손됐다."며 동아일보사와 기자 4명을 상대로 낸 손해배상 청구소송에서 동아일보사 등은 원고들에게 1천만원씩 모두 3천 만원을 지급하라"는 원고승소 판결.

2003.10.29. 서울행정법원 행정2부. 한국방송공사(KBS)가 서울 영등포세무서장을 상대로 "96년 하반기~98년 하반기 부가가치세 중 총수입 대비 수신료 비중만큼인 255억 여원을 돌려달라"며 낸 3건의 부가가치세감액 경정청구거부처분 취소 청구소송에서 모두 원고 패소 판결.

2003.11.3. CBS, 인터넷뉴스인 '노컷 뉴스'(www.nocutnews.co.kr) 오픈.

2003.11.4. 노무현 대통령, 연합뉴스 편집국장과 각 방송사의 보도국장들과 만찬. 정부와 언론이 서로 협력을 당부. 11.5. 청와대는 '노 대통령의 김대중도서관 개관식 참석 및 김 전 대통령과의 만남', '노 대통령의 광주 방문' 일정을 구체적으로 사전보도한 문화일보와 전남일보 출입기자에 대해 3개월씩의 출입정지 조치.

2003.11.4. 민주언론운동시민연합과 언론인권센터는 동아, 조선, 중앙 3개사가 무가지 비율이 유료부수의 20%를 넘지 못하도록 한 신문고시 규정을 위반했다며 실태조사와 처벌을 촉구하는 진정서를 공정거래위원회에 제출. 11.4. 위 3개 신문의 무가지 제공에 대해 과징금 부과를 촉구하는 진정서를 공정거래위원회에 우편으로 접수.

2003.11.12. 서울지법 민사합의25부, 한나라당과 이재오 의원이 지난해 12월 '한나라당이 김대업 테이프가 조작이라는 양심선언을 요구했다'고 보도한 오마이뉴스 대표와 취재기자 및 거짓 진술자 금모(구속)를 상대로 낸 손해배상 청구소송에서 "피고들은 연대해 6,000만원을 지급하라"며 원고 일부승소 판결.

2003.11.17. 한국기자협회, 제2회 재외동포 기자대회가 15개국 39명의 동포언론인과 국내 언론 관계자 등이 참가한 가운데 한국프레스센터에서 개막.

2003.11.20. 부산고법 제2형사부, 울산시청 내 기자실을 폐쇄했다가 업무방해죄 등으로 기소된 강모, 김모 등 울산시청 공무원 7명에 대한 항소심 선고 공판에서 벌금 300만~100만원을 선고한 원심을 그대로 유지.

2003.11.10. 서울지법 민사50부. 대통령 비서실이 조선일보사를 상대로 낸 8월 14일자 주간조선「향응파문 청와대 제1부속실장?」기사에 대한 반론보도 청구를 대부분 받아들였다고 밝힘.

2003.11.11. 인터넷신문 오마이뉴스(www,ohmynews.com). 시민기자(뉴스 게릴라) 3만명을 돌파했다고 밝힘.

2004~2004

언론사에 손해배상 책임 물어

2004.1.1. 로스앤젤레스를 기반으로 한 교민사회의 대표적 한인방송 '라디오코리아'가 1일 새벽 0시를 기해 방송을 중단. 이장희 라디오코리아 대표는 전날 저녁뉴스를 통해 "제3자의 방송국을 임대료를 내고 방송을 해왔으나 재계약이 불발, 오늘 자정을 마지막으로 방송을 부득이 중단한다"고 발표. 1.15. 1월 1일 새벽 0시 전파송출이 전격 중단됐다가 9일만에 방송이 재개된 '라디오코리아'가 'AM1230'으로 정규방송 시작. 김건진 전 미주 중앙일보 부회장이 미국 로스엔젤레스 지역의 한국어 라디오 방송국 '파워 코리아' 사장에 임명되다. '파워 코리아'는 이장희가 운영하던 '라디오코리아'의 주파수를 임대해 정규 방송.

2004.1.8. 공정거래위원회, 지난해 4/4분기 중 한도를 넘는 경품과 무가지를 살포하거나 강제투입, 끼워팔기 등으로 '신문고시'를 위반한 5개 신문사 15개 지국을 적발. 시정명령을 내렸다고 밝힘. 적발돼 제재를 받은 신문사 지국은 동아일보 8개 지국, 중앙일보 4개 지국, 조선일보 1개 지국, 경향신문 1개 지국, 부산일보 1개 지국.

2004.1.14. 언론중재위, 지난해 중재신청 건수는 전년에 비해 213건이 늘어난 724건이라

고 밝힘. 지난해 이전까지 중재신청이 가장 많았던 해는 2001년 659건이었다. 중재신청 현황을 매체별로 보면 중앙 일간지가 302건으로 가장 많았고 지방일간지 173건, TV 119건, 주간신문 72건이었으며, 중앙일간지 · 지방일간지 · TV는 각각 전년보다 146건, 34건, 31건 증가.

2004.1.15. 한국조사기자협회, 2003년의 국내외 주요 뉴스를 분석 정리한 자료집 『2004 뉴스25시』 발간. 정치, 경제, 사회, 문화 등 분야별 주요 뉴스를 월별로 정리하고 톱뉴스를 포토뉴스와 올해의 뉴스 포커스로 분류.

2004.1.15. 서울지법 민사합의25부, 한나라당이 "오마이뉴스 등의 허위보도로 지난 대선에 치명적 타격을 입었다"며 김대업과 오마이뉴스 발행인 오연호, 일요시사 발행인 이용범을 상대로 낸 소송에서 "객관적인 근거도 없이 무책임하게 의혹을 제기한 김대업과 이를 보도한 기자 등은 한나라당에 1억 원을 지급하라"고 한나라당에 일부 승소 판결. 배상액은 김대업 5,000만원, 오마이뉴스 3,000만원, 일요시사 2,000만원.

2004.1.15. 시민단체 '함께하는 시민행동', 조선닷컴 · 동아닷컴 · 조인스닷컴이 인물정보 서비스를 하면서 당사자의 동의 없이 개인정보를 이용하고, 정보 주체의 열람 · 정정 · 삭제 청구권을 보장하지 않아, 사생활(프라이버시)권리를 침해하고 있다며 각 업체에 시정을 요구.

2004.1.16. 청와대, 조선일보 12일자 「검찰 두 번은 갈아마셨겠지만…」 기사에 대해 명예훼손 책임을 물어 10억 원의 손해배상 및 정정보도 청구소송을 서울지법에 내기로 했다고 밝힘. 이날부터 조선일보의 개별취재 불응조치. 2.21. 개별취재 불응 해제.

2004.1.25. 서울고법 민사9부, 신모 변호사가 인신공격적인 표현으로 명예를 훼손당했다며 문화방송과 권 아무개 앵커 등을 상대로 낸 손해배상 청구소송에서 "문화방송과 권 씨는 신 씨에게 3,000만 원을 지급하라"며 원고 일부 승소판결.

2004.2.6. 스포츠조선, 징계위원회 열고 노조탄압 중지와 여직원 성희롱 사건 해결을 촉구하며 넉 달째 투쟁 중인 노조 조합원 22명에게 해고, 정직, 견책 등 중징계.

2004.2.14. 노무현 대통령, 취임 한 돌을 앞두고 홍석현 중앙일보 회장과 공식 인터뷰.

2004.2.20. 국회 문화관광위 법안심사소위, '지역신문발전지원특별법' 대안 통과시킴. 지역신문의 발전을 지원하기 위한 기금 설치 등이 골자. 2.23. 문화관광위, 20일 법안소위가 통과시킨 지역신문발전지원특별법 대안 통과. → 참고, 2005.8.00. 9월부터 지원사업 시작.

2004.2.23. 과학기자협회, 한국프레스센터에서 열린 이사회에서 줄기세포 관련 엠바고를 파기한 홍혜걸 중앙일보 기자의 소명을 들은 뒤 협회 회원 자격을 정지키로 하고, 본인 명의의 사과문을 과학기자협회에 제출해 인터넷 홈페이지에 게재토록 요구키로 결정.

2004.2.27. 노무현 대통령은 한국일보와 세계일보 1월 28일자「노캠프 모 그룹서 75억 받아 40억은 노(盧) 빚 변제에 썼다」기사에 대해 언론중재위에 반론보도를 청구했다고「청와대 브리핑」이 밝힘.

2004.2.29. 대법원 3부(주심 고현철 대법관), 전직 검사 조모가 문화방송(MBC)과 이 방송이 모 기자를 상대로 "편파 보도로 명예가 훼손됐다"며 낸 5억 원의 손해배상 청구소송에서 원심을 깨고 원고 패소 취지로 사건을 서울고법으로 돌려보냈다고 밝힘.

2004.3.2. 한국광고주협회, 신문발행부수공사(ABC)를 통해 발행부수와 유료부수를 공개하지 않는 언론사에 대해 광고 물량을 줄여나가기로 함.

2004.3.12. 국회, 노무현 대통령 탄핵 소추안 가결. 195명 의원 중 193명이 찬성. 의결 정족수(전체 2/3 이상)를 넘다. 야당인 한나라당과 자유민주연합, 그리고 일부 무소속 의원들이

탄핵 소추에 찬성. 6.9. 한국언론학회(회장 박명진)가 방송위원회의 의뢰로 탄핵 관련 방송 내용을 분석한 결과 TV 3사의 보도에 상당한 편향성이 있다는 결론을 내림. 6.10. 방송위원회. KBS · MBC · SBS 지상파 방송 3사에 언론학회『대통령 탄핵 관련 TV방송 내용 분석 보고서』전문을 보내는 한편 16일 열리는 방송위 산하 보도교양 제1심의위원회에 방송사 관계자가 참석해줄 것을 공식 요청. 6.11. 민주언론운동시민연합, 탄핵사태를 정치적 갈등 사안으로 판단한 언론학회의 양식에 대해 심각한 의문을 갖지 않을 수 없다면서 "언론학회 보고서는 '갈등'에 집착한 나머지 기계적 중립에 가장 큰 가치를 두는 오류를 범하고 있다."고 비판. 6.14. KBS, '한국언론학회의 탄핵방송 관련 보고서에 대한 KBS의 입장' 발표. "탄핵방송 공정성에 대해 재조사를 실시해 달라"고 방송위원회에 요구. 6.15. 탄핵무효부패정치청산범국민행동, "민주 수호를 위해 나섰던 시민을 폄훼하는 보고서를 인정할 수 없다"는 성명 발표. 6.15. 언론개혁국민행동 · 전국민중연대 · 참여연대 · 민주언론운동시민연합 · 언론개혁시민연대 · 전국언론노동조합, 탄핵방송 보고서를 비판하고 방송위 보도교양 제1심의위원회 위원들의 사퇴를 촉구.

2004.3.20. 조선일보 사장 방상훈, 동아일보와 중앙일보에 신문시장 정상화 공동선언을 제의.

2004.3.20. 방송법 개정안 국회 통과. 이에 따라 종합유선방송사업자와 채널사용사업자에 대한 대기업의 소유제한 완전 철폐. 33%로 묶여 있던 외국인 자본의 지분 제한도 49%까지 확대.

2004.3.24. 대한언론인회, '언론인 명예의 전당'에 오를 1차 헌정자로 이종일, 남궁억, 서재필, 오세창, 장지연, 양기탁, 배설(Ernest Thomas Bethell)을 선정.

2004.3.24. 서울행정법원 행정합의5부 중앙일간지 광고국 간부로 근무하다 숨진 조 모씨 유족이 "과음 · 과로로 인한 사망을 업무상 재해로 인정하지 않은 처분은 부당하다"며 근로

복지공단을 상대로 낸 유족보상금 청구소송에서 원고 승소판결.

2004.4.12. MBC, 9일에 방송된 「신강균의 뉴스서비스 사실은」이 엉뚱한 사람과의 전화통화를 전여옥 한나라당 대변인 발언으로 내보내 물의를 일으킨 것과 관련, 담당 국장과 책임프로듀서(CP)를 경질하고 '뉴스데스크'에서 대국민 사과방송. MBC 보도제작국 소속 기자 30여명, 12일 밤에 긴급 기자총회를 열고 "한나라당과 조선일보의 과도한 정치공세에 굴복한 보도본부장부터 즉각 사퇴하라"고 주장. 4.13. MBC 보도본부 기자 모임인 MBC기자회, 사내 총회에서 "MBC 보도제작국 기자들의 성명과 입장 표명을 지지하고 향후 함께 대처하겠다"고 밝힘.

2004.4.15. 제17대 국회의원 총선. 4.16. MBC · KBS · SBS 방송 3사, 4.15 총선에서 주요 정당의 의석수를 빗나가게 예측한 것에 대해 사과 또는 해명 방송. 4.26. 제17대 국회의원선거방송심의위원회는 지상파방송 3사의 총선 개표방송과 관련, 관계자 의견진술을 들은 뒤 KBS, MBC에 대해 '시청자에 대한 사과', SBS에 대해서는 '경고' 조치.

2004.4.20. 탈북자가 설립한 인터넷 라디오 방송국 '자유북한방송'(www.freenk.net, 대표 김성민) 개국. 북한 주민들에게 바깥 소식을 알리고 이를 통해 북한의 민주화를 촉진하기 위해 만든 온라인상의 라디오 방송국.

2004.4.21. 중앙일보 전 · 현직 지국장 61명, 중앙일보와 자회사인 중앙타운주식회사를 상대로 생활정보지 「중앙 알뜰마당」 삽지 · 배달비용 22억 4,000여 만원을 지급하라는 소송을 서울지법에 냄.

2004.4.29. 미국 인권단체 프리덤하우스, '세계 언론자유의 날'을 앞두고 발표한 연례 보고서에서 한국이 언론에 대한 현저한 제약이 없는 '자유국'으로 분류되면서 동티모르, 피지 등과 함께 공동 68위를 차지했다고 발표.

2004.5.11. 서울남부지법 민사합의12부, 박지원 전 문화관광부장관의 수행비서 하 모가 MBC와 MBC 기자 등을 상대로 낸 명예훼손에 따른 손해배상 청구소송에서 최근 "2,000만 원을 배상하라"는 원고 일부 승소판결했다고 밝힘.

2004.5.12. 공정거래위원회, 송파구 가락동에 신문을 보급하는 동아일보 가락지국, 조선일보 신가락지국, 중앙일보 가락지국 등 3개 신문사 지국에 대해 신문고시 위반이 인정된다며 시정명령과 함께 400만~480만 원씩 과징금을 부과했다고 밝힘. 5.25. 공정거래위원회. 앞으로 배달 부수가 많은 대형 신문지국이 과도한 경품이나 무가지를 제공하는 행위가 여러 번 적발되면 검찰에 고발하겠다고 밝힘. 7.9. 공정거래위원회, 5월 10일부터 7월 3일까지 전국 신문사 지국 211곳을 대상으로 조사한 결과 전체의 75%인 160여 곳이 신문판매고시를 위반한 소지가 있는 것으로 나타났다고 밝힘. 11.21. 공정거래위원회, 국내 8개 신문사의 211개 지국을 대상으로 직권 실태조사를 실시한 결과 신문판매고시를 위반한 175개 지국을 적발하고 과징금 등 징계조치를 내렸다고 밝힘. 이번 조사대상 신문은 지난해 5월 신문고시 개정 이후 위반행위 신고가 접수된 조선일보, 중앙일보, 동아일보, 한국일보, 경향신문, 세계일보, 부산일보, 국제일보. 이 가운데 위반사례가 많거나 배포부수가 많은 47개 지국에 대해서는 매출액을 기준으로 각각 80만~940만 원, 총 1억 8,070만 원의 과징금 부과. 과징금이 부과된 신문은 조선, 중앙, 동아일보 3대 일간지. 2005.3.8. 공정거래위원회, 전국 19개 신문사의 494개 지국을 상대로 과도한 경품 제공 등 불공정거래 행위에 대한 대대적인 현장조사. 이번 조사는 그동안 인터넷 신고센터에 제보된 전국 301개 신문지국과 공정위가 법위반 빈발지역으로 지목한 6개 지역 193개 지국 등을 대상으로 하며, 4월 15일까지 6주간 진행. 9.14. 공정거래위원회. 전국 19개 신문사, 430여개 지국 조사 결과, 80%의 지국이 경품이나 무가지를 과다하게 제공하는 등 법을 위반한 것으로 드러났다며 다음 달 이들 지국을 제재할 방침이라고 밝힘. 9.15. 공정위, 신문사 지국의 불법 경품, 무가지 제공행위를 신고한 사람에게 처음으로 포상금 지급 결정. 11.30.~12.2. 공정거래위원회, 조선일보 신문판매 시장조사. 2년 전인 2003년 11월 민주언론운동시민연합의 조선, 동아, 중앙 고발을 근거로. 12.27. 공정거래위원회, 신문의 경품·무가지 제공과 관련 25개 신문사 지국에

총 4,270만원의 과징금을 부과. 허위자료를 낸 중앙일보 화산지국에는 신문사 지국으로는 처음으로 과태료 300만원 부과. 신문사별로는 중앙일보 10개 지국, 조선일보 7개 지국, 동아일보·경향신문 3개 지국, 한국일보·한겨레 1개 지국. 2006.2.1. 공정거래위, 신문판매고시 위반사례 신고자 4명에게 포상금 668만원을 지급하기로 결정. 3.6. 민주언론운동시민연합, 경기지역 4개 신문(동아, 조선, 중앙, 한겨레) 120개 지국의 신문고시 위반 비율을 조사한 결과 평균 위반율이 77.5%라고 발표. 4.12. 공정거래위원회 서울사무소, 독자들에게 과도한 무가지와 경품을 제공, 신문판매 고시를 위반한 4개 신문사 31개 지국에 대해 과징금 부과, 시정명령, 경고. 과징금 지국 수는 중앙일보 5개(650만원), 동아일보 2개(200만원), 조선일보 1개(100만원), 시정명령을 받은 지국은 중앙일보 4개, 동아일보 3개, 조선일보 2개. 경고를 받은 지국은 중앙일보 5개, 조선일보 5개, 동아일보 3개, 세계일보 1개. 5.1. 공정거래위원회, 신문고시 위반 신고 포상금의 한도를 1,000만원으로 인상하고 담합사건 신고에 대한 포상금 지급 요건도 완화하는 개정 규정 시행. 5.22. 공정거래위원회는 신문의 불법 경품 제공 등을 신고한 13명에게 포상금 884만원 지급. 7.10. 신문고시 위반 지국을 신고한 67명 신고인에게 포상금 8,104만원 지급키로 의결. 7.18. 신문판매고시 위반행위 신고 관련 총 67명에게 포상금 8,104만원 지급키로 의결. 또 경품과 무가지를 제공한 3개 신문사의 9개 지국에 1,150만원의 과징금 부과와 시정명령 조치. 과징금 부과받은 신문사별 지국은 중앙일보 4개(430만원), 동아일보 3개(460만원), 조선일보 2개(260만원). 9.22. 공정거래위원회, 신문지국의 불법 경품. 무가지 제공행위를 신고한 28명에게 3,438만원의 포상금 지급 결정. 12.21. 공정거래위원회, 과도한 경품이나 무가지를 제공 방식으로 구독자를 모집한 97개 신문지국에 시정명령을 내리고 이 중 89개 지국은 총 1억 5,210만 원의 과징금을 부과했다고 밝힘. 2007.3.12. 공정거래위원회, 신문판매지국에 과다한 무가지를 제공한 조선일보, 중앙일보, 동아일보 등 3개 신문사에 시정명령과 함께 조선일보 2억 400만 원, 중앙일보 1억 7,400만 원, 동아일보 1억 7,400만 원의 과징금 부과. 5.10. 공정거래위원회, 신고포상금심의위원회를 열어 신문지국의 불법 경품·무가지 제공행위를 신고한 99명에 대해 포상금 총 1억 9,532만원을 지급하기로 결정. 2008.9.24. 서울고등법원 행정6부(부장판사 조병현), 공정거래위원회가 과다한 무가지를 공급한 조선일보, 중앙일보, 동아일보에 대해 과징금을 부과하고 시정을 명령한 처분은 정당하다고 판결.

2004.5.24. 국회가 직접 프로그램을 편성, 운영하는 국회방송(NATV) 개국.

2004.5.28. 서울남부지법 민사합의14부(부장판사 황현주), SBS가 초상권을 침해하고 명예를 훼손했다며 유모씨 가족 등이 낸 손해배상청구 소송에서 “SBS는 유씨 등에게 모두 2,800만원을 지급하라”고 원고 일부 승소 판결.

2004.5.31. 세계신문협회(WAN) 제57차 총회, 터키 이스탄불에서 개최. 『오마이뉴스』 대표 오연호, 「디지털 시대 신문의 신뢰성-새로운 도전과 새로운 대답」에서 ‘20세기 저널리즘의 종말/ 21세기는 누구나 시민기자’라는 제목으로 오마이뉴스의 사례 소개. → 참고, 2001.9.24. 인터넷신문 프레시안 창간.

2004.6.1. 언론인권센터, 한나라당이 국회 인사청문회 대상에 방송위원장과 KBS 사장을 포함시키자는 입장을 밝힌 데 대해 환영하는 성명 발표.

2004.6.8. 방송위원회 전체회의, 큐릭스의 광진-성동방송, 종로 중구방송, 태광MSO의 남부산방송이 변경허가 절차를 거치지 않고 최다 주식소유자를 변경한 사실을 적발. 각각 과징금 5,000만 원의 중징계를 의결. 같은 위법행위를 한 한강케이블TV에는 처음 위반한 점을 감안, 50%를 감경한 2,500만 원의 과징금 부과 결정.

2004.6.8. 서울중앙지법 민사86단독(김복형 판사), 군사평론가 지만원이 “기사로 인해 명예훼손을 당했다”며 인터넷 신문 오마이뉴스와 기자 A씨를 상대로 낸 1억 원의 손해배상청구소송에서 “인신공격은 언론의 면책대상이 아니므로 피고는 500만원을 지급하라”며 원고 일부 승소 판결. 2005.1.12. 서울고법 민사14부, 지만원의 오마이뉴스 상대 손해배상청구소송 원고 일부 승소 원심을 깨고 원고패소 판결.

2004.6.10. 서울중앙지법 민사37단독(최한순 판사), 사단법인 민주언론운동시민연합이 자신들이 발표한 조선일보 규탄 결의문 및 성명서 등을 조선일보사가 조선닷컴 홈페이지에 게재해 명예를 훼손했다며 조선일보사와 디지틀 조선일보를 상대로 낸 3,000만원의 손해배상 청구 소송에서 민언련측에 패소 판결.

2004.6.11. 청와대 소속 이용철 법무비서관 등 1급 비서관 8명, 주간동아 6월 3일자 「대통령 비서관 급여·활동비 월 1천만원 넘어」 기사와 관련 김학준 동아일보 사장, 김동철 주간동아 편집장, 김시관 기자를 대상으로 서울중앙지방법원에 정정보도 및 손해배상 청구.

2004.6.21. 청와대, 지난 19일 노무현 대통령 명의로 SBS의 「북한의 남북 정상회담 제의」와 문화일보의 「고위공직자 비리조사처 설치는 특검 상설화 공약의 변질」 보도에 대해 각각 정정보도를 청구.

2004.6.25. 헤럴드미디어 노조, 24~25일 이틀 동안 파업 찬반투표를 벌인 결과 조합원 147명 가운데 119명(81%)이 참석, 98명(82.4%) 찬성으로 파업 가결.

2004.6.28. 열린우리당, 참여정부의 국정 우선 과제로 꼽고 있는 언론개혁과 관련하여 신문법, 언론피해구제법제정안, 방송법개정안 등 3대 입법 추진과제를 제시.

2004.7.7. 서울중앙지법 민사합의25부, "한나라당이 건설회사로부터 받은 비자금 10억원을 한인옥 씨에게 전달했다"고 주장한 이교식 전 기양건설 상무와 이 주장을 보도한 시사저널을 상대로 낸 손해배상 청구소송에서 "이씨는 1억원을 배상하되 이 중 5,000만원은 시사저널이 함께 책임지라"고 판결.

2004.7.7. 한국만두제조협회 소속 200여 개 만두 제조업체들은 '만두파동'과 관련 KBS · MBC · SBS 방송 3사를 언론중재위원회에 제소하고 정정보도 요청. 발단은 일부 만두 제조

업체가 만두소(만두 속재료)를 만들 때 유통기한이 지난 재료나 남은 식재료를 재사용했다는 의혹을 언론이 크게 다루면서 소비자들 사이에서 불안감을 불러일으키고, 이로 인해 해당 만두 제품의 판매가 급감하고, 소비자들은 만두 제품에 대해 불신을 가지게 되었다는 것.

2004.7.12. 한국신문방송편집인협회, 「정권의 대(對) 언론공격에 대한 우리의 입장」 성명. "노무현 대통령이 서울 한복판에 큰 빌딩을 가진 신문사가 수도 이전 반대론을 주도한다"고 주장한 것에 대해 신문사 건물을 수도 이전 논란에 거론하는 것 자체가 얼마나 척박한 논리며 비이성적인 발상인가라고 비판.

2004.8.9. KBS, 팀제 도입 실시. 본사는 6본부 5센터 98팀으로, 지역은 9총국 9지역 39팀으로 개편. 본사는 166국과 부, 지역은 135국과 부가 사라지게 됨.

2004.8.16. 사할린 거주 4만 명의 고려인을 위한 우리말 TV방송 개국.

2004.9.6. KBS 국제방송 「KBS 월드」가 미국 내 현지법인 'KBS 아메리카'를 설립, 24시간 방송에 들어감.

2004.9.6. 동아일보, 인터넷 청와대 브리핑에 실린 「조선·동아는 저주의 굿판을 당장 걷어치워라」 등 2건의 글로 명예가 훼손됐다며 김우식 대통령 비서실장 등 3명을 상대로 모두 10억원의 손해배상 청구소송.

2004.9.20. 서울중앙지법 민사25부, 새문안교회와 이 교회 이수영 담임목사가 "말하지도 않은 내용을 (사설에) 기술하고 이를 전제로 (설교 내용을) 혹평함으로써 명예를 훼손했다"며 한겨레신문을 상대로 낸 손해배상 청구소송에서 원고 일부 승소 판결.

2004.10.6. 창원지법 제2형사부, 공갈 및 직업안정법 위반 등 혐의로 기소된 경남 진주소재 일간지 전 신경남매일 대표 권성덕에 대한 항소심에서 징역 2년을 선고. 같은 신문사 전 관리국장 송 모에 대해 징역 1년에 집행유예 2년의 원심을 유지.

2004.10.22. 서울중앙지법 민사합의26부, 동아일보사와 동아마라톤꿈나무재단 및 재단법인 인촌기념회가 "허위사실 보도로 명예가 훼손됐다"며 한겨레신문사를 상대로 낸 손해배상 소송에서 "한겨레신문사는 3,000만 원을 배상하라"고 판결.

2004.11.1. 열린우리당 김재홍·김원웅 의원과 민주노동당 천영세 의원 등 여야 의원 17명, 국회에 '해방 이후 **언론탄압에 관한 진상규명과 피해자 명예 회복 및 배상**에 관한 특별법안' 제출. 김재홍 의원이 대표 발의한 의원입법안은 1975년 동아, 조선일보 강제 해직과 80년대 신군부의 언론인 강제 해직, 자유당 정권의 경향신문 폐간 등에 대한 진상을 규명하기 위한 것. 2006.1.10. 해방 이후 국가폭력 피해자 모임, 민족일보 사건, 정판사 위폐 사건 등 13개 사건에 대한 진실규명 신청서 과거사위에 접수. 5.10. 한국기자협회, '해방 이후 언론탄압에 대한 진상규명과 피해자 명예회복 및 배상에 관한 특별법' 제정 서명운동 시작. 6.20. 언론탄압진상규명협의회(상임대표 정동익) 출범.

2004.11.19. 제2회 동아시아 기자포럼에 참가한 중국·일본·대만 등 동아시아와 미국·러시아·독일·호주 등 20여 개국 60여 명의 대표단은 총회에서 아시아기자협회(AJA: Asia Journalists Association) 창설을 만장일치로 결의. 초대 AJA 회장에는 이상기 한국기자협회 회장이 선출됐으며 강석재 한국기자협회 국제교류분과위원장이 사무총장으로 선임.

2004.11.25. 서울중앙지법 파산2부, 굿데이에 대한 '화의절차' 폐지를 결정했다고 밝힘. 충청권 최고 일간지 충청일보사 최종 부도처리. → 참고, 2005.1.24. 충북지방노동위원회.

2004.12.1. 서울중앙지법 형사2단독 허근영 부장판사는 직원들의 임금과 퇴직금을 체불

한 혐의(근로기준법 위반)로 불구속 기소된 민영통신업체 뉴시스 사장 최해운에 대해 징역 10월에 집행유예 2년을 선고.

2004.12.3. 코리아 타임스, 청소년 영자신문 코리아 주니어 타임스(Korea Junior Times) 발행.

2004.12.10. 서울중앙지법 파산12부. 굿데이신문 파산 선고. 파산관재인으로 오병국 변호사 선임.

2004.12.21. 서울고법 형사5부. 소득세와 부가세를 포탈한 혐의 등으로 기소된 이태수 전 대한매일 사업지원단 대표에게 징역 2년 6월에 집행유예 3년과 벌금 12억 원 선고.

2004.12.21. 서울서부지법 민사합의12부, 박상은 전 경인방송(iTV) 회장이 지역 민방을 선거에 이용하려 했다는 허위보도로 명예를 훼손당했다며 한겨레신문사를 상대로 낸 정정보도와 손해배상 청구소송에서 "방송의 사적 이용을 막기 위한 공익적 보도였다"며 원고 패소 판결.

2004.12.29. 서울중앙지법 민사25부, 박지원 전 문화관광부장관이 "동아일보 보도로 명예를 훼손당했다"며 낸 손해배상 청구소송에서 "동아일보는 3,000만 원을 배상하고 정정보도 하라"고 판결.

청와대의 언론상대 정정보도 청구: 2005~2006

동아 조선, 신문법 위헌 헌법소원: 2007~2008

PD수첩, 미국산 소고기 보도 논란: 2009~2009

제10부

노무현정부 언론과의 전쟁

2005~2006

청와대의 언론상대 정정보도 청구

2005.1.1. 국회, '신문 등의 자유와 기능 보장에 관한 법률(신문법)'과 '언론중재 및 피해구제법(언론피해구제법)' 통과. 신문법은 '정기간행물 등록에 관한 법'의 이름이 바뀌어 통과된 개정 신문법임. 독자가 많은 신문사를 규제하겠다는 시장지배적 사업자 규정 등 언론의 자유와 기능을 억압하기 위한 독소(毒素)조항 여러 곳 포함. 1.27. 동 법 공표. 3.23. 동아일보와 사회부 조용우 기자, 독자 유재천 교수, '신문 등의 자유와 기능보장에 관한 법률(신문법)'과 '언론중재 및 피해구제 등에 관한 법률(언론중재법)'이 위헌임을 확인해달라는 내용의 헌법소원을 헌법재판소에 제출. 5.10. 문화관광부, 인디넷신문 규정 등을 담은 '신문 등의 자유와 기능 보장에 관한 법률'(신문법) 시행령안 확정. 6.10. 조선일보사와 조선일보 이한우 미디어팀장, 독자 방석호 홍익대 법학과 교수 등은 '신문 등의 자유와 기능보장에 관한 법률'과 '언론중재 및 피해구제 등에 관한 법률'에 대해 헌법재판소에 헌법소원 심판 청구서 제출. 2006.1.20. 서울중앙지법 민사25부(재판장 김선흠) 조선일보사가 제기한 언론피해구제법 위헌 제정신청 수용. 4.25. 조선일보사가 제기한 언론관련 법 위헌 소송 숭실대 강경근 교수 참고인 진술.(전문 조선일보 사보 4쪽 분량 2006.4.28. 게재.) 6.29. 헌법재판소, 신문법과 언론중재법의 5개 조항에 대해 위헌 또는 헌법불합치 결정. 시장 점유율 60%가 넘는

3개사에 대해 시장지배적 사업자로 추정한다는 신문법 17조와 34조 2항 2호, 언론중재법 26조 6항. 부칙 2조에 대해 위헌 결정. 신문 복수 소유를 금지한 신문법 15조 3항에 대해 헌법불합치 결정. 신문과 뉴스통신·방송의 겸영을 금지한 신문법 15조 2항과 신문 경영 자료 신고를 규정한 신문법 16조, 고의·과실, 위법성이 없는 신문사에 대해서도 정정보도 청구가 가능하다는 언론중재법 14조 2항 등 그 외 조항은 합헌결정, 또는 각하. 7.28. 신문법과 언론중재법 발효됨. 한국신문협회는 "두 법이 문제 조항을 그대로 담은 채 시행돼 유감"이라는 성명서. 2006.6.29. 헌법재판소. 신문법과 언론중재법에 대한 헌법소원 사건 평결. 헌재는 시장 점유율 60%가 넘는 3개사에대해 시장지배적 사업자로 추정한다는 신문법 17조와 34조 2항 2호, 언론중재법 26조 6항. 부칙 2조에 대해 위헌 결정, 신문 복수 소유를 금지한 신문법 15조 3항에 대해 헌법 불합치 결정을 내림. 신문과 뉴스통신·방송의 겸영을 금지한 신문법 15조 2항과 신문 경영 자료 신고를 규정한 신문법 16조, 고의·과실, 위법성이 없는 신문사에 대해서도 정정보도 청구가 가능하다는 언론중재법 14조 2항 등 그 외 조항은 합헌결정되거나 각하. → 참고, 『노무현 정권 언론탄압 백서』, 한국신문방송편집인협회, 2008.

2005.1.1. 경남도민일보, 한국신문협회가 일부 족벌·재벌신문사 사장들의 이익을 위한 모임에 불과하다며 신문협회 탈퇴. 1962년 신문협회 창립 이래 회원 신문사가 자진 탈퇴하기는 처음.

2005.1.7. 「신강균의 뉴스서비스 사실은」 기업 임원으로부터 술 접대와 명품 가방을 받았다는 파문. 1.10. MBC노조, 성명을 발표하고 시청자들에게 사과. 신강균의 뉴스서비스 폐지. 새 미디어비평 프로그램을 만들기로 결정. 1.15. MBC 인사위원회, 강성주 국장 정직 3개월, 신강균 차장 정직 2개월. 이상호 기자 감봉 3개월 징계. 8.4. MBC 강성주 전 보도국장, 서울중앙지법에 징계무효 확인 소송 제기. 2006.2.9. 서울 남부지법 민사12부(부장판사 신명중), MBC 「신강균의 사실은」의 '보수단체 집회에서의 권양숙 여사 비하 발언' 보도와 관련 집회 사회자 송만기와 그 가족이 MBC와 최원석 PD, 신강균 기자를 상대로 낸 손해배상 청구 소송에서 "피고들은 1,000만원을 지급"하라는 원고 일부승소 판결.

2005.1.13. 문화관광부, 음악 영화 게임 등 콘텐츠 종류에 따라 해당 부서별로 이뤄져왔던 저작권 온라인 침해행위 단속을 저작권과로 일원화하고 관련 업계와 상설 합동기구를 구성해 대대적인 단속에 나설 방침이라고 밝힘.

2005.1.24. 충북지방노동위원회, "지난해 11월 18일 충청일보가 직원을 정리해고한 것은 폐업 의사보다 노조를 무력화시키려고 한 행위로 부당 노동행위와 부당 해고로 인정된다"며 "충청일보는 모든 직원을 복직시키고 해고 기간에 정상적으로 근무했다면 받을 수 있는 임금 상당액을 지급하라"고 주문. →참고, 2004.11.25. 충청권 최고 일간지 충청일보사 최종 부도처리.

2005.2.3. 서울고법 민사4부, ㈜신아일보와 장기봉 전 신아일보 사장이 무단으로 신아일보 재창간호를 발행한 S사를 상대로 낸 손해배상청구 소송에서 "피고는 장씨에게 3,000만 원, ㈜신아일보에 1,500만 원을 배상하라"고 판결.

2005.2.22. 홍석현 중앙일보 회장겸 세계신문협회(WAN) 회장 주미대사 취임. 9.24. 대사직 사임.

2005.3.8. 공정거래위원회, 전국 19개 신문사의 494개 지국을 상대로 과도한 경품 제공 등 불공정거래 행위에 대한 대대적인 현장조사. 이번 조사는 그동안 인터넷 신고센터에 제보된 전국 301개 신문지국과 공정위가 법 위반 빈발지역으로 지목한 6개 지역 193개 지국 등을 대상으로 4월 15일까지 6주간 진행. 5.17. 공정거래위원회, 케이블TV협회를 대상으로 디지털TV 셋톱박스 공동구매에 대한 불공정 행위 의혹에 대해 조사 착수. 7.25. 공정거래위원회, 경품과 무가지를 제공한 5개 신문 10개 지국에 총 3,540만원의 과징금을 부과하고. 신고자 10명에게 포상금 1,189만원을 지급한다고 밝힘. 9.14. 공정거래위원회. 전국 19개 신문사의 430여개 지국 조사 결과, 80%의 지국이 경품이나 무가지를 과다하게 제공하는 등 법을 위반한 것으로 드러났다며 다음 달 이들 지국을 제재할 방침이라고 밝힘. 2006.2.1. 공정거래위. 신문판매고시 위반 사례 신고자 4명에게 포상금 668만원을 지급하기로 결정.

4.12. 공정거래위원회 서울사무소, 독자들에게 과도한 무가지와 경품을 제공, 신문판매고시를 위반한 4개 신문사의 31개 지국에 대해 과징금 부과. 시정명령. 경고. 과징금 지국수는 중앙일보 5개(650만원), 동아일보 2개(200만원), 조선일보 1개(100만원), 시정명령을 받은 지국은 중앙일보 4개, 동아일보 3개, 조선일보 2개이고 경고를 받은 지국은 중앙일보 5개, 조선일보 5개, 동아일보 3개, 세계일보 1개. 5.24. 공정거래위원회, 신문의 불법 경품제공 등을 신고한 13명에게 포상금 884만원을 지급한다고 발표. 7.18. 공정거래위원회, 신문판매고시 위반행위 신고 관련 총 67명에게 포상금 8,104만 원 지급키로 의결. 또 경품과 무가지를 제공한 3개 신문사의 9개 지국에 모두 1,150만원의 과징금 부과와 시정명령 조치를 내림. 과징금 부과받은 신문사별 지국은 중앙일보 4개(430만 원), 동아일보 3개(460만원), 조선일보 2개(260만원).

2005.3.11. 경인방송(iTV) 재허가 추천거부 이후 경인지역 iTV 방송이 중단된 가운데 600여 명의 각계 인사들이 참여하는 '경인지역 새 방송설립 주비위원회' 출범. 4.22. 방송위원회, 행정심판위원회를 열어 경인방송이 청구한 재허가 추천거부 취소 행정심판을 기각했다고 밝힘. 5.21. 경인지역 새방송 설립 발기인대회 개최. 2006.4.3. 경인방송, ㈜'라디오인천'으로 바꾸고 채널 명칭도 iFM에서 SUNNY-FM(90.7㎒)으로 변경.

2005.3.29. 스카이라이프(디지털위성방송) 이사회, 대표이사 사장에 서동구 선임. 4.11. 스카이라이프, TV를 통해 물품이나 서비스를 주문할 수 있는 'TV주문' 서비스를 방송사 최초로 시작. 4.20. 스카이라이프, 지상파 방송의 권역별 재송신 기술시험 송출 끝내고 본방송 시작. → 참고, 2003.3.17. KBS 사장.

2005.4.13. 서울중앙지검 형사5부, 인터넷에 여성 아나운서를 비하하는 글을 올린 혐의(모욕)로 조선일보 문갑식 기자에 벌금 200만원에 약식기소. 4.16. KBS아나운서협회(회장 전인석). 아나운서 비상대책위원회(위원장 오유경)와 함께 조선일보 문갑식 기자의 약식 기소에 성명 발표.

2005.4.24. 다음·네이버·야후코리아·엠파스·파란 등 5개 포털, '포털 뉴스 운영과 편집에 대한 공통 기준'을 공동으로 마련 실천하기로 했다고 발표.

2005.5.12. 한국케이블TV협회, 저작권법 개정과 음악저작물 사용계약 갱신 등 저작권 현안에 대한 공동 대응 모색을 위해 '케이블TV 저작권 분과위원회' 출범.

2005.5.30. 서울행정법원 행정4부, 차모 변호사가 "KBS 사장 등의 업무추진비와 접대성 경비 집행 서류 일체를 공개하라"며 KBS를 상대로 낸 소송에서 원고 승소 판결.

2005.6.23. 최근 정리해고 당한『일간스포츠』여기자 6명은 "회사가 69명 기자 가운데 23명을 정리해고하면서 여기자 6명을 모두 포함시킨 것은 성차별로 의심된다"며 국가인권위원회에 진정서 제출.

2005.6.30. 헌법재판소 전원재판부,『뉴시스』가 "연합뉴스를 국가 기간통신사로 지정한 것은 위헌이다"라고 주장하면서 뉴스통신진흥법 관련조항을 대상으로 낸 헌법소원 사건에서 재판관 전원일치 의견으로 합헌 결정.

2005.7.1. 안기부 불법도청 X파일 파문. 한겨레신문, "1997년 대선 당시 한 거대 중앙일간지 사주와 국내 굴지 재벌그룹의 고위 임원이 특정 정당 후보를 돕기 위해 정치자금 배분 문제를 상의하는 내용이 담겨 있다"며 MBC 관계자의 말을 인용 보도. 7.6. 언노련 미디어오늘,「MBC, 거대 자본에 굴복하나」제목으로 "MBC가 언론과 권력, 재벌 간의 유착비리가 담겨 있는 X파일을 보도하지 않는 것은 사회적인 파장과 소송 부담 등을 고려해 지나치게 몸을 사린 것"이라며 비판. 7.22. 조선일보, KBS, '도청테이프' 내용 1, 3, 4면에 보도 "회장이 대선 유력후보 자금 전달엔 언론사 간부가 직접 나서라고 지시". 8.5. 중앙일보 기자들, 안기부 도청 녹음테이프 관련 반성과 다짐을 담은 사과문 발표. →참고, 2006.8.11. 서울중앙지법 형사합의24부, 도청테이프 'X파일' 재판.

2005.7.30. MBC '음악캠프' 생방송 도중 남성 성기가 노출되는 한국 방송사상 초유의 사고 발생. 8.1. '성기 노출' 사고에 대한 중징계 움직임과 관련, 한국방송프로듀서연합회와 MBC PD협회는 "방송사고를 이용해 방송프로그램에 대한 심의와 검열을 강화해 방송을 통제하려는 기도에 대해 강력히 경계한다"고 밝힘. 8.11. KBS·MBC·SBS 지상파 3사는 '음악캠프' 성기 노출 사건과 '올드미스 다이어리' 시어머니 구타 사건 등 일련의 방송 사고와 관련, 공동 성명서를 내고 "사태 재발을 막기 위한 제도적 장치를 방송사 자체적으로 갖춰나가겠다"고 밝힘. 방송위원회는 연예오락심의위원회의 건의대로 시청자에 대한 사과. 해당 방송프로그램 중지, 관계자 징계 등 중징계 의결.

2005.8.00. 지역신문발전위원회, 5개 지역 일간신문과 37개 지역 주간신문을 우선 지원 대상으로 선정하고 9월부터 지원사업을 시작. 지역신문발전기금은 매년 250억원의 국고 출연으로 조성. 2006.1.26. 일간지 18개사, 주간지 41개사 등 59개 신문사를 2006년 지역신문발전기금 우선지원대상으로 선정. 3.18. 지역신문발전기금 우선지원 대상으로 선정된 지역 일간지 18개사 편집국장과 주간지 41개사 발행인, 제4회 전국동시지방선거의 공정보도를 다짐하는 결의문 채택. 2007.11.22. 제2기 지역신문발전위원회 출범. 위원장 조성호 위원(전 뉴시스 편집국장) 선임. 2008.2.15. 지역신문발전기금 2008년도 우선지원대상사로 일간지 20개사·주간지 42개사 선정. 2009.2.5. 지역신문발전위원회, 지역신문발전지원특별법에 따른 2009년도 우선지원 대상사로 일간지 21개사, 주간지 37개사를 선정, 발표. 2011.2.14. 정부, 2011년부터 3년간 지역신문에 380억 원을 지원 결정. 특히 메이저 언론사들에 비해 상대적으로 뒤처진 모바일과 애플리케이션 등 스마트 저널리즘 분야를 강화·지원한다는 계획. 2015.1.26. 지역신문발전위원회, 2015년 지역신문발전기금 우선지원대상으로 64개사의 지역신문사 선정. '지역신문발전지원 특별법'에 따라 서류심사와 현장실사를 통해 지역 일간, 주간지들을 심의·결정. 2015년 지역신문발전기금 사업비는 95억 수준으로 저널리즘 강화, 뉴미디어 기반 구축, 공익성 활동 강화 등에 예산 투입. → 참고, 2007.8.28.

2005.8.17. 서울중앙지법 민사합의25부, 2004총선시민연대 등 19개 시민단체가 조선일보를 상대로 낸 명예훼손에 따른 손해배상 청구소송에서 "피고는 원고에게 6,900만원을 지급하라"며 원고 일부승소 판결.

2005.8.21. MBC, 전·현직 간부와 기자 등이 전방위 로비 의혹사건의 브로커 홍모로부터 금품과 향응을 받은 것과 관련 사과문을 내고, 현직 연루자 5명을 전원 대기 발령조치.

2005.8.30. 국정홍보처, '정책홍보 업무처리에 관한 기준' 발표. 정부정책을 악의적으로 왜곡하거나 현저하게 사실과 다른 보도를 지속하는 매체에 대해서는 특별회견·기고·협찬 등 별도의 요청에 응하지 않도록 명시. 정부부처 광고를 친정부 매체에 주로 게재하고, 공직자들이 일부 신문에 대한 기고나 인터뷰를 기피하도록 유도.

2005.8.30. 문화관광부, 신문유통원의 설립 근거를 담은 '신문법'이 7월 28일부터 시행됨에 따라 신문유통원 설립준비위원회 구성. 10.26. 문화관광부, 신문유통원장에 강기석(전 경향신문 편집국장) 내정. 2006.3.15. 신문유통원 현판식과 개원식 행사. 4.26. 신문유통원, 신문 공동배달센터 1호점인 광화문점 개소. 5.30. 신문유통원 캐릭터명 '해다미' 선정. '독자에게 밝은 아침을 배달해 준다'는 의미. 2007.4.20. 신문유통원, 공배센터 100호점인 서울 공덕동 마포사업소 개소. 8.20. 경기도 고양시 일산동구 고양직영센터에서 공배센터 200호 개소 기념식 개최. 2008.9.30. 경북 영천시 완산동에서 신문공동배달센터 500호 영천민영센터 개소. 500호는 2006년 4월 1호점 광화문사업소 개설한 지 2년 5개월만임. 11.27. 한라일보, 공배사업 협력 및 참여를 위한 양해각서 신문유통원과 체결. 경인일보, 강원도민일보에 이어 지역신문으로는 세 번째. 2009.5.27. 경북 영주시 풍기읍에서 600번째 신문공동배달센터 개소 기념행사. 풍기 소형공동배달센터는 직영, 민영 소형을 통틀어 600번째이며 소형센터로만 보면 63번째. 2011.2.28. 한국언론진흥재단 '신문유통협의체' 발족. 이 협의체는 신문 배달 사각지대에서의 신문수송 및 우편수송 방안, 안전한 신문유통을 위한 신문 적환장 설치, 배달원 복지대책 등을 논의할 계획이며 우선 조선일보, 중앙일

보, 한겨레, 한국일보, 부산일보, 광주일보, 대전일보 등 7개 회사 참여.

2005.9.~10. 조선일보와 인터뷰한 유홍준 문화재청장, 조선일보에 기고한 조창현 중앙인사위원장 및 조영택 국무조정실장이 청와대 홍보수석실로부터 경위서 제출 요구받음.

2005.10.3. 상주에서 'MBC 가요콘서트' 녹화를 앞두고 방청객 11명이 압사하고 82명이 부상하는 사고 발생.

2005.10.19. 스포츠서울, 스포츠조선, 스포츠투데이 3개사, 한국스포츠신문협회 결성.

2005.10.31. 제1기 신문발전위원 구성. 문화관광부, 국회의장 추천 2인을 비롯 한국신문협회, 전국언론노조연합, 한국언론학회 및 시민단체 추천 6인을 포함한 9인을 제1기 신문발전위원으로 위촉.

2005.11.11. 세계일보 자매지『스포츠월드』창간.

2005.12.1. 지상파 방송의 낮 방송 허용. 오후 시간에 4시간 방송을 더하게 되다. 신문협회, 케이블TV방송협회, PP협의회 등은 지상파 방송의 독과점 심화, 매체 균형 발전 저해 등 이유로 강도 높은 비판.

2005.12.1. 국군 장병과 가족을 위한 국군방송TV(KFN. Korean Forces Network) 개국. 노인 전문 채널 '실버TV'도 개국.

2005.12.1. 진실 · 화해를 위한 과거사정리위원회 설립. 위원장 송기인 신부. 일제강점기 직전부터 제6공화국까지 약 100년간의 과거사 조사. 조사 기간은 1차 4년이며, 2년 연장 가능. 위원회는 '진실과 화해를 위한 과거사 정리 기본법'에 따라 정부가 설립. 2006.2.22.

과거사위원회 과잉·중복. 위원회 16개, 예산 1,800억, 인원 600명. '친일반민족행위진상규명위의 경우 78억원, 직원 55명, 정권 차원의 과거사 조사는 국민분열, 민간 연구가 중심 신중히 접근해야'.(중앙일보, 2006.2.22.) 2007.11.20. 군사정권에 의한 언론인 해직 및 언론통폐합(1980년) 조사 결정. 2008.10.29. 1974년 동아일보 광고탄압 및 1975년 기자해직 사건과 관련, 당시 중앙정보부(현 국가정보원)가 적극 주도한 사실을 확인했다고 밝힘. 전국언론노동조합(위원장 최상재)과 민주언론시민연합(공동대표 박석운), 조속한 명예회복 조치 촉구. 2010.1.7. 국가는 1980년 언론통폐합 피해자들에 사과하라고 권고. 언론사 통폐합은 1980년 11월 64개 언론사(신문 28개, 방송 29개, 통신 7개)가 18개 언론사(신문 14개, 방송 3개, 통신 1개)로 통폐합된 사건. 172종의 정기간행물이 폐간됐고, 1,000명 이상의 언론인이 강제 해직당했다. 신문사는 신아일보가 경향신문에 합쳐지면서 7개였던 종합 일간지가 6개로 통합됐고, 경제지는 4개에서 2개로 재편됐다. 방송사는 DBS(동아방송)·TBC(동양방송)·대구한국FM·전일방송·서해방송을 KBS로 합쳤고, CBS는 보도·광고기능을 중단시켰다. 통신사는 7개를 1개(연합통신)로 줄였고, 지방지는 1도1사 방침에 따라 14개 신문사가 10개로 통폐합됐다. "언론인 강제해직은 신군부가 체제에 순응하는 언론구조를 만들기 위해 벌인 일로 저항세력 30%를 해직하도록 언론사에 강요했다"고 밝히다.

2005.12.8. MBC, 황우석 교수 줄기세포 진위 의혹 취재 과정에서 취재윤리를 위반한 'PD수첩'을 폐지하기로 결정. 12.17. PD수첩의 '황우석 보도' 취재윤리 위반과 관련 최승호 CP와 한학수 PD에게는 감봉 1개월, 최진용 시사교양국장에는 근신 15일 처분을 내림. 대기발령 중이던 최 CP와 한 PD의 시사교양국 복귀를 결정. 12.29. YTN, MBC PD수첩 '황우석 보도'의 취재윤리 보도시 자사의 '청부취재' 의혹 등 문제점에 대해 사과방송. 2006.1.24. YTN, 미디어오늘과 오마이뉴스의 황우석 교수 보도와 관련 YTN의 명예를 훼손했다며 서울중앙지법에 각각 10억원의 손해배상 청구소송을 냄.

2006.1.4. MBC, 24년 역사 『MBC 가이드』 폐간.

2006.1.5. 서울시 표석설치위원회(위원장 이현희 · 성신여대 명예교수) 서울 종로구 관철동 43-12번지에 86년 전 조선일보 창간 사옥이었음을 알리는 표석 설치.

2006.1.11. 서울중앙지법 형사 5부(재판장 김선혜), 임현구 등 조아세 회원 3명에게 조선일보 비판『조아세신문』발행과 관련 벌금 500만원씩을 선고. 한편 조아세에 대한 명예훼손 혐의로 불구속 기소된 조선일보 김홍진 기자는 무죄 선고.

2006.1.12. KBS, 창사 이후 처음으로 경력기자 공채 공고. 변호사 3명, 법조 전문기자 1명 외 경력기자 9명.

2006.1.19. 서울중앙지법 민사합의 25부(부장판사 김선홈), 언론중재법 일부 조항(14조2항과 15조4항2호. 31조 뒷 부분. 26조6항과 27조1항)에 대해 헌법재판소에 위헌심판 제청.

2006.1.27. 스포츠투데이 SC제일은행으로 돌아온 어음을 막지 못해 최종 부도. 3.31. 스포츠투데이, 문화관광부에 폐업신고서 제출.

2006.2.1. 문화관광부, 신문발전위원회와 지역신문발전위원회, 한국언론재단 등 지원기관의 업무분담을 조정하는 동시에 협조체계를 갖추는 것이 필요하다며 장기적으로 기관간 통합 추진을 통해 업무 효율성을 강화키로 했다고 밝힘.

2006.2.9. 대법원 2부(주심 김용담 대법관), 국정홍보처가 동아일보 2001년 7월 4일자「국정홍보처장 툭하면 성명」기사 관련 사설에 대한 반론보도 청구 소송 상고심에서 "반론보도 게재하라"는 서울고법 판결에 대해 파기환송. 2007.1.24. 서울고법 민사13부(부장판사 조용구), 국정홍보처가 동아일보 사설 등에 대해 제기한 반론보도청구 소송 파기환송심에서 "반론보도청구를 받아들인 1심 판결을 취소한다"고 판결. 2.10. 국정홍보처가 동아일보 2001년 7월 4일자 기사와 관련 사설에 대한 반론보도 청구 소송 상고심에서 "반론보도 게재

하라"는 서울고법 판결에 파기 판송.

2006.2.16. 노무현 대통령, 2005년 8월 9일자 조선일보 만평이 명예를 훼손했다며 정정보도 청구 소송을 서울중앙지법에 제기.

2006.2.22. 오마이뉴스, 일본 소프트뱅크와 '오마이뉴스 시민참여저널리즘의 세계화'를 위한 전략적 제휴로 1,100만 달러(한화 107억원) 규모의 투자계약 체결.

2006.3.14. KBS 두바이 주재 용태영 특파원, 팔레스타인 가자지구 가자시티의 알 데이라 호텔에서 프랑스 기자 등과 함께 무장단체에 피랍, 15일 석방됨.

2006.3.23. 금강산 제13차 이산가족 상봉행사를 취재 중인 남측 공동취재단은 남측 방송사들의 '남북' '나포' 단어 사용을 이유로 북측이 취재제한 조치를 취한 데 항의, 전원 철수키로 결정.

2006.4.21. **한국디지털뉴스협회** 창립. 한국언론진흥재단이 운영하는 디지털뉴스저작권 신탁사업(뉴스코리아)을 수행하는 단체. 전국 54개 언론사가 회원사로 참여.

2006.4.21. 인천지방경찰청 광역수사대, 환경법규 위반행위를 고발하겠다고 협박해 금품을 뜯어낸 혐의(상습공갈)로 모 환경신문 기자 A씨를 구속하고 다른 기자 3명을 불구속 입건.

2006.5.7. 서울중앙지법 민사합의63부(조경란 부장판사), 영화배우 배용준 등 '한류스타' 사진집을 출간한 일본 출판사 '문예춘추'가 사진작가 조세현을 상대로 낸 손해배상 청구소송에서 "조 씨는 문예춘추측에 2,000만원을 지급하라"고 원고 일부승소 판결. "허위 보도자료를 내, 오해를 불러일으키는 기사가 나왔다"는 이유.

2006.5.22. 수원지검 특수부, 사옥 신축공사와 관련 공사비를 부풀려 시공업체와 계약한 뒤 되돌려 받는 방법으로 9억 5,000만원을 빼돌린 혐의(횡령 등)로 모 종교방송 사장 감모씨 구속.

2006.5.22. 전남 광양경찰서, 모 정당의 비례대표 공천을 원하던 A씨에게 공천 보장을 미끼로 3,000만원을 받은 혐의(사기)로 모 지방 일간지 기자 고 모와 모 인터넷 신문 기자 이모를 체포.

2006.5.29. 북한 조선중앙방송위원회, 방송위원회에 독일 월드컵 지원중계를 요청. 6.11. 방송위원회는 월드컵 중계 관련 조선중앙방송위원회와 합의. 14일 스카이라이프와 KT를 통해 북한에 첫 전송.

2006.6.1. 서울외신기자클럽 창립 50돌. 현재 회원은 245명.

2006.6.5. 『아시아경제신문』 창간. 제일경제신문과 인터넷 경제지 아시아경제 통합 신문.

2006.6.19. 『시사저널』 사태. 시사저널(870호)은 삼성그룹의 인사 정책을 비판적으로 다룬 「2인자 이학수의 힘 너무 세졌다」는 기사를 내보낼 예정이었다. 그런데 금창태 사장이 인쇄과정에서 들어내고 대신 그 지면을 광고로 채운 것이 발단. 이에 편집국은 외압과 자본에 의한 편집권 침해라며 경영진을 규탄. 이윤삼 편집국장이 항의의 뜻으로 사표 제출, 금 사장은 하루 만에 이를 수리하고, 편집회의에 참석하지 않은 팀장 7명도 무더기로 징계함으로써 사태가 악화. 6.29. 시사저널 편집국 기자 27명 전원 노동조합 출범. 8.18. 금창태 사장, 시사저널의 기사 삭제사건을 비판한 고경태 『한겨레21』 편집장과 이병 편집인, 최민희 민주언론시민연합 상임대표, 정일용 한국기자협회장 등을 상대로 3억 5,000만 원의 손해배상 소송을 서울중앙지법에 냄. 10.16. 민주언론시민연합, 한국기자협회, 전국언론노동조합 등 22개 시민사회단체, 언론단체, '시사저널 편집권 독립과 정상화를 위한 공동대책위

원회' 발족. '시사저널을 사랑하는 사람들의 모임(약칭 시사모)' 발족. 2007.1.11. 시사저널 기자들 전면 파업. 1.22. 시사저널 경영진, 직장폐쇄. 6.26. 시사저널 파업기자 22명, 전원 사표 제출. 7.5. 서울중앙지방검찰청, 금창태 시사저널 사장이 '모욕죄, 업무방해, 기부금품의 모집 및 사용에 관한 법률 위반' 등으로 고소한 조형근 등 시사모(시사저널을 사랑하는 사람들의 모임) 운영위원 6명 무혐의 처분. 8.29. 파업 동참 기자들 회사와 결별, 『시사IN』 창간. 2008.1.30. 서울중앙지법 민사합의42부(박기주 부장판사), 전 시사저널 취재총괄팀장 장영희와 사진팀장 백승기가 시사저널 발행사인 ㈜독립신문사를 상대로 낸 징계무효확인 등 청구소송에서 원고 승소 판결.

2006.6.13. 서울고등법원 민사11부(김대휘 부장판사), 2003년 7월 유럽 취재시 가족 동반 사건과 관련 해임된 KBS 전 PD 신모가 회사를 상대로 낸 해임처분 무효확인 청구주 5일소송 항소심에서 원고의 청구를 기각.

2006.7.1. 석간 문화일보, 주 5일 근무제의 확대에 맞춰 토요일자 신문을 아침에 발행. → 참고, 2010.1.2. 주 5일제 정착 등 요인으로 토요일자 발행 중단 일간지들 늘어나다.

2006.7.3. 디지털방송 활성화 추진을 위한 방송위원회와 정보통신부 공동 운영 '디지털방송 추진준비단' 출범.

2006.7.4. 신문발전위원회, 한겨레신문 등 12개사를 2006년 신문발전기금 우선 지원 대상 사업자로 선정. 대상 사업자는 전국 일간신문 2개사(한겨레신문, 경향신문)와 지역 일간신문 6개사(강원일보, 경기일보, 경남도민일보, 무등일보, 새전북신문사, 새충청일보), 인터넷신문 3개사(이슈아이, 오마이뉴스, 프레시안), 잡지 1개사(민족21) 등.

2006.7.19. 청와대 이백만 홍보수석비서관, "조선일보 2006년 3월 10일자 칼럼이 허위사실에 근거한 주장으로 원고의 명예를 훼손했다며 조선일보를 상대로 정정보도 청구소송.

2006.7.24. 울산지역 새종합 일간지 울산신문 창간. 발행인 조희태.

2006.7.24. 서울경찰청, 조선일보 5월 24일자「소득이 없다는 테러범 지씨가 매달 100만원 넘게 신용카드를 사용」기사와 관련 지씨의 개인정보가 유출됐다며 외환은행 본점 압수수색. 지 씨의 휴대폰 통화내역 보도와 관련해서는 SK텔레콤 본사에 대한 압수수색을 벌임.

2006.7.24. 일본주재 특파원협회 소속 기자 10여 명, 국정홍보처 초청으로 독도방문.

2006.7.28. 청와대 비서실, 조선일보 7월 27일자「계록(鷄肋) 대통령」기사와 동아일보 27일자「세금 내기 아까운 약탈정부」, 26일자「대통령만 모르는 노무현 조크」기사 등과 관련 두 언론사에 대한 청와대 비서실 차원의 취재 협조를 거부키로 결정.

2006.8.4. 'KBS 수신료 징수 위헌 소송 추진본부' 우동주 상임대표, "KBS의 수신료 징수는 조세법률주의에 어긋나는 등 헌법위반"이라며 헌법재판소에 헌법소원을 냄. 2007.1.5. 공영방송쟁취를 위한 범국민운동본부, 서울 여의도 KBS 본관 앞에서 'KBS 정연주 사장 퇴진 및 수신료 거부 범국민 총궐기대회' 개최. 3.13. 뉴라이트전국연합, KBS 운영을 정상화하기 위해서라며 KBS 수신료 거부운동 선언. 2008.2.13. 'KBS 수신료 인상저지 국민행동', KBS수신료 인상반대 서명지 국회 제출. 2015.6.25. 미래창조과학방송통신위원회법안 심사소위원회(법안소위)를 열어 현행 월 2,500원인 수신료를 4,000원으로 인상하는 안을 상정. 여당은 현재 수신료가 34년째 동결 상태라는 사실을, 야당은 KBS의 공정성 문제를 해결하기 위한 지배구조 개선 등 보도·제작의 자율성·독립성 확보 방안을 우선 마련해야 한다고 강조. → 참고, ①1986.3.22. KBS 시청료 납부거부 운동. → ②헌법재판소 판결, 2008.2.28.

2006.8.10. 연변위성TV방송국 방송개시. 중국의 우리말 위성방송이자 지역방송으로는 유일하게 전세계를 상대로 방송.

2006.8.11. 서울중앙지법 형사합의24부(재판장 김득환 부장판사), 국가안전기획부 미림팀의 도청테이프인 이른바 'X파일'을 보도한 혐의(통신비밀보호법 위반)로 불구속 기소된 MBC 이상호 기자 무죄, 함께 기소된 월간조선 김연광 편집장에 대해서는 징역 6월에 자격정지 1년을 선고하고 선고유예. 11.23. 서울고법 형사9부(재판장 김용호 부장판사), 안기부 X파일을 보도한 MBC 이상호 기자 항소심에서 이 기자에게 통신비밀보호법 위반혐의를 적용, 징역 6월에 자격정지 1년과 형의 선고유예 결정. 2011.3.11. 대법원, '안기부 X파일' 보도 관련, MBC 기자와 월간조선 모두에 2심에서 내린 유죄 판결 확정. 1심 판결(2006.8.11.)은 MBC 기자는 무죄, 월간조선 편집장은 유죄선고. 2심(2006.11.23.)은 두 사람 모두에게 유죄 선고. 대법원은 4년여의 숙고 끝에 2심에서 내린 유죄 확정. 2015.7.9. 대법원 1부, 이상호 기자가 MBC를 상대로 낸 해고무효 확인소송에서 "해고는 무효이며, 2013년 1월부터 복직 때까지 월 400만 원을 지급하라"고 판결한 원심 확정. MBC, 대법원의 이상호 기자 해고 무효 판결에 대해 공식 입장을 내고 법원 결정에 따라 후속 인사조치를 진행할 것이며, 이상호 기자의 사규 위반행위에 대해 엄정한 조치를 취할 계획이라고 밝힘. 7.31. MBC노조, 이상호 기자 재징계 심의를 위한 인사위원회 연기 및 김정남 인터뷰 건 관련 진상규명 특별감사 요청. 8.4. MBC, 대법원 해고 무효 확정 판결로 복직한 이상호 기자에게 회사 명예훼손 등으로 정직 6개월 중징계 결정. 8.5. 전국언론노동조합, MBC 이상호 기자에 대한 재징계를 비판하는 성명 발표. 8.19. MBC, 이상호 기자에 대한 징계 재심을 위한 인사위원회를 열고 원심과 동일하게 정직 6개월의 징계 확정. 10.15. 서울서부지방법원 형사단독22부, MBC와 전재홍 기자가 이상호 기자를 '고발뉴스' 방송에서 MBC 경력 채용 기자에게 '시용(試用)' 발언으로 모욕을 당했다며 고소한 소송에서 이상호 기자에게 무죄 선고. 2016.10.13. 대법원 제2부, "MBC 뉴스는 흉기", "시용기자" 등의 발언으로 전재홍 기자에게 모욕 혐의로 고소당했던 이상호 전 MBC 기자에게 무죄 확정 판결. → 참고, 2005.7.1. 안기부 불법도청 X파일 파문. 『2011 한국신문방송연감』, 언론 관련 주요 판결, 「국민의 알 권리가 사안 자체를 넘어 '실명 상세보도'에까지 미치는 지 여부」, 310~314쪽.

2006.8.22. 세계평화통일가정연합 신도들 월간 신동아 9월호「대해부 통일교 왕국」기사

에 불만을 품고 동아일보 충정로 사옥에 진입 항의시위. 9.25. 동아일보 출판국과 편집국 기자 및 사원 88명, 동아일보 충정로 사옥에 난입한 통일교 신도 700여 명을 업무방해 및 공갈협박 등의 혐의로 서울서부지검에 고발.

2006.8.28. 오마이뉴스 재팬(www.ohmynews.co.jp) 오전 10시 창간.

2006.8.30. 문화관광부, 신문법상 제출해야 하는 경영 자료를 신고하지 않은 57개 신문사에 과태료 2,000만 원을 부과하기로 결정.

2006.9.28. 한국지역방송협회 창립. 회원사는 19개 지역 MBC와 9개 지역민방. 10.10. 지역신문협회 창립. 회원사 16개. 경남도민일보, 경상일보, 경인일보, 광주일보, 국제신문, 매일신문, 부산일보, 새전북신문, 새충청일보, 영남일보, 인천일보, 전남일보, 제민일보, 중부매일, 충북일보, 한라일보. 지역신문발전기금 우선지원 대상 사업자.

2006.10.9. 인터넷 매체『민중의 소리』와 월간『말』에 사무실을 빌려준 ㅈ주식회사는 "기사·사진 원고료와 밀린 사무실 임대료 등을 지급하라"며 1억 6,300여만 원의 대여금 등 반환청구 소송을 서울중앙지법에 냄.

2006.10.11. 능인선원 원장 지광(본명 이정섭), 국제신문 대표이사 선임. 승려의 최초 일간신문 대표 취임.

2006.10.19. 국세청, 조선일보 KBS 매일경제 MBN 스포츠조선 KBS아트비전 등 6개사에 세무조사 통지서 발송. 2007.7.1. 국세청, 중앙일보, MBC, 불교방송, 일요신문 세무조사 착수.

2006.10.27. 서울중앙지법 형사22부(재판장 장성원), 지난해 9월 한나라당 주성영 의원의

'술집 여주인 폭언' 의혹보도 관련 명예훼손 혐의로 기소된 오마이뉴스 이모 기자에게 벌금 800만원 선고.

2006.11.1. 서울중앙지법 민사합의25부(한창호 부장판사), MBC의「서울경찰청 연금매장 카드깡」보도 관련 서울경찰청 직원들이 MBC와 취재기자 등을 상대로 낸 손해배상 청구소송에서 "원고 18명에게 500만원씩 9,000만원의 위자료 지급과 함께 9시 뉴스데스크에서 정정보도하라"고 판결.

2006.11.2. 청와대, 문화일보의 연재소설「강안남자」문제와 관련 문화일보 57부를 구독 중단한 데 이어 7일자로 34부를 추가 절독. 국정홍보처도 7일자로 20부, 14일에는 여성가족부가 절독.

2006.11.3. 대구일보사, 사내 전산망의 웜바이러스 감염으로 모든 컴퓨터 시스템이 마비 신문 발행 못함. 컴퓨터 바이러스로 일간신문의 신문발행 중단은 국내 최초.

2006.11.29. 서울고법 민사4부(부장 주기동), ㈜연합뉴스가 ㈜뉴시스를 상대로 낸 저작권 침해금지 등 청구소송 항소심에서 "뉴시스는 연합뉴스에 2억 6,500여만원을 지급하라"며 원고승소 판결. 2010.1.20. 서울고법 민사5부(황한식 부장판사)는 연합뉴스가 뉴시스를 상대로 낸 저작권 침해금지 등 청구소송 파기환송에서 뉴시스가 연합뉴스 쪽에 2억 1,000만원의 손해액을 배상하도록 결정.

2006.11.30. 서울중앙지법 민사84단독 김태병 판사, 이해찬 전 총리가 법조 브로커 윤상림 씨와 긴밀한 관계가 있는 것처럼 보도했다"며 일요신문사를 상대로 낸 손해배상 청구소송에서 "피고는 1,000만원을 지급해야 한다"며 원고 일부 승소판결.

2006.11.30. 서울남부지검 형사5부(부장 김대호), 드라마에 간접광고를 해 달라는 청탁을

받고 드라마 외주제작사에서 돈을 받은 혐의(배임수재)로 모 방송국 드라마 전 PD 김모와 이 방송국 자회사 소품 담당 총감독 박모를 구속. 그리고 다른 지상파 방송국 자회사 전 PD 이모, 외주 제작사 관계자, 소품 담당자 등 8명을 불구속 입건.

2006.12.1. 포털사이트 네이버(www.naver.com), 뉴스 검색 결과를 클릭하면 해당 언론사 사이트로 직접 이동하는 '아웃링크' 서비스 개시.

2006.12.6. 국무총리실 국무조정실, 방송통신위원회 설립 및 운영에 관한 법률안(방통위 설립법안) 입법 예고. "방통위는 대통령 소속으로 위원 5명을 모두 대통령이 임명. 소관 사무는 방송·정보통신·전파관리·우정제도 등"이며, 독립된 민간기구로 방송정보통신심의위원회를 두는 것이 주요 골자. 12.8. 방송위원회, 국무조정실이 입법예고한 '방송통신위원회설치 및 운영에 관한 법률안'을 방송의 독립성 훼손을 이유로 전면 거부키로 결정.

2006.12.8. 통일부 출입기자단 30여 명, 북한의 선별 방북 허용에 항의하는 차원에서 이종석 통일부 장관의 개성공단 방문에 동행 취재 거부. 북한은 조선일보, 동아일보, MBC 기자의 초청장을 내주지 않음.

2006.12.14. 중앙선거관리위원회, '대선 입후보 예정자 대담 관련 기사 게재 중지 촉구' 공문을 동아일보에 보냄. '동아일보의 유력 대선주자 연쇄 인터뷰는 공직선거법 규정에 위반되므로 즉시 기사 게재를 중지하고 다른 대선 후보와의 대담, 토론 기사도 게재되지 않게 해 달라'고 요구.

2006.12.18. 방송위, MBC의 간접광고 규정 위반 누적에 대해 지상파로서는 최초로 '시정명령' 조치. 이에 따라 MBC가 1년 이내에 간접광고로 규정위반 판정을 받게 되면 최고 허가취소 등 중징계를 받을 수 있음.

2006.12.19. 김명곤 문화관광부 장관, 정부 중앙청사에서 열린 국무회의에서 현재 언론의 자율규제에 맡기고 있는 신문과 잡지의 연재소설 등을 청소년보호법상 유해성 심의대상에 포함시킬 계획 등을 담은 '청소년 유해 매체물 관리현황' 보고.

2006.12.24. 서울고등법원 특별7부(김대휘 부장판사), ㅊ변호사가 "KBS 사장과 부사장 등의 업무추진비와 접대성 경비 집행 내역을 공개하라"며 KBS를 상대로 낸 정보비공개결정 처분 취소소송 항소심에서 원심대로 원고 승소 판결.

2006.12.28. 청와대, 이병완 비서실장 명의로 문화일보와 조선일보를 상대로 서울중앙지법에 정정보도 청구 소송을 냄. 소송 대상 기사는 문화일보「김 국정원장 사퇴의 전말, 대북 포용론자와 갈등 폭발」(2006.10.30.)과 사설 등 6건, 조선일보「정치권 386 국정원에 압력」(10.28.) 등 6건. 2007.10.10. 서울중앙지법 민사합의25부(한창호 부장판사), 대통령비서실이 국정원의 '일심회 사건' 수사 발표 및 김승규 당시 국정원장의 사의 표명과 관련 386 핵심 인사들의 연루설을 제기했던 조선일보와 문화일보를 상대로 낸 정정보도 청구 소송 기각, 원고 패소 판결.

2007~2008

동아 조선, 신문법 위헌 헌법소원

2007.1.3. 방송통신위원회 설립 및 운영법에 관한 정부안 확정. 1.11. 국회 제출. 위원 5명을 대통령이 임명하되 2명은 관련 단체의 추천을 받도록 하는 내용. 2008.2.26. '방송통신위원회 설립 및 운영을 위한 법안' 국회 본회의 통과.

2007.1.4. 노무현 대통령, 고위공무원들과 오찬에서 "언론은 우리 사회에서 가장 부실한 상품이다. 공직사회가 언론집단에 절대 무릎을 꿇어서는 안 된다"며 대 언론투쟁 독려. 1.5. 편협, "대통령의 표현은 언론 자유를 보장한 헌법 정신을 침해한 위헌적 발언이다. 공무원들에게 갈등적 언론관을 부추기는 것은 바람직하지 않다"는 성명 발표. 1.16. 노무현 대통령, "몇몇 기자들이 죽치고 앉아 기사 흐름을 주도하고" 담합(談合)에 획일적으로 왜곡되고 있다며 외국의 기자실 운영 실태를 조사할 필요가 있다고 관련 부처에 지시. 1.17. 한국기자협회는 기사 담합 발언 반박 성명. 같은 날 한나라당, "대통령의 발언은 언론에 대한 무지를 드러낸 것이고 현장 기자들을 모독한 발언"이라며 "대통령으로서 참으로 부끄럽고 창피한 노릇"이라고 논평. 3.22. 국정홍보처, 국내외 기자실 운영 실태에 관한 조사결과 발표.

2007.1.18. 중앙일보, 일요일자 '중앙 Sunday' 발행. 3.31. 조선일보 토-일 섹션 'Why' 발행. 2012.1. 한겨레, '토요판' 발행. →참고, 2010.1.2. 주 5일제 정착 토요일자 발행 중단 일간지들 늘어나다.

2007.4.4. 전주지법 형사1단독 김종춘 판사, 불리한 기사가 게재되지 않도록 해달라는 청탁과 함께 돈을 받은 혐의로 구속 기소된 전북도 내 모 지방지 발행인 겸 편집인 임모에 대해 징역 6월에 집행유예 2년 선고.

2007.4.19. 서울신문, 18일자 버지니아공대 총기사건을 소재로 다룬 백무현 화백의 만평에 대해 "사과의 말씀을 올린다"며 "20일자부터 백 화백의 만평은 당분간 쉬기로 했다"고 밝힘.

2007.4.23. 언론노동조합 이준안 위원장, 언론노조 전임 집행부의 회계 부정 의혹과 관련, 서울중앙지검에 고발과 진정 형식으로 수사 의뢰. 6.19. 서울중앙지검 조사부(부장 김대호), 3억여 원의 조합비를 횡령한 혐의를 받는 언론노조 전 총무부장 김모에 대해 사전구속영장 청구. 7.27. 서울중앙지검 조사부(부장검사 김대호), 업무상횡령 혐의로 전국언론노동조합 사무처 전 총무부장 김모 불구속 기소. 10.1. 서울중앙지검, 신학림 전 전국언론노조 위원장을 정치자금법 위반혐의와 업무상 횡령 혐의로 불구속 기소. 현모 전 수석 부위원장은 정치자금법 위반혐의로 벌금 700만 원에 약식 기소. 2008.10.16. 서울 남대문경찰서, 국회 문화체육관광방송통신위원회 국정감사장에서 국회의원에게 소리를 지르고 국감을 방해한 혐의(국회 회의장 모욕죄)로 신학림 전 언론노조위원장을 불구속 입건. 10.30. 서울고법 형사10부(이원일 부장판사), 신학림 전 위원장이 언론노조위원장으로 활동하면서 노조 조합비로 급여를 보전받은 뒤 이를 뒤늦게 상환한 데 대해 업무상 횡령에 해당한다며, 무죄를 선고한 원심을 깨고 벌금 600만 원 선고. 2009.1.13. 서울중앙지검 공안2부(부장 이영만), 국회 회의장에서 의사진행을 방해한 혐의(국회회의장 소동)로 전국언론노동조합 신학림 전 위원장(미디어행동 집행위원장)을 불구속 기소. 7.29. 서울중앙지법 형사항소8부(부장

이민영), 국회 국정감사장에서 소란을 피우고 의사진행을 방해한 혐의(형법상 국회회의장 소동)로 불구속 기소된 신학림 전 언론노조위원장에게 징역 6월에 집행유예 2년을 선고한 원심을 파기하고 무죄 선고. 재판부는 "피고인이 소란을 피운 것은 사실이나 국회 심의를 방해할 목적이 아니었으며 국감 시작 전 1~2분간 회의장에 머물다가 제지당해 밖으로 나갔기 때문에 회의 지연과 직접 관련이 없다"고 무죄 선고 이유 밝힘.

2007.4.26. 디지털방송활성화위원회(공동 위원장 정보통신부 장관-방송위원장), 2012년까지 지상파TV 방송의 디지털 전환완료 등을 담은 '지상파TV 방송의 디지털 전환과 디지털방송 활성화에 관한 특별법안' 확정.

2007.5.9. 서울고법 민사합의 13부(재판장 조용구), 1997년 "한겨레신문사를 친북·좌익 성향으로 규정하고 광고 수주를 위해 공기업을 협박했다는 등의 거짓 사실을 유포했다"며 한겨레신문사가 월간조선과 이 잡지 조갑제 전 사장(현 편집위원장), 조남준 전 편집위원을 상대로 낸 손해배상 청구소송 항소심에서 2,000만 원 배상과 정정보도문을 게재하라고 판결.

2007.5.22. 정부, 취재지원 시스템 선진화 방안 발표. 37개 정부청사 브리핑룸 및 기사송고실을 3개 합동 브리핑룸(세종로, 과천, 대전청사) 체제로 통폐합하는 내용. 각 부처 사무실과 기자들의 거리를 격리. 기자협회는 "정부의 독단적 결정, 언론계와 협의하라"는 성명 발표. 언론노조도 기자실 통폐합 반대 성명 발표. 6.14. 노무현 대통령, 정부의 '취재지원 시스템 선진화 방안'과 관련 '언론인과의 대화' KBS 1TV 공개 생방송토론회 가짐. 7.10. 시민과 함께하는 변호사들 및 문화일보, 정부의 '취재지원 시스템 선진화 방안'이 국민과 언론의 기본권을 침해하고 있다며 헌법소원심판 청구. 7.26. 헌법재판소 제2지정재판부(주심 김희옥 재판관), 문화일보사 등이 낸 '취재지원 시스템 선진화 방안' 위헌확인 사건 전원재판부 심판 회부 결정. 8.13. 한국기자협회 운영위원회, 정부의 '취재지원 시스템 선진화 방안' 헌법소원 제기 결정. 8.16. 17개 경찰서 취재기자·노동부 출입기자, 취재지원 선진화

방안 반대 의사 표명. 외교통상부 출입기자, 신설된 통합 브리핑룸에서 실시된 동아시아-라틴아메리카 협력포럼 설명회에 2명만 참석, 기사송고실 자진 이전 거부 결의. 이어서 건설부, 보건복지부와 과학기술부 출입기자, 교육인적자원부 출입기자들도 반대 결의. 8.24. 한국신문협회, 긴급 임시이사회에서 '취재지원 선진화 방안' 관련 "국민의 알 권리를 유린하지 말라"는 성명 발표. 8.29. 전국언론노동조합 · 한국방송프로듀서연합회 · 한국인터넷기자협회 · 한국인터넷신문협회 4개 언론단체, '취재지원 기준안 논란에 대한 입장' 성명 발표. 8.30. 한국신문방송편집인협회, '취재지원 선진화' 관련 편집 · 보도국장 긴급회의에서 "정부는 일련의 언론탄압 조치들을 즉각 전면 철회하라"는 결의문 채택(28개사 참석, 19개사 위임). 9.11. 한국기자협회 회장단, 청와대 방문 '취재지원 시스템 선진화 방안' 전면 백지화와 기자 비하 발언에 대한 노무현 대통령의 공개 사과를 촉구하는 서한 전달. 9.14. 한덕수 국무총리와 김창호 국정홍보처장, 기자간담회와 브리핑을 통해 '취재지원시스템 선진화 방안' 관련 '취재지원에 관한 기준안'(총리 훈령)에서 독소조항으로 지적돼 온 '공무원 취재 시 공보관실과 사전 협의' 등을 담은 11조와 12조를 삭제하는 수정안 발표. 기획예산처 출입 33개 언론사 기자, 20일 예정 2008년 예산안 브리핑 취재거부 의사 밝힘. 9.27. 국정홍보처, 「기자 여러분들께」라는 자료를 통해 "합동브리핑센터가 9월 21일 완공됐고 10월 1일부터 모든 브리핑 및 보도자료 배포를 이곳에서 실시한다"며 기자들에게 합동브리핑센터로 옮겨주도록 요청. 10.11. 국정홍보처, 기자들의 합동브리핑센터 이전 거부 관련 정부중앙청사와 과천청사 부처 기사송고실 인터넷 회선 차단. 10.12. 김종구 한겨레신문 편집국장, 한겨레 기자는 새 합동브리핑센터 브리핑룸과 기사송고실을 이용하겠다고 밝힘. 12.1. 경찰청, 기자실 전화와 인터넷 차단 등 기자실 폐쇄. 3일에는 전기 공급 차단. 6일 16개 언론사 출입기자 반대 성명 발표 및 촛불농성.

2006.6.19. 시사저널 사태. 시사저널은 삼성그룹의 인사 정책을 비판적으로 다룬 기사를 내보낼 예정이었다. 「2인자 이학수의 힘 너무 세졌다」는 기사였는데, 금창태 사장이 인쇄과정에서 기사를 들어내고 대신 그 지면을 광고로 채운 것이 발단. 이에 편집국은 외압과 자본에 의한 편집권 침해라며 경영진을 규탄. 이윤삼 편집국장이 항의의 뜻으로 사표 제출, 금

사장은 하루 만에 이를 수리하고, 편집회의에 참석하지 않은 팀장 7명도 무더기로 징계함으로써 사태가 악화. 6.29. 시사저널 편집국 기자 27명 전원 노동조합 출범. 8.18. 금창태 사장, 시사저널의 기사 삭제사건을 비판한 고경태 한겨레21 편집장과 이병 편집인, 최민희 민주언론시민연합 상임대표, 정일용 한국기자협회장 등을 상대로 3억 5,000만 원의 손해배상 소송을 서울중앙지법에 냄. 대부분 패소. 10.16. 민주언론시민연합, 한국기자협회, 전국언론노동조합 등 22개 시민사회단체, 언론단체, '시사저널 편집권 독립과 정상화를 위한 공동대책위원회' 발족. 10.16. '시사저널을 사랑하는 사람들의 모임(약칭 시사모)' 발족. 2007.1.11. 시사저널 기자들 전면 파업. 1.22. 시사저널 경영진, 직장폐쇄. 6.26. 시사저널 파업기자 22명, 전원 사표 제출.

2007.6.20. 서울중앙지법 민사합의25부(한창호 부장판사), 박철언(대구경북발전포럼 이사장) 전 의원이 2005년 방영된 "MBC드라마 제5공화국이 자신을 수지 김 사건에 관여한 것처럼 묘사해 명예를 훼손당했다"며 MBC와 제작진을 상대로 낸 10억 원의 손해배상 소송에서 "원고에게 2,000만원을 지급하고, 판결확정 후 최초로 방송되는 토요일 오후 9시 40분경 드라마 시작 전에 수지김 사건과 박철언은 관련이 없다는 취지의 정정보도문을 방송하라"고 판결.

2007.7.2. 국회 본회의, 지상파 방송사 간 겸영을 제한하는 내용의 방송법 개정법률안 통과.

2007.7.10. 광주지방법원 제2형사부(부장판사 강신중), 지방병원의 약점을 이용해 10억 500만원을 갈취한 한국검찰신문 전 광주취재본부장 기모와 전 사회부장 문모에 대해 징역 1년 6월의 실형 선고. 같은 회사 본사 기획실장 김모에 대해서는 징역 1년 6월에 집행유예 3년 선고.

2007.7.14. 신문발전위원회(위원장 장행훈), 유가 발행부수 등 법정 자료를 신고해야 하는 151개 신문사 가운데 97개사가 신고를 마쳤다고 발표. 2008.2.5. 신문발전위원회, 신문발

전기금 우선지원 대상사업자로 일간신문 24개사, 인터넷신문 18개사 등 총 42개사 선정 발표. 2015.2.11. 한국언론진흥재단, 지역 일간지 우선지원대상 21개사를 대상으로 조사·연구한 결과 발표. 2004년부터 2012년까지 지역일간지 21개사의 평균 매출액은 2008년을 기점으로 꾸준한 증가. 지난 9년간 지역신문발전기금 우선지원 대상사의 성장성이 늘어나고 수익성은 개선되고 있는 것으로 드러났으나 부채비율은 여전히 높아 안정성은 현저히 떨어짐.

2007.7.26. 서울중앙지검 공안1부(부장검사 오세인), 중앙정보부(현 국가정보원) '최태민 수사보고서' 유출사건 『신동아』에 대한 압수수색 영장을 발부받아 집행에 나섰으나 취재원 보호를 내세운 기자들의 반발로 집행 못함.

2007.8.7. 방송법 시행령 개정안 발효. 지상파 방송사업자 전체 PP의 3%(6개 이하) 초과 경영금지, 지상파 계열 PP의 채널 임대는 전체 채널의 20% 이하 운영 금지 등이 주요 내용.

2007.8.10. 동아일보사와 네이버(NHN), 1920년 창간 이후 1990년까지 발행된 동아일보 및 신동아, 여성동아 등 총 6개 잡지에 수록된 모든 기사, 사진, 필름의 디지털화 사업 관련 MOU 체결. 12월 한겨레도 NHN과 과거 기사 전산화를 골자로 하는 포괄적 계약 체결. 한겨레가 보유한 1988년 이후의 기사 및 사진 DB를 활용하여 다양한 서비스를 개발하고 뉴스콘텐츠를 5년 동안 네이버에 제공하는 내용 포함. 이후 중앙일보와 '온라인 콘텐츠 공동제작'을 주요 내용으로 하는 MOU 체결. NHN은 동아일보, 경향신문, 한겨레, 중앙일보 등과 계약 체결.

2007.8.13. 천호선 청와대 대변인, '남북정상회담 개최 발표' 엠바고 요청을 지키지 않은 신문사에 대한 제재 발표. 파이낸셜뉴스 3개월 출입 정지와 정보접근 제한, 매일경제 2주일 출입 정지, 일본 아사히신문 3개월 출입 정지 및 정보접근 제한.

2007.8.17. 시사저널 전직 기자들, '참언론실천시사기자단'(단장 문정우) 새 매체 '시사IN' 사무실 개소. 9.4. 『시사IN』 창간.

2007.8.28. 한나라당 김양수 의원, 2010년 한시법인 '지역신문발전지원특별법'을 영구법으로 하는 개정안 대표 발의. 11.6. 지역신문발전지원특별법의 일반법 전환을 요구하는 지역신문발전지원특별법 개정 추진연대 발족. 2008.10.10. 강원일보 등 전국 62개 일·주간 신문사, 2010년까지 한시법으로 되어 있는 지역신문특별법의 한시 규정 철폐 또는 시한 연장을 골자로 하는 건의문을 국회에 제출. 2010.4.28. 지역신문발전지원특별법 일부 개정 법률안 문화체육관광방송통신위원회(위원장 고흥길) 전체회의와 법제사법위원회 통과. 6.1. 16년 한시 지역신문발전지원특별법 개정안 국무회의 통과. →참고, 2005.8.00. 지역신문발전위원회.

2007.9.5. KBS · MBC · SBS · KBSi · iMBC · SBSi · NHN · 다음커뮤니케이션, 방송콘텐츠 저작권 보호를 위한 협약 체결.

2007.9.5. 서울중앙지법 민사합의25부(재판장 한창호), MBC가 동아일보의 만평과 관련 동아일보를 상대로 낸 1억원의 손해배상과 정정보도 청구소송에서 MBC 패소 판결.

2007.9.13. 문화일보, 학력 위조 의혹을 받는 신정아 전 동국대 교수 나체사진 게재. 민주언론시민연합, 한국여성단체연합 등 11개 언론·여성단체, 14일 오후 문화일보사 앞에서 나체사진 게재 규탄 공동 기자회견 개최. 인터넷기자협회도 14일 비판성명 발표. 9.20. 한국여성민우회, 신정아 나체사진 보도 관련 문화일보 구독중지와 전면 취재거부 선언. 10.15. 미디어수용자주권연대, 문화일보에 '신정아씨 나체사진 보도' 사과문 게재 촉구 성명. 10.18. 문화일보, 신정아 나체사진 게재 경위를 밝히고 독자에게 사과 '사고' 게재.

2007.10.10. 국가청소년위원회, 2007년 6월부터 8월까지 실시한 각종 매체 유해성 여부

점검 결과 발표. ◇스포츠신문 유해 적발 90건, ◇지상파 방송 조사대상 프로그램 234개 가운데 50개(21.4%), ◇케이블TV 221개 프로그램 가운데 125개(56.6%)가 청소년들에게 부적절한 내용이 포함됐다고 발표. 11.13. 국가청소년위원회, 불법 및 청소년 유해 정보를 게재한 스포츠 일간지 2개 등 4개 언론사 경찰에 고발. 청소년위, 대구YWCA와 한국인터넷광고심의기구에 의뢰해 9월 7일부터 10월 31일까지 언론사 인터넷 사이트 97개를 조사한 결과 인터넷 신문 7개, 스포츠 신문 6개, 종합일간지 2개, 무료신문 1개 등 총 16개 사이트가 청소년 유해 정보를 싣고 있다고 발표.

2007.10.12. 한국신문협회, 창립 50주년 선포 및 창립기념일을 6월 29일로 변경. 신문협회는 1957년 6월 29일에 창립된 일간신문발행인협회를 계승하였는데도 그동안 10월 13일을 창립 기념일로 삼아왔다. 군사정부 주도로 1962년에 협회를 새로 창립하는 형식을 취하였던 날을 기념해 오다가 이를 바로잡은 것.

2007.10.24. 국정원 과거사건 진실규명을 통한 발전위원회, 정보기관의 언론통제 및 개입 사건을 담은 『과거와 대화, 미래의 성찰』 보고서 발표. 신동아(1969) · 사상계(1970) · 월간다리(1971) · 창조(1973) 등 잡지 필화사건, 부일장학회 사건(1962), 경향신문 강제매각 사건(1965), 조선일보 광고탄압(1973), DJ 납치사건 언론조정(1973), 한국일보 언론노조 결성 방해(1974), 동아일보 광고탄압 및 동아일보 · 동아방송 기자 강제해직(1974~1975), 조선일보 기자 강제 해직(1974~1975), 보도지침 및 정보기관의 언론사 출입 · 상주(1970~1980년대), 평화의 댐 관련 언론조정(1986), 신동아 · 월간조선 제작방해 사건(1987) 등.

2007.10.30. KBS, 국내 언론사 최초 제2 노동조합 'KBS공정방송노동조합'(위원장 윤명식) 발족. 2008.2.25. KBS공정방송노조, 정연주 사장 등을 부당노동행위로 서울남부지검에 고소. → 참고, 1988.5.20., KBS노조 창립.

2007.11.26. KBS, 타임워너 케이블과 제휴, LA카운티 · 오렌지카운티 등 미국 남가주 지역

216개 도시에서 KBS 월드 공식방송 개시.

2007.12.2. 서울서부지법 민사1부(김건수 부장판사), 2002년 3월부터 2005년 7월까지 동아닷컴에 게재된 기사 총 171건을 자사의 웹사이트에 올려온 ㈜하이쎌의 저작권 침해 소송 관련 하이쎌의 항소 기각. 동아닷컴에 640여만원 손해배상금 지급 판결.

2007.12.4. 방송위원회, EBS에 대해 교육 관련 뉴스를 보도할 수 있도록 허가장 변경 승인.

2007.12.7. 외국인 이주노동자들을 위한 다국어 인터넷방송(www.migrantsin korea.net) 개국. 한국어를 비롯 네팔어, 태국어, 베트남어, 러시아어, 중국어, 영어 등 7개 국어로 방송.

2007.12.18. 국무회의, 사후 또는 공표 후 50년인 저작권 및 저작인접권 보호기간을 70년으로 연장을 주요 내용으로 하는 '저작권법' 개정안 의결.

2007.12.19. 이명박 한나라당 대통령 후보 당선.

2008.1.6. 중앙일보, 『중앙 Sunday』 판형을 대판 신문보다 72% 작은 신중앙판(베를리너판형)으로 변경. 2009.3.16. 중앙일보 본지 국내 종합일간지 중 처음으로 베를리너판(가로 323㎜×세로 470㎜)으로 변경. 2016.8.1. 강원도민일보, 지역일간지 최초로 베를리너판. 2024.7.1. 서울신문, 창간 120주년을 맞아 1일자부터 판형을 베를리너판으로 바꾸다.

2008.1.14. 종교단체인 JMS 신도 40여 명, JMS 정명석 총재 체포·국내 송환 등을 보도한 동아일보 세종로 사옥에 무단 침입. 그 중 2명은 13층 편집국까지 올라와 관련기사 삭제와 사과 요구.

2008.1.16. 서울중앙지법 형사합의22부(김용석 부장판사), 1961년 '민족일보사건'으로 체

포돼 특수범죄처벌에 관한 특별법 위반 혐의로 사형이 선고됐던 조용수 사장과 징역 5년이 선고됐던 양실근 무죄 선고. 2006년 11월 진실·화해를 위한 과거사정리위원회는 민족일보 사장 조용수 사건에 대해 진실규명 결정을 내린 바 있음. 1.22. 서울중앙지법 형사31부(허만 부장판사), 2007년 4월 조용수의 동생 조용준이 낸 재심청구를 받아들여 재판. "국가는 형사보상금 6,200여 만원을 지급하라"고 결정. →참고, 1961.7.28. 혁명재판소 민족일보 사건 공판

2008.1.16. 서울중앙지법 민사25부(한창호 부장판사), 조선일보 2005년 7월 26일자 「국정원, 올 1월 도청테이프 성문분석 목소리 주인공 확인했었다」는 기사에 대해 국정원과 국정원 직원 15명이 조선일보와 이진동 기자를 상대로 낸 명예훼손 소송에서 원고 패소 판결.

2008.1.18. 서울고법 특별4부(정장오 부장판사), 공영방송발전을 위한 시민연대가 2003~2005년 이사회 의사록 등을 공개하라며 KBS를 상대로 낸 정보공개청구 소송에서 비공개 정보로 판단한 1심을 깨고 원고 승소 판결.

2008.1.26. 천주교 서울대교구 매스컴위원회 출범. 이 위원회는 신문, 출판, 방송, 영상, 뉴미디어 등 매스컴 분야 종사 서울대교구 신자가 회원. 서울가톨릭언론인협의회, 서울가톨릭신문출판인협회, 서울가톨릭커뮤니케이션협회 3개 산하 단체로 구성.

2008.1.29. '언론 사유화 저지 및 미디어 공공성 확대를 위한 사회행동' 발족. 전국언론노동조합, 언론개혁시민연대, 민주언론시민연합 등 54개 시민·언론단체 참여.

2008.2.13. 한국드라마제작사협회(회장 신현택) 소속 25개 드라마 제작사, 공정거래위원회에 신고. KBS, MBC, SBS 지상파 방송 3사는 시장지배적 지위를 남용, 저작권법의 일반원칙을 무시하고 드라마에 대한 모든 권리를 포괄적으로 양도받는 계약 관행을 고집해 왔다는 것.

2008.2.20. 전국민주노동조합총연맹(위원장 이석행) 중앙집행회의, 경향신문 구독운동 결의.

2008.2.28. 헌법재판소 전원재판부(김희옥 재판관), TV 수상기 소지자에게 수신료를 납부하도록 규정한 방송법 제64조 및 제67조 제2항에 대한 위헌 소송에서 전원일치 합헌 선고. 한국전력이 수신료 부과처분을 하도록 한 방송법시행령 제43조 2항에 대해서는 헌법소원 대상이 아니라며 심판청구 각하. 7.25. 대법원 민사3부(주심 이홍훈 대법관), 신모 등 인천 연수구의 텔레비전수상기 소지자 10명이 "전기요금 납부고지서에 수신료를 통합징수해서는 안 된다"며 한국전력공사를 상대로 낸 방송수신료 통합징수 권한부존재확인의 소 상고심에서 "전속관할 규정에 위배된다"며 원고 패소 판결한 원심을 파기하고 사건을 처음부터 다시 심리하라는 취지로 서울행정법원으로 돌려보냄. → 참고, 1986.2.11. 'KBS TV시청료 거부 범국민운동본부' 발족. 2006.8.4. KBS수신료 헌법소원.

2008.2.28. 서울중앙지법 민사161단독(김진오 판사), 오마이뉴스 2007년 9월 「'중앙'서 '문국현 3위' 기사 빠진 까닭은?」 기사에 대해 중앙일보가 제기한 손해배상 청구소송에서 "1억원을 지급하라"고 원고 승소 판결.

2008.2.29. '방송통신위원회' 공식 출범. 방송과 통신, 뉴미디어 정책을 총괄. 3.26. 이명박 대통령, 최시중 전 한국갤럽회장을 방송통신위원회 초대 위원장에 임명. → 참고, 1981.3.7. 방송위원회와 방송심의위원회 발족.

2008.2.29. 국정홍보처 폐지. 국무회의를 통과한 정부조직 개편 관련 법안이 공포됨에 따라 8년 9개월 만에 폐지. 문화관광부와 통합, 문화체육관광부로 개편. → 참고, 1999.5.24. 국정홍보처 설립.

2008.3.3. 한국일보, 저녁 가판신문 폐지.

2008.3.6. 동아일보, 주주총회 및 이사회에서 김재호 대표이사 부사장 겸 인쇄인을 신임 사장으로 선임, 김학준 대표이사 사장(발행인 · 편집인)은 회장 추대.

2008.3.8. 서울고등법원 민사13부, 동아일보 2006년 5월 19일 「이참에 한 건…황당한 태클」 기사에 문화체육관광부가 정정보도 패소 후 제기한 반론보도 청구 소송에서 원고 승소 판결. 2009.9.25. 동아일보, 반론보도문 게재. 9.29. 서울중앙지법 민사합의25부(부장판사 한창호)는 문화관광부가 "허위 사실을 보도해 피해를 봤다"며 동아일보를 상대로 낸 정정보도 청구소송에서 문화부 측 패소 판결.

2008.3.9. 청와대 출입기자단, 청와대가 천주교정의구현전국사제단의 '삼성 떡값 명단' 발표에 앞서 미리 해명한 일을 풍자한 YTN 「돌발영상-마이너리티 리포트」 관련, 엠바고를 어겼다는 이유로 YTN 취재기자들에게 10~12일 3일간 청와대 춘추관 출입금지 조치.

2008.3.12. 국세청, 기자실 통폐합 조치에 따라 폐쇄됐던 기자실 복구.

2008.3.13. 지상파 방송 3사(KB인터넷, iMBC, SBSi)와 인터넷 자회사(KBS인터넷, iMBC, SBSi), 유튜브의 한글 사이트인 유튜브코리아(kr.youtube.com)의 저작권 침해와 관련 공동대응. 유튜브 측에 저작권 위반 행위의 중지와 재발방지 조치 촉구 내용증명 등의 공문 발송.

2008.3.13. 한국언론재단, 미디어 전문 포털사이트 『미디어가온』(www.mediagaon.or.kr) 개통. 미디어 전문지, 언론유관기관, 언론관련학회, 언론인 단체 등 32개사와 콘텐츠 제휴를 맺고 미디어 관련 월간지, 주간지, 논문·학술지, 세미나·강의자료 등 언론 전문자료의 통합 검색 제공. 미디어 통계정보시스템(MediaSIS, mediasis.kpf.or.kr)은 국내외 주요 언론기관 정보와 미디어 산업통계, 국내 언론수용자 및 기자의식조사 결과 등 서비스. 미디어 이슈를 분석하는 월간 『미디어 인사이트』 창간.

2008.4.1. 총리훈령 507호 '취재지원에 관한 기준 폐지령' 관보 게재. 노무현정부의 취재지원 선진화 방안을 담은 총리훈령 공식적으로 폐지. 폐지령은 '정부기관을 취재하는 언론매체에 대한 지원 기준과 절차를 정하기 위해 총리훈령 503호로 취재지원에 관한 기준을 제정했으나 취재지원 형식과 절차를 자율화하기 위해 이 훈령을 폐지한다'는 내용. → 참고, 2007.5.22. 취재지원시스템 선진화방안 발표.

2008.4.9. 제18대 국회의원 선거. 국회의원 당선 언론인 36명. 초선의원은 12명. 한나라당 21명으로 가장 많았고, 민주당 7명, 무소속 3명, 친박연대 2명, 민주노동당 1명 순. 언론사별로는 KBS가 6명으로 가장 많았고, 다음은 MBC 5명, 동아일보와 중앙일보가 각 4명, 조선일보와 한국일보, SBS 각 3명, 한겨레 2명, 경향신문, 서울신문, 헤럴드미디어, 한국경제, 경인일보, YTN 각 1명 순.

2008.4.11. 표완수 YTN 사장 사의 표명. 실국장회의에서 공공기관 단체장들이 사퇴하고 있으며, 청와대에서 보면 YTN 역시 준 공공기관이라는 점을 언급하면서. 앞서 3.17. 정순균 한국방송광고공사 사장 사직서 제출. 3.19. 장명호 아리랑국제방송(아리랑TV) 사장도 문광부에 사직서 제출. 4.14. 문화체육관광부, 정순균 한국방송광고공사 사장 사표수리.

2008.4.15. KBS노조(위원장 박승규), 15일자 특보에서 "정연주 사장이 물러나지 않는다면 구성원이 나서 물러나게 해야 한다"면서 "이것만이 방송구조 개편 시기에 공영방송 KBS를 살리는 길"이라고 밝힘. 4.22. 전국언론노동조합 KBS본부, KBS 본관 앞 민주광장에서 공영방송 사수대책위 출범식을 개최하고 '정연주 퇴진 촉구와 낙하산 사장 반대를 위한 KBS인 서명운동' 돌입.

2008.4.21. 세계 23개국 63명의 재외동포 언론인이 참가하는 제7회 재외동포 기자대회 개막.

2008.4.22. 서울중앙지검 출입기자단, 공천헌금 의혹을 받는 친박연대 양정례 당선자 모녀의 검찰출석 사진 기사와 관련, '검찰청사 내 출입 제한지역에서 찍었다'는 이유로 뉴시스 기자 4명에 대해 출입정지 1개월 징계.

2008.4.29. MBC 'PD수첩', 소고기 광우병 파동. 「긴급취재! 미국산 소고기, 과연 광우병에서 안전한가?」 방영. 이 프로그램이 방영되자 네티즌들은 정부에 대한 항의 빗발. 이명박 대통령의 미니홈피 폐쇄. 미국산 소고기 전면 개방을 저지하기 위한 특별법 제정을 촉구하는 네티즌 청원도 이어졌다. PD수첩의 광우병 보도는 한국의 2008년 상반기를 뜨겁게 달구었던 촛불시위 정국의 도화선이 되다. 그러나 조선일보와 중앙일보 등 일부 신문들은 'TV의 광우병 부풀리기', '광우병 부풀리는 무책임한 방송들'이라며 PD수첩을 정면으로 비판. 5.6. 농림수산식품부(장관 정운천), 언론중재위원회에 반론 및 정정보도 신청 6.20. 농림식품수산부는 미국산 소고기 및 광우병 보도와 관련, MBC 제작진을 명예훼손 혐의로 검찰에 수사 의뢰. 7.11. 서울중앙지검 전담수사팀(임수빈 형사2부장검사), PD수첩 제작진 17일에 출석 통보. 7.16. 방송통신심의위원회, PD수첩의 '미국산 소고기 과연 광우병에서 안전한가' 1, 2편(4.29, 5.13. 방영)에 대해 '시청자에 대한 사과' 제재 의결. 7.29. 서울중앙지방검찰청 형사2부, 서울중앙지검, PD수첩에 대한 중간수사결과 발표 기자회견에서 제작진이 '의도'를 가지고 방송을 제작했을 가능성이 높다고 보고 PD수첩 제작진측에 140페이지에 달하는 자료 제출요구서 공개. 7.31. 서울남부지법 민사합의 15부(부장판사 김성곤), 농림수산식품부가 PD수첩 제작진을 상대로 낸 광우병보도에 대한 정정·반론보도 청구 소송에서 "PD수첩은 정정보도를 하라"고 판결. 8.1. PD수첩 변호를 맡은 김형태 변호사를 통해 서울중앙지방검찰청 기자실에서 기자회견을 열어 72쪽에 달하는 '검찰발표에 대한 PD수첩의 입장자료'를 공개하고 검찰의 중간 수사 결과 발표에 대해 정면으로 반박. 8.12. MBC 뉴스데스크가 끝난 직후 방송통신위원회가 통보한 '시청자에 대한 사과' 결정문 방영. 8.13. PD수첩 총책임자자 조능희 CP와 진행자 송일준 PD를 보직 해임. 8.14. MBC 시사교양국 PD들, 사과방송을 한 경영진의 사퇴를 요구하는 팻말 시위. 2008.1.26. 서울남부지법 민사15부(부장판사 김성곤), 한미 소고기협상 보도와 관련, '시민과 함께하는 변호사들'(공동대표 이헌,

정주교 변호사)이 MBC PD수첩을 상대로 제기한 사과방송 · 정정보도 · 손해배상청구 관련 민사소송에서 원고 패소 판결. → 참고, 2009.1.7. PD수첩 사건.

2008.4.29. 한국광고주협회, '한국방송광고공사가 광고영업을 하면서 관행처럼 해온 끼워팔기에 대해 수차례 개선해 주도록 요청했지만 시정되지 않고 있다"며 공정거래위원회에 한국방송광고공사의 연계 판매 등 불공정거래 행위 신고.

2008.5.7. 경기도, 정기간행물 취소심의위원회를 열어 정당한 사유 없이 1년 이상 정기간행물을 발행하지 않은 일간지 1개, 주간지 60개 직권등록취소 결정.

2008.5.7. 공정거래위원회, 네이버를 운영하는 NHN의 시장지배적 지위 남용 행위와 야후코리아의 거래상 지위 남용행위에 대해 시정명령을 내리고 NHN에 대해서는 2억 2,700만 원의 과징금 부과. 다음커뮤니케이션과 엠파스, 파란사이트 운영 하이텔은 무혐의, 공정위 조사를 방해한 SK커뮤니케이션즈와 임원 1명에 대해서는 각각 1억 원과 2,500만 원의 과태료 부과 결정. 2009.3.4. 서울중앙지법, 저작권법 위반혐의로 벌금형에 약식 기소된 NHN과 다음커뮤니케이션, 자회사인 다음서비스와 NHN서비스를 정식 재판에 회부. 법원은 사안이 약식 명령하기에는 적절하지 않고 증거조사 및 증인신문 등을 거쳐 유무죄 및 양형을 정하는 등 정식 재판절차를 밟을 필요가 있다고 직권으로 판단한 것으로 알려짐.

2008.5.8. 6 · 15공동선언과 10 · 4선언 실천을 위한 남북언론인 대표자회의 금강산에서 개최. 6 · 15공동선언실천 남측위원회 언론 본부와 북측 위원회 언론 분과위원회가 이런 형식으로 만난 것은 2006년 11월 이후 이번이 세 번째. '다양한 형태의 기사교류와 연대활동'을 벌이자는 내용의 결의문 채택.

2008.5.14. 방송통신심의위원회, 9명의 심의위원 전원이 참석한 가운데 회의를 열고 호선을 통해 박명진 위원을 초대 심의위원장, 손태규 위원과 엄주웅 위원을 각각 부위원장과

상임위원으로 선출.

2008.5.16. 잡지진흥법(잡지 등 정기간행물 진흥에 관한 법률) 제273회 임시국회 통과. 6.5. 문화체육관광부, 잡지와 기타 정기간행물을 적용 대상으로 하는 '잡지 등 정기간행물의 진흥에 관한법률' 공포. 11월 6일부터 시행.

2008.5.19. 문화체육관광부, 신재민 제2차관이 미국 소고기 파문과 관련해 비판적 논조의 보도를 한 일부 언론에 대해 정부 광고 배정 등에 있어 차별적 대응을 검토하도록 지시했다고 보도한 경향신문을 상대로 언론중재위원회에 정정보도 신청. 중재위원회, 농림수산식품부가 MBC PD수첩의 미국산 소고기 관련 방송에 제기한 정정 및 반론보도 청구에 대해 보도문 직권 결정. 5.27. 언론중재위원회 제1중재부, 문화체육관광부가 경향신문 17일자 2면「소고기 파문 보도 너무 적대적/ 경향신문에 광고 줄 필요 있나」보도에 정정보도 조정신청을 청구한 사건에 대해 일부 정정과 반론보도문 게재 직권 결정.

2008.5.27. 한국케이블TV방송협회(회장 유세준), '케이블TV시청자협의회' 창립. 지상파 방송사나 보도전문 채널과 달리 개별사가 옴부즈맨 프로그램을 직접 운영하기 어려운 케이블TV 전문 채널들이 시청자와의 의사소통을 위한 통합 창구로 활용. 협의회 초대 위원장에 홍기선 전 고려대 교수, 부위원장에 강정화 한국소비자연맹 사무총장 선출.

2008.6.4. 민주언론시민연합, 프레스센터에서 신문 불법경품 공동신고센터와 신문시장 감시단 발족식. 신문 불법경품 적발 활동에 나섬. 불법경품 공동신고센터는 서울, 경기, 부산, 경남, 대구경북, 대전충남, 광주전남, 전북, 충북, 강원 10곳으로 나눠 총 56개의 지소로 구성.

2008.6.9. 민주언론시민연합, 조선일보 중앙일보 동아일보의 왜곡 보도 사례를 모아 아카이브 개념의 '리얼조중동(www.realcjdnet)' 개설. 6.12. 조선일보, 주부 전문사이트 '82쿡닷

컴(82cook.com)'에 내용증명을 보내 "상식을 넘어서는 악성 게시글로 신문사와 광고주의 명예를 훼손하고 업무를 방해하고 있다"며 '조중동 광고주 압박운동'에 법적 대응 방침 밝힘. 6.20. 한국신문협회, 일부 네티즌들이 특정 신문 광고주들을 상대로 광고 중단을 요구하는 불매운동과 관련, "사이버 공간을 악용하는 교묘한 광고 탄압이자 우리 사회의 근간인 자유민주주의와 시장경제의 기틀을 뒤흔드는 불법행위"라는 성명 발표. 6.22. '82쿡닷컴' 회원들, 서울 광화문 코리아나호텔 조선일보사 현관 앞에서 기자회견 열고 조선일보가 '테러 게시글 삭제 요청의 건'이라는 제목의 공문을 보낸 것에 대해 공식 사과 요구.

2008.6.17. 전국언론노동조합(위원장 최상재), 한미 소고기 재협상을 촉구하고 이명박 정부의 언론 등 공공부문 사유화를 저지하기 위해 총파업 투표 실시. 1만 849명의 재적 조합원 가운데 7,154명 투표(투표율 65.9%), 5,621명(78.6%) 찬성으로 가결.

2008.6.23. 이명박 대통령, 오마이뉴스 6월 7일자「이 대통령 촛불 배후는 주사파 친북세력」기사에 대해 언론중재위에 정정보도를 요청하는 한편 명예훼손 손해배상금으로 5억원 청구.

2008.6.24. 인천지검 부천지청 제2부(검사 이명신), 지역 업체들을 여러 차례 협박, 자신의 신문에 광고를 하도록한 혐의(폭력행위 등 처벌에 관한 법률 위반)로 부천지역 모 인터넷신문 대표 겸 기자 구속.

2008.6.24. 방송통신위원회(위원장 최시중), 하나로텔레콤의 개인정보 유용 등에 대해 신규 가입자 모집정지 40일과 과징금 1억 4,800만 원, 과태료 3,000만 원 부과.

2008.6.24. 조선일보, '조중동 폐간 국민 캠페인 카페(cafe.daum.net/stopcjd) 폐쇄 요청의 건'이란 공문에서 "위 카페에서 벌어지는 불법행위로 본사가 막심한 피해를 입고 있고, 이는 귀사의 약관상 명백히 위반된 행위"라며 광고주 압박운동 게시물이 주로 올라오고 있는

다음커뮤니케이션의 한 카페의 폐쇄 요청. 7.30. 방송통신심의위원회, 일부 네티즌의 조선일보, 중앙일보, 동아일보 광고 불매운동은 위법하므로 관련 글을 삭제하라는 결정 내림. 7.8. 조중동 안 보기와 조중동에 광고 안 싣기 운동 ◇조중동 구독거부 현수막 제작 ◇8월말 언론청정지역 만들기 결과 발표 ◇조중동 불매 서명운동 등 다방면에서 조중동 압박을 위한 세부지침을 마련하고 조선일보, 중앙일보, 동아일보 완전 절독과 광고 불매운동 결정. 2009.2.17. 서울중앙지법 형사2단독(이림 부장판사), 광고중단운동을 주도한 혐의(업무방해)로 기소된 인터넷 포털사이트 다음카페 '언론소비자 주권국민캠페인' 개설자 이모에게 징역 10개월에 집행유예 2년을 선고. 2.20. 민주언론시민연합·언론노조 등 시민단체, 조선일보 중앙일보 동아일보 광고불매운동을 벌여 온 24명의 누리꾼 유죄 판결에 대해 언론시민단체 등이 유감을 표명하고 광고 불매운동 지지 의사 밝힘. 2010.1.7. 광주고법, 조선일보 중앙일보 동아일보 등에 광고 내는 기업에 대한 불매운동에 참여한 광주지법 목포지원 직원 김모를 정직 3개월의 중징계 처분했다고 밝힘.

2008.6.26. 헌법재판소 전원재판부(이공현 재판관), 방송통신심의위원회가 위탁 시행하고 있는 **텔레비전 광고 사전심의**는 표현의 자유를 침해하는 '사전검열'로 헌법에 위배된다며 재판관 8대 1 의견으로 위헌 결정.

2008.6.27. 유인촌 문화체육관광부 장관, 조선일보 방문 (정부가) 소고기 수입문제를 제대로 처리하지 못해 언론사 규탄으로 이어지게 만든 점은 매우 유감이라는 취지의 사과 표명.

2008.6.30. 한국언론재단 뉴스저작권 사업인 뉴스코리아(www.newskorea.or.kr), 아시아경제·광남일보·스포츠투데이·대구일보·어린이강원일보·데일리안·EBN산업뉴스·이코노믹리뷰(주간) 등 8개 매체와 뉴스저작권신탁 계약 체결. 전체 56개사 참여.

2008.7.2. 서울고법 민사13부(재판장 조용구), 김모가 포털 뉴스에 게재된 기사와 블로그·

미니홈피에 게시된 글, 댓글로 명예훼손을 당했다며 네이버·다음·싸이월드·야후 등을 상대로 낸 5억 원의 손해배상 청구소송에서 네이버 1,000만 원, 다음 700만 원, 싸이월드 800만 원 야후 500만원 등 총 3,000만원을 배상하라고 판결. 1심 재판부는 총 1,600만 원 배상 판결.

2008.7.9. 시청률조사회사 AGB닐슨미디어리서치, 세계최초 '실시간 시청률(Live Ratings)' 서비스를 시작하게 됐다고 밝힘 '실시간 시청률'의 데이터 표본 패널은 AGB닐슨미디어리서치의 전국 표본 2,350가구 중 서울에 거주하는 550가구이며, 이들 가구의 시청률 자료를 토대로 실시간 시청률 데이터를 집계.

2008.7.9. 지역민영방송 연합체인 '한국지역민영방송협회' 출범. 초대 회장에는 박용수(강원민방 사장), 사무처 상임부회장에는 남선현(전 한국방송협회 사무총장) 선임. 회원사로 부산방송, 대구방송, 광주방송, 대전방송, 전주방송, 청주방송, 울산방송, 강원민방, 제주방송 등 9개 민영 방송사 참여.

2008.7.17. 전국언론노동조합(위원장 최상재) 임시대의원대회, "이명박 정권의 언론장악을 저지하기 위해 7월 23일 총파업을 실시한다"고 밝힘. 최근 진행되고 있는 KBS에 대한 표적 감사와 검찰수사, MBC PD수첩 제작진에 대한 검찰수사 및 방송통신심의위원회의 부당한 징계, YTN 낙하산 사장 강행, 기금삭감을 통한 신문법·지역신문발전지원특별법 무력화 등을 이유로.

2008.7.28. KBS노동조합(위원장 박승규), "정연주 사장은 2004년 2007년에 이어 올 상반기에도 방송 3사 중 유일하게 207억 원의 손실을 냈다"며 물러나야 한다고 주장. 국민행동본부, 뉴라이트전국연합, KBS·MBC 정상화운동본부 등 3개 시민단체, 감사원에 KBS 감사 청구. 8.4. 정연주 KBS 사장의 배임 고발 사건을 수사 중인 서울중앙지검 조사부(부장검사 박은석), 오는 6일부터 4박 5일 일정으로 베이징 올림픽을 참관하기 위해 중국으로 출국하려

던 정 사장에 대해 출국 금지. 8.5. 감사원, KBS 부실 경영과 인사권 남용 등에 대한 책임을 물어 KBS 이사장에게 정연주 사장에 대한 해임을 요구하기로 결정. 정연주 KBS 사장은 2005년 세무당국을 상대로 진행된 법인세 등 부과 취소 청구소송 항소심에서 승소가 확실해 1,990억 원을 돌려받을 수 있는 데도 의도적으로 조정을 하도록 해 500여억 원만 돌려받아 회사에 손실을 끼쳤다는 의혹을 받아 회사 직원이 형사 고발했다. 검찰은 정연주 사장을 6월 17일부터 5차례에 걸쳐 소환 조사하려 했으나 정 사장은 불응. 8.7. 정연주 KBS 사장, 민주사회를 위한 변호사 모임 백승현 회장 등 소송대리인을 통해 감사원을 상대로 해임요구처분 무효 확인 청구소송과 효력집행 정지신청을 서울행정법원에 접수. 8.8. KBS 이사회, '감사원의 해임요구에 따른 해임제청 및 이사회 해임 사유에 따른 해임 제청안' 가결. 8.11. 이명박 대통령, 정연주 사장 해임 제청안에 서명. 8.12. 서울중앙지검 조사부(부장검사 박은석), 배임 의혹을 받아 온 정연주 전 KBS 사장을 검찰에 강제 구인. 8.20. 서울중앙지검 조사부, 정연주 전 KBS 사장을 특정경제범죄가중처벌법상 배임 혐의로 불구속 기소. 8.20. 서울행정법원 행정13부(부장판사 정형식), 정연주 전 KBS 사장이 "대통령이 나를 해임하면 회복할 수 없는 손해가 발생한다"며 낸 해임처분 신청 기각. 8.20. KBS노조가 실시한 '이명박정권 낙하산 사장 임명저지를 위한 총파업' 찬반투표 가결. 투표율 82.1%, 찬성률 85.5% 기록. 14~20일 전체 조합원 대상으로 실시한 언론노조 탈퇴 찬반투표는 67.1%가 찬성했다고 밝힘. 투표율 81.8%. 8.22. 서울남부지법 민사51부(부장판사 윤성근), 정연주 전 KBS 사장이 KBS를 상대로 낸 신임 사장 공모 결의 효력정지 가처분 신청 기각. 재판부는 13일 이사회 결의가 적법하게 이루어진 것으로 판단했고, 대통령에게 해임권이 없다는 정 전 사장의 주장에 대해서는 "2000년 통합방송법이 제정되면서 KBS 사장에 대해 대통령이 '임면한다'에서 '임명한다'로 변경됐으나 그것이 대통령의 면직권 또는 해임권을 배제한 취지로 해석되지 않는다"며 "현행법상 대통령의 KBS 사장 해임권이 인정된다"고 밝히다. 8.26. 이명박 대통령, 이병순 KBS비지니스 사장을 신임 KBS 사장 임명. 9.5. 서울고등법원 행정 1부(박삼봉 부장판사), 정연주 전 KBS 사장이 이명박 대통령을 상대로 자신에 대한 해임처분의 효력을 정지시켜 달라고 제기한 집행정지 시청에 대해 "이유 없다"며 항고기각. 서울중앙지법 형사합의22부(이규진 부장판사), 세금소송 취하로 KBS에 손실을 끼친 혐의로 기소된 정연주 전 KBS 사장에게 무죄 선고. 누구도 특정 재판의 판결을 예측하기 어려운 데다, 정황상 소송 이후 과세당국이 법인세를 재부과할 가능성이 크다고 봐야하기 때문에, KBS가 상급심에서 승소할 가능성이 크고 세금 재 부과 가능성이 적다고 본 검찰의 주장을 받아들일 수 없다고 무죄 판결의 배경을 설명. 2009.11.12. 서울행정법원 행정13부(부장판사 정형식), 정연주 전 KBS 사장이 이명박 대통령을 상대로 제기한 해임무효 소송에서 원고 승소 판결. 2011.1.14. 서울고법 행정2부(김병운 부장판사), 정연주 전 KBS 사장이 제기한 해임처분 무효 청구소송에서 1심과 마찬가지로 해임을 취소하라고 판결. 그러나 정 전 사장이 해임되지 않았어도 임기 종료 시점이 2009년 11월이기 때문에 판결이 확정돼도 복직은 불가능하고 손해배상 청구만 가능. 2016.12.3. 서울중앙지법, 정연주 전 KBS 사장이 KBS와 국가를 상대로 낸 손해배상 청구소송에서 "KBS는 정 전 사장에게 모두 2억 7,000여만 원을 지급하라"며 원고 일부 승소 판결. 다만, '이명박 정부의 부당해고'라고 주장하며 국가 상대로 낸 손해배상 청구는 받아들여지지 않음. 정 전 사장은 2003년 6월 KBS 사장으로 임명됐다가 2008년 부실경영 등을 이유로 해임되자 소송을 제기해 해임 취소 확정 판결을 받음. 2018.11.8. KBS진실과미래위원회, 이명박 정부 시절 정연주 KBS 사장 해임을 전후로 청와대가 KBS 신임 사장 선임에 개입한 정황을 보여주는 '영포빌딩 문건' 공개.

2008.8.1. 인천지검 부천지청 형사2부(부장검사 정인균), "기업비리를 보도하겠다"며 금품을 받아 챙긴 혐의(배임수재 및 공갈 등)로 부천지역 일간, 주간지와 인터넷신문 기자 10명을 적발.

2008.8.11. 서울중앙지검 특수1부(부장 문무일), 전 KBS 책임프로듀서 이모를 구속 수감. KBS 재직 때인 2004년 6월~2005년 5월 팬팀엔터테인먼트에서 7,000여만 원을 받는 등 연예기획사 6곳으로부터 소속 연예인들을 이 씨가 제작하는 예능 프로그램에 출연시켜 달라는 청탁과 함께 모두 2억여 원을 받은 혐의(배임수재).

2008.8.11. 서울중앙지검 인터넷신뢰저해사범 수사팀(팀장 구본진 부장검사), 신문광고주

협박운동을 주도한 6명에 대해 업무방해 혐의로 사전구속영장 청구.

2008.8.11. 국세청, 세무조사를 벌인 결과 다음커뮤니케이션즈에 추징금 40억 4,000만원 부과.

2008.9.2. 서울행정법원 행정12부(부장판사 정종관), 윤명식 KBS공정방송노동조합 대표가 "이번 징계는 정연주 사장 비판에 대한 보복행위"라며 중앙노동위원회 위원장을 상대로 제기한 부당전보 및 부당노동행위 구제 신청기각처분 취소소송에서 원고 패소 판결. 법원은 판결문에서 "심의위원 업무는 방송 프로그램의 방향에 영향을 미칠 수 있어 특히 공정성과 정치적 중립성이 필요하다"며 "윤씨는 국가 기간방송이자 공영방송인 KBS의 심의업무에서 배제될 필요성이 있다"고 판시.

2008.7.17. YTN 사태. YTN 임시 주주총회, 새 대표이사 사장으로 구본홍 선임. 노조는 출근저지 투쟁. 8.4. 구본홍 사장, 선임된 지 18일 만에 YTN 본사 사장실로 처음 출근. 9.9. 구본홍 사장, 노종면 노조위원장과 권석재 사무국장 등 6명을 업무방해 혐의로 고소. 9.10. YTN 주주 24명, 구본홍 시장을 대표이사로 선임한 주주총회 결의를 취소해 달라는 소송을 회사를 상대로 회사를 상대로 서울중앙지법에 제기. 9.17. YTN 사장 구본홍, 방송 사상 처음으로 생방송 중인 뉴스 앵커의 뒤쪽에서 노조원들이 돌발시위를 벌이는 장면을 화면에 그대로 노출한 것과 관련 사과방송. 10.6. YTN 사측, 노종면 위원장 등 6명 해고, 인사위원회에 회부된 조합원 33명을 징계. 12.8. 서울중앙지법 민사합의50부(수석부장판사 이동명), YTN과 구본홍 사장이 "업무방해 행위를 금지해달라"며 노조와 노조 간부 6명을 상대로 낸 가처분 신청을 받아들임. 재판부는 노조측이 결정을 어길 경우 위반행위 1회에 노조는 1,000만원, 간부는 100만원씩 지급하도록 판결. 12.16. YTN, 노종면 위원장 등 노조원 4명을 업무 방해 혐의로 추가 고소. 2009.1.13. 방송통신심의위원회(위원장 박명진), 2008년 10월 MBC「뉴스 투데이」와 SBS「출발 모닝와이드」 앵커들이 'YTN과 공정방송을 생각하는 날'이라며 검은색 옷을 입고 방송한 데 대해 '문제 없음'으로 의견을 모았다고 밝힘. 1.16.

YTN노조, 정영근 취재담당 부국장을 신임 보도국장으로 임명한 데 반발, 다시 사장실 점거 농성. 1.23. 사측, 조합원 19명을 업무방해 등 혐의로 추가고소. 3.20. YTN노조, 일일 시한부 파업. 3.22. 서울 남대문경찰서, 구본홍 사장의 출근저지 투쟁을 벌여왔던 YTN노조위원장 노종면 등 노조 집행부 4명이 소환에 제대로 응하지 않는다는 이유로 체포영장을 발부받아 이날 오전 검거. 이에 대해 YTN노조는 남대문경찰서 앞에서 기자회견을 열고 "노 위원장 등은 이미 여러 차례 조사를 받았고, 26일 출석하기로 담당형사와 합의했는데 소환에 응하지 않았다는 경찰의 주장은 거짓말"이라며 "23일부터 시작되는 합법적인 총파업에 물타기를 하려는 정치적인 표적 수사"라고 주장. 3.23. YTN노조, 오전 5시부터 무기한 총파업 돌입. 국경 없는 기자회(RSF), YTN 사태 조사를 위해 파리본부 아시아 데스크 뱅상 브러셀 파견. 3.24. 노종면 노조위원장 업무방해 혐의로 구속. 서울중앙지법 권기훈 영장전담 부장판사는 "증거인멸과 도주의 우려가 있다"고 발부 사유를 밝힘. 하지만 함께 구속영장이 청구된 현덕수 전 위원장 등 2명에 대해서는 "증거인멸과 도주 우려가 없으며 전과가 없고 가담 정도가 낮다"면서 기각. 4.1. 파업 10일 만에 단체협약 실무 협상 재개. 9가지 조항 합의. 주요합의 조항은 ◇노사, 각종고발 고소·소송 등 취하(해고 등 징계관련 소송은 제외) ◇노조의 사장과 임직원에 대한 적대행위 종료 및 사장 등 임직원 업무 수행 방해 행위 금시 ◇노사 공정방송 제도화 공동 노력 ◇선 2009년 임금 동결-후 실무 협의 재개 ◇해고자 복직 법원 결정 준수 등. 4.2. 서울중앙지법 형사합의31부(양재영 부장판사), 노종면 노조위원장 구속 적부심 열고 석방을 결정. 5.22. 서울중앙지검 공안2부(윤웅걸 부장검사), 구본홍 사장 출근을 저지하거나 사장실을 점거해 업무를 방해한 혐의(업무방해 등)로 노종면 노조위원장 등 YTN노조집행부 4명을 불구속 기소했다고 밝힘. 7.1. 서울 남대문경찰서, YTN노조원들의 이메일을 지난 3월말 압수수색 했다고 밝힘. 사측이 업무방해 혐의로 고소했던 노종면 언론노조 YTN 위원장 등 노조원 20명을 업무방해 혐의로 고소하자 피고소인들의 이메일 압수수색. 2012.10.5. 전국언론노조와 한국기자협회, 서울 효창동 백범김구기념관에서 YTN 기자 해직 4년 행사 개최. YTN은 2008년 10월 6일 당시 구본홍 사장 낙하산 저지 투쟁을 벌인 노종면, 현덕수, 조승호, 권석재, 정유신, 우장균 기자 해고. 조합원 6명 정직, 8명 감봉, 13명 경고 징계를 내린 바 있음. 2014.11.27. YTN 해직기자 6명, 해고 무효

소송 대법원 판결이 선고됨. 구본홍 전 사장의 사장 선임에 반발해 싸우다 해직된 지 2,244일째, 2심 판결로부터 3년 7개월 만. 해직언론인 6명 중 3명의 해고는 정당하다는 대법원 판결. 2016.1.14. 서울서부지방법원 제11민사부, 2014년 대법원의 해고 무효 판결로 복직했다 정직 5개월 재징계 당한 YTN 기자 3인(권석재, 우장균, 정유신)이 회사를 상대로 낸 징계 무효확인 소송에서 재징계의 위법성 인정. → 참고, 2009.8.3., YTN 구본홍 사장 전격 사퇴.

2008.9.12. 언론노조 한국경제TV지부, 조직형태 변경을 위한 찬반투표 결과 조합원 131명 가운데 84.4%의 찬성으로 언론노조 탈퇴 가결, 기업별 노조 설립신고서를 냈다고 밝힘.

2008.9.18. 매일신문(사장 이용길), 독도에 상주기자(전충진 기자) 파견, 국내 언론 사상 처음. 독도 지키기와 독도 알리기에 나섰다고 밝힘. 이날「여기는 독도… '우리 땅에 서 있다'」는 제목 첫 보도를 1면 머리기사로 게재. 2009.2.24. 매일신문(사장 이창영), 독도에 대한 국민적 관심과 사랑을 키우는 공간으로 활용하기 위해 사내 3층에 독도센터 개소.

2008.10.22. 청와대와 KBS, 이명박 대통령의 라디오 연설 정례화에 합의. 11.3. KBS(사장 이병순), 대통령의 라디오 연설 방송 '안녕하십니까. 대통령입니다'를 정규방송으로 편성.

2008.10.28. 수원지방법원 형사8단독(송석봉 판사), 기사를 작성할 것처럼 협박해 광고비 명목으로 돈을 뜯어낸 혐의(공갈)로 구속기소된 전 경기지역 지방 일간신문 기자 전모에 대해 징역 1년, 같은 혐의로 불구속기소된 다른 신문기자 배모에게 징역 6월을 각각 선고.

2008.11.6. 서울중앙지법 형사합의25부(부장판사 윤경), 정홍희 전『스포츠서울21』회장의 배임과 횡령 혐의를 인정, 징역 2년 6개월에 벌금 15억 원 선고.

2008.11.17. 대법원2부(주심 양창수 대법관), 신태섭 전 동의대 광고홍보학과 교수가 학교를 상대로 낸 해임무효 확인소송에서 원고 승소한 원심판결이 정당하다며 학교측의 상고

를 기각했다고 밝힘. 2008년 KBS 사장 교체 과정에서 정연주 전 사장의 사퇴를 반대해온 신태섭 전 이사는 학교의 허락 없이 KBS 이사를 겸직했다는 이유로 갑작스럽게 동의대에서 해임됐고, 방통위는 국가공무원법 결격사유 해당여부를 판정해 KBS 이사 자격을 박탈했다. 12.15. 동의대 신태섭 교수, 해임 18개월 만에 교수로 복직. 2001년 3월부터 동의대에 재직한 신 교수는 학교 허가 없이 KBS 이사를 겸직했고, 2006년 9월부터 2008년 4월까지 KBS 이사회 참석 문제로 수업에 차질을 줬다는 이유로 2008년 6월 해임되자 해임무효 확인 소송 제기. 2009.6.26. 서울행정법원 행정4부, 신태섭 전 KBS 이사가 이명박 대통령과 방송통신위원회를 상대로 낸 '보궐이사 임명처분 무효소송'에서 원고 승소판결. 2009.11.17. 대법원, 원고 신태섭이 승소한 원심 확정.

2008.12.3. 한나라당, 신문 방송 간 겸영 금지조항 삭제를 골자로 한 신문법 개정안을 비롯해 미디어 관련법 7개 개정안 발의. 방송통신 융합에 따라 바뀐 미디어 환경에 맞지 않는 부분을 개선한다는 목적. 한나리당이 마련한 법 개정안에는 신문 등의 자유와 기능보장에 관한 법률(신문법), 방송법, 인터넷 멀티미디어 방송사업법(IPTV법), 정보통신망 이용촉진 및 정보보호 등에 관한 법률(정보통신망법), 지상파 텔레비전방송의 디지털 전환과 디지털 빙송의 활성화에 간한 특별법(디지털전환특별법), 전파법, 언론중재 및 피해구제 등에 관한 법률(언론중재법) 등 포함.

2008.12.26. 민주당 소속 문방위 의원들, 국회 본회의장 점거 농성. 전국언론노동조합(위원장 최상재), 한나라당의 방송법 등 언론 관련 7대 입법 강행처리에 맞서 무기한 총파업 돌입. 이번 파업에는 MBC SBS EBS YTN CBS 등 대부분 방송사들이 참여하며, 일부 신문사도 언론 관련법 개정의 문제점을 집중적으로 지적하는 '지면파업'에 나설 예정. 12.31. 서울 영등포경찰서, 총파업 벌이고 있는 언론노조 최상재 위원장, 김성근 조직쟁의실장, MBC본부 박성제 위원장에게 1월 5일까지 출두하라며 소환장 보냄. → 참고, MBC 2009.1.5. SBS 2009.2.6.

2008.12.29. 방송통신심의위원회(위원장 박명진)에 복수노조 출범. 옛 정보통신윤리위원회 출신 직원을 중심으로 설립된 방송통신심의위원회 노동조합(위원장 이원모)은 집행부 구성을 완료하고 활동을 시작한다고 밝힘.

2009~2009

PD수첩, 미국산 소고기 보도 논란

2009.1.5. 유인촌 문화체육관광부 장관과 이윤호 지식경제부 장관, 합동성명을 통해 "최근 일부 방송사가 중심이 된 언론노조의 불법 파업으로 인해 국민이 피해를 보는 사태가 조속히 중단되기를 강력히 촉구한다"고 밝힘.

2009.1.5. 엄기영 MBC 사장, 11일째 파업 중인 MBC노조에 파업 중단을 촉구하는 공문. 1.19. MBC 인사위원회, 전국언론노조 총파업에 참여한 MBC노조 집행부에 감봉 등 징계 처분. 박성제(위원장) 감봉 4개월, 정영하(사무처장) 감봉 2개월, 최성혁(교섭쟁의국장) 감봉 1개월.

2009.1.7. 전국언론노조(위원장 최상재), 국회가 쟁점이 된 언론관련 법안 처리를 연기함에 따라 이날 밤 12시를 기해 총파업투쟁을 일시 중지한다고 밝힘. 이에 따라 방송 제작을 거부하며 13일 동안 파업을 벌여온 MBC노조도 업무 복귀 결정.

2009.1.7. PD수첩 사건을 수사했던 임수빈(서울중앙지검 형사2부장) 검사 사표 제출. 1.12.

MBC PD수첩 국민소송 재미특별위원회 1,020명, 전년도 광우병 의혹 편을 보도했던 MBC PD수첩 제작진과 MBC를 상대로 손해배상 10억 2,000만 원과 정정보도·사과방송을 청구하는 소송을 '시민과 함께하는 변호사들'(대표대행 및 사무총장 이헌)을 법률대리인으로 서울남부지방법원에 제출. MBC는 이에 대해 "또 다른 형태의 MBC 탄압의 일환"이라면서도 "소송에 성실히 임할 것"이라고 반박. 2.3. PD수첩 사건 형사6부(부장검사 전현준)로 재배당. 2.17. 서울남부지법 민사16부(양현주 부장판사), "미국산 소고기에 대한 왜곡보도로 사회적 혼란을 초래했다"며 국민소송인단 2,455명이 MBC PD수첩을 상대로 제기한 손해배상 소송을 기각. 3.3. 정운천 전 농림수산식품부 장관·민동석 전 청와대 정책관, PD수첩 광우병 보도 제작진을 명예훼손 혐의로 검찰에 고소. 3.25. 서울중앙지검 형사6부(부장 전현준), MBC PD수첩 이춘근 PD 체포. 3.26. MBC 시사교양국 PD들, 검찰의 PD 체포에 항의 제작거부 결의. 3.27. 이춘근 PD 석방. 검찰은 이 PD를 다시 부르지 않고 나머지 제작진 5명을 마저 조사한 다음에 기소 여부를 결정할 방침이며 제작진 전원 출국금지 조치. 3.30. 검찰수사에 항의 26일부터 제작을 거부해온 MBC 시사교양국 PD들, 정오부터 제작 복귀. 4.8. 검찰, 여의도 MBC 본사 압수수색 영장과 PD수첩 제작진 5명에 대한 체포영장을 집행하려 했으나 MBC노조원들에 의해 무산. → 참고 2008.4.29. 5.19. MBC PD수첩.

2009.1.13. 서울행정법원 행정13부(정형식 부장판사), 자사에 대한 특별감사를 비판보도한 KBS 뉴스를 방송통신위원회가 제재한 것은 정당하다고 판결. KBS는 감사원이 뉴라이트전국연합 등 보수단체가 제기한 국민감사 청구를 받아들여 특별감사를 실시하지 지난해 5~6월 「뉴스9」 프로그램을 통해 '표적감사'라는 사회단체의 주장과 회사 공식 입장 등을 보도했으며 방송통신위원회는 "자사 입장을 일방적으로 전달해 공정성을 위반했다"며 주의처분을 내렸음.

2009.1.13. 문화산업진흥기본법 및 언론중재 및 피해구제 등에 관한 법률, 국회 본회의 통과. 뉴스 서비스를 제공하는 포털업체와 인터넷 멀티미디어방송(IPTV) 사업자도 언론중재법의 적용을 받게 됨.

2009.1.13. 서울중앙지법 민사합의25부(한호형 부장판사), 지난 2007년 대선에서 'BBK 사건'을 수사했던 검사들이 김경준을 회유·협박했다는 옥중메모를 보도한『시사IN』을 상대로 낸 손해배상 청구소송에서 시사IN은 수사팀 검사들에게 모두 3,600만 원 배상하도록 판결.

2009.1.13. 광주지검 형사 2부(부장검사 박재권), 건설장비 업자를 협박해 수천 만원을 뜯어낸 혐의(공갈)로 모 일간지 기자 이모 구속.

2009.1.13. KBS(사장 이병순), 특별인사위원회는 근무기강 문란과 직업규칙 위반 등을 이유로 '공영방송 사수를 위한 KBS 사원행동' 공동대표 양승동 PD와 대변인 김현석 기자 파면, 성재호 기자 해임 및 박승규 전 노조위원장을 비롯한 5명을 정직 또는 감봉 결정.

2009.1.19. KT와 SK브로드밴드, SBS의 본방송 후 12시간이 지나면 무료로 볼 수 있었던 프로그램의 VOD를 2월 2일부터 유료화하기로 했다고 밝힘. 이로써 2008년 1월 유료로 전환된 MBC 방송프로그램과 2008년 11월 18일부터 유료로 전환된 KBS 프로그램에 이어 지상파 3사의 방송프로그램 VOD가 모두 유료화됨.

2009.1.30. 통일부, 6.15공동선언실천 남측위원회 언론본부가 6.15북측 언론분과위원회와 기사 교류사업을 위해 제출한 승인 신청 불허. 정부 당국자는 불허 배경으로 "남북단체들이 추진하는 기사교류 방식으로 미뤄 기사교류가 북한이 대남 메시지를 전하는 창구 역할을 할 수 있다는 우려가 있다고 봤다"고 말함. **2.13.** 북한 조국평화통일위원회, 통일부의 남북언론단체간 기사 교류사업 불허조치에 대해 "북남관계를 완전히 결딴내겠다는 반통일적 망동"이라고 비난.

2009.2.4. 대법원 1부(주심 차한성 대법관), 조선일보가 2004년 9월 1일 신문 3면에「권력 멀리해야 할 단체가 정부 돈 받고 낙선운동/총선 시민연대 소속단체도 지원받아」라는 기사

에 대해 2004 총선시민연대 등 19개 단체가 조선일보를 상대로 낸 손해배상 청구소송에서 6,900만 원을 지급하라고 선고한 원심을 깨고 원고패소 취지로 사건을 서울고법으로 돌려 보냈다고 밝힘. 대법원은 "기사 전체 내용과 흐름, 문맥 등을 종합해 보면 두 개의 사실과 관련된 의혹을 제기했을 뿐 인과관계를 인정한 것은 아니다"라며 조선일보 측 손을 들어줌.

2009.2.6. 서울중앙지법 민사72단독(김균태 판사), 이명박 대통령이 'BBK 의혹' 보도로 명예를 훼손당했다며 한겨레신문을 상대로 낸 손해배상 청구소송에서 "한겨레는 이 대통령에게 3,000만 원을 배상하라"고 판결.

2009.2.6. SBS(사장 하금열), 전국언론노조 총파업 참여와 관련해 인사위원회를 열어 심석태 위원장을 2개월, 임기현 사무처장은 1개월 감봉 조치하고, 양만희 공정방송실천위원장에게는 1주일간의 근신 조치. 총파업 참여 일반 조합원들에게는 구두경고. '무노동 무임금' 원칙에 따라 근무 시간 중 파업에 참여한 시간만큼 월급에서 차감하기로 함. 2.17. SBS 재심 인사위원회, 전국언론노동조합의 총파업에 참여한 자사 노조 간부인 SBS본부 심석태 본부장에 감봉 1개월, 본부 산하 SBS뉴스텍지부와 SBS아트텍지부의 김균종, 김금봉 지부장에 각각 근신 7일 징계 처분.

2009.2.16. 차용규 OBS경인TV 신임 사장, 부천 OBS 사옥에 첫 출근 과정에 이를 저지하려는 OBS노조(OBS희망조합)와 대치하다 후문으로 출근. 이후 OBS희망조합이 차용규 사장의 공식 취임식을 무산시킴에 따라 회의실에서 간부와 일부 사원들이 참석한 가운데 취임식을 가짐.

2009.2.16. 정동익 동아자유언론실천투쟁위원회 위원장 등 50여 명의 언론인들, 서울 태평로 프레스센터 앞에서 기자회견 열고 "민주주의를 말살하는 언론악법을 반대한다"고 밝힘. 이번 선언에는 한국 언론의 장래를 걱정하는 109인의 원로 언론인이 서명.

2009.2.16. 김기서 연합뉴스 사장, 임기를 2개월여 앞두고 사임 의사. 김 사장은 실국장회의를 소집해 자신을 비롯한 송현승 이종호 홍성표 상무이사와 박정찬 특임이사 등 5명의 이사 모두 일괄 사퇴키로 했다는 입장 밝힘.

2009.2.17. 서울남부지법 민사16부(양현주 부장판사), "미국산 소고기에 대한 왜곡보도로 사회적 혼란을 초래했다"며 국민소송인단 2,455명이 MBC PD수첩을 상대로 제기한 손해배상 소송을 기각. 2.26. 서울중앙지검 형사6부(부장검사 전현준), MBC PD수첩이 지난해 미국산 소고기의 광우병 위험성을 과장해서 왜곡 보도했다는 의혹에 대해 전면적인 재수사에 들어감. 4.8. 서울중앙지검 형사6부, 오전 10시께 검사 2명과 수사관 15명을 서울 여의도 MBC 본사에 보내 압수수색 영장과 PD수첩 제작진 5명에 대한 체포영장을 집행하려 했으나 MBC노조원들에 의해 무산. 4.15. 서울중앙지검 형사6부, 미국산 소고기 광우병 위험성 보도 관련 MBC PD수첩의 김보슬 PD 체포. 4.22. 검찰, 미국산 소고기의 광우병 우려를 보도한 PD수첩의 촬영 원본 확보를 위해 검찰이 오전 MBC 본사 두 번째 압수수색을 시도했지만 무산. 4.27. 검찰 MBC PD수첩 제작진 전원이 한달여 동안의 농성을 풀고 퇴근하자 조능희 PD(당시 PD수첩 책임프로듀서)와 김은희 작가 등 제작진 3명을 자택 인근에서 체포. 4.29. 27일 밤 체포한 PD 2명과 작가 2명 등 제작진 4명을 석방. 5.7. 서울중앙지검 형사6부, MBC PD수첩이 2008년 4월 방영한 '미국산 소고기 과연 광우병에서 안전한가' 편이 정운천 전 농림수산식품부장관과 민동석 전 농업통상정책관의 명예를 훼손했다고 볼 여지가 크다는 결론 내림. 5.14. 서울중앙지검, MBC PD수첩 미국산 소고기 편 이승구 프리랜서 PD 체포. 6.17. 서울고법 민사13부(재판장 여상훈), 농림수산식품부가 제기한 PD수첩 보도정정·반론청구소송항소심 선고공판에서 PD수첩 제작진이 ◇한국인 유전자형의 94%가 MM형이므로 광우병 소고기 섭취시 인간광우병 발병 확률이 영국과 미국보다 높고 ◇미국서 인간광우병 발생시 한국 정부가 독자적으로 할 수 있는 게 아무 것도 없으며 ◇우리 협상팀이 미국 도축 시스템을 본 적이 있는지, 보려 했는지 의문이라고 보도한 대목을 정정하라고 판결. 이에 조능희 당시 PD수첩 책임프로듀서는 법원이 제시한 두 가지 근거인 'GATT 20조를 통해 정부가 조치할 수 있다', '정부가 도축시스템 점검을 하러 간 적이 있다'에 대해 비판하고

즉각 상고하기로 했다고 밝힘. 6.18. 서울중앙지검 형사6부(부장검사 전현준), 서울중앙지검 청사 6층 소회의실에서 PD수첩 사건 수사결과를 발표하고 조능희, 송일준, 김보슬, 이춘근 등 PD 4명과 김은희 작가를 포함해 모두 5명의 당시 제작진을 명예훼손과 업무방해 혐의로 불구속 기소. 7.1. 미국산 소고기 등을 수입하는 한국수입육협회, 서울 마장동 협회사무실에서 기자회견. "MBC PD수첩의 허위·왜곡 보도가 수입육 업계에 엄청난 경제적 손실을 입었다"며 MBC의 사과방송을 요구. 김태열 회장은 "미국산 소고기는 2003년까지 22만 톤이 수입될 정도로 인기가 있었는데, PD수첩의 왜곡방송이 부정적 영향을 끼쳤다"며 "수입육 업계가 입은 막대한 피해에 대해 집단적으로 손해배상을 청구할 계획"이라고 밝힘. 12.21. 검찰, 서울 서초구 서울중앙지방법원(형사13단독 문성관 판사)에서 열린 PD수첩 공판에서 "제작진이 허위사실을 인식하고 있었음에도 왜곡 보도하는 등 죄질이 불량하다"며 조능희 책임 PD, 김보슬 PD, 김은희 작가에게 각각 징역 3년, 송일준 PD와 이춘근 PD에게 징역 2년을 구형. 2010.1.13. 서울고법 민사13부(여상훈 부장판사), 강모씨 등 국민소송인단이 "PD수첩의 보도로 피해를 봤다"며 MBC를 상대로 제기한 손해배상 청구 소송 항소심에서 "보도 내용에 인격권 침해가 없었거나 (손해와 보도 사이의) 인과관계가 없는 것으로 판단했다"며 1심과 마찬가지로 원고 패소판결. 앞서 시민과 함께하는 변호사들은 지난 2008년 9월 "PD수첩의 선동적인 허위·왜곡 보도로 엄청난 사회 혼란이 초래됐다"고 주장하며 국민소송인단 2,469여 명을 모아 24억 6,900만 원을 요구하는 소송을 낸 바 있음. 1.19. 서울중앙지법 형사3단독(문성관 판사), 미국산 소고기의 광우병 위험을 왜곡·과장보도했다는 이유로 정운천 전 농림수산식품부 장관과 민동식 전 정책관이 명예를 훼손한 혐의로 기소된 조능희 PD 등 MBC PD수첩 제작진 5명에게 무죄선고. 제작진이 미국산 소고기 수입업자의 업무를 방해했다는 업무방해 혐의도 무죄 선고. 12.2. 서울중앙지법 형사항소9부(이상훈 부장판사), 미국산 소고기의 광우병 위험성을 왜곡·과장 보도해 정운천 전 농림수산식품부 장관의 명예를 훼손한 혐의로 기소된 조능희 PD 등 PD수첩 제작진에게 1심과 마찬가지로 무죄 선고. 12.6. 검찰, 서울중앙지법이 조능희 PD 등 MBC PD수첩 제작진 5명의 항소심에서 무죄를 선고한 판결에 불복 상고장을 냄. 2011.9.2. 대법원, 미국산 소고기 보도 관련 정운천 전 농림수산식품부 장관이 낸 명예훼손 소송으로 기소된 조능희 PD 등 PD수첩 제작진 5명에게 무죄를 선고한 원심 확정. 2015.7.16. 서울서부지방법원 제11민사부, PD수첩 제작진 재징계 무효 판결. 조능희 PD가 미디어오늘, 오마이뉴스 등 타 언론과 인터뷰를 했다는 이유로 내려진 정직 4개월 역시 무효하다고 확인. → 참고 2011.9.2.

2009.2.17. 오세훈 서울시장 지난 2007~2008년 기자들에게 7차례에 걸쳐 1억여 원어치 공짜취재 지원을 한 것으로 드러나 선거관리위원회로부터 선거법 위반 경고 받음.

2009.2.17. 고흥길 문화체육관광방송통신위원장, 신문법과 방송법, IPTV법, 디지털TV 전환법, 사이버모욕죄(정보통신망법), 저작권법 등 미디어 관련법 22개를 일괄 직권 상정. 2.26. 전국언론노동조합(위원장 최상재), 한나라당의 미디어 관련법 직권상정과 관련 총파업 재개. 언론노조는 "국민 대다수가 반대하는 언론 관계법 상정을 불법적으로 시도한 것은 국민에 대한 도전이자 전체 언론에 대한 선전포고로 간주, 오전 6시부터 총파업에 돌입한다"고 선언. MBC노조도 오전 6시부터 파업 돌입. 2.27. CBS노조 긴급비상대책회의, 오후 3시를 기해 전면 제작거부에 들어가기로 결의. 3.2. 전국언론노동조합 YTN 지부(지부장 노종면)·SBS노조(위원장 심석태)·아리랑국제방송노조(위원장 이정원), '언론법 저지'를 위해 필수 인력을 제외하고 제작거부에 돌입. KBS노조는 파업 찬반투표 실시. 이와 별도로 KBS PD들은 집단 휴가 제출하고 언론노조 집회에 합류.

2009.3.2. 한나라당-민주당, 막판 협상을 벌이고 쟁점법안 처리 방식에 합의. 방송법과 신문법, 인터넷멀티미디어방송사업법(IPTV법), 정보통신망법(사이버 모욕죄법) 등 미디어 관련 4개 법안은 국회 문화체육관광방송통신위원회에 자문 기구인 여야 동수의 '사회적 논의기구'를 만들고 100일간 논의한 뒤 6월 임시국회에서 국회법 절차에 따라 표결 처리키로 함. 3.5. 한나라당 나경원·민주당 전병헌·선진과 창조의 모임 이용경 간사, 쟁점 미디어법을 다루기 위한 사회적 논의기구의 명칭을 '미디어발전국민위원회'로 정하고 3개 교섭단체가 각 10명, 8명, 2명씩의 위원을 추천 모두 20명으로 위원회를 구성키로 함. 위원회는 6일 각 교섭단체로부터 추천을 받아 구성된 뒤 6월 16일까지 100일간 활동예정. → 참고 2009.7.22.

2009.3.16. 서울경찰청 사이버범죄수사대, 인터넷 여론을 조작한 혐의로 포털 사이트 다음의 토론방 아고라에서 활동하는 네티즌 3명의 집과 사무실 컴퓨터 압수수색. 이들은 아고라에 이명박 대통령을 비방하거나, 정부를 비판하는 글을 띄운 뒤 조회 수가 많아지도록 조작한 혐의를 받음.

2009.3.18. 동아일보, 본지 1면에 「'신동아 미네르바 오보' 거듭 사과드립니다/ 진상조사위, 신동아의 저널리즘 기본 간과 확인」 사과문 싣고 신동아 2008년 12월호와 2009년 2월호에 '미네르바'가 아닌 사람의 기고문과 인터뷰가 게재되었다고 자체조사 결과를 상세히 보도하면서 17일 오후 발간될 신동아 3월호에 이와 관련 사과문을 게재했다고 밝힘. 책임을 따져 출판편집인, 출핀국장, 신동아 편집장을 해임 정직하는 등 엄중 문책했다고 밝힘.
4.20. 서울중앙지법 형사5단독(유영현 판사), 정부 경제정책에 대해 허위사실을 유포한 혐의(전기통신기본법 위반)로 구속 기소된 인터넷 논객 '미네르바' 박대성에게 "여러 사실을 종합해 보면 박씨가 문제가 된 글을 게시할 당시 그 내용이 허위라는 인식을 하고 있었다고 보기 어렵다"고 판시하고 무죄를 선고.

2009.3.23. YTN노조, 총파업 돌입. → 참고, 2008.7.17., YTN 사태.

2009.3.30. 국무회의는 국가 기간 뉴스 통신사인 연합뉴스의 지위를 확고히 보장하는 내용을 골자로 하는 '뉴스통신진흥법' 개정안 심의, 의결. 개정안은 연합뉴스 및 제1대 주주인 뉴스통신진흥회와 관련된 한시 규정을 삭제, 연합뉴스가 명실상부한 국가 기간뉴스 통신사의 지위를 갖도록 함.

2009.4.1. 저작권법 개정안·정보통신망법 개정안·디지털전환법 개정안, 국회본회의 통과. 이번 저작권법 개정안은 불법 복제물을 올리는 인터넷 게시판에 대해 문화체육관광부 장관이 3회 이상 삭제 명령을 내린 뒤 게시판을 최대 6개월 동안 폐쇄시킬 수 있도록 하는 규정 포함.

2009.4.9. MBC기자회, 「뉴스데스크」 신경민 앵커 교체에 대한 반발로 8일 총회를 열고 제작거부 결의 후 9일 낮 12시부터 제작거부에 들어감. 기자 143명 가운데 해외 연수자 등 10명을 제외한 133명에게 제작거부 의사를 물은 결과 찬성(74.4%). 4.13. MBC(사장 엄기영), 뉴스데스크 앵커 신경민은 교체, 라디오 시사프로그램 「세계는 그리고 우리는」의 김미화는 잔류시키기로 결정. 김미화 교체에 반대하며 지난 8일부터 1990년대 이후 입사 사원 중심으로 연가 투쟁을 벌여온 라디오 PD들은 이날 오전 총회를 거쳐 업무에 복귀. MBC 보도본부 평기자·차장급 기자들 엄기영 사장의 신경민 뉴스데스크 앵커 교체에 대해 격론을 벌인 결과 신 앵커 교체를 사실상 밀어붙인 전영배 보도국장 불신임 투표를 진행, 압도적인 비율로 가결. 4.15. MBC의 대주주인 방송문화진흥회 이사 김정란(상지대 교수)·옥시찬(전 춘천MBC 보도국장)·조영호(전 한겨레신문 전무) 이사 등 3명, 뉴스데스크 앵커 신경민 교체 논란과 관련 엄기영 MBC 사장 해임건의안 제출. 김 이사는 해임건의안 발의 이유에 대해 "공영방송과 언론의 자유를 지키겠다는 엄 사장의 의지가 부족하다고 판단했다"고 밝힘. 4.27. 방송문화진흥회 이사 3명, 엄기영 사장 해임건의안 철회안 제출. 4.16. 8일째 제작거부와 보도국장·보도본부장 퇴진 투쟁을 벌여온 MBC 기자들, 제작거부 잠정중단하고 업무 복귀를 결정. 5.13. MBC 인사위원회, 4월 보도국 제작거부에 참여한 기자 3명(이성주 MBC 기자회 차장·평기자비상대책위원회 위원장), 김연국(비대위 대변인), 최혁재(MBC 기자회장)에 감봉 4개월의 징계.

2009.4.11. 조선일보, 탤런트 장자연 사망 사건과 관련 '장자연 리스트'에 조선일보 고위 임원이 포함돼 있다며 실명을 공개한 민주당 이종걸 의원과 민주노동당 이정희 의원을 명예훼손 혐의로 서울중앙지검에 고소. 5.10. 조선일보, "무고한 회사 임원들이 '장자연 사건'에 연루된 것처럼 언급했다"며 민주당 이종걸 의원과 민주노동당 이정희 의원에게 거액의 손해배상을 요구하는 민사 소송 제기. 5.16. 조선일보 '장자연 리스트' 보도와 관련 자사특정 임원의 명예가 훼손됐다며 KBS와 MBC에 35억원의 손해배상 소송 제기. 2010.11.30. 서울중앙지법은 조선일보가 "장자연 사건과 무관한데도 회사 명칭과 고위 임원을 거론해 명예를 훼손했다"며 민주당 이종걸 의원과 민주노동당 이정희 의원을 상대로 낸 20억 원대

손해배상 청구소송에서 원고패소 판결. 2018.11.7. 조선일보, 지난 2009년 '장자연 리스트' 사건 관련 조선일보의 수사 외압 의혹을 보도한 MBC와 『미디어오늘』에 정정보도와 함께 손해배상 청구소송 제기. 2019.7.15. 고(故) 장자연 배우 강제 추행 혐의를 받는 전 조선일보 조 아무개 기자에 대한 결심공판 서울중앙지법에서 진행. 검찰, 징역 1년을 구형. 2020.5.28. 대법원, 장자연 배우 강제 추행 혐의를 받는 전 조선일보 기자의 무죄를 확정. 2022.7.7. 조선일보가 '장자연 편' 보도 관련 MBC 「PD수첩」 제작진과 조현오 전 경찰청장 등을 상대로 제기한 정정보도 및 손해배상청구 소송에서 최종 패소. 9.8. MBC PD수첩 '장자연 편' 관련 방정오에게 손해배상 3,000만 원을 지급하고 정정보도를 하라는 해당 판결에 대해 MBC가 항소를 결정.

2009.4.27. 경향신문, 인천광역시 권역 독자를 대상으로 『인천경향신문』 창간. 매주 월, 화, 수, 금요일에 8면씩 섹션으로 제작 인천 지역 경향신문 독자들에게 배포.

2009.4.27. 연합뉴스에 대한 정부의 항구적 지원을 가능케 하는 뉴스통신진흥법 개정안, 국회 문화체육관광방송통신위원회 전체 회의 통과. 개정안은 연합뉴스사 및 대주주인 뉴스통신진흥회에 관해 한시적으로 법률이 적용되도록 규정한 '부칙 제2조' 삭제, 문화체육관광부장관이 정부를 대표해 연합뉴스사와 일괄 구독계약 체결, 뉴스통신진흥회의 연합뉴스사 경영실적 평가 등의 내용 포함.

2009.4.29. 대법원 기자단, KBS의 '삼성 경영권 편법 승계 무죄 판결' 보도와 관련 신문윤리실천요강을 위배했다며 1년 출입정지의 중징계를 내림. KBS는 28일 「뉴스9」 첫 소식으로 대법원 전원 합의체가 진행 중인 삼성그룹 경영권 편법 승계 사건에 대해 무죄 판결을 내릴 것이라고 보도.

2009.4.30. NHN의 검색 포털 네이버(www.naver.com), 옛날 신문 검색 서비스 '디지털 뉴스 아카이브(Digital News Archive · dna.naver.com)' 공개. '디지털뉴스 아카이브'는 옛날

신문을 디지타이징(Digitizing · 컴퓨터가 쉽게 읽을 수 있도록 정보를 디지털화하는 것)해 웹 브라우저를 통해 종이 신문을 볼 수 있는 서비스.

2009.5.1. 국내 최초의 신문 · 뉴미디어 박람회 '2009 신문 · 뉴미디어 엑스포', 경기도 고양시 일산 킨텍스(KINTEX) 전시관 4홀에서 한국신문협회와 고양시 주최로 5일까지 개최. '읽는 사람이 세상을 이끈다'(Readers are Leaders)를 슬로건으로 내건 박람회에는 47개 중앙 일간지와 지방 일간지가 참여하고, 문화체육관광부와 경기도와 신문발전위원회 등이 후원.

2009.5.6. 한국콘텐츠진흥원(원장 이재웅), 서울 상암동 문화콘텐츠 센터 1층 특설무대에서 개원식을 갖고 본격 출범. 한국콘텐츠진흥원은 기존 한국문화콘텐츠진흥원과 한국방송영상산업진흥원 · 한국게임산업진흥원 · 문화콘텐츠센터 · 한국소프트웨어진흥원 · 디지털콘텐츠사업단이 통합 출범하는 콘텐츠 총괄 진흥기관.

2009.5.18. 방송통신위원회 전체회의, MBC(사장 엄기영)의 협찬고지 및 자료제출 규정 위반 행위에 대해 모두 7억 1,450만 원의 과태료 부과를 의결.

2009.5.18. 광주지검, 2009년 2월부터 사이비기자 집중단속을 벌여 18명을 적발. 이 가운데 9명을 공갈혐의 등으로 구속했다고 밝힘. 검찰은 광주지검 홈페이지(gwangju.dpo.go.kr)에 사이비기자 신고 배너를 설치하고 광주 · 전남 기자협회가 구성한 사이비기자 근절 대책특별위원회와 피해사례를 공유하기로 함.

2009.5.29. 무료신문 데일리줌 경영난으로 29일자를 끝으로 신문발행 중단. → 참고, 2013.4.1. AM7, 무기한 휴간.

2009.6.9. 국제언론인협회(IPI), 핀란드 헬싱키에서 열린 제58차 세계총회에서 현소환 IPI 종신회원(전 연합뉴스 사장)을 임기 2년의 본부 이사로 선임.

2009.6.11. 전국언론노동조합 한국일보지부(지부장 전민수), 한국 인쇄 노동자들의 '근로자 지위를 확인'해 달라고 회사를 상대로 낸 소송에서 최종 승소. 한국인쇄기술은 한국일보 인쇄자회사로, 2006년 10월 31일 회사의 구조조정 방침에 따라 폐업 신청을 내면서 노동자 7명이 계약해지된 바 있음.

2009.7.2. 서울중앙지방법원 제25민사부(재판장 조원철 부장판사), 정부 재투자기관인 ㈜그랜드코리아레저(GKL)가 월간조선을 상대로 낸 정정보도 및 손해배상 청구 소송에서 월간조선은 정정보도문을 게재하고 원고에게 5,000만원을 지급하라고 판결. 월간조선은 2008년 5월호「추적 노무현 정권의 위험한 도박, 관광공사 카지노 운영 자회사 비리에 청와대/구여권 개입 의혹」기사에서 GKL가 예산을 부풀려 책정하고 거액의 커미션을 받아 비자금을 조성, 국회와 정부에 전달해왔다고 보도. 재판부는 판결문에서 "감사원은 2008년 3~4월 한국관광공사 기관운영 감사를 실시했고, 이 사건 기사에서 핵심적으로 다루어진 거액의 비자금 조성 및 정치자금 제공 등의 의혹에 대해 사실무근으로 결론을 내렸다."고 밝힘.

2009.7.6. 세계저널리스트 컨퍼런스(World Journalist Conference), 서울 태평로 한국프레스센터 20층 국제회의장에서 26개국 기자 70여명이 참석한 가운데 개막. 이 컨퍼런스는 한국기자협회가 국제 언론인 간의 교류 협력을 위해 마련한 첫 국제행사로 서울을 비롯, 여수, 안동, 제주 등지에서 10일까지 열림.

2009.7.7. 문화체육관광부(장관 유인촌), 지역신문발전기금과 신문발전기금의 2010년 예산을 당초 20억 6,000만원에서 44억 6,000만원으로 24억원 증액해 소외계층 구독료 지원 등 사업에 투입하기로 했다고 밝힘. 기획재정부와 협의를 거쳐 증액된 예산사업은 소외계층 구독료 4억 9,500만원, 신문활용교육(NIE) 시범학교 구독료 5억 2,500만원, 인턴사원 지원 5억 8,000만원, 첨단편집제작 시스템 7억 원, 소외계층 매체운영 지원 1억 원 등.

2009.7.20. 서울중앙지법 형사항소2부(이민영 부장판사), 노회찬 전 진보신당 대표의 안기

부 X파일 재판에 증인으로 채택된 홍석현 중앙일보 회장에게 구인장 발부. 9.7. 서울중앙지법 형사항소2부, 중앙일보 홍석현 회장이 노회찬 진보신당 공동대표의 삼성 X파일사건 관련 공판에 구인장 발부에도 불구하고 증인으로 출석하지 않고 있다고 과태료 300만원 부과.

2009.7.21. 언론노조 소속 MBC · SBS · YTN · EBS · CBS 등 방송사 노조원과 KBS노조, 오전 6시부터 총파업에 참여. 지방 계열사들과 각 지역 민방 소속 조합원들도 상경 투쟁을 하기로 함.

2009.7.22. 신문법, 방송법, 방송사업법(IPTV법) 등 3개 미디어 법안 국회 본회의 통과. 7.23. 민주당과 민주노동당 등 야당 의원 93명, 국회 본회의에서 방송법 개정안 강행처리 시 투표 과정이 적법했는지 가려달라며 헌법재판소에 권한쟁의심판 청구. 7.27. 영등포경찰서, 미디어법 강행처리에 반대하는 전국 언론노조의 총파업을 주도한 최상재 위원장을 집회 및 시위관한법률 위반 등 혐의로 체포, 민주당 추미애 의원과 김상희 의원은 서울 영등포경찰서를 방문, 최상재 언론노조위원장 체포에 항의하면서 체포 과정의 부당성 지적. 7.29. KBS노조(위원장 강동구), 이병순 KBS 사장을 상대로 정부의 '미디어법 공익광고'를 방송하지 못하도록 서울남부지방법원에 방송금지 가처분 신청. 7.29. 서울남부지법 영장전담 김홍준 부장판사, 전국언론노동조합의 총파업을 주도한 혐의로 체포된 최상재 위원장의 영장실질심사 진행. "주거가 일정하고 이미 언론노조의 파업지침과 국회 폐쇄회로 텔레비전 등이 확보된 상태라 증거인멸 우려가 없다"며 영장기각. 7.31. 헌법재판소, 개정 방송법에 대한 권한쟁의심판 청구 사건과 관련, 국회에 방송법 개정안 통과 당시의 폐쇄회로 TV(CCTV) 자료 등을 조속히 제출하라고 요구. 헌재가 요구한 자료는 22일 국회 본회의 및 전후 1시간 동안 본회의장 내부를 촬영한 CCTV 자료와 본회의가 열리기 2시간 전부터 끝날 때까지 출입문과 비상 출입문, 로비 등을 촬영한 자료 전부임. 8.19. 서울 영등포경찰서, 언론법 처리를 저지하기 위해 국회에 진입한 혐의로 심석태 SBS노조위원장과 노종면 YTN노조위원장을 피의자 신분으로 불러 조사. 10.29. 헌법재판소, 대기업과 신문 사업자의 방송사업 진출을 규정한 개정 방송법 등 이른바 미디어 관계법에 대해 민주당 등 야당이

국회의장을 상대로 제기한 권한쟁의 심판사건에 대해 권한 침해가 인정되지만 신문법과 방송법은 유효하다고 판결. 11.9. 남대문경찰서, 서울 광화문 프레스센터 앞에서 미디어법 재논의를 촉구하며 6일째 단식농성을 벌이던 최상재 전국언론노조위원장과 이날부터 단식농성에 돌입한 박석운 한국진보연대 공동대표 체포. 11.10. 최상재 위원장, 긴급 체포된 지 약 32시간만인 오후 9시 30분 석방, 함께 체포됐던 박석운 한국진보연대 공동대표 역시 이날 풀려남. 2010.12.6. 검찰은 2009년 미디어반대 투쟁을 이끈 최상재 전국언론노조위원장에게 세 차례에 걸쳐 진행된 미디어법 반대 파업을 주도하고, 2009년 7월 법안 '날치기 통과' 당시 국회에 진입한 점을 들어 업무방해 등 혐의로 징역 3년 6월 구형. 함께 기소된 박성제 전 MBC본부장, 노종면 전 YTN지부장, 정영홍 EBS지부장, 양승관 CBS지부장, 김순기 수석부위원장 등 당시 언론노조 지·본부장과 조합원들도 각각 징역형과 벌금형 구형. 12.27. 서울남부지방법원 제21형사부(부장판사 손왕석), 2008~2009년 미디어법 총파업과 관련 업무방해 및 집시법 등 위반 혐의로 기소된 최상재 전국언론노조위원장에게 징역 1년 6월에 집행유예 2년 선고. 재판부는 대부분의 혐의를 유죄로 인정했으나 "언론 독립성을 지키기 위한 행위였으며 시위가 대체로 평화적으로 진행됐다는 점, 유사 사건으로 처벌받은 한나라당 당직자들과 형평성 등을 고려해 집행유예를 선고한다"고 밝힘. 그 외 김순기 언론노조 수석부위원장, 노종면 전 YTN노조위원장, 정영홍 전 EBS노조위원장, 양승관 CBS노조위원장 등은 100~200만 원의 벌금형 선고. MBC 총파업과 김재철 사장 출근저지 등과 관련, MBC노조의 이근행 위원장, 박성제 전 노조위원장, 신용우 사무처장, 연보흠 홍보국장 등에게는 350~700만 원의 벌금형 선고. 2014.9.5. 서울중앙지법 제35민사부, 2009년 YTN노조 총파업 직전 경찰에 체포됐던 노종면 전 노조위원장 등 YTN 기자 4명이 불법체포 및 YTN 불법사찰과 관련해 국가와 원충연 전 국무총리실 소속 공직윤리지원관실 조사관을 상대로 청구한 손해배상 소송 기각.

2009.7.31. 박명진 방송통신심의위원장, 사표 제출. 이날 심의위원들은 박명진 위원장과 손태규 부위원장이 퇴장한 가운데 불신임안 표결. 7명 중 찬성 5명, 반대 1명, 기권 1명으로 의결됨.

2009.8.3. YTN 구본홍 사장 전격 사퇴. 8.4. 이사회를 열어 배석규 전무를 대표이사 겸 사장 직무대행으로 결정. 8.31. YTN노조(지부장 노종면), 지역 발령을 받은 보도국 취재기자 5명의 인사가 부당하다며 서울중앙지방법원에 이들의 지역 발령의 효력을 정지시켜달라는 내용의 '전보발령 효력정지 가처분' 신청 제기, 사측이 해직자 6명의 회사 출입을 막고 있는 것과 관련해서도 '출입방해금지 가처분' 신청을 함께 제기. 9.1. 서울중앙지법 형사5단독(유영현 판사), 사장실 점거 농성을 주도한 혐의로 기소된 노종면 YTN노조위원장에게 벌금 1,000만 원을 선고하고 함께 기소된 현덕수 전 노조위원장과 집행부원 등 3명에게는 벌금 500만~700만 원을 선고, 재판부는 "증거에 의하면 출근 저지 과정에서 회사의 시설관리권을 침해한 행위 등은 위법이고 정당하지 못하며 공동폭행 역시 모두 유죄로 인정된다"고 밝힘. 10.28. 서울중앙지법 민사합의50부(재판장 박병대), 서울 본사에서 근무하다 지방으로 발령된 YTN 기자 5명이 회사를 상대로 낸 전보 발령 효력정지 가처분 신청에 대해 "대상자 선정 과정에서 회사 규정 및 신의칙상 요구되는 협의 절차가 지켜지지 않았다"며, 인사발령의 효력 정지를 결정. 11.13. 서울중앙지법 민사합의 42부(재판장 박기주 부장판사), YTN노조원 33명이 회사를 상대로 낸 해직 징계무효소송에서 "구본홍 전 사장 반대 투쟁을 벌인 노조원에 대한 사측의 징계는 부당하므로 해고는 무효"라며 일부 승소 판결. YTN 인사위원회는 2009년 10월 구 전 사장이 사장실에 출입하는 것을 방해했다는 이유로 노종면 위원장을 비롯한 전·현직 노조위원장 등 6명을 해임하고 6명을 정직하는 등 33명을 징계했다. → 참고, 2008.7.17., YTN 사태.

2009.8.4. CBSi노조(위원장 김민수), 서울지방노동위원회와 노동부 산하 서울지방노동청 남부지청에 부당노동행위 구제신청서 및 진정서 제출. 노조는 사측이 단체교섭을 해태·거부했으며 각종 부당노동행위를 했다고 주장.

2009.8.4. KBS기간제사원협회 소속 비정규직 노동자 139명, 전국언론노동조합에 가입. 언론노조는 "지난 6월 30일과 7월 31일 각각 21명과 38명의 KBS 비정규직 노동자가 해고통지를 받은 것으로 알려졌다"며 "공영방송 KBS가 비정규직법의 입법 취지를 무시하고 이처

럼 대량해고를 남발하는 것을 우리 사회가 용납해선 안 된다"고 밝힘.

2009.8.5. 경향신문 이영만 사장 중간평가 선거관리위원회, 8월 3일부터 사흘 동안 실시한 중간평가 투표에 512명(재적 인원 568명, 투표율 90.14%)이 참여, 305명(59.57%)이 불신임표를 행사했다고 밝힘. 이영만 사장에 대해 신임표를 던진 사람은 199명(38.87%)이었고 기권 등 무효 처리된 표는 8표. 8.14. 이영만 사장, 국·실장 회의에서 사퇴 의사를 밝힘.

2009.8.7. '언론중재 및 피해구제에 관한 법률'과 동법 시행령의 발효로 인터넷포털과 언론사닷컴의 뉴스서비스도 언론중재법의 적용 대상이 됨. 인터넷 카페나 개인 블로그, 공공기관 등 뉴스 서비스는 여기에서 제외됨. 이에 따라 인터넷 포털 뉴스와 언론사닷컴 등의 보도로 피해를 입은 경우 언론중재위원회에 정정보도, 반론보도, 손해배상 등을 청구하는 조정중재신청을 통해 피해를 구제받을 수 있음.

2009.8.20. YTN노조, 배석규 사장직무대행을 상대로 불신임 투표. 투표 조합원 92.8%가 배 사장직대를 불신임한다는 결과가 나왔다고 밝힘. 8월 12일부터 사흘간 진행된 투표에서 배석규 직대를 불신임한다는 조합원은 257명(92.8%), 신임조합원은 9명(3.2%)이었으며 무효는 11표. 재적 인원 410명 중 277명이 투표, 투표율 67.6%.

2009.8.31. 문화체육관광부(장관 유인촌), 한국언론재단·신문발전위원회·신문유통원 3개 신문지원기관을 통합 내년 1월 출범 예정인 한국언론진흥재단의 설립 작업을 맡게 될 심의기구로 재단 설립추진단을 발족. 추진단 위원으로 김동욱(서울대 행정대학원 교수), 김정기(한양대 신방과 교수), 김태종(KDI국제정책대학원 교수), 김택환(중앙일보 미디어랩 소장), 김갑수(문화부 미디어정책국장) 등 5명을 위촉.

2009.9.2. 서울중앙지법 민사합의25부(부장판사 조원철), 천성산터널 공사반대 단식을 벌였던 지율스님이 조선일보를 상대로 낸 정정보도 등의 청구 소송에서 원고 일부 승소 판결.

재판부는 "조선일보의 기사 중 일부 공익성과 진실성이 인정되지 않는 부분이 있어 배상할 책임이 있다"며 "신문 2면에 정정보도문을 게재하고 지율스님의 청구에 따라 위자료를 10원으로 정한다"고 밝힘. 9.24. 서울중앙지법 민사70단독(판사 최한돈), 지율 스님이 동아일보를 상대로 낸 2,000만 원 손해배상 청구소송에서 700만 원을 배상하라는 원고 일부 승소판결.

2009.9.9. 서울중앙지법 민사합의25부(조원철 부장판사), 정모 부장판사가 조선일보사와 소속 기자를 상대로 낸 2억 원의 손해배상 청구 소송에서 "회사와 기자는 500만 원을 지급하라"고 판결. 조선일보는 2008년 11월 18일자에 정모 판사가 재판 과정에서 원고측 변호사에게 막말을 하는 등 시비를 불러 변호사 단체들이 법관평가제도를 도입할 전망이라고 보도. 이에 정 판사가 사실관계를 왜곡했다며 손해배상청구 소송을 제기.

2009.9.10. KBS · MBC · SBS 등 지상파 방송 3사, 케이블업계가 무료로 자신들의 방송 채널을 케이블로 내보내는 것에 대해 "종합유선방송사업자(SO) HCN서초방송이 지상파 3사의 방송을 케이블TV 가입자 가정에 송출해 수익을 얻는 등 지상파 방송사의 권리를 침해하고 있다"며 HCN서초방송을 저작권법 위반혐의로 서울중앙지검에 고소. CJ헬로비전에 대해서는 "디지털케이블TV 가입자에게 지상파 방송 채널을 내보내는 것을 금지해달라"는 민사소송을 서울중앙지방법원에 제기. 2010.9.8. 서울중앙지법 민사합의11부(강영수 부장판사), 지상파 3사가 주요 종합유선방송사업자(CJ헬로비전, 씨엔엠, HCN서초방송, CMB한강방송 등)를 상대로 낸 저작권 등 침해정지 및 예방청구 소송에서 12월 18일 이후 가입한 유선방송 가입자에 대해 케이블 업체의 지상파 동시 재송신 행위 금지로 원고 일부 승소 판결.

2009.9.28. 인천일보, 인천신문, 경인방송, 인천시 남구 경인방송회의실에서 모임을 갖고 상호통합을 전제로 업무협조를 한다는 합의서에 서명. 이 합의서는 보도콘텐츠 공유와 인사교류 등의 단계를 거쳐 최종 1개 회사로 통합을 주요 내용으로 담고 있으며 이를 위해 3개 사는 조만간 태스크포스(TF)를 구성해 법인 대 법인의 결합, 상호출자와 이사회 합동구성을 통한 결속 강화, 실질적 업무통합 등을 논의할 계획.

2009.9.29. 서울 남부지법 민사15부(부장판사 김성곤), 「멜라민 의심 분유를 수출했다」는 내용을 보도한 파이낸셜뉴스와 해당 기자에게 정정보도와 함께 남양유업에 2억 7,000만원을 배상하라고 판결. 재판부는 판결문에서 "파이낸셜뉴스는 식약청 조사결과 남양유업 분유에서 멜라민이 검출되지 아니하였다는 사정을 알면서도 멜라민 분유 수출이라는 기사를 보도했으며 2009년 1월 29일부터 2월 11일까지 2주 동안 원고에 대한 의혹기사 내지 비방기사 무려 45건을 집중적으로 보도, 남양유업의 신뢰를 손상시켰다"고 밝힘.

2009.9.30. 한국ABC협회는 신문 유가부수 기준을 구독료 정가의 80%에서 50%로 낮추고 준유가 기간(무료서비스 기간)을 2개월에서 6개월로 늘리는 '신문부수공사 규정 시행세칙' 개정안을 의결. 이번 결정에 따라 향후 신문사들은 구독료의 반값만 수금해도 유가부수 1부로 인정받을 수 있게 된다.

2009.10.5. 연합뉴스(사장 박정찬), 한국과 프랑스어 사용 지역 간의 상호 이해를 증진하기 위해 프랑스어 뉴스 서비스 시작. 영어, 중국어, 일본어, 아랍어, 스페인어에 이어 연합뉴스의 6번째 외국어 뉴스인 프랑스어 뉴스를 연합뉴스 홈페이지 프랑스어 사이트(french.yonhapnews.co.kr)를 통해 무료로 제공.

2009.10.6. 지상파 3사의 디지털 콘텐츠 유통사인 KBSi, iMBC, SBS콘텐츠허브, 웹하드와 P2P 업체 ㈜이지원(위디스크), ㈜미디어포트(프루나), ㈜프리첼(파일구리) 등 21개 업체는 '방송 저작물의 불법 유통 방지를 위한 협약'을 체결하고 불법 방송저작물 삭제, 모니터링 및 저작권 전담 인력 확충, 이용자 대상 '저작권 클린 캠페인' 진행 등 저작권 보호를 위한 사전 · 사후 조치를 함께 시행하기로 함.

2009.10.8. 서울중앙지법 형사1단독(김정원 부장판사), "데일리 서프라이즈는 조선일보를 비방하기 위해 허위사실을 토대로 기사를 작성해 조선일보의 명예를 훼손했다"며 데일리 서프라이즈 대표 서영석에게 벌금 500만원 선고.

2009.10.15. 서울중앙지법 민사14부(재판장 임채웅), 오 모씨가 초상권이 침해됐다며 인터넷매체『뉴스앤조이』를 상대로 낸 손해배상 소송에서 "공공장소에서의 집회·시위는 본질적으로 남에게 알리기 위한 행동이므로 본인 동의 없이 시위참가자를 촬영해 보도했더라도 초상권 침해로 볼 수 없다"고 판결. 뉴스앤조이는 종교문제로 오씨가 이혼한 후 전 남편과 겪은 갈등을 다룬 기사를 몇 차례 보도했고, 오씨는 시위현장에서 전 남편에 대한 항의성 피켓을 들고 있는 자신의 사진을 뉴스앤조이가 자신의 동의 없이 보도해 초상권을 침해당했다며 소송을 제기.

2009.10.15. 민주노총 산하 공공운수연맹, 동아일보사 앞에서 기자회견을 열어 동아일보의 왜곡보도를 규탄하고 1만인 명예훼손 소송과 절독운동을 벌이겠다고 밝힘. 공공운수연맹은 동아일보가 2009년 10월 12일자「민노총 다녀간 여의도 '쓰레기 광장'」기사에서 여의도 문화마당에서 공공운수연맹 주최로 열린 집회가 끝난 뒤 다량의 쓰레기가 발생해 용역업체 직원들이 수거과정에서 어려움을 겪었다고 보도했지만, 사실은 이 용역업체 직원들은 연맹 쪽에서 비용 일체를 주고 고용한 인력들이었다고 밝히고 동아일보가 무리하게 민주노총과 노조에 부정적인 이미지를 덧씌우려고 빌미를 찾다가 사실 확인을 하지 않아 오보를 낸 것으로 보고 강력한 대응에 나서기로 함.

2009.10.26. 중앙일보(회장 홍석현), 미국 뉴욕 맨해튼의 뉴욕타임스(NYT) 사옥에서 아서 설즈버거Jr. 회장과 마이클 골든 부회장을 만나 양사간 협력을 강화하기로 합의. 10.27. 타임워너 그룹(CEO 제프리 뷰케스), 뉴욕 맨해튼의 타임워너센터를 방문한 중앙일보 홍석현 회장과 홍정도 전략기획담당 이사를 만나 "한국의 미디어법 개정으로 탄생할 새 방송사업자로 중앙 미디어 그룹이 가장 적임이며 유망하다고 본다"며 중앙일보가 추진 중인 종합편성채널 방송진출을 위한 컨소시엄에 미국 타임워너 그룹의 참여 의사 밝힘. 10.30. 전 세계에서 200여 개 잡지를 발간하는 미국 미디어그룹 허스트가 중앙일보의 종합편성채널 방송 진출에 협력하기로 합의했다고 밝힘.

2009.11.2. 연합뉴스(사장 박정찬)와 베트남 국영 통신사인 VNA 서울 종로구 수송동 연합뉴스 본사에서 방송 분야 교류·협력을 위해 포괄적 업무제휴에 관한 양해각서(MOU) 체결. 두 뉴스 통신사는 영상 프로그램 및 영상제작물을 무료 교환하고 직원 교환 프로그램을 운영하는 등 방송 출범과 관련한 경험 및 노하우를 공유하기로 함. 11.9. 연합뉴스와 미주한인TV방송인연합회(회장 벤자민 유 MK-TV 사장), 영상보도 협력을 위한 양해각서(MOU) 체결, LA의 한미TV, 워싱턴 DC의 WK-TV, 필라델피아의 KABC, 애틀랜타의 KTN-TV. 시카고의 KBC, 캐나다의 ALL-TV, 미국·캐나다·남미 지역을 커버하는 위성방송 TAN 등 7개사는 연합회 총무인 박석각 ALL-TV 대표가 양해각서에 각각 서명을 받아 연합뉴스에 보내기로 합의.

2009.11.13. 서울행정법원 행정4부(재판장 이경구), 방송심의규정을 위반할 경우 시청자에 대한 사과방송을 하도록 규정한 방송법 제100조1항 1호에 대해 헌법재판소에 위헌법률심판을 제청하기로 결정. 재판부는 MBC가「뉴스 후」에 대한 방통위의 '시청자 사과방송' 명령이 부당하다며 제기한 제재조치처분 취소소송에서 판결을 보류한 채 이 같은 결정을 내림. 재판부는 결정문에서 "사과방송 처분은 헌법에 보장된 인간의 존엄과 가치, 인격권을 크게 제한한다"고 밝힘.

2009.11.19. 조선일보, 국내 최초로 '수퍼 파노라마 시스템(SPS)' 도입. '주말매거진+2 섹션을 통해 공개, 일본 세이켄 그래픽스(Seiken Graphics)사가 개발한 SPS는 획기적으로 큰 지면을 인쇄할 수 있는 방식으로 신문지면 4개면까지 한 번에 인쇄할 수 있다. 펼치면 그 폭이 157.6㎝에 달함.

2009.11.23. 시사주간지『한겨레21』, 787호「편집장의 편지-만리재에서, 발행부수를 공개합니다」올해 3/4분기 발행부수가 주당 6만 9,408부라고 공개.

2009.11.23. 문화일보 기자협회지회(임정현 지회장), 한국기자협회를 탈퇴하겠다고 협회에 통보. 문화일보지회는 경남 기관장 접대골프 특종 기사가 이달의 기자상에서 탈락

한 이유를 묻는 질의서에 대한 기자상 심사위원회 답변이 부족했다며 협회를 탈퇴한다고 밝힘.

2009.11.24. 김인규 신임 KBS 사장 취임. 김 사장은 노조의 저지로 오전에 출근하지 못했다가 오후에 KBS 본관 공개홀에서 취임식을 가짐. 11.30. KBS노동조합 강동구 위원장, 김인규 사장 퇴진운동을 벌이고 있는 KBS노조 조합원들의 총파업 투표 동참을 촉구하며 오전 6시부터 단식 농성에 돌입. 12.2. KES노조, 전체 조합원(4,208명)의 과반 이상 찬성을 얻어야 가결되는 총파업 찬반투표를 실시한 결과, 찬성 의견을 밝힌 표가 2,024표(찬성 48.18%)에 그쳐 부결됐다고 밝힘. 총투표자 수는 3,553명으로 투표율은 84.5%. 12.7. KBS 보도국 · 보도제작국 · 스포츠국(일부) 소속 조합원 100여 명, 저녁 9시부터 서울 신관 보도국에서 총회를 열어 현 KBS 노동조합에서 집단탈퇴하기로 결의. 기자 조합원들은 8일부터 개별적으로 KBS노조 보도본부 중앙위원에게 탈퇴서를 제출하고 금주 중에 새로운 노조를 설립, 전국언론노동조합의 KBS본부로 가입하는 방안을 추진키로 함. 12.15. KBS 기자 · PD · 아나운서 · 경영 · 기술직 조합원으로 결성된 'KBS 새 희망, 새노조'를 준비하는 사람들, 605명 조합원들의 탈퇴서를 취합해 노동조합에 제출. 1차로 탈퇴서를 제출한 조합원을 대상으로 전국언론노조 KBS본부 설립을 위한 가입서를 제출받아 본격적인 실무작업에 착수하는 한편, 이미 KBS본부 가입서를 제출한 조합원 50명을 대상으로 16일 총회를 열어 규약 · 임원선출 승인을 받은 뒤 17일 언론노조에 제출하기로 함.

2009.11.26. 전국 19개 지역 MBC 보도국 기자들로 구성된 '전국MBC기자회' 공식 출범.

2009.11.26. 엄기영 MBC 사장과 이사 및 감사 등 MBC 임원 8명, 일괄사표 제출, MBC의 대주주인 방송문화진흥회는 이를 10일 열리는 이사회에서 논의할 예정이라고 밝힘.

2009.12.9. 한국ABC협회, 부수공개 결과에 대해 독립적 감리 권한을 지닌 9명의 위원으로 구성된 '신문부수인증위원회' 발족, 위원장 윤석홍(단국대 교수), 부위원장 김기원(광고

주협회 상무이사) 선출.

2009.12.10. MBC 최대주주인 방송문화진흥회(이사장 김우룡), 엄기영 MBC 사장의 유임 결정. 방문진은 임시 이사회를 열고 12월 7일 엄기영 사장이 '재신임을 물어달라'며 제출한 MBC 경영진 8명 전원의 사퇴서에 대해 심의를 진행한 결과, 엄기영 사장, 김종국 기획조정실장, 문장환 기술본부장, 한귀현 감사 등의 사표를 반려하고, 김세영 부사장, 이재갑 TV제작본부장, 송재종 보도본부장, 박성희 경영본부장 등 나머지 4인의 사표를 수리. 12.10. 전국언론노조 MBC본부(본부장 이근행), MBC 경영진 전원 사퇴서 제출이라는 초유의 사태에 대해 '정권의 방송장악 완성 기도'로 규정하고 김우룡 방송문화진흥회 이사장의 퇴진 투쟁을 선포.

2009.12.10. 한국인터넷뉴스편집자협회(회장 최락선), 대표자 모임을 갖고 공식 발족. 언론사 뉴스 편집자들로 구성된 인터넷뉴스편집자협회는 편집자의 정체성 확립과 전문성 고양을 목적으로 함.

2009.12.16. 서울중앙지법 민사합의14부(재판장 임채웅), 이호철 전 청와대 민정수석과 정윤재 전 청와대 비서관이 문화일보를 상대로 낸 손해배상청구 소송에서 "문화일보는 정정보도문을 게재하고 원고들에게 6,000만 원을 배상하라"고 판결. 문화일보가 2009년 3월 26일자 1면에 '박연차 로비 사건과 관련해 이호철·정윤재씨도 돈 받았다'는 기사를 게재하자 이호철 전 수석 등은 "허위사실을 적시해 명예가 훼손됐다"며 소송을 제기.

2009.12.16. 동아자유언론수호투쟁위원회 소속 해직언론인 103명, 유신정부가 동아일보에 압력을 넣어 언론인을 강제로 해고했다며 국가를 상대로 1인당 위자료 1억 원씩 모두 104억 원(사망 1명 포함)을 요구하는 손해배상 청구소송을 서울중앙지법에 제기. 동아자유언론수호투쟁위원회는 "진실화해를 위한 과거사정리위원회가 2008년 동아일보 언론인 대량해고사태는 중앙정보부 압력으로 이뤄졌으므로 정부가 동아일보에 사과할 것을 권고

했지만 지금까지 아무런 조치가 없다"며 법적 대응에 나서게 된 배경을 밝힘.

2009.12.18. 전국언론노동조합(위원장 최상재), 언론노조KBS본부 준비위원회가 제출한 언론노조 가입신청서를 접수, 관련법과 언론노조 규약에 따라 KBS지부 설치를 승인. 이에 따라 KBS지부는 회사를 상대로 단결권, 단체교섭권, 단체행동권을 행사할 수 있는 합법적 지위를 얻다. 2010.1.14. 언론노조KBS본부지부 설립 한 달여 만에 전국언론노조로부터 정식 본부로 승인 받음. 언론노조KBS본부는 2009년 12월 18일 조합원 50여명이 참여한 지부로 발족, 한 달간 조직규모를 확대해 조합원 703명이 가입.

2009.12.24. 문화체육관광부(장관 유인촌), 3개 신문 지원기관을 통합해 2010년 1월 출범하는 한국언론진흥재단의 초대 이사장에 이성준 대통령 언론문화특별보좌관을 임명. 12.28. 한국언론진흥재단 이사회, 선상신 한국언론재단 연구이사를 경영본부장으로 이우찬 전 찬스커뮤니케이션 대표이사를 영업본부장으로, 임은순 현 신문유통원장을 신문유통원장으로 선임.

2009.12.28. 공정거래위원회, 2006년 4월 판매지국에 목표부수를 강제 할당하는 행위로 신고된 중앙일보사의 신문업에 있어서의 불공정거래행위에 대한 건을 12월 18일 심의한 뒤 "자신의 거래상 지위를 이용하여 판매부수 기준을 정하고 이를 달성하지 못할 경우 경고장 등을 발송하는 방법으로 판매목표를 강제하는 행위를 해서는 안 된다"며 시정명령을 내리고 중앙일보사에 통보.

2009.12.30. 서울과 부산을 제외한 경기·인천, 충북, 대전·충남, 전북, 광주·전남, 제주, 경남, 대구·경북, 강원 등 9개 시·도 기자협회, 대전 유성호텔에서 모임을 갖고 전국기자협회(가칭)를 발족, 전국 3,000여 명 지방기자 간 교류를 강화하고 지역발전을 주제로 한 세미나와 지방기자들을 위한 국내외 연수를 활성화할 방침.

MBC 170일 파업, PD수첩 사과: 2010~2011
노조 연쇄 장기 파업, 징계와 소송: 2012~2013
세월호 보도의 쟁점과 청와대 개입: 2014~2014

제11부

신문방송 장기 파업

2010~2011

MBC 170일 파업, PD수첩 사과

2010.1.1. 삼성그룹, 전국 일간신문 신년호에 광고를 집행하면서 경향신문과 한겨레에도 광고 게재. 삼성은 김용철 변호사가 삼성 비자금 조성 의혹을 폭로한 이후 이를 적극 보도한 경향신문과 한겨레에 2007년 말부터 광고를 중단해 왔음.

2010.1.00. 토요일자 발행 중단 일간지 늘어나다. 종이신문 구독률 하락과 제작 비용 부담, 주 5일제 정착 등 요인. ▷문화일보, 토요일판 발행 폐지. "주5일제가 정착돼 주말에 집을 비우는 가정이 많은 데다가 주말 뉴스가 풍부하지도 않다"며 "토요면을 없애고 평일 지면을 대폭 늘려 독자를 위한 맞춤형 정보를 전달할 것"이라는 이유. 문화일보는 토요판을 폐지하는 대신 금요판을 8면 증면, 40페이지로 발행. ▷국제신문, 토요일 신문 폐지. 주 5일 생활패턴에 맞춘 지면 제공. ▷중앙일보, 토요일 신문을『중앙 SUNDAY』로 대체. ▷서울신문, 곧 시행되는 노동시간 단축을 앞두고 '주 5일 발행' 선언. 평일 지면 증면과 모바일 플랫폼 강화 등 온라인 콘텐츠에 집중하기로 결정. 서울신문은 토요일 신문을 발행하지 않는 대신 평일 지면을 28~32면에서 32~36면 체제로 증면하고 금요일자는 40면 발행체제를 갖추기로 하다. ▷국제신문, 토요일 신문 폐지. 주 5일 생활패턴에 맞춘 지면 제공. 2020.5.1.

▷세계일보 주말 발행 중단. 일과 여가의 균형이 강조되는 주5일 근무체제가 정착되고 디지털 중심의 콘텐츠 소비가 큰 흐름이 되어가는 우리 사회 변화상에 발맞추기 위한 것. 2024.1.1. ▷경향신문, 주 5일 지면 체제로 전환. 토요일자 신문 발행하지 않음. ▷매일신문(대구 · 경북 지역 일간지)도 토요일 신문 발행 중단. 11.16. ▷한겨레 토요판 중단. → 참고, 2006.7.1. 석간 문화일보, 토요일자 신문 아침에 발행.

2010.1.4. 한국언론재단과 신문발전위원회, 신문유통 조직이 통폐합 형태로 재편된 한국언론진흥재단 초대 이사장 이성준 전 대통령언론문화특별보좌관 취임. 2.1. 한국언론진흥재단 출범식 개최. → 참고, 2009.8.31. 한국언론진흥재단 설립 추진단.

2010.1.7. 서울남부지법 형사1단독(이동연 판사), 명예훼손과 업무방해 혐의로 불구속 기소된 KBS 이영돈 · 안성진 PD에게 무죄 선고. 이들은 2007년 10월 5일과 11월 9일 참토원 황토팩 제품에서 나온 자철석이 황토 고유성분임에도 제조과정에서 유입된 숫가루라고 방영하고, 해당 제품이 해외로 수출됐음에도 수출 사실이 없다고 방송한 혐의로 불구속 기소됐음. 2010.7.14. 서울중앙지법 민사합의25부(부장판사 조원철)는 주식회사 참토원이 KBS와 「이영돈의 소비자 고발」 제작진을 상대로 낸 소송에서 KBS와 이영돈 PD 등 2명은 참토원에 1억 원을 지불하라는 원고 일부 승소판결.

2010.1.13. 연합뉴스 개정 뉴스통신진흥법에 따른 자문기구인 수용자권익위원회를 발족하고 첫 회의 개최. 강남준(서울대 언론정보학부) 교수가 위원장, 김학순(경향신문 대기자), 김호일(부산일보 서울지사장), 김상균(광주대 교수), 윤영찬(NHN 대외협력담당 이사), 박해식(법무법인 율촌 변호사), 장성지(금호아시아나그룹 전무), 김정숙(여성단체협의회장), 임재홍(외교통상부 기획조정실장), 조양일(연합뉴스 논설위원실 주간) 등 10명이 위원으로 참여.

2010.1.13. 전국언론노조 충청투데이지부, 단체협약을 두고 충남지방노동위원회 조정도 접점을 찾지 못하자 파업 돌입.

2010.1.14. KBS기자협회, 기자의 지방발령에 반발하며 총회를 열고 제작거부 결의. 총회는 투표권을 위임한 기자를 포함 155명이 모여 결성되었고 과반이 넘는 147명의 찬성(반대 7표, 무효 1표)으로 제작거부 가결.

2010.1.19. 이명박 대통령 주재로 열린 국무회의에서 가구 수 대비 연평균 유료 구독가구수가 20%를 넘는 신문은 지상파나 종합편성채널, 보도전문채널 진입을 금지하는 내용을 뼈대로 하는 방송법 시행령 일부 개정령안을 심의·의결. 또한 일간신문의 주식 또는 지분의 50% 이상을 소유할 수 없는 대기업의 기준을 현행 3조원 이상에서 10조원 이상인 기업으로 완화하는 내용 등을 담은 '신문 등의 자유와 기능보장에 관한 법률 시행령' 개정령안도 심의·의결.

2010.1.19. 전국언론노조 KBS본부(위원장 엄경철), 채용 비리 등에 연루돼 내부 반발을 샀던 이길영 감사 임명 취소청구소송, 최시중 방송통신위원장을 피고로 제기.

2010.2.5. 서울중앙지법 형사14부(단독 박창제 판사), 모욕 및 명예훼손 혐의로 기소된 진중권 교수에 대해 "검찰의 공소사실이 전부 유죄로 인정되나 표현의 정도, 글 게시 성격 등으로 고려해 형을 정했다"며 벌금 300만 원 선고. 문화평론가 변희재가 고소한 사건으로, 진중권은 2009년 인터넷 게시판에 변희재를 '듣보잡'이라고 지칭하는 글을 올려 모욕 및 정보통신망 이용촉진 및 정보보호 등에 관한 법률 위반 혐의로 피소. 2011.12.22. 대법원, 진중권에게 벌금 300만 원을 선고한 원심 확정.

2010.2.6. 연합뉴스, '모바일 뉴스룸' 가동. 이 시스템으로 기자들이 스마트폰 등 휴대전화를 이용해 작성한 기사와 사진, 동영상을 사내 기사제작시스템에 이메일로 송고, 24시간 어디서나 즉시 뉴스 전송이 가능해짐.

2010.2.8. 엄기영 MBC사장 사퇴. 2.12. 방송문화진흥회(이사장 김우룡), 20일까지 MBC

후임 사장 공모. 2008년 3월 취임한 엄기영 사장의 당초 임기는 2011년 2월까지였으나, 방문진과의 마찰로 사표 제출. 2.20. 신임 사장 공모 마감. 총 15명 지원. 2.26. 신임 사장 내정자로 김재철 청주MBC 사장 선정.

2010.2.18. MBC노조 총파업 투표 가결(재적 조합원 1.911명 중 1,847명 투표 참여 1,402명 찬성). 3.2. MBC노조, 사장 출근저지 농성 돌입. 3.3. MBC 김재철 사장 천막 근무시작. 노조원들은 김재철 사장을 MBC 장악을 위한 정권의 낙하산 인사라고 주장하면서 저지. 김재철 사장, 출근하지 못하고 사옥 앞에 천막 치고 업무 개시. 3.5. MBC, 황희만, 윤혁 본부장 사퇴, 김재철 사장은 27개 계열사 사장에게 일괄사표 요구. 3.9. 김재철 MBC 사장 취임식 무산. 김 사장은 이날 오전 MBC 대주주인 방송문화진흥회 이사회에서 윤혁 TV제작본부장을 MBC프로덕션 사장으로 발령하는 등 19개 계열사와 9개 자회사 사장 인사를 마무리할 예정이었으나 윤혁 본부장이 사표를 내지 않고, 방문진 이사회 역시 반발해 MBC프로덕션 사장을 제외한 나머지 인사만 발표. 3.11. MBC노조, 황희만, 윤혁 본부장 보직 사퇴 약속이 지켜지지 않아 김재철 사장 출근저지 재개. 이사진 선임은 17일로 연기. 3.12. 김재철 사장, 노조 요구대로 황희만, 윤혁 본부장 특임이사 발령. 노조는 출근 저지 계획 철회. 3.19. 김우룡 방송문화진흥회 이사장 사퇴. 월간『신동아』와의 인터뷰에서 이명박 정부가 MBC 경영진 교체에 개입했음을 시사하는 내용. 3.22. MBC노조, 김우룡 전 방문진 이사장 인터뷰 내용과 관련, 김재철 사장 퇴진 촉구 무기한 농성. 3.24. 방송통신위원회(위원장 최시중), 김우룡 방송문화진흥회 이사장 사직서 수리. 4.5. MBC 본사 노조 파업 돌입. 노조는 김재철 사장이 황희만 특임이사의 부사장 임명에 반발 파업 결정. 주된 이유는 황희만 부사장 임명자에 대한 청와대 연루설 때문. 4.7. MBC 19개 지역 노조, 오전 6시부터 파업 돌입. 5.3. 성장경 MBC기자회장 등 MBC 기자 173명, 김우룡 전 이사장을 명예훼손으로 서울중앙지검에 고소장. 5.10. MBC, 비상대책위원회 투표를 통해(찬성 26표, 반대 9표, 기권 1표) 총파업 일시 중단과 현장 복귀 결정. 5.12. 김재우 전 아주그룹 부회장, 김우룡 전 방송문화진흥회 이사장의 사퇴로 공석이 된 방문진 이사로 임명. 5.14. MBC노조 조합원 투표로 파업 중단하고 방송현장 복귀. 12.27. 서울남부지방법원 제21형사부(부장판사 손왕석), MBC 총파업

과 김재철 사장 출근저지 등 관련, MBC노조 이근행 위원장, 박성제 전 노조위원장, 신용우 사무처장, 연보흠 홍보국장 등 350~700만 원 벌금형 선고.

2010.3.2. 한국방송광고공사, 2010년 밴쿠버 동계올림픽 관련 방송광고 집계 결과 총 판매액이 142억 원에 달했다고 밝힘.

2010.3.11. 중앙일보와 CBS, '1980년 언론통폐합 피해 방송사 구제를 위한 협의회 구성을 위한 합의문' 서명.

2010.3.26. 해군 초계 천안함 서해 백령도 근처에서 침몰. 해군 장병 104명 중 46명 사망. 11.17. KBS「추적60분」'의문의 천안함, 논쟁은 끝났나' 방영. 천안함이 어뢰 공격으로 침몰했다는 정부의 발표에 대해 당시의 물리적 증거들이 이를 충분히 뒷받침하는지에 대한 의문 제기. 정부와 군 관계자들은 KBS의 보도가 사실을 왜곡하거나 허위 정보를 담고 있다고 반발, 천안함 사건의 유족들과 생존 장병들은 KBS 상대 명예훼손 소송. 2011.1.6. 방통위, KBS 2TV「추적60분」의 천안함 사건 관련 방송 경고 조치. 방통위는 합동조사단의 스크루 관련 조사에 스웨덴 조사팀이 실제로 참여했음에도 추적60분 보도는 조사단이 스웨덴 조사팀의 조사 참여 없이 보고서의 공신력을 높이기 위해 조작 발표했으며 인터뷰와 화면 편집을 통해 국방부가 이를 인정한 것처럼 보도하여 객관성이 결여된다고 지적. 2015.2.10. 서울고등법원 제1행정부, "KBS 천안함 방송 내용과 합동조사단의 조사결과 등을 따져보면 그 내용이 공영방송으로서의 공정성과 객관성을 상실했다고 보기 어렵다"고 경고 제재조치 처분을 취소하도록 판결. 3.2. 방송통신위원회, KBS에 내린 경고 제재조치 처분을 취소하라는 법원 판결에 상고.

2010.4.3. 애플(미국), 태블릿 PC인 아이패드(iPad) 출시.

2010.4.6. 경남일보 노조파업 8일째에 직장폐쇄. 사측은 노조의 파업으로 신문이 제대로

발행되지 않아, 회사 정상화 방안으로 직장폐쇄 단행 주장. 노조는 체불 상여금 150% 지급, 비현실적인 임금 수준 개선, 대표이사 사퇴 등을 요구하며 지난 해 2월부터 임단협을 벌였으나, 한 차례도 협상을 하지 못하고 최근 열린 주총에서도 뚜렷한 방안을 내놓지 않아 파업에 들어갔다고 주장. 4.11. 경남일보노조, 파업 12일 만에 업무 복귀. 이사진 전원 사퇴서 제출함에 따라 파업을 잠정 유보하고 업무 복귀를 결정.

2010.4.7. 방송통신위원회, 전체회의에서 지상파TV의 아날로그방송 종료 시점을 2012년 12월 31일 오전 4시로 확정 의결.

2010.4.5. 문화체육관광부 · 지식경제부 · 교육과학기술부, 공동으로 '전자출판물 표준화 포럼' 구성.

2010.4.20. MBC PD수첩, 「검사와 스폰서」 방영. 검사와 스폰서의 유착을 폭로 큰 반향을 일으킴.

2010.7.1. KBS노조 '임단협 및 공정방송 쟁취와 조직개악 반대' 총파업. 7.29. 파업 29일 만에 중단. '공방위 설치 · 수신료 인상 동참' 합의안 추인받고, 30일 0시부터 업무 복귀. 12.15. 7월 파업에 참여했던 새노조 조합원 60여 명 징계위 회부. 인사위 회부 사유는 7월 새노조의 총파업 주도, 직제개편 관련 이사회 방해, 노보를 통한 KBS 명예훼손 등.

2010.7.1. MBC 대주주 방송문화진흥회(방문진) 정상모 이사, MBC 김재철 사장 해임안 발의. 노조와의 약속을 어겨 파업 원인을 제공했다는 이유. 7.8. 김재철 사장 해임안이 이사 9인 중 과반 찬성을 얻지 못해 부결.

2010.7.1. 한국신문협회(회장 김재호), 미디어 관련 정책수립 자문역할 담당 정책기획자문위원 7명 위촉 정진석 한국외대 명예교수(위원장), 강신철 고려대 미디어학부 초빙교수, 김

영욱 한국언론진흥재단 수석연구위원, 김택환 중앙일보 멀티미디어랩 소장, 문재완 한국외대 법학전문대학원 교수, 박현수 단국대 언론영상학부 교수, 정재민 카이스트 정보미디어경영대학원 교수.

2010.7.6. 방송인 김미화, KBS에 연예인 블랙리스트가 존재하고, 자신이 그 리스트에 올라 KBS에 출연하지 못한다고 주장. KBS는 사실무근이라며 김씨를 명예훼손 혐의로 고소. 7.12. KBS 심의실, 연예인의 출연 규제가 목적인 명단 존재 인정, 공개. 위법을 저지르거나 사회적으로 물의를 일으킨 연예인에 대해 출연을 규제하는 제도라는 단서를 붙임. 그러나 방송인 김미화, 문화평론가 진중권, 시사평론가 유창선, 카이스트 정재승 교수 등은 다른 이유를 들어 블랙리스트가 존재함을 시사.

2010.7.6. 진주MBC(사장 김종국) 파업 참여한 노조 조합원 10명에 해고·정직 징계. MBC 창사 이래 초유의 중징계인 이번 사태는 최근 파업과 99일간의 사장 출근저지 투쟁이 주요 징계 배경으로 전해짐.

2010.7.15. 방송통신위원회, 일간신문의 부수 인증기관으로 사단법인 한국ABC협회를 지정. 유효기간은 2010년 7월 20일부터 2011년 7월 19일까지 1년. 부수 인증기관은 지상파 방송, 종합편성 및 보도전문 채널에 진입하고자 하는 일간신문의 부수자료를 인증하는 역할 수행. 8.24. 총 10개 신문사가 한국ABC협회에 방송사업 진출을 위한 부수인증 신청. 강원도민일보, 국민일보, 동아일보, 매일경제, 서울신문, 조선일보, 중부매일, 중앙일보, 한국경제, 헤럴드경제.

2010.7.19. 청와대 출입기자단, 전작권 이양 문제 엠바고를 파기한 한겨레(3주), 경향(1주), 내일신문(5일) 출입금지 결정.

2010.7.23. 방통위, 월드컵 중계권 분쟁 과정에서 SBS가 시정명령을 이행하지 않은 것에

대해 19억 과징금 부과. 방통위는 지난 4월 23일 지상파 3사를 상대로 중계권 판매·구매 거부 및 지연 행위 중지 등의 시정명령을 내린 바 있음.

2010.8.3. 헌법재판소, 건강식품 광고 사전심의제 합헌 결정. 지난 20년 동안 영화, 음반, 비디오, 광고 등에서 "사전검열은 절대적으로 금지하며 법률로도 불가능하다. 헌재는 언론 출판의 대상은 조각·토론·서화 등 어떠한 의사표현도 해당된다"고 일관되게 주장했으나, 지금까지의 주장에 반하는 것으로 파장이 예상됨.

2010.8.11. 한명숙 전 총리, 불법 정치자금 수수 의혹 보도 관련, 국가와 조선일보를 상대로 낸 손해배상 청구 소송 패소. 서울중앙지법 민사합의25부(조원철 부장판사)는 한 전 총리가 국가와 조선일보를 상대로 낸 10억 원의 손해배상 청구에서 원고 패소 판결. 한 전 총리는 2009년 12월 24일 실명을 거론하며 검찰이 불법 정치자금 수수의혹으로 수사 중이라는 조선일보 기사에 허위 사실로 명예가 훼손됐다며 손배 소송 청구.

2010.8.17. 정부 안에 4대강 관련 비밀팀이 존재한다는 MBC PD수첩의 폭로 관련, 국토해양부가 명백한 허위사실이라며 방송금지 가처분신청 제기. 법원은 이를 기각. 방송금지 가처분 신청이 기각된 MBC PD수첩의 「4대강 수심 6미터의 비밀」 편에 대해 MBC 김재철 사장이 방송 2시간 전 프로그램의 사전 시사를 요구했으나, 제작진이 거부하자 사규 위반을 이유로 방송보류 명령. 8.24. 김재철 MBC 사장의 사전 시사 요구로 불방되었던 PD수첩 「4대강 수심 6미터의 비밀」 정상 방영. 이날 방송된 프로그램에는 국토부가 허위라고 주장한 '비밀팀' 대신 '태스크 포스(TF)팀' 용어 사용. 4대강 편에는 이 대통령이 대운하 사업 중단 의사를 밝힌 지 몇 개월 뒤 4대강 살리기 계획의 기본 구상을 만들기 위한 TF팀이 조직됐으며, 이 팀에 청와대 관계자 2명과 국토부 하천 관련 공무원이 소속돼 있다는 내용 포함.

2010.8.29. 서울, 부산 제외한 한국기자협회 소속 전국 9개 시도 기자협회, '전국시도기자협회' 발족. 초대 회장은 박원우 광주전남기자협회장, 부회장 류제일 대전충남협회장, 이종

규 대구경북협회장 선임.

2010.9.17. 경남도의회, '경남도 지역신문 발전지원 조례안' 가결. 인터넷을 포함한 지역신문에 대해 경영여건 개선과 정보화, 인력양성, 소외계층 정보 확대 등 사업을 지원하기로 함. 이 조례는 2016년 12월 31일까지 한시적으로 효력을 갖는데, 상위 법률인 지역신문발전지원특별법의 효력 시한에 맞춘 것.

2010.10.5. 서울 G20(주요 20개국) 정상회의 취재를 위해 63개국 외신기자 1,352명이 사전등록을 마침. 정부는 AP, AFP, 로이터, 교토통신, 신화통신 등 주요 뉴스 통신사를 비롯해 G20 각국의 주요 신문 방송사 등 해외 언론이 서울회의 취재를 위해 사전등록을 완료함에 따라 G20 미디어 지원단의 활동을 본격 가동.

2010.10.7. 전국언론노조KBS계약직지부(지부장 홍미라)가 제기한 1차 소송이 기각된 데 이어, 같은 재판부인 서울중앙지법 민사42부(한규현 부장판사)는 9월 28일 계약직지부 조합원 6명이 제기한 3차 소송도 기각 결정.

2010.10.10.~13. 한국ABC협회(회장 민병준), 서울 서초구 반포동 JW메리어트호텔에서 제24차 ABC연맹(IFABC·회장 에우제비오 세리노) 총회 개최. 미국, 영국, 일본 등 세계 18개국 30여 명 대표 등 총 100여 명 참석, 인쇄매체, 모바일 매체, 온라인 매체에 대한 공사 및 측정의 향상과 새로운 기법의 도입 등 논의.

2010.10.18. 2010년으로 5년째를 맞는 신문공동배달제도가 정부 직접 지원에서 신문사 자율 협의체를 통해 시행되는 방식으로 바뀔 전망. 한국언론진흥재단이 지난 7월부터 꾸려온 신문유통사업 태스크포스(TF)는 최근 정부 직접 지원의 현행 신문공동배달제도를 잠정 중단하고, 신문사 주도의 대안 협의체 구성을 제안하는 최종보고서 채택.

2010.11.19. KBS 이사회(이사장 손병두), 현행 2,500원인 KBS수신료를 3,500원으로 인상하는 내용을 뼈대로 한 수신료 인상안을 여야 추천 이사 11명 전원 합의로 의결. 2011.3.10. 국회 문화체육관광방송통신위(이하 문방위), KBS 수신료를 월 2,500원에서 3,500원으로 1,000원 인상하는 승인안 상정. 4.18. KBS 수신료 인상 승인안 국회 문방위 법안심사 소위원회에 회부. 4.22. KBS 수신료 인상안을 심의하기 위한 문방위 법안심사소위원회가 야당의 반대로 무산. 6.20. 국회 방송통신위원회 법안심사소위원회, KBS 수신료 인상안 한나라당이 강행처리. 한나라당 4명, 민주당 3명, 자유선진당 1명, 총 8명으로 구성된 법안심사소위는 수신료 인상을 반대해 온 자유선진당 김창수 의원이 찬성함에 따라 과반수를 확보하여 인상안 처리. 이에 반발하여 민주당은 21일 예정된 법안심사소위와 22일 문방위 전체회의도 불참 선언. 6.22. KBS 수신료 인상안에 대해 한나라당과 민주당이 오는 28일 표결처리하기로 합의해 논란. 7.6. KBS 조대현·김영해 부사장을 비롯해 본부장 5명 등 KBS 최고경영진 7명 전원, 국회에서 수신료 인상안 통과가 무산된 데 책임을 지고 사의 표명. 7.8. 김인규 KBS 사장, 사의 표명한 임원 7명 가운데 이동식 정책기획본부장의 사표만 수리 후 이준삼 방송문화연구소장을 신임 본부장으로 임명. 2013.7.3. KBS 이사회, 임시 이사회 열고 TV 수신료 인상안 상정. 11명의 이사 중 야당 추천 이사 4명 불참한 가운데 여당 추천 이사 7명이 인상안 단독 상정. 인상안은 2014년 1월 1일부터 기존의 월 2,500원 수신료를 4,300원으로 올리고 2016년 1월 500원 추가로 인상하는 방안과 2014년부터 4,800원으로 올리는 방안 두 가지. KBS 야당 추천 이사들, 이길영 이사장 만나 KBS가 수신료 인상을 일방적으로 계속 추진할 경우 국민과 함께 대국민 투쟁에 나서겠다는 입장을 전달. 이들은 보도 공정성과 제작 자율성 보장 등이 전제되지 않으면 이사회 참석이 어렵다는 입장. 7.4. 미래창조과학방송통신위원회 민주당 위원들, KBS 이사회의 수신료 인상안 상정과 관련, 국민을 무시하는 행태라며 국민의 공감 없이는 인상될 수 없다는 내용의 성명서 발표. 이들은 KBS 수신료 인상 논의의 4대 조건으로 국민공감, 공영방송 지배구조 개선, 보도공정성 회복, 제작자율성 보장 등을 제안. 8.20. KBS, 목동 방송회관에서 한국방송 수신료 인상안 공청회 개최, 여당추천 이사 7명이 주도한 이 공청회에 야당추천 4명은 불참. →참고, 1986.2.11. 'KBS TV시청료 거부 범국민운동본부' 발족. 2006.8.4. KBS수신료 헌법소원.

2010.10.23. 북한군의 연평도 포격 사건이 터진 23일 오후 각 언론사는 취재 기자를 급파하고 속보를 전달하는 등 비상체제 돌입. 방송사들은 이날 오후 3시께부터 정규방송을 중단하고 특보체제로 전환, 관련 소식을 전함.

2010.10.25. 헌법재판소, 민주당 등 의원 85명이 국회의장을 상대로 낸 권한쟁의 심판 기각. "국회의장의 방송법안 등 가결선포 행위가 야당 의원들의 법률안 심의·표결권을 침해했다"는 헌재 결정이 나온 뒤에도 국회의장이 아무런 조치를 취하지 않은 것은 국회의원의 권한을 다시 침해한 것이라는 이유.

2010.12.17. 방통위 청와대 영빈관에서 이명박 대통령 주재로 업무보고회. ◇방송통신 콘텐츠 시장 활력제고 ◇방송광고 시장확대 및 시장 효율성 제고 등을 골자로 2011년 업무계획 발표. 방통위의 이 업무보고 내용은 방송산업 및 광고산업 전반에 영향을 미칠 수 있는 정책이 포함되어 미디어 업계 및 언론계가 민감하게 반응.

2010.12.23. 종합편성·보도전문채널 사업자 선정 심사위원장에 방송통신위원회 상임위원을 지낸 이병기 서울대 교수(전기공학) 선임. 방통위는 심사위원장 이 교수를 포함해 방송과 경제, 경영, 법률, 회계, 기술전문가, 시민단체 등 각 분야에서 선정된 심사위원 14명을 임명. 12.31. 방송통신위원회, 종편 및 보도전문 방송채널 사업자 선정 결과 공식 발표. 선정된 법인은 보도 PP는 ㈜연합뉴스 TV(연합), 종편은 JTBC(중앙), ㈜CSTV(조선), ㈜채널A(동아), ㈜매일경제TV(매경) 등. 2011.1.5. 방송통신위원회의 종합편성·보도전문 방송채널 사업자 선정 심사가 졸속으로 이뤄졌다면서 탈락사들이 공개적으로 반발. 시민단체와 탈락사들은 심사의 공정성에 의문을 제기하며 방통위에 심사결과 공개를 요구함. 일부 언론사는 행정소송까지 불사한다는 입장. 2013.5.24. 대법원, 방송통신위원회에 종합편성채널 승인 심사자료를 공개하라고 최종 판결. 2011년 1월 언론개혁시민연대가 방통위에 승인자료 공개를 청구했으나 방통위는 일부 자료만 공개해 언론연대가 행정소송을 제기한 바 있음. 6.5. 방송통신위원회, 종합편성채널 및 보도전문 채널 승인 관련 심사자료 일체를

공개키로 결정. 언론개혁시민연대가 제기한 정보공개거부처분 취소소송에 대한 방통위의 상고가 기각된 데 따른 것.

2010.12.30. KT, 한국시각으로 30일 오전 6시 27분 남미 기아나 발사센터에서 통신 방송위성 '올레(olleh) 1호' 발사 성공, 1차 교신을 성공적으로 마쳤다고 밝힘. 이로써 KT는 2011년 2월 초부터 15년 동안 위성방송 출력이 기존보다 25% 향상된 올레 1호 위성을 이용, 고선명(HD), 3차원(3D)의 고품질 위성방송 서비스를 한반도 전역에 제공하게 됨.

2011.1.3. 윤세영 SBS 회장, 시무식에서 "오는 2월 주주총회 이후 SBS 회장과 이사회 의장직에서 물러나 명예회장으로 그룹 발전의 조력자 역할을 할 것"이라고 밝힘.

2011.1.6. SBS노조(위원장 이윤민) 대의원대회, 2010년 6월부터 진행해 온 임금협상 결렬에 따른 향후 투쟁방향과 일정 등의 전권을 노조위원장에게 위임. 사측이 임금 동결을 주장한 반면 노조는 임금 인상 외에 ◇사장 추천제 도입 ◇지주회사의 SBS 경영개입 중단 ◇노조 추천 사외이사의 감사위원 선임합의 이행 및 노조 추천 사외이사 확대 ◇콘텐츠 판매 요율 대폭 인상 및 해외 판권 회수 등을 요구. SBS 노사는 지난달 임협이 결렬되면서 서울지방노동위원회 조정 등을 거쳤으나 양측 간 이견을 좁히지 못함.

2011.1.11. KBS, 100% 자막방송 서비스. 수화방송 편성 비율 확대 등 장애인방송 서비스 강화 발표.

2011.1.13. KBS, PD 147명, 김인규 사장 사퇴 촉구 성명서 발표. 이번 성명은 공채 34기와 35기 기자들에 이어 세 번째.

2011.1.13. 한국방송광고공사(사장 양휘부) 2011년도 공익광고협의회 위원 위촉식. 조창화 전 대한언론인회 회장을 위원장으로 선출. 공익광고협의회는 학계, 광고계, 언론계 등

미디어 각계 전문가 18인으로 구성 1년간 공익광고 캠페인의 효율적 운영과 광고물의 질적인 향상 제고를 위해 활동.

2011.1.30. MBC노조, 김재철 사장 퇴진 요구하며 파업. 7.17. 노조 총회, 파업 중단하고 18일 오전 9시부터 업무 복귀 결정. 1월 30일 사장 퇴진 등을 요구하며 파업에 돌입한 지 170일만. 7.18. MBC 경영진, 파업 참여 조합원에 대한 대규모 인사 실시. 노조의 업무 복귀 이후 경영진의 첫 행보여서 '보복 인사' 논란이 제기됨. 7.25. KBS「추적60분」, 'MBC 사태'를 다룬「170일 만의 복귀, MBC 파업 무엇을 남겼나」 방송. 2012.9.11. 방송통신심의위원회, MBC 파업 사태를 소재의 일부로 다룬 KBS 1TV「시사기획 창」에 대해 방송심의규정 공정성 조항 위반을 이유로 행정지도성 조치인 '권고' 의결. →참고, 2012.3.4., MBC 노사갈등.

2011.1.16. 김재철 MBC 사장의 단체협약안 일방 파기를 이유로 기자 PD 등 노조 관계자 삭발 단행.

2011.3.2. MBC, 대표 시사 프로그램인 'PD수첩'의 간판격인 최승호 PD를 아침 교양 프로그램 관리를 담당하는 시사교양 3부로 발령하는 등 PD수첩 제작진 11명 중 6명 교체.

2011.3.15. 한국언론진흥재단, 신문활용교육(NIE: Newspaper In Education) 거점학교 100곳 선정. NIE 거점학교는 TV와 인터넷 등 전자매체 의존도가 높은 청소년들이 읽기 습관을 기를 수 있도록 하고, 교육현장의 전문성 있는 NIE 지식을 전파하기 위해 처음 도입한 프로그램. 4.22. 정부, NIE에 2011년부터 2013년까지 385억 원 투입 계획 발표.

2011.3.15. 연합뉴스TV 창립 주주총회, 대표이사에 박정찬 연합뉴스 사장 선임.

2011.4.5. 한국방송통신전파진흥원(KCA), 국내 방송프로그램의 글로벌 경쟁력 강화와 질적 향상을 위해 2011년 제작지원 프로그램으로 109편을 선정하고 140억 원 지원.

2011.4.7. 경향신문 · 동아일보 · 매일경제 3개 신문사, 인터넷 포털 네이버와 제휴 옛날 신문 디지털화 완료, 서비스 시작.

2011.4.15. EBS, 스마트폰을 통해 EBS 교육방송을 이용할 수 있는 안드로이드용 'EBS 온에어' 애플리케이션과 'EBS 모바일 웹서비스' 개통.

2011.4.25. 방송통신위원회, 지상파 방송과 유료방송사를 대상으로 장애인방송 서비스 제공 의무를 부여하는 내용의 '장애인방송 가이드라인'을 추진하기로. 서울지역 지상파 방송에 대해 2013년까지 특별한 경우를 제외한 대부분의 프로그램에 100% 자막방송, 10%에 대해서는 화면해설방송, 5%에 대해서는 수화방송을 각각 내보내도록 의무화할 방침.
9.28. 방송통신위원회, 자막방송과 수화방송, 화면해설 등 장애인방송 관련 기술표준화 작업 완료. 한국정보통신기술협회(TTA) 단체 표준으로 채택. 이 기술표준은 지상파방송은 물론 IPTV, 위성방송, 케이블방송, 디지털멀티미디어방송 등 모든 방송매체에 공통 적용.
2012.1.30. 방송통신위원회, 시청각 장애인을 위한 자막·수화·화면해설 방송 등 장애인방송 제공의무를 모든 방송사업자로 확대.

2011.5.3. 국제언론감시단체 프리덤하우스, '언론자유국'이었던 한국을 '부분적 언론자유국'으로 강등. 이유는 "검열과 함께 언론매체의 뉴스와 정보콘텐츠에 대한 정부 영향력의 개입이 확대된 데 따른 것" "최근 몇 년간 온라인상에서 친북 또는 반정부 시각의 글이 삭제됐고, 정부가 대형 방송사의 경영에 개입해 왔다"고 설명.

2011.5.9. 2기 방통심의위원회 공식 출범. 위원장에 검사 출신 변호사 박만 위원 선출. 부위원장은 권혁부 위원, 상임위원은 김택곤 위원 선출.

2011.5.11. 방통위, 2009년 기준 조선일보(142만), 중앙일보(111만) 유가부수 공개. 방통위는 장차 동아일보와 매일경제 유가부수도 공개할 방침.

2011.5.16. 세계한인언론인연합회와 연합뉴스, 제10회 세계한인언론인대회 개최. 세계 19개국, 35개 도시의 동포 언론인 50여 명이 참석하여 5일간 일정으로 진행.

2011.6.7. KBS노동조합(위원장 최재훈), KBS미디어노동조합, KBS비즈니스노동조합 등 KBS 내 개별 노동조합이 KBS노동조합연대 구성. 의장은 최재훈 KBS노조위원장, 김준석 KBS미디어노조위원장 공동.

2011.6.7. KBS 간판 시사 프로그램「추적60분」방송 1,000회 기념. 1983년 첫 방송 시작으로 29년간 방영됨.

2011.6.27. 한나라당 한선교 의원, 국회 문화체육관광방송통신위원회 전체회의에서 민주당 내부 비공개회의에서 나온 천정배 최고위원의 발언을 자세히 밝히자 민주당이 한나라당의 불법도청 의혹을 제기, 파문 확산. 6.28. 민주당 도청 의혹 관련, 조선·동아·한겨레·경향 등은 KBS를 지목. KBS 기자가 민주당 대표실에 들어가는 것을 봤다는 보도가 잇따름. 7.7. 서울 영등포경찰서, 민주당 대표실 도청 의혹 수사와 관련 KBS 기자 자택 압수수색. 7.8. KBS언론노조, "KBS 기자의 압수수색을 불러온 현 사태만으로도 KBS 경영진은 깊은 책임을 느껴야 한다. 스스로 결백을 입증할 수 있도록 경찰 수사에 정면 대처하라"면서 "경찰은 이번 사건을 끝까지 수사해 도청 의혹의 진실을 명백히 밝혀야 하고, 경찰이 진실을 밝히지 못하면 국회가 나서야 한다"고 주장하는 성명서. 7.21. KBS 기자 166명, 민주당 대표실 도청 의혹 사건 관련, 사측의 대응을 비판하며 진실 규명을 촉구하는 성명 발표. 7.23. 서울 영등포경찰서, 민주당 대표실 도청 의혹 관련 KBS 기자 재소환 조사. 7.25. KBS, 도청 의혹에 대해 KBS언론노조가 실시한 조합원 설문조사 공표금지 가처분 신청. 7.26. 서울남부지방법원 제51민사부, KBS언론노조 조합원을 대상으로 실시했던 도청 의혹 설문조사 결과 공개를 금지해 달라며 신청했던 가처분 신청 기각. 재판부는 "설문 내용은 국민적인 관심을 받고 있는 도청 의혹과 관련해 직원들에게 의견을 묻는 내용으로 특정한 답변을 유도하는 내용으로 보기 어렵다"며 "KBS가 (도청 의혹에) 연루됐다는 답변이 다수를 차지

한다고 해도 허위사실을 공표하는 것과 동일하지 않다"고 설명. 7.28. KBS 이사회, KBS의 민주당 도청 의혹과 관련 "국회 도청 의혹이 발생한 것에 대해 진위를 떠나 책임을 통감하며 국민과 시청자에게 진심으로 사과드린다"는 성명. 2012.7.13. 국회 문화체육관광방송통신위원회(문방위), 19대 국회 개원 이후 첫 전체회의 개최. 민주통합당을 비롯한 야당 의원들은 2011년 6월 민주통합당 국회 당 대표실 도청 의혹 사건에 연루된 한선교 위원장에게 진실을 밝힐 것을 요구하며 그 전엔 문방위원장으로 인정하기 어렵다고 밝힘. 2017.7.6. KBS기자협회, 저널리즘 윤리와 직결된다는 평을 받는 2011년 민주당 도청 의혹 사건의 진상을 밝히기 위해 정필모 KBS 기자를 중심으로 진상조사위 출범. 서울중앙지법, 2011년 KBS 기자의 '민주당 도청 의혹 사건'을 다룬 독립언론 뉴스타파 보도와 관련하여 임창건 전 KBS 보도국장이 뉴스타파와 담당 기자를 상대로 낸 손해배상 청구 소송에서 뉴스타파 보도가 사실에 부합한다고 판결.

2011.7.1. 한국의 케이블TV 가입률 OECD 회원국 중 3위 기록. 경제협력개발기구(OECD)가 공개한 『2011 커뮤니케이션 아웃룩』(예비 버전)에 따르면 한국의 'TV 보유가구 중 케이블TV 수신자 비율'은 2009년 기준 83.74%로 집계돼 스위스(92.42%), 일본(83.84%)에 이어 세 번째로 높았음. 한국의 지상파TV 수신자 비율은 3.63%, 위성방송 수신자 비율은 12.64%였으며, IPTV 보유 비율도 회원국 가운데 5번째로 높아 유료방송을 통해 TV를 수신하는 가구가 비교적 많은 것으로 조사됨. 7.5. 한국의 초고속 무선인터넷 보급률, OECD 국가 중 처음으로 100% 돌파. 『OECD 브로드밴드 통계보고서』는 우리나라의 초고속 무선인터넷 보급률은 100.6%로, OECD 평균 보급률(54.3%)의 두 배가 넘는 수치를 기록. 2010년 보급률은 89.8%. 국가별로는 우리나라의 뒤를 이어 스웨덴(98%), 핀란드(87.8%), 일본(82.4%), 덴마크(81.5%), 노르웨이(77.9%), 미국(76.1%) 등이 높은 보급률을 보인 나라.

2011.7.4. 국제올림픽위원회(IOC)는 2024년 하계올림픽까지 한국 내 올림픽 독점 중계권을 SBS가 확보했다고 발표. 한국은 물론 북한 지역의 공중파와 유료 TV, 인터넷, 모바일 등에 대한 중계권을 주는 방안을 승인했다는 것. 7.4. 지상파방송 3사, 국민적 관심이 높은

7개 주요 스포츠대회; 올림픽, 월드컵, 아시안게임, 축구 A매치, 월드베이스볼 클래식(WBC), 아시아축구연맹(AFC) 패키지 경기(월드컵 아시아지역 최종예선, 올림픽 축구 아시아지역 최종예선, 아시안컵 축구대회), 동아시아 축구대회 공동 방송키로 합의하고 중계방송권 공동구매와 합동방송에 대한 세부 기준을 담은 '스포츠 중계방송 발전협의회(약칭 KS)' 운영 규정 제정.

2011.7.7. 방송통신위원회는 지상파 방송, 종합편성 또는 보도전문 채널사업자의 주식이나 지분을 소유하고자 하는 일간신문에 대한 부수인증 기관으로 (사)한국ABC협회 지정. 2011년 7월 20일부터 2012년 7월 19일까지.

2011.7.7. 방송통신심의위원회(위원장 박만), 일제고사를 거부해 해임 처분을 받았다가 복직한 교사들을 인터뷰한 MBC 라디오 「박혜진이 만난 사람」에 중징계인 '주의', 대통령에 대한 욕설을 연상케 하는 트위터 계정을 방송 화면에 노출한 SBS 「8뉴스」와 MBC 「100분 토론」에 '권고', 48일간 HD방송을 중단한 SBS와 KT스카이라이프에 '서면경고' 조치.

2011.7.11. 한국신문협회(회장 김재호)와 한국언론진흥재단(이사장 이성준), 총 상금 4,000여만 원 상당의 2011 신문사랑 전국 NIE(신문활용교육) 공모전 개최. 교육과학기술부, 문화체육관광부, 전주페이퍼 후원.

2011.7.15. EBS(대표 곽덕훈), 다문화 가족을 위한 무료 한글 교육 사이트 '두리안(durian.ebs.co.kr/www.ebsd.co.kr)' 개설. 한국어, 영어, 중국어, 베트남어 등 4개 국어로 서비스되며, 한국어 강의 프로그램을 비롯해 「뽀로로」 등 유아교육 애니메이션과 「최고의 요리비결」, 「지식채널e」, 「세계 테마기행」 등 문화교양 프로그램을 통해 한국어와 한국문화 교육기회 제공.

2011.7.25. KBS, 국내 첫 장애인 앵커로 시각장애 1급인 이창훈 기용. 11.8. 시각장애인

앵커 이창훈, KBS 1TV '뉴스12'의 새 코너 '이창훈의 생활뉴스' 첫 방송 진행. 2013.5.1. KBS N 스포츠, 국내 스포츠 채널 가운데 처음으로 장애인 자막방송 실시.

2011.7.27. 서울중앙지법, 법원의 공개금지 결정을 무시하고 전교조 소속 교사명단을 공개한 한나라당 의원 조전혁에게 전교조에 3억 4,310만 원을 배상하도록 판결. 조 의원으로부터 명단을 받아 공개한 동아닷컴도 전교조에 2억 7,512만 원을 배상하도록 판결.

2011.7.28. 전국언론노동조합 임시대의원대회, 조중동 방송광고 직거래 저지, 공정방송 복원, 언론의 다양성 사수를 위한 총파업 결의안 만장일치 의결. 8.19. 총파업 찬반투표 개표. 찬성률 84.9%, 투표율 75.4%로 총파업 가결. 8.23. 종편 광고 직접 영업을 금지하는 미디어렙법 통과를 요구하며 '공정방송 복원과 조중동 방송광고 직거래 저지를 위한 총파업' 돌입.

2011.7.29. 김재철 MBC 사장, 방송통신위원회가 진주-창원 MBC 통폐합 승인을 보류한 데 대한 책임을 지고 대주주인 방송문화진흥회에 사표 제출. 8.1. 방송문화진흥회 임시 이사회, 김재철 사장을 재신임 결정 사표 반려.

2011.7.29. 국가인권위원회(위원장 현병철)와 한국기자협회(회장 우장균), 인권보도준칙 실천 매뉴얼 초안 발표.

2011.8.2. 한국기자협회, 창립 47년 만에 비영리 법인 '사단법인 한국기자협회' 등록. 사단법인으로 전환은 한국기자협회가 법적 근거가 없는 임의 단체에서 법의 보호와 적용을 받는 법정 단체가 되는 것을 의미. 협회의 체계와 제도를 법의 규정에 맞춰 정비하고, 회계 또한 법과 규정에 맞게 유지해야 함.

2011.8.8. 방송통신위원회, 진주-창원 MBC 합병 허가(합병 법인 MBC경남). 방통위는 허가

조건으로 ◇사업계획서 내용 중 서부 경남 지역 보도프로그램 편성계획을 성실히 이행할 것 ◇방통위가 제시하는 수준 이상의 지역 프로그램 제작비를 투입하고 매년 3월 말까지 이행결과를 방통위에 제출할 것 등 명시. 2012.8.22. 창원지법 진주지원, 전 진주MBC 주주인 이모가 진주-창원MBC 통합에 반대하며 제기한 위헌법률심판제청과 합병결의 무효소송 선고심 모두 기각.

2011.8.17. 한국인터넷마케팅협회, 한국인터넷광고심의기구, 인터넷매체협의회, 인터렉티브광고협의회 등 4개 단체를 통합한 '한국온라인광고협회(KOA)' 출범. NHN, 다음, SK커뮤니케이션즈, KTH 등 포털과 제일기획, 대홍기획, 나스미디어, 인크로스 등 광고대행사, 미디어렙사 등 90여 개 회원사로 구성. 초대 회장 정기호(나스미디어 대표) 선출.

2011.8.18. MBC노동조합, 단체협약 정상화와 공정방송 보장 등 요구하며 총파업 결의. 파업을 앞두고 실시한 조합원 투표에는 재적 1,883명의 91.8%인 1,728명이 참가, 1,341명 찬성으로 파업 찬성률 77.6%로 가결.

2011.8.18. 연합뉴스TV, MBN의 폐업일 연기를 승인한 방송통신위원회를 상대로 '폐업일 변경신청 승인처분 취소' 청구 소송 제기. 당초 MBN은 종편 사업을 신청하면서 9월 30일 MBN을 폐업하고 10월 1일 종편을 시작하겠다고 밝혔으나 계획대로 진행되지 않자 MBN 폐업 연장 승인을 신청. 이에 방통위는 MBN의 폐업일을 당초 9월 30일에서 12월 31일로 연장하되 적어도 한 달 이상 앞당겨 폐업할 것을 권고하였음.

2011.8.18. 서울행정법원, 시민단체들의 정보공개청구를 거부한 방송통신심의위원회에 "개인정보를 제외한 나머지 자료를 공개하라"고 판결.

2011.8.22. 연합뉴스가 UN과 공동 개최하는 '유엔 새천년 개발목표(MDGs)를 위한 연합국제보도사진전'(YIPPA2011) 뉴욕전시회 맨해튼 유엔 본부 방문자 로비에서 개막. 한국 언

론사가 해외에서 개최하는 최초의 국제 공모 보도 사진전. 2012.3.25. 박정찬 연합뉴스 사장, 유엔과 함께 개최한 국제보도사진전 수익금 1억 원을 반기문 유엔 사무총장에게 기부금으로 전달.

2011.9.2. 대법원, 미국산 소고기 보도 관련 정운천 전 농림수산식품부 장관이 낸 명예훼손 소송으로 기소된 조능희 PD 등 MBC PD수첩 제작진 5명에게 무죄를 선고한 원심 확정. 9.5. MBC, 사고(社告)를 통해 광우병 보도 국민 사과문 발표, 뉴스데스크에서도 뉴스 시작 전 사과방송. 이어 「MBC, "PD수첩 책임 통감… 재발 방지 약속"」 제목의 머리기사와 「PD수첩 의미와 파장…"자유 누리되 책임져야"」 기사 연달아 방송. 9.6. MBC, 조선일보 중앙일보 동아일보 문화일보 등 종합일간지 4면에 「PD수첩 보도 사과드립니다」라는 광고 게재. 하지만 전국언론노조 MBC 본부는 긴급성명을 내고 사측의 사과 조치에 반발. 9.20. MBC, 미국산 소고기의 광우병 위험성을 보도한 PD수첩 제작진 5명 정직조치로 결방. 사측 결정에 반발한 시사교양 작가들이 PD수첩 집필을 거부. 이에 MBC노조는 인사위원회에 재심 청구한 뒤 받아들여지지 않으면 법원에 징계 무효 소송 내는 방안을 검토할 것이라 밝힘. 2012.8.6. 한국방송작가협회, 서울 여의도 MBC 사옥 앞에서 'PD수첩 작가 전원 해고 규탄 및 원상복귀 촉구대회' 열고 "MBC는 해고한 6명의 PD수첩 작가들을 즉각 복귀시키고 이에 대해 공식 사과하라"고 요구. 2014.1.10. 서울고등법원 민사1부, PD수첩 제작진 4명이 MBC를 상대로 낸 정직 처분 등 징계 무효 청구소송에서 원심과 같이 원고 승소판결. 또 징계 기간 동안 받지 못한 임금 지급을 항소심 재판에서 추가로 청구한 부분도 받아들여 조능희 PD에게 약 3,230만 원, 김보슬 PD에게 2,058만 원을 지급하라고 판시. 2016.7.14. 대법원 3부, 조능희 PD 등 PD수첩 제작진이 MBC를 상대로 낸 정정보도 청구소송 상고심에서 기존에 내보냈던 사과방송의 정정보도를 하지 않아도 된다는 원심 판결 확정. MBC는 2011년 9월 6일 "대법원이 PD수첩 보도내용 중 주저앉은 소를 광우병 소로 지칭한 부분과 미국 여성이 인간광우병으로 숨진 것처럼 언급한 부분을 허위라고 판결했다"며 사과방송. 이에 제작진은 "대법원이 '광우병 보도'를 허위보도라고 인정한 적이 없는데 회사가 허위내용으로 사과방송을 내보냈다"며 회사를 상대로 사과방송의 정정보도 요구 소송을 제기함.

2017.7.28. PD수첩 PD들은 경영진을 부당노동행위, 허위사실 유포에 따른 명예훼손 등의 혐의로 서울중앙지검에 고소. 사측이 제작 자율성 침해를 이유로 제작 중단을 선언했다는 이유. 8.2. 상시적 아이템 통제와 검열에 대한 저항으로 PD수첩 PD들이 제작중단에 돌입한 데 이어, 나머지 시사제작국 소속 기자 PD들도 동참의 뜻을 밝히며 3일부터 제작 중단 선언.

→ 참고, 2009.2.17. 이하.

2011.9.6. 국회 문화체육관광방송통신위원회(위원장 전재희), '신문 등의 진흥에 관한 일부 개정 법률안'(대안) 통과. 이 법안은 8월 31일 법안심사소위에서 한나라당 허원제, 김성동 의원, 민주당 전혜숙 의원이 각각 발의한 '신문 등의 진흥에 관한 법률 일부 개정안'과 민주당 전병헌 의원이 발의한 '신문 등의 지원 · 육성에 관한 특별법안' 등 4개의 법안을 병합 심사하여 통합 조정한 것. 주요 내용은 ◇청소년과 소외계층의 신문 읽기 지원 ◇신문의 진흥과 여론 다양성 보장을 위해 3년마다 신문발전 지원 기본계획 수립 ◇신문사의 경영여건 개선을 위한 국고 또는 언론진흥기금 지원 ◇뉴스콘텐츠의 저작물 이용계약 등.

2011.9.9. 방송통신위원회, 복잡하고 어려운 방송통신 용어를 이해하기 쉬운 우리말로 바꾸는 '하반기 우리말 순화어 온라인 공모' 실시. 방통위는 앞서 5월 상반기 공모로 일반 국민이 이해하기 어려운 전문용어 42개를 알기 쉬운 우리말로 순화하여 '펨토셀 기지국'은 '실내 기지국'으로, '보이스 피싱'은 '사기전화' 등으로 바꿈.

2011.9.9. 방송통신심의위원회, 소위원회 회의를 일반에 공개하기로. '방송통신심의위원회 회의공개 등에 관한 규칙' 개정안 공고. 이에 따라 그동안 비공개로 진행되던 방송심의소위원회, 통신심의소위원회, 광고심의소위원회 회의를 일반인이 방청할 수 있게 됨.

2011.9.14. 서울중앙지법, 인터넷 언론사 '민중의 소리'가 "계약해지 통보의 효력을 정지해 달라"며 네이버를 운영하는 NHN을 상대로 낸 가처분 신청 기각. 재판부는 같은 내용의 뉴스 기사를 반복해서 전송한 언론사에 대해 인터넷 포털사이트 네이버가 뉴스검색 제휴

계약을 해지한 것은 적법하다고 설명. 민중의 소리는 2010년 11월 NHN과 뉴스검색 제휴계약을 체결했으나 '동일뉴스 반복 전송 금지' 조항 위반에 따라 2011년 6월 계약해지 통보를 받자 가처분 신청을 제기한 바 있다.

2011.9.29. 한국신문협회(회장 김재호), '올해의 신문읽기 스타'로 임형주 팝페라 테너 선정. 임 씨는 15개의 신문을 구독할 만큼 '신문 마니아'로 알려졌으며 중앙일보와 미국 경제전문지 『포브스(Forbes)』에 「임형주가 만난 한국의 리더들」 코너를 연재한 바 있음. 또한 동아일보에서는 최연소 객원 고정 칼럼니스트를 맡고 있으며 경향신문에서는 최연소 자문위원으로 활동.

2011.9.29. 서울중앙지법, 노조 인터넷 게시판에 허위 글을 올려 회사 간부의 명예를 훼손한 혐의(정보통신망이용촉진 및 정보보호 등에 관한 법률 위반)로 기소된 노종면 전 YTN노조위원장에게 1심과 같이 벌금 300만 원 선고. 언론노조 YTN 지부장으로 활동하다 2008년 10월 해임된 노씨는 지난해 3월 정기 인사를 앞두고 류모 국장이 보도국장 후보로 거론되자 노조 사이트에 "류씨 때문에 YTN이 한 단체의 홍보매체로 전락한 적이 있고 그 일로 류씨는 보직 박탈됐다"는 내용의 글을 올려 류씨의 명예를 훼손한 혐의로 같은 해 8월 불구속 기소됨. 1심 재판부는 "YTN을 홍보매체로 전락시켰다는 표현은 사실에 대한 개인적 평가로도 볼 수 있으나, 류씨가 보직 박탈됐다는 부분은 사실이 아니다"라며 명예훼손 혐의를 인정, 벌금 300만 원을 선고한 바 있음. 2017.8.4. 전국언론노동조합 YTN지부, 이명박 정권 때 낙하산 사장 반대 투쟁을 하다 해고된 조합원 노종면 · 조승호. 현덕수에 대한 해직자 복직 협상 타결.

2011.11.1. 방송통신심의위원회, 보도자료 통해 팟캐스트(pod cast) 「나는 꼼수다」가 현행법상 방송심의 대상이 아니라 통신심의규정을 적용받는 통신심의 대상이라고 밝힘. 팟캐스트는 정보통신망 이용촉진 및 정보보호 등에 관한 법률의 적용을 받는데 이 법은 유통중인 정보가 음란, 명예훼손, 사이버스토킹, 해킹, 청소년보호법 위반, 사행 행위, 국가보안

법 위반 및 범죄를 목적으로 하거나 교사·방조하는 내용이 포함돼 있을 경우에만 심의하도록돼 있음. 11.18. 전국언론노동조합, 제21회 민주언론상 본상에 심사위원 만장일치로 「나는 꼼수다」(나꼼수) 선정.

2011.11.15. 한국편집기자협회, 초보 강사를 위한 NIE(신문활용교육) 가이드북 『NIE 선생님 첫걸음』 출간. 초보 강사의 입장에서 꼭 필요한 NIE의 이론적 배경, 수업진행 요령, 교수법을 체계적으로 다룸.

2011.11.16. 2010년 PD와 기자 통합 직종으로 선발된 KBS 37기 방송저널리스트 16명, 선발 평가를 거쳐 높은 점수를 받은 10명을 먼저 본사에 발령하겠다는 회사 측의 계획에 대해 순차 상경을 거부한다는 성명 발표. KBSPD협회, KBS기자협회가 이들을 지지하는 성명을 발표했고, 이어 전국언론노조 KBS본부도 조합원 총회 개최 계획.

2011.11.23. 방송통신위원회, 2012년부터 지상파방송의 24시간 방송을 허가하는 지상파 방송시간 규제 완화 추진 계획 발표. 2005년 낮 방송이 허용된 뒤 6년 만에 지상파 방송시간 확대.

2011.11.25. 미디어법 개정 반대 파업을 이끈 최상재 전 언론노조위원장, 1심에 이어 2심에서도 징역형 선고. 법원은 언론의 공공성을 위한 행동이었던 점을 고려했지만, 명예훼손과 집시법 위반, 공무집행 방해, 국회 회의장 소동 등에 대해서는 위법 사실 인정.

2011.11.27. 민주언론시민연합과 전국언론노동조합, '조중동방송 공동모니터단'을 구성하고 12월 1일 개국하는 종합편성채널(종편) 4곳 콘텐츠에 대한 언론단체의 공동 감시 체계 구축.

2011.11.29. 종합편성채널, 개국 이틀 앞두고 케이블TV 채널번호 확정. 채널 배정은 씨앤

엠의 경우 각 종편사에 자체 결정한 번호를 통보했고 티브로드, CJ헬로비전, CMB 등 3개 MSO는 종편사의 의견을 묻고 번호가 경합되면 추첨하는 방식으로 결정. 서울지역 최대 MSO인 씨앤엠(C&M)은 JTBC를 15번에 배정. 채널A 17번, TV조선 19번, MBN 20번. 티브로드(Tbroad)는 앞선 번호인 17번과 맨 뒤 번호인 20번을 채널A와 JTBC에게 절반씩 배정. 18번은 MBN, 19번은 TV조선으로 확정.

2011.11.30. 부산일보, 편집권 독립을 둘러싼 노사갈등으로 신문발행 중단. 노조와 편집국은 30일자 신문 1면에 이호진 노조위원장에 대한 해고의 부당성을 지적하는 기사와 관련 해설기사를 2면에 싣기로 하고 편집을 마무리했으나, 사측이 윤전기 가동을 중단시키면서 신문발행 중단. 홈페이지도 사측의 신문발행 중단조치와 함께 폐쇄. 부산일보의 신문발행 중단은 1988년 7월 편집권 독립 쟁취 투쟁 이후 23년 만. 12.1. 편집권 독립을 둘러싼 노사갈등으로 중단했던 신문발행을 편집국과 노조 주도로 하루만에 재개. 편집국과 노조는 1 일자 신문을 발행하고, 1면에 11월 30일자 신문발행 중단에 대해 사과문과 함께 머리기사「부산일보 제2의 편집권 독립운동」, 2면에 해설기사 게재 노사갈등 상황 설명. 폐쇄됐던 인터넷 사이트 '부산닷컴'도 정상 운영. 사측은 사장 선임제도와 관련 불법적인 노조활동을 했다는 이유로 이호진 노조위원장을 11월 29일 면직 통보에 이어 정수재단 사회환원 촉구 기사를 지면에 게재한 이정호 편집국장에 대해 30일 대기발령 처분. 그러나 편집국은 "이정호 편집국장 중심으로 신문제작을 계속한다"고 결의한 뒤 신문발행 단행. 이번 부산일보 사태는 부산일보의 지분 100%를 소유한 정수재단의 완전한 사회 환원과 사장선임 문제를 둘러싸고 벌어졌음. 정수재단 전신은 5.16장학회인데, 2005년 박근혜 전 대표가 재단 이사장에서 물러난 뒤 박 전 대표의 측근인 최필립 씨가 이사장으로 재직. 12.5. 편집권 독립문제로 기자들과 갈등을 빚어온 김종렬 부산일보 사장, 사표 제출. 2012.8.21. 부산일보, 업무방해와 건조물 침입 등의 혐의로 사회부장과 정치부장을 부산 동부경찰서에 고소. 노조는 경영권이 편집권을 장악하려는 의도라며 반발. 부산일보사는 2011년 11월부터 '정수재단의 지분 100% 사회 환원'을 촉구하는 노조 측과 갈등을 빚어왔음.

2011.11.30. 전국언론노동조합, '조중동 방송 특혜 반대, 미디어렙법 제정, MB정권 언론장악 심판'을 주장하며 총파업 돌입. 총파업에 맞춰 한겨레신문, 경향신문, 한국일보, 국제신문, 경남도민일보, 금강일보 등 일부 신문은 12월 1일자 지면 하단에 종편에 반대하는 뜻으로 백지광고. 광고 귀퉁이에 "우리는 조중동 방송의 특혜에 반대하며, 조중동 방송의 광고 직접영업으로 위기를 맞은 저널리즘을 지키기 위해 광고를 싣지 않습니다"라는 문구 게재.

2011.11.30. CJ헬로비전·씨앤엠·현대HCN서초방송·CMB한강케이블TV·티브로드강서방송 등 종합유선방송사업자(SO), SBS를 상대로 광고 재송신에 따른 수익을 반환하라며 '부당이득 반환 청구의 소' 제기. 한국케이블TV방송협회(회장 길종섭)는 지상파방송사가 케이블TV의 도움으로 형성한 시청자층을 바탕으로 연간 5,000억 원에 달하는 광고수입을 올리고 있다고 주장.

2011.12.1. JTBC, 채널A, TV조선, MBN 4개 종합편성방송과 보도전문채널 뉴스Y 개국. MBN이 0시에 가장 먼저 방송을 시작했고, JTBC, TV조선, 채널A 등 나머지 종편채널 3사도 오후 4시 전후 첫 방송 개시. 오후 5시 40분부터는 '종편채널 4사 공동 개국 축하쇼' 생중계.

2011.12.1. 방송통신심의위원회, 통신심의국 산하에 모바일 애플리케이션과 SNS를 심의하는 ①뉴미디어 정보심의팀, ②지상파 라디오심의팀, ③종합편성채널을 심의하는 방송심의 2팀과 더불어 심의제도를 보완하고 법적 소송에 대응할 수 있도록 조사연구실과 법무팀 신설.

2011.12.1. 전국언론노동조합 CBS지부(지부장 구용회), 자체 제작 중인 라디오방송을 중단하고 파업.

2011.12.7. 문화체육관광부와 한국방송광고공사가 발간한 『2011 광고산업통계』에 따르면, 광고 사업체 취급액 기준으로 지난해 광고산업 규모가 10조 3,232억 원을 기록해 최초로 10조 원 돌파. 2009년 9조 1,869억 원보다 12.4% 증가. 부문별로는 텔레비전, 신문 등 매체별 광고비가 7조 163억원으로 광고산업에서 68% 차지.

2011.12.9. 50여 개 언론 · 시민단체로 구성된 '조중동 방송 퇴출 무한행동', 조선 · 중앙 · 동아일보 종합편성채널(종편)을 방송법 위반 혐의로 서울중앙지검에 고발. '조중동방송 퇴출 무한행동'은 종편이 개국한 지 1주일이 지나도록 방송법 제4조 4항에서 정한 편성규약을 공표하지 않았으며, 또한 제87조 1항이 정하고 있는 시청자위원회를 뒤늦게 설치하거나 이제야 구성 중이라고 지적.

2011.12.13. 조상운 국민일보노조위원장, 서울지방노동위원회로부터 '부당해고' 판정. 조 위원장은 10월 6일 국민일보로부터 해사행위를 근거로 해고되었으며 이에 내부 인사위원회에 해고처분 이의신청을 제출했으나 12일 기각당하자 서울지방노동위원회에 제소.

2011.12.16. 방송통신위원회, 2012년 1월부터 회당 제작비가 2억 원 이상이거나 편성횟수가 120회 이상인 지상파방송 3사의 드라마에 협찬 고지를 허용하는 '협찬고지에 관한 규칙' 개정안 확정. 개정안은 드라마의 경우 위와 같은 중대형 드라마에 한해 협찬 고지가 허용되며 단막극은 제작비에 관계없이 협찬 고지 가능. 예능 프로그램은 회당 제작비 7,000만 원 이상, 교양프로그램은 회당 제작비 5,000만 원 이상인 경우에만 협찬 고지 허용. 협찬 고지는 방송의 시작과 말미에 협찬을 받은 회사를 고지하는 방식으로 광고주의 업체명이나 제품명을 노출하는 것으로, 과거에는 외주제작사에 대해서만 허용됐지만 2011년 8월 방송법 시행령 개정으로 지상파방송사들에도 문호 개방.

2011.12.16. SBS, 미디어법 총파업 관련 2심에서 유죄를 선고받았다는 이유로 최상재 전 전국언론노조위원장에게 대기발령 통보. SBS 측은 "형사사건으로 기소된 경우 대기를 명

할 수 있다"는 사규를 근거로 이 같은 조치를 취했으나, 개인 비리 이외에 형사 기소를 이유로 대기발령 조치를 받은 전례가 없고 사규 내용도 강제 조항이 아니어서 노사 간 갈등의 소지.

2011.12.19. 김정일 북한 국방위원장 사망. KBS는 특보체제 돌입, 24시간 관련 뉴스 방송. MBC, SBS도 특보체제. 신문사들도 긴급 상황에 들어가 국민일보는 2면 분량의 호외를 서울 시내에 2만 부 발행. 동아일보는 서울 등 주요 대도시에 4면 분량 호외 30만 부, 매일경제는 호외 2만 5,000부 배포.

2011.12.19. 정부와 방송사가 재난 상황에 기민하게 대응할 수 있도록 '중앙재난방송협의회' 출범. 협의회는 노영규 방송통신위원회 기획조정실장을 의장으로 정부 측에서는 국무총리실·행정안전부·소방방재청·기상청 등에서, 방송사업자는 KBS MBC SBS MBN YTN 등이, 산업계에서는 롯데정보통신·케이블TV협회 등이 참여.

2011.12.19. 한국방송통신전파진흥원(KCA), 방송통신발전기금을 기반으로 방송통신진흥기구로 확대. 전파진흥원이 운영 대행하는 방송통신발전기금은 금년 5,000억 원 대에서 내년에는 7,500억 원대로 50% 정도 증액 예정.

2011.12.19. KBS노동조합, 2011년도 임금교섭 결렬에 따라 12월 14일 근로시간 준수 준법투쟁을 시작으로 19일 0시를 기해 전면 총파업 돌입.

2011.12.21. 케이블TV 비상대책위원회(위원장 최용훈), 지상파 재송신 대가 산정에 대해 한국저작권위원회에 '저작권분쟁조정' 신청. 케이블 측은 KBS MBC SBS가 재송신 대가로 디지털케이블 TV 가입자 1인당 280원을 요구하고 있지만 이는 케이블의 난시청 해소 기여분을 계산하지 않은 것이라고 주장.

2011.12.23. 민주사회를 위한 변호사모임·민주화를 위한 전국 교수협의회·한국민족극운동협회 등 진보성향 법조인, 교수, 예술가 단체 회원 615명, 프레스센터에서 기자회견 열고 종합편성채널 출연 거부 등 '3불(불시청·불매·불참여) 운동' 선언

2011.12.23. 한국언론진흥재단, 언론인 대상으로 주택자금 등을 저금리로 대출하는 '언론인금고' 사업 확대 계획 발표. 이성준 재단 이사장은 "이미 내년 예산안에 언론인금고 출연금 100억 원이 편성되었고 추가로 국회 상임위에서 200억 원이 증액돼 현재 예결위에서 심의 중"이라고 밝힘. 재단 측은 총 300억 원이 증액되면 기존 370여억 원에 더해 총 600억 이상의 기금이 모일 것으로 예상.

2011.12.23. 뉴스통신진흥회, 이사장 오철호(전 연합뉴스 상무) 선출 및 총 7명을 3기 이사로 임명. 뉴스통신진흥회는 '뉴스통신진흥에 관한 법률'에 따라 국가 기간통신사인 연합뉴스의 경영 감독 등의 업무를 수행. 이사진은 국회의장 추천 3명, 한국신문협회와 한국방송협회 추천 각 1명 등 모두 7명으로 구성되며 대통령이 임명. 임기는 3년.

2011.12.23. 국민일보노조, 임금·단체협약 개정 협상 결렬로 파업 돌입. 국민일보 노사는 노조의 임금 7.5% 인상안과 사측의 3.5% 인상안이 맞서 합의점을 찾지 못함. → 참고, 2012.6.12.

2011.12.26. MBC 자사 미디어렙(방송광고판매 대행사) 출범 선언. "MBC는 대부분 광고로만 운영되는 방송사로, 독자 미디어렙을 통해 자율적인 영업활동을 보장하는 것이 마땅하다"고 주장.

2011.12.29. 한국ABC협회(회장 김영일), 1989년 창립 이후 처음으로 153개 일간신문의 2010년도 발행부수와 유료부수 공개. 전국 일간지는 44개 신문사가 조사 대상으로, 조선일보의 유료부수가 139만 3,000부로 가장 많았으며 뒤를 이어 중앙일보(98만 3,000), 동아일

보(86만 7,000부) 기록. ◇발행부수도 조선일보(181만), 중앙일보(131만), 동아일보(124만 9,000) 순으로 1~3위. ◇유료부수가 10만 부를 넘는 신문은 매일경제(62만 2,000), 한국경제(39만 4,000), 농민신문(28만 7,000), 스포츠조선(26만 8,000), 한겨레신문(22만 5,000), 국민일보(21만 2,000), 한국일보(20만 4,000), 경향신문(20만), 일간스포츠(18만 9,000), 스포츠동아(14만 2,000), 스포츠서울(13만 6,000), 문화일보(13만 3,000), 서울신문(11만 7,000)을 포함 모두 16개. ◇지역 일간지 97개 신문 중 유료부수가 10만 부를 넘는 신문은 부산일보(13만)와 매일신문(10만 5,000) 두 곳. 이어 국제신문(6만 5,000), 영남일보(4만 5,000), 강원일보(4만 3,000), 경인일보(3만 4,000), 경남신문(3만 2,000), 광주일보(3만 1,000), 강원도민일보(3만) 순. ◇무가지 12개 중에는 더 데일리 포커스(41만 8,000), 메트로(40만 9,000), 스포츠한국(23만 4,000), AM7(20만) 등 4개 신문이 발행부수 20만 부 이상.

2012~2013

노조 연쇄 장기 파업, 징계와 소송

2012.1.5. 문화체육관광방송통신위원회, 미디어렙 법안과 KBS수신료 관련 소위원회 한나라당 단독 처리. 민주당은 회의 끝나자마자 기자회견을 통해 KBS 수신료 소위원회 관련 안건의 처리를 비판하며 향후 소위원회에 참여하지 않을 방침을 밝힘. 2.1. KBS, 'TV수신료 긴급 기자회견'에서 "수신료 인상과 관련한 여론조사 결과 응답자 64%가 '수신료 인상을 조속히 처리해야 한다'는 의견을 밝혔다"며 국회에 조속한 인상안 처리 촉구. 2013.6.26. KBS 이사회 야당 측 인사, "합의에 근거하지 않은 일방적 수신료 인상안 논의에는 참석하지 않겠다"는 내용의 성명서 발표. KBS 야당 추천 이사 4명은 이사회에서 수신료 인상에 관한 최소한의 내부 논의도 진행된 바가 없다며 국민 모두가 납득할 만한 이유가 충분치 않은 경우 인상은 사실상 불가능하다는 입장을 밝힘. 2014.1.2. 국회 미래창조과학방송통신위원회 소속 민주당 노웅래 의원, KBS 수신료를 한국전력에 위탁해 전기요금에 포함시켜 징수하는 것을 금지하는 법안 발의. 개정안은 '공영방송수신료위원회'를 별도 구성해 수신료에 대해 심의 · 의결하고 수신료를 분배 받고 있는 KBS와 EBS는 타수익과 분리회계를 운영하도록 했음. 2.28. 방송통신위원회, 월 2,500원인 KBS 수신료를 4,000원으로 올리는 수신료 인상안 통과. 이경재 방통위원장은 야당 위원들의 반대 의견에도 불구하고 표결

처리 강행, 다수결에 따라 KBS가 제출한 수신료 인상안을 원안대로 의결. 7.21. 언론소비자단체, 시청자의 권리 회복을 요구하며 1994년부터 전기요금과 통합징수 해온 TV수신료의 분리징수를 촉구. 월 2,500원의 TV수신료는 한국전력공사가 KBS로부터 위탁받아 공공재인 전기요금과 통합 고지 및 징수. 2012년 KBS 수입에서 수신료가 차지하는 비중은 약 37%. 2015.10.30. 서울행정법원 제1부, 언론소비자주권행동이 KBS를 상대로 낸 TV수신료 분리고지 거부처분 취소소송 각하. 2016.6.15. 서울고법 행정6부, 언론소비자주권행동 회원 6명이 KBS와 한국전력공사를 상대로 낸 '수신료 분리고지 거부처분 취소' 소송 항소심에서 원고 항소를 기각하고 수신료 분리고지 청구 받아들이지 않음. 12.10. KBS 이사회, 임시이사회 열고 공영방송 수신료를 기존 월 2,500원에서 월 4,000원으로 올리는 안 의결. 이날 이사회에는 KBS 이사 11명 중 야당 측 이사 불참한 채 7명의 여당 측 이사만 참석. 인상안은 방송통신위원회로 보내지고 방통위는 60일 이내 검토한 후 의견 첨부해 국회 미래창조과학방송통신위원회로 보내야 함. 이후 인상안은 국회의 승인 절차 거쳐 시기와 요금 최종 확정. 12.12. KBS, 방송통신위원회에 수신료 인상안과 관련된 서류 제출. 2021.6.4. KBS가 수신료 인상을 요구하며 공영성 강화 차원으로 대형 프로젝트를 진행하겠다고 밝힌 가운데, 7년 만에 제작하는 대하드라마 '태종 이방원' 촬영 지원 등 문경시와 협약 체결. 7.1. KBS 이사회, 수신료 인상안(조정안) 심의. KBS 수신료 인상안을 현행보다 1,300원 높은 월 3,800원으로 확정.

2012.1.9. 방송통신위원회, 복수종합유선방송사업자(MSO)의 방송구역 제한 폐지 결정. 유선방송사들의 전국망 서비스가 가능하게 돼, MSO·IPTV 등의 유료방송 시장에서 치열한 가입자 유치전 전망.

2012.1.12. 방송통신심의위원회, 5개 홈쇼핑 방송프로그램을 분석한 『케이블TV 상품판매방송의 언어사용 실태 조사』 보고서를 통해 TV 홈쇼핑 방송이 불필요한 외국어를 지나치게 많이 쓰고, 비문법적인 문장과 부적절한 경어법 등의 사용으로 시청자들의 언어생활에 악영향을 주고 있다고 지적.

2012.1.13. 최상재 전 언론노조위원장, SBS 측의 부당 인사조치에 대한 사과와 시정을 요구하며 청와대 앞에서 1인 시위.

2012.1.16. MBC기자회, 비상대책위 특보를 내고 불공정 보도일지 공개. *강원도지사 엄기영 후보의 불법선거운동 축소 *농림, 환경, 국토, 노동장관 후보자 인사청문회 보도누락 *반값 등록금 외면 *4대강 사업 왜곡 *'KBS 도청 의혹' 축소 *PD수첩 판결 왜곡 *서울시장 등 재보선 보도 *내곡동 사저 의혹 누락 축소 *SNS와 한미 FTA 편파보도 *BBK 특종 누락 *김문수 119 논란 누락 *'미디어렙법' 자사 이기주의식 연쇄 보도 등을 불공정 보도로 열거.

2012.1.27. 최시중 방송통신위원장, "부하직원의 금품비리 연루에 책임을 느낀다"며 전격 사퇴 발표. 최 위원장은 2008년 3월 방송통신위원회 설립과 동시에 초대 위원장으로 취임. 2.22. 최시중 방송통신위원장, 4년여 임기 마치고 공식 사퇴. 3.9. 2대 방송통신위원장 이계철 취임.

2012.1.26. YTN노조, 배석규 사장 등 개인정보보호법과 통신비밀보호법 위반 혐의로 검찰 고발. 1.27. YTN 경영진, 노조 고발에 법적 대응을 검토할 것이라며 반격. 1.30. YTN노조, 조합원 84%가 배석규 사장의 연임을 반대한다는 사내 설문조사 결과 발표. 3.8. YTN노조, 해직기자 복직 요구, 배석규 사장 연임을 반대하며 48시간 파업. 3.9. YTN, 배석규 현 사장을 차기 사장으로 재선임. 3.15. 전국언론노동조합YTN 지부, 공정보도와 사내 민주주의 등을 요구하며 총파업 돌입. 사측은 이를 회사의 경영권과 인사권에 개입하려는 불법 파업으로 규정. 2017.3.16. 대법원 2부, 2012년 '공정방송 복원과 낙하산 사장 퇴진 및 해고자 복직'을 위한 파업을 벌이는 과정에서 임원실에서 연좌농성을 벌여 업무방해 혐의로 기소된 전국언론노조YTN지부 간부 3인에게 무죄를 선고한 원심 확정.

2012.1.27. KBS 95일 장기파업. KBS, 노조가 2011년 말 발행한 노보에서 욕설을 연상시키는 용어인 '시벌로마(施罰勞馬)'를 '올해의 사자성어'로 선정하고 부사장 등을 '올 한 해

노보를 빛내준 인간들'로 꼽아 모욕했다며 노조 전 집행부를 모욕 혐의로 고소. 4.20. KBS 중앙인사위원회, 새노조 소속 공정방송추진위원회 간사 최경영 해고 결정. 4.24. KBS 간부 22명, 보직 사퇴하고 총파업 동참. 6.6. KBS 노사, 총파업 93일 만에 '12월 대통령선거 공정보도'라는 큰 틀에서 잠정 합의안 도출. 6.7. KBS 파업 철회를 위한 노사 협상 사실상 타결. KBS 노사는 공정보도의 걸림돌로 인식돼온 대통령 라디오 주례연설을 폐지하고 시사프로그램을 강화키로 합의. 6.8. KBS와 전국언론노조KBS본부, 94일간 이어온 파업을 종료하고 업무 복귀. KBS는 "그동안 파업으로 인해 시청자들께 불편을 끼친 점을 깊이 사과드린다"며 현재 진행되는 여수엑스포와 다가올 대통령 선거방송, 런던올림픽, ABU총회 등 국가적인 행사에서 국가 기간방송의 역할과 소임을 다하겠다고 밝힘. 6.29. KBS 새노조가 주도하고 언론계, 노동계, 시민단체, 여성계 등 사회 각계 단체로 이뤄진 KBS 이사 추천위원회 대표단 6명 출범. 2017.4.28. 대법원 1부, 2012년 95일간 '공정방송 파업'을 벌여 업무방해죄 혐의로 기소된 전국언론노조KBS본부 당시 노조 집행부에 대해 무죄 선고.

2012.1.30. MBC노조, 김재철 사장 퇴진을 요구하며 총파업. 이어서 3.6. KBS, 3.8. YTN(부분파업)이 파업을 이어나가면서 3개 방송사 동시 파업과 제작거부에 나서는 초유의 사태가 벌어지다. 이들은 2.7. 공동투쟁위원회를 출범하면서 '공정방송 복원', '친정부 성향 사장 퇴출', '해고 언론노동자 복직 투쟁'을 기치로 내걸다. 5.25~26. '공정언론을 위한 1박2일 국민 희망캠프'를 열기도 했다.

2012.3.4. MBC 노사갈등. MBC 보도국 기자 166명, 박성호 MBC기자회장 해고와 양동암 영상기자회장 중징계에 반발 집단사직 결의. 3.5. MBC 부국장 10명 포함 보직 PD 무더기 사퇴와 함께 김재철 사장 퇴진 촉구. 노조는 "법인 카드를 사적인 용도로 쓴 의혹이 있다"며 김재철 사장을 업무상 배임 혐의로 서울남부지검에 고발. 그러자 사측도 노조와 집행부를 상대로 '불법 파업 때문에 회사가 피해를 입었다'며 30억원 규모의 손해배상소송을 서울남부지법에 제기. MBC 사측은 지난달 29일과 이달 5일 2차례에 걸쳐 박성호 기자회장(노조원)과 이용마 노조 홍보국장을 해고했고, 파업에 참가한 노조원 8명에게 정직 2~3개월 중징

계를 내렸다. 이에 MBC 보도국 기자 166명이 집단사직을 결의. 파업 여파로 뉴스데스크 등 뉴스프로그램은 파행 방송. PD들의 파업 참여가 잇따르며 「해를 품은 달」, 「무한도전」 등 결방. 3.12. 전국 18개 지역 MBC노조, 총파업 찬반투표 결과 찬성률 85.2%로 김재철 사장 퇴진과 공정보도 촉구하며 연대파업에 동참. KBS MBC SBS 등 지상파 방송사 구성작가협의회는 MBC노조 총파업 지지 성명. 3.19. MBC기자회 긴급 기자총회, 문철호 전 보도국장(현 베이징 지사장)과 이진숙 홍보국장 제명. 총회에는 1987년(보도본부 24기) 이후 입사한 MBC 기자 121명이 투표 참여, 찬성 115표, 반대 6표(찬성률 95%)로 제명 가결. MBC기자회는 성명서를 통해 박성호 기자회장 해고와 공정보도 훼손의 책임을 물었다고 제명 이유를 밝힘. 3.21. MBC 인사위원회, 이용마 노조 홍보국장 해고 확정. 3.25. MBC 예능국 부장 4명 집단 보직 사퇴. 이들은 사내 게시판을 통해 "사장과 방송문화진흥회(방문진)는 상황을 악화시킬 뿐 문제 해결에 아무런 진정성을 보여주지 않았다"며 사퇴 배경을 밝힘. 3.28. 방문진 임시 이사회, MBC 김재철 사장 해임안 부결. 야당 추천 이사들은 이에 반발 방문진 일정에 대한 보이콧 선언. 4.2. MBC아나운서협회·기자회 소속 아나운서와 기자 30여 명, 기자회견 열고 MBC 측의 프리랜서 앵커와 계약직 기자 채용 철회 촉구. 이에 사측은 특보를 내고 노조의 주장 반박. 4.2. MBC 인사위원회, 정영하 노조위원장과 강지웅 노조 사무처장을 해고하고 상새훈 노조 정책교섭국장, 구자중 전 광고국 부국장 정직 3개월, 홍혁기·허태정·이선태 부장 정직 2개월 등 모두 7명 징계 조치. 5.18. 서울 영등포경찰서는 MBC노조 정영하 위원장과 강지웅 사무처장, 이용마 홍보국장 등 노조 집행부 5명에 대해 파업 장기화에 따른 업무방해 혐의로 사전 구속영장 신청. 5.21. 서울남부지법 김기영 영장전담판사, 파업 중인 MBC노조 정영하 위원장 등 노조 집행부 5명에 대한 구속영장을 "증거를 인멸하거나 도주의 우려가 없다"며 기각. 5.25. MBC노조, 김재철 MBC 사장을 업무상 배임 혐의로 경찰에 추가 고발. 노조는 영등포경찰서 앞에서 기자회견을 열고 "김 사장은 공영방송사 사장이란 직위를 이용해 특정 무용가 J씨에게 수년간 특혜를 줬다"며 "김재철의 특정 무용가 '밀어주기'를 철저히 수사하라"고 요구. 5.29. MBC노조, 김재철 MBC 사장을 업무상 배임과 부동산실 권리자 명의 등기에 관한 법률 위반 혐의로 경찰에 고소. 5.30. MBC, 파업 기간에 보도국 농성을 주도했다며 박성호 기자회장 해고, 최형문 기자회 대변인 정직 6개월, 왕종명 기자 정직 1개월의 징계 결정. MBC노조는 "박성호 기자회장은 석 달 전 해고 징계를 받았다가 재심에서 정직 6개월을 받은 뒤 이번에 다시 해고됐다"면서 "파업 기간에 한 사람을 두 번이나 징계위에 회부한 것은 MBC 역사상 처음일 뿐만 아니라 해고 징계를 두 번 한 것 역시 전례에 없는 일"이라고 주장. 6.5. 업무방해 혐의로 김재철 MBC 사장이 고소한 정영하 MBC노조위원장, 이용마 노조 홍보국장, 강지웅 노조 사무처장, 김민식 노조 부위원장, 장재훈 노조 정책국장 등 노조 간부 5명에 대한 구속영장 재신청. 6.8. 서울남부지법, 파업으로 회사경영권을 부당하게 침해하고 프로그램 제작을 방해한 혐의를 받고 있는 정영하 MBC노조위원장 등 MBC노조 간부 5명 전원에 대한 사전 구속영장 재차 기각. 박강준 영장전담판사는 "지난번 영장 기각 이후 파업이 계속되고 있으나 파업은 노사 양측의 관계에서 발생한 것으로 그 해결 또한 어느 일방의 노력만으로 종결될 수 있는 것이 아니며 파업이 종결되지 않은 책임을 어느 일방에게 돌리기는 어려워 보인다"고 덧붙임. 7.25. KBS 「추적60분」, 'MBC 사태'를 다룬 '170일 만의 복귀, MBC파업 무엇을 남겼나' 방송. 2014.1.17. 서울남부지법, 정영하 전 MBC노조위원장 등 44명이 MBC를 상대로 제기한 해고 등 징계무효 확인 소송에서 원고 전원 승소 판결. 당시 MBC노조 파업은 공정방송이란 근로조건 개선을 요구한 것이므로 파업의 목적이 정당하다는 법원의 판단. 5.16. 서울남부지법, 지난 2012년 진행된 MBC의 170일 파업과 관련 업무방해 혐의 등으로 기소된 MBC노조 집행부에 대한 국민참여재판에서 무죄 판결. 재판부는 전후 사정과 경위를 비춰볼 때 사용자 입장에서 노조가 파업하리라는 것은 충분히 예측 가능했다며 불법 파업의 요건에 해당하지 않는다고 밝힘. 6.30. 법원이 MBC 해직언론인 6명에 대한 '근로자 지위보전 가처분 신청'을 인용하며 복직 명령을 내림. 2014.11.11. 최성준 방통위 위원장, 2013년 MBC 재허가 당시 방통위에서 부과했던 권고사항 준수를 위한 방안을 강구하겠다고 밝힘. 방통위는 MBC 재허가 당시 "2012년 파업에 따른 조직 안정화 방안을 마련하고, 방송프로그램 제작 차질 등이 발생하지 않도록 노력할 것"을 권고한 바 있음. 2015.7.9. 대법원1부, 이상호 기자가 MBC를 상대로 낸 해고무효 확인소송에서 "해고는 무효이며, 2013년 1월부터 복직 때까지 월 400만 원을 지급하라"고 판결한 원심 확정. • MBC, 대법원의 이상호 기자 해고 무효 판결에 대해 공식 입장을 내고 법원 결정에 따라 후속 인사조치를 진행할 것이며,

이상호 기자의 사규 위반행위에 대해 엄정한 조치를 취할 계획이라고 밝힘. 11.16. MBC, 지난해 대법원에서 징계 무효 판결을 받은 기자들에게 인사위원회를 열고 3년 전 타 언론과 인터뷰를 했다는 이유로 김혜성, 김지경 기자에게 정직 1개월, 3년 전 보도국 내부 게시판에 글을 올렸다는 이유로 이용주 기자에게 정직 3개월 중징계 결정. 2016.1.25. 최민희 더불어민주당 의원, 백종문 MBC 미래전략본부장이 '최승호 PD와 박성제 기자를 증거없이 해고시켰다'는 내용이 담긴 녹취 파일 공개. • MBC 4개 직능단체(MBC기자협회, MBC아나운서협회, MBC영상기자회, PD협회), 최승호 PD와 박성제 기자를 즉각 복직시키고 부당 전보를 당했던 MBC 구성원 모두를 원래 소속 부서로 복귀시켜야 한다면서 안광한 사장의 대국민 사과 요구. 1.26. MBC, 보도자료를 통해 '최승호 PD와 박성제 기자가 아무런 증거 없이 해고됐다'는 내용의 녹취록 공개에 대해, 그 내용이 왜곡된 것이며 이들의 해고는 적법하다고 강조. 5.2. MBC, 해고 무효 소송을 통해 복직한 이상호 기자에게 정직기간 동안 사측 몰래 다큐멘터리 「대통령의 7시간」과 「다이빙벨」 연출, SNS 활동으로 회사의 명예를 실추하고 품위 유지를 위반한 이유 등으로 정직 6개월 징계. 5.3. MBC 이상호 기자, 복직 후 정직 6개월의 중징계 받은 후 또다시 정직 6개월을 받고 MBC에서 사직. 5.20. MBC노조, 2012년 MBC 파업 과정에서 국정원이 개입한 정황이 드러나 국가정보원법 위반과 허위사실 적시로 인한 명예훼손 등으로 원세훈 전 국정원장과 국정원 직원들을 서울중앙지검에 고소. 2022.12.16. 2012년 MBC 파업 당시 MBC 직원들에 대한 검찰의 업무방해 혐의 기소와 관련 대법원이 상고를 기각하며 무죄 확정. → 참고, 2011.1.30. MBC 파업.

2012.2.1. 방송통신위원회, 케이블 TV MSO(복수종합유선방송사업자)의 방송구역 제한을 폐지하고 가입 가구 수 제한도 대폭 완화하는 방송법 시행령 개정안 확정.

2012.3.6. KBS MBC YTN 방송 3사 연쇄 장기파업. KBS새노조(제2노조) 파업. "공정방송을 해쳤다"며 김인규 사장 퇴진 요구. YTN노조도 총파업 결의. 8일부터 파업 예정. 3개 방송 동시 파업은 드문 일. 파업에 나섰거나 파업 직전인 3개 방송사 등 5개 언론사 노조는 '현직 사장의 사퇴'(MBC · KBS)나 '현 사장의 연임 반대'(YTN · 연합뉴스), '낙하산 신임 사장 반대'(서

울신문) 등 비슷한 주장을 내걸었다. 3.15. 강상현 교수(연세대, 차기 한국방송학회장), 권혁남 교수(전북대, 전 한국언론학회장), 김승수(한국언론정보학회장) 등 언론학자 93명, 연대서명 형식으로 '방송 독립성과 공정성 쟁취에 나선 방송인들을 지지하는 언론학자들의 견해' 발표. 이들은 KBS MBC YTN 언론인들의 파업이 정당한 투쟁이라며 국회가 방송 독립성과 공정성을 위한 법과 제도 개선에 나설 것을 요구. 4.29. 한국방송작가협회, KBS MBC YTN 방송 3사 파업 사태 해결을 위해 정부와 국회의 적극 개입 촉구 성명서 발표. 4.30. 문화체육관광방송통신위원회 소속 김재윤 의원(간사)과 장병완 의원 등 민주통합당 의원들, 최근 방송사 파업 장기화 사태와 관련해 방송통신위원회에 항의 방문. 문방위 민주당 위원들은 적극적인 사태 해결 촉구. 5.3. 김인규 사장 퇴진을 내걸고 파업 중인 KBS 새노조(전국언론노조 한국방송본부)에 1노조까지 '낙하산 사장' 선임 방지를 위한 방송법 개정을 요구하며 가세해 KBS 양대 노조가 처음으로 동시 파업 돌입. 6.8. 언론사 장기 파업 종료. KBS노조의 파업 종료를 시작으로 국민일보노조가 175일만인 6월 14일 업무에 복귀했고 연합뉴스 노조도 100일만인 6월 25일 파업을 종료하였으며, MBC 노동조합이 7월 18일 170일만에 업무에 복귀하면서 언론사 파업은 사실상 종료되다. 그러나 2012년 하반기부터 파업 참여자에 대한 징계 조치가 잇따랐다. KBS는 파업을 이끌었던 노조 집행부에 대해서만 징계를 내렸으나 MBC는 파업 참여 모든 구성원들에게 인사상 불이익을 주다. '김재철 사장 퇴진 투쟁'에 참여했던 노조원 전원(약 770여명)이 최하 등급인 R 등급을 받았다. 국민일보는 파업 참가 기자 4명을 해고.

2012.3.7. 한국케이블TV방송협회, '케이블TV 선거방송단'(단장 정호성 SO협의회장) 출범식 열고 자체 지역채널을 통한 선거방송 체제 돌입. 케이블TV 선거방송단에는 기자, PD 등 종합유선방송사업자(SO)들의 94개 지역채널 취재인력 450명을 비롯 1,500여 명의 지역채널 운영 인력 투입 예정.

2012.3.11. 민주통합당, 종합편성채널 선정 관련 특혜 의혹 규명 위한 청문회를 개최하고 미디어 분야 7대 공약 발표. ①언론의 정치적 독립성 및 표현의 자유 회복 ②MB정권의 종합

편성채널 승인 및 특혜 지원 심판 ③권력에 종속된 방송통신심의위원회 전면 개편 ④익명 표현의 자유 보호 ⑥시청자주권 현실화 ⑦신문산업 및 지역언론 활성화 지원 확대. EBS의 공적 역할 강화를 통한 대국민 서비스 확대.

2012.3.12. 방송통신위원회 · 한국인터넷진흥원, 해외 54개국의 10대 방송통신 전략품목별 시장정보를 담은 『국가별 방송통신 현황 2011』 발간 배포. 국가보고서 7권과 품목보고서 1권 및 CD로 구성된 이 보고서는 미주, 유럽 등 주요 시장과 아시아, 중남미, 아프리카 등 신흥시장의 국가별 방송통신 주요정책, 규제정보 등 정책현황 수록.

2012.3.21. 연합뉴스, 정기 주주총회와 이사회 열고 대주주인 뉴스통신진흥회가 사장 후보로 추천한 박정찬 현 사장을 대표이사 사장으로 공식 선임. 연합뉴스 노조는 곧바로 성명을 내고 연임저지에서 퇴진으로 투쟁 수위를 한 단계 올리겠다고 밝힘.

2012.4.4. 전국언론노동조합 · 언론개혁시민연대, 정정길 · 임태희 전 청와대 대통령실장과 정동기 · 권재진 전 청와대 민정수석 등 18명을 '언론장악 및 불법 사찰의 주범'이라고 주장하며 서울중앙지검에 고소.

2012.4.16. 전국언론노조 YTN 지부, 'YTN 불법사찰' 관련 배석규 YTN 대표이사 등 간부 4명을 증거 인멸과 부당노동행위 등을 공모한 혐의로, 당시 총리실 공직윤리지원관실 팀장과 조사관을 증거인멸과 공용물건 은닉, 개인정보 부당 사용 등 혐의로 검찰에 고소. 4.20. 전국언론노동조합 YTN지부 소속 50여 명, 여의도 새누리당 당사 앞에서 기자회견 열고 불법사찰을 통한 정권의 언론장악 사태 국정조사 요구.

2012.4.19. 언론중재위원회, 1981년부터 2011년까지 언론중재위원회의 발자취와 언론중재제도의 발전과정 등을 수록한 『언론중재위원회 30년사; 1981~2011』 발간.

2012.5.15. 방송통신위원회, 방송광고판매대행 등에 관한 법률(미디어랩법)에 따라 출범한 한국방송광고진흥공사 초대 사장에 이원창 한국방송광고공사 사장 선임.

2012.5.19. KBS 옴부즈맨 위원 6명 전원 사퇴. "옴부즈맨으로서의 역할을 효율적으로 수행할 수 없게 만드는 KBS의 구조적 한계에 참담함을 느낀다"고 밝힘. 6.29. KBS, 2기 뉴스 옴부즈맨 위원 위촉.

2012.5.23. 한국방송광고진흥공사 공식 출범. 한국방송광고공사를 승계하여 정부가 전액 출자한 자본금 3,000억원으로 출발. 기존의 무자본 특수법인에서 주식회사 형태로 전환.

2012.5.25. 방송통신위원회, 제18대 국회에서 처리하지 못한 방송법, 전파법, 전기통신사업법 등 3개 법의 개정안을 일괄 재추진하기 위해 입법예고 등 입법절차 진행.

2012.6.4. KBS 김인규 사장, 미국 국제TV과학예술기구(IATAS)가 주관하는 '국제 에미상 공로상' 수상자로 선정. 한국 방송인으로는 최초 수상. 김 사장은 아시아태평양방송연맹(ABU) 회장으로 활동 중.

2012.6.12. 국민일보노조 173일 파업 해제 결정. 노조는 2011년 12월 23일부터 2012년 6월 13일까지 '조용기 일가 퇴진'과 '편집권 독립'을 요구하며 파업 끝에 조합원 총회 찬반 투표로 노사 합의안 통과. 8.21. 국민일보사측, 173일간의 파업에 대한 책임을 물어 기자 4명 해고. 국민일보 사측은 회사 명예 실추와 해사행위 등을 이유로 해고 1명, 권고사직 3명, 정직 5명 등 노조원 13명에 대한 징계 확정. 2013.5.26. 서울행정법원, 조용기 목사 일가를 비판했다는 이유로 기자를 해고한 국민일보에 해고가 부당하다고 판결. 국민일보는 조상운 전 국민일보노조위원장이 2011년 10월 국민일보 조용기 회장을 비난하거나 비리 의혹을 제기해 회사의 명예를 실추시켰다는 이유로 해고. 조 전 위원장은 중앙노동위원회를 상대로 부당해고 구제재심판정 취소청구소송을 낸 바 있음. 2015.8.19. 서울고등법원 제15민

사부, 2012년 국민일보노조파업 이후 황일송 기자에게 내린 해고와 정직 처분은 징계 재량권을 일탈·남용한 것이므로 위법하다며 해고 무효 판결. → 참고, 2011.12.23.

2012.6.14. 경제정의실천시민연합(경실련), 서울중앙지방검찰청에 김재철 MBC사장을 부동산실명제 위반과 업무상 배임 혐의 등으로 고발.

2012.6.18. 남경필 의원 등 새누리당 의원 13명, MBC 대주주이자 사장 선임권을 가진 방송문화진흥회의 이사 임명방식 변경을 골자로 한 방송문화진흥회법 개정안 공동발의. 개정안은 현행법상 9명 이사 전원을 방송통신위원회(방통위)가 임명하지 않고 방통위와 여야가 각각 3명씩 동일한 인원을 추천토록 함. 또한 '낙하산 사장' 선임을 방지하는 차원에서 대통령 선거 때 후보자 당선을 위해 방송·통신·법률·경영 등 자문, 고문의 역할을 한 사람은 사장으로 추천될 수 없도록 하는 조항 신설.

2012.7.2. 이데일리, 이사회 열고 이데일리·이데일리TV 사장으로 김형철 전 시사저널 대표선임.

2012.7.5. 국가인권위원회, 지상파 방송사 홈페이지가 시각장애인의 정보 접근성을 충분히 보장하지 않고 있다고 지적하면서 웹사이트 개선을 권고. 인권위가 2011년 6월 지상파 방송 3사 홈페이지의 표준지침 준수 여부를 조사한 결과 이들 사이트는 '한국형 웹 접근성 지침 2.0'을 평균 36.4%만 지킨 것으로 나타났음.

2012.7.11. 방송통신위원회와 KT, SK텔레콤, LG유플러스 등 이동통신 3사, 전국 공공장소 1,000곳에 와이파이 구축을 마치고 본격적인 무료 와이파이 서비스 시작. 가입한 통신사에 관계없이 전국 관공서 민원실 400여 곳, 버스터미널·기차역·공항 등 100여 곳, 지자체 문화센터·도서관·체육시설 등 280여 곳, 국·공립 병원·복지시설 등 130여 곳, 관광지 등 40여 곳에서 무료로 무선 인터넷을 이용할 수 있음.

2012.7.18. 지역 언론사 기자들을 중심으로 한 한국지역언론인클럽(KLJC) 출범. KLJC는 국가의 지역발전정책 수립과 시행 과정에서 지역민들의 뜻을 대변하겠다는 취지에 공감한 전국 32개 지역 언론사 기자 100여 명이 가입.

2012.7.27. 방송통신위원회, MBC 대주주인 방송문화진흥회 이사에 김재우 현 이사장 등 9명, 감사에 고영주 변호사 선임.

2012.7.28. KBS, MBC, SBS 방송 3사, 런던올림픽 순차중계방송 실시. 순차중계방송은 방송 3사가 협정을 맺어 주요 관심 종목 12개를 중계하는 것으로 이번 올림픽이 사상 처음.

2012.8.2. 카카오, 카카오톡의 모바일 인터넷 전화(M-VoIP) '보이스톡'의 정식 서비스 시작.

2012.8.16. 민주통합당 신경민 의원, 언론법 개정안 국회에 제출. 방송통신위원회, 방송통신심의위원회, 공영방송(KBS, EBS, MBC)의 이사회 회의와 속기록 공개를 의무화 하는 내용. 방송법(KBS)과 한국교육방송공사법(EBS), 방송문화진흥회법(MBC) 등은 이들 방송사 이사회 회의 공개와 속기록 작성 · 공개의무를 규정하지 않고 있음.

2012.8.18. 인터넷을 통해 유통되는 뮤직비디오에 대한 등급분류 제도 시행. 이전까지 방송용 뮤직비디오의 경우 방송사의 자체 심의를 거쳤으나, 이번 법 개정으로 인터넷상에서 대가 없이 제공되는 뮤직비디오도 영상물등급위원회의 등급분류를 받게 됐음.

2012.8.20. 문화재청, 최초의 근대신문 한성순보를 문화재로 등록 예고. 또 최초의 근대 민간신문인 독립신문을 비롯해 협성회회보, 대한매일신보 등 신문 5건과 대조선독립협회 회보 등 잡지 2건도 문화재로 등록 예고.

2012.8.20. 한국언론진흥재단, 재단 50년, 월간『신문과방송』지령 500호를 맞아「이 시대

기자는 누구인가」를 주제로 기념 세미나 및 축하행사 개최.

2012.8.21. 부산일보, 업무방해와 건조물 침입 등의 혐의로 사회부장과 정치부장을 부산 동부경찰서에 고소. 노조는 경영권이 편집권을 장악하려는 의도라며 반발. 부산일보사는 2011년 11월부터 '정수재단의 지분 100% 사회 환원'을 촉구하는 노조 측과 갈등을 빚어왔음.

2012.8.21. 방송통신위원회, '방송광고 판매대행사업 신규 허가 법인'으로 미디어크리에이트를 선정. 미디어크리에이트는 SBS가 대주주인 방송광고판매대행 사업자. 이로써 방송광고판매 시장의 공민영 경쟁시대 시작.

2012.8.23. 헌법재판소, 방송통신위원회가 방송사업자에 대해 '시청자에 대한 사과' 처분을 내릴 수 있도록 한 방송법 조항이 헌법에 위배된다고 결정. 헌재는 "방송사업자에게 주의 또는 경고만으로도 공적 책임에 대한 인식을 지울 수 있다"면서, "시청자에 대한 사과 명령은 해당 사업자에게 신뢰도 하락 등의 불이익을 가져올 수 있다"고 설명. 헌재는 "이로 인한 사회적 신용이나 명예 하락 등 사업자의 인격권 제한 정도가 공익에 비해 가볍다고 할 수 없어 균형성 원칙에도 위반된다"고 덧붙임. 방통위는 2008년 12월과 2009년 1월 방송법 개정 문제를 다룬 MBC의 「뉴스 후」 프로그램이 객관성과 공정성을 위배했다는 이유로 '시청자에 대한 사과' 처분을 내린 바 있음.

2012.8.23. 헌법재판소, '인터넷 실명제(제한적 본인 확인제)' 위헌 결정. 헌재는 "인터넷 게시판 이용자의 표현의 자유, 개인정보 자기 결정권과 인터넷 게시판 사업자의 언론자유를 침해하는 것이어서 과잉금지의 원칙에 위배된다"고 판단. 헌재의 결정에 따라 2007년부터 악성 댓글 등 사회적 폐해를 막기 위해 실시됐던 인터넷 실명제는 시행 5년여 만에 폐지.
9.25. 중앙선거관리위원회, 정부과천청사에서 정당 및 포털, 인터넷협회 관계자들과 'E-clean 선거 실천협의회' 회의 개최. 헌법재판소가 8월 23일 인터넷 실명제 위헌 결정을 내린 데 대한 대처 방안을 모색하기 위해 마련된 자리로, 새누리당과 민주통합당을 비롯한

여야 4개 정당과 네이버 등 4대 포털, 인터넷 관련 5개 협회 관계자들 참석.

2012.8.31. 국내 롱텀에볼루션(LTE) 가입자 1,000만 명 돌파. 국내 전체 인구 5명 중 1명 꼴로 LTE 스마트폰을 사용하는 것.

2012.9.4. 한국방송통신전파진흥원(KCA), 공공·공익성 방송 프로그램에 10억 원 추가 지원 결정. 대상 프로그램은 정규 편성 확보가 어려운 주제를 담은 프로그램이나 국민적 관심이 집중된 현안을 주제로 하는 프로그램. 한국방송통신전파진흥원은 2012년 이미 110억 원의 예산을 들여 공모를 통해 100편의 방송 프로그램에 대한 제작을 지원한 바 있음.

2012.9.4. 제2차 해외한인방송인대회, '급변하는 TV방송 인프라에 대한 효율적 대처'라는 주제로 한국프레스센터에서 개막. 해외에서 활동하는 한인 방송인들이 고국에 모여 '글로벌 한민족 방송' 네트워크의 구축을 모색. 연합뉴스가 주최하고 방송통신위원회와 한국방송통신전파진흥원이 후원하는 이 대회는 미국, 호주, 중국 등 9개국 24개 한인TV 방송사 대표와 관계자 참석.

2012.9.7. 방송통신위원회, 지상파TV의 일일 방송 허용 시간을 19시간에서 24시간으로 변경하는 내용의 '지상파TV 방송운용시간 규제 완화안' 의결. 지상파TV 방송시간 규제는 1961년 KBS TV 개국 이후 51년 만에 폐지되는 것. 방통위는 심야편성 운영시간(01:00~06:00)에는 재방송 프로그램을 40% 이내, '19세 이상 시청가 방송프로그램'은 20%로 운용하도록 권고. 10.8. KBS 1TV, 24시간 종일 방송 시작. 방송통신위원회가 지상파 채널 방영시간 제한(19시간) 해제에 따른 것. KBS 1TV는 새벽 1~5시에 다큐멘터리를 재방송하거나 지역 소식, 스포츠 프로그램을 방영할 계획. KBS 2TV와 SBS도 방송시간을 단계적으로 늘리는 계획을 추진 중.

2012.9.10. 한국언론진흥재단, 세계 주요 국가의 미디어 이용조사 방법과 내용을 소개한

『세계의 미디어 이용 조사』 발간. 이 책은 미국, 영국, 프랑스, 일본의 대표적 미디어 이용 조사를 선정해 설문문항, 표본추출, 표본대체 등 조사 방법론을 소개하고 조사 결과를 분석.

2012.9.10. 서울중앙지검 금융조세조사2부, 인터넷방송국 애널리스트들이 특정 종목을 집중 추천해 주가를 올린 혐의를 포착하고 증권방송 4곳 등을 최근 압수 수색했다고 밝힘.

2012.9.19. 아리랑TV, '1억 수신가구 돌파 기념행사' 개최. 아리랑TV가 1997년 국내 케이블TV 채널로 첫 방송을 시작한 이후 16년 만에 수신가구가 1억 명을 넘어선 것을 기념.

2012.9.19. 광주MBC 노동조합, 광주MBC 사옥 앞에서 사장 출근저지 투쟁. 노조원 50여 명은 이날 집회에서 "이사진이 17일 서울에서 임시 이사회를 열어 이사회 소집권한을 대표이사에서 비상임이사로 변경하는 정관 개정안을 통과시켰다"며 "이는 서울MBC가 지역 MBC 이사회를 원하는 대로 소집하고 안건을 마음대로 올릴 수 있어 결국 지역사의 자율경영을 무너뜨리게 됐다"고 주장.

2012.9.24. 한국기자협회, 국방부와 공동으로 '국가 안보 위기시 군 취재 · 보도 기준'을 제정하고 한국프레스센터에서 김관진 국방부장관, 한국기자협회 회장단 등이 참석한 가운데 서명식 개최.

2012.10.4. 관훈클럽과 한국언론진흥재단, 해외 언론인 초청 연수 프로그램 공동 진행. 남아프리카공화국, 미얀마, 베트남, 에티오피아, 인도, 인도네시아, 태국, 터키, 필리핀 등 10개 국가 언론인 10명이 참여. 참가자들은 12월 22일까지 진행될 연수기간 동안 청와대와 외교통상부, 한국무역협회, 판문점 등을 방문하고 삼성전자와 현대자동차 등 주요 기업을 시찰, 불국사와 경복궁 등 문화 유적을 답사 예정.

2012.10.5. 서울남부지방법원, 대한항공이 인터넷 언론사 프라임경제를 상대로 제기한

손해배상 청구소송에서 원고 일부 승소 판결. 재판부는 2010년 12월부터 2011년 10월까지 해당 매체에 실린 대한항공 관련 기사 일부에 대해 명예훼손 혐의를 인정.

2012.10.15. MBC, 11월부터 평일 오후 9시에 방송되던 저녁종합 뉴스「뉴스데스크」를 1시간 빠른 오후 8시로 바꾸기로 임원회의에서 결정. 11.5. MBC, 저녁 종합뉴스「뉴스데스크」의 평일 방송시간을 오후 8시로 하여 첫 방송. 2010년 11월 6일부터 주말 시작 시간을 앞당긴 데 이어 2년만의 변경.

2012.10.22. MBC, 정수장학회 지분매각 협의를 보도한 한겨레를 상대로 정정보도와 2억 원의 손해배상을 신청하는 언론조정신청서를 언론중재위원회에 제출. MBC는 "한겨레가 MBC와 정수장학회의 통상적 업무 협의를 정치적 의도를 가진 것처럼 보도"했다고 주장.

2012.10.29. 세계한인언론인연합회(이하 세계한언)가 주최하는 '2012 추계 세계한인언론인대회' 서울에서 개막. 세계한언은 32개국 130여 개 한인 신문과 방송을 아우르는 글로벌 네트워크로, 이번 대회에는 미국, 캐나다, 중국, 일본, 프랑스, 영국, 홍콩, 칠레, 몽골 등 15개국에서 68명의 언론인이 참가. 이번 대회에선 연말 대선을 앞두고 재외동포 언론의 보도 공정성 확보와 글로벌 한국어 커뮤니티 구축을 모색. 2013.4.8. 세계한인언론인연합회, '대한민국 국가 브랜드 제고 및 재외동포 정체성 함양을 위한 동포 언론인들의 역할 모색'을 주제로 제12회 '세계한인언론인대회' 개최. 이번 대회에는 22개국에서 70명의 언론인 참가.

2012.10.29. 미디어전문지『미디어오늘』기자들, '편집국장 임명동의제'를 요구하며 파업 돌입. 전국언론노동조합 미디어오늘 분회는 편집국장 임명동의제와 관련해 미디어오늘 사측과 의견 대립 끝에 창간 17년 만에 첫 파업 돌입.

2012.11.8. 김재철 MBC 사장에 대한 해임안 방송문화진흥회 이사회에서 부결. 앞서 방문

진의 권미혁, 선동규, 최강욱 등 야당 측 이사 3명은 김재철 사장의 MBC 민영화 추진 논의, 리더십 부재 등을 사유로 해임안 제출. 11.15. 전국언론노동조합, 하금열 청와대 대통령실장과 김무성 새누리당 총괄선거대책본부장을 업무방해 혐의로 고소. 언론노조는 "이들은 막강한 지위와 권세를 이용해 MBC 인사문제에 개입해 김재철 사장 해임안을 부결시키도록 압력을 행사했다며 이는 MBC의 업무를 방해한 행위에 해당한다"고 주장. 2013.3.26. 방송문화진흥회 임시이사회, 김재철 MBC 사장 해임안 찬성 5표, 반대 4표로 가결. 방문진은 MBC가 사전협의 없이 지역 계열사와 자회사의 임원인사를 내정해 방문진 권한을 무시했다며 김 사장에 대한 해임안을 상정한 바 있음. 3.27. 김재철 사장, 사표 제출. 6.1. MBC 인사위원회, 김재철 전 사장의 해임을 풍자하는 내용을 내보낸 라디오 프로그램「최양락의 재미있는 라디오」PD 정직 6개월의 중징계 처분. 문화방송노조는 징계 당사자들과 논의 후 재심청구 등의 조처를 취하겠다고 밝힘. 2015.7.9. 서울남부지법 형사항소1부, 업무상 배임과 감사원법 위반혐의로 기소된 김재철 전 MBC 사장 항소심에서 벌금 2,000만 원 선고. 2016.3.25. 김재철 전 MBC 사장, 서울서부지방법원에 MBC를 상대로 2억 3,973만 원 규모의 특별퇴직 위로금을 요구하는 소송 제기.

2012.11.13. 지역신문발전위원회, '2012 지역신문 컨퍼런스'를 열어 지역신문의 우수사례를 공유하고 지원사업의 성과를 확인.

2012.11.23. 길환영 제20대 KBS 사장 취임. 신임 길 사장의 출근을 저지하려던 'KBS 새노조'와 'KBS노동조합'은 취임식이 열린 KBS 본관 2층 스튜디오 앞에서 농성을 벌이다 청경들과 충돌을 일으키기도. 노조에 따르면 길 신임사장은 오는 26일 취임식을 가질 것으로 알려졌으나 이날 오후 1시경 사내 통신망을 통해 갑작스럽게 취임식 진행을 공지. 이를 두고 KBS 양 노조는 "26일 양 노조가 길 신임 사장에 대한 '출근저지'를 예고하자 이날 오후 3시경 급하게 취임식을 개최한 것"이라며 "이는 노조를 따돌린 것"이라고 주장. 2014.5.24. KBS, 길환영 사장의 출근 저지 투쟁을 벌인 KBS새노조 조합원 8명 고소. KBS 본부와 KBS노동조합 조합원 200여 명이 진행한 '길환영 사장 출근저지 투쟁' 과정에서 폭력 행위가 발생했다는

이유. 2017.1.21. 검찰, 사장 출근저지 투쟁에 나섰다가 KBS 사측으로부터 업무방해 혐의로 고소된 전국언론노동조합KBS본부 전 집행부 및 조합원에게 징역 구형. 1.22. 전국언론노동조합, KBS 사측으로부터 고소되어 징역형을 구형 받자 검찰 비판 성명 발표.

2012.12.10. 제주일보, 만기가 돌아온 어음을 막지 못해 최종 부도처리 됨. 제주일보 측은 자체 운영자금을 마련해서 신문발행은 계속할 계획이라는 입장. 2013.2.21. 제주일보 김대성 회장, 제주일보의 옛 사옥 매각대금을 개인용도로 횡령한 혐의와 중앙일보가 제주판 인쇄를 위해 지급한 대금에 대한 사기 혐의로 구속. 7.4. ㈜천마, 제주일보 자산 공매에 단독 응찰해 낙찰자로 선정. 낙찰받은 자산 목록은 제주일보 신사옥 본사, 부속 건물, 윤전기 2대 등. 이번 공매는 제주일보가 국세와 지방세 등을 미납하자 1순위 채권단인 제주세무서가 한국자산관리공사에 공매 의뢰하며 이뤄짐.

2012.12.13. 방송통신위원회, 873만 435명의 고객 정보를 해킹당한 KT에 과징금 부과. 방통위는 KT의 해킹 사건 조사를 실시한 결과 제3자에게 개인정보 제공시 제공항목을 구체적으로 표시하지 않았다며 과징금 7억 5,300만 원 부과를 의결. 또 개인정보의 보호조치 의무 위반 등에 대해 KT에 시정조치를 명령하고, 개인정보 제3자 제공 시 불필요한 항목을 과다하게 동의받은 행위에 대해서는 개선을 권고.

2012.12.19. 지상파 3사, 제18대 대선에서 최대 규모의 출구조사 실시. 1996년 제15대 총선, 2010년 지방선거, 2012년 제19대 총선 이후 네 번째 공동 출구조사. 방송 3사는 이번 대선에서 360개 투표소, 8만 6,000명을 대상으로 출구조사를 실시할 계획. 투입조사원은 약 1,800명, 조사감독관만 120명.

2012.12.31. 아날로그 TV 방송 송출 종료. 우리나라 아날로그 TV 방송이 시작된 지 56년 만. 국내 지상파 방송사들은 31일 새벽 4시를 기해 전국의 마지막 아날로그 방송 지원 지역이던 서울과 수도권의 기계식 방송 송출 중단. 100% 디지털 지상파 TV 전국 시대 열림.

2013.2.7. 문화체육관광부 여론집중도 조사위원회, 신문 · 텔레비전 · 라디오 · 인터넷 등 4대 매체를 대상으로 실시한 여론집중도 조사 결과 발표. 조사에 따르면 KBS 계열이 29.0%로 가장 높았고, MBC계열(10.7%)과 SBS계열(7.5%)이 뒤를 이음. 조선일보(7.0%), 중앙일보(5.4%), 동아일보(5.3%), 매일경제(4.6%)가 그 다음 순위.

2013.2.18. 서울지방법원, 지상파 방송 3사가 티브로드와 현대HCN을 상대로 제기한 '지상파 재송신 금지 가처분소송'에서 케이블TV 방송사(MSO)의 지상파 재송신은 지상파 방송사들의 동시중계 방송권과 공중 송신권을 침해한다며 이들이 무단으로 지상파 방송을 재송신하면 하루 3,000만 원을 지급해야 한다고 판결. 3.12. 현대HCN · 티브로드, 신규 가입자에 대해 지상파 송출을 할 수 없다는 법원의 가처분 결정에 이의 제기. 서울중앙지법은 지상파와 재송신 계약을 체결하지 않은 케이블 TV업체 현대HCN과 티브로드에 50일 내로 신규 가입자에게 지상파 재송신을 할 수 없으며 이를 어길 경우 지상파 3사에 하루 간접 강제비 3,000만 원씩을 지불해야 한다고 판결한 바 있음.

2013.2.25. 박근혜 대통령 취임.

2013.2.28. OBS 노동조합, 임금 인상과 법정수당 지급 등의 요구가 받아들여지지 않아 파업 돌입.

2013.3.14. EBS, 재외동포재단과 교육용 콘텐츠 활용 협약 체결. EBS는 전 세계 1,900여 개 재외 한글학교에 EBS가 만든 한글 · 역사 · 문화 교육 콘텐츠를 지속적으로 제공할 계획.

2013.3.14. MBC노조, 직원들의 PC에 악성 해킹 프로그램을 깔았다며 사측 상대로 7,000만 원의 손해배상 소송 제기.

2013.3.17. 정부조직 개편안 협상 최종 타결. 20일 국회 본회의에서 처리키로 합의. 종합

유선방송(SO)과 IPTV, 위성방송 등 방송네트워크와 프로그램 공급자(PP)에 대한 규제·진흥 정책 기능이 미래창조과학부로 이관. 지상파 방송과 종합편성채널의 규제·정책 기능과 뉴미디어 방송 중 보도와 관련된 사항의 규제 권한은 현행대로 방송통신위원회가 갖게 됨. 여야는 방통위가 합의제 중앙행정기관으로 법적 지위 유지하고 소관 업무에 관해 법령 제·개정권, 예산의 관리 및 편성권 갖는 데 동의. 3.22. 정부조직법 개편안, 상정 52일 만에 국회 본회의 통과. 이로써 미래창조과학부와 방송통신위원회의 소관 업무를 놓고 벌인 여야 갈등 일단락.

2013.3.20. 방송사·금융사 전산망, 악성코드로 내부 전산망 동시 마비. KBS, MBC, YTN 등 방송사는 서버 마비로 프로그램 제작 등 업무에 차질. 3.26. YTN, 전 계열사 홈페이지 등 외부용 서비스 마비되는 사고 발생. 한국인터넷진흥원은 현장에 조사단 파견, 정확한 상황과 원인 파악. 3.29. 미래창조과학부, 3월 20일 발생한 사이버 테러 피해기관 시스템 복구. 정부는 민관군 합동대응팀 통해 조사 마치고 KBS, MBC, YTN, 신한은행 등 방송사와 금융사의 전산망 정상화. 앞으로도 비상대응체제 유지할 계획.

2013.3.21. 서울남부지법, MBC노조원들이 김재철 사장을 상대로 제기한 전보발령 효력정지 가처분 소송 일부 인용. 재판부는 "기자, PD, 아나운서 등 방송 제작에 관련된 노조원들이 발령받은 신사옥건설국, 미래전략실, 용인 드라미아 개발단 등의 부서는 방송 제작과 방영에 관련돼 있지 않은 부서"라며 업무상 필요에 의해 이뤄진 것이라 인정하기 어렵다고 밝힘. 4.5. MBC 임원회의, 파업 종료 후 업무와 무관한 부서에 배치됐던 보도국 기자 등 54명을 직무에 해당하는 기존 소속국으로 복귀 처리.

2013.4.1. 네이버, 뉴스 서비스인 '뉴스캐스트'를 언론사별 기사보기 기능이 강화된 '뉴스스탠드'로 전환 서비스 개시. 개별 기사 단위로 구성됐던 뉴스캐스트에서 언론사 홈페이지 상단을 그대로 반영한 형태로 바뀜.

2013.4.1. 무료신문 AM7, 무기한 휴간. AM7은 문화일보가 2003년 11월 창간한 무료 종합 일간지로 지난 3월 29일자 1면에「독자 여러분께 드리는 글」을 실어 휴간을 고지하고 창간 9년 4개월 만에 지령 2,339호로 사실상 종간 선언. 2014.4.30. 무료신문『포커스』, 종이신문 무기한 휴간. 포커스 신문은 모바일 기기 확산 등 미디어환경의 복합적 변화에 따른 조치라며 기약 없는 휴간의 변을 밝힘. 종이신문은 무기한 휴간이지만 온라인 신문은 계속 발행할 예정. 7.1.『데일리노컷뉴스』파산 신청. 데일리노컷뉴스는 CBS가 2006년 자회사 CBSi를 통해 만든 무료신문. 7.15. CBS,『데일리노컷뉴스』의 제호 사용을 놓고 '데일리 노컷뉴스' 측과 마찰. CBS는 노컷뉴스의 파산에 따른 법적인 책임이 없다는 이유로 제호 사용과 보상금 지급 등에 난색. 해고 통보를 받은 CBS 노컷뉴스 직원 30여 명은 직원들이 주주로 참여하는 사원지주회사를 설립해 데일리 노컷뉴스를 계속 발행하겠다며 CBS측과 제호 사용 등에 대해 협상. → 참고, 2009.5.29. 무료신문『데일리줌』신문발행 중단.

2013.4.3. 청와대, 기자들에게 '청와대 관계자'와 같은 익명 취재원 보도 관행 시정을 요구. 김행 청와대 대변인은 청와대 관계인의 말을 인용한 기사는 사실이 아닌 경우가 대부분이라며 언론사의 협조를 요청.

2013.4.15. 한국기자협회, 세계기자대회 개최. 이번 대회는 세계 각국 기자들이 저널리즘의 미래에 대해 논의하는 자리로 전 세계 74개국 110여 명 기자들과 서울주재 외신기자 30여 명, 국내외 기자 200여 명이 참석.

2013.4.17. 이경재 방송통신위원장 임명. 이로써 새 정부 출범 52일만에 조각 마무리.

2013.4.23. 문화체육관광부·한국잡지협회, '한류잡지 해외진출지원 사업' 대상으로 초록 번역 지원 대상 잡지 27종과 번역제작비 지원 대상 잡지 7종 선정. 2013년 처음 시행하는 이 사업은 우수 한류 잡지를 선정하고 번역을 지원해 해외시장 진출 기회를 제공하고자 기획. 초록번역 지원사업에는『객석』,『과학소년』,『메모리즈』등이 선정.

2013.4.25. 방송통신위원회, 위원장 및 상임위원들이 참여하는 전체회의 속기록을 공개하는 내용의 '방통위 회의운영에 관한 규칙' 개정안 의결. →참고. 2011.9.9. 소위원회 회의를 일반에 공개하기로.

2013.4.29. 한국일보노조 비상대책위원회, 장재구 회장을 업무상 배임 혐의로 고발. 기업구조개선작업(워크아웃) 과정에서 사옥을 팔고 회사 사옥으로 사용하기 위해 확보한 우선매수청구권을 사원들 몰래 포기하여 회사에 200여억 원의 손실을 끼쳤다는 이유. 노조가 장재구 회장을 배임 혐의로 고발하자 장 회장측은 5월 1일 편집국장을 포함해 비판적인 간부를 경질하는 인사 단행. 5.2. 한국일보노조, 신문 1면에「회장의 불법 인사를 거부한다」는 성명서 게재. 한국일보는 5월 1일자로 이영성 편집국장 및 주요 간부를 교체하는 인사발령을 냈음. 5.6. 한국일보, 편집국장 해임 찬반투표에서 98.9%가 해임 반대. 한국일보노조 비상대책위원회는 사측의 이영성 편집국장 보직 해임에 대한 찬반 투표 실시한 결과 재적 193명 중 167명이 투표, 165명(98.9%)이 반대했다고 밝힘. 한국일보 편집강령은 인사권자가 취임 1년 이내에 편집국장 보직 해임 시 편집국 재적 인원 3분의 2 이상이 반대하면 보직 해임 철회를 규정하고 있음. 5.21. 한국일보, 인사위원회 열어 이영성 편집국장 해고. 노조와 기자들은 편집국장 해임 찬반투표결과 투표 인원 98.9%가 반대하고 있어 해고는 무효라며 반발. 6.15. 한국일보 장재구 회장, 용역 동원해 편집국 봉쇄하고 기자들이 기사를 작성·송고하는 집·배신 시스템도 폐쇄. 한국일보노조는 장재구 회장을 배임 혐의로 검찰에 고발하고 사측의 일방적인 인사에 반발 사측과 대립해왔음. 6.17. 한국일보, 노사 대립 문세로 지면을 대폭 감면하는 비상조치 시행. 전체 지면이 줄어들고 대부분의 기사는 연합뉴스 등 통신사 기사로 대체. 6.21. 서울중앙지검, 퇴사한 기자 6명의 퇴직금과 연차수당, 휴일근무 수당 등을 지급하지 않은 혐의로 한국일보 이상석 부회장 기소. 7.1. 서울중앙지방법원의 주식회사 한국일보사 재산보전 처분 결정 및 보전관리인 선임 명령으로 한국일보 경영진의 권한 정지. 7.8. 서울중앙지방법원 민사합의50부, 한국일보 기자 151명이 6월 18일 한국일보를 상대로 낸 '취로방해금지 및 직장폐쇄해제 가처분 신청'을 일부 인용. 재판부는 한국일보사가 신청인들의 근로 제공을 거부해서는 안 된다며 한국일보 편집국에 출입할 것을 허용

하고 신문기사 작성, 송고 전산시스템 접속을 차단해서는 안 된다고 판결. 7.9. 한국일보, 편집국 폐쇄를 해제. 이에 따라 180여 명 기자들 한 달 만에 편집국 복귀. 한국일보노조가 제기한 가처분 신청을 법원이 일부 받아들인 결과. 7.17. 서울중앙지검, 한국일보노조가 배임 혐의로 고발한 장재구 회장 소환 조사. 7.30. 검찰, 장 회장에 대한 사전구속영장 청구. 8.5. 서울중앙지검, 회사에 200억 원대 손해 끼친 혐의(특정경제범죄 가중처벌법의 배임)로 장재구 한국일보 회장 구속. 장 회장은 2006년 서울 중학동 한국일보 사옥을 매각하면서 싼값에 새 건물에 입주할 수 있는 권리를 포기해 회사에 200억 원 상당의 손해 끼친 혐의. 한국일보 사태 일단락. 9.6. 서울중앙지방법원 파산 2부, 한국일보 회생절차 개시 결정. 재판부는 지난 8월 재산보전 결정 이후부터 한국일보의 보전관리인 역할을 맡아 온 고낙현을 제3자 관리인으로 선임. 이에 따라 한국일보는 누적된 부채 해소하고 경영정상화에 나설 전망.

2013.5.7. 방송통신위원회, 긴급재난방송 자동송출시스템 방송사를 기존 KBS, MBC, SBS 등 6개에서 10개로 확대. 자동송출시스템은 소방방재청 등 재난상황 요청 기관이 지진 등의 긴급 재난방송을 요청하면 방송사의 자막작업 거치지 않고 바로 TV 자막으로 송출되는 방식.

2013.5.8. KBS, 류현순 정책기획본부장을 신임 부사장에 임명. 류 부사장은 KBS 최초의 여성 부사장이자 지상파 방송사 최초의 여성 부사장.

2013.5.9. 방송통신심의위원회, 전체회의 열고 '고위층 성 접대 의혹' 관련 뉴스를 지나치게 선정적으로 방송한 TV조선과 JTBC의 보도프로그램에 각각 법정 제재인 '주의'와 '경고' 처분. 해당 프로그램들은 상황을 지나치게 구체적으로 묘사하거나 '포르노 영화' 등 선정적 표현으로 보도.

2013.5.10. JTBC, 손석희 성신여대 교수를 보도 담당 사장으로 영입 공식 발표. 9.12. 손석희 JTBC 보도담당 사장, JTBC 메인 뉴스프로그램 「뉴스9」 단독 앵커 맡아 첫 방송. 손 사장의 뉴스 복귀는 MBC 아침 뉴스 프로그램 진행 이후 14년 만.

2013.5.13. 공정거래위원회, 네이버가 운영하는 NHN의 본사에 대한 현장 직권조사 실시. 공정위는 네이버의 독점적 지위와 관련한 불공정거래 행위에 대해 전면 조사에 착수.

2013.5.15. 민주당 의원들, TV조선 방송프로그램이 5·18민주화운동의 의미를 훼손했다며 방송통신위원회에 심의 요청. TV조선은 탈북자를 출연시켜 "5·18은 북한 특수부대가 개입한 폭동"이라는 주장을 내보냄. 5.21. 채널A, 5·18 폄훼 논란 빚은 「김광현의 탕탕평평」 방송 내용 사과. 이 프로그램은 5·18 당시 북한군으로 광주에 투입됐다고 주장하는 탈북자의 인터뷰를 내보내 논란을 일으킨 바 있음. 6.13. 방송통신심의위원회, "5·18 광주민주화운동에 북한군이 개입했다"고 왜곡방송을 한 채널A 종합뉴스와 TV조선 「장성민의 시사탱크」에 법정제재인 '경고 및 관계자 징계' 결정.

2013.5.22. 비영리 독립언론 뉴스타파, 국제탐사보도언론인협회(ICIJ)와 공동으로 진행한 '조세회피처 프로젝트' 1차 취재물 결과 발표. 뉴스타파는 조세회피처에 계좌를 보유한 한국인 명단 공개.

2013.5.22. 서울남부지법, KT 스카이라이프의 일부 지상파 HD방송 재송신 중단으로 피해를 봤다며 가입자들이 낸 손해배상 청구소송에서 일부 승소 판결. "피고는 원고들이 선택해 가입한 상품의 HD방송을 그대로 제공할 의무를 다하지 못했다"며 소송 제기한 가입자의 가입 형태에 따라 3.5%~8%를 배상하도록 결정.

2013.5.27. 한국ABC협회, 2011년 7월~2012년 6월 1년간 주간지의 호당 평균 유가부수 발표. 시사IN은 4만 6,916부의 유가부수로 경제 주간지를 포함한 주간지 분야 판매량 1위 기록. 2위는 한겨레21(4만 2,394부), 매경이코노미(4만 1,935부), 시사저널(3만 4,790부), 주간경향(2만 4,003부)이 뒤를 이음.

2013.6.1. 프레시안, 주식회사에서 '직원+소비자' 협동조합으로 전환을 결정하고 창립총

회 개최.

2013.6.12. 한국신문협회, 피해 당사자가 아닌 언론중재위원회가 직접 정정보도를 청구할 수 있도록 규정한 '언론중재 및 피해구제 등에 관한 법률' 개정안을 폐기해야 한다는 의견서를 국회 교육문화체육관광위원회에 제출. 신문협회는 개정안이 언론의 자유로운 활동을 과도하게 제약하고 중재기관이 언론에 정정보도를 강제함으로써 헌법상 과잉금지 원칙에 위배된다고 지적.

2013.7.25. 방송통신위원회, 아시아나항공의 여객기 착륙사고를 보도하면서 "사망자가 한국인이 아니어서 다행"이라는 진행자의 발언을 내보낸 채널A 「뉴스특보」에 대해 '프로그램 관계자 징계' 및 '경고'를 결정. 이는 재허가 심사 때 4점 감점되고 법정제재에 해당하는 중징계.

2013.7.26. 한국방송협회 정기총회, 임의단체로 활동했던 협회를 사단법인으로 전환하는 안을 가결. 1974년 2월 한국방송협회가 31개 회원사로 창립된 지 39년 만.

2013.8.20. 서울중앙지법, 'MBC-정수장학회 비밀회동'을 단독 보도 통신비밀보호법 위반혐의로 기소된 한겨레 최성진 기자에 1심에서 선고유예 판결. 재판부는 최 기자가 지난해 10월 당시 최필립 정수장학회 이사장과 이진숙 MBC 기획홍보본부장, 이상옥 MBC 전략기획부장의 대화를 청취한 행위에 '유죄', 녹음과 보도를 한 부분은 '무죄' 판결. 검찰은 최 기자에게 징역 1년을 구형. 2016.5.12. 대법원 3부, 통신비밀보호법 위반혐의로 기소된 최성진 한겨레 기자에 징역 6월과 자격정지 1년의 선고를 유예한 원심 확정.

2013.8.27. MBC노조, 지역사 상여금 미지급 사태에 대해 서울 여의도 MBC 사옥 앞에서 기자회견. MBC노조는 "MBC 초유의 임금 체불 사태"라며 김종국 사장과 MBC 본사를 규탄. 지역사 상여금 미지급 사태는 지난해 5월 대전MBC에 이어 7월 14개 지역사로 확산. 상여금이 일방적으로 미지급된 건 이례적. 8.28. MBC노조, 사측의 임단협안에 대한 거부의사 표

명. 노조는 "사측이 수십년간 지급해 온 급여를 '성과급'으로 바꾸려는 시도를 하고 있으며, 단체협약안에서 '공정방송' 관련 조항을 삭제하는 등 '노조 무력화'에 나섰다"고 주장.

2013.9.2. 매일경제, 매경e신문이라는 이름으로 국내 일간지 가운데 최초의 유료 서비스 개시. 구독료는 월 1만 5,000원. 종이신문과 함께 구독할 경우는 월 2만원. 11.11. 한국경제, 프리미엄 기사 등을 인터넷으로 유료 서비스하는 한경플러스 개시. 매경e신문에 이은 일간지 중 두 번째 유료화 시도. 월 구독료는 1만 5,000원. 11.18. 내일신문, 국내 언론사 최초로 온라인 기사 전면 유료화 단행. 네이버 등 포털사이트 기사 공급도 전면 중단.

2013.9.6. 조선일보, 1면 머릿기사로 채동욱 검찰총장이 혼외 아들을 숨겨왔다고 보도. 커다란 파장을 일으키며, 언론계에는 인권보호와 공직자 검증 등 저널리즘 차원의 문제제기가 이어짐.

2013.9.12. 방송통신심의위원회, 국정원 선거개입 사건에 대한 뉴스 프로그램의 보도를 비판적으로 내부 평가한 KBS「TV비평 시청자 데스크」에 대해 비평 대상인 보도 책임자에 반론권을 부여하지 않고 패널 섭외에 편향성이 존재하는 등 공정성 조항을 위반했다며 행정지도에 해당하는 권고 조치 내림. 시청자 의견 수렴을 위한 옴부즈맨 프로그램을 공정성 잣대로 문제 삼은 것은 과도한 제재란 지적.

2013.9.26. 헌법재판소, MBC가 낸 '방송광고판매대행 등에 관한 법률'(미디어렙법) 헌법소원 심판청구 사건에 대해 재판관 전원일치 의견으로 합헌 결정.

2013.9.29. SBS, 합법적 방송 콘텐츠 유통과 다양한 부가서비스를 제공하는 '실시간 워터마크 송출 시스템'을 구축, 방송 콘텐츠 보호신호를 전국에 24시간 송출 예정. 워터마크는 저작권 정보 등을 눈에 보이지 않게 오디오·비디오 신호에 삽입하는 기술. 비디오 워터마크 기술이 방송사 주조정실에 적용돼 실시간 생방송은 세계 최초.

2013.10.18. 연합뉴스, 서울 수송동 신사옥 입주. 연합뉴스는 노후한 구사옥 헐고, 연면적 47,041.09㎡(14,229.92평), 지하 4층 · 지상 17층 규모의 신사옥 완공.

2013.10.27. 유승희 민주당 의원, 종합편성채널의 광고매출 성장률이 지상파방송보다 30배가 넘는다고 밝힘. 지상파 광고매출액은 2012년 대비 2013년 9월까지 662억 원이 감소해 마이너스 성장률(-6%)을 기록하고 종편은 같은 기간 광고 매출 성장률이 전년 대비 평균 29.3% 상승.

2013.11.7. 세계한인언론인연합회, 추계 세계한인언론인대회 개최, 17개국 60여 명의 한인 언론인 참가. 세계한인언론인연합회는 32개국, 63개 도시의 130개 한인 신문과 방송을 아우르는 글로벌 네트워크.

2013.11.8. 뉴욕타임스, 한국 문화 관련 콘텐츠만을 담은 8페이지 분량의「인사이드 코리아」를 선보임. 광고기획 형식으로 제작됐으나 뉴욕타임스가 해외 특정 국가의 문화를 전담해 알리는 별도 섹션을 편성한 것은 이번이 처음.

2013.12.9. 방송통신위원회, 전체회의 열고 2013년 12월 말 허가 유효기간이 만료되는 38개 지상파에 대해 OBS를 제외하고 재허가 의결. OBS는 심사 결과, 조건부 재허가나 재허가 거부가 가능한 650점 미만을 받음. OBS가 재무 구조 개선 위한 재원 확보 계획을 내놓지 못할 경우 지상파 방송 사업자 지위를 잃게 됨.

2013.12.00. 한국방송광고진흥공사(KOBACO, 이하 코바코), 2013년 말 언론진흥재단에 계약 해지 통보. 특히 코바코가 언론진흥재단을 상대로 '프레스센터 관리권 관련 부당이익금 반환'을 요구하는 민사조정신청(2016.6)과 민사소송(2017.1.)을 내면서 갈등의 골이 깊어지다. → 참고, 2017.11.18.

2014~2014

세월호 보도의 쟁점과 청와대 개입

2014.1.7. 서울지방지법 민사합의14부, KBS가 이른바 '윤창중 보도지침 논란' 기사로 명예를 훼손당했다며 한겨레와 경향신문을 상대로 낸 소송에서 원고 패소 판결.

2014.1.10. 국가인권위원회, 지상파방송 4개사를 비롯한 방송에서 이주민 및 외국인에 대한 차별적 표현이 심각한 것으로 조사돼, 이들 방송에 유의를 당부하고 차별적 표현이 방영되지 않도록 구체적 방안 마련을 권고.

2014.1.23. 방송통신위원회, 올해 강원, 대전, 인천에 시청자미디어센터를 개관하고 2015년에 서울 성북, 울산센터 개관 예정임을 발표. 시청자미디어센터는 시청자가 직접 방송을 만들고 참여할 수 있도록 돕는 시설로 2005년 부산, 2007년 광주 센터 개관.

2014.1.23. 한국언론진흥재단, 2014학년도 1학기 '대학 신문읽기 강좌' 지원 대상으로 20개 대학 선정. '대학 신문읽기 강좌'는 신문 읽기에 대한 대학생들의 관심을 높일 수 있도록 하는 정규 강좌를 지원하는 사업으로 2010년에 시작. 선정된 대학에는 강사료 등 500~600만 원을

지원.

2014.1. CBS「김현정의 뉴스쇼」, 천주교 정의구현사제단 박창신 신부와의 인터뷰. 방송통신심의위원회로부터 법정제재인 '주의'를 받음. 박창신 신부는 2013년 11월 국정원 대선개입 관련 시국미사에서 박근혜 대통령 퇴진 등을 주장해 논란이 됐던 바 있음. 7.11. 참여연대 공익법센터, 방송통신위원회로부터 법정제재를 받은「김현정의 뉴스쇼」를 대리해 서울행정법원에 제재 취소 행정소송과 집행정지 가처분 신청. 2015.8.19. 서울고등법원 제11행정부, CBS가 방송통신위원회(방통위)를 상대로 김현정의 뉴스쇼에 대한 제재를 취소해 달라고 낸 행정소송 항소심에서 방통위의 항소를 기각함으로써 방통위의 '주의' 제재 위법 판결. 2015.12.23. 대법원 특별2부, 박창신 천주교 정의구현사제단 원로신부를 인터뷰했다는 이유로 방송통신위원회가 CBS 김현정의 뉴스쇼에 법정 제재 결정을 내린 결정은 부당하다고 판결.

2014.2.5. 민경욱 KBS 앵커, 청와대 대변인 임명. 임명 당일 오전까지 보도국 편집회의에 참여해 KBS 윤리강령을 위반한 것이란 논란 일기도. KBS 윤리강령은 "KBS인 중 TV 및 라디오의 시사프로그램 진행자, 그리고 정치관련 취재 및 제작담당자는 공영방송 KBS 이미지의 사적 활용을 막기 위해 해당 직무가 끝난 후 6개월 이내에는 정치활동을 하지 않는다"고 규정.

2014.2.6. 서울고등법원, 참여연대가 정부와 이동통신사 등을 상대로 낸 정보공개거부처분취소소송에서 "통신요금 원가 산정 근거자료 일부를 공개하라"고 판결. 영업비밀로서 가치가 크지 않은 반면 이동통신사의 독과점적 지배구조와 과다한 영업이익, 마케팅 비용에 의한 소모적 경쟁으로 발생한 통신요금에 대한 국민적 불신을 해소하는 공익적 요청이 더 크다는 이유.

2014.2.13. 강릉·삼척MBC, 이사회에서 합병 공식 승인. 두 회사 합병은 강릉MBC가 삼

척MBC를 흡수합병하는 방식으로 합병하기로. 이번 합병은 진주·창원MBC가 강제 통폐합 방식으로 추진된 것과 달리 노사가 합의한 자발적 합병. 11.28. 방송통신위원회, 강릉MBC와 삼척MBC 합병을 승인한 가운데 언론노조 MBC본부는 구성원들의 생존권 보장 등 노사 합의사항 이행을 사측에 촉구. 노조가 발표한 성명은 "이번 합병이 양사 노사 간 합의가 진행되면서 '강제 통·폐합'이라는 형식은 비켜갔지만 구성원들이 동의할 수밖에 없었던 사실을 상기해야 한다"고 밝힘. 2015.1.1. MBC강원영동(강릉·삼척MBC 통합사) 출범.

2014.2.24. 전국언론노동조합 MBC본부, 안광한 MBC 신임 사장 첫 출근에 침묵시위로 반발. 조합원 30여 명은 검은색 엑스(X)표가 그려져 있는 하얀색 마스크를 쓰고 정문 앞에서 시위.

2014.3.20. SBS미디어렙인 미디어크리에이트, 2013년 순이익이 영업 개시한 2012년도보다 70% 감소. 지상파 3사 중 KBS와 MBC의 방송광고를 대행하는 코바코는 2년 연속 적자. 미디어 크리에이트와 코바코 경영실적이 나빠진 원인은 지난해 경기침체와 지상파의 시청점유율 하락 등이 작용한 것으로 보임.

2014.4.1. ㈜MBC플러스미디어와 ㈜MBC스포츠 합병. MBC플러스미디어가 MBC스포츠를 흡수하는 방식으로 진행.

2014.4.3. 방송통신심의위원회, 국정원의 서울시 공무원 간첩 증거 조작 파문을 다루며 사건 당사자인 유우성을 출연시킨 JTBC「뉴스 큐브 6」에 대해 '해당 방송프로그램의 관계자에 대한 징계 및 경고'를 의결. 이는 '과징금' 다음으로 높은 수위의 법정 제재. 방통심의위는 재판이 진행 중인 사안에 대해 일방 당사자만 출연시켜 일방적 주장만을 위주로 확인되지 않은 내용을 단정적으로 방송해 시청자들을 혼동케 할 우려가 있다는 등의 이유를 밝힘.

2014.4.4. 삼성전자, 전자신문과 전자신문 기자들을 상대로 정정보도와 3억 원의 손해배상 청구소송 제기. 삼성전자는 전자신문 3월 17일자 「출시 코앞 갤럭시S5, 카메라 렌즈 수율 잡기에 안간힘」 보도가 사실이 아니라며 정정보도 요구 공문 보냈으나, 전자신문 기자는 충분한 취재를 거쳤고 팩트에 기반한 기사였다며 거절. 4.6. 전자신문, 삼성전자가 제기한 손해배상 청구소송에 대해 진실을 밝히기 위해 정정당당하게 나갈 것이란 공식 입장 밝힘. 전자신문은 삼성전자가 거래해온 핵심 협력사들을 장기간 취재해 사실에 근거한 문제점을 찾아냈다며 오보가 아니라는 주장. 10.1. 삼성전자와 전자신문이 반년 동안 이어온 '오보 논쟁', 결국 전자신문이 사실상 오보를 인정하면서 마무리.

2014.4.5. 대법원 2부, CJ헬로비전이 복수방송 채널사업자(MPP)들에게 자신들이 발행하던 잡지의 광고 지면을 구입하도록 한 행위에 공정거래위원회가 과징금은 부과한 것은 부당하다고 판결. CJ헬로비전은 MPP로부터 받은 광고비를 모두 광고회사에 지급했기 때문에 CJ헬로비전이 얻은 이득은 거의 없고 광고 구입 요청에 응하지 않은 MPP 사업자들도 불이익을 받지 않았다고 설명. CJ헬로비전은 2007년 2월부터 2008년 9월까지 자신들이 거래 중인 9개 MPP에 발행하던 잡지의 광고 지면을 구입하도록 하는 방식으로 9억 3,800만 원의 광고비를 부담하게 한 바 있음. 공정위는 이 같은 행위가 '구입 강제행위'에 해당한다면서 시정명령 및 과징금 300만 원 부과.

2014.4.7. YTN, 남대문 사옥에서 서울 상암동 디지털미디어 시티의 신사옥 'YTN 뉴스퀘어'로 이전.

2014.4.8. 최성준 제3기 방송통신위원회 위원장 취임.

2014.4.17. 세월호 침몰과 보도. CNN·로이터통신 등 주요 외신 주요 뉴스로 보도. 이들은 실종자 생존 여부에 주목하며 사고 현장 모습을 실시간으로 전함. 로이터통신은 "세월호 탑승 승객 중 290명의 생사가 여전히 불분명하다며 20여년 만의 최악 해상 사고"라고 전함.

4.20. 한국기자협회, '세월호 참사 보도 가이드라인' 발표. 기자협회는 세월호 침몰사고에 대해 절제된 보도가 필요함에도 일부 언론이 왜곡된 속보 경쟁, 부정확한 보도로 국민적 불신을 초래했다는 판단에서 가이드라인을 제정. 4.23. 한국방송기자연합회, 단원고 취재 관련 긴급 가이드 라인 발표. 학생들에 대한 근접 취재나 인터뷰, 녹취 시도 등을 자제하도록 요청. 7.24. KBS, 세월호 참사 100일 맞아 세월호 참사에서 드러난 '언론의 민낯'을 주제로 특집을 이틀에 걸쳐 방송. 「KBS 파노라마」는 세월호 참사로 희생된 안산 단원고 2학년 학생들의 이야기를 담은 「18살의 꿈, 단원고 2학년 3반」, 세월호 참사 보도 행태를 다룬 「고개 숙인 언론」 방송. 8.21. 현업 언론인들과 언론단체, 언론노조 · 한국기자협회 · 한국PD연합회 · 민언련 · 언론연대 · 언소주 등 13개 단체, 서울 광화문광장에서 기자회견. '제대로 된 세월호 특별법 제정' 촉구. 2015.1.8. 방송기자연합회 저널리즘특별위원회 재난보도연구분과, 『세월호 보도 저널리즘의 침몰』 발간. *세월호 보도 참사의 유형과 문제점 *재난 시 영상취재 현실과 개선 방안 *재난보도와 '심리적 외상' *반성과 다짐 그리고 제언 등 총 4장으로 구성. 2016.1.21. 서울고법 행정7부, 방송통신위원회가 세월호 수색을 위한 구조장비 '다이빙벨' 투입 필요성을 제기한 JTBC 뉴스에 대해 징계를 내린 것은 정당하다고 판결. 재판부는 해당 보도에 대해 "문제된 인터뷰 내용을 통해 재난 등에 대한 불명확한 내용이나 정보를 사실인 것처럼 방송해 시청자를 혼동하게 했다고 볼 수 있다"고 밝힘. 6.30. 전국언론노동조합 등 언론단체, 기자회견을 열고 2014년 세월호 참사 직후 이정현 전 청와대 홍보수석과 김시곤 전 KBS 보도국장 사이에 오간 두 차례 통화내용을 음성파일과 녹취록으로 공개. 7.5. 전국언론노조 등 언론단체, 이정현 전 청와대 홍보수석의 '보도개입' 실태에 대한 진상 규명과 방송법 개정을 요구하며 기자회견 개최. 청와대의 언론장악 청문회를 즉각 실시, 언론 독립 보장을 위해 방송법 개정, 4 · 16세월호 참사 특별조사위원회의 활동기한 연장과 조사권 보장 등 요구. 7.6. KBS 보도본부 27기 기자 18인, 내부망에 올린 성명서에 이정현 전 청와대 홍보수석의 세월호 보도 개입 파문에 대해 전혀 보도하지 않는 KBS 뉴스 비판. 7.7. KBS 보도본부 31기 · 33기 기자들, 내부망에 세월호 참사 보도에 대한 청와대 개입 사태를 보도하지 않는 KBS 내부를 비판하는 성명. 7.8. KBS, 이정현 전 청와대 홍보수석이 KBS의 정부 비판 보도에 개입하고 보도국장을 압박한 사실을 보도하지 않았다며 게시

한 기자들의 비판 성명서를 삭제해 논란. • KBS 보도본부 34기 · 42기 기자들, 이정현 전 청와대 홍보수석의 보도개입 파문 외면하는 KBS에 항의하는 기수별 성명서를 내부망에 게재. 7.18. 한국기자협회, 이정현 전 청와대 홍보수석의 보도개입에 KBS가 침묵하고 있다는 글을 기자협회보에 기고한 KBS 정연욱 기자를 제주방송총국으로 발령 낸 KBS에 대해 부당한 보복인사라고 비판하는 성명. 7.19. KBS 보도본부 간부 31인, 사내 게시판에 '최근 현안에 대한 보도본부 국부장단의 입장' 게재. 이정현 전 청와대 홍보수석의 '보도개입' 비난 부정, 언론노조의 보도개입을 주장. 9.26. 민주사회를 위한 변호사 모임, 청와대가 세월호 참사 직후 공영방송 KBS의 보도에 개입한 행위의 위헌 여부를 가려달라며 헌법소원 심판 청구. 10.10. 서울남부지법 제51민사부, 청와대 보도개입 사건에 침묵하는 KBS 보도본부 간부들을 비판하는 기고문을 냈다가 제주로 보복성 인사발령을 받은 정연욱 기자가 회사를 상대로 낸 '인사명령효력정지가처분' 신청에서 인사명령 효력 정지 결정. 11.17. KBS 노조, 청와대의 KBS 인사 개입 · 보도 통제 증거를 공개하는 긴급 기자회견. 11.21. 대법원 1부, 길환영 전 KBS 사장이 박근혜 대통령에게 낸 해임처분 취소소송에서 원고 패소 판결. 재판부는 "해임처분 당시 KBS는 정상적 기능 수행이 불가능한 상황이었고 원고(길 전 사장)는 사장으로서 직무를 제대로 수행하지 못했다"며 "세월호 침몰과 구조작업에 관한 KBS 보도 문제점을 해임 사유로 삼은 것이 부당하지 않다는 원심판결에는 잘못이 없다"고 설명. 2017.3.31. 서울남부지법 민사13부, 이정현 전 청와대 홍보수석의 보도개입이 드러난 '이정현 녹취록'에 침묵하는 회사를 비판했다는 이유로 제주방송총국으로 발령받은 KBS 정연욱 기자가 KBS를 상대로 제기한 인사명령 효력정지 소송에서 정연욱 기자에 대한 제주방송총국 발령은 무효라고 판결. 5.3. SBS, 5월 2일자 보도 「세월호 인양 고의 지연 의혹」에 대해 문제점을 인정하고 세월호 피해자 가족과 문재인 더불어민주당 대선 후보, 시청자에게 사과. SBS노조는 5월 2일자 SBS 보도와 관련 '제2의 보도참사'로 규정하고 비판 성명. 5.5. SBS, 해양수산부가 세월호 인양 시점을 차기 정권과 거래했다는 의혹을 제기한 자사 보도에 대해 외부 시청자위원까지 참여하는 진상조사위원회를 구성, 조사 착수. 5.18. SBS, 「세월호 인양 고의 지연 의혹」 보도 과정의 책임을 물어 김성준 보도본부장 등 보도 책임자를 경질하고 관련자들에게 정직 · 감봉 등 중징계. 5.22. 선거방송심의위원회, SBS 5월 2일자

보도「차기 정권과 거래? 인양 지연 의혹 조사」가 선거방송심의에 관한 특별 규정의 객관성, 사실보도 항목 위반으로 판단 경고 의결. 2018.12.14. 서울중앙지방법원, 세월호 참사 당시 KBS 보도에 개입했다는 혐의를 받은 이정현(무소속) 의원에게 1심에서 징역 1년에 집행유예 2년 선고. 2019.10.28. 서울중앙지법, 이정현 의원이 세월호 참사 때 KBS 보도에 개입했다는 혐의(방송법 위반)에 대해 1심에 이어 2심도 유죄 선고. 2021.1.19. 2019년 11월 출범한 검찰 세월호 참사 특별수사단(특수단)이 세월호 참사 당시 '전원 구조' 오보를 낸 방송사 보도 책임자들에 전부 무혐의 처분. 8.31. '세월호 보도 개입'에 따른 방송법 위반으로 유죄를 선고받은 이정현 박근혜 정부 청와대 홍보수석이 관련 법 조항 자체가 위헌이라며 헌법소원을 냈지만 받아들여지지 않음. 헌법재판소는 재판관 전원일치 의견으로 해당 법률이 합헌이라고 결정. 10.10. 2014년 세월호 참사 당시 채널A의 오보로 인한 피해자에게 3,000만 원 배상과 정정보도를 해야 한다고 판결. 한 목사가 유가족들에게 다이빙벨을 권유하며 시신을 찾아주는 대가로 1억 원을 요구했다는 보도.

2014.4.21. 미디어 비평 인터넷 매체인 '미디어스' 노조 제작거부 돌입. 지난 2월 출범한 언론노조 미디어스분회는 최근 편집국장 공석으로 인한 업무 공백과 미디어스 편집 방향 및 운영에 관한 노사 간담회 개최를 사측이 받아들이지 않아 집단행동에 들어갔다고 밝힘. 4.25. 미디어스노조 업무 복귀. 안현우 미디어스 대표가 24일 노조측 제안을 대부분 수용한 데 따른 결정.

2014.4.25. 감사원 감사 결과 이춘호 EBS 이사장 공금 1억여 원 사적 용도로 유용. 지난 2009년 11월부터 전속 기사가 배정된 업무용 차량을 업무와 무관한 사적인 용도로 상시 이용. EBS노동조합은 성명을 통해 회사 공금을 부적절하게 사용한 이사장의 사퇴를 촉구.

2014.5.2. 국회 본회의, 방송국 내 편성위원회 의무조항 삭제와 KBS 사장의 인사청문회 및 공영방송 이사 선임요건 강화 등의 내용을 담은 방송법 개정안 가결. 개정안에는 당초 방송 공정성 확보 위한 장치로 제시된 특별다수제와 노사 동수 편성위원회 설치 의무화

등이 제외된 상태로 통과.

2014.5.8. 청와대 출입기자단, 오마이뉴스와 경향신문, 한겨레, 한국일보에 청와대 기자실 출입정지 중징계 결정. 민경욱 청와대 대변인의 '오프 더 레코드(비보도)' 발언을 보도했기 때문. 오마이뉴스와 경향신문은 63일, 한겨레는 28일, 한국일보는 18일간 출입정지.

2014.5.12. KBS기자협회, 길환영 사장에 KBS 독립성 침해의 진상을 밝히고 즉각 사퇴하라고 촉구. KBS기자협회는 "길환영 사장은 이제 더 이상 사장으로서의 리더십 사라졌다고 선포한다"며 "보도국장의 발언으로 사사건건 보도본부의 독립성을 침해해왔음이 드러났다"는 성명 발표. 5.16. KBS 보도본부 보직 부장 18명 전원 보직을 사퇴하고 '길환영 사장 사퇴'를 요구. 5.19. KBS기자협회, 제작거부에 돌입. 평기자부터 보도본부 부장단과 팀장급, 뉴스 앵커들도 제작거부 대열에 합류. 5.19. 길환영 KBS 사장, KBS기자협회 총회에 참석, 김시곤 전 보도국장의 폭로로 드러난 청와대의 보도 외압과 인사개입 의혹 전면 부인. 길 사장은 보도개입을 모두 부정하며 사퇴 거부 의사 표명. 5.23. KBS, 길환영 사장의 출근 저지 투쟁에 나선 KBS새노조 조합원 8명 고소. KBS 본부와 KBS노동조합 조합원 200여 명이 진행한 '길환영 사장 출근저지 투쟁' 과정에서 폭력 행위가 발생했다는 이유. 5.23. KBS새노조, 길환영 사장의 사퇴와 공정방송 쟁취를 요구하며 찬반 투표 실시. 94.3%의 찬성률로 파업안 가결. 5.26. KBS 이사회, 임시 이사회 열고 길환영 사장 해임제청안 정식 안건으로 상정. 길환영 사장은 이사회에 참석하지 않고 서면으로 자신의 입장 전달. 5.29. KBS 양대 노조, 길환영 KBS 사장 퇴진을 요구하며 오전 5시부터 공동 파업에 돌입. KBS 이사회가 길 사장의 해임제청안 처리를 연기함에 따라 전국언론 노동조합 KBS본부(새노조)와 KBS노동조합(1노조) 양대 노조가 공동 파업 결의. 2010년 새노조 분리 이후 공동 파업은 처음. 6.5. KBS 이사회, 길환영 사장 해임안 가결. 6.10. 박근혜 대통령이 KBS 이사회(이사장 이길영)의 길환영 사장 해임제청안 재가. 7.28. KBS 새 사장에 조대현 전 KBS 부사장 취임. 12.16. KBS, 홍진표 전 KBSPD협회장과 조일수 전 KBS기자협회장에게 내린 징계 처분에 대한 재심을 벌인 결과 각각 감봉 1개월과 3개월의 징계 확정. 징

계 사유는 '길환영 사장 퇴진' 제작거부와 총파업을 이끌어 KBS 취업규칙 품위유지 조항 등 위반. 2015.7.15. KBS, 2014년 길환영 전 사장 출근저지에 나섰던 KBS새노조 구성원 9명에게 정직 및 감봉 결정. 7.16. KBS 7개 직능협회(경영협회, 기자협회, 방송기술인협회, 아나운서협회, PD협회, 촬영감독협회, 카메라감독협회), 공동 성명을 내고 KBS가 2014년 길환영 KBS 사장 출근저지에 나섰던 직원 9명에 대해 적용한 중징계를 비판. 2016.5.11. 김시곤 전 KBS 보도국장, 보도국장직을 수행하며 길환영 당시 사장의 보도개입 사항 30여 건을 기록한 '국장업무 일일기록'(비망록) 공개. 김 전 국장이 당시 사장의 보도 개입을 폭로해 중징계를 받자 징계무효소송 재판을 하는 과정에서 증거자료로 제출한 것. 7.6. 김시곤 전 KBS 보도국장, 서울고등법원에서 열린 징계무효 소송 항소심에서 "청와대가 '보도개입'을 넘어, '인사개입'까지 했다."고 주장. 김 전 국장은 2014년 5월 당시 보도국장직 사퇴 기자회견에서 길환영 전 KBS 사장의 보도개입 주장에 대해 정직 4개월의 징계를 받음. 2017.2.21. 검찰, 사장 출근저지 투쟁에 나섰다가 KBS 사측으로부터 업무방해 혐의로 고소된 전국언론노동조합 KBS본부 전 집행부 및 조합원에게 징역 구형. 3.23. 서울남부지방법원 형사1단독, 2014년 세월호 보도통제 사실이 드러난 KBS 길환영 전 사장에 대해 출근 저지투쟁을 벌여 업무방해 및 재물손괴 등의 혐의로 고발당한 전국언론노동조합 KBS본부 권오훈 전 본부장 등 8인에 대해 벌금형 선고. 4.12. 서울고등법원 민사2부, 김시곤 전 KBS 보도국장이 KBS를 상대로 낸 징계무효 확인 소송에서 원고 패소 판결.

2014.5.12. MBC기자회 소속 기자 121명, MBC 뉴스데스크가 세월호 실종자 가족을 보욕하고 비난했다며 이를 보도참사로 규정하는 내용의 성명 발표. 이들은 이번 보도를 막지 못한 책임을 통감한다며 희생자 가족과 국민에 사죄. 2016.1.14. 서울서부지방법원 제11민사부, MBC 뉴스데스크에서 방송될 예정이던 리포트 초고를 입사 동기들과의 카카오톡 대화방에 게시했다는 이유로 정직 1개월 징계를 받은 신지영 MBC 기자가 회사를 상대로 낸 정칙처분취소소송에서 "정직 처분은 사유에 비춰 현저하게 타당성을 잃은 것"이라며 무효 판결. 9.30. 서울고등법원 제15민사부, 2014년 5월 7일 당시 MBC 전국부장의 데스크 리포트 초고를 동기 카톡방에 올렸다는 이유로 정직 1개월의 징계를 받은 신지영

기자에 대한 정직처분 무효 판결. 2017.6.26. MBC 인사위원회, 세월호 참사 당시 '유가족 폄훼 보도', '전원구조 오보 보고 묵살' 등 책임자로 지목돼온 박상후 전 MBC 전국부장을 방송강령 및 윤리강령 위반으로 해고.

2014.6.4. 지상파 방송 3사, 6·4지방선거 출구조사 실시. 사전투표라는 변수에도 불구하고, 최종 개표 결과와 거의 일치. 교육감 선거는 17곳 모두 적중. 17개 시·도 광역단체장은 16곳 승부 적중. 2016.11.24. 서울고등법원 민사4부, KBS·MBC·SBS가 JTBC를 상대로 낸 손해배상 청구소송에서 2014년 6·4 지방선거 출구조사 결과를 불법 도용한 JTBC에 각 회사당 2억 원씩 총 6억 원을 배상하라고 판결.

2014.6.10. 문창극 전 중앙일보 주필, 국무총리 후보로 내정. 6.24. 문창극, 국무총리 후보직에서 자진사퇴.

2014.6.16. 한국기자협회, 한국프레스센터에서 '한반도 평화통일과 글로벌 저널리즘'을 주제로 개최한 제2회 세계기자대회(World Journalists Conference) 개막. 아시아 22개국 40명, 아메리카 6개국 10명, 아프리카 4개국 4명, 유럽 15개국 18명, 오세아니아 2개국 4명 등 76명의 외국기자와 국내 외신기자, 한국 기자 등 전 세계 기자 100여 명 참가.

2014.7.3. 방송통신위원회, KBS·MBC·SBS 지상파 방송 3사에서 중소 방송사의 광고를 묶어 파는 결합판매 비율을 상향 조정. 결합판매 비율은 직전 회계연도 5년간 미디어렙의 결합판매 총매출액을 미디어렙의 총 지상파 방송 광고 매출액으로 나눈 비율. 현행 제도는 상대적으로 광고판매에 어려움을 겪는 지역·중소방송 등을 지원하기 위해 결합판매를 하도록 하고 있음. KBS와 MBC의 광고판매를 대행하는 공영 미디어렙인 한국방송광고진흥공사와 SBS의 광고판매를 대행하는 민영 미디어렙인 미디어크리에이트의 결합판매 평균 비율을 각각 12.4213%, 8.5077%로 조정.

2014.7.10. 머니투데이, 뉴시스의 경영권 지분 인수. "미디어 전문기업으로서 본래의 역할을 다하고 미디어의 건강성을 제고하기 위해 많은 고민 끝에 뉴시스를 인수하게 됐다"고 밝힘.

2014.7.10. 한겨레신문 노사, 기본금 2.2% 인상 및 상여금 전액 기본급화를 골자로 한 2014년도 임금협상 타결. 또한 정기성·일률성·고정성을 갖추면 통상임금에 해당한다는 대법원 전원합의체 판결에 따라 기본급과 상여금은 물론 교통비, 식대, 직무수당, 직책수당, 자격수당 등 각종 수당을 모두 통상임금에 포함.

2014.7.13. 언론중재위원회, 2013년도 언론관련 판결 분석보고서 발간. 언론관련 소송의 원고는 일반인(51.1%), 공직자(11.4%), 언론사와 기업(각각 8.5%) 순으로 나타남. 소송대상 언론매체는 인터넷매체(48.4%), 일간신문(20.4%), 방송(18.5%) 순. 2013년 언론 관련 소송사건의 원고 승소율은 47.5%. 기업가·연예인 등 공적 인물의 승소율이 80.0%로 가장 높았고 언론사가 25.0%로 가장 낮음.

2014.7.23. 수원일보, '디지털 퍼스트'를 선언하고 종이신문 인쇄 중단. '100% 인터넷신문'으로 전환하고 앱 개발, SNS를 통한 뉴스 공급 강화, 모바일 뉴스에 역량을 집중하겠다는 계획.

2014.8.12. 한국기자협회, '창립 50주년 기념 설문조사' 결과 발표. 기자들의 23.4%가 한겨레를 가장 신뢰하는 언론사로 꼽음. 한겨레는 7회 연속 1위 기록 달성.

2014.8.14. 안양시 공무원, '불량기자 퇴출' 선언. 전국 각지에서 일부 지역 언론의 도덕적 해이 문제가 되어옴. 이번 안양시 공무원들의 '불량 기자 퇴출' 운동은 공무원들이 직접 행동에 나섰다는 사실에 주목.

2014.8.21. 기획재정부, 기존 종이신문과 동일하게 PDF로 변형된 인터넷신문 구독료에 붙은 부가세 면제가 주요 내용인 '2014년 세법개정안' 발표.

2014.8.21. 안동MBC, 사실상 25명의 명예퇴직 결정. 사장을 포함한 총 60명의 구성원 중 3분의 1이 넘는 대규모 인원. 재정적자로 인한 경영위기를 타개하고자 시행됐으나, 한꺼번에 많은 인원이 명퇴를 하게 되면서 내부 조직 운영에 차질이 빚어질 우려.

2014.8.21. 재난보도준칙 공동검토위원회(한국신문협회, 한국방송협회, 한국신문방송편집인협회, 한국기자협회, 한국신문윤리위원회 5개 언론단체), '재난보도준칙 제정을 위한 공청회'를 열고 재난보도준칙(안) 공개. 전문, 3장, 부칙으로 구성, 조문은 44개. 2015.1.6. 한국언론진흥재단, 『취재기자를 위한 재난보도 매뉴얼』 발간. 효과적으로 재난뉴스를 전달하는 방법, 취재기자의 안전 유지를 위한 가이드라인, 기자들이 겪는 트라우마, 피해자 인터뷰 방법 등이 간결하게 담김.

2014.8.28. 문화체육관광부, 방송사와 제작사들이 방송 프로그램 제작에 참여한 스태프에게 4대 보험 가입과 연장근로 대가를 지급하도록 한 표준계약서 제정 발표.

2014.8.28. 서울행정법원 행정 14부, 시민방송 RTV에서 편성한 민족문제연구소 제작 역사 다큐멘터리 「백년전쟁」에 대해 방송통신심의위원회가 결정하고 방송통신위원회가 집행한 징계처분이 정당하다는 판결.

2014.9.2. 시사저널(추석 병합호), 여론조사 전문기관 미디어 리서치에 의뢰해 '2014 누가 한국을 움직이는가' 조사 실시. 가장 영향력 있는 언론매체 1위와 2위는 각각 KBS와 조선일보. 3, 4위는 네이버, MBC로 네이버가 MBC에 앞섬.

2014.9.3. ABC협회, 피감기관(신문사)이 감사기관(ABC협회)을 감사할 수 없다는 이유로

재차 감사 거부의사를 밝히며, ABC협회와 신문협회 산하 판매협의회 간 갈등 고조.

2014.9.4. MBC, 오전 6시「뉴스투데이」생방송을 시작으로 상암동 신사옥 시대를 열다.

2014.9.5. KBS, 이인호 신임이사를 KBS 이사장으로 선출. 여성 KBS 이사장은 처음.

2014.9.12. 김은혜 MBC앵커 출신 전 청와대 대변인, 종합편성 채널인 MBN '뉴스&이슈'의 진행을 맡게 됨.

2014.9.23. 8개 지역 MBC 구성원들, 임금 체불 해소를 위한 민사소송 제기. 전국언론노조 MBC본부는 부산, 충주, 여수, 경남, 포항, 광주, 목포, 제주 등 8개 지부 조합원 360명이 채권자로 참여 소송할 예정이라고 밝힘. 동시에 각 지역 MBC 대표를 상대로 형사 고소도 진행할 계획. 이번 민사 소송은 2013년부터 지역 MBC에 반복돼온 특별상여 체불에 대한 2차 소송. 9.26. 지역MBC 노동조합, 특별상여금 체불 관련 민사소송은 도덕적 해이라는 지역 MBC 사장협의회 성명에 경영진의 무책임함을 지적하며 반박.

2014.9.25. KBS 이사회, 이사회 공개 관련 구체적인 방안 마련. 이사회 회의 방청은 허용하되 속기록은 공시하지 않기로 결정. 다만, 요청이 있을 때에는 신청인에 한 해 열람 가능. 국회의 방송법 개정에 따른 조치. 10.29. KBS, 제806차 정기이사회 일반인에게 처음 공개. 국회는 공영방송 운영의 투명성과 국민의 알 권리를 위해 방송법을 개정. 이에 따라 KBS, 방문진(MBC), EBS 이사회의 공개가 의무화됨. 11.19. KBS 이사회, 회의 안건지와 속기록을 공개하라는 언론연대의 정보공개청구 거부. 이사회는 '속기록'에 대한 정보공개청구에 '의사록'을 참조하라는 답변을 내놓음. 언론연대에 따르면, KBS 이사회는 "주요 내용 등을 정리한 의사록을 KBS 홈페이지에 등재할 예정이니 참조하라"고 답변한 것으로 알려짐. '의사록'과 '속기록'은 전혀 다른 범위의 문건. 이들은 향후, KBS 이사회 회의 비공개 사태와 관련해 법적 대응을 하겠다는 입장. 2015.7.14. 중앙행정심판위원회, 언론개혁시민연대

가 2014년 12월 KBS를 상대로 제기한 정보공개 거부처분 취소청구와 관련, "KBS 이사회 속기록을 공개하지 않았던 처분을 취소한다"고 결정. 2018.4.12. 서울행정법원 제5부, 언론인권센터가 KBS를 상대로 낸 이사회 의사록과 이사회 운영 예산집행 내역에 대한 정보공개청구 소송에서 원고 일부 승소 판결.

2014.9.26. 비정규직 방송 제작 스태프들 노동조합 설립. 비정규직 제작진이 처한 열악한 노동환경을 개선하고, 정당한 대우를 보장받겠다고 선언하고 나선 것. 가입 대상은 방송사(본사·자회사) 및 외주 프로덕션 소속을 제외한 비정규직 노동자들. 촬영·조명, 동시녹음, 분장 업무 등 제작 현장의 제반 업무를 담당하는 일용직 기술 인력뿐 아니라 방송사 조연출(FD), 연기자 로드 매니저와 코디네이터까지도 가입 가능. 2015.6.16. 방송사 채용의 상당수는 비정규직, 기자직군도 온라인담당을 중심으로 계약직 채용 증가 추세. 또한 신입채용 공고보다 경력채용 공고가 더 많음. 2018.7.5. 민주노총 희망연대노동조합, 방송계 비정규직 스태프를 조합원으로 한 방송 스태프지부 출범. 2019.2.26. KBS, 이사회 의결 통해 비정규직 225명 3월부터 정규직 전환. 2022.11.23. 전국언론노동조합이 비정규직 노동자들을 보호하기 위해 미디어노동공제회 출범.

2014.9.30. 문화체육관광부, '지역신문발전 3개년 지원계획(2014년~2016년)'을 발표하며 기금 운영방식을 개선하겠다고 밝힘. 일정기간 연속으로 지원받은 신문사를 대상으로 성과평가제 실시, 평가가 좋은 50~70%는 우선지원 대상사로 계속 선정, 나머지는 1년간 한시적으로 지원을 제한하는 내용. 2015.1.26. 지역신문발전위원회, 지역신문발전기금 우선지원대상으로 64개사의 지역신문사 선정. '지역신문발전지원 특별법'에 따라 서류심사와 현장실사를 통해 지역 일간, 주간지들을 심의·결정. 2015년 지역신문발전기금 사업비는 95억 수준으로 저널리즘 강화, 뉴미디어 기반 구축, 공익성 활동 강화 등에 예산투입. 12.31. 국회 본회의, 시효를 2022년까지 연장하고 지역신문에서 15년 이상 종사하다 퇴직한 지 3년이 지난 2명의 인사를 지역신문발전위원회에 포함시키는 내용의 '지역신문발전지원특별법' 개정안 통과. 2017.10.11. 전국언론노동조합·지역신문통신노동조합·지역

민주언론시민연합·바른지역언론연대·한국지역언론학회, 국회에서 긴급 기자회견. 지역신문지원특별법 개정과 지역신문발전 3개년 개혁 전면재검토 등을 주장.

2014.10.8. 검찰, 박근혜 대통령에 대한 명예훼손 혐의로 가토 다쓰야 산케이신문 전 서울지국장을 불구속 기소. 2015.10.19. 검찰, 박근혜 대통령 명예훼손 혐의로 기소된 가토 다쓰야 전 산케이신문 서울지국장에게 징역 1년 6개월 구형. 12.17. 서울중앙지법 형사합의 30부, 박근혜 대통령의 세월호 참사 당일 행적에 의혹을 제기하여 명예훼손 혐의로 기소된 일본 산케이신문 가토 다쓰야 전 서울지국장에게 "민주주의 사회에서 언론의 자유보호 영역에 포함된다"며 무죄 선고.

2014.10.14. 간접광고 도입 이후 2014년 8월까지 지상파 3사의 간접광고 매출액이 총 1,000억 원을 넘어섬. 해마다 매출액 급격히 증가하는 추세.

2014.10.20. MBC「뉴스데스크」, 2년 연속 방송심의규정을 가장 많이 위반한 TV 프로그램 1위. 또 방송통신위원회가 매년 실시하는 방송평가의 필수사항인 QI(Quality Index·품질조사)에서도 MBC「뉴스데스크」는 지상파 방송 3사의 메인뉴스 가운데 최하위. 일련의 결과는 MBC 보도의 공정성과 경쟁력 추락 실태를 드러내고 있다는 지적.

2014.10.23. 방송통신위원회, '지역방송발전지원 특별법(지역방송지원법)' 시행령 의결. 해당 법안은 오는 12월 4일부터 시행.

2014.10.29. 한국기자협회,『한국기자협회 50년사』발간. 기자협회 태동부터 세월호까지, 주요 사건 등 1,179쪽에 수록.

2014.11.1. 중앙미디어네트워크, 중앙일보와 중앙SUNDAY, 일간스포츠, 월간중앙, 쎄씨 등 30개 매체를 PC·스마트폰·태블릿에서 볼 수 있는 디지털 뉴스스탠드 '조인스'서비스

유료화 전환.

2014.11.4. 방송통신위원회(방통위)와 방송통신심의위원회(방심위), 보험·상조·대부업·금융캐피탈 등 4개 금융분야 방송광고에 대한 모니터링을 실시한 결과 3분기(7~9월) 동안 총 25개 채널에서 34건의 규정 위반 확인.

2014.11.12. 방통위, 협찬고지위반 방송사업자들에 대해 과태료 부과. KBS가 5,400만 원으로 가장 많았고 MBC 2,600만 원, EBS 2,700만 원, MBN 900만 원. 이들 방송사업자들은 공익성 캠페인 외에 협찬고지가 금지된 한국마사회 및 그 소속기관·유관기관을 협찬주로 고지.

2014.11.17. KBS노동조합, 임금 삭감안에 대한 협상 결렬을 선언하고 중앙노동위원회에 조정 신청. KBS는 2014년도 임금협상에서 2% 임금 삭감안을 제시. 재정난과 광고적자 심화, 수신료 인상을 위해 자구노력이 필요하다는 이유에서 안을 제시한 것.

2014.11.27. 언론인 정년과 임금 피크제. SBS 노사, 만 58세부터 임금총액의 평균 30%가 감액되는 임금피크제 2015년 1월 1일부터 시행하기로 합의. SBS 전 직원에게 적용되지만 기존 58세 정년에 따른 2015년도 정년 퇴직자, 계약직, 특수직 등은 적용 대상에서 제외. 2015.12.17. 조선일보, 직급별로 만 55세에서 만 60세까지 정해진 정년을 모두 만 60세로 연장하되 늘어난 근무기간에는 정점 임금의 50%만 지급하는 임금 피크제 도입안 공개. 12.29. KBS 노사, 정년을 만 58세에서 만 60세로 연장하고 연장된 2년 동안 임금은 기본급의 55%를 적용, 2년차에는 1년의 안식년을 실시하는 임금피크제 합의. 2016.1.19. 연합뉴스 노사, 만 55세 또는 근속 29년 도달자를 대상으로 순차적으로 임금을 삭감하는 내용의 감액형 임금피크제 및 편집총국장제 폐지 합의. 편집총국장제는 2012년 연합뉴스 노조가 첫 파업을 통해 얻은 결과물로, 경영과 편집의 독립 원칙을 지켜주던 장치였으나 박노황 사장이 편집총국장을 공석으로 둔 채 제작국장을 임명해서 편집총국장제가 유명무실해졌

기 때문. 1.20. **동아일보 노사**, 연봉제 및 임금피크제 도입을 주요 내용으로 하는 임금단체 협상에 합의. 1.28. **경향신문 노사**, 만 56세 도달자를 대상으로 순차적으로 임금을 삭감하는 내용의 감액형 임금피크제 합의. →참고, 2015.3.25. 정년 60세 연장 의무화. 참고 2016.3.2. CBS, 근로시간 단축제 합의.

2014.11.29. 전국 31개 풀뿌리 지역신문사들의 연대모임인 (사)바른지역언론연대, 충남 서천 유스호스텔에서 '지역신문의 미래를 말한다'는 주제로 연수회 개최. 지역 언론 생존전략을 논의.

2014.11.30. 방송통신위원회와 미래창조과학부, 『2014 방송산업실태조사』 발표. 2013년 방송사업 매출은 14조 347억 원으로 전년 대비 6.3% 증가. 이는 IPTV 사업과 방송채널 사용사업(PP)의 매출이 각각 전년 대비 33.5%(2,822억 원), 9.5%(5,276억 원) 증가한 데 따른 결과. 종합유선방송사업(SO)도 2.7%(629억 원) 매출 증가를 기록. 반면 지상파 방송(DMB 포함)의 매출은 전년 대비 1.6%(609억 원) 감소.

2014.12.5. '비선실세 국정개입'(2014.11.28.)을 처음 보도한 세계일보, 언론자유 보장과 취재원 보호 위해 압수수색과 같은 검찰의 강제수사에 적극 대응하겠다고 밝힘. 검찰의 세계일보 강제수사 가능성이 제기되면서 기자들은 이른 아침부터 취재지 대신 서울 종로구 세계일보 본사로 출근. 일부 출입문을 폐쇄하고 외부인 출입 통제.

2014.12.11. 방송통신심의위원회, 전체회의에서 10월 17일 환풍기 추락 사고로 인한 피해자 대부분이 학생이라고 보도한 JTBC와 MBN에 대해 방송심의에 관한 규정 제14조(객관성) 위반으로 '경고'를, SBS에 대해선 '주의'를 의결.

2014.12.19. 한국ABC협회, 신문부수 인증위원회 전체회의를 열고 2013년도 일간지 148개사의 발행부수와 유료부수 공개. 전년보다 각각 5.2%, 4.6%가량 감소. 이처럼 유료부수

가 줄어든 것은 집에서 신문을 정기적으로 구독하는 가구독자가 급속히 줄어들었을 뿐 아니라 독자들의 뉴스 소비패턴이 방송·신문에서 인터넷이나 모바일로 급속히 이동했기 때문으로 풀이.

2014.12.29. 한국방송광고진흥공사(코바코), 『2014 방송통신 광고비 조사』 발간. 2014년 우리나라 총광고비는 전년 대비 1.6% 성장한 10조 9,722억 원. 모바일 광고시장은 같은 기간 52.4% 상승했으나 지상파TV와 라디오, DMB, 신문, 잡지 광고매출액은 감소.

국민 4명 중 3명 스마트폰 보유: 2015~2016

노조, 언론사 사장 퇴진 요구: 2017~2018

언론의 윤리적 법적 책임 증가: 2019-2024

제12부

다원화되는 언론환경

2015~2016

국민 4명 중 3명 스마트폰 보유

2015.1.1. 부산일보와 매일신문, 석간에서 조간신문으로 변경 발행. 1.2. 경남신문, 석간에서 조간신문으로 변경 발행.

2015.1.5. 전남일보, '공 프로젝트' 시작. 우리 사회 전반의 본질을 짚어보고 화두를 던지는 프로젝트이며, 월요일마다 신문 전면광고 면인 맨 마지막 페이지에 메시지를 띄우는 형태로 게재. '공'은 공익(public interest), 즉 공공성 회복을 뜻하는 '公'과 '共'의 의미.

2015.1.6. 1960년대 조선일보 구독료는 100원. 현재는 1만 5,000원으로 150배 상승. 하지만 지면 기준으로는 4면에서 48면 이상으로 12배 상승에 그침. 다른 신문도 비슷함.

2015.1.9. '김영란법'(부정청탁 금지 및 공직자의 이해충돌 방지법안) 적용 대상에 언론인 5만 3,991명 포함. 김영란법을 계기로 언론계가 자정노력을 기울여야 한다는 지적.

2015.1.12. 한국방송회관의 관리 · 운영 한국방송광고진흥공사(코바코)가 맡게 됨.

2015.1.19. 언론중재위원회, 2014년 마약, 자살 관련 보도, 재난보도 등 언론보도에 대한 시정권고 현황 공개. 인터넷 언론, 특히 중앙일간지가 운영하는 닷컴에 대한 시정권고가 압도적이었음. 또한 중앙 일간지와 뉴스 통신사들이 시정권고를 많이 받다.

2015.1.21. 『PD저널』, 종이신문 발행 중단하고 인터넷 신문으로 변경. → 참고, 1988.1.25.

2015.1.25. 한국신문협회 회원사 발행인, 방송통신위원회가 추진하는 지상파방송 광고 총량제 강력 대응 예고. 최성준 방송통신위원회 위원장과 김종덕 문화체육관광부장관에 보내는 공개질의서를 발표. 공개질의서를 통해 최 위원장에 ◇광고 총량제 도입효과를 조사하고 결과를 공개하지 않고 있다며, 공개행정의 원칙을 부인하는지, ◇전체 미디어산업의 종합적인 계획을 수립하는 문화체육관광부를 비롯해 관계 부처와 신문 · 유료방송 등 이해관계자와 충분한 협의를 했는지를 질의.

2015.1.26. 서울고등법원 행정7부, 한국방송연기자노동조합(한연노)이 중앙노동위원장을 상대로 낸 교섭단위분리재심결정취소 소송에서 방송연기자도 노동조합 및 노동관계조정법상 근로자에 해당한다고 판결.

2015.1.28. 헤럴드경제, 친환경 유기농식품 자회사인 '올가니카'와 친환경소재기업 '헤럴드 에코켐' 등 비 미디어 사업군의 매출 목표를 700억 원으로 책정. 반면 종이신문 등 미디어 사업군의 매출 목표는 680억 원. 계획대로 된다면 비 미디어 사업군의 매출이 주력사업인 미디어 사업군의 매출을 앞지르는 '원년'이 되는 셈.

2015.1.30. 한국언론진흥재단, 『2014 언론수용자 의식조사』 발간. 스마트폰 환경으로 바뀌면서 모바일 이용률 68.0% → 69.5%로 상승. 반면 미디어에 대한 신뢰도는 3.28점으로 2013년에 비해 0.12점 감소.

2015.2.2. 한국언론진흥재단, 『스마트 미디어 뉴스 생태계의 혁신 전략』 연구서 출간. 스마트 미디어 이용자 절반 가량은 매일 30분 이상 스마트폰 등으로 뉴스를 소비하지만 스마트 미디어의 신뢰도는 전통매체보다 낮은 것으로 나타남.

2015.2.2. 한국케이블TV방송협회, 『2014년 케이블TV백서』 발간. 2015년 IPTV 가입자가 케이블 가입자를 뛰어넘을 것으로 전망. 유료방송 가입가구는 계속 증가할 것으로 추정.

2015.2.9. KBS, KBS 신관 국제회의실에서 다음카카오와 웹드라마 육성사업 제휴를 위한 MOU를 체결한 뒤, 웹드라마 「연애탐정 셜록K」와 「프린스의 왕자」 제작에 대한 기자간담회 개최. 크로스 플랫폼에 기반을 둔 웹드라마 콘텐츠를 기획·제작·편성하고, 다음카카오는 온라인과 모바일 영역에서 제휴사업 프로모션을 제공.

2015.2.11. EBS, 국내 최초 지상파 다채널방송(MMS) 채널 'EBS2' 개국. EBS2 채널에 다양한 교육·영어 콘텐츠를 대거 편성해 사교육비를 경감하고 지역·소득 격차에 따른 교육 양극화 현상을 해소할 계획.

2015.2.12. 방송통신위원회, 방송매체 이용자 현황을 담은 『2014년 방송매체 이용행태 조사』 결과 발표. 국민 4명 중 3명 꼴로 스마트폰을 보유한 것으로 조사. 스마트폰 보급이 급격히 증가하면서 일상생활의 필수 매체로 스마트폰의 중요도는 높아지고, TV의 중요도는 선년 대비 낮아진 것으로 나타남.

2015.3.5. YTN, 젊은 사원들 중심으로 만든 '소통 한마당' 행사 개최. 종편 탄생 이후 달라진 미디어 환경에서 시청률 고전, 실적 악화, 불공정 보도 논란 등 여러 악재가 겹치면서 YTN 내부 구성원들이 위기감을 느꼈기 때문에 소통의 자리가 필요했다고 밝힘.

2015.3.13. 조선일보 노사, 새로운 통상임금 기준 적용을 앞두고 '주5일 근무제 정착을

위한 태스크포스' 구성. 편집국 주5일 근무 정착을 위한 구체적인 방안을 논의하기 위해 가동.

2015.3.17. 인터넷신문위원회, 인터넷신문윤리강령을 위반한 기사 및 광고에 대한 자율 심의 현황 공개. 총 149건의 기사를 감시해 78건을 심의에 올렸고, 그 가운데 76건에 대해 '주의' 처분. 사실을 과장 보도하는 기사도 '주의' 대상.

2015.3.20. 방송통신위원회, 「2014년 TV 방송채널 시청점유율 조사」 발표. 1위를 기록한 KBS1을 비롯하여 1~4위는 지상파 방송 3사 차지. 종합편성 채널의 시청 점유율은 2년 만에 2배 이상 늘어났으나, 지상파는 종편 출범 이후 지속적인 하락세. 시청점유율이란, 전체 텔레비전 방송에 대한 시청자의 총 시청기간 중 특정 방송 채널에 대한 시청시간이 차지하는 비율.

2015.3.25. 2016년부터 정년 60세 연장이 의무화됨에 따라 주요 언론사 종사자들의 정년이 2년에서 최대 5년까지 늘어남. 법 시행에 따른 불가피한 조치지만, 이미 진행 중인 뉴스룸의 고령화 구조가 고착화할 수 있다는 우려도. → 참고, 2013.11.27. 언론인 정년과 임금 피크제.

2015.3.30. 언론진흥재단, 2014년 실시한 국내외 연수교육에 총 322개사 7,588명의 언론 종사자가 참가했다고 밝힘. 전년보다 10%가량 증가한 수치. 현업의 수요를 적극 반영한 과정을 개설했을 뿐 아니라, 언론사별 연수 지원 대상자가 확대됐기 때문.

2015.4.13. 2015년 세계기자대회 개막. '분단 70년, 한반도의 통일을 생각한다.'를 주제로 전 세계 100여명 언론인 참여, 대한민국의 통일 필요성을 공감하는 자리. 한반도의 평화통일 방안 및 언론인 테러 등으로 위협받는 언론자유 등에 대해 토론.

2015.4.24. 한국신문협회, 지상파방송 광고총량제 도입 반대 성명 발표. 광고총량제 시행

으로 신문 등 타 매체의 광고가 지상파 방송으로 쏠려 존립 기반이 좁아질 것으로 우려.

2015.6.11. KBS, TV 수상기 확인 없이 직권으로 등록해 수신료 징수 업무를 한 것으로 드러남. 5~6개 자료 검증을 거쳐 수상기를 등록한다며, 문제가 되면 추후 반환하는 형식으로 수신료를 지불. 환불 민원은 연간 3억원 수준이며 1만 건에 육박.

2015.6.15. 서울행정법원 제4부(김국현 부장판사), 간첩혐의로 구속된 서울시 공무원 유우성의 1심 무죄판결 과정에서 제기된 국가정보원의 증거 조작 의혹 등을 다룬 KBS「추적60분」'서울시 공무원 간첩사건 무죄판결의 전망' 편에 대한 방송통신심의위원회의 제재조치를 취소한다고 판결. 앞서 방심위는 2013년 11월 21일 열린 전체회의에서 이 프로가 방송심의규정 제9조(공정성)와 제11조(재판이 계속 중인 사건) 위반했다는 이유로 법정제재인 '경고'(벌점 2점) 처분을 결정. 이에 반발한 제작진은 재심을 청구했고, 방심위가 이를 수용하지 않자, 제재조치처분 취소 행정소송을 제기. 소송 결과 방심위의 제재조치를 취소한 것이다. 서울행정법원이 밝힌 판결 이유는 "공정성과 균형성의 문제를 일정한 수학적 기준이나 단순히 방송 분량만으로 판단하기는 사실상 불가능하고, 그 반대 입장에 서 있는 당사자들의 지위도 개별 사건마다 다르다"며 "이러한 기준으로(공정성 등의 문제를) 판단할 경우 헌법이 정하고 있는 방송의 자유를 지나치게 제한하거나 침해할 수 있다"고 지적하고 경고처분을 취소. 7.3. 서울중앙지방법원 민사항소3부, 유우성이 자신의 북한 사증에 대해 위·변조 의혹을 제기한 문화일보를 상대로 한 손해배상소송 항소심에서 명예훼손을 인정하며 문화일보가 유씨에게 300만 원을 지급하도록 판결. 10.22. 서울고등법원 행정7부, 방송통신위원회가 2013년에 방송된 KBS「추적60분」'서울시 공무원 간첩사건 무죄판결의 전망' 편에 대해 내린 '경고' 제재조치 취소 판결.

2015.7.8. 시청자미디어재단 출범. 부산, 광주, 강원, 대전, 인천 전국 5개 지역 시청자미디어센터를 통합하여 미디어교육과 소외계층을 위한 방송수신기 보급 사업 등을 담당.

2015.7.10. 네이버·다음·카카오, '공개형뉴스제휴평가위원회' 예비준비위원회 첫 회의 개최. 예비준비위원회는 한국방송협회, 한국신문협회, 인터넷신문협회, 온라인신문협회, 케이블TV방송협회, 한국언론진흥재단, 한국언론학회 7개 단체로 구성. 7.16. '공개형뉴스제휴평가위원회' 출범을 위한 준비위원회 위원장에 심재철(한국언론학회 회장) 선임. 11.19. 뉴스제휴평가위원회 발족.

2015.7.14. 방송통신위원회, 국무회의에서 방송프로그램 편성 시간당 총량제를 도입하고, 가상광고·간접광고 및 협찬고지 규제 개선을 주요 내용으로 하는 방송법시행령 개정안 의결.

2015.7.14. 아리랑TV, 미국 유엔본부에서 한국방송으로는 처음으로 '유엔 채널(UN In-house Network)'에 가입하고 방송 시작. '유엔 채널'은 유엔본부의 사무실이나 라운지에 설치된 TV를 통해 2,000여 명의 유엔본부 직원뿐 아니라 각국의 외교관들이 시청.

2015.7.16. 방송통신위원회, 'TV-일간신문 간 2014년도 매체교환율 및 2014년도 방송사업자의 시청점유율 산정 결과' 발표. 지상파 중 KBS(31.210%), 종합편성채널 및 보도전문PP 중에서는 TV조선(9.440%), SO계열은 CJ E&M이 1위.

2015.7.29. 서울지방경찰청 국제범죄수사대, 2014년 KBS·MBC·SBS 지상파 3사 지방선거 공동출구조사 결과를 미리 입수해 사용한 혐의(부정경쟁방지 및 영업비밀보호에 관한 법률 위반)로 JTBC 손석희 사장 등 관계자 6명을 기소의견으로 검찰 송치. 8.21. 서울중앙지법 민사합의12부, JTBC가 방송 3사의 6·4 지방선거 출구조사 결과를 도용했다며 KBS·MBC·SBS가 JTBC를 상대로 낸 손해배상 청구소송에서 "JTBC는 회사당 4억 원씩 총 12억 원을 배상하라"고 판결. 2016.3.25. 지상파 3사(KBS·MBC·SBS), JTBC의 출구조사 무단 사용 사건을 수사한 서울중앙지검의 처분에 불복 항고. 지상파 3사는 '손석희 사장 등 JTBC 보도 책임자들이 출구조사 결과를 불법적으로 사용하는 과정에 개입하지 않았는지

를 재수사할 필요가 있다'고 항고 이유 설명. 11.21. 서울고등법원 민사4부, KBS · MBC · SBS가 JTBC를 상대로 낸 손해배상 청구소송에서 2014년 6 · 4 지방선거 출구조사 결과를 불법 도용한 JTBC에 각 회사당 2억 원씩 총 6억 원을 배상하라고 판결. 2019.1.17. 대법원, 2014년 지방선거에서 지상파 출구조사 결과를 무단으로 사용해 영업비밀누설 혐의를 받은 JTBC에 무죄 확정.

2015.8.5. 미디어협동조합 인사위원회, 제작거부 중인 미디어협동조합 노동조합 소속 지원 12명에게 정직 2~3개월의 중징계 결정.

2015.8.11. 미래창조과학부 · 방송통신위원회, 지상파와 유료방송간 재전송료 분쟁 해결을 위해 '지상파방송 재송신 협의체' 발족. 8.12. 한국방송협회, 지상파의 재송신 관련 소송이 진행 중인 상황에서 협의체에 들어가 중재안을 받아들이는 것은 맞지 않다며 '지상파방송 재송신 협의체' 활동 중단 요구.

2015.8.12. 서울서부지법 민사12부, 변희재가 자신의 근로기준법 위반 혐의를 잘못 보도했다며 오마이뉴스 대표 오연호와 시민기자 등 6명을 상대로 낸 손해배상 청구소송에서 원고의 청구를 모두 기각.

2015.8.15. 전 · 현직 언론인과 교수들, 계간지『재외동포저널』창간. 재외동포들의 목소리를 담고 국내외 소통의 장을 열어갈 매개체로서 역할이 목표.

2015.8.19. 대법원 민사3부. 근거 없는 보도로 명예가 훼손됐다며 참여연대가 뉴데일리와 소속 언론인을 상대로 낸 손해배상 청구소송에서 뉴데일리의 상고를 기각하고 명예훼손 대가로 200만 원 배상 판결 확정.

2015.8.21. 문화체육관광부, 현행 신문 등의 진흥에 관한 법률(신문법)에 규정된 인터넷신

문 등록 요건을 '취재인력 3명 이상 포함 취재·편집인력 5명 이상'으로 강화하고 청소년보호 책임자를 지정 공개하도록 하는 신문법 시행령 개정안 마련, 입법예고.

2015.8.26. 서울서부지방법원 제12부민사부, MBC가 미디어스 대표와 기자 2명을 대상으로 제기한 정정보도 및 손해배상 청구소송에서 원고 청구 기각 판결.

2015.8.27. 방송통신심의위원회, KBS「뉴스9」가 방송한 "이승만 정부가 한국전쟁 발발 직후 일본 정부에 망명 의사를 타진했다"는 내용의 보도에 대해 '공정성'(제9조), '객관성'(제14조) 등의 심의규정 위반을 이유로 '주의' 제재 결정.

2015.9.1. 전국언론노동조합 KBS본부, 노보를 통해 KBS가 미국에서 열린『6.25 전쟁 제대로 알리기』교과서 출간 기념행사에 '개인 자격'으로 참가한 이인호 이사장에게 1,100여만 원의 공금을 지원했다는 의혹 제기. 9.4. KBS, 이인호 이사장의 공금 유용 의혹에 대해 '허위 사실'이라며 문제를 제기한 전국언론노동조합 KBS 본부에 사과와 정정보도 요구. 9.16. KBS 임시 이사회, KBS 이사장의 공금 유용 의혹을 제기한 전국언론노동조합 KBS본부 노보 기사에 대해 만장일치로 감사 결정.

2015.9.7. 방송통신위원회·방송통신심의위원회, 올바른 방송언어 사용을 통한 방송문화 개선을 위해 시사·보도, 대담·토론, 오락·예능, 드라마 등 10개 방송 프로그램 장르별 특성에 맞춘 '방송언어 가이드라인' 제정.

2015.9.16. 방송통신위원회 전체회의, 불법광고 영업 의혹이 일었던 MBN 광고대행사 MBN미디어랩에 시정명령과 함께 과징금 2억 4,000만 원 부과하고 MBN이 보도프로그램에서 사실상 광고를 하는 등 방송광고 위반행위 2건에 대해 과태료 1,000만 원 부과.

2015.9.17. 대전일보, 대전일보노조의 성명으로 인해 화보집의 판매 부진 및 제작 중단

등으로 손해를 입었다며 전·현직 노조간부 10명에 대해 5억 원의 손해배상 청구소송 제기. 대전일보 사측은 소송에 앞서 노조 간부에 대한 부동산 가압류를 신청했으며, 그 결과 노조 부지부장이자 기자협회 대전일보 지회장인 송영훈 기자 소유 부동산에 대해 5,000만 원의 가압류 설정. 10.13. 전국언론노동조합, 대전일보 사옥 앞에서 기자회견을 열고 대전일보의 직원 상대 소송 및 부동산 가압류 비판. 2016.8.3. 중앙노동위원회, 대전일보의 장길문 전 대전일보노조위원장의 해고에 대해 부당해고 및 부당노동행위 판정. 8.12. 대전지방고용노동청, 대전일보가 장길문 전 노조위원장에 대해 대기발령과 충주발령을 낸 사건을 조사하고 기소 의견으로 사건을 대전지검에 송치.

2015.9.17. 서울서부지법, 인터넷 커뮤니티 '일간베스트 저장소(일베)'에 비판적인 언론사 기자의 소속 매체 명과 기자 이름을 살짝 바꿔 소설에 등장시켜 비난한 혐의(모욕혐의)로 고소된 일베 회원에게 유죄를 인정하고 벌금 50만 원 선고.

2015.9.22. 중국 인민일보, 연합뉴스 및 한겨레신문과 각각 효율적인 뉴스 및 정보교류 시스템 구축, 공동 취재 및 상대 언론사 기자들의 자국 내 취재 지원 등 내용이 담긴 '상호 협력 증진을 위한 양해각서' 체결.

2015.9.23. 서울중앙지방법원 제14민사부, 2014년 한겨레가 방글라데시 글로벌 의류공장 내에서 벌어진 노동권 침해에 대해 보도한 기사에 대해 주식회사 영원무역이 제기한 정정보도 및 손해배상 정구소송에서 한겨레는 영원무역에 5,000만 원을 지급하고 정정보도를 게재하라며 원고 일부 승소 판결.

2015.9.24. 서울서부지방법원 제11민사부, 회사의 명예를 실추시켰다는 이유로 해고된 MBC 권성민 PD가 회사를 상대로 낸 해고무효 확인소송에서 "MBC가 권 PD에게 내린 해고 징계 사유는 인정되지 않는다"면서 해고 무효 판결. 12.9. 서울고등법원, SNS에 웹툰 '예능국 이야기'를 그렸다가 해고된 권성민 PD가 회사를 상대로 제기한 해고 및 부당전보 무효

확인소송 항소심에서 원고 승소 판결. 12.21. MBC, 노조 집행부 전임자 5인 전원에게 업무복귀 명령. 12.22. MBC노조, 사측의 상근 노조 집행부 전원에 대한 업무복귀 발령은 '노조 파괴 행위'라고 주장. 2016.5.12. 대법원, 회사를 비판하는 내용의 웹툰 '예능국 이야기'를 SNS에 올렸다가 해고된 권성민 PD가 MBC를 상대로 제기한 해고무효 확인소송에서 MBC의 상고를 기각하고 권 PD의 서울고등법원 해고 무효 승소 2심 판결 확정.

2015.9.24. 방송통신위원회 전체회의, 증자와 관련한 시정명령을 이행하지 않은 OBS경인TV에 대해 과징금 5,000만 원 부과 의결.

2015.9.24. 방송통신심의위원회, 인터넷상의 명예훼손에 대해 당사자가 아닌 제3자도 심의를 신청할 수 있도록 통신 심의규정 개정을 결정하고 입안 예고.

2015.9.25. 광주지법, 5·18단체들이 『뉴스타운』과 지만원을 상대로 제기한 「5·18 배후에 북한군이 있다」는 내용의 호외 발행 및 배포금지 가처분신청 받아들여 『뉴스타운』의 호외 발행과 배포, 인터넷 게시 등 금지 결정. 11.12. 뉴스타운·지만원, 5·18 배후에 북한군이 있다는 내용의 호외 발행 및 배포 중단을 명령한 법원의 가처분 결정에 이의신청서 제출.

2015.9.30. 조대현 KBS 사장 등 임원 13인, 신한은행을 통해 매월 급여의 5%를 청년희망펀드에 기부하는 공익신탁 가입.

2015.10.7. 기자협회보, 19개 언론사를 대상으로 복지실태 조사 결과 발표. *출산축하금 *자녀학비 지원 *건강검진 시행 여부와 범위 등 각 언론사의 복지수당·제도를 조사한 결과, 19개 언론사 중 10곳만이 미취학 자녀 지원금을 지급했으며, 7곳은 단체 실비보험 혜택이 없는 등 복지 사각지대에 있는 언론사가 다수 존재하는 것으로 나타남.

2015.10.8. MBC 이사회는 기자, PD, 아나운서, 방송경영, 방송기술 등의 직종을 폐지하는

인사규정 개정. 10.12. MBC 8개 직능단체(MBC기자협회·미술인협회·방송경영인협회·방송기술인협회·아나운서협회·영상기자회·카메라맨협회·PD협회), 연합성명을 내고 "회사의 일방적이고 갑작스러운 직종 폐지는 MBC 직원들의 중요한 근로조건을 침해한 것"이라며 철회 요구. 10.27. MBC노조, 사측이 직종 구분을 없애고 직급 서열만 두는 조직 개편을 단행한 데 대해 '이사회 의결 무효 확인 및 손해배상 청구소송'을 서울서부지방법원에 제기하고 사측이 전보발령을 시도할 가능성이 있다고 판단해 '이사회의결 효력정지가처분신청'도 접수. 2016.2.8. 서울서부지방법원 제11민사부, MBC를 상대로 전보발령무효 확인 소송을 제기한 전국언론노동조합 김환균 언론노조위원장을 비롯한 기자·PD들에 대해 원고 일부 승소 판결. *서울서부지방법원 제11민사부, 김연국 MBC 기자가 회사를 상대로 제기한 정직 취소 소송에서 "회사가 내린 정직 1개월 처분은 무효임을 확인한다"고 판결. 11.30. 서울고등법원 제1민사부, MBC 김환균 PD 등 15명이 MBC 사측을 상대로 제기한 전보확인 무효소송에서 원고 일부 승소 확인. 재판부는 김환균·이영백·이우환·이춘근·한학수 제작 PD와 고성호 라디오 PD, 박종욱·이정은·임대근 기자 등 9명에 대한 전보발령은 무효라고 판결, 나머지 6명의 청구는 받아들이지 않음. 2017.4.13. 대법원 3부, MBC 김환균·한학수·이영백·이우환·이춘근 제작 PD와 박종욱·이정은·임대근 기자, 고성호 라디오 PD에 대한 전보발령이 무효라고 판결한 원심을 확정하고 MBC 사측의 상고 기각.

2015.10.8. KBS노조, 10월 1일부터 7일까지 모바일과 인터넷을 통해 조대현 사장에 대한 신임 투표 실시. 1,092명(투표율 82.2%) 중 불신임 응답이 82.4%, 신입한다는 응답이 17.2%였다고 밝힘.

2015.10.8. 방송문화진흥회(방문진) 야당 추천 이사들, 고영주 이사장에 대한 불신임 결의 안건 제출. 10.14. 전국언론노동조합·사학개혁국본, 고영주 방문진 이사장을 변호사법 위반 혐의로 검찰에 고발. 11.5. 전국언론노동조합, "문재인은 공산주의자"라고 한 고영주 방문진 이사장을 공직선거법상 허위사실 공표 혐의로 서울중앙지검에 고발. 11.8. 방문진 야당 추천 이사들, 고영주 이사장에 대한 불신임 결의 안건 제출. 2016.9.28. 서울중앙지법

민사83단독, 고영주 방문진 이사장이 문재인 더불어민주당 전 대표에 대한 '공산주의자' 발언으로 문재인 전 대표가 고영주 이사장을 상대로 제기한 손해배상 청구 소송에서 "고 이사장이 3,000만 원을 지급하라"며 원고 일부 승소 판결. 9.29. 전국언론노동조합·한국PD연합회, 각각 성명을 내고 문재인 더불어민주당 전 대표를 공산주의자로 지칭해 법원에서 배상금 판결을 받은 고영주 방문진 이사장의 자진사퇴 촉구.

2015.10.8. 제주일보를 발행하는 ㈜제주일보, 제주일보 제호로 신문발행을 준비 중인 ㈜제주일보방송에 강력 대응 입장 밝힘. ㈜제주일보방송은 2014년 신문사 제호 경매를 통해 제주일보 제호를 낙찰받음. 11.30. 제주지방법원 제3민사부, ㈜제주일보방송이 ㈜제주일보를 상대로 제기한 상표권 침해 금지가처분 신청에서 "㈜제주일보는 '제주일보' 제호를 신문, 온라인신문, 포장용기, 광고, 간판, 거래서류, 홈페이지에 사용하지 말라"고 결정.

2015.10.14. 방송통신심의위원회, 박원순 서울시장의 아들 병역 기피 의혹을 제기한 MBC 보도에 대해 '공정성' 항목 위반 이유로 '의견제시' 제재 결정. 2016.6.21. 서울서부지법 민사12부, 박원순 서울시장이 아들의 병역비리 의혹을 보도한 MBC와 기자, 보도국장, 사장 등을 상대로 낸 손해배상과 정정보도 청구소송에서 원고 전부 패소 판결. 11.4. 서울행정법원 행정7부, 박원순 서울시장 아들의 병역 의혹 편파보도에 대한 방송심의위원회의 행정지도 처분에 반발해 MBC가 제기한 의견제시처분 취소소송에서 원고 패소 판결.

2015.10.20. KBS, 기상청 등 재난 관련 유관기관과 KBS 재난방송 인프라를 연동해 자연재난과 사회적 재난 관련 정보를 망라해 제공하는 종합서비스 'KBS 재난포털(http://d.kbs.co.kr)' 오픈.

2015.10.22. 전국언론노동조합, 언론노조 긴급 대표자 회의에서 '한국사 교과서 국정화 반대 현업 시국선언' 결정. 10.28. 연합뉴스, 노조에 공문을 보내 한국사 교과서 국정화 반대 현업 언론인 시국선언에 참여하는 기자들에게 징계방침 밝힘. 11.2. KBS, 내부 시행문

을 통해 공영방송 직원으로서 정치적 중립을 지켜야 할 의무가 있다며 한국사 국정교과서 반대 시국선언에 연명 형식으로 참여하는 것은 취업규칙에 위배되므로 사규에 따라 인사상 불이익처분을 받을 수 있다고 경고. 11.3. 전국언론노동조합, 49개사 현업 언론인 4,713명이 참여한 언론인 1차 시국선언 성명을 통해 "언론인의 양심으로 한국사 교과서 국정화 강행을 반대한다"고 밝힘. 11.4. 전국언론노동조합, 4,713명의 연명을 담은 현업 언론인 역사교과서 국정화 반대 시국선언을 광고 형식으로 발표. 광고 게재 대상이었던 서울신문, 국민일보, 기자협회보에는 광고가 실리지 못함. 11.4. YTN, 노조에 공문을 보내 '역사교과서 국정화 반대 언론인 시국선언'에 참여하는 것은 정치적 행위이므로 엄정 대처하겠다는 입장 밝힘. 11.5. KBS 8개 직능협회, 공동 성명을 통해 "공영방송 구성원의 한 사람으로서 역할을 제대로 하려는 우리의 자연스러운 움직임을 '정치 활동'으로 물타기 하는 것"이라고 사측의 시국선언 참여 관련 복무 지침서 비판. 11.10. 한국사교과서국정화저지네트워크·전국언론노동조합 등 언론 관련 시민사회단체 대표, 기자회견 열고 역사왜곡 및 언론통제 중단, KBS 고대영 사장 후보자의 사퇴를 요구하고 EBS 사장 내정 인사들의 부적격성 고발. 11.14. 전국언론노동조합 및 언론단체 300여 명, 역사 교과서 국정화, 노동개혁, 수입 쌀 반대 등을 내걸고 민주노총과 전국농민회총연맹 등이 주최하는 민중 총궐기 참여. 11.20. 연합뉴스, 회사가 반대한 시국선언에 회사 사명을 무단 사용해 연합뉴스 전체의 의견인 것처럼 보이게 했다는 이유로 '국정교과서 반대 언론인 시국선언' 관련 노조위원장 징계. 11.23. 연합뉴스노조, '국정교과서 반대언론인 시국선언'에 동참하는 것은 정당한 조합 활동이자 헌법상 보장된 표현의 자유의 일환이라며 성명을 통해 노조위원장에 대한 부당한 징계에 반발.

2015.10.23. 일간스포츠, JTBC PLUS에 합병.

2015.10.27. 고려대학교 공익법률상담소 인터넷투명성보고팀, 『2015년 한국 인터넷 투명 보고서』 발간. 2011~2014년의 정부 공개 자료를 바탕으로 한국의 인터넷 검열, 감시 현황과 문제점을 종합 분석. 지난 3년 사이 네이버·다음 등 인터넷 사업자에 대한 압수·수색 건수가

네 배 늘어나는 등 인터넷 감시가 크게 강화된 것으로 결론.

2015.10.27. MBC노조, 노조가 발행한 『민주방송실천위원회보고서』를 훼손한 최기화 보도국장을 부당노동행위와 업무방해·문서손괴죄 등으로 검찰에 고소. 2016.2.15. 서울지방노동위원회, 지난해 최기화 MBC 보도국장이 전국언론노조 MBC본부가 발행한 민주방송실천위원회(민실위) 보고서를 훼손하고 보도국에 민실위 취재 불응 등을 지시한 것에 대해 부당노동행위로 판정.

2015.11.1. 한국신문윤리위원회, 소식지 재창간을 통해 제호를 『신문윤리위원회 소식』에서 『신문윤리』로 바꾸고 판형을 타블로이드판으로 확장.

2015.11.2. 한국언론진흥재단, '언론매체 범위에 대한 인식' 조사 결과 발표. 보고서에 따르면 응답자의 68.4%가 인터넷포털은 언론매체라고 인식. 팟캐스트나 큐레이션의 경우 비율이 높진 않지만 부분적으로 언론의 기능을 하는 것으로 나타남.

2015.11.3. 취재인력 2명 이상, 취재편집인력 5명 이상을 인터넷신문 등록 조건으로 하는 신문법 시행령 개정안 국무회의 통과. 11.19. 취새인력 2명 이상, 취재편집인력 5명 이상을 인터넷신문 등록 조건으로 하는 신문법 시행령 개정안 시행. 기 등록사는 1년 동안의 유예를 거쳐 재등록 하도록 함. 12.28. 언론개혁시민연대·정의당 언론개혁기획단·한국인터넷기자협회 등 언론·시민단체, 5인 미만 인터넷신문을 강제로 퇴출하는 내용을 담은 '신문법 시행령'의 문제점 지적하고 헌법소원 제출. 2016.10.27. 헌법재판소, 취재·편집인력 5인 이상을 상시 고용한 언론사만 인터넷신문으로 등록할 수 있다는 신문 등의 진흥에 관한 법률 시행령 제2조 1항 1호에 대해 언론자유의 침해를 이유로 '위헌' 결정. *한국인터넷기자협회·언론개혁시민연대, 5인 미만 인터넷신문 등록 취소를 내용으로 하는 신문법 시행령 위헌 판결 지지성명 공동 발표. *문화체육관광부, 인터넷신문의 등록요건을 명시한 '신문 등의 진흥에 관한 법률' 시행령 조항 위헌 결정에 따라 해당 조항의 적용 중단 밝힘.

2015.11.5. 방송통신위원회, 유료방송들이 내년에 의무적으로 송출해야 할 공익채널 9곳 선정. *사회복지 분야; 소상공인방송, 한국직업방송, 육아방송, *과학·문화진흥 분야; 예술TV아르떼, 아리랑TV, 사이언스TV, *교육지원 분야; 교육방송(EBS)을 지정.

2015.11.5. 인천지검 공안부, 직원 체당금 부정수령을 주도한 의혹을 받고 있는 박모 인천일보 대표와 김모 경영기획실장을 임금채권보장법 위반혐의로 불구속 기소.

2015.11.11. 서울서부지방법원 제12민사부, 한겨레가 보건복지부의 대통령 중동 순방의 성과를 '부풀리기' 한 의혹이 있다고 보도한 기사 등에 대해 보건복지부가 제기한 정정·반론보도 소송에 대해 "비판, 의혹 제기 등은 정정·반론보도의 대상이 되지 않는다"며 기각.

2015.11.12. 한국언론진흥재단, 『미디어 이슈 제17호: 신문에서 본 IT용어 100단어 풀이』 발간. 중요도와 용어는 활용도에 따라 별점을 매겼으며 기자, 개발자, 학자 등 7명의 외부 전문가와 재단 연구위원의 추천을 받은 뒤 교차투표를 통해 용어 확정.

2015.11.12. 인천시청 출입 기자단 총회, 접대 골프로 구설수에 오른 방송·통신사와 중앙일간지 기자 5명 중 모임을 최종 주선한 기자단 간사에게 '3개월 출입정지', 나머지 4명은 '경고' 징계 결정.

2015.11.13. 월스트리트저널, 한국어 페이지 서비스 종료. 각국의 언어로 별도 제공되던 뉴스를 아시아판을 통해 하나로 통합 제공.

2015.11.18. KBS, 욕설 섞인 공정방송 요구 글을 사내 게시판에 올린 직원에게 해임 중징계 결정. 2017.5.26. 서울고등법원 항소심 재판부, 상사에 대한 욕설 등이 포함된 자사 보도 비판 글을 사내 게시판에 올렸다가 해고된 KBS 직원에 대해 해임처분 무효 판결.

2015.11.20. 서울남부지법 민사15부, MBC가 미디어오늘과 기자 6명을 상대로 "오보를 바로잡고 모욕에 대한 손해를 배상하라"며 낸 소송에서 원고 일부승소로 판결. MBC가 문제 삼은 16개 보도 중 6개에 대해서는 정정보도문 게시, MBC를 '기레기'로 묘사한 부분을 모욕으로 판단하고 미디어오늘은 300만 원, 기자 2명은 각각 100만 원과 200만 원을 배상하고 해당 문구 삭제를 명령.

2015.11.24. 고대영 KBS 사장, 취임식 후 22대 임기 시작. KBS노조·언론시민단체, KBS 본관 앞에서 고대영 사장 취임 반대 피켓 시위개최.

2015.11.27. 연합뉴스, 권고사직 징계를 받아들이지 않은 김태식 기자 해임 징계. 2016.9.8. 서울중앙지법 제41민사부, 연합뉴스가 가족돌봄 휴직을 끝내고 복귀한 김태식 기자 해고 처분 무효 선고. 사측은 김태식 기자가 부당한 목적의 가족돌봄 휴직을 신청했고, 근무 태도 불량, 부적절한 언행, 회사의 허가 없는 외부 강연 등을 이유로 해고. 2017.4.7. 서울고등법원 민사1부, 2015년 11월 '부당 목적의 가족돌봄 휴직 신청과 회사의 인사명령 위반' 등 이유로 해고된 김태식 전 기자가 회사를 상대로 낸 해고무효 확인소송 항소심에서 1심과 마찬가지로 원고 승소 판결.

2015.11.30. 국회, 국민의 안정적 시청권 보장을 위해 국민관심 행사와 지상파방송이 중단된 경우 방송통신위원회가 방송의 유지재개를 명할 수 있도록 하는 방송법과 국민들에게 재난정보가 신속하고 정확하게 제공될 수 있도록 재난방송 의무사업자의 범위를 확대하는 방송통신발전기본법 개정안 의결.

2015.12.8. SBS노조, 잘못된 판권 계약에 의해 SBS미디어홀딩스가 콘텐츠 판매 수익을 챙기는 구조를 바꾸기 위해 회사를 상대로 소송 계획 발표. 12.29. SBS와 SBS노동조합 'SBS 콘텐츠 판매 방식 및 요율 변경과 노사 화합을 위한 합의서' 마련. 이를 통해 SBS미디어플러스에 위탁해왔던 국내 방송채널사용 사업자의 판매권을 회수해 2017년 1월 1일부터 직접

판매를 하며 계열사에 상표 사용료도 징수할 예정.

2015.12.8. 방송통신심의위원회, 인터넷상의 차별·비하 등 노골적이고 무분별한 혐오표현에 대해 엄정 대처하고 일부 커뮤니티 사이트들을 중심으로 지속적인 모니터링을 통해 시정 조치 계획 밝힘.

2015.12.10. 방송통신심의위원회, 인터넷상 명예훼손성 글에 대해 '공적 인물'을 제외하고 제3자의 신고나 심의 당국이 직권으로 조치를 취할 수 있도록 하는 '정보통신에 관한 심의 규정' 개정안 심의·의결. 12.10. 방송통신심의위원회, 특정 서비스나 상품 등에 지나친 광고 효과를 주는 내용을 방송한 케이블TV 프로그램에 대해 법정제재 의결.

2015.12.10. 서울남부지방법원 제1민사부, 사내 보안 프로그램을 이용해 회사가 노조 간부 등의 사적정보를 불법열람했다며 MBC노조가 사측을 상대로 낸 손해배상 재판 항소심에서 "MBC는 안광한 MBC 사장과 김재철 전 사장, 조규승 신사업개발센터장, 이진숙 대전 MBC 사장, 임진택 MBC 감사, 차재실 전 정보콘텐츠실장과 함께 전국언론노동조합과 언론노조 MBC본부에 1,500만 원을 배상하라"고 판결.

2015.12.17. 서울고법 민사1부, 동아자유언론수호투쟁위원회 소속 해직 기자 13명이 동아일보 해직사태로 해직 약 40년 만에 국가를 상대로 낸 손해배상 청구소송 파기환송심에서 "국가는 각 1,000만 원을 지급하라"고 판결. 2016.5.4. 대법원 3부, 동아자유언론수호투쟁위원회 소속 해직기자 13명이 국가를 상대로 낸 손해배상소송에서 "국가는 이들에게 각 1,000만 원씩 지급하라"고 판결한 원심 확정. 5.17. 자유언론실천재단·동아자유언론수호투쟁위원회·80년해직언론인협회 등 언론단체들, 부당한 언론 탄압으로 해직된 언론인 모두의 복직과 그에 대한 보상 기준 명문화 등을 주요 내용으로 하는 '해직언론인 원상회복 특별법' 제정 요구.

2015.12.22. KBS, 사내 시스템에 기자협회장의 발언을 편집권 침해로 규정한 보도국 국부장단 성명에 이름을 올린 것에 대해 양심 고백을 한 임장원 경인방송센터장을 평기자로 발령.

2015.12.23. 헌법재판소, 의료광고를 하기 전에 사전 심의를 받도록 규정한 의료법 제56조 제2항 제9호, 의료법 제89조는 "사전검열에 해당한다"며 위헌 결정.

2015.12.23. 대법원 민사1부, 국민일보노조파업 이후 해고된 황일송 기자가 제기한 해고무효 확인소송 상고심 선고에서 해고가 무효라는 원심 확정.

2015.12.26. 전국언론노동조합, 내년 총선 출마 선언한 허원제 방송통신위원회 상임위원에 대한 직무정지 가처분 신청.

2015.12.27. 방송통신심의위원회, 방송광고에서 외국어를 사용할 수 있는 시간이 해당광고시간의 2분의 1 이내, 최대 15초로 제한하는 '방송광고 내 외국어 사용에 관한 가이드라인' 마련.

2016.1.7. 넷플릭스, 한국 서비스 시작.

2016.1.13. 서울중앙지법, 지상파방송 3사가 남인천방송을 비롯한 10곳의 개별 유선방송사업자들이 실시간방송에 대한 대가를 치르지 않고 무단으로 지상파 방송 프로그램을 재송신해왔다며 제기한 손해배상 청구소송에서 원고 일부 승소 판결. 그러나 손해배상액에 대해서는 현행 가입자당 재송신료 280원에 못 미치는 190원으로 판단.

2016.1.21. 여론집중도조사위원회, 여론집중도조사 결과 발표. 신문부문은 조선일보, 중앙일보, 동아일보, TV방송은 KBS, MBC, TV조선, 라디오는 MBC, KBS, SBS, 인터넷뉴스

는 연합뉴스, 조선일보, 동아일보 순. 이용 창구 기준으로는 네이버, 다음, 네이트 순으로 나타남.

2016.1.22. 방송통신위원회, 공정성 · 객관성 · 재난방송 · 선거방송 심의규정의 동일 항목을 3회 이상 반복 위반 시 방송평가에서 감점 수준이 2배로 강화되는 것을 주요 내용으로 하는 '방송평가에 관한 규칙' 일부 개정안 의결.

2016.1.27. 선거방송심의위원회, '친박', '신박', '진박' 등의 표현을 뉴스에서 사용한 채널A 「종합뉴스」에 대해 행정지도에 해당하는 '의견제시' 의결.

2016.1.28. 서울서부지법, MBC노조가 8개 지역 MBC를 대상으로 제기한 임금체불 소송 선고 공판, "특별상여가 정기적, 계속적으로 지급돼 온 만큼 회사가 당연히 지급할 의무가 있는 임금에 해당된다"며 노조 승소 판결.

2016.2.1. 문화체육관광부, 2015년 9월 미국 공무 출장에 가족 동반 호화여행을 했다는 의혹이 제기된 방석호 아리랑TV 사장에 대해 특별조사 진행 계획 밝힘. 2.2. 문화체육관광부, 방석호 아리랑TV 사장 사표 수리. 2.3. 언론시민단체들, 기자회견을 열고 문화체육관광부가 방석호 전 아리랑TV 사장의 사의를 수용하는 것은 '명예퇴진'을 보장하는 것이라며 '해임'을 요구. 8.18. 검찰, 업무추진비 부당사용 등으로 물의를 빚은 방석호 전 아리랑국제방송 사장에 대해 '혐의없음'으로 불기소 처분. 8.22. 전국언론노동조합은 방석호 전 아리랑국제방송 사장 검찰의 불기소 처분에 비판 성명. 2018.11.7. 서울고등법원, 방석호 전 아리랑TV 사장의 '호화출장 의혹'을 보도한 경향신문 기자 등을 상대로 제기한 손해배상 항소심 기각.

2016.2.19. KBS기자협회, 편파 논란이 있던 자사의 보도 경위를 취재한 KBS 기자 2명이 징계위원회에 회부된 사실과 관련 "뉴스 공정성을 위한 보루인 기자협회 활동을 짓밟으려

는 시도"라고 비판하는 성명.

2016.2.24. 방송통신위원회, 방송 프로그램에서 협찬주 이름 대신 회사 로고나 상품명, 상표 등을 고지하는 것이 가능하도록 한 '협찬고지에 관한규칙' 개정안 의결.

2016.3.2. CBS, 임금 피크제로 갈등을 빚다가 시니어직급을 중심으로 제2노동조합(CBS노조) 출범. 6.15. CBS 노사, 정년 전 2년간 만 58세에 주 32시간 근무에 기본급 20% 감액, 만 59세에는 주 25시간 재택근무로 기본급 30% 감액을 주요 내용으로 하는 근로시간 단축제 합의. → 참고, 2014.11.27. 언론인 정년과 임금 피크제.

2016.3.30. 전국언론노동조합, 지난해 3월부터 올해 3월까지 1년 동안 언론인 97명에 대한 통신 자료 수집 여부를 확인한 결과 17개 언론사에서 기자 등 91명의 언론 종사자가 통신 내역을 조회당했다고 밝힘. 수사 기관별 요청 건수는 경찰 101건, 검찰 52건, 국정원 37건, 군 4건이었으며, 시기별 요청 건수는 2015년 5~6월에 41건, 11~12월은 75건으로 세월호 1주기 집회와 민중총궐기가 열린 시기임.

2016.4.4. 전국언론노조 MBC본부, 단체협약 체결 문제로 회사와 갈등을 빚다가 조능희 노조위원장의 '선도파업' 돌입. 2012년 '공정방송 확보'를 목표로 파업을 벌인지 4년 만의 파업.

2016.5.11. 서울서부지법 제21민사부, 청와대가 보수 성향 시민단체 대한민국어버이연합 집회를 지시했다는 보도가 사실과 다르다며 허현준 청와대 행정관이 『시사저널』을 상대로 낸 출판 금지·인터넷 기사 게시금지 가처분 신청 기각. 2017.6.16. 서울고등법원 제13민사부, 시사저널의 "청와대가 어버이연합 집회를 지시했다"라는 보도에 대해 전 청와대 국민소통비서실 행정관 허현준이 시사저널을 상대로 제기한 정정보도 및 3,000만 원의 손해배상 청구소송 기각.

2016.5.16. 광주광역시, 5·18을 가장 먼저 외부에 알린 독일 언론인 위르겐 힌츠 페터 별세를 계기로 당시 현장을 취재한 외신기자들을 초청. 이들은 고(故) 힌츠 페터 추모식과 5·18민주화운동기록관에서 열리는 내·외신기자 초청 '시민과의 생생토크'에 참여.

2016.5.17. 자유언론실천재단·동아자유언론수호투쟁위원회·80년해직언론인협회 등 언론단체들, 부당한 언론 탄압으로 해직된 언론인 모두의 복직과 그에 대한 보상 기준 명문화 등을 주요 내용으로 하는 '해직언론인 원상회복 특별법' 제정 요구.

2016.5.27. 대법원 3부, MBC가 직원들 몰래 보안 프로그램을 설치해 전자우편과 인터넷 메신저 내용을 들여다보았다고 주장하며 전국언론노조 문화방송본부와 전국언론노조 등이 MBC와 전현직 임직원을 상대로 낸 손해배상 청구소송 상고심에서 일부 원고승소 판결.

2013.5.30. 언론사를 차등 대우하는 것으로 의심되는 정부 문건 공개. 법무부가 정부 업무평가에서 좋은 점수를 얻기 위해 만든 내부 계획서로, 정부업무평가위원회가 조선일보·중앙일보·동아일보와 KBS·MBC·SBS 등 주요 언론사에 높은 배점을 두고 있다는 내용.

2016.6.1. 대법원 1부, 채널A·JTBC·TV조선·MBN 등 종편 4개사가 방통위를 상대로 제기한 과징금 부과처분 취소소송 상고심에서 원고 패소판결한 원심 확정. 방통위는 이들 방송사가 약속한 투자계획, 재방송 비율을 지키지 않았다며 시정명령을 거쳐 2014년 1월 각 3,750만 원씩의 과징금을 부과했음.

2016.6.2. 연합뉴스, 입사 20년 이상 또는 연령 50대 이상의 직원을 대상으로 희망퇴직 신청 받기 시작. 24일까지 신청받은 후 28일 심사를 통해 30일부터 희망퇴직제 실시 예정.

2016.6.2. 서울시 은평구, 진관동 옛 기자촌에 한국언론기념관 건립 추진을 위한 '홈커밍데이' 행사 개최.

2016.6.7. 광주광역시, 장기간 발행하지 않은 정기간행물 41개를 직권말소 대상으로 선정.

2016.6.8. 서울서부지방법원 제12민사부, MBC가 미디어오늘·한겨레·PD저널 등 언론사를 상대로 제기한 정정보도 및 손해배상 청구 소송에서 원고 패소 판결. MBC는 미디어오늘 등이 악의적으로 허위기사를 작성해 MBC 명예를 훼손하고 인격권을 침해했다는 이유로 지난 1월 언론사와 기자들을 상대로 소송 제기.

2016.6.14. 방송통신위원회, '방송법 시행령' 개정안 의결. 국무회의에서 방송유지·재개명령, 기술결합 서비스, 분쟁조정, 재산상황 공표제도에 대한 세부 기준 등을 규정한 내용. 이를 통해 지상파TV와 유료방송사업자의 재송신 분쟁마다 불거졌던 '블랙아웃' 현상이 사라지며 다양한 기술을 결합한 방송서비스가 가능해질 전망.

2016.6.22. 매일신문, 영남권 신공항 건설 백지화에 대한 항의 표시로 1면 전면 백지 발행.

2016.6.28. 한국방송광고진흥공사, 서울중앙지방법원에 한국언론진흥재단을 상대로 '프레스센터 관리권 관련 부당 이익금 반환'을 청구하는 민사조정 신청. 7.8. 한국신문협회 등 11개 언론단체, "한국방송광고진흥공사는 한국프레스센터를 관리·운영하는 한국언론진흥재단에 임대료와 관리운영권을 내놓으라는 주장을 철회하라"는 내용의 공동성명 발표. 9.14. 신문협회·신문방송편집인협회·기자협회·관훈클럽·여기자협회 등 언론 5단체, 프레스센터와 남한강연수원의 소유권을 국가로 귀속해야 한다는 내용의 '프레스센터·남한강연수원에 대한 대정부 건의문'을 문화체육관광부에 전달.

2016.6.30. 강원지역 복지기관 최초로 노인들이 직접 운영하는 'BS청춘라디오방송국' 개국 및 방송 시작. 평일 오전 10시 30분부터 오전 11시 40분까지 복지관 내에서 들을 수 있으며 밥상공동체 종합사회복지관 홈페이지(www.bsbokji.or.kr)를 통해 다시 듣기 가능.

2016.6.30. 헌법재판소, 김어준 딴지일보 총수와 주진우 시사IN 기자가 공직선거법에서 언론인의 선거운동을 금지한 공직선거법 조항이 위헌이라며 낸 위헌법률심판 사건에서 재판관 7:2 의견으로 위헌 결정. 8.18. 검찰, 2012년 19대 총선을 앞두고 불법 선거운동을 한 혐의로 기소한 김어준 딴지일보 총수와 시사인 주진우 기자에 대한 공소사실 일부 취소. 이는 헌법재판소가 지난 6월 언론인의 선거운동을 금지한 공직선거법 조항이 위헌이라고 결정한 데 따른 것. 2017.12.7. 2012년 18대 대통령 선거 직전 박근혜 대통령 후보의 '5촌 조카 살인사건'을 둘러싼 의문점을 보도해 기소된 주진우 시사인 기자가 대법원에서 무죄 확정 판결.

2016.7.1. 대법원 1부, CBS와 이정식 전 CBS 사장, 신현덕 전 OBS 공동대표가 OBS와 OBS 최대주주인 백성학 영안모자 회장, 김성재 OBS 회장 등을 상대로 낸 손해배상 청구소송 상고심에서 "피고들은 원고들에게 총 9,500만 원을 지급하라"는 원심판결을 그대로 확정. OBS 측은 2006년 보도를 통해 CBS가 OBS의 경영권을 빼기 위해 허위사실을 유포했다고 주장했으나 법원은 OBS 측의 주장이 진실이라고 믿는 데에 상당성이 있다고 인정할 수 없다며 CBS 승소 판결.

2016.7.4. 방송통신위원회, 올해 하반기 한국방송광고진흥공사를 통해 혁신형 중소기업 32곳에 방송광고 제작비 지원 발표. 우수한 기술력을 갖고 있지만 인지도가 낮고 마케팅 능력이 부족한 중소기업을 대상으로 TV광고는 5,000만 원, 라디오광고는 400만 원까지 방송광고 제작비의 50% 지원 계획.

2016.7.7. 언론중재위원회, 『2015년도 언론관련 판결 분석보고서』 발표. 보고서에 따르면 전체 언론 소송 중 언론보도 피해자(원고) 측이 약 56% 승소. 매체 유형별로 원고 승소율은 일간지 68%, 방송 48%.

2016.7.17. JTBC, 메인뉴스 「뉴스룸」에서 사드(THAAD, 고고도미사일방어)의 인체 유해성

관련 외신기사를 전한 13일 보도내용이 오역이었다며 사과. 7.26. 방송통신심의위원회, '사회적 혼란을 현저히 야기할 우려가 있는 내용'이라는 이유로 사드의 유해성을 언급한 인터넷 게시글 4건 삭제 의결. 8.2. 방송통신심의위원회, 7월 26일과 같은 이유로 사드의 유해성을 언급한 인터넷 게시글 3건 삭제 의결. 8.11. 방송통신심의소위원회, 사드의 유해성을 언급한 인터넷 게시글 5건에 대해 '사회적 혼란을 현저히 야기할 수 있는 우려가 있는 내용'이라는 이유로 '삭제' 의결.

2016.8.1. 강원도민일보, 지역일간지 최초로 베를리너판으로 판형 변경. 이에 따라 기존 평일 20면, 주 116면 발행을 평일 28면, 주 160면으로 변경하고 컬러면도 대폭 확대. → 참고, 2008.1.6. 중앙일보 베를리너판.

2016.8.1. KT스카이라이프, 스포츠 · 드라마 · 버라이어티 전문채널 'SBS 플러스(Plus) UHD' 단독 론칭.

2016.8.29. 조선일보, 대우조선 호화 출장 의혹으로 물의를 빚고 사의를 표명한 송희영 주필에 대해 보직해임 결정. 9.2. 조선일보노동조합, 노보를 통해 송희영 전 주필 사태에 대한 입장을 밝히고 철저한 진상조사 촉구. 10.14. 조선일보, 기자들의 직업 윤리의식 등을 높이기 위해 윤리위원회 출범.

2016.9.12. 대전지방고용노동청, 대전일보가 전 노조위원장 장길문을 대기발령과 충주 발령한 사건을 조사하고 기소 의견으로 대전지검에 송치.

2016.9.22. 방송문화진흥회 이사회, 유기철 · 이완기 · 최강욱 등 야당 추천 이사 3명이 제출한 안광한 MBC 사장 해임안에 대해 기각 결정. 해임 결의안을 제출한 이유로는 '백종문 녹취록'에 드러난 사원 불법 해고, 임직원 개인정보를 수집한 보안프로그램 설치 묵인, 노사 갈등 유발, 세월호 참사 특별조사위원회 동행명령 거부, 보도 · 시사 분야의 신뢰도 및 공정

성 하락 등에 안 사장의 책임이 있다고 주장.

2016.10.1. 청주MBC와 충주MBC가 통합 'MBC충북'으로 출범.

2016.10.10. 서울중앙지검 공안2부, 시민기자가 올린 글을 검토하면서 특정 후보자나 새누리당에 반대하는 내용을 거의 수정하지 않고 등록했다며 공직선거법 256조 '투표참여 권유 활동 방법 위반' 혐의로 김준수 오마이뉴스 편집기자 기소.

2016.10.27. 대법원 1부, 경영주의 비리 의혹을 제기했다는 이유로 해고된 조상운 국민일보 전 노조위원장이 중앙노동위원회를 상대로 낸 부당해고 및 부당노동행위구제재심판정 취소소송 상고심에서 "해고 처분은 원고에게 지나치게 가혹하여 재량권을 일탈·남용한 위법이 있다"며 원심판결 확정. 2017.1.31. 국민일보, 해고됐다가 5년 만에 복직한 조상운 기자에 대한 사내 인사위원회 재심에서 '정직 4개월'을 확정하고 2월 1일자로 정직 통보. 전국언론노동조합 국민일보지부, 사측의 조상운 기자에 대한 정직 통보 비난 성명.

2016.10.31. 전국언론노동조합·한국기자협회·한국PD협회 등 12개 언론단체 및 언론관련 시민단체, 서울 광화문광장에서 기자회견을 열고 '최순실 비선 실세 의혹'과 관련 박근혜 대통령의 사퇴 촉구. 11.1. MBC, 박근혜·최순실 게이트에 대해 제대로 보도하라고 요구하기 위해 피케팅을 벌일 예정이었던 MBC노조를 물리적으로 저지. 11.3. 전국언론노동조합, 박근혜·최순실 게이트 진실 보도를 요구하는 MBC노조에 물리력을 행사한 MBC 사측을 규탄하는 기자회견을 서울 마포구 상암 MBC 앞 광장에서 개최. 11.4. 한국PD연합회, 서울 마포구 상암MBC 앞에서 박근혜·최순실 사태에 대한 자성의 목소리를 내는 기자회견 개최. 12.28. MBC기자협회·MBC영상기자회 소속 기자들, '근조' 피켓 들고 자사 뉴스와 김장겸 보도본부장 및 최기화 보도국장을 비판. 2017.1.6. MBC, 박근혜·최순실 게이트 보도에 대해 시청자들에게 '반성문'의 동영상을 유튜브에 올린 MBC 막내 기자들에게 경위서 제출 요구. 1.10. MBC기자협회, 동영상을 올린 막내 기자들을 지지하는 동영상을

유튜브와 페이스북에 올림. 4.21. MBC, 자사에 비판적인 목소리를 내온 곽동건·이덕영·전예지·김희웅·이호찬 기자와 송일준 PD 등 6명에게 인사위원회 회부 통보. 5.21. MBC, 뉴스 리포트에 삽입된 취재원의 목소리 조작의혹을 제기한 MBC기자협회장에게 출근정지 20일, 'MBC 막내기자의 반성문' 동영상을 제작해 공개한 기자들에게 '주의' 처분 등 징계.

2016.11.1. 방송통신심의위원회, 건전한 개인 인터넷방송 문화 환경조성을 위한 '인터넷방송 모니터링단' 공식 출범. 기획총괄반, 불법모니터링반, 성매매·음란모니터링반, 유해모니터링반 등 4개 실무반으로 나뉜 66명의 모니터링단은 2017년 3월 31일까지 5개월간 운영됨.

2016.11.1. 국무회의, 지상파 다채널방송(MMS)을 '지상파TV 방송사업자가 이미 지정받은 주파수 대역 내에서 디지털 압출 기술을 활용해 추가 운용하는 부가채널'로 정의하는 내용의 방송법 개정안 심의·의결. 이를 통해 EBS-2TV의 본방송을 위한 법적 근거 마련.

2016.11.10. 문화체육관광부 조윤선 장관·정관주 제1차관, 청와대 정무수석실 근무 당시 문화예술인 블랙리스트 작성을 주도했다고 보도한 언론사를 상대로 언론중재위원회에 정정보도 신청.

2016.11.10. 어버이연합, JTBC가 허위보도를 하고 있으며 'JTBC가 최순실의 것이라고 주장하는 태블릿 PC를 입수하게 된 경위를 수사해 달라'며 서울중앙지검에 JTBC와 손석희 보도담당 사장 고발. 12.19. '태블릿 PC 보도'에 불만 품은 40대 남성, JTBC 사옥에 트럭 몰고 돌진. 2017.1.26. JTBC, 최순실의 태블릿 PC가 조작된 것이라고 주장해 온 변희재 등 '미디어워치' 임직원에 대한 고소장을 서울중앙지검에 제출. 4.6. 방송통신심의위원회, JTBC「뉴스룸」의 '태블릿 PC 보도' 등이 방송심의규정 14조(객관성)를 위반했는지 여부를 심의하고 '제작진 의견진술' 결정. 5.25. 방송통신심의위원회 전체회의, JTBC 태블릿PC 조작 논란이 제기된 보도 2건에 '의결보류' 결정. 입수경위를 설명한 보도 1건에는 경징계인

'권고' 제재. 2017.7.12. 방송통신심의위원회, '박근혜-최순실 게이트'를 드러내는데 핵심 역할을 한 JTBC의 태블릿 PC 보도에 대해 '문제없음' 의결. 2018.11.12. 법원, 2016년 12월부터 2년째 JTBC 태블릿PC 보도가 조작됐다고 주장해온 미디어워치에 대해 허위사실에 의한 명예훼손을 인정하고 변희재 미디어워치 대표고문에게 징역 2년 선고. 2019.9.6. 손석희 JTBC 사장, 서울서부지검에 출석 후 16시간 동안 자신에게 제기된 여러 혐의에 대해 조사받고 귀가.

2016.11.11. KBS, 2016년 7월 경북 성주 사드 배치 보도와 관련 자사를 비판한 이영섭 KBS 기자협회장, 노준철 전 전국기자협회장, 이하늬 전국기자협회 대구경북지회장 등 3인을 징계에 회부. *KBS노조, 사드 배치보도 관련해 자사를 비판한 기자들을 징계한 KBS 사측 비난 성명.

2016.11.21. 전국언론노동조합·민주언론시민연합·언론개혁시민연대·자유언론실천재단 4개 언론시민단체, '박근혜·최순실 게이트' 등 비선실세 비리와 대통령과 청와대 잘못을 은폐하기 위해 '언론자유와 국민의 알권리'를 침해했다는 이유로 박근혜 대통령, 김기춘 전 비서실장, 김성우 전 홍보수석, 최성준 방송통신위원장 고발.

2016.12.1. 전국언론노동조합KBS본부·KBS노동조합, 11월 24~30일까지 실시한 총파업 찬반투표결과 투표권자 3,782명 중 2,995명(79.2%)의 투표로 2,562명(85.5%)이 파업에 찬성했다는 결과 발표. 이에 따라 8일 오전 6시부터 '공정방송 쟁취와 보도참사, 독선경영 심판을 위한 총파업'에 돌입한다고 밝힘. 12.8. KBS노동조합, 오전 6시부터 '공정방송 쟁취와 보도참사·독선경영 심판을 위한 총파업' 돌입. 12.10. KBS노동조합, 9일 국회가 박근혜 대통령을 압도적으로 탄핵하고 정기국회를 종료함에 따라 0시부터 총파업 잠정중단하고 업무 복귀. 12.26. KBS 15년차 이상 기자 104명, 국정농단 사태와 관련 공영방송이 권력 감시란 제 역할을 하지 못했다는 비판에 대한 책임을 지고 고대영 사장 퇴진을 요구하는 성명 발표. 12.29. 국언론노동조합KBS본부·KBS노동조합, 박근혜·최순실 게이트 관련

보도를 지적하며 사측에 보도책임자 교체를 촉구하는 공동선언 발표. 2020.6.6. KBS, 최순실 보도 등과 관련 정지환 전 통합뉴스룸 국장(옛 보도국장)을 포함 기자 5명에게 정직 6개월과 감봉 등 중징계.

2016.12.5. KBS노조, 대통령 탄핵에 대해 국회의원들의 찬반입장을 공개했던 표창원 더불어민주당 의원이 마치 의원들의 전화번호를 공개한 것처럼 전달했던 KBS「뉴스9」황상무 앵커에 대해 '앵커 자리에서 물러나라'고 요구. ◇KBS, 메인뉴스「뉴스9」가 표창원 의원이 국회의원 전화번호를 공개했다는 보도가 오보임을 인정하고 바로잡음.

2016.12.8. 한국신문협회 · 한국방송협회 · 한국신문방송편집인협회 · 한국기자협회 · 한국인터넷신문협회 5개 언론단체, '선거여론조사보도준칙'을 공동으로 제정하고 선포식 개최.

2016.12.9. 박근혜 대통령 국회 탄핵. 2017.3.10., 헌법재판소, 탄핵 최종 인용, 대통령직 파면.

2016.12.14. 전국언론노동조합 기자회견. '박근혜 정권의 언론장악 적폐' 청산을 위한 '언론장악 부역자' 10명 명단 1차 발표. 2017.4.11. 전국언론노동조합, '언론장아 적폐 청산을 위한 부역자 명단 2차 명단 발표 기자회견'. MBC 23명, KBS 20명, YTN 5명, SBS 2명 등 총 50명의 전 · 현직 언론인 및 언론 관계자들 포함. 4.24. MBC, '언론장악 부역자 명단'을 발표한 전국언론노동조합에 대해 명예훼손죄와 모욕죄 등 혐의로 서울중앙지검에 고소. 6.15. 전국언론노동조합, '언론장악 적폐 청산을 위한 부역자 명단 3차 발표 기자회견'. MBC 16명, KBS 15명, YTN 6명, 연합뉴스 3명, 국제신문 1명 등 41명 공개.

2016.12.20. OBS 노조, 구성원들 퇴직금 55억 원을 출자전환하는 등 회생방안 발표하고 방송 재허가 취소 위기에 처한 회사를 위해 방송통신위원회와 대주주에게도 책임 있는 결과물 내놓을 것을 촉구하는 기자회견. 12.26. 방송통신위원회, OBS경인TV에 대해 2017년

12월 31일까지 자본금 30억 원 확충 등을 이행하지 않으면 바로 취소 절차를 밟는 조건으로 허가유효기간 3년 조건부 재허가 의결.

2016.12.27. 한국기자협회 세계일보지회 소속 평기자 98명, 2014년 11월 '정윤희 문건' 보도 후 위기에 빠진 상황에서 리더십이 제대로 작동하지 않은 데 대한 책임을 묻고 차준영 사장 퇴진 촉구.

2017~2018

노조, 언론사 사장 퇴진 요구

2017.1.16. MBC, 방송사 사장이 비선 실세로 알려진 정윤회와 만나 보도 협조 요청을 받았다는 언론보도와 관련 TV조선과 미디어오늘의 기자 · 대표 등을 서울중앙지검에 고소.

2017.1.25. 박근혜 대통령, '문화예술계 블랙리스트를 대통령이 지시했다'고 보도한 중앙일보를 상대로 서울중앙지법에 억대 손해배상 소송 제기.

2017.1.30. 대전시 · 시의회 · 교육청 · 지방경찰청 등 4개 공공기관, 출입기자가 언론 직무 관련 범죄나 살인, 강도, 강간, 절도, 폭력, 방화, 마약 등 7대 범죄로 법원에서 금고 이상의 형이 확정되면 보도자료와 취재 편의, 광고, 신문구독 등을 중단하고 해당 기자가 근무하는 소속 언론사도 1년간 동일하게 제재하는 방안 마련하고 2월부터 적용한다고 밝힘.

2017.2.3. 수원지검, 290억 원대 허위 매출 · 매입 계산서 발행혐의 등으로 경인일보 송광석 사장 불구속 기소.

2017.2.9. KBS노동조합·전국언론노동조합KBS본부, 1일~8일까지 조합원들을 대상으로 진행한 '방송법 개정과 공정방송 사수, 단체협약 쟁취를 위한 총파업' 투표결과 83.0% 찬성률로 가결.

2017.2.28. 서울서부지방법원 제21민사부, 전국언론노동조합 YTN지부가 편집회의와 확대간부회의, 편성개편을 위한 회의 참석을 요구하며 사측을 상대로 제기한 가처분신청에 대해 "YTN 보도국장은 특별한 이유 없이 공정방송추진위원회 간사가 편집회의에 참석하는 것을 막고 있다"며 노조의 손을 들어줌.

2017.3.10. 헌법재판소, 만장일치 박근혜 대통령 탄핵 결정. 대통령직 파면.

2017.4.2. 한국기자협회, '세계기자대회(World Journalists Conference)' 8일까지 서울과 부산, 인천, 경기, 강원에서 진행.

2017.4.28. YTN 노사, 보도국장을 임명하거나 해임할 때 보도국원의 동의를 구하도록 하는 '**보도국장 임면동의제**' 도입 합의. 개정안에 따르면 보도국장 내정자는 1주일 이내에 보도정책과 보도국 운영방침을 공표하고 다시 1주일 이내에 보도국원의 임명 동의 투표를 거쳐야 하고 보도국장 임기는 1년 이상을 원칙으로 함.

2017.5.9. 19대 대통령 선거 문재인 당선.

2017.5.16. 서울중앙지방법원, 박석운 한국진보연대 대표가 '미디어워치' 변희재 대표 상대로 제기한 소송에서 1,000만 원의 손해배상금을 지급하도록 판결. 변희재는 2014년 채널A에 출연, 2013년 국정원 댓글 의혹의 진상규명을 호소하고 분신한 고 이남종 사건 관련 박석운 대표 등이 "이 씨의 죽음을 정치적으로 이용하려 했다"고 했던 주장에 대해 박석운 대표가 소송 제기.

2017.5.27. 대통령 선거 후 공영방송 임원진 퇴진 요구 이어짐. 5.27. MBC를 국민의 품으로 공동대책위원회, 안광한 전 MBC 사장, 윤길용 MBC NET 사장, 김장겸 MBC 사장, 백종문 MBC 부사장, 고영주 방송문화진흥회 이사장 등을 업무상 배임 및 횡령 혐의로 검찰 고발. 5.29. 전국언론노동조합 MBC본부, 노보를 통해 김장겸 MBC 사장, 고영주 방송문화진흥회 이사장 퇴진 요구. 5.31. KBS PD 38명, 실명으로 성명을 내고 고대영 사장의 퇴진 촉구. 6.5. 전국언론노동조합 연합뉴스지부, 박노황 사장 등 현 경영진 퇴진을 요구하는 1인 릴레이 피켓 시위 돌입. 6.7. MBC, 김장겸 MBC 사장 퇴진을 요구하는 기명 서명이 있는 사내 게시글 삭제. *회사의 이익을 침해하거나 명예를 훼손하는 내용 *특정인 또는 단체의 명예를 훼손하거나 모욕하는 내용 *사생활 침해 및 인신공격성 내용 등 이유. 6.12. 전국언론노동조합 KBS본부 · KBS노동조합 · KBS 10개 협회(경영 · 기자 · 방송그래픽 · 방송기술인 · 아나운서 · 전국기자 · 전국촬영기자 · 촬영감독 · 카메라감독 · PD협회), 5월 31일~6월 5일 간부급을 포함한 전 직원 대상 설문조사 실시. 응답자의 88%가 고대영 사장의 퇴진에 동의한다고 밝힘. 6.14. MBC, 김장겸 사장 퇴진을 요구하는 구호를 외친 김민식 PD를 업무방해 및 직장 질서문란 등 이유로 1개월간 대기발령. *MBC 라디오국 PD 34인 · 경영본부 직원 126인, 김장겸 사장 퇴신 요구 성명. 6.16. MBC 아나운서 29인, 김장겸 사장과 고영주 방송문화진흥회 퇴진 요구 성명. 6.21. 대전지역 88개 시민사회단체로 구성된 국민적폐청산대전운동본부, 이진숙 대전MBC 사장, 김장겸 MBC 사장, 최혁재 대전MBC 보도국장 사퇴를 촉구하는 기자회견. 6.22. MBC 예능PD 46인, 김장겸 MBC 사장 퇴진을 요구하는 공동성명 발표. 6.23. 전국언론노동조합 연합뉴스지부. 연합뉴스 사옥 앞에서 박노황 사장 등 현 경영진 퇴진을 촉구하는 '연합뉴스 바로 세우기 투쟁 선포식'.

2017.6.21. 한겨레, 누리꾼들에게 인신공격을 받는 자사 기자들에게 법률 자문 지원 결정.

2017.6.22. 홍석현 중앙일보 · JTBC 전 회장, 홍준표 전 경남지사를 허위사실 적시에 의한 명예훼손 혐의로 서울동부지방검찰청에 고소. 6월 18일 자유한국당 전당대회 출마 기자회견에서 "신문 갖다 바치고 방송 갖다 바치고 조카 구속시키고 겨우 얻은 자리가 청와대 특보

자리"라는 발언에 대해.

2017.6.24. 조선일보, 국내 신문사 최초로 지령 3만 호 발행.

2017.6.27. 한국언론진흥재단, 영국 로이터 저널리즘연구소의 『디지털 뉴스 리포트 2017』 보고서 공개. 우리나라 국민의 뉴스에 대한 신뢰도가 세계 36개국 가운데 최하위로 나타남.

2017.6.28. CBS노동조합, 임시총회를 열고 노조 통합 협상에 관한 전권을 집행부에 위임하는 안건 의결. 전국언론노동조합 CBS지부에서 갈라져 나온 지 1년 4개월 만에 통합 논의 시작.

2017.6.29. 고용노동부 서울서부지청, MBC노동조합이 사용자측의 부당노동행위 의혹에 대해 특별감독을 신청함에 따라 특별근로감독 실시. 고용노동부는 사측의 노조 지배개입에 대한 부당노동행위 판정, 노조원에 대한 지속적인 징계와 관련 근로자 승소 판결. 2012년 이후 지속된 노사분쟁 및 파업의 장기화에 따른 노사갈등 심화 등을 특별근로감독 사유로 들음. 6.29. MBC노조, '부당노동행위 엄정수사 촉구 기자회견'. 고용노동부 강원지청에 춘천 MBC에 대한 특별근로감독 청구.

2017.7.1. 전국언론노조문화방송본부 대전MBC지부, 노조는 민주방송실천위원회 보고를 통해 "이진숙 사장 취임 이후 대전 MBC는 지역 언론으로서의 역할과 방송의 공공성을 망각한 채 사유화됐다"며 이진숙 사장 체제를 강하게 비판.

2017.7.2. 방송통신위원회, 「2016년 방송사업자 재산상황 공표집」에 따르면 지난해 공영방송이 거둔 TV수신료가 징수대상의 확대로 역대 최대 수준인 6,333억원을 기록, 방송법에 명시된 수신료 배분율에 의해 177억 원을 EBS에 배분.

2017.7.4. KBS 13년 차 이하 기자 273명이 고대영 KBS 사장과 KBS 이사장 퇴진을 요구하며 총파업과 제작거부 돌입.

2017.7.4. 언론노조, 민주언론시민연합, 한국PD연합회, 한국언론정보학회 등 언론시민사회단체는 '언론장악 9년의 적폐청산을 위한 첫걸음'을 주제로 토론회를 개최하고 이명박 박근혜 정권 시기 있었던 언론장악 과정과 의미 등을 담은『언론장악백서』발간. 주요 내용; 언론사 간부 인사 개입, 보도 통제와 검열, 언론인 탄압, 정부의 여론 조작.

2017.7.6. CJ E&M, 고된 노동강도 문제 등으로 숨진 고(故) 이한빛 PD의 죽음에 대한 공식 사과문 및 재발방지대책을 홈페이지에 게재.

2017.7.7. 전국언론노동조합 연합뉴스지부, '연합뉴스 바로세우기 투쟁 결의대회' 개최. 공정보도 시스템을 와해시킨 경영진 퇴진과 뉴스통신진흥회 등의 사장선임 구조 개선 요구.

2017.7.13. 한국PD연합회, MBC가 이명박, 박근혜 정부 아래에서 관영방송과 사영방송으로 전락했다며 MBC 경영진의 사퇴를 촉구.

2017.7.17. 전국언론노동조합 MBC본부, MBC노조, 서울과 16개 기자협회, PD협회 등 43개 직능단체가 모두 참여 '김장겸 · 고영주 퇴진 MBC 비상행동' 출범.

2017.7.25. 고용노동부, 춘천MBC에 대해 수시 근로감독을 시행하겠다고 통보. 특별근로감독에 해당되므로 3년 동안 부당노동행위 전반에 걸친 조사가 이루어질 예정.

2017.7.25. 경기지방노동위원회, OBS가 지난 4월 경영위기를 이유로 직원 13명을 정리해고한 것은 부당하다고 결정. 8.1. OBS, 경영상 이유로 정리해고를 당한 뒤 경기지방노동위원회에 부당함을 알린 직원 13명의 정리해고 철회. 12.18. 전년도 11월과 3월 현업에서 배제

당하거나 정리해고 당해 사옥 앞에서 천막농성장을 치고 OBS 정상화 투쟁에 돌입한 지 9개월여 만에 해직자들을 원직 복직시킴.

2017.7.31. 문재인 대통령, 방송통신위원장에 이효성 임명. 8.1. 이효성, 문재인 정부 언론개혁을 위한 주요 업무과제 첫 번째로 공영방송 정상화 강조.

2017.8.1. 중앙일보, 신임 편집국장에 이정민 중앙선데이 제작담당 부국장 임명. 중앙일보 최초의 여성 편집국장.

2017.8.9. 전국 MBC기자회 · 한국방송카메라기자협회, MBC 블랙리스트 문건이 공개된 이후 진상규명을 요구하는 여론에 힘입어 블랙리스트의 진상규명과 관련자에 대한 처벌 촉구. 'MBC 영상기자 블랙리스트' 논란의 책임자 처벌과 MBC 정상화를 요구하며 9일부로 제작 중단 돌입. 8.11. MBC 시사제작국 · 콘텐츠제작국 기자 · PD들과 MBC 영상기자회 소속 카메라 기자들을 포함해 110여 명이 제작 중단 중인 가운데 보도국 취재 기자들 동참. 8.15. 전국언론노동조합 KBS본부, 본부 소속 기자 134명은 MBC 기자 · PD들이 방송 정상화를 위한 제작거부 돌입에 동참 제작 중단을 예고하며 경영진 퇴진 촉구. 8.16. MBC 보도국 소속 기자들과 카메라 기자들에 이어 보도국 외 기자 65명도 17일부로 제작 중단 결정. 8.17. MBC 아나운서들도 총회에서 출연과 업무중단 결의. 8.22. MBC 예능 PD 56명, 총파업 동참하기로. 라디오 PD 36명 또한 제작 중단 및 총파업 동참하기로. 8.24. 전국언론노동조합 MBC본부의 총파업 두표가 29일까지 진행되고 있는 가운데 MBC 라디오 PD 40명이 28일부터 제작을 중단하기로 결정. MBC 사장 퇴진운동을 벌이고 있는 17개 지역 MBC 지부들도 대의원 대회와 긴급총회를 잇달아 열고 총파업 결의. 8.25. MBC 기자 · PD · 아나운서들이 김장겸 MBC 사장 퇴진과 방송 정상화를 요구하며 제작을 중단한 가운데, 방송 송출과 직결되는 MBC 편성국 PD 26명도 28일부로 제작업무 중단 선언. 8.28. 전국언론노동조합 MBC본부, 16개 지역 취재카메라 기자 등 257명이 서울 본사로의 기사송고를 전면 거부하면서 실명으로 선언문 발표. 8.29. MBC 총파업 투표 노조 사상 최고 찬성율인 93.2%를

기록 가결. 총파업에는 송출 등 필수 인력을 전혀 남기지 않고 예외 없이 전 조합원 참여 예정. 9.1. 서울서부지검, 특별근로감독의 피의자로 입건됐지만 3차례 수사당국 소환에 불응한 김장겸 MBC 사장이 법원으로부터 체포영장을 발부받았다고 발표. 9.19. 이명박 정권 당시 국가정보원이 MBC 민영화 추진을 위해 방송통신위원회·방송문화진흥회와 공조하는 전략을 세운 것으로 밝혀짐. 10.16. 파업 중인 MBC 아나운서들과 전국언론노동조합 MBC본부, 신동호 MBC 아나운서 국장을 검찰에 고소. 2012년 파업 참여 아나운서들에 대한 각종 인사 배제 및 차별 조치 혐의. 10.19. 김원배 구여권 이사 사퇴서 제출.

2017.8.14. 장충기 전 삼성그룹 미래전략실 차장(사장) 문자에서 드러난 연합뉴스 간부들과 삼성의 유착 의혹에 대해 연합뉴스 기자들이 기수별 성명을 내고 경영진 사퇴 요구.

2017.8.17. 한국신문협회, 한국신문방송편집인협회, 한국기자협회는 도서구입비와 공연관람비에 소득공제를 추진하는 내용의 '2017년 세법 개정안'과 관련, 신문 구독료도 소득공제 대상에 포함시키도록 촉구.

2017.8.17. 한국독립PD협회 산하 방송사 불공정행위 청산과 제도 개혁을 위한 특별위원회, '박환성, 김광일 독립PD의 추모와 방송사 불공정행위 청산결의대회' 개최.

2017.8.21. 방송통신위원회, KBS·MBC 제작거부 사태와 관련 공영방송 실태조사 시작.

2017.8.21. KBS MBC 노조 공동 파업. KBS기자협회에 이어 KBSPD협회도 고대영 KBS 사장 퇴진을 요구하며 제작 중단을 선언하고 고대영 사장이 퇴진하지 않을 경우 30일부터 전면 제작 중단 돌입하겠다고 총회에서 결의. 8.25. 전국언론노동조합 KBS본부, 이인호 KBS 이사장의 관용차 유용과 관련, 이인호 이사장과 고대영 KBS 사장을 업무상 배임과 부정청탁 및 금품 등 수수의 금지에 관한 법률 위반혐의로 검찰에 고발. 8.29. KBS PD 전체 팀장. 부장 중 95% 해당하는 간부 88명은 보직을 내려놓고 고대영 KBS 사장 퇴진 요구.

9.2. 전국민주노동조합총연맹·민주노총 전국공공운수노동조합·전국사무금융노동조합 등 산하 산별조직들도 KBS·MBC 언론노동자들의 총파업 투쟁에 대한 지지의 뜻을 밝힘. 9.4. 전국언론노동조합 KBS·MBC본부, 파업에 돌입하며 각각 파업 공동 출정식을 열고 이후 파업 기간 동안 공동 기자회견과 공동 집회 등을 계획할 예정이라고 발표. 9.5. 한국방송학회·한국언론학회·한국언론정보학회는 공영방송 핵심 가치인 독립성과 공정성 그리고 언론자유를 훼손해 온 공영방송 사장 및 이사장의 퇴진을 강조하는 내용을 담은 '공영방송 정상화를 위한 언론방송학자 공동성명' 발표. 9.5. KBS·MBC·SBS·EBS 방송 4사 방송작가들로 구성된 작가협의회, KBS·MBC 총파업 지지하는 내용의 공동성명 발표. 9.15. KBS·MBC 정상화 시민행동, 이명박 정권의 공영방송 장악 실상을 담은 국가정보원 문건 원본 공개를 촉구하는 기자회견. 9.18. KBS, 2010년 국정원이 청와대에 보고한 「KBS 조직개편 이후 인적 쇄신 추진방안」이라는 보고서 일부 내용을 입수 공개. 9.22. KBS 25년 차 이상 기자 42명, 국정원 블랙리스트가 공영방송 KBS를 권력의 하수인으로 전락한 정보기관의 하청업체였음을 보여주는 사례라면서 KBS에 남아있는 보직자 사퇴를 촉구. 10.23. 전국언론노동조합 KBS본부·MBC본부, KBS·MBC 공동파업 50일 집회를 1,000여 명이 모인 가운데 세종문화회관에서 개최. 11.7. 이원일 KBS 구여권 이사 사퇴를 촉구하며 이 이사가 변호사로 근무하는 법무법인 바른 앞에서 파업 65일 차 KBS본부 총파업 집회 개최.

2017.8.31. 전국언론노동조합 연합뉴스지부, 비조합원 포함 전체 시원 800여 명 중 421명이 박노황 연합뉴스 사장 퇴진운동.

2017.9.5. 전국언론노동조합 SBS본부, 대주주 SBS 미디어홀딩스 윤세영 명예회장이 보도본부 간부들에게 박근혜 정부를 돕는 협찬광고영업을 지시했다는 의혹을 문건과 증언을 통해 제기. 9.11. SBS, 대주주 SBS미디어홀딩스 윤세영 회장과 아들 윤석민 대표이사가 보직을 내려놓겠다고 발표.

2017.9.19. 전국언론노동조합 SBS본부, 이명박 정부 시기인 2010년 초 국정원이 SBS에

배우 김민선과 권해효의 출연 배제를 요청했다는 한겨레 19일자 보도와 관련 블랙리스트 압력에 대한 철저한 진상규명을 요구. 9.30. 이명박 정부 당시 국정원이 개그맨 김제동, 가수 신해철 등 '블랙리스트' 연예인들 퇴출을 위해 광고주를 압박한 사실이 드러남.

2017.9.22. MBC PD수첩 작가들도 국가정보원 블랙리스트에 오른 것으로 확인되다.

2017.10.10. 이명박 정부의 공영방송 장악 건을 수사 중인 검찰, 전영배 MBC C&I 사장 소환. 10.30. 서울중앙지검 국정원 수사팀, 2011년 이명박 정부 국가정보원의 방송장악 공모 혐의를 받고 있는 김재철 전 MBC 사장을 포함한 MBC 전 현직 임원진 3명의 주거지 및 사무실과 방송문화진흥회 등 압수수색. 11.4. 김재철 전 MBC 사장, 피의자 신분으로 서울중앙지검 출두. 11.4. 서울중앙지검 국정원 수사팀, 김재철 전 MBC 사장에 대한 구속 영장 청구. 11.10. 김재철 구속영장 기각. 11.13. 방송문화진흥회 이사회, 김장겸 MBC 사장 해임안 통과. 11.14. 김장겸 사장이 해임되자 전국언론노동조합 MBC본부는 총파업을 중단하겠다고 밝혔지만, 언론노조 MBC본부 대전지부는 이진숙 대전 MBC 사장 등의 퇴진을 요구하며 파업을 유지할 것이라고 발표. 11.22. MBC언론노조, MBC본부가 파업을 잠정 중단한 가운데 유일하게 파업을 이어가던 대전 MBC지부는 임시총회에서 오는 27일부로 파업을 잠정중단하고 회사에 복귀 제작거부 등으로 싸움을 이어가겠디고 발표.

2017.10.11. 김경민 KBS 이사 자진 사퇴. 전국언론노동조합 KBS본부가 고대영 KBS 사장 퇴진을 촉구하며 공정방송 파업에 돌입한 지 38일 만에 구 여권 이사 가운데 처음 사퇴. 11.5. 고대영 KBS 사장에 대해 검찰이 수사에 착수. 2009년 보도국장 시절 비보도 대가로 국가정보원으로부터 200만 원을 수수했다는 의혹. 11.14. 파업 72일차 집회 중인 전국언론노동조합 KBS본부, 강규형 명지대학교 교수의 KBS 이사직 사퇴를 요구. 11.15. 전국언론노조 KBS본부로부터 사퇴 압박을 받는 이인호 KBS 이사장이 이사회를 통해 새노조를 비난하고 사퇴 일축 입장발표. 11.22. KBS 기자협회, 찬반투표를 통해 홍기섭 KBS 보도본부장을 협회에서 영구제명. 12.13. 고대영 사장의 퇴진을 요구하며 시작된 언론노조 KBS본부

총파업이 12일로 100일을 맞은 가운데 방통위가 강규형 KBS 이사에 대한 해임 절차 돌입. 12.26. 전국언론노동조합 KBS본부, 강규형 이사 해임 절차를 연기한 방송통신위원회를 비판하며 농성 돌입. 12.27. 방송통신위원회, KBS 총파업 115일 차 강규형 KBS 이사 해임 건의안 의결. 12.28. 문재인 대통령, 방송통신위원회의 강규형 KBS 이사 해임 건의안 전자 결재.

2017.10.11. 전국언론노동조합 연합뉴스지부, 서울지방고용노동청에 박노황 연합뉴스 사장 부당노동행위와 근로기준법 위반 관련 내용을 조사해 달라는 고소장 제출. 11.2. 사옥 로비에서 박노황 사장 퇴진과 공정보도 쟁취를 위한 무기한 농성 시작. 2018.2.13. 박노황 연합뉴스 사장 사퇴 의사 표명. 차기 뉴스통신진흥회가 출범하면서 경영 공백 없이 연합 미디어그룹의 새 경영진 체제가 출범할 토대가 갖춰졌다며. 2019.7.21. 서울중앙지검, 2015년 취임 당시 "사내 암적 요소인 노조는 반드시 제거한다"는 발언으로 물의를 일으켰던 박노황 전 연합뉴스 사장을 노조 혐오 발언을 비롯 노조 간부들에 인사상 불이익을 준 혐의로 재판에 넘김. 2020.7.16. 검찰, 노조 탄압 등 부당노동행위 혐의로 재판에 넘겨진 박노황 전 연합뉴스 사장에 벌금 500만 원, 연합뉴스 법인에 벌금 200만 원 구형.

2017.10.13. SBS 노사와 대주주인 윤세영 태영건설 회장, SBS 사장을 비롯한 방송 편성·시사교양·보도부문 최고 책임자에 대한 임명동의제 시행하기로 합의. 12.1. 노사 임명동의제 투표를 진행한 결과 박정훈 SBS 사장이 최종 선임됨.

2017.10.24. 부산지검 특수부, 차승민 국제신문 사장에게 징역 2년 실형 구형. 엘시티 아파트 분양 약점을 이용 기사 보도로 협박하고 법률상 권한 없이 광고비 차액을 지급받은 혐의.

2017.11.2. 방송문화진흥회 이사회, 고영주 이사장에 대한 불신임 및 이사 해임 건의안 통과. 11.16. 방송통신위원회, 방문진의 이사장 불신임 및 이사 해임건의안 통과 이후 고영주 전 방송문화진흥회 이사장에게 '면직'을 사전 통지.

2017.11.3. 비판적인 기사를 내려달라는 한국프로축구연맹의 청탁을 받고 기사배치를 재편집한 네이버 금현창 스포츠셀 이사, 정직 1년의 중징계.

2017.11.8. 서울중앙지법, "코바코의 관리운영권을 인정하고 언론진흥재단이 코바코에 부당이익금 220억 원과 지연이자를 지급하라"고 판결. 하지만 언론계와 언론학자들은 "설립정신과 역사성으로 보아 프레스센터는 '언론의 전당'이며 공적 자산이므로 마땅히 언론계의 품으로 돌아와야 한다는 언론단체의 주장에 귀 기울일 필요가 있다."고 주장. 2018.1.16. 한국신문협회 등 언론 12단체, 프레스센터를 언론계에 돌려줄 것을 강력 촉구하는 공동성명. 7.1. 한국신문협회 · 한국신문방송편집인협회 · 한국기자협회, 언론 3단체, 프레스센터 언론계 환수를 위한 서명운동 시작. 7.16. 언론 3단체, 청와대에 프레스센터의 언론계 환수를 촉구하는 4,247명 서명 전달. 8.1. 한국언론진흥재단, 프레스센터의 관리 · 운영권 등에 대한 항소심에서 패소한 뒤 대법원에 상고 결정. → 참고, 2013.12. 말.

2017.11.11. 방송작가들, 전국언론노조 방송작가지부로 정식 출범.

2017.11.13. 서울고등법원 제15민사부, KBS가 투자한 영화 '인천상륙작전'과 관련 KBS 간부의 강압적 취재 지시를 거부했다는 이유로 송명훈 · 서영민 기자에게 내려진 징계 처분이 무효라고 항소심에서 판결.

2017.11.13. 서울중앙지법 민사99단독 재판부, 『뉴데일리 경제』가 반도체 노동자의 건강과 인권지킴이 '반올림'에 1,000만 원을 배상하도록 판결. 인권단체의 명예를 훼손하고 허위사실을 적시했다는 이유.

2017.11.27. TV조선, 메인뉴스인 「종합뉴스9」 앵커로 신동욱 현 SBS 국제부장이자 전 SBS 「8뉴스」 앵커를 영입.

2017.12.7. 방송문화진흥회, 최승호 MBC 해직 PD를 차기 MBC 사장으로 선출. 최승호는 2012년 170일 파업 도중 해직돼 5년여 동안 회사로 돌아오지 못했다가 MBC 사장 공모에 응모하여 3인 후보로 압축되었다가 최종 선출되다.

2017.12.20. 전국 MBC 사장 퇴임. 전국언론노동조합 MBC본부, 김재철·안광한·김장겸 체제에서 부임한 16개 지역사 사장·간부 및 서울 본사 임원들의 퇴진 요구. 12.21. MBC, '김장겸 체제'에서 선임된 MBC 지역사 및 계열사 사장 정리 작업 본격화. 최승호 사장은 방송문화진흥회 정기이사회에 출석, 춘천·영동·울산·광주 4개 지역사 사장과 김 업 MBC 아카데미 사장, 전영비 C&I 사장 해임안 협의. 12.26. 전국언론노동조합 MBC본부목포지부, 목포 MBC 김현종 사장의 퇴진을 요구하며 구성원들의 제작거부가 뉴스에 이어 일반 편성 프로그램까지 확대. 2018.3.29. 최재혁 제주 MBC 사장이 해임되면서 전국 16개 지역 MBC 사장 모두 퇴진. 2019.2.19. 서울서부지법, 노동조합 활동에 부당하게 개입한 혐의로 재판에 넘겨진 김장겸·안광한 전 사장 등 MBC 전 경영진 4명에게 1심에서 유죄 판결. 8.29. MBC 전 경영진 김장겸·최기화가 MBC를 상대로 해임으로 인한 손해배상을 요구했지만 패소. 서울서부지법은 소송비도 원고들이 부담하도록 선고.

2017.12.28. YTN, 임시 주주총회에서 대주주들 동의에 따라 사장에 최남수 선임. 2018.1.8. 최남수 신임 YTN 사장이 자신의 출근을 저지한 직원들의 징계를 예고. 1.10. 전국언론노동조합 YTN지부, 파업 찬반투표 결과 약 80%가 동의. 파업 가결. 1.28. YTN 최남수 사장, 서울서부지법에 전국언론노조 YTN지부와 조합원을 상대로 업무방해금지 등 가처분신청 제기. 2.1. 언론노조 YTN지부, 총파업 출정식을 열고 최남수 YTN 신임 사장 퇴진 요구. 2.2. 총파업 2일차에 최남수 신임 YTN 사장과 조합원들 YTN 사장실 앞 5시간 대치 사태. 3.14. 사퇴 압박을 받는 최남수 사장, 이사회 주문에 따라 YTN 양대 노조(전국언론노조 YTN지부·YTN 방송노조)에 대화 제안. 3.21. YTN 파업이 49일째 이어지는 가운데 이효성 방송통신위원장이 노사 양측의 의견을 듣고 직접 중재에 나서겠다고 발표. 4.23. 최남수 YTN 사장 퇴진을 요구하며 파업에 돌입한 지 82일째인 23일, 국경없는기자회가

사옥 방문 후 파업 지지 의사 밝힘. 4.24. 최남수 YTN 사장, 불신임 투표를 진행하자고 제안하고 50% 이상 불신임이 나오면 사퇴하겠다는 입장 밝힘. 언노련YTN지부는 비상대책위원회 회의를 열어 제안 수용 의사 표명. 5.4. YTN 정규직 직원 전체 참여 실시한 투표 결과 최남수 YTN 사장에 대한 중간평가 '불신임'으로 최종 판정. 5.5. 최남수 YTN 사장 사의 표명.

2018.1.4. 방송통신위원회 전체회의, 최근 해임된 강규형 KBS 이사 보궐 몫으로 김상근 목사 추천. KBS 이사회 여야 구도 역전, 고대영 사장 해임과 이인호 이사장 불신임 가능. 이날 방통위는 MBC 방송문화진흥회 고영주 이사 해임안도 의결. 1.11. 방송문화진흥회, 최기화 전 기획본부장 해임 결의. 이로써 김장겸 전 사장 시절 MBC 본사 경영진이 모두 일선에서 물러남.

2018.1.8. KBS, 고대영 사장 해임 제청안 이사회에 제출. 1.11. 전국언론노동조합 KBS본부, 소속 조합원 포함 KBS 구성원 약 2,000여 명의 서명이 담긴 '고대영 사장 해임 청원'을 KBS 이사회 사무국에 전달. 1.22. KBS, 고대영 사장 퇴진과 KBS 정상화를 내건 전국언론노동조합 KBS본부 총파업 141일 만에 고대영 KBS 사장 해임 제청안 의결. • KBS 고대영 KBS 사장 해임 제청안이 의결된 날, 이인호 KBS 이사장 돌연 사퇴. 1.31. KBS 이사회, 신임 사장 후보자 선출 과정에 시청자들이 참여하는 '시민자문단'을 통해 시민들이 직접 참여하도록 하겠다고 밝힘. 2.2. KBS 부장·차장급 기자들, 황상무 KBS「9시뉴스」앵커 퇴진 요구. 2.20. 해임된 고대영 전 KBS 사장, 문재인 대통령을 상대로 해임처분 취소소송 제기. 2.26. KBS 이사회, 사장 후보자 최종 면접 결과와 시민자문단 평가 결과를 합산해 양승동 KBS PD를 차기 KBS 사장 내정. 3.16. 서울행정법원 행정11부, 고대영 전 KBS 사장이 문재인 대통령을 상대로 제기한 해임처분 효력정지 신청 기각. 4.6. 양승동 KBS 사장이 정식 임명되면서 김의철 보도본부장을 포함한 본부장 6인 등 주요 임원 인선 발표. 6.19. KBS, 과거 내부에서 벌어진 방송 공정성과 공적 책임 침해 사례를 규명하기 위한 '진실과미래위원회'를 구성하고 본격 활동 시작. 7.16. 방송통신위원회, 공영방송 이사 지원 현황 공개. KBS 이사에 49명

지원. 8.28. 방송통신위원회, KBS 차기 이사 후보 11명 확정. 10.31. 'KBS 사장 후보자 정책 발표회'에서 시민 평가 결과 40%와 이사회 최종면접 결과 60%를 반영 합산한 결과 양승동 KBS 사장 연임.

2018.1.8. 이진숙 대전MBC 사장, 본인 해임안이 상정된 주주총회 앞두고 사의.

2018.1.11. SBS, 비정규직 제작진 4개월 치 밀린 임금을 현금이 아닌 상품권으로 지급, SBS가 공식 사과.

2018.1.11. 하나금융지주, 비판적인 기사를 쓴 언론사와 기자를 상대로 명예훼손 및 허위사실 유포 혐의로 고발. 고소 이전에는 억대의 광고협찬비와 하나금융지주 자회사의 임직원 자리를 줄 수 있다며 비판적 기사를 쓰지 말 것을 회유한 대화 녹취록이 나와 논란.

2018.1.16. 한국여기자협회, 시사주간지 일요신문에서 벌어진 성희롱 사건에 대해 비판 성명 발표. 일요신문 측에 진상규명과 재발 방지 촉구.

2018.1.16. 네이버, 뉴스 서비스의 공정성 등에 대한 정치권 및 신문업계의 지적이 이어지자 후속 조치로 '네이버 뉴스 기사배열 공론화 포럼' 발족.

2018.1.17. 서울중앙지검 국정원 수사팀, 이명박 정부 국가정보원의 공영방송 장악 시나리오를 실행한 혐의를 받는 김재철 전 MBC 사장을 국정원법 위반 및 업무방해, 노동조합 및 노동관계조정법 위반 혐의로 불구속 기소. 2020.2.7. 서울중앙지법, 김재철 전 MBC 사장이 MB정부 국가정보원으로부터 'MBC 정상화 문건'을 전달받고 김여진·김미화 등 '블랙리스트'에 오른 연예인들 방송 출연을 막은 노조법 위반 혐의(직권남용죄를 규정한 국가정보원법 위반 등)로 1심에서 징역 1년 6개월에 집행유예 3년, 사회봉사 160시간을 선고. 2021.6.10. 대법원, MBC가 김재철 전 사장 등을 상대로 낸 손해배상 청구소송 상고심에서

김재철 전 사장 등의 배상 책임을 인정한 원심판결 확정.

2018.1.19. 서울시 산하 tbs에서 일하는 100여 명의 비정규직 노동자들로 구성된 전국언론노동조합tbs지부 출범. 1.24. 서울시, 기자회견 열고 산하 사업소인 tbs교통방송의 프리랜서·파견 용역 등 비정규직을 단계적 정규직화로 전환하겠다고 발표. 7.11. tbs교통방송, 1월 서울시가 tbs 재단법인화와 비정규직의 정규직 전환을 선언한 데 따라 프리랜서·파견 계약직을 직접고용 계약직으로 전환. 2019.12.26. 방송통신위원회, 상업광고를 하지 않는 조건으로 tbs교통방송의 독립법인 변경을 허가.

2018.1.25. 전국언론노동조합 뉴시스지부, 쟁의행위 찬반투표 결과로 약 94.3%가 찬성 '노조 무력화 저지연봉제 차별 시정'을 위한 파업 가결. 1.31. 노동조합 뉴시스지부, 뉴시스가 부당노동행위를 했다며 서울고용노동청에 진정서 제출.

2018.2.1. 목포MBC, 임시 주주총회 열고 노사공동 임원추천위원회와 본사 면접을 거친 김영석 사장 공식 임명.

2018.2.2. 자유한국당 MBN에 출입금지 조치. MBN이 류여해 전 자유한국당 최고위원이 홍준표 대표에게 성희롱당했다는 주장을 보도했다는 이유. 2.3. 방송기자연합회, 자유한국당의 MBN 출입금지 조치를 비판, 출입금지 즉각 철회 요구하는 성명. 2.5. 언론노동조합 MBN지부, MBN 출입금지 조치 철회 촉구. 2.19. MBN, 소송 진행과 관계없이 언론 본연의 역할에 더 충실할 것이라고 선언하며 자유한국당 출입정지 조치 철회 요구. 4.4. 자유한국당, MBN에 당사 출입금지와 취재거부조치를 해제했지만 MBN 인턴 기자와 보도국장을 상대로 제기한 5억 원의 손해배상소송은 취하하지 않음.

2018.2.13. 대법원 민사3부, 엄경철 전 KBS새노조 본부장 등 4인이 KBS를 상대로 낸 정직처분 무효확인소송 상고심에서 원고 승소 판결한 원심 확정.

2018.2.13. MBC, 지인 인터뷰를 일반 시민 의견으로 내보낸 MBC 기자들에게 감봉 1개월의 징계 처분.

2018.2.17. 경찰청 출입기자단, 투표를 통해 한겨레에 3개월 출입정지 결정. 경찰청이 이건희 회장의 차명계좌와 관련한 수사 결과를 발표한다고 미리 공지했음에도 한겨레가 보도 유예를 깨고 관련 내용을 보도했기 때문. 2018.2.21. 대법원 출입기자단, 이재용 삼성전자 부회장 2심 판결문을 공개했던 오마이뉴스에 대해 1년 출입정지 중징계 결정.

2018.3.7. 'MeToo(미투)' 움직임이 사회 각계로 확산되면서 방송사에서도 성폭력 예방 및 대응 방안 제시. MBC는 성평등위원회를 정식 발족하고 사측과의 단체협약을 통해 실질적인 영향력을 가지는 조직 구성 계획. SBS도 성폭력 관련 신고 절차 및 징계 내규 강화 안내. 3.24. 한국방송학회, '언론의 MeToo 보도, 그 바람직한 방향' 주제 세미나.

2018.3.8. 뉴스통신진흥회, 연합뉴스 사장 후보 3인(이선근 전 연합인포맥스 사장, 정일용 연합뉴스 대기자, 조성부 전 연합뉴스 논설위원실 주간)에 대한 면접 결과 조성부 전 연합뉴스 논설위원 주간을 차기 연합뉴스 사장 최종 후보로 선출.

2018.3.12. SBS · KBS · MBC · EBS 구성작가협의회, SBS 시사고발 프로그램 「뉴스토리」 작가들의 부당해고와 관련 지상파 4시 작가들이 SBS 측에 공식 사과와 재발 방지 촉구.

2018.3.12. 방송통신심의위원회, 설립 이후 10년 동안 3개까지 나뉘었던 방송통신심의위원회 노동조합(언론노조 방송통신심의위원회, 대통합노동조합)의 통합을 결정.

2018.3.15. 이완기 방송문화진흥회 이사장 사의 표명. 3.22. 김상균 이사 방송문화진흥회 신임 이사장으로 선출.

2018.3.15. YTN기자협회, 이건희 삼성그룹 회장의 성매매 영상 제보자들을 삼성과 연결시켜줬다는 의혹을 받는 류제웅 전 YTN 기획조정실장 제명, 7.10. YTN기자협회 · 전국언론노동조합 YTN지부, 이건희 삼성전자 회장의 성매매 동영상 제보자를 삼성 측에 연결했다는 의혹을 받은 류제웅 전 YTN 기획조정실장의 감봉 6개월 처분을 솜방망이 처벌이라고 비판하며 전면 재조사와 관련자 수사 의뢰 촉구.

2018.4.2. MBC, 자체 감사를 통해 과거 경영진 시절 아나운서 · 카메라기자 방출 대상자에 관련한 블랙리스트가 존재했고 인사에 영향을 끼친 것으로 확인. 5.18. MBC 취업규칙 등의 위반으로 블랙리스트 문건 작성자 최대현 아나운서와 권지호 카메라 기자 해고. 6.27. MBC 김재철 경영진이 2012년 전국언론노조 MBC본부 170일 파업 참여자들에게 인사 불이익을 주려고 만든 '블랙리스트'가 아나운서, 카메라기자뿐 아니라 취재기자를 대상으로도 작성된 것으로 드러남.

2018.4.16. 이명박 전 대통령의 아들 이시형, 본인의 마약 사건 연루 의혹을 다룬 KBS 「추적60분」을 방영하지 말라며 KBS를 상대로 법원에 방송금지 가처분 신청.

2018.4.25. 서울신문우리사주조합, 긴급회의에서 '서울신문 독립언론 추진을 위한 협약' 체결이행을 전제로 고광헌 사장 후보를 주주총회에 추천하기로 결정.

2018.4.25. 민간인 여론 조작 사건 혐의로 구속된 필명 '드루킹' 김모의 사무실에 무단 침입해 태블릿 PC, USB, 휴대전화 등을 훔친 혐의로 TV조선 기자가 불구속 입건되자 경찰이 TV조선 보도본부를 압수수색하겠다고 통보한 뒤 영장 집행하려 했으나 기자들 저항에 막혀 철수. 2019.1.19. 의정부지검, '드루킹' 김동원이 활동한 사무실을 무단 침입하고 물품을 절도한 혐의를 받은 TV조선 기자 불기소 처분.

2018.5.1. 서울서부지방법원 제21민사부, 대한불교조계종이 MBC 「PD수첩」을 상대로 낸

방송금지 가처분신청 기각.

2018.5.9. 세월호 침몰 배경에 '어묵' 자막 등 세월호 희화화 장면으로 논란을 부른 MBC 「전지적 참견 시점」 제작진 공식 사과. 5.17. 방송통신심의위원회, MBC 「전지적 참견 시점」에 역대 지상파 최고수위 제재인 '과징금 부가'로 의결.

2018.5.15. 북한, 풍계리 핵실험장을 폐기하겠다고 밝히면서 한국, 미국, 중국, 러시아, 영국 5국 취재진 초청. 5.17. 풀 취재 문제로 연합뉴스와 외교부 출입기자단 갈등 끝에 투표로 북한 풍계리 핵실험 폐기 현장 통신사 취재 매체 뉴스1 선정.

2018.5.20. 방송통신심의위원회, 변화된 미디어 환경을 감안 웹 콘텐츠도 '이달의 좋은 프로그램상' 시상대상으로 확대.

2018.5.23. 전국언론노동조합 부산일보지부, 편집권 독립 및 공정보도 사수 결의대회를 열고 부산일보 현 사장 배우자인 박문자가 6·13 지방선거에서 자유한국당 후보로 나선 것을 비판. 6.1. 부산일보 대주주인 정수장학회를 상대로 부산일보 안병길 사장 퇴진 요구와 관련 빠른 결단 촉구. 6.12. 전국언론노동조합·전국노조 부산일보지부, 안병길 부산일보 사장 부산지방고용노동청에 고소. 단체교섭 거부하고 노조 운영에 개입했다는 이유. 6.18. 부산일보 사장 신분을 밝히고 자유한국당 시의원에 출마한 배우자 지지 문자 발송관련 안병길 부산일보 사장 퇴진운동을 선언하며 투쟁 수위를 높임. 7.12. 한국기자협회 부산일보지회, 부산일보노조가 안병길 부산일보 사장 퇴진을 주장하며 무기한 철야농성에 돌입한 가운데 부산일보 사내상 '부일기자상'을 잠정 중단하고 디지털상·비즈리더스 수상 거부. 8.28. 전국언론노동조합 부산일보지부, 부인 선거운동 개입 및 편집권 훼손으로 퇴진 요구를 받는 안병길 부산일보 사장 배임 고발 및 엄정수사 촉구 기자회견을 열고 검찰에 고발장 제출. 10.8. 안병길 부산일보 사장, 정기 주주총회 전에 자진사퇴하겠다는 뜻을 정수장학회에 밝힘.

2018.5.29. 삼성언론재단 임시 이사회, 삼성언론상 · 해외연수 · 저술지원 · 기획취재 지원 등 주요 사업 폐지 결정.

2018.6.1. 한겨레, 필로폰(메스암페타민) 투약 혐의를 받고 있는 기자의 해고 확정.

2018.6.8. 기독교대한감리회, 교단지『기독교타임즈』노사갈등을 원만히 해결하기 위해 휴간한 뒤 신문사를 정비하라는 내용의 감사보고서 제출. 7.27. 기독교타임즈, 편집권 침해 등으로 사측과 싸우다 해고당한 기자들 모두 복직. 2019.1.19. 편집권 침해 문제 등으로 기독교타임즈 측과 싸우다 해고되었던 기자가 복직 6개월 만에 다시 해고됨. 2022.3.18. 기독교타임즈 폐업 약 1년 3개월 만에 복간 발행. 기존 감리회 본부 산하에 있을 당시 주간지 형태로 발행했지만 당분간 월간 발행 계획.

2018.6.11. 인터넷선거보도심의위원회, 국회의원 재보궐선거에 자유한국당 후보로 출마한 배현진 전 MBC 앵커를 비판한 오마이뉴스에 '경고문 게재' 제재 결정.

2018.6.12. 2018년도 지상파방송 산별교섭 상견례에 KBS · MBC · SBS · EBS 사장단과 전국언론노조가 첫 산별교섭, 근로기준법 개정으로 인한 근로시간 단축과 지상파 비대칭 규제 해소에 대한 구체적 논의를 진행키로 합의.

2018.6.23. 전주지검 형사2부, 전북지역 언론인 26명을 수사 청탁금지법 위반 · 보조금 횡령 등 혐의로 재판에 넘겼다고 밝힘.

2018.6.27. 방송통신위원회, 2018년 종합편성채널 및 보도전문채널의 방송통신발전기금 분담금 징수율을 광고매출의 1%에서 1.5%로 올리는 고시 개정안 의결.

2018.7.4. 중앙일보, 디지털 혁신의 속도를 높이고 효율적인 콘텐츠 제작을 위해 기존 편집

국 데스크제를 폐지하고 ‘에디터-팀장’ 시스템으로 변경.

2018.7.6. KBS, 1987년 1월부터 2011년 12월까지 총 8,800일 동안 KBS「9시뉴스」에 보도된 기사 30만 건을 뉴스홈페이지에 새로 공개하거나 품질 개선.

2018.7.12. 이재명 신임 경기도지사 인수위원회, 뉴시스 경기남부취재본부가 취재했지만 뉴시스 본사가 ‘선거를 앞두고 공정성이 의심된다’는 이유로 출고하지 않았던 공항버스 한정면허 원상회복 등의 내용을 정책에 반영. 8.24. 한국PD연합회, 이재명 경기도지사에게 SBS와「그것이 알고싶다」 제작진에 대한 고발 철회 요구. 9.12. 은수미 성남시장, ‘조폭 유착설’ 제기한 SBS「그것이 알고싶다」 제작진을 상대로 5억 원대 손해배상 및 정정보도 청구.

2018.7.18. KBS, 직장 내 성폭력 문제와 성평등 제도 개선을 전담하는 성평등센터 출범. 방송사 사장 직속 상설기구로는 최초.

2018.7.19. 국무총리실 기자단, 정부의 가상화폐 대책을 담은 보도자료를 엠바고(보도유예)를 깨고 외부에 유출한 중앙일보, 국민일보, 아시아투데이 기자에게 각각 출입정지 1년 결정.

2018.7.20. 청와대, 박근혜 정부 당시 국군기무사령부가 작성한 계엄령 검토 문건과 관련 추가 입수 문건 공개. 촛불집회 진압을 위해 계엄령을 선포하는 동시에 사전검열로 보도를 통제하는 등 언론통제와 관련한 구체적인 계획이 포함되어 있었던 것으로 드러남.

2018.7.26. 서울지방경찰청, 정봉주 전 의원 성추행 의혹을 보도 허위사실 공표 혐의로 경찰 조사를 받은 프레시안 기자들 불기소 처분.

2018.7.27. YTN 이사회, 최종 후보 2인(김주환 YTN 부국장과 정찬형 전 tbs 사장)에 대한 최종 면접 진행 후 정찬형 전 tbs 사장을 차기 YTN 사장으로 내정. 8.3. YTN 신임 보도국장으로 2008년 해고된 뒤 복직한 현덕수 기자 내정. 8.14. 현덕수 보도국장 내정자, 보도국 구성원들의 임명동의 투표 결과 찬성률 77.75%로 통과.

2018.8.23. 김환균 전국언론노동조합 위원장 · 이경호 언론노조 KBS본부장 · 양승동 KBS 사장, '비일반직 사원의 일반직 등 전환에 관한 합의서'에 서명.

2018.8.23. 광주지검, 특정 기사를 쓰지 않는 대가로 수차례에 걸쳐 돈을 받은 혐의로 뉴시스 기자 영장 청구.

2018.8.29. 이투데이, 창간 8년 만에 온라인 강화 위해 신문 발행 석간에서 조간으로 전환.

2018.9.12. 서울지방노동위원회, 정규직 전환 기대가 있는 MBC 계약직 아나운서들에게 계약 만료를 통보한 것은 부당해고로 볼 수 있다고 결정.

2018.9.17. 지상파 3사, 18일부터 사흘간 평양에서 열리는 남북정상회담 특보 체제 돌입.

2018.9.27. 방송통신위원회, 박근혜 정부 시절 민원조작을 통한 청부 방송심의가 드러나 담당 팀장이 해임된 사건 절차적 하자 없다고 결론.

2018.10.8. 방송통신위원회 및 방송사 · 방송 프로그램 제작사, '중국 방송사의 국내 포맷 표절 의혹 현황'을 분석한 결과 표절된 프로그램은 34개로 KBS 7개, MBC 3개, SBS 10개, JTBC 5개, tvN 6개, Mnet 3개인 것으로 집계.

2018.10.16. MBC, 과거 MBC 미주법인에서 금품 등을 받은 권재홍 전 부사장과 김성근

전 방송인프라 본부장을 '부정청탁 및 금품 등 수수의 금지에 관한 법률'(김영란법) 위반 혐의로 고발.

2018.10.18. 한국기자협회, 통일부가 남북고위급회담 공동취재단에서 탈북민 기자를 배제한 데 대해 성명을 내고 심각한 언론자유 침해라며 비판.

2018.10.28. 문재인 정부, '범정부 허위조작정보 근절을 위한 제도 개선 방안' 공개. 규제 방안으로는 허위조작정보 제정법, 허위조작정보를 정보통신망법상 임시조치 또는 불법정보로 규정, 방송통신심의위원회를 통해 명예훼손성 허위조작정보 등 불법유해정보의 통신심의 강화 등 제시.

2018.11.10. YTN, 비영리 독립언론 '뉴스타파'와 업무 제휴 협약 체결.

2018.11.27. 구글, 구글 뉴스 이니셔티브(GNI) 유튜브 혁신 펀딩의 일환으로 한겨레신문·JTBC에 각각 25만 달러 규모의 보조금 지원.

2018.12.15. 인천지방법원, 지방자치단체 보조금 횡령 등 혐의로 기소된 인천 지역 일간지 전·현직 간부들에게 징역형 선고.

2019~2024

언론의 윤리적 법적 책임 증가

2019.1.15. MBC, 2019년 경영 효율화 제고를 위해 임원 연봉 10% 삭감, 보직 간부 인원 10% 축소. 1.21. 중앙노동위원회, 2016~2017년 계약직으로 채용됐다가 지난해 5월 계약 만료로 퇴사한 전직 MBC 아나운서 9명에 대한 부당해고 인정. 5.27. MBC, 2018년 계약해지를 통보받은 계약직 아나운서들에 대해 법원 가처분 결정에 따라 본안 판결 전까지 근로자 지위 인정 임시 복직 조치. 7.21. 2012년 4월 MBC 170일 파업 당시 '파업 대체인력' 프리랜서(계약직)로 채용돼 계약을 갱신 해오다 2017년 12월 31일 계약 체결 거부 통보를 받은 유선경 전 아나운서, 법원은 회사로부터 부당해고를 당했다고 판결. 9.26. 서울지방고용노동청, MBC 계약직 아나운서 7명이 신고한 직장 내 괴롭힘 사건에 대해 "회사 조치가 명백히 불합리하다고 보여지지 않기에 이를 직장 내 괴롭힘이라 보기 어렵다고 판단돼 사건을 행정 종결한다"고 밝힘. 2020.3.11. 부당해고 여부를 놓고 법적 다툼을 벌였던 MBC 계약직 아나운서들 정규직 전환.

2019.1.18. 전주지법, 아파트 홍보기사를 써준 대가로 건설사에서 금품을 받은 전북 남원 지역 기자 12명 배임수재 유죄로 벌금형 선고.

2019.1.18. MBC, 겨레말큰사전 남북공동편찬사업회와 겨레말큰사전 편찬 사업 추진을 위한 업무협약 체결.

2019.1.22. 매일신문, '50+ 세대와 공감하는 신문'을 지향하는 『시니어매일』 창간. 만 55세 이상을 대상으로 1기 시니어 기자 공개 모집.

2019.2.2. 경남매일신문 직원들이 고발했던 경남매일신문 전 대표이사들, 횡령·배임 및 뇌물수수로 유죄 선고.

2019.2.14. 문화체육관광부, 방송통신위원회가 추진하고 있는 지상파 중간광고 도입에 제동. 지상파에도 중간광고를 허용하는 내용을 담은 방송법 시행령 개정안에 부정적인 의견.

2019.2.18. 문재인 대통령, 암투병 중인 MBC 이용마 기자를 방문 방송개혁 관련 제안을 직접 경청하고 검토하겠다고 밝힘.

2019.2.25. 방송통신심의위원회, 2012년부터 현재까지 유튜브에 올라온 5·18민주화운동 왜곡 영상 37건을 차단한 것으로 확인.

2019.2.25. 지상파 3사, 27일 2차 북미정상회담이 열리는 베트남 하노이에 취재진 200여 명을 투입하고 특별방송 체제 돌입.

2019.2.26. 출연자와 다툼을 벌이다가 진행자가 전화 인터뷰를 일방적으로 중단한 YTN FM 「이동형의 뉴스! 정면승부」에 방송통신심의위원회가 법정제재인 '경고' 조치 내림.

2019.3.29. 영화감독 김기덕, 자신의 성폭력 가해 의혹을 보도한 MBC와 폭로 당사자를

상대로 10억 원대 손해배상 청구 소송 제기. 허위사실 유포로 자신의 명예를 훼손했다는 이유. 2020.10.28. 서울서부지법, 김기덕이 MBC 상대로 10억 원의 손해배상을 청구한 소송에서 원고의 청구를 모두 기각하고 소송비용은 원고가 부담하라고 판결.

2019.4.5. 프레스센터 앞에 세워질 언론자유를 상징하는 조형물 모형 확정. 새겨질 문구는 '거짓은 참을 이길 수 없다. 진실은 침몰하지 않는다'로 최종 의견 수렴. 6.26. 언론자유 조형물 건립 추진위원회, 24일~28일 한국프레스센터 앞마당에서 언론자유 조형물 건립을 위한 바자회 개최. 7.16. 전국언론노동조합, 한국기자협회, 한국PD연합회가 언론시민사회단체에 언론자유 조형물 건립을 제안하여 9개월 만에 한국언론회관 앞에서 언론자유를 상징하는 조형물 '굽히지 않는 펜' 제막식.

2019.4.10. 국민일보, 국내 언론사 중 처음으로 장애인예술단 창단.

2019.4.10. CBS, 개국 65년 만에 보도국에 최초의 여성부장 탄생.

2019.4.12. 문재인 대통령 방미 소식을 보도하는 과정에서 문 대통령 사진 아래 태극기 대신 북한 인공기를 넣어 논란을 빚은 연합뉴스TV, 보도본부장의 직을 박탈하고 보도국장 등 보직 해임. 4.22. '문 대통령'을 북 대통령으로 자막 오기를 낸 MBN이 보도국장에게 정직 3개월 중징계 처분. 5.2. 방송통신심의위원회, 한미정상회담 소식을 다루며 김정숙 여사를 김정은 여사로 오기한 MBN 보도에 대해 행정지도인 '권고' 결정.

2019.4.17. 중앙일보, 미국 월스트리트저널의 사설을 베껴 쓴 칼럼으로 논란을 빚은 뉴욕특파원 직무정지 처분.

2019.5.28. 서울남부지법, 자유한국당이 정은형 서울대 언론정보연구소 SNU 팩트체크 센터장·윤석민 서울대 언론정보연구소장·서울대를 상대로 제기한 손해배상청구 소송에

서 원고 패소 판결.

2019.4.15. 연합뉴스에 300억 원 정부지원 폐지 국민 청원 11일 만에 20만 명 돌파. 6.3. 청와대, 36만 명을 돌파한 '국가 기간 뉴스 통신사 연합뉴스에 지급해온 연 300억 원의 정부 구독료를 폐지해 달라'는 국민 청원에 대해 국회의 논의가 필요한 입법 사항이라면서도 향후 구독료 계약 과정에서 검토해 반영하겠다고 답변.

2019.6.12. 매일경제·한국경제·중앙일보·동아일보 등 일부 경제지와 종합일간지 신문 구독료를 1만 5,000원에서 2만 원으로 인상.

2019.7.8. 서울 영등포경찰서, 지하철역에서 여성 하체를 몰래 촬영하던 SBS 메인뉴스 앵커 출신 언론인 김모를 붙잡아 성폭력범죄 처벌특별법 위반(카메라 등 이용 촬영) 혐의로 입건하여 조사 중이라고 밝힘. 2020.8.21. 김모 전 SBS 논설위원, 징역 6개월에 집행유예 2년 선고받음.

2019.7.17. 방송통신위원회 발표 '2018년도 시청점유율 산정 결과'의 시청점유율 순위에서 지상파 3사 중 KBS가 약 25%로 1위, 종합편성 채널 4사 중에는 JTBC가 9%로 1위.

2019.8.2. 전국언론노조, 서울신문 3대 주주가 된 호반건설의 언론사주 부적절성과 정부의 언론정책 부재 등을 비판. 8.9. 호반선설, 서울신문을 특수공갈과 명예훼손 등 혐의로 고소. "최근 인수한 서울신문 지분 19.4% 전부를 우리사주조합에 무상 출연하라면서 이에 불응하자 지속해 온 허위 비방 기사를 또다시 재개해 호반건설과 임직원들의 명예를 훼손했다"며 고소. 서울신문은 사실과 다르다고 반박. 2021.5.6. 호반그룹, kbc광주방송 지분 대부분을 정서진 아시아신탁 부회장에게 매각. 9.15. 서울신문우리사주조합, 호반건설의 서울신문 지분 매입 협상안 수용. 이로써 호반건설이 서울신문 주주의 과반 의결권을 지닌 최대주주가 되다. 2022.1.19. 서울신문 기자들, 「호반건설그룹 대해부」 기획보도 50여건

을 일괄삭제한 결정에 대해 편집권 침해 규탄 성명. 1.24. 서울신문의 '대주주 비판보도 무더기 삭제 사태'에 언론노동·현업단체들이 공동기자회견. 대주주 호반건설과 서울신문 경영진 규탄. 호반과 사측에 "사태를 바로잡지 않으면 김상열 회장은 전체 언론인들과 맞서 싸워야 할 것"이라며 삭제된 보도의 복구와 공개사과 요구. 4.5. 서울남부지법, 서울신문의 대주주 호반건설 기사 삭제 사태를 다룬 KBS의 「시사기획 창」 방송을 금지해달라는 호반건설의 가처분 신청 기각. KBS는 시사기획 창 '누가 회장님 기사를 지웠나' 편을 5일 밤 10시에 예정대로 방송. 6.9. 호반건설이 자사에 불리한 보도를 한 KBS와 기자를 상대로 거액의 손해배상을 청구하자 한 시민단체는 김상열 전 호반그룹 회장을 서울중앙지검에 고발. 호반건설 총수 일가가 KBS와 기자의 언론자유를 침해하는 등 협박에 의한 권리행사를 방해(강요죄)했다는 것. 7.13. 법원이 호반건설 일감 몰아주기 의혹을 보도한 KBS에 10억 원대 소송과 기자의 급여 가압류를 요구한 호반건설의 신청은 기각.

2019.8.2. 일본 내 혐한보도가 이어지자 일본 시민단체가 팩트체크 운동을 시작하였으며, 일본신문노련 성명에 한국의 언론노조도 호응하여 양국 언론인의 교류와 연대로 한일 갈등 보도 해결책을 모색하고자 실무 접촉 시작.

2019.8.12. 언론시민단체, 이영훈 전 서울대 교수의 MBC 기자 폭행과 관련 서울대를 항의 방문한 후 서울대 측에 이 전 교수에 대한 입장을 묻는 의견서 전달.

2019.8.21. 홍가혜가 디지틀조선일보를 상대로 낸 손해배상 청구소송 항소심에서 1심과 같은 6,000만 원 배상 판결. 서울중앙지법 제4민사부는 21일 1심에 불복한 디지틀조선일보의 항소는 기각.

2019.8.21. 대법원, 이석기 전 통합진보당 의원이 조선일보와 TV조선을 상대로 제기한 1억 원의 손해배상 청구를 기각하고 원심 확정.

2019.9.19. 손혜원 의원(무소속), 목포 부동산 투기 의혹을 제기한 SBS를 상대로 반론보도 청구소송 제기. 원고 일부 승소 판결. 서울남부지법은 "판결 확정 7일 이내「SBS 8뉴스」프로그램 첫 머리에 반론보도문 제목을 표시하라"고 지시. 2020.10.24. 손혜원 전 더불어민주당 의원이 '목포 부동산 투기 의혹' 보도와 관련 SBS를 상대로 낸 반론보도 청구 소송 항소심에서 패소. 2023.5.3. 손혜원 조선일보 상대 정정보도 소송 2심에서도 패소.

2019.10.11. 윤석열 검찰총장, 한겨레 기자와 관계자들을 출판물에 의한 명예훼손 혐의로 형사 고소. 김학의 사건 관련 별장 접대 명단에 자신이 포함됐다는 조사결과가 있다는 내용을 보도했기 때문.

2019.10.18. 검찰, MBN **압수수색**. 종편 승인에 필요한 자본금을 편법 충당하면서 회계장부를 조작했다는 의혹. 10.30. 증권선물위원회, MBN에 과징금 7,000만 원 및 검찰 고발 조치를 의결. 종합편성채널 설립에 필요한 자본금을 편법으로 충당하면서 회계를 조작한 혐의. 10.31. 방송통신위원회, "자체 조사결과 종합편성 최초 승인을 받을 당시 자본금을 편법으로 충당하고, 방통위에 허위 자료를 제출한 정황을 일부 확인했다"며 검찰에 MBN에 대한 수사를 의뢰하겠다고 공식화. 11.12. 장대환 MBN 회장, 법인 및 임원이 자본시장법과 외부감사법 위반 혐의로 불구속 기소되자 사임 의사 밝힘. 2020.6.26. 검찰, 자본시장법 위반 등의 혐의로 매일경제 부회장 징역 3년, MBN 공동 대표이사에 각각 징역 2년, 1년을 구형. MBN에는 벌금 2억 원 부과. 10.30. 방송통신위원회, 종합편성채널 출범 당시 투자자본금 556억 원을 편법 충당하고 수년간 회계 조작을 벌이고 이를 은폐해왔던 MBN에 대해 6개월 '방송 전부 영업 정지' 행정처분 의결.

2019.10.28. 오마이뉴스 '편집기자 실명제' 폐지. 2015년 4월에 시작, 4년 넘게 '편집기자 실명제'를 운영해 왔으나 폐지.

2019.11.12. 방송통신심의위원회(위원장 강상현), 여성가족부(장관 이정옥), 방송통신위원

회(위원장 한상혁), 경찰청(청장 민갑룡) 4단체가 디지털 성범죄 공동대응을 위한 업무협약 체결.

2019.11.19. 국회, '디지털 성범죄물' 등 불법 촬영물의 인터넷 확산을 보다 신속하게 삭제할 수 있는 내용의 '방송통신위원회의 설치 및 운영에 관한 법률(방통위 설치법)' 개정안 의결.

2019.11.20. KBS가 지상파 최초로 여기자를 메인뉴스 앵커로 최현정 아나운서 발탁. 최현정은 KBS의 메인 뉴스 프로그램인 뉴스9의 앵커로 활약. 지상파 방송사 최초로 여기자가 메인뉴스 앵커로 발탁된 사례로 방송계에서 큰 의미를 가진다.

2019.11.20. 서울지방경찰청, 사회공헌 명목 기부금을 유용한 혐의에 대해 홈앤쇼핑 본사를 압수수색한 조치로 홈앤쇼핑 최종삼 대표 사임.

2019.12.1. 한겨레가 언론사 최초로 주 4.5일 근무제 도입.

2019.12.6. 뉴스1, 통일부의 북한 물품 반입 승인을 얻고 북한 노동당 기관지 『로동신문』을 합법적으로 배포.

2019.12.10. 동아투쟁위원회와 한국기독교교회협의회(NCCK) 언론위원회 등 32개 시민사회단체가 시민이 자발적으로 참여하는 '가짜뉴스' 체크센터 추진위원회 발족. 12.13. 방송통신위원회, 민간 팩트체크센터 지원 예산 6억 1,000만 원 확정. 2020.11.11. 네이버가 서울대(SNU)팩트체크에 연 10억 원씩 3년 동안 추가 지원하기로 결정. 11.12. 시민과 기자, 각 분야의 전문가들이 협력 허위조작정보를 검증하는 팩트체크 오픈 플랫폼 '팩트체크넷' 출범.

2019.12.27. 전국언론노동조합과 공영방송 3사(KBS, MBC, EBS) 산별협약을 체결하고 ◇

지상파 위기 극복 정책 대응 ◇방송산업 약자의 권익 보호와 상생 ◇언론의 신뢰도 회복 노력을 중심으로 문제를 해결해 나가기로 함. SBS는 악화된 노사관계를 이유로 산별협약에 참여하지 않음.

2020.1.3. 검찰, 손석희 JTBC 사장을 폭행 등 혐의로 약식 기소하고 프리랜서 기자 김웅 공갈미수 혐의를 인정 불구속 기소. 3.31. 법원, 손석희 JTBC 사장의 폭행·아동학대 가해자 보도 혐의로 벌금 300만 원을 확정하고 아동학대 의혹을 보도한 JTBC 기자는 정식 재판 청구. 7.8. 법원, 손석희 JTBC 대표이사에 대한 공갈미수 혐의로 기소된 프리랜서 기자 김웅에게 징역 6개월 실형을 선고.

2020.1.6. 청와대, 방송통신산업과 데이터, 4차산업혁명을 관장하는 디지털혁신비서관 신설.

2020.1.16. 한국기자협회·방송기자연합회·한국인터넷기자협회·한국PD연합회·한국아나운서연합회·한국방송작가협회·전국언론노동조합 등 언론 현업단체와 민주언론시민연합·인플루언서경제산업협회·국가인권위원회가 모여 '혐오표현 반대 미디어 실천 선언' 발표.

2020.1.22. 방송통신위원회, 이용자 피해와 전기통신사업법 위반 판단으로 유튜브 '프리미엄 서비스'에 과징금 8억 원 부과.

2020.2.5. 청주방송과의 부당해고 법정 다툼 후 패소한 프리랜서 이재학 PD의 죽음에 대해 청주방송이 "도의적 책임을 느낀다"고 밝힘. 2.19. 이재학 PD가 일했던 CJB청주방송을 특별근로감독 해야 한다는 국회의 주장에 대해 이재갑 노동부장관이 "청주방송 근로감독을 검토하겠다"고 답변. 2.27. 이재학 PD 유족과 청주방송사, 전국언론노동조합, 시민단체 4자는 진상조사위원회 구성에 합의하고 이날 'CJB청주방송 이재학 PD 사망 사건 진상조사

위원회'를 출범하기로 결정. 7.28. CJB청주방송과 부당해고로 다투다 숨진 고 이재학 PD가 사망 176일 만에 임직원 추모를 받으면서 정규직 PD로 명예복직. 12.18. 고용노동부 청주고용노동지청, 부당해고 등의 억울함으로 비정규직 PD가 숨진 CJB청주방송에 근로감독 실시. 2021.2.18. 고 이재학 PD, 한국방송기자연합회와 한국방송학회 주최 제2회 이용마 언론상 특별상 수상자로 선정. 5.13. '무늬만 프리랜서'의 억울함을 호소하다 숨진 청주방송 이재학 PD가 부당해고 3년, 사망 1년 3개월 만에 근로자지위확인 소송 2심에서 승소.

2020.2.7. KBS, 신종 코로나 방지 차원에서 전국노래자랑 제작을 취소하고 무관객 녹화분 방송을 확대 예정.

2020.2.19. 서울서부지법, '가짜뉴스의 뿌리를 찾아서' 기사를 기획한 한겨레를 상대로 진행된 민사소송에서 무죄를 판결하며 가짜뉴스의 개념을 정의. 법원은 '가짜뉴스'의 개념으로 '허위 정보'와 '오도된 정보'의 차이를 설명. 가짜뉴스는 "허위의 사실을 마치 진실인 것처럼 꾸며낸 정보"로 단순히 오보나 의견과는 구분되어야 한다고 판결문에서 언급.

2020.2.20. 언론중재위원회 산하 선거기사심의위원회는 1월 29일자 경향신문에 실린 임미리(고려대 연구교수)의 「민주당만 빼고」 칼럼에 대해 "국회의원 선거와 관련해 특정 정당에 대한 투표를 지양하자는 취지의 외부 칼럼을 게재하여 특정 정당 및 여타 정당에 유리 또는 불리한 영향을 미칠 우려가 있다"고 지적하며 선거법 위반 '권고' 결정.

2020.2.22. 문재인 대통령, 오마이뉴스 창간 20주년을 맞아 '언론 혁신의 역사'라는 영상 축사를 보냈으며, 기념식은 코로나19로 인해 취소.

2020.3.4. 조선일보 창간 100주년을 맞아 「과거의 오류, 사과드리고 바로잡습니다」(1면), 김일성 사망 보도 이튿날 오보 판명(1986.11.17. 호외)를 비롯, "현송월, 2013년 총살됐다 보도했지만 2015년 베이징에 나타나, 2012년 해운대 성난 파도 사진, 현장기자가 3년전 촬영분

보내, 우병우 전 민정수석 관련 보도 입증 못해 정정 보도문 실어" 등 과거의 대표적인 오보를 바로잡다(10면). 3.5. 문재인 대통령, 조선일보 창간 100주년을 맞아 "국민통합 역할 해달라"는 축사 보냄.

2020.3.13. EBS, 자사 캐릭터 '펭수' 관련 저작권 침해에 대응하기 위해 로펌 '법률사무소 미주'와 저작권 침해 단속 계약 체결.

2020.3.26. 경기방송 폐업 신청 승인. 방송사업자의 자진폐업은 한국방송 역사상 처음. 3.30. 경기방송, 해체 전 마지막 방송. 4.9. 경기지방노동위원회, 특정 간부 막말 등 비위 행위를 폭로 부당해고된 직원들과 경기방송 사이의 다툼에 대해 "(사측) 징계 사유는 모두 인정되지 않으며, 징계 절차에도 하자가 있어 해고는 부당하다"고 밝힘.

2020.4.2. 한국방송협회, 코로나19 사태로 광고매출이 급감하고 있다며 정부 차원의 정책적 지원을 요구하는 성명 발표.

2020.4.8. 박정훈 SBS 사장이 코로나19 확산에 따른 경영 악화로 150억 원의 비용 축소를 시사함.(국내외 연수 중단과 임원 이하 보직자 업무추진비 30%, 비 보직자 50%, 진행비 30%, 취재비 30%, 회의비 50% 등 통상적 비용 일괄 조정을 포함 편성 조정, 본부별 총 제작비 5% 축소 등)

2020.4.8. 취재 과정에서 확보한 불법 촬영물을 공유해 논란이 된 '기자 단톡방' 사건의 대다수 피의자가 무혐의나 기소유예 처분을 받자 전국언론노조가 검찰의 해당 사건 재수사를 촉구하고 각 언론사의 징계 등 후속 조치를 요구. 4.17. 한국일보, 불법 촬영물 공유 등으로 논란이 된 '기자 단톡방' 사건과 관련 해당 기자에게 정직 3개월 징계.

2020.4.28. 연합뉴스, 날씨 기사 서비스에 '머신러닝' AI 기술을 최초 도입.

2020.4.28. 한국언론진흥재단, 정동빌딩에서 미디어교육원 개관식.

2020.6.4. 방송통신위원회, 코바코에 '미디어렙법 위반'으로 과징금 3,000만 원 부과.

2020.7.9. 서울MBC와 전국언론노조 MBC본부 서울지부, 성과형 임금제 도입과 퇴직금 축소, 임금피크제 조정을 골자로 한 임금체계 개편안에 합의.

2020.7.15. 방송통신위원회, 법정대리인 동의 없이 만 14세 미만 아동의 개인정보를 수집한 틱톡(TikTok)에 정보통신망법 제31조 제1항 위반에 따른 시정명령과 함께 과징금 1억 8,000만 원 부과.

2020.7.28. 서울시 출입기자단, 서울시 여성가족정책실장 송다영의 집무실에 몰래 들어가 서류 등을 촬영하다 발각된 조선일보 기자에 중징계인 '기자단 제명'을 결정. 2021.2.18. 서울시청 사무실에 무단 침입 문서를 몰래 촬영했던 조선일보 기자 1심에서 벌금형 400만 원 선고.

2020.8.6. JTBC, 서울 마포구 홍대 인근에 채널과 관련된 기념품(굿즈)을 판매하는 브랜드 숍과 오픈 스튜디오, 카페, 루프 탑 등이 있는 4층 규모의 복합문화공간 'JTBC play'를 설립.

2020.8.8. 대법원, 문화일보가 2013년 '법원노조 간부 2명이 통진 단원'이라며 실명으로 보도한 기사에 대해 최초 보도 후 7년 만에 손해배상 책임을 인정.

2020.8.10. KBS, 지상파방송 최초로 9월부터 메인뉴스「뉴스9」에 수어통역을 제공하기로 결정. 8.31. MBC, 31일부터 메인뉴스「뉴스데스크」에 수어통역 제공.

2020.8.13. '한국연예스포츠미디어협의회' 발족. 뉴스엔, 마이데일리, 스타뉴스, 스포츠

서울, 스포츠조선, 스포티비뉴스, 앳스타일, 엑스포츠뉴스, 일간스포츠, OSEN 등 10개 언론사.

2020.8.19. 코로나 확진으로 방송 차질. CBS 기자 코로나19 확진을 받아 19일 정규방송을 중단하고 본사 셧다운. 20일 정오부터 정규방송 재개. 8.20. KBS 2TV 드라마 출연 중인 배우가 코로나19 확진으로 촬영 전면 중단. SBS 프리즘타워 사옥에서 코로나19 확진자가 나와 사옥 전체를 셧다운. 8.22. 넷플릭스와 KBS가 코로나19 확산으로 드라마 제작 중단. 8.28. 언론 협업단체에 코로나19가 확산됨에 따라 재택근무를 원칙으로, 비대면 회의 등을 권고하는 공동대응 지침 발표.

2020.8.19. 방송통신심의위원회, 정의기억연대가 운영하는 일본군 위안부 피해자 쉼터의 손영미 소장 사망 소식을 취재하면서 손 소장 자택 열쇠구멍에 카메라를 들이대 집 내부를 촬영 방송한 YTN, TV조선, MBN에 법정제재 '주의'를 의결.

2020.8.31. 한겨레신문사, 2020 남녀고용평등 강조기간 기념식에서 '2020년 남녀고용평등 우수기업'에 선정 대통령 표창받음.

2020.9.2. 『시사주간』 발행인 김 모, 한 기업에 비판 기사를 쓴다고 압박한 뒤 게재하지 말아달라는 청탁을 받고 돈 3,000만 원을 수수한 죄로 징역형 10개월 선고받음.

2020.9.14. 방송통신심의위원회, 방송심의규정 '객관성' 조항을 위반한 Mnet '프로듀스 101'(2016.2.19.), '프로듀스 101 시즌2'(2017.5.5., 6.16), '프로듀스 48'(2018.8.31.), '프로듀스X 101'(2019.5.31., 7.12, 7.19) 등에 대해 프로그램별로 3,000만 원, 총 1억 2,000만 원의 과징금을 의결.

2020.10.6. 법원, 지난해 조선일보 「서울시민 세금으로 운영되는 tbs의 정치방송」(2019.

2.15) 기고에 대해 허위사실이 담겼다고 판단, 조선일보가 정정보도를 할 책임이 있다고 판결.

2020.10.12. 방송통신심의위원회, 채널A 이동재 기자와 한동훈 검사장의 공모를 보도한 7월 18일자 KBS「뉴스9」리포트가 방송심의규정 '객관성' 조항을 위반했는지 심의한 결과 법정제재 '주의'를 결정. 2021.5.14. 검찰, 서울중앙지법 심리로 열린 결심 공판에서 검언유착 의혹을 받는 이동재 전 채널A 기자에게 징역 1년 6개월, 그의 후배 동료 백승우 채널A 기자에게 징역 10개월 구형. 2023.1.19. 법원, 검언유착 의혹의 당사자인 이동재 전 채널A 기자와 백승우 기자에 대해 무죄 판결.

2020.10.17. 한국신문윤리위원회, 한동훈 검사장과 정진웅 형사1부 부장검사의 몸싸움을 다룬 조선일보의 지난 7월 30일자 일러스트에 보도준칙 전문 위반으로 '주의' 조치.

2020.11.3. 세계일보가 서울 광화문 사옥에서 용산 신사옥으로 이전.

2020.11.11. 헤럴드경제와 헤럴드POP가 조덕제 성범죄 사건에서 가해자에게 유리하고 피해자에게 불리한 기사를 유죄 판결 확정 이후에도 지속적으로 보도한 사실을 인정하고 관련 기사 93건을 삭제.

2020.11.12. 코로나19 국면에 권영진 대구시장의 대응을 비판했다 명예훼손·모욕 혐의로 고소당했던 대구MBC 이태우 기자가 '무혐의' 처분을 받음.

2020.11.25. 개인정보보호위원회, "페이스북이 당사자 동의를 받지 않고 다른 사업자에게 개인정보를 제공한 사실을 확인했다"며 67억 원의 과징금을 부과하고 시정조치와 함께 수사기관에 고발하기로 함.

2020.12.5. 조선일보 편집부 김인원 기자 노조위원장 피선. 1988년 조선일보 노동조합 창립 이래 최초 여성 위원장.

2020.12.9. 방송통신심의위원회 방송심의소위원회, KNN 기자가 스스로 인터뷰이인 것처럼 위장 보도한 '뉴스아이'(2018.11.21, 12.8, 12.11. 방송분)가 방송심의규정 '객관성' 조항을 위반했는지 심의한 결과 법정 제재 '경고' 결정.

2020.12.28. 신문윤리위원회, 대선주자 지지율 여론조사 보도에서 오차범위 내 지지율을 고려치 않고 '윤석열 1위' 등을 제목으로 표현한 25개 신문사와 연합뉴스에 신문윤리강령 제4조 '보도와 평론', 신문윤리실천요강 제3조 '보도준칙' 전문을 위반했다는 사유로 '주의' 결정.

2021.1.28. 헌법재판소, 선거운동 기간 중 인터넷 게시판 실명 확인을 규정한 공직선거법 조항에 재판관 6대 3 의견으로 위헌 결정.

2021.1.28. 한겨레 현장 기자 41명, 자사 법조 보도가 데스크 주도로 정권 편향적으로 작성되고 있다는 비판 성명 게시 후 이춘재 한겨레 사회부장이 보직 사퇴.

2021.2.18. 신동호 전 MBC 아나운서국장 징계무효 확인 소송에서 일부 승소. 공정방송 파업 등에 참여했던 MBC 아나운서들에 대한 부당노동행위를 이유로 정직 6개월 징계를 받았던 사건.

2021.3.31. 방송통신위원회, 지상파를 포함한 모든 방송에서 중간광고 전면 허용.

2021.4.12. 송현정, 지상파 3사에서 여성 최초로 KBS 정치부장에 임명됨.

2021.4.23. 법원의 기자단 중심 출입 제도가 언론 차별과 위법 문제를 안고 있다며『미디어오늘』이 제기한 행정소송에서 법원은 "언론자유를 최대한 존중하면서 행사한 고도의 재량행위로 적법하다"고 판결.

2021.4.26. 고용노동부, 지상파 3개 방송의 보도·시사교양 담당 방송작가들에 대한 특별근로감독 실시. 60여년 전 근로감독제 도입 이래 처음.

2021.4.27. 방송법시행령 개정안 국무회의 의결. 1973년 이후 48년 만에 지상파 중간광고 전면 허용.

2021.4.27. 한국영상기자협회와 5·18기념재단, 5·18광주민주항쟁을 전 세계에 알린 독일 영상기자 위르겐 힌츠페터(Jürgen Hinzpeter)의 기자정신을 담은 '힌츠페터국제보도상' 제정.

2021.6.4. 국민의힘 당 대표에 출마한 4선 홍문표 의원, 4일자 조선일보 지면에 격분, 오전부터 조선일보 사옥 1층 로비에서 피켓을 들고 '왜곡보도'에 직접 항의.

2021.6.9. 조선일보가 1월 27일 조선닷컴 기사에서 시사타파TV가 촬영 유튜브에 올린 관련 영상을 4초가량 사용하며 출처를 '유튜브'라고 밝혀 타사 영상 무단사용으로 120만 원을 배상하게 됨.

2021.6.10. 2017년 CJ ENM 오디션프로그램 '아이돌학교' 투표조작 사건에 연루된 엠넷(Mnet) 소속 김 모 CP가 1심에서 징역 1년 실형을 선고받고 법정 구속됨. 12.6. 엠넷이 걸그룹 선발 프로그램인 '아이돌학교' 투표조작으로 방송통신심의위원회에서 최고 과징금인 3,000만 원을 부과받다. 이로써 엠넷이 오디션 투표 조작으로 최고 과징금을 물게 된 사안은 5건에 이르렀다.

2021.7.3. 한국신문윤리위원회, 한강 대학생 사망 사건 고인의 친구를 범인으로 몰아가는 듯한 보도를 한 11개 언론에 '주의' 조치.

2021.7.6. 4월 말 치러진 CBS 사장 선거에서 낙선한 후보자 6명, "부정선거 의혹이 있다"고 주장. 김진오 CBS 사장의 직무집행정지 가처분 신청. 반면 CBS재단 이사장, CBS 사측, 전국언론노동조합CBS지부는 부정선거 의혹은 사장 후보 6인의 일방적 주장이며, 근거가 없다는 입장.

2021.7.7. 방송통신위원회 전체회의에서 지상파방송 사업자 소유제한 위반에 대한 시정명령을 의결. 방송법 8조는 대기업 및 계열사는 지상파방송 주식 지분 10%를 초과 소유할 수 없다. 호반건설은 kbc광주방송 지분 39.59%, 삼라는 울산방송 지분 30%를 소유.

2021.7.9. 연합뉴스, 네이버에 송고한 기사 2,000여 건 삭제. 기자가 아닌 홍보사업팀 사원 명의로 홍보성 기사를 포털에 송고했다는 보도가 나온 다음 날 해당 기사를 모두 지운 것.

2021.7.15. 전국언론노동조합이 '언론개혁입법'을 촉구하며 윤호중 더불어민주당 원내대표 지역구 사무실(경기도 구리시) 항의 농성에 돌입한 지 12시간여 만에 농성 잠정 중단을 선언. 농성 끝에 민주당으로부터 '언론개혁입법' 절차를 가속화 하겠다는 메시지를 전달받고 내린 결정.

2021.7.20. MBC가 '부당해고한 방송작가 2인을 복직시키라'는 중앙노동위원회 판정에 불복해 행정소송을 제기한 가운데, 인권 분야 전문 변호사들이 방송작가 측 법률대리인으로 나서다. 전국언론노동조합 방송작가지부(방송작가유니온)는 19일 공익인권법재단 '공감'에서 활동하는 윤지영 강은희 변호사가 소송에 참여하게 됐다고 밝혔다. 8.18. 방송작가들은 양대 공영방송사에 노동조합의 이름으로 단체교섭을 요구. 계약서상 업무 범위와 급

여 일자를 명시하고 물가상승을 반영해 임금을 인상하는 등 방송작가 노동조건을 위한 '최소한도' 요구를 제시. 2022.3.4. 전국언론노동조합이 KBS와 방송작가 특별협의체 개시. 언론노조 방송작가지부(방송작가유니온)는 "지역작가 불평등 · 원고료 불공정 관행 개선을 논의할 것"이라고 밝히다. 3.6. 3월 8일 세계여성의 날 기념 제37회 한국여성대회가 개최된 가운데, 한국여성연합은 올해의 여성운동상에 방송작가의 노동자성 인정 결정을 이끌어 낸 '방송작가유니온'이 선정됐다고 밝히다. 7.15. 서울행정법원, MBC가 중앙노동위원회를 대상으로 낸「뉴스투데이」방송작가 2명의 부당해고 판정 불복 행정소송에 대해 "원고의 청구를 기각하고 소송비용은 원고가 부담한다"고 판결. 이는 방송작가를 근로기준법상 노동자로 인정한 첫 판결. 8.4. MBC, 뉴스투데이 방송작가들의 부당해고를 인정한 법원의 판결을 수용하다. 8.9. MBC가 부당해고 판결을 받아 복직한 방송작가들에게 정규직 아닌 '방송지원직'으로 채용할 방침을 통보하여 비판을 받다. 2023.2.28. MBC 방송작가들이 '방송지원직' 직군을 철폐하고 정규직과 차별을 해소할 것을 요구하며 노동조합 출범. 4.1. MBC 방송작가 6명이 꾸린 노동조합 'MBC 차별 없는 노동조합'이 설립되다.

2021.7.23. 서울남부지방법원, SBS를 상대로 제기한 김상덕(가명)의 민사소송에서 사생활 침해로 인한 피해를 인정하고 지난 6월 22일 SBS에 1,500만 원의 손해배상금을 지급하라는 조정합의 결정을 내렸다. SBS는 '그것이 알고싶다 강남 땅부자 박회장'편에서 김씨의 동의 없이 김씨 음성을 그대로 내보냈고 방송 이후 김씨는 직장을 잃었다.

2021.7.23. 5기 방송통신심의위원회가 결국 국민의힘 과학기술정보방송통신위원회 추천 몫 2인을 뺀 7인의 방통심의위원으로 출발. 방통심의위는 23일 보도자료를 내고 문재인 대통령이 5기 방통심의위원 7인을 위촉했다고 밝혔다.

2021.7.24. 인터넷신문위원회 기사심의분과위원회, 머니투데이의 '가나 인육 케밥 사건' 보도내용이 사실과 다르고 선정적이라며 '주의'. 머니투데이는 6월 14일 "8년간 인육케밥 판매 30대 女 체포. 아이납치 · 남성유혹 후 살해" 기사를 내고 현지 매체를 인용해 가나

여성이 인육으로 케밥을 만들어 판매했다고 보도. 9.14. 서울중앙지검 형사10부, 사내 성추행 사건 이후 불합리한 인사 조치를 한 혐의 등으로 머니투데이 법인과 박종면 대표이사를 약식 기소. 10.6. 근로복지공단, 사내에서 상사에게 성추행당해 휴직 중인 머니투데이 기자가 직속 상사의 성추행과 회사의 부적절한 대처로 입은 정신적 피해를 산업재해로 인정.

2021.7.28. 국가기간통신사 연합뉴스가 홍보대행사로부터 돈을 받고 대대적으로 기사형 광고(기사로 위장한 광고)를 내보낸 구체적인 계약 내용이 드러나다. 8.4. 연합뉴스는 '기사 위장 광고'를 조직적으로 송출해온 자사 정보사업국 소속 홍보사업팀 개편. 8.10. 언론소비자 주권행동과 민생경제연구소, 기사형 광고를 대량으로 송출해온 연합뉴스를 종로경찰서에 고발하겠다고 밝히다. 이들 단체는 연합뉴스의 기사형 광고가 업무방해(포털)와 사기, 배임수재 등의 법적 문제가 있다는 입장. 같은 날 공정거래위원회에 '기만적 표시광고'에 의한 표시광고법 위반 혐의로도 신고할 예정. 이들 단체는 연합뉴스 사옥 앞에서 릴레이 1인 시위도 계속. 8.18. 포털의 최대 고객사인 연합뉴스가 제재를 받게 되자 여러 언론사가 '기사형 광고'를 중단키로 하는 등 업계 전반의 긴장 분위기. 8.19. 조성부 연합뉴스 사장, 기사형 광고 문제에 대국민 사과. 조성부 사장은 관련사업과 조직을 전면 폐지하겠다고 밝히다. 8.26. 돈을 받고 쓴 기사형광고를 포털에 기사로 내보낸 연합뉴스 네이버와 다음에서 32일 동안 노출 중단의 제재. 9.7. 연합뉴스, 임직원 명의 '기사 위장 광고' 사태와 관련 사과문 발표. 11.12. 포털 언론의 입점과 퇴출을 심사하는 뉴스제휴평가위원회가 기사형 광고(돈을 받고 대가로 쓴 기사) 2,000여 건을 송출한 연합뉴스에 '강등'을 결정. 이에 따라 포털 페이지 내에서 연합뉴스 기사를 찾아볼 수 없게 되다. 2022.1.22. 네이버와 카카오에 복귀한 연합뉴스가 언론사 사이트 트래픽 순위 2위에 오르다. 인터넷 광고업계에 따르면 포털에 노출이 중단된 기간 연합뉴스 트래픽이 이전 대비 최대 70%까지 줄어든 것으로 추정되었다.

2021.8.9. 징벌적 손해배상제를 담은 언론중재법 개정안에 대해 전국 17개 방송사 노동조합으로 구성된 전국방송사 노동조합협의회(방노협)가 "권력에 비판적인 언론에 재갈을 물

리려는 시도"라 규정하며 반대. 8.19. 징벌적 손해배상제가 포함된 언론중재법 개정안이 국회 문화체육관광위원회 전체회의를 통과하자 "입법중단"을 요구해 온 방송기자연합회·전국언론노동조합·한국기자협회·한국PD연합회 등 언론 현업 4단체가 "민주당의 오만과 불통 역주행을 강력히 규탄한다"고 밝히다. 8.25. 국회 법제사법위원회, 언론중재법 개정안을 25일 새벽 단독 처리. 24일 밤 12시를 넘겨 차수 변경에 반대한 국민의힘 법사위원들이 모두 퇴장한 뒤 처리. 법안에 대표적인 독소조항으로 지적된 고의 중과실 추정 조항의 일부 요건이 삭제됐으나 징벌적 손해배상제는 그대로 남은 채 통과. 9.6. 언론중재위원회, 언론중재법 개정안에 포함된 열람차단 청구권이 언론자유 침해 소지가 있다는 의견에 반박 설명자료 발표. 9.17. 국가인권위원회, 징벌적 손해배상제 도입을 골자로 한 언론중재법 개정안에 "개정취지에는 공감하나 일부 신설 조항이 언론자유를 위축시킬 우려가 있다"는 의견을 국회의장에게 표명하기로 결정. 징벌적 손해배상의 청구조건인 고의·중과실 추정 요건은 삭제해야 한다고 밝힘. 9.28. 전국언론노동조합, 한국기자협회, 한국PD연합회, 방송기자연합회, 한국방송기술인연합회 등 언론 현업 5단체 긴급성명. 언론중재법 개정안 본회의 처리와 관련, 거대 양당을 향해 "언론중재법 밀실 협상을 중단하고 법안 내용을 전면 공개하라"고 요구. 9.29. 징벌적 손해배상제를 골자로 한 언론중재법 개정안 사실상 원점에서 재검토하기로. 더불어민주당과 국민의힘은 '국회언론미디어제도 개선특별위원회'를 구성, 언론중재법 정보통신망법 신문법 방송법 등의 전반적 개선을 논의하기로 합의. 특위는 여야 동수 18인으로 구성하며 12월 31일까지 활동. 12.28. 국회 언론·미디어 제도개선 특별위원회, 활동기한을 2022년 5월 29일로 연장하기로 합의. 앞서 더불어민주당과 국민의힘은 언론중재법 개정 논란이 극심했던 9월 29일 특위를 구성 12월 31일까지 언론중재법·정보통신망법·신문법·방송법개선을 논의하기로 합의했으나 활동기한이 연장되면서 여당이 도입을 추진했던 '언론보도 징벌적 손해배상제'는 사실상 대통령 선거 이후에나 결정될 전망.

2021.8.21. 중앙일보, 'The JoongAng' 제호로 새롭게 인터넷페이지를 열다. 중앙일보는 중앙일보 아이디를 가진 구독자를 확보하기 위해 회원가입을 안내하는 페이지도 만들다.

2021.8.23. 부수 조작 논란에 휩싸인 한국ABC협회와 조선일보를 상대로 경찰이 수사 착수. 서울지방경찰청은 지난달 14일 서울중앙지검으로부터 관련 고발 사건이 이첩돼 수사에 돌입했다고 밝혔다. 사건은 서울경찰청 반부패 공공범죄수사대에 배당.

2021.9.6. 국가인권위원회, 연합뉴스TV의 아나운서들을 출산 이후 복직시켜주지 않는 문제 조사착수. 10년 동안 연합뉴스TV 아나운서로 일한 A씨가 지난해 11월 인권위에 진정을 넣어 이뤄지는 조사. 2022.12.16. 국가인권위원회가 출산 후 복직하지 못한 프리렌서 아나운서 A씨에 대한 방송 복귀 조치를 권고했는데도 연합뉴스TV가 이를 불수용하자 유감 표명.

2021.9.8. 서울중앙지법 제25민사부, 이명박 전 대통령의 청구를 모두 기각. 3년 전 'MB 해외 비자금 의혹'을 제기했던 MBC가 이명박 전 대통령이 제기한 민사소송에서 승소한 것.

2021.9.14. 국내 주요 제작사들의 드라마 스태프 계약서에서 근무 시간·급여기준 미 명시와 52시간제 미 준수 등 근로기준법 위반 항목이 광범위하게 확인됨. 고용노동부가 2년 전 드라마 스태프의 노동자성을 확인했지만 근로계약을 체결한 곳은 없었다.

2021.9.20. 방송통신심의위원회의 위원 임기가 끝나도 새 위원이 위촉될 때까지 기존 위원들이 직무를 계속 수행하도록 하는 법안 발의. 또한 새 위원 구성도 10일 이내에 해야 하며, 안 할 경우 국회 의장이 추천하도록 강제하는 내용도 포함.

2021.9.25. 국민의힘 대권주자인 윤석열 전 검찰총장 배우자(김건희)의 논문 표절 의혹을 취재하다 경찰을 사칭한 혐의로 고발된 MBC 기자와 PD를 기소 의견으로 검찰에 송치.

2021.10.2. 전국언론노동조합 MBC본부, 9월 28일 『MBC 정상화 4년 그 진실의 기록과 미완의 청산』이란 92페이지 분량 노보 특별판을 발행. 이명박·박근혜 정부 시기의 부끄러웠던 MBC 역사를 기록하는 한편 2018년 1월 19일 출범했던 MBC정상화위원회 활동을 평가.

2021.10.5. SBS가 사측의 사장 임명동의제 폐기 요구로 사상 초유의 무단협 상태. 전국언론노동조합 SBS본부는 "더는 물러설 수 없는 상황"이라며 조합원들을 향해 "SBS가 공적 책임을 다해 시민사회 신뢰를 쌓는 싸움을 시작할지를 우리 스스로 결정해야 한다"고 밝히다.

2021.10.7. 이재명 더불어민주당 대선 경선 예비 후보자 측과 화천대유를 연관해 보도한 조선일보 기사가 허위라며 무더기로 이의신청, 대부분 '기각'.

2021.10.13. 넷플릭스 시리즈 '오징어 게임'이 넷플릭스 콘텐츠 중 역대 최고 흥행작.
12.14. '오징어 게임'이 미국영화·TV쇼 시상식 '골든 글로브'(Golden Globe) 3개 부문 후보로 오르다.

2021.10.19. 한국언론진흥재단이 최근 10년(2011~2020)간 언론사에 직접 지원한 언론진흥기금 총액은 총 375억 2,364만 원 수준이며, 매체별 직접 지원금 누적 1위는 조선일보로 총 41억 3,844만 원으로 전체의 11.02%를 차지했다. 2위는 동아일보 40억 35만 7,000원, 3위 중앙일보 37억 2,158만 8,000원으로 나타났다. 조·중·동 3개 언론사가 전체 언론사 지원금의 32.0%를 차지.

2021.10.25. 전국언론노동조합 스포츠서울지부는 조합원을 포함해 『스포츠서울』에서 정리해고된 12명이 25일자로 복직했다고 밝혔다. 해고자 14명 중 조합원 12명은 전원 복직했고, 고진현 전 편집국장과 최성혁 전 광고국장은 회사와 협의 중. 해고 무효 판정에 따라 해고 기간 급여를 지급한다. 이장혁 스포츠서울 대표이사는 이날 출근한 조합원들에게 공식 사과.

2021.10.26. 디즈니 플러스와 애플TV 플러스가 내달 한국 서비스 시작. '오징어 게임'으로 전세계 시청자 사랑을 받으며 구독자를 확장하고 있는 넷플릭스가 두 글로벌 OTT의 한국 상륙에 어떤 영향을 받을지 관심사.

2021.11.5. 언론시민단체 민주언론시민연합에 노동조합 설립. 민언련노조는 10월 25일 설립총회와 집행위원 선거를 통해 노조 임원진을 선출하고 29일 노동조합 설립을 마쳤다.

2021.11.23. 경찰, 조선일보 신문지국 압수수색. 서울지방경찰청 반부패공공범죄수사대는 22일부터 일부 조선일보 신문지국 압수수색을 진행.

2021.11.28. 국내 가장 오랜 영화잡지이자 유일한 영화주간지 『씨네21』의 경영 위기. 코로나19 이후 이어지는 적자 경영에 사측이 적절한 대안을 내놓지 못하면서 올 들어 구성원 20%가 퇴사. 대주주 한겨레는 씨네21 경영진이 최근 마련한 회생안을 검토 지원에 나설 계획.

2021.12.1. 박성제 MBC 사장, 올해 영업이익이 1,000억 원을 넘었다며 내년에는 콘텐츠 투자를 대폭 늘리겠다고 밝히다. 광고 없는 'MBC2' 채널을 만들어 시민 콘텐츠로 채우겠다는 계획도 설명.

2021.12.1. 문화체육관광부가 한국ABC협회 유료부수를 대체해 언론의 신뢰성을 정부광고 집행 지표로 포함하는 새 정부광고 운영체계 확정. 신뢰가 수익으로 연결될 수 있다는 방향성이 확정된 것으로, 언론계에 던지는 의미가 적지 않다.

2021.12.2. 전국언론노동조합 SBS본부가 사상 임명동의제 파기 저지를 위한 파업 결의대회를 예고한 가운데 사측이 대회 개최를 위한 노조 측 장비 반입을 막다. 언론노조 SBS본부는 "노조활동 방해에 공식적으로 문제를 제기할 것이다. 결의대회는 예정대로 진행한다"고 밝히다. 12.3. SBS 31년사 초유의 무단협 사태가 60일 넘게 지속되자 결국 대다수 기자·PD가 파업돌입을 결의. 전국언론노동조합 SBS본부(SBS노조)는 2일 밤 공정방송을 사수하고 단체협약을 쟁취하기 위한 파업 결의대회를 열고 파업지침 1호를 공개. 31년 SBS 역사상 첫 파업. 12.6. 임명동의제 파기 저지를 위한 파업을 앞두고 SBS와 막판 협상을 벌인 끝에

잠정 합의안 도출. 단체협약상 임명 동의 대상에서 사장을 제외하고, 시사교양·편성부문 본부장도 제외하는 한편 두 부문 국장을 추가하는 골자. 언론노조 SBS본부는 쟁의행위 잠정 보류를 선언.

2021.12.7. KBS '열린채널'은 2000년 KBS에 시청자 참여프로그램 편성을 의무화한 방송법에따라 2001년 5월부터 KBS 1TV를 통해 방영되다. 이로부터 20년간 '열린채널'을 통해 시청자가 직접 기획하고 제작한 콘텐츠 송출.

2021.12.9. 한국신문윤리위원회, 음란 웹툰 광고를 게재한 스포츠동아에 '경고' 제재. 스포츠동아를 비롯 모기업인 동아일보 발행인에게 서한 발송. 음란 웹툰 광고에 대한 유감의 뜻을 표하며 재발 방지를 촉구하는 윤리위원 전원의 메시지를 담다.

2021.12.10. 방송작가 근로자성을 인정한 지방노동위원회 판정. 전북지방노동위원회는 9일 KBS전주총국「생방송 심층토론」에서 일했던 방송작가 A가 KBS를 상대로 낸 부당해고 구제신청을 인정. A작가는 6월 30일 KBS전주총국 측으로부터 계약 만료를 통보받았고, 9월 28일 전북지노위에 부당해고 구제신청을 제기했다. 2022.1.11. 방송작가와 방송사의 형식적 계약이나 프로그램 개편이 근로자성을 부정하거나 '해고'하는 근거가 될 수 없다는 최초의 판단이 나왔다. 전북지노위는 KBS전주총국 방송작가의 부당해고를 인정한 판정문에서 해당 작가가 법적 근로자이자 부당해고의 피해자인 이유를 상세히 설명.

2021.12.10. 제36대 한국PD연합회장에 최지원 KBS PD가 선출되다. 첫 여성 한국PD연합회장 탄생. 언론 직능단체 중 여성이 단체장으로 선출된 사례는 이번이 처음.

2021.12.27. 동아일보, 자사 보도가 조작됐다고 문제 제기한 인터뷰이에게 손해배상금 200만 원을 지급하기로 하다. 언론중재위원회 조정을 거친 결과. 동아일보는 앞서 인터뷰이 당사자가 기사에 문제를 제기한 뒤 외부에 입장을 밝히지 않고 기사를 삭제한 상태.

2021.12.28. EBS와 자회사 EBS미디어 PD들이 다른 프리랜서 PD와 함께 총 3억 8,000여 만 원 상당의 제작비를 편취한 혐의로 재판에 넘겨지다. 본사 EBS PD가 다른 PD들과 공모해 EBS미디어에 허위 용역 계약서를 제출하고 EBS미디어가 지급한 제작비 중 일부를 차명계좌로 돌려받았다는 혐의.

2021.12.30. 고용노동부가 지상파방송 3사의 보도·시사교양 담당 방송작가 152명의 노동자성을 공식확인. 노동부가 지난 4월 27일부터 이들 방송사를 대상으로 특별근로감독을 실시한 결과다. 2022.2.21. 고용노동부 특별근로감독에서 노동자성을 인정받았던 MBC 방송작가들이 끝내 해고됐다며 부당해고 구제신청에 나서다. 7.12. 중앙노동위원회는 YTN에서 시사교양 취재작가로 일한 A씨의 부당해고 구제신청을 받아들이다. 9.28. KBS가 방송제작 지원 업무를 수행하는 노동자 230여 명을 불법 파견 형식으로 사용해왔다는 법원 판결이 나왔다. 2023.1.23. 서울고법은 항소심에서 YTN 프리랜서 그래픽 디자이너와 PD 12명이 근로기준법상 노동자에 해당한다고 판결. 6.24. 중앙노동위원회는 NATV국회방송에서 일한 방송작가 2명이 제기한 부당해고 구제신청 재심에서 “메인 작가도 프리랜서가 아닌 근로기준법상 노동자”라고 판정.

2022.1.1. 경향신문, 악성 댓글과 이메일로부터 소속 기자를 보호하기 위한 조치를 새로 도입. 악성 이메일 발신자에게 회사 차원의 경고 메일을 보내는 시스템을 마련하고, 네이버 포털의 댓글창 끄기 기능을 적극 활용키로 하다.

2022.1.10. 비영리 독립언론 뉴스타파가 초상권을 침해당한 피해자에게 300만 원을 배상해야 한다는 판결. 이 매체가 2020년 7월 LG유플러스 불법 추심 의혹을 보도하면서 위탁업체 소속 고객 상담사 얼굴과 이름이 드러난 사진을 사용했다는 이유.

2022.1.11. 국회 본회의는 종편의 선거운동 광고 송출, 후보자 방송 연설 중계, 후보자 초청 대담 및 토론회를 개최할 수 있게 허용하는 공직선거법 개정안 처리. 재석 의원 214명 중

찬성 199명, 기권 15명.

2022.1.25. 정치권 뉴스에 가처분 신청과 심리, 이에 대한 법원의 결정 관련 기사가 쏟아지다. 사법부 불신을 이야기하는 정치권이 사법부에 종속되는 상황을 스스로 연출하고 있다는 비판도 제기.

2022.2.9. 법무부가 인권·젠더데스크를 설치하고 인권·성인지 감수성 제고를 위한 홍보물 제작·배포 가이드라인 시행. 2021년 11월 법무부 디지털 성범죄 전문위원회 3차 권고에 따라 만든 가이드라인이다. 성차별 표현을 금지하고 성폭력 피해자 인권존중과 2차 피해 방지, 정확한 용어 사용 등이 목표.

2022.3.5. 조선일보·중앙일보·동아일보·문화일보, 이재명 더불어민주당 대선후보 낙선을 요구하는 광고를 게재. 선거기사심의위원회가 제재.

2022.3.9. 제20대 대통령 선거. 윤석열 당선. 5.10. 취임식.

2022.3.19. 제20대 대통령선거 선거방송심의위원회, 이재명 더불어민주당 대선 후보 공개 지지를 호소한 김어준을 진행자로 출연시키는 TBS 「김어준의 뉴스공장」에 대해 TBS 담당 PD와 라디오제작본부장 의견 진술을 듣고 법정 제재 경고 의결. 경고는 재허가 심사에서 벌점 2점이 적용되는 중징계. 4.3. 방송심의위의 징계에 TBS는 선거방송심의위에 재심을 청구.

2022.4.13. 매각됐거나 매각 논의가 이뤄지고 있는 언론사들. 매일신문, 서울신문, EBN, 이코노미스트, 일간스포츠, 전자신문, KBC광주방송, 한국농어촌방송. 언론사 공적 역할에 기대려는 자본 권력이 늘고 있는 현상이기도 하다.

2022.5.27. 서울신문, 서울 중구 프레스센터에 오세훈 서울시장 후보 선거 사무실을 내주고

언론인의 상징인 건물에 오세훈 후보의 현수막을 내걸어 논란. 5월 13일 프레스센터 7~8층을 덮는 오세훈 후보의 현수막을 내걸었다가 비판을 받자 서울신문 측은 자신들이 소유한 층에만 맞게 작은 크기로 현수막을 다시 걸다. 5.27. 전국언론노동조합과 한국기자협회는 공동성명을 내고 “서울신문사는 프레스센터를 정치적으로 오염시키지 말라”며 즉각 사과를 요구.

2022.6.9. 뉴스타파와 셜록이 서울고등검찰청의 ‘출입증 발급과 기자실 사용거부처분’을 취소해 달라며 제기한 행정소송에 승소. 앞서 미디어오늘에 대한 서울고등법원의 출입 신청 거부가 부당하다는 판결에 이어, 검찰과 법원의 기자단 중심의 차별적 공보 제도에 법적 근거가 없다고 법원이 재차 확인한 것.

2022.7.4. 국민의힘 의원 75명, ‘서울특별시 미디어재단 티비에스(tbs) 설립 및 운영에 관한 조례 폐지 조례안’을 서울시의회에 제출.

2022.7.4. 감사원이 지난해 11월 접수된 ‘MBC 방만 경영에 대한 관리·감독 해태 관련 국민감사청구’에 대해 감사 실시를 결정한 가운데 10일부터 MBC 최대주주 방송문화진흥회 본감사 실시.

2022.7.4. 문화체육관광부, ‘정부정책에 대한 가짜뉴스 퇴치, 과학 미디어 전문가들도 함께 나선다’는 보도자료를 내고 후쿠시마 오염수 안전성 관련 논란을 ‘가짜뉴스’로 규정하고 신속대응 자문단을 운영하겠다고 밝혔다.

2022.8.13. YTN, 조합비 횡령 사실이 적발된 전임 전국언론노동조합 YTN 지부장에 대해 해고 징계를 의결.

2022.8.23. 서울남부지법, 기사 무마 대가로 돈을 요구해 공갈미수 혐의로 기소된 인터넷매체 전직 기자 이 아무개에게 징역 8개월 집행유예 2년, 120시간의 사회봉사 명령을 내렸다.

2022.9.14. 개인정보보호위원회는 이용자 동의를 받지 않고 개인정보를 수집해 온라인 맞춤형 광고에 활용한 메타와 구글에 역대 최대 규모 과징금 1,000억을 부과.

2022.9.23. 서울북부지방검찰청, 2020년 상반기 종합편성채널 보도전문채널 재승인 심사위원들과 방송통신위원회 공무원들이 공모해 TV조선 재승인 점수를 하락시켰다는 혐의로 압수수색. 2023.1.11. 법원이 TV조선 재승인 심사 개입 의혹을 받는 방송통신위원회 소속 모 과장에 대한 구속을 결정. 1.12. 국가공무원노동조합, TV조선 재승인 심사 개입 의혹을 받고 있는 방송통신위원회 과장급 직원에 대한 구속이 결정되자 "방통위 표적수사를 강력히 규탄한다"는 성명서 발표. 1.30. TV조선 재승인 심사 의혹을 수사하는 검찰이 방송통신위원회 양 아무개 국장에 대한 구속영장 재청구. 2.1. 법원은 TV조선 재승인 당시 심사위원들에게 심사 점수를 낮게 책정하도록 개입한 의혹을 받는 방송통신위원회 소속 국장에 대한 구속영장 실질심사를 진행한 결과 양 모 국장 구속을 결정. 5.30. 대통령, 2020년 TV조선 재승인 점수 조작 의혹 혐의로 기소된 한상혁 방송통신위원장 면직안 재가. 6.2. 면직된 한상혁 전 방송통신위원장, 면직처분취소소송 및 집행정지 신청 제기. 6.7. 법원, TV조선 재승인 점수 조작 의혹을 받는 차 모 전 방통위 과장, 양 모 전 방통위 국장, 윤 모 심사위원장(광주대 교수)에 대해 보석 인용 결정.

2022.10.11. 중앙일보, 종합일간지 최초로 프리미엄 콘텐츠 유료구독 서비스 '더중앙플러스' 출시.

2022.11.5. 17개 언론사 소속 기자 51명, 좋은 보도 사례를 연구하고 취재 노하우와 방법론을 교육하는 '저널리즘클럽Q' 창립.

2022.11.10. MBC와 SBS가 8일 0시부터 AM라디오 송출을 중단.

2022.11.11. 정부가 YTN의 공적 지분 31%를 포함해 총 14조 5,000억여 원 규모의 공공기

관 자산을 매각하는 계획을 발표하여 YTN 민영화 계획이 확정되다.

2022.11.15. 국민의힘 서울시의원 전원이 발의한 'TBS 폐지 조례안'이 발의 135일 만에 시의회 본회의 통과. 12.27. TBS에 대한 서울시 출연금이 대폭 삭감되며 라디오 및 시사프로그램 대거 폐지를 발표. 2023.3.15. 예산이 대폭 삭감된 TBS가 각종 비용을 없애고 프리랜서 작가들을 내보내는 등 구조조정에 돌입. 5.30. 서울시, TBS에 73억 원 추가경정예산 편성을 확정.

2022.11.16. 방송통신위원회, 특정 보험대리점 업체에 시청자 정보를 넘긴 방송사 16곳에 시정조치와 과징금 부과.

2022.12.8. 신문 구독자 모집을 대가로 수백만 원을 주고받은 경찰 간부와 전직 국민일보 기자에 각각 벌금 1,000만 원 선고.

2022.12.26. 정부의 건전재정 기조에 따라 연합뉴스에 지급해온 '국가 기간통신사 지원 예산' 50억원 가량 삭감.

2022.12.30. MBC 노사, 지상파 최초로 임금협상 및 주 4.5일제 도입 협상 최종 타결.

2022.12.30. 법무부장관 집을 찾아가 초인종을 누르며 그 과정을 생중계한 유튜브 매체 '시민언론 더탐사'의 강진구 대표 · 최영민 PD에 대한 구속영장 기각.

2023.1.1. 지상파 3사 방송경영인연합회 처음 출범. 경영인들은 인사 · 예산 · 재무 · 광고 · 콘텐츠 · 경영정보(IT) 분야의 교류 확대를 협의. 3.5. 초대 연합회장에 심수현 KBS 경영협회장 선출.

2023.1.2. 전국언론노동조합 MBC본부, 전국 16개 MBC에 공통으로 적용되는 기본급을 동결하되, 2023년 상반기부터 지상파 최초로 격주 4.5일제를 도입하기로 합의.

2023.1.5. 검찰, '검유 오보(한동훈 법무부 장관 명예훼손 사건)' 피의자인 신성식 법무연수원 연구위원(검사장)과 KBS 기자 A를 명예훼손 혐의로 각각 불구속 기소.

2023.1.6. 한겨레, 자사 편집국 간부가 화천대유 대주주 김만배와 금전거래를 한 사건에 대해 공식사과. 1.9. 한겨레 류이근 편집국장, 한겨레 간부 A와 주식회사 화천대유자산관리(도시개발사업 자산관리회사) 대주주 김만배의 금전거래 의혹이 드러난 지 4일 만에 사퇴.

2023.1.10. 전국언론노동조합이 '김만배 사태'로 불거진 언론계 전반의 도덕성 붕괴를 개탄하며 이번 사태에 연루된 언론인들의 즉각적인 퇴출 요구.

2023.1.25. KBS가 과거 파견직을 성추행한 촬영기자 최 아무개를 정직 3개월 처분. 성추행 사건이 발생한 2014년 5월부터 약 9년 만의 결정.

2023.1.31. 탈북 작가 장진성의 성폭행 의혹을 제기한 MBC 보도는 허위이며 MBC와 기자 등이 장진성에게 1억원을 배상할 책임이 있다고 법원이 판결.

2023.2.2. 법원, 박형준 부산시장의 '15분 도시 부산' 공약을 비판한 부산MBC 시사프로그램「예산추적 프로젝트 빅벙커」에 부산시가 요구한 반론보도문을 실어야 한다고 판결.

2023.2.2. 법원, 포스코케미칼이 지난해 11월 23일 자사 양극재가 품질인증 통과에 실패했다는 오보를 낸 디지털데일리와 기자들 상대로 제기한 손해배상 청구소송에서 언론사와 기자가 3,000만원을 배상해야 한다고 판결.

2023.2.17. 경인일보가 창간 78년 이래 첫 여성 편집국장 박현숙을 임명.

2023.4.1. MBC 방송작가 6명 'MBC 차별 없는 노동조합' 설립.

2023.4.18. JTBC 여성기자협회, 중앙그룹 JTBC 임원들의 성추행 · 갑질 문제에 대해 성명 발표.

2023.4.24. 비방 기사 삭제를 대가로 거액을 뜯은 혐의로 경찰이 NBN TV 탐사보도국장 구속영장 신청.

2023.6.6. 대통령실, 전기요금과 TV수신료 분리징수 방침 발표. 6.8. 김의철 KBS 사장, 정부의 공영방송 수신료 분리징수 추진 관련 "공영방송 근간을 뒤흔드는 수신료 분리징수 추진을 즉각 철회해달라"고 밝히다. 6.16. 방송통신위원회(김효재 위원장 직무대행), TV수신료(KBS EBS 수신료) 분리징수를 위한 방송법 시행령 개정안 입법예고. → 참고, 1986.2.11. KBS TV시청료 거부 범국민운동본부

2023.6.14. 김장겸 전 MBC 사장, 오정환 MBC노동조합 위원장 등 전·현직 MBC 관계자들이 노보를 통해 자신들을 비판했다는 이유로 전국언론노조 MBC본부를 상대로 정정보도 및 손해배상 청구소송을 제기했으나 패소.

2023.6.20. 출판노동자들이 장시간·저임금 노동에 시달리고 상당수가 '상근 외주'로 일하는 출판업계 실태를 고발하며 고용노동부에 근로감독을 촉구.

2023.6.29. 헌법재판소는 민간 광고대행사가 청구한 한국언론진흥재단의 정부광고 독점 대행에 따른 직업선택 자유 침해에 대해 한국언론진흥재단의 정부광고 독점 대행은 문제가 없다고 판결.

2023.7.5. 방송통신위원회, TV수신료를 전기요금과 분리해 징수하도록 하는 방송법 시행령 개정안 의결. 7.7. 야당 국회의원 62명, KBS·EBS 수신료 통합징수에 대한 개정안 공동 발의. 7.10. 김의철 KBS 사장, TV수신료 분리징수 시행을 막아내지 못했다며 비상경영을 선포. 7.11. TV수신료와 전기요금을 분리징수하는 방송법 시행령 개정안 시행. 7.12. KBS, 방송법 시행령 개정안에 대해 헌법소원심판 청구. 8.11. KBS, 8월분 TV수신료 총수입액은 전년 동기 580억 원대에서 약 21억7000만 원으로 약 3.7% 감소한 560억 원대로 집계됐다고 밝히다. 10.10. KBS와 EBS 구성원 217명이 지난 10일 헌법재판소에 TV수신료 분리 고지 가처분 및 헌법소원 심판 청구서 제출.

2023.7.12. YTN 유튜브 구독자 수가 국내 언론사 뉴스채널 중 처음으로 400만 명을 돌파.

2023.7.27. 한국언론진흥재단, 생성형 AI를 활용한 뉴스 제작과정에서 인간 언론인의 책무를 강조한 보고서『미디어정책 리포트: 언론산업의 생성형 AI 기술 활용 가능성과 법적·윤리적 쟁점』발간.

2023.7.28. 윤석열 대통령, 새 방송통신위원장 후보에 이동관 대통령실 대외협력특보를 지명. 8.25. 윤석열 대통령, 이동관 제6기 방송통신위원장 임명을 재가. 12.1. 이동관 방송통신위원장 사의 표명. 윤석열 대통령은 이동관 사의 수용, 12.6. 윤석열 대통령, 김홍일 국민권익위원장을 차기 방송통신위원장 후보로 지명. 12.29. 윤석열 대통령 김홍일 방송통신위원장을 청문회 개최 이틀 만에 임명.

2023.8.1. 상업광고 방송이 금지된 재단법인 서울특별시 미디어재단 TBS(교통방송)가 상업광고를 송출한 행위에 대해 과태료 100만 원과 과징금 1,503만 원 부과. 11.27. TBS 박노황 이사장과 정태익 대표이사는 지원 폐지조례 한시적 연기를 위한 긴급 호소문 발표. 12.15. 서울행정법원이 TBS 노동자들이 제기한 조례 무효확인 소송에서 각하 결정. 미디어재단 TBS가 2024년 서울시 지원 종료를 맞게 됐다. 12.22. 서울시의회가 본회의에서

TBS 지원 폐지 조례의 시행을 5개월 간 유예하고 출연금을 편성하는 개정 조례안과 출연 동의안 가결. 2024.1.23. 심각한 재정난에 빠진 TBS가 추가 희망퇴직을 시행했지만 목표 인원 112명에 비해 실제 신청한 인원은 그 10% 수준으로, 목표치에 미달. 2024.4.22. 오세훈 서울시장, TBS 지원 중단에 대해 "시의회 입장은 제 입장과 다르다"며 "민영화를 결정한 TBS 움직임과 궤를 맞추어 도움을 줄 수 있도록 나름대로 노력을 기울이고 있다"고 말하다.

2023.8.7. KBS의 대안 노조 '같이[가치]노동조합' 공식 출범.

2023.8.26. 방송통신심의위원회 '가짜뉴스 심의전담센터' 출범.

2023.9.12. KBS 이사회가 비공개로 임시 이사회를 열어 김의철 사장 해임 제청안에 대해 최종 심의. 10.17. KBS 야권 이사들은 서기석 KBS 이사장에 대한 해임결의안을 제출.

2023.10.6. 김석종 경향신문 사장이 창간 77주년 기념사에서 2024년 1월부터 종이신문 주 5일 발행을 예고했으며, '묶음 상품' 독자 서비스 시작, 전사적 디지털 전환, 신사업 확대, 주 4.5일제 시행 및 복지 확대, 조직 문화 쇄신 등 총 5가지 변화 방향을 제시.

2023.10.18. 방송비정규직 당사자들의 노동권단체 '엔딩크레딧'과 직장갑질 119가 미디어 비정규직 당사자들의 계약서 내용을 확인해 주는 '계약서 봐 드려요: 방송 현장 불법계약서 신고센터'를 11월 17일까지 운영한다고 밝혔다.

2023.11.9. 공영방송 독립을 위한 방송3법(방송법, 교육방송법, 방문진법) 개정안 국회 본회의 통과. 12.1. 임시 국무회의에서 '방송3법(방송법 · 방송문화진흥회법 · 한국교육방송공사법)' 개정안에 대한 대통령의 재의요구안 의결. 2024.6.3. 더불어민주당, 지난 21대 국회 본회의를 통과했지만 윤석열 대통령의 거부권(재의요구권) 행사로 폐기된 방송법, 방송문화진흥회법, 한국교육방송공사법 등 방송 3법 개정안을 1호 법안으로 발의. 6.7. 제22대 국회 개원

과 함께 미디어 분야가 이슈의 중심에 서다. 야당 일각에선 언론 징벌적 손해배상제를 골자로 한 언론중재법 개정안 재논의와 함께 공영방송 지배구조 개선을 담은 '방송 3법'을 중점적으로 논의.

2023.11.12. 윤석열 대통령, 박민 KBS 사장 후보를 정식 임명.

2023.11.15. 정부가 공영방송과 공동체 라디오 예산 등을 삭감한 2024년도 예산안을 국회에 제출. 더불어민주당은 관련 예산을 예년 규모로 복구. 11.16. 국회 문화체육관광위원회(문체위) 예산결산심사소위원회는 정부가 제출한 지역신문발전기금 예산 72억 8,000만원보다 23억 원을 증액 통과.

2023.11.17. 전국언론노동조합 연합뉴스지부는 단체협약에 따라 15~17일 편집총국 산하 기자직 사원의 강의영 총국장 신임투표를 진행한 결과, 불신임이 과반으로 집계돼 신임안이 부결되다. 이에 강의영 편집총국장은 총의를 수용한다며 사의 표명.

2023.11.31. 신문윤리위원회가 소식지 『신문윤리』를 통해 기사 제목에 '극단선택' 혹은 '극단적 선택'을 쓸 경우 신문윤리강령 위반으로 제재조치를 취하겠다고 밝히다. 2024.6.24. 방심위 방송언어특위는 자살을 표현할 때 쓰는 '극단적 선택', '극단 선택' 등의 용어가 방송 심의 규정 위반 소지가 있다며 각 방송사에 해당 표현 사용 자제 권고, 모니터링 강화 등을 건의.

2024.1.2. 2023년 유튜브에서 가장 많이 본 방송 뉴스는 조회수 54억 4,800만을 기록한 MBC였다.

2024.1.18. 이스라엘이 지난해 10월 7일 가자지구 폭격을 시작한 뒤 100일을 넘긴 2024년 1월 15일(현지시간), 112명에 달하는 언론인이 이스라엘에 의해 사망했다고 팔레스타인 언론

인연합이 밝혔다.

2024.1.30. 쿠팡 본사에서 농성 중이던 노조 조합원들이 '술판을 벌였다'고 보도한 한경닷컴(한국경제)과 조선일보에 대해 정정보도문을 게재하고 오보로 피해를 입은 노조에 위자료를 지급하라는 판결.

2024.1.30. KBS가 2025년 1월부터 TV 수신료 분리 고지 · 징수를 전면 시행하기로 했다. 2023년 7월 정부가 TV 수신료를 전기요금과 분리 고지 · 징수하는 내용의 방송법 시행령 개정안을 공포 · 시행한 지 약 7개월 만이다.

2024.2.7. 총선을 앞두고 TV조선 · 동아일보 · KBS · YTN · MBN 등에서 최근까지 활동한 언론인들이 여당에 공천 신청. 4.13. 4 · 10 총선에서 언론 분야 이력이 있는 인사 26명이 22대 국회에 진출했으며, 더불어민주당과 국민의힘 · 국민의미래 소속으로 각각 6명씩의 언론계 출신 초선 의원이 선출됐다.

2024.3.6. 언론중재위원회가 2023년 접수 · 처리한 조정신청 사건이 전년 대비 약 30% 증가한 것으로 조사됐다.

2024.3.11. 전례 없는 대립 속 연일 파열음을 내온 EBS 노사가 노동위원회 조정에서도 타협점을 찾지 못하고 갈라서다.

2024.3.19. 서울신문이 윤전기를 없애고 중앙일보로 대쇄(인쇄 대행)를 추진하겠다고 밝혔다.

2024.4.10. 2023년 코로나19가 종식되면서 KBS의 영업손실은 644억 원에 달했고, SBS는 '1조 원 매출'이 무너지며 신문 · 방송업계에 위기가 다가왔다. 6.20. 2023년 지상파 광고매

출은 10년 전인 2014년과 비교해 절반 이상 줄어들었고, KBS는 21세기 들어 처음으로 1,000억 원대 광고매출을 기록.

2024.4.19. 서울중앙지검 반부패수사1부가 한겨레, 중앙일보, 한국일보 출신 전직 언론인 3명의 주거지를 압수수색했는데, 한국일보와 중앙일보는 관련 보도를 하지 않았다.

2024.5.13. 기사 제목이 오해를 불렀다며 대웅제약이 언론사 아닌 기자 개인을 상대로 손해배상 2억원을 청구한 소송에서 패소.

2024.6.5. 월스트리트 저널이 최소 8명 이상의 기자를 해고했으며 2024년에만 약 60명 이상의 직원을 해고.

2024.6.24. 2024년 방송통신위원회(방통위) 소송비용 2억원 돌파를 눈앞에 뒀다. '역대 최다 법정제재'를 기록한 선거방송심의위원회(선방심의위) 관련 소송이 시작돼 비용이 크게 늘고 있다.

찾아보기

일러두기

①언론단체명 '한국'은 제외 예;
한국신문협회 → 신문협회,
한국방송협회 → 방송협회,
한국언론진흥원 → 언론진흥원,
한국ABC협회 → ABC협회 등

②외국인 인명; ◇서양인(괄호 안에 영문 이름),
◇일본인(괄호 안에 한자)

③문장부호 생략; 따옴표 『 』, 「 」, ' ' 등 생략.
생략하지 않은 경우도 있음.

④총파업, 전면파업, 장기파업 → '파업'으로 일원화.

⑤영어신문 제호의 The 생략;
The Seoul Press → Seoul Press,
The Korea Times → Korea Times,
The Daily Mail → Daily Mail

【사항】

ㄱ

ㄴ

ㄷ

ㄹ

ㅁ

ㅂ

ㅅ

ㅇ

ㅍ

ㅎ

1-10

A-Z

【인명】

한국인

ㄱ

ㄴ

ㄹ

ㅁ

ㅂ

ㅅ

ㅇ

ㅈ

ㅊ

ㅍ

ㅎ

일본인

서양인

정진석 Chong, Chin-sok
문학(중앙대 대학원), 언론학(서울대 대학원 석사), 역사학(런던대 정경대학 LSE 박사) 전공. 1964년 언론계에 입문하여 한국기자협회 편집실장, 관훈클럽 초대 사무국장 역임. 1980년부터 한국외국어대학교 언론학 교수로 재직하는 동안 사회과학대학장, 정책과학대학원장을 맡았다. 언론중재위원, 방송위원, LG상남언론재단 이사, 장지연기념회 이사, 서재필기념회 이사를 역임하면서 언론관련 사회활동을 계속했다. 30권의 단독 저서와 9권의 공저, 7권의 언론관련 자료집, 문헌해제, 언론인물사전, 한말부터 발행된 한성순보-한성주보, 독립신문, 대한매일신보 등 방대한 신문을 영인하여 언론역사를 비롯하여 근현대사 연구의 기초자료 복원 · 확산.

한국언론 연대기
전근대 조보에서 근대신문 · 방송 · 인터넷까지 백과사전 발달사

초판1쇄 발행 2025년 9월 15일

지은이 정진석

주간 조승연
편집 · 디자인 오경희 · 조정화 · 오성현 · 신나래 · 박선주 · 정성희
관리 박정대

펴낸이 홍종화
펴낸곳 민속원
창업 홍기원
출판등록 제1990-000045호
주소 서울 마포구 토정로25길 41(대흥동 337-25)
전화 02) 804-3320, 805-3320, 806-3320(代)
팩스 02) 802-3346
이메일 minsokwon@naver.com
홈페이지 www.minsokwon.com

ISBN 978-89-285-2159-3 93900